07

中国国家博物馆国际博物馆学译丛

中国国家博物馆国际博物馆学译丛

《策展指南》

编者简介

布拉德·巴克利（Brad Buckley）毕业于伦敦圣马丁艺术学院和罗得岛设计学院，是一名艺术家、城市活动家、策展人。曾任悉尼大学艺术学院教授，现为墨尔本大学维多利亚艺术学院教授兼视觉艺术中心研究员。曾获得澳大利亚艺术委员会颁发的现代艺术博物馆 PS1 当代艺术中心奖金、澳大利亚学习和教学委员会资助。

约翰·科诺莫斯（John Conomos）是一名艺术家、评论家、作家和策展人。现为墨尔本大学维多利亚艺术学院副教授兼视觉艺术中心研究员。曾获得柏林跨媒体艺术节杰出奖、澳大利亚艺术委员会新媒体奖金，以及希腊艺术与文化部颁发的全球希腊奖。

译者简介

童萌，暨南大学历史学硕士，中国国家博物馆馆员、《博物馆管理》编辑部副主任、《中国国家博物馆馆刊》编辑。参与多项历史学、博物馆学和馆藏文物相关课题的研究和图书编写工作，在专业期刊上发表多篇学术文章。

李竞辉，北京外国语大学英语硕士，中国国家博物馆副研究馆员。合著有《归来——中国海外文物回归纪实》，参与翻译《被掩盖的人类历史》《红山文化玉器鉴赏》《红山文化玉器鉴赏（增订本）》等著作。

王一铭，法国滨海大学经济学硕士，中国国家博物馆馆员。主要从事国际交流展览的联络及法语、英语笔译等工作。

丛诗音，北京大学文物与博物馆学硕士，中国国家博物馆馆员。主要从事展览策划、历史人物研究等工作。参与多个展览的内容设计，并承担相关课题的研究工作。合著有《文物中的红色基因》等。

A COMPANION TO CURATION

策 展 指 南

〔澳〕布拉德·巴克利　　〔澳〕约翰·科诺莫斯——编

童萌　李竞辉　王一铭　丛诗音——译

宋向光——审校

中国出版集团 东方出版中心

图书在版编目（CIP）数据

策展指南 /（澳）布拉德·巴克利，（澳）约翰·科诺莫斯编；童萌等译 . 一上海：东方出版中心，2024.1

（中国国家博物馆国际博物馆学译丛 / 王春法主编）

ISBN 978-7-5473-2308-3

Ⅰ. ①策 … Ⅱ. ①布 … ②约 … ③童 … Ⅲ. ①展览会 – 策划 – 指南 Ⅳ. ① G245 – 62

中国国家版本馆 CIP 数据核字（2023）第 231055 号

上海市版权局著作权合同登记：图字09-2023-1096号

策展指南

编　　者	［澳］布拉德·巴克利　　［澳］约翰·科诺莫斯
译　　者	童　萌　李竞辉　王一铭　丛诗音
审　　校	宋向光
丛书筹划	刘佩英　肖春茂
责任编辑	肖春茂　郑李脉
封面设计	钟　颖

出 版 人	陈义望
出版发行	东方出版中心
地　　址	上海市仙霞路345号
邮政编码	200336
电　　话	021-62417400
印 刷 者	徐州绪权印刷有限公司

开　　本	710mm×1000mm　1/16
印　　张	49.5
字　　数	594千字
版　　次	2024年1月第1版
印　　次	2024年1月第1次印刷
定　　价	248.00元

编辑委员会

主　　编：王春法

执行主编：丁鹏勃

编　　委：王春法　杨　帆　陈成军　刘万鸣　丁鹏勃
　　　　　陈　莉　张伟明　潘　涛　朱扬明

统　　筹：潘　晴　王云鹏　陈淑杰

编　　务：夏美芳　王洪敏　马玉梅　童　萌　孙　博

谨以此书纪念

安妮特·米切尔森（Annette Michelson, 1922—2018）
保罗·维里奥（Paul Virilio, 1932—2018）
阿涅丝·瓦尔达（Agnès Varda, 1928—2019）
奥奎·恩维佐（Okwui Enwezor, 1963—2019）

总序

关于建设中国特色博物馆学的若干思考

中国国家博物馆馆长　王春法

一

在现代社会的公共文化机构中，博物馆是一个非常独特的存在。就其功能而言，博物馆毫无疑问是保护和传承人类文明的重要殿堂，是连接过去、现在和未来的桥梁，同时在提升社会审美意识、促进世界文明交流互鉴方面也具有特殊作用，因而具有历史、文化、艺术等多重属性。按照国际博物馆协会的定义，博物馆是"为社会服务的非营利性常设机构，它研究、收藏、保护、阐释和展示物质与非物质遗产。它向公众开放，具有可及性和包容性，促进多样性和可持续性。博物馆以符合道德且专业的方式进行运营和交流，并在社会各界的参与下，为教育、欣赏、深思和知识共享提供多种体验"。从历史发展来看，无论在中国还是在外国，现代意义上的博物馆都是从最初的私人收藏、个人把玩、小众欣赏向信托基金收藏、社会化展示、学术界研究宣介转变发展而来的。而且随着社会的发展进步，博物馆的类型也越来越多种多样，从私人博物馆到公立博物馆，从艺术博物馆到综合博物馆，从历史博物馆到考古博物馆，从行业专题博物馆到综合性博物馆，以及难以计数的由名人故居改造而来的纪念馆、艺术馆等等，形态各异，丰富多彩。与此相适应，博物馆的藏品类型也从简单的艺术品收藏，比如绘画雕塑、金银玻璃等传统意义上的艺术品，扩大到生产器具、生活用品、古籍善本、名人手稿等各类反映社会生活发展进步的代表性物证；博物馆展览展示活动则从传统的引导鉴赏审美扩大到促进对人类自身演进历史的回顾与反思，成为历史记忆与文化基因互映、鉴赏审美与教化引导同存、创造新知与休闲娱乐并行的重要公共文化产品，博物馆也由此成为享受精神文化生活、消费精神文化产品的重要公共场所，成为城市乃至国家的文化地标。

现代博物馆的突出特点是其藏品的公共性而非私密性、鉴赏的大众性而非小众性、展览展示的导向性而非随机性，体现在藏品来源、展览展示以及社会导向等方面，其中在观众结构上表现得最为突出和充分。一般来说，现代博物馆已经突破了小众鉴赏的局限性，通过导向鲜明的展览展示活动把观众拓展为社会大众，这一群体既有稚龄幼童和中小学生，也有青年观众和耄耋老人；既有在地观众，也有跨区观众；既有国内观众，也有国外观众。他们来自各行各界，通过参观展览在博物馆里寻找各自的思想情感载体，沉浸其中，享受其中，带着不同的感悟收获而去，并在这个过程中与博物馆进行高强度的思想理念情感互动，推动塑造着城市或者国家的文化形象。如果我们要在较短的时间内比较系统深入地了解一座城市或一个国家，那最好的方法就是去参观博物馆；一座城市如果没有博物馆，那就不能说是一座有文化的城市；一个国家的博物馆展览展示水平如果不那么尽如人意，也没有几次具有国际影响力和巨大视觉冲击力的重要展览展示，那也就不能说这个国家的文化发展到了较高水平。正是在这个意义上，我们说博物馆是一座城市或者说一个国家的公共文化窗口、文化客厅。

随着网络信息技术的飞速发展，社会形势正在发生重大变化，博物馆传统的组织架构、产品形态、运维模式、管理机制甚至员工技能条件和要求都在为适应形势变化作调整。首先是藏品形态以及管理方式发生了重要变化，数字化收藏和数字化管理成为重要趋势，以数字方式存储的各种资料、数据、图像正在成为新的重要藏品形态，藏品管理也越来越借助于信息技术手段，通过对藏品本体进行二维或三维数据采集形成的藏品数据规模也越来越大，博物馆的核心资源正在从实物藏品向海量数据转变；其次是数字化展示已经成为博物馆展览的常态化趋势，如依托线下展览形成的网上展览、无实体展览支撑的虚拟展览、依托大数据和人工智能建设的线下数字展厅和智慧展厅、各种各样的沉浸式展示体验等，与此相适应的社会教育和媒体传播也深受观众欢迎，往往形成现象级传播效果；最后，依托博物馆明星文物开发形成的文化创意产品、依托重要展览衍生的出版物以及其他周边产品等规模越来越大，社会影响也极为广泛，社会效益和经济效益也都十分可观。当然，在网络信息技术的支持下，博物馆的安全运维、设备管理、后勤服务等方面更是发生了根本性变化。我们经常强调现在博物馆正在经历三级跳甚至四级跳，即从传统意义上以实物为核心资源的博物馆转向以观众为核心的新博物馆阶段，再到以办公自动化为主要形式的信息化阶段，进而转到以数字化呈现为核心的数字博物馆阶段，目前则正在向以数据资源为核心的智慧博物馆转变，数字藏品、元宇宙等等就是博物馆与数字信息技术在这方面的最新探索。

二

中国的博物馆事业肇始于 20 世纪初学习西方先进文化的时代背景中，迄今已经走过了一百多年的发展历程。中华人民共和国成立以来，博物馆事业作为党领导的国家文化事业的重要组成部分，不仅自身迅速发展繁荣，形成涵盖综合类、历史类、艺术类、遗址类、人物类、科技类、纪念馆类等类型多样的庞大博物馆体系，而且积极回应国家和社会需求，主动承担历史、时代、民族和国家赋予的使命，在收藏和保护文物、举办展览、开展社会教育活动、满足人民精神文化需要、向世界展示中国风采等方面发挥了重要作用。特别是党的十八大以来，习近平总书记高度关注、重视文物博物馆工作，多次到博物馆考察调研，对博物馆工作作出一系列重要指示批示，博物馆事业得到高速发展、空前繁荣，在促进人的全面发展、引导社会价值理念和反映社会进步成就方面发挥的作用不断彰显，作为文明交流互鉴窗口和平台的作用日益突出。有资料表明，1996年我国仅有博物馆1 210座，到2019年全国备案博物馆已达到5 535座，年均增加近200座新博物馆。2019年，全国举办展览近3万个，年观众总量在12亿人次以上。即使在深受新冠疫情冲击的2021年，我国新增备案博物馆也高达395家，备案博物馆总数达6 183家；全年举办展览3.6万个，举办教育活动32.3万场；全年接待观众7.79亿人次；适应疫情防控需要，策划推出3 000余个线上展览、1万余场线上教育活动，网络总浏览量超过41亿人次。其中，中国国家博物馆、故宫博物院等都是在国内外具有广泛影响、深受观众欢迎的世界知名博物馆。大体来说，当代中国博物馆事业发展具有以下几个突出特点：

一是强有力的政府支持。与西方发达国家主要通过各种基金会对博物馆提供间接支持赞助不同，我国博物馆中有三分之二属国有博物馆，而且各类博物馆都可以通过不同方式获得直接财政支持，馆舍建设、藏品征集、安全运维、免费开放等等都是如此。与此同时，中央以及地方政府还出台不同政策对博物馆事业发展提供强有力的政策支持。正因为如此，国内博物馆建设发展速度很快，年均新增200多座新博物馆，目前已经实现平均每25万人一座博物馆的"十三五"规划预定目标。没有党和政府的强有力支持，就没有今天我国博物馆事业繁荣发展的大好局面。

二是鲜明的历史导向。中国有百万年的人类史，一万年的文化史，五千多年的文明史，为我国博物馆事业发展提供了丰富的历史文物资源。正因为如此，我国博物馆的主体是历史类博物馆，包括各种依托考古遗址建设的博物馆、依托名人故居或重大事件发生地建设的纪念馆等等，即使是综合类博物馆或行业博物馆也大多是以历史文物藏品或展览为主。这样一种组织体系决定了博物馆工作鲜明的历史导向，在文物征集收藏上比较注重历史价值，在阐释解读上比较倾向于以物说史、以物释史、以物证史，强调对历史文化的深层次探索和解读。相对来说，博物馆工作中关于美的历史展示，关于公众审美意识和审美能力的引导培养，还有很大的发展和提升空间。

三是锚定一流的设施配备。由于我国现有博物馆绝大多数都是改革开放以来三四十年间新建或者是完成改扩建的，无论是馆舍建筑设计，还是配备的设备设施，都是着眼于世界或国内一流水平来规划安排的，所以，我国现有博物馆基础设施大都非常先进，硬件方面堪称一流，馆舍也很壮观，是当之无愧的文化地标，许多省级博物馆乃至地市博物馆也都建设得气势恢宏，硬件条件不逊于一些外国国家博物馆，这在很大程度上得益于后来居上的后发优势。与此相对照，关于博物馆的微观组织架构和管理体制机制则受苏联理念风格的影响较大，部门之间分工明确，行政主导特点鲜明，具体工作依项目组织运行，策展人的权责地位则不够明确突出。

四是馆藏总体规模相对偏小。在看到我国博物馆飞速发展的同时，我们也要清醒地看到，我国博物馆的藏品规模总体上还是比较小的，全国第一次可移动文物普查数据显示，总量只有 1.08 亿件（套），其中各级各类博物馆藏品只有近 4 200 万件（套），全国博物馆藏品规模尚不及美国史密森学会（Smithsonian Institution）博物馆群 1.57 亿件的藏品规模，号称国内藏品最多的故宫博物院藏品只有 186 万余件（套），中国国家博物馆只有 143 万余件（套），较之大英博物馆、纽约大都会艺术博物馆动辄数百万件的藏品规模相去甚远，这又从另一个方面反映了中国博物馆发展空间巨大，任务更加艰巨复杂。

五是学术研究基础亟待加强。博物馆是一本立体的百科全书，学术研究是博物馆一切工作的基础，没有高水平的学术研究就没有高质量的征集保管，也没有高水平的展览展示，更没有引人入胜的教育传播活动。传统上，我国博物馆普遍比较重视展览展示和讲解社教，学术研究基础总体上则比较薄弱，而且不同博物馆研究实力和学术水平也很不均衡。一般来说，各省省级博物馆和部委属专题博物馆的研究机构设置和研究人员配备情况相对好些，地级市及以下博物馆比较弱些，非国有博物馆则几乎谈不上学术研究。总体来看，博物馆在藏品和展示方面呈现出越往上越好、越往下越差的三角状态。无论是承担学术研究项目，还是学术人才配备，这种梯级分布情况都十分明显。

六是国际策展人明显不足。博物馆展览是一项综合性工作，需要策展人是多面手，把符合博物馆功能定位的展览意图与社会观众的普遍预期有机结合起来。一方面，要选好展览主题，多方面争取和筹集经费，从不同单位协调展品，熟悉展品的基础信息和学术研究进展情况，准确把握观众需求和期待；另一方面又要做好展览的内容设计、空间设计、平面设计和灯光设计，不仅仅要把藏品摆出来，而且要摆得好、摆得到位，既能够让普通观众清楚明白地了解到策展人的展览主旨和斟酌脉络，又要让具有相当研究欣赏水平的观众能够对特定藏品进行近距离观赏和思考。在国际层面上，由于展览肩负文明交流互鉴的重任，而各博物馆的功能定位不同，中外博物馆策展理念存在明显差异，真正具有国际视野、能够推进国际展览的专门化策展人才严重不足，能够有效向国外推介中国博物馆展览的优秀人才则更是凤毛麟角。反映在展览交流上，就是我们处于严重的入超状态，即引进来的多，走出去的少；走出去的展览中古代的多，近现代的少；在走出去的古代展览中，靠展品取胜的多，依靠展览叙事产生重大影响的少。要改变这种情况，就必须加大对策展人的培养力度，形成一大批具有国际视野和能力的国际化策展人，真正推动中华文化走出去。

令人振奋的是，进入 21 世纪第二个十年以来，在以习近平同志为核心的党中央的关心和支持下，人民群众关注博物馆、参观博物馆、支持博物馆建设的热情更加高涨，我国博物馆事业发展明显加速，呈现出空前积极健康向上的良好发展势头。从博物馆自身发展来看，共同的趋势是更加突出观众为本的价值理念，更加强调展览展示是博物馆最重要的公共文化服务产品、策展能力是博物馆的核心能力，博物馆作为历史文化解读者的权威地位受到更多方面因素的影响，博物馆周边产品的延伸活化功能得到前所未有的关注和发展，网络信息技术手段得到广泛应用，文化客厅的地位作用更加突出，更加重视塑造提升博物馆的社会公众形象，更加突出征藏展示活动的评价导向功能。在这种情况下，博物馆作为一个相对独立的自主知识体系载体，如何能够更充分地留存民族集体记忆，如何更系统完整地展示中华文明的源远流长、绵延不绝和灿烂辉煌，如何更大力度地以中华文化走出去来促进文明交流互鉴，如何更有效地处理好保存历史与技术应用之间的关系，如何更多地创造分享社会发展新知，都成为时代提出的一些紧迫而直接的严峻挑战，要求我们广泛吸取各方面的智慧和启示，明确未来的发展方向，不断推进理论探索和实践创新，为世界博物馆事业发展提供中国方案、贡献中国力量。

三

概括起来看，无论是在中国，还是在外国，博物馆相关的知识体系大体上可以分为三大类：一类是关于文物藏品的学问，我们称之为文物学。在这个大类之下，各种关于不同类型文物藏品的研究都可以称之为一门专门学问，比如研究青铜器的，研究绘画作品的，研究雕塑的，研究玉器的，研究陶瓷的，研究钱币的，研究不同时代历史文物的，研究不同艺术流派的，研究民族民俗文物的，等等。一类是关于历史文化研究的，大致可以归为历史学的范畴。国内博物馆一般是依据历史时代进行断代史相关研究的，比如夏商周、先秦史、秦汉史、三国两晋南北朝史、隋唐史、宋元明清史、近代史、现代史、当代国史研究等等。欧美国家的博物馆由于藏品来源不同，大多按不同地区分为希腊罗马、埃及、中东、远东、印度等不同研究方向，依托馆藏文物藏品进行研究、展览以及征集等。比如，卢浮宫博物馆分设有希腊、伊特鲁里亚和罗马文物、埃及文物、东方文物、伊斯兰艺术、拜占庭与东方基督教艺术、绘画、版画与素描、雕塑和装饰艺术九个藏品部门。还有一类是研究博物馆管理的，包括征藏、文保、展览、教育、传播、设备、安全等等，这部分研究工作可以称为博物馆学。从这个意义来说，所谓博物馆学实际上就是博物馆管理学，核心内容就是研究博物馆运维的内在规律，包括征集工作规律、保管工作规律、学术研究工作规律、展览展示工作规律、社教传播工作规律、观众服务工作规律、文化创意工作规律、安全保障工作规律等等。总体上来说，这三方面的学问构成了现代博物馆知识体系的主体部分。自然历史博物馆和艺术博物馆则另当别论。

就博物馆的藏品研究来说，与大学或专门研究机构有着明显的不同。一般来说，大学研究或专门学术机构研究以文献为主，即使用到文物，也大多是引以为证。而博物馆的藏品研究则大多以文物为中心展开，对其产生、传承、功能、形态、材质、纹饰、图案等等从多方面展开研究，深入挖掘文物的历史价值、文化价值、审美价值、科技价值以及时代价值。这种研究固然需要具备深厚的历史背景和扎实的专业功底，但研究的对象始终是以物为中心，在这个过程中展现出广博的学科视野和深厚的知识储备，旁征博引，求真解谜，以释其真、其美、其重要，而由此得出的结论总脱不开物之真伪，并据此达到以物证史、以物释史、以物说史之目的。有物则说话，无物则不说话，有多少物则说多少话，至于由此物进行复杂的逻辑推演并获致更大范围内适用的结论，这在大多数情况下不是博物馆藏品研究的特点。从这个意义上来说，博物馆有多少藏品就会有多少研究专业或研究方向，每一件藏品的研究都是独一无二的，藏品研究的结论在很多情况下和很大程度上都只是对人类旧有知识或佚失知识的再发现，所以，要为人类知识宝库增加新的知识的话，就还需要通过上升到更高层面，比如历史学、艺术学等等来提炼或者归纳。因此，尽管博物馆藏品研究是学术研究的一个大类，研究领域、研究方向或者说研究课题纷繁复杂，但藏品研究本身并不构成一个独立的学科体系。这个结论对于文物学这个概念也是适用的。博物馆藏品大多属于文物，关于文物的研究可以用文物学来指称，但文物种类千差万别，对文物的研究缺乏一个共同的理论基础，试图用文物学这样一个大筐把博物馆藏品研究纳入其中，以此论证文物学作为一个学科存在的科学性，在很大程度上是难以成立的，因为大多数情况下文物之间的联系是偶然的而非必然的。

另一方面，在博物馆从事的科学研究大多是跨学科研究。对任何一件馆藏品的研究，都可以从多角度、多维度来进行把握，涉及自然科学和社会科学、工程技术等诸多学科领域，涉及历史学、美学、艺术学、理学、工学等各个学科门类的知识。举例言之，同样是研究大盂鼎，高校科研院所可能会将视角主要集中于器型、铭文或其功用之上，着眼于审美价值和历史价值；博物馆专家学者则需要从材质、工艺、纹饰、铭文、递藏过程等多维度来把握，需要科技史、文化史、文字学等多学科支撑，只有这样才能全面立体地展现大盂鼎的历史价值、文化价值、审美价值、科技价值和时代价值，向社会公众传达"国之重器"应有的教化意义。与此相适应，博物馆的学术研究是有明确应用指向的，研究成果要服务于博物馆的各项业务工作。围绕藏品进行研究是博物馆研究的基础，科研工作目标方向就是要以促进藏品征集、藏品保管、文物保护、展览策划、社会教育、公众服务、新闻传播等业务工作为导向，实现科研成果的直接转化。正因为如此，博物馆藏品或者说文物研究人员往往被称为专家而不是学者，因为相对于理论探索来说，博物馆藏品研究更多地是应用研究或者开发研究，虽然做的许多工作是基础性工作。

相比之下，博物馆学确实是一门综合性学科，关于博物馆学的研究可以从多个维度来展开，比如社会学、传播学、展览学、设计学、管理学、文化学等等。从我国的情况来看，博物馆学在形式上已经具有了作为一门成熟学科的主要条件，包括拥有中国博物馆协会这样一个学术组织，办有一批以博物馆为主题的专业刊物，而且南开大学很早就设立了博物馆学专业并且开始招生，甚至也定期进行博物馆定级评估并给予相关奖励，但作为一门生存和发展于历史学与考古学夹缝之中的交叉学科，博物馆学对自身的学科属性和专业定位长期模糊不清，学术研究也很难深入，这种复杂情况既可以在博物馆相关刊物的论文结构分布中清楚地看出来，也可以在专业基础对学生的就业方向影响不是特别显著这一方面呈现出来。之所以如此，一个重要原因就是博物馆研究缺乏符合博物馆实际而且特有的共同理论基础，在研究中要么主要是工作介绍，要么是经验归纳，既缺乏深入的理论挖掘，也缺少给人以启迪的思想提炼，以至于在全社会形成博物馆热的良好氛围之下，关于博物馆学的研究仍然冷冷清清，缺乏高度启示性、理论性的优秀学术著作，博物馆学相关研究成果对博物馆实际工作的指导作用也乏善可陈。因此，建设和发展中国特色博物馆学已是极为紧迫的。

关于建设中国特色博物馆学，王宏钧先生主编的《中国博物馆学基础》当属开山奠基之作，苏东海先生的《博物馆的沉思》等也进行了深入的思考和探索，但前者偏重于博物馆业务实践的归纳提炼，可称为博物馆微观管理学；后者偏重于博物馆事业发展的思辨和思考，属于博物馆一般理论。那么，中国特色博物馆学的理论基础到底是什么？这实际上是缺乏充分共识的。我个人认为，博物馆学的理论基础既可以是传播理论，也可以是知识管理理论，其核心包括以代际传承为主要内容的纵向传承和以展览为载体的横向扩散，当然随着网络信息技术的发展又有了赛博传播，从某种意义上可以说，博物馆的全部工作都是围绕着这三个维度展开的。以纵向传承来说，相关的研究包括藏品征集、藏品管理、库房管理、文物保护、藏品修复等，其中藏品的真伪之辨、新修之变、修旧如旧等实际上是要解决知识的确定性问题；以横向扩散来说，相关的研究则有展厅管理、展览策划、展览设计、展览制作、社教讲解、媒体传播、文化创意、国际交流等，其中的展览 — 传播 — 国际交流在形式上是社会教育，在实际上则是要解决知识的有效流动及其效率问题；以赛博传播来说，相关的研究则有博物馆信息技术、数据管理、在线展览、虚拟展厅、网络媒体、舆情监测、形象管理等，其中的数据、网民等实际上既是知识流动问题，也是网络信息时代博物馆形态变化的大背景下文物 — 观众关系发生时空转变的问题。而为了做好这些工作，中国特色博物馆学还应该有相应的基础工作，包括观众服务、设备管理、人力资源管理、财务管理、后勤管理、场馆运维、安全管理，以及涉及博物馆宏观管理的博物馆标准体系、博物馆政策法规等等。当然，也有学者提出要建立博物馆的知识图谱，这个问题值得商榷，因为历史上留下来的各种物质文化遗存是高度随机的，有时关于这些物质文化遗存的知识也是高度不确定的，而知识图谱需要在不同知识概念之间建立强逻辑联系，要把这样两种不同属性的事物融合起来，是需要超长时间的知识积累和研究支撑的，因而在效果上和方向上是难以实现的。

四

我们建设中国特色博物馆学，必须了解世界博物馆发展的总体趋势；我们创建世界一流博物馆，也必须把握世界一流博物馆的共同特点。在这方面，总的信息数据和研究基础都不那么令人满意。比如说，关于世界博物馆总量，一直没有准确数字，据估算在 20 世纪 30 年代约有 7 000 座，70 年代中期增加到 2 万多座，到 80 年代增加到 8.5 万座左右。但依据《世界博物馆》（ *Museums of the World* ）2012 年版对 202 个国家的统计，博物馆数量为 55 097 座。根据联合国教科文组织的研究报告，2020 年全世界的博物馆数量自 2012 年以来已增长了近 60%，达到约 9.5 万家。2021 年 4 月，联合国教科文组织以同年 3 月开展的在线调查所得数据为基础，报告了全球 10.4 万家博物馆现状。不同来源数字的差距之所以如此之大，主要是不同机构对博物馆的界定标准千差万别，统计报告的范围各不统一。总体上看，博物馆界倾向于从严控制范围，因而得到的数字小些；而联合国教科文组织倾向于从宽掌握范围，所以得到的数字大些。无论如何，世界各国博物馆数量呈现出持续增长的趋势，这既说明博物馆在承担国家文化政策功能方面的地位日益突出，也反映了经济社会发展为博物馆建设提供的支持更加强劲有力。

然而，博物馆数量的增长并不等同于质量和水平的提升，后者主要通过博物馆结构反映出来，而其中最重要的指标就是世界一流博物馆的数量与影响力。尽管博物馆形态多种多样，规模属性不一，但究竟什么样的博物馆才是世界一流博物馆，从来没有一个准确的界定，主要是出自口碑，包括观众评价或业界评价。一般来说，要成为世界一流博物馆，需要在多方面达到世界一流水平，比如藏品水平、研究水平、展览水平以及社会教育水平、综合运维、社会影响等等，它们共同构成世界一流博物馆的基本指标体系。

其一，藏品规模大。世界一流博物馆一般都具有藏品丰富的突出特点，不仅数量多，而且质量好、价值高，拥有一批举世公认、人人希望一睹"芳颜"的稀世珍宝，这些珍宝或者是历史文物，或者是艺术品。纽约大都会艺术博物馆、大英博物馆、艾尔米塔什博物馆、卢浮宫博物馆等世界闻名的一流博物馆，其藏品规模都在数十万乃至百万件以上，比如大英博物馆拥有藏品800多万件，来自埃及的罗塞塔碑、法老阿孟霍特普三世头像以及来自中国的《女史箴图》等堪称明星级珍贵藏品；法国卢浮宫博物馆拥有藏品近50万件，其中断臂维纳斯雕像、《蒙娜丽莎》油画和胜利女神石雕被誉为"世界三宝"；纽约大都会艺术博物馆藏品超过150万件，仅15世纪至今的世界各地服装即超过3.3万件；艾尔米塔什博物馆拥有注册藏品318万多件，包括达·芬奇的《利达圣母》与《持花圣母》、拉斐尔的《圣母圣子图》和《圣家族》、提香的《丹娜依》和《圣塞巴斯蒂安》、伦勃朗的《浪子回头》、鲁本斯的《酒神巴库斯》等等。这些博物馆大多历史悠久，藏品丰富，质量水平突出，形成馆以物名、物以馆重的良性互动机制。

其二，综合性博物馆。世界一流博物馆大多是综合性博物馆，其藏品结构和业务方向既要有历史性，也要有艺术性，还要有文化性，但总体上看历史文化是主基调、主旋律、主方向。比如，纽约大都会艺术博物馆的藏品就包括各个历史时期的建筑、雕塑、绘画、素描、版画、照片、玻璃器皿、陶瓷器、纺织品、金属制品、家具、武器、盔甲和乐器等，其展览涉及的范围更广。艾尔米塔什博物馆的藏品包括1.7万幅绘画，1.2万件雕塑，62万幅版画和素描作品，近81万件出土文物，近36万件实用艺术品，超过112万枚钱币，以及古代家具、瓷器、金银制品、宝石等。俄罗斯国家历史博物馆不仅拥有500多万件藏品，比如超过50万年的旧石器时代物品、远古时代的巨大象牙、俄国最早的楔形文字记录与武器发展等，以及反映现代俄罗斯历史变迁的重要展览物，还有1 400多万份文档资料。由此可见，不管名字为何，世界一流博物馆肯定不应该是专题性博物馆，而是综合性博物馆，它们应该都能够进行宏大叙事，构建完整的话语表达体系，对公众起到教化作用。

其三，展览形态多样。作为公共文化机构，博物馆最重要的公共文化产品是展览，最核心的竞争力是策展能力。能否持续不断地推出在社会上产生巨大影响力的现象级展览，这是判断一座博物馆绩效水平的重要指标。世界一流博物馆无不以展厅多、展览多见长，有些博物馆建筑本身就是精美的展品。举例来说，卢浮宫拥有403个展厅；奥赛博物馆拥有80个展厅；大英博物馆则有60余个常年对外开放的固定展馆，有的展馆涵盖了多个展厅；纽约大都会艺术博物馆拥有248个展厅，常年展出服装、希腊罗马艺术、武器盔甲、欧洲雕塑及装饰艺术、美国艺术、古代近东艺术、中世纪艺术、亚洲艺术、伊斯兰艺术、欧洲绘画和雕塑、版画、素描和照片、现当代艺术、乐器等，另外还有一些临时展览；艾尔米塔什博物馆拥有10座建筑、500多个展厅，其陈列展览既有宫廷原状陈列如沙皇时代的卧室、餐室、休息室、会客室等，也有专题陈列如金银器皿、服装、武器、绘画、工艺品等，还有既保留原状又有所改变的陈列，比如在原物之外又增加了许多展品。一般来说，这些展览都展示了人类历史上不同时期的艺术瑰宝，琳琅满目，恢宏大气，充分体现出各个时代的代表性技艺和艺术水准。

其四，具有强大话语权。世界一流博物馆的话语权主要在于强大的文化解释权，包括学术话语权和文物释读权，其基础在于丰富的研究资源和雄厚的研究实力，而来源则是强大的研究力量。无论在藏品征集鉴定、学术研究、展览展示、国际联络等方面，还是在教育传播、文创开发、安全运维、综合管理等方面，世界一流博物馆都拥有一批业内公认的顶尖专家和学术领军人才，他们在业内有学术影响力，在公众中间有社会影响力，在许多方面能够起到一锤定音的权威作用。他们在专业学术刊物上发表文章，在专业学术会议上发表演讲，在专业学术团体中拥有重要位置，在公共媒体或自媒体上不断发表观点，而在这些情况下，他们都会引起业界和公众的广泛关注，并加上引用、转发和传播，成为有关研究和宏观决策的重要依据。一定意义上，他们是权威专家，他们的声音就是比普通员工有更大的传播声浪。比如说，在藏品征集或文物定级中，他们的观点可能直接决定着博物馆是否会征藏某件文物，或者一件文物被定级为珍贵文物还是普通参考藏品。

其五，具有行业引导力。世界一流博物馆之所以具有行业引导力，主要是由四个因素决定的：一是站得高，即世界一流博物馆在看事情、想问题、作决策时，绝不仅仅从本馆的角度出发，而往往是从人类历史文化或者是艺术发展的角度来作判断的，具有更高的历史站位和专业站位；二是看得远，即世界一流博物馆的决策更具有战略性，既要立足当下，更会着眼长远，对其征藏、展览、研究、人才、传播等行为的社会影响更加看重一些，挖掘得更深更细一些；三是想得透，也就是对世界与社会发展大势、行业发展主流形态、面临的突出问题、解决的具体举措以及未来的发展方向等有着更加深入的思考，不断推出新思想、新理念，凝练提升为新模式、新方案，形成业界共识，起到引领示范作用；四是做得好，即世界一流博物馆不仅有行动指南，更重要的是有具体落实行动，把蓝图变成现实，成为人人看得见、摸得着、享受得了的具体成果，而且这些行为又是可学习、可借鉴、可模仿的。就其本质来说，行业引导力主要是思想引导力、理念引导力，归根到底也是学术引领力。

其六，具有国际性的社会美誉度。世界一流博物馆普遍具有较高的社会美誉度，而且这种美誉度是跨行业、跨区域甚至也是国际性的。我们说一家博物馆具有较高的社会美誉度，主要是从这样几个方面来把握的：一是它的业务工作大多达到了较高的专业技术水平，比较规范，也比较专业，能够得到业界专家的高度评价和认可；二是它所推出的公共文化产品和服务具有较高的质量和水平，无论是展览展示还是观众服务或者是文创传播，都能得到社会公众的广泛认可和好评，在媒体上或者观众心目中都有比较好的口碑；三是运维管理安全有序，能够高质量完成委托交办的任务，履职尽责到位，为政府管理的绩效评价增光添彩，实现社会效益和经济效益的高度统一，得到政府部门的充分认可和高度评价；四是在国际上有较高的知名度和美誉度，国外的社会知晓率较高，在观众构成中国际观众占比较高，而且观众口碑较好，重复参观比例较高。

建成世界一流博物馆是一项长期任务，不是三两年建起一座大楼就可以了的，需要持续不懈地在软、硬件和社会环境营造上下大功夫，特别是在博物馆管理的理念与理论基础上应该形成自己的特色特点。好的博物馆应该是有品格的，也是有性格的，国家特色、时代特征、自身特点共同塑造了优秀博物馆的气派和风格。当今世界正处在一个大发展、大变革、大调整的时代，博物馆在推进人类社会发展中的地位和作用从未像现在这样凸显，博物馆之间的交流合作从未像今天这样频繁密切，博物馆从业人员既要关注自身的发展，也要从更广阔的视野来深入思考博物馆的社会功能，准确把握博物馆发展的新特征、新变化，主动回应博物馆发展面临的挑战，在时代巨变的洪流中持续探索博物馆发展的方向和重点。只有这样，我们才能够完成建设一批世界一流博物馆的历史任务和使命。

五

无论是建设中国特色博物馆学，还是要创建世界一流博物馆，首先需要中国本土各级各类博物馆的积极探索和丰富实践，同时也需要广泛充分吸收外国博物馆界的理论成果与经验积累。中国国家博物馆作为国家最高历史文化艺术殿堂和国家文化客厅，历来重视学术研究，把研究立馆作为办馆方针的重要内容，把建成具有世界影响力的研究中心作为发展的重要方向，努力以扎实的学术研究推动构建与国家主流价值观和主流意识形态相适应的中华文化物化话语表达体系，引导人民群众增强历史自觉、坚定文化自信，推动中外文明交流互鉴。组织翻译《中国国家博物馆国际博物馆学译丛》（以下简称《译丛》），就是要坚持全球视野、专业视角，面向世界一流水平，以兼收并蓄、海纳百川的宽广胸怀，分享世界博物馆学研究动态，推介前沿学术成果，借鉴优秀实践经验，助力中国博物馆学的理论创新和建设发展实践，推动构建中国特色、中国风格、中国气派的博物馆学学科体系、学术体系和话语体系，为新时代博物馆事业高质量发展作出积极贡献。总体来看，这套译丛至少具有以下三个特点：

一是系统性。《译丛》主题涉及博物馆工作的方方面面，既有关于博物馆学理论基础的，也有关于策展实践的；既有关于展览设计的，也有关于文物保护的；既有关于博物馆运维管理、藏品保护的，也有关于博物馆数字化、公共教育等领域研究成果的，同时凸显博物馆学多学科交叉融合的特点。在研究方法上，《译丛》兼顾当代博物馆学发展的规范性、理论性、反思性、趋势性等特征，选取了部分将博物馆学这门人文学科与更广泛的社会背景联系起来的研究成果，涉及全球变暖、殖民主义、种族主义、可持续发展等更为复杂的社会问题，集中反映了当下多元文化共存的复杂社会环境和大范围深层次的创新变革下，博物馆学的研究对象和研究范式随着博物馆功能、职责和定位的拓展而发生的转变。从这个意义来说，无论对于博物馆工作实践还是博物馆学研究，《译丛》都具有很强的针对性和启发性。

二是探索性。《译丛》的学术研究特点非常突出，不是从概念到概念、从范式到范式，而是从不同作者的研究视角出发，结合博物馆的工作实际展开探讨，而这样一些主题，如策展伦理问题、策展手册、策展人的角色以及公众参与、数字化建设等，通常很少出现在纯粹的学术性论著之中。以策展为例，尽管大家一致认为在博物馆实际工作中，策展人扮演着非常重要的角色，他们关于历史文物或艺术作品的展览解读对大众思想起着非常重要的引导作用，但他们到底该如何发挥自身作用，包括在数字时代如何应对来自展示、传播、版权、媒体等方面的严峻挑战，始终没有一个明确结论。事实上，这不仅仅是一个理论问题，更是一个迫在眉睫的实践问题，必须结合博物馆工作实际不断加以总结提炼，而开放探索、创造新知恰恰是本《译丛》的鲜明特色。

三是开放性。《译丛》不仅选择的主题是开放的、研究的方法是开放的，而且叙事方式也是开放的，这在其中两本书中有突出体现。一本是关于自然博物馆中策展人的故事，阐明了自然历史展览策划中一些鲜为人知的理念思考和实践探索，实际上反映了《译丛》主编对于博物馆范畴的思考；一本是关于数字时代博物馆发展的研究探讨，展示了作者在网络信息技术和数据技术飞速发展的时代背景下，对博物馆面临的各种挑战以及应对策略的探索，实际上也反映了《译丛》主编关于博物馆核心理念到底是文物、观众还是技术的一些深层思考。一定意义上说，正是由于《译丛》不仅包含最新基础理论著作，也涵盖与实践紧密相关的应用研究，收录著作体裁十分丰富，包括研究专著、学术论文集、文献综述、演讲集，以及普及性读物，从而把研究的开放性与阅读的趣味性有机结合了起来，既能满足博物馆从业者和研究人员的需求，也适合一般博物馆爱好者阅读，进而形成了读者对象的开放性。

《译丛》的出版凝聚了国内文博界"老中青"三代的力量，规模之大，在我国博物馆行业尚属少见。在这套丛书的策划过程中，潘涛先生不仅有首倡之功，而且多次推荐重要书目，出力不少；中国国家博物馆的多位中青年学者勇敢承担起翻译工作，他们的贡献和辛苦已经以译者的形式予以铭记；一些国内资深博物馆专家和高校学者多番审校，其中有颇多学界前辈不顾高龄、亲力亲为的身影，他们的学术精神和敬业作风令我们甚为感动；还有一些学者承担了大量繁琐的幕后组织工作，虽未具名，但他们的贡献也已深深地凝结在了《译丛》之中。需要说明的是,《译丛》收录的首批著作都是在 2020 年之前完成的，当时几乎没有研究者关注到类似新冠疫情大流行之类问题对博物馆行业的重大影响，这一缺憾我们将在后续翻译出版工作中予以弥补，到时会适当关注全球疫情影响下的一些重要研究成果。衷心希望《译丛》的出版能够为中国的博物馆学研究和博物馆事业发展贡献一份力量。当然，由于水平有限，译本中难免会存在这样那样的错误和疏漏，真诚欢迎广大读者批评指正！

是为序。

2023 年 8 月于北京

致 谢

本书的出版得到下列人士的帮助，编者致以诚挚感谢。杰恩·法尔尼奥利（Jayne Fargnoli）、卡特里奥娜·金（Catriona King）、杰克·奥佩（Jake Opie）、伊莱沙·本杰明（Elisha Benjamin）以及威利·布莱克韦尔出版社的理查德·萨姆森（Richard Samson），感谢他们坚定的专业精神和奉献精神，见证了我们的手稿从构思到实现。

感谢海伦·海厄特 – 约翰斯顿（Helen Hyatt-Johnston）在过去四年中给予专业建议、鼓励和帮助。还要感谢卡罗琳·西蒙兹（Carolyn Symonds）多年来的鼓励和支持。

在手稿最后的完善过程中，布拉德·巴克利也非常感谢维多利亚艺术学院院长乔恩·卡塔潘（Jon Cattapan）教授和澳大利亚荣誉勋位（AM）获得者、墨尔本大学副校长（分管参与性事务）兼美术与音乐学部维多利亚艺术学院视觉艺术中心主任苏·贝克（Su Baker）教授惠允在诺尔玛·雷德帕思工作室（Norma Redpathsu Studio）驻场。同时，也感谢布鲁尼岛艺术基金会（Bruny Island Foundation for the Arts）和塔斯马尼亚公园和野生动物管理局（Tasmania Parks and Wildlife Service）惠允驻场。

当然，我们要特别感谢全体作者，他们为了帮助我们实现编辑意图和目的付出了大量时间和专业知识。衷心感谢各位对当代策展的关注和阐释，与我们在此领域的评论兴趣相合。

　　希望这本《策展指南》能够对更好地从概念、文化和历史角度理解当代艺术话语及其对我们个人和公众生活的影响有所助益。

布拉德·巴克利　约翰·科诺莫斯

前　言

　　随着艺术机构及相关定义的变化，策展人的角色定位不断调整。不仅如此，人们对策展人的期许也相应地有所转变，不再是现在认为的教育者，而是多种角色逐步交织在一起：要有很强的生产能力和灵活性；要成为完美的沟通者、交际者、研究者，也许还要成为出色的筹款人；要站在时代发展的最前沿；并且要能够广泛地接触到各种各样的观众。随着展览被纳入大众娱乐产业中，相关机构被迫不断扩大其观众群，策展人越发需要超越原先的博物馆范围，以促进者、合作者、倡导者和娱乐者的身份涉足公共领域（包括实体和虚拟范畴）。

　　尽管上述情况并不具有普遍性，但它反映出 21 世纪策展工作所具有的强烈多样性。我们可以将其归结于多种因素：技术的更新、人口结构的变化、艺术网络的全球化、对艺术史和博物馆中种族和性别偏见问题的处理，以及发生在艺术创作、展示和交流等方面研究与知识生产中的"教育转向"（educational turn）。每一种因素都对传统艺术机构产生冲击，使其面向新的历史进程和观众人群开放大门，并建立起全新的模式和迭代的体系。来自现代艺术主流权力结构及核心圈层之外的艺术家和策展人，对展览的方式提出挑战，开始瓦解一些几年前似乎还不可动摇的立场。如果我们将策展人的角色回归于沟通者，就能够清晰地看到策展工作本质上最重要的就是仔细考虑谁在发声、对谁发声以及为谁发声的问题。

像本书这样内容范围广泛、历史内涵丰富的文集，有助于我们进一步理解这些发展变化。近年来关于策展的出版物大量面市，其中许多基于相关课程和学术会议，同时也得益于迅速兴起的展览史研究。本书将这些成果汇集起来并进行大量补充，使我们能够将跨越不同时代及地域的多种观点和方法联系起来。本书通过不同章节梳理了策展人的转变，从17世纪欧洲的珍宝保管人，到藏品和展览体系的构建者，再到全球化、网络化时代的多维度文化媒介。这样具有时间长度和范围广度的视角，集中呈现出策展领域的复杂性和多变性。尽管策展工作深受历史影响而负重前行，但也在如今交流对话的氛围下持续得到激励和鼓舞。这本著作旨在强调，我们在通往巨大舞台的道路上时常面临着遗忘或迷失的危险，这种保持对话的意愿正是我们最可靠的指南。

拉塞尔·斯托勒（Russell Storer）
新加坡国家美术馆副馆长

引 言

　　这本《策展指南》（*A Companion to Curation*）填补了策展人、策展实务以及策展史研究中重要且长期存在的空白。这本文集是对此领域清晰易懂、引人入胜且恰逢其时的补充。

　　本书旨在为策展研究和视觉艺术策展实务等领域的工作提供参考，涵盖面广泛、来龙去脉清楚，使非专业人士也可以理解，且能够体现出学界和业界的丰富前沿成果。本书关注的一个重点是探讨策展怎样以及为何成为当代全球艺术界的核心关注点，及其在未来的构思与呈现形式。实际上，策展在 20 世纪 80 年代末至 90 年代初以来经历了大幅度发展，已被置于当今臃肿的艺术体系中的核心位置。保罗·奥尼尔（Paul O'Neil）、米克·维尔松（Mick Wilson）和露西·斯蒂兹（Lucy Steeds）将这种情况总结为，作为陈列布置（展览层面）的策展和作为庞杂事务（管理层面）的策展（O'Neil, 2016）。相应的，本书的作者们以及其他人意识到，策展的全面快速变化已经显著地体现在高校和博物馆学研究机构中，其策展与教学项目数量急剧增加。当代的策展研究论著显示出如今国际上对于教学策展项目的集中关注，突显了这如何造成了对此的错误理解，以及怎样形成了欧洲中心主义的实践与观点。

《策展指南》主要探讨了过去 30 年来当代艺术策展的空前流行，以及策展研究成果在这段时间的变化趋势。出现了什么样的新兴策展方式？在国际艺术界的变化中，最突出的是各种策展人数量激增。这些策展人来自博物馆内外，或具有档案馆等其他机构背景。这些人中也包括功能性和辅助性人员，以及一些艺术家（此定义参见 Beryl Graham and Sarah Cook, 2015）。此外，很多艺术家在这一时期将目光投向国际双年展①、三年展②和文献展③（Green and Gardner, 2016）。自 20 世纪 60 年代以来，哈拉尔德·塞曼（Harold Szeemann）以其在"第 5 届卡塞尔文献展"（documenta 5，1972 年）和双年展上的卓越成就，成为首位明星策展人，引发了文化和政治领域的连锁变化，使得策展人也变成重要的募资人。这主要是近半个世纪以来发生的事情。

我们在本书中也强调，20 世纪 80 年代末以来全球化策展叙事的出现是与双年展文化同时诞生的。这表明，过去约三十年间，双年展和大型展览中的策展逐渐语境化，并且对策展作为艺术实践媒介进行重新考量。简而言之，在这一时期艺术和策展实践首次完全融合。双年展的急剧增加，也就是所谓国际当代艺术的双年周期化，可以在新自由主义全球化背景中得到验证。评论家彼得·谢尔达尔（Peter Schjeldahl）曾将其表述为"节庆主义"（festivalism），认为艺术只是强化了国际资本、政治及权力所构成的新殖民体系与趋势（Green and Gardner, 2016:197–198）。

知名策展人汉斯－乌尔里希·奥布里斯特（Hans-Ulrich Obrist）认为，双年展、三年展、大型展览以及档案馆，代表着展陈空间本身的概念转变为实验室，理念、知识以及文化形式在广义的文化中聚合分

---

① 译者注：具代表性的有威尼斯双年展（La Biennale di Venezia）和巴西圣保罗双年展（The Bienal Internacional de Sao Paulo）等。
② 译者注：具代表性的有米兰三年展（La Triennale di Milano）等。
③ 译者注：具代表性的有卡塞尔文献展（Kassel Documenta）等。

散（Obrist, 2011）。引用奥布里斯特的话来说，这使社会充满了"出乎意外、自然而然以及始料不及"（Obrist, 2011: 177）。在侯瀚如策划的展览"移动的城市"（Cities on the Move, 1990 年）、芭芭拉·范德林登（Barbara Vanderlinden）策划的展览"实验室"（Laboratorium, 1999年）以及"行动起来"（do it, 1993 年）等重要展览中，我们证实了奥布里斯特的睿智洞见。这种洞见是基于策展合作形式，将其视为工具箱，使策展行为能够从诸如都市生活中获得借鉴。奥布里斯特认为，策展人对既有展览中的展品所传达出来的关键信息负责。在这里，观众本身成为展品的"译码器"。展览的策划应该建立在理解和接受对其未来走向一无所知的基础上。这方面的典型例子是哲学家让 - 弗朗索瓦·利奥塔尔（Jean-Françis Lyotard）在 1985 年策划的大型展览"非物质"（Les Immatériaux）。

自 17 世纪以来，策展人一直被定义为照管、保存和分类管理那些值得关心之物的人：正如德国艺术家蒂诺·塞加尔（Tino Sehgal）提示的，总而言之就是"物的专家"。如今，在一个过度专业化和全球化的技术主义时代，奥布里斯特作为一名跨领域通才脱颖而出。他谈吐睿智而富有创造力，对策展感兴趣，认为这是表达主体间性、动态性和超越艺术世界稳定状态的一种手段（Obrist, 2011: 11）。讽刺的是，在 20 世纪 90 年代中期，奥布里斯特曾考虑离开艺术界，但随后便大约抱着找寻和交叉融合展览元素的目的进行策展，将展览视为一个思想实验室，这些思想将在比艺术世界更广阔的背景下影响社会。他对现代策展人的道德权威地位提出了质疑，认为其是对某件事情有效性具有独立判断能力的专家。奥布里斯特试图将策展人重新定义为当代信息场景中动态的、跨文本的、跨学科的代理人，他对艺术世界中静态的人—物互动的质疑明显受到了他对于以所谓"无限对话"作为批判性知识基础的信念的影响（Obrist, 2016: 9–13, 173–195）。奥布里斯特对波动和转型的展览结构及形式的长期关注，体现在：① 承认策展是一个缺乏有效历史、丧失文化记忆的领域；② 理解口述历史在后计算机时代被接纳为一个学术领域的重要性。事实上，奥布里斯特在策展方面最在意的观点，是策展有能力让世界上的各种元素相互连接：

> 策划的行为 …… 最基本的是连接文化，使它们的元素彼此接近——策展的任务是建立连接点，让不同的元素接触。你可以把它描述为文化在尝试授粉，或通过制作地图而在一座城市、一个民族乃至整个世界中开辟新的路线。（Obrist, 2015: 1）

有意思的是，"策展人"这个名词和"策展"这个动词如今在艺术界之外已经快速传播开来，被用于我们生活中的大多数领域。甚至历史悠久的纽约百货公司布鲁克斯兄弟（Brooks Brothers）现在也在"策划展示"其最新的衬衫系列，曾经不起眼的烹饪书现在已经变成了"策划"的食谱集。甚至在体育领域，板球场也由策展人管理。我们现在能够策划歌单、时尚、事件、食物、电影和摇滚音乐会，这些都清楚地表明策展人的活动已经渗入我们文化的各个方面。加拿大评论家和作家戴维·布莱泽（David Blazer）在他的《策展主义》（*Curationism*）一书中巧妙地从文化、符号学和政治层面对策展进行剖析，认为策展已经具有宗教属性。他提出，策展主义是策展冲动在潮流下的跃进，自 20 世纪 90 年代中期以来成为"一种主流的思维和存在方式"（Blazer, 2014: 2）。布莱泽在开篇描述了他与策展人卡罗琳·克里斯托夫 – 巴卡吉耶夫（Carolyn Christov-Bakargiev）的相遇，以及她对为什么在"第 13 届卡塞尔文献展"（documenta 13）上拒绝将其团队称为策展人的解释。她称他们为"代理人"，并声称策展主义本身可以用我们的整体社会学异化来解释，我们在其中不被看作个人，而是自视为一个匿名的群体，变得完全相同。因此，《策展指南》的基本目标之一，就是从意识形态、文化、历史和专业方面，揭开策展与晚期资本主义或后福特主义社会之间错综复杂关系的神秘面纱。

　　虽然策展被认为是一种相对较新的职业，但事实上它可以追溯到古罗马时期。它所有的独特定义功能，如保存、挑选、对艺术史作贡献以及为画廊和博物馆举办展览，都被囊括在其拉丁语词根"curare"中，意思是"照管"（Obrist, 2015: 15）。这些价值反映在我们对策展的通行理解中，根据布莱泽的说法，策展是"品位、感性和鉴赏力"的直接表达（Blazer, 2014: 2）。在古罗马，策展人基本上就是公务员，其主要职责是照管和监督公共工程，包括帝国的水渠、澡堂和下水道（Obrist, 2015: 24-25）。正如奥布里斯特所指出的，在中世纪，人生的重点转移到更加形而上和宗教的方面，拉丁语"curatus"（或英语中的"curate"）指专注于照管某个教区中的灵魂的牧师。到了18世纪，策展人显然变得更加关注博物馆及其藏品；但重要的是，正如奥布里斯特提醒我们的那样，几个世纪以来产生了多种类型的看管（Obrist, 2015: 25）。现在最重要的是，当代策展人如何仍然与"curare"的概念保持联系，通过培养、成长和修枝，努力帮助公民解决他们共同关心的问题（Obrist, 2015）。

　　《策展指南》的基本目标之一，是首次在一本书中将策展领域领衔的艺术家策展人、策展人、学者、艺术史家和理论家聚集起来，在广泛的历史背景下考虑策展问题，因而允许就与策展有关的观点和问题进行全球性跨学科对话。我们的撰稿人来自五湖四海，有能力探讨当代策展的新框架、角度、概念和经验。因此，我们纳入了一些较新的声音，也有该领域的成名评论家。

　　重要的是，《策展指南》讨论了当代本土艺术的全球发展情况，20世纪80年代以来中国当代艺术的崛起，以及来自欧洲中心和盎格鲁文化圈艺术界之外的策展人和新型策展策略的出现，特别是在亚洲。本书还聚焦于谱系学的批判，追溯"策展"概念及其主要背景从北半球到南半球直到今天的发展，概述了几个世纪以来它的不同含义、变化和问题。

第一部分 概述：策展的缘起和出处

这一部分首先重点研究了美国匹兹堡卡内基国际艺术展的策展人们在态度、品位和时尚旨趣上的变化，尤其是他们在选择当代艺术特定节点的代表人物时面临的问题和挑战，以及在选择过程中是否有可能判断谁会在展览之后保持热度。本部分接下来简要梳理策展人的编年史。这个角色出现在中世纪，当时的策展人是保管员或监护人。这部分提到文艺复兴末期的第一批收藏机构如何摆脱诸多道德或教条的束缚，以及其中的原因。顾名思义，17世纪初开始出现的珍宝阁或珍奇屋中有各种各样的物品和图画，折射出收藏家的魅力。订购和收集的东西是由赞助人挑选的，反映出他的品位和财富。

从那时起，策展人通常是艺术收藏场所与其展示模式之间的联络人。本部分将探讨策展人是怎样在沙龙和学院之外，在20世纪到来之际对现代主义的形塑施加动力和影响。有趣的是，艺术家策展人常常被误解为只是当代艺术世界中的一种新现象。然而，这一时期最重要的几个展览，从1863年在巴黎举行的"落选者沙龙"（Salon des Refusés）开始，都是由艺术家策划的，以回应他们在巴黎沙龙（Paris Salon）那里遭到的拒绝，以及这对其事业和潜在赞助的影响。

随着欧洲和美国的艺术博物馆的扩张，策展人的职业化迅速跟进，编制了博物馆研究和策展的课程。最值得注意且影响深远的，是保罗·J. 萨克斯（Paul J. Sachs）于1921年在哈佛大学开设的课程。本部分继续在一个更广泛的背景下介绍策展人从文艺复兴时期到现在的职业化，以及博物馆策展人和馆长对标准化实践的普遍接受。

重要的是，博物馆在19世纪发生历史性的转变，从"启蒙到颠覆传统"，再到20世纪成为"理想化的推崇传统之所"。马塞尔·杜尚（Marcel Duchamp）于1917年展出了一个小便池，这大大改变了展览在艺术界符号经济中的基本定位。因而从根本上说，20世纪的策展话语正如它在现代主义的贵族博物馆中一贯表达的那样，引申自前面提到的最初的拉丁语词根"curare"。矛盾的是，策展体现了同时具有推崇传统和颠覆传统的双重特质。

戴维·卡里尔的《匹兹堡策展简史：卡内基国际艺术展近况》是对1896年创办于匹兹堡的"卡内基国际艺术展"（Carnegie International）的一篇引人入胜的评论。它是历史第二古老的国际艺术群展。卡里尔关注的是1979年至今的卡内基国际展，他讨论了近30年的展览历史中所体现出的不断变化的策展风格。他详细叙述了主办机构卡内基艺术博物馆（Carnegie Museum of Art）本身的历史，以及它与匹兹堡的主要关系，让我们得以深入了解许多参与其中的策展人的角色和想法，包括约翰·考德威尔（John Caldwell）与约翰·R.莱恩（John R. Lane）、马克·弗朗西斯（Mark Francis）、劳拉·霍普特曼（Laura Hoptman）、琳内·库克（Lynne Cooke）、马德莱娜·格林斯泰因（Madeleine Grynsztejn）以及理查德·阿姆斯特朗（Richard Armstrong）。卡里尔准确地勾画出区域性城市在举办这样一个大型国际展览时面临的诸多问题和困难。他讨论了在不断变化的当代艺术世界的背景下，这样一个国际艺术展览能给我们带来的愿景和观点。他分析了这些各种各样的策展人分别怎样为我们对当代艺术的理解作出了贡献，以及与此相关的，人们如何判断哪些艺术家在这样动荡的时代潮流中能够坚持下来。

亚当·盖齐撰写的章节《策划好奇：帝国主义、拜物主义、人本主义与珍奇屋》，描述了博物馆在世俗人本主义、帝国主义和现代科学早期阶段背景下的起源。重要的是，盖齐阐明尽管最早的博物馆立足于科学探索，但它们实质上来自个人的收藏室，表达了他们的品位、偏好、幻想和地理位置。顾名思义，探究这些早期的收藏场所，也是在关注贯穿于艺术和科学的好奇和求知的重要性。盖齐认为，珍奇屋、珍品屋、艺术阁、藏宝屋、贮藏室和艺术斋都隐含在"珍宝阁"的含义中，构成后来博物馆在安排布置、环境构筑、组织原则和主旨理念等方面的定义术语。

从词源上讲，最早的博物馆是以希腊语"museion"命名的，意思是"缪斯神座"，在分类学和科学等概念开始在博物馆的发展中发挥作用之前，它们无疑是奇迹之所。盖齐证明最初的博物馆不仅是巨大财富的宝库，也是对当下和未来世界进行反思的场所，阐明了世界的广袤及其驱动力，以及形而上的东西是如何与物质联系起来的。对盖齐来说，"珍奇屋"这个词一直代表一种大杂烩，让我们在惊奇中眼花缭乱。珍奇屋的确是博物馆的最初表现形式，正如作者所言，一些传承至今的伟大收藏机构都痴迷于珍奇屋，并以百科全书式的知识为基本原则而构造起来，如牛津大学的阿什莫林博物馆（Ashmolean Museum）、大英博物馆、意大利米兰的波尔迪·佩佐利博物馆（Museo Poldi Pezzoli）和荷兰哈勒姆的泰勒斯博物馆（Teylers Museum）。

到 16 世纪末，当最早的收藏场所出现时，它们一方面代表了对客观性和秩序的需求，另一方面代表了个人欲望和个人选择的无序，是一种独特的混合体。在德国犹太裔哲学家瓦尔特·本雅明（Walter Benjamin）看来，收藏的动态性和逻辑反映出秩序和混乱之间的辩证张力。本雅明在审视自己的藏书时写道：

> 每一种激情都与混乱紧密相邻，而与收藏家的激情一线之隔的是记忆的混乱。不仅如此：弥漫在我眼前的有关过去的机遇和命运，清晰地镌刻在这些书籍一贯的纷杂中。除惯常的无序外，还有什么可以使这些藏书有序起来？（Benjamin, 1969: 59-60）

盖齐总结道，最初的珍奇屋展现出一种表达包容世界观的潜在需求，并依靠于一个必然由无数人创造的巨大的审美资源库。因此，博物馆的早期历史与 16 和 17 世纪对世界的认识和看法的变化有着内在的联系。因此，今天的博物馆让我们了解自己、各种世界观以及我们的个人幻想，是以过去 3 个世纪中这些领域的发展为背景的。

安德鲁·麦克莱伦的《博物馆领域的职业化：以美国为例》是对1910年前后大西洋两岸博物馆的专业化和运营管理的历史梳理，即从艺术家和业余爱好者到受过训练的专家的根本性转变。这一转变是在商业、法律、学术和医药等众多领域的专业化和标准化的大背景下发生的。

到19世纪八九十年代，斯坦利·杰文斯（Stanley Jevons）、托马斯·格林伍德（Thomas Greenwood）和乔治·布朗·古德［George Brown Goode，华盛顿史密森学会（Smithsonian Institute）秘书长］等重要人物都主张在博物馆的协作、分类、建筑设计和管理方面实现专业化。这使得博物馆协会相继成立——1889年在英国，1917年在德国，1906年在美国。1926年，国际博物馆办公室（International Museums Office, IMO）在国际联盟（League of Nations）的支持下成立，意味着博物馆管理运营的国际性和跨学科属性得到正式承认。1946年，IMO成为国际博物馆协会（International Council of Museums, ICOM）。

欧洲的艺术博物馆是基于国家集权体制下形成的富丽堂皇的收藏场所建立的，而美国的博物馆运动（不包括华盛顿特区的史密森学会）则依赖于地方自发的私人资金支持①。

麦克莱伦所撰章节中最吸引人的部分，是他对保罗·萨克斯在哈佛大学福格博物馆（Fogg Museum）开设的博物馆课程及其在美国博物馆和博物馆学专业化发展方面所产生影响的描写。来自华尔街银行企业高盛公司的萨克斯毕业于哈佛大学，他尽管从事金融业工作，但开始对艺术收藏感兴趣。出身权贵的博物馆馆长爱德华·沃尔多·福布斯（Edward Waldo Forbes）精明地邀请萨克斯义务担任馆长助理（萨克斯在被任命时年36岁）。该博物馆需要进行全面改革并树立新的战略愿景，而依靠萨克斯与J. P. 摩根（J. P. Morgan）、本杰明·阿尔特曼（Benjamin

---

① 欧洲的艺术博物馆处于国家的中央控制之下，而美国的艺术博物馆则由私人出资。

Altman）等纽约富豪和慈善家的人脉，福布斯得以将博物馆与商业、金钱和私人艺术收藏建立更多的联系。

福布斯和萨克斯将福格博物馆发展成一个理想的高校艺术博物馆，它既积累起大量的艺术收藏品，重要的是还能阐明一种开创性的、有影响力的、以物为基础的博物馆学和艺术史教学方法。

新的福格博物馆于 1927 年开馆，艾尔弗雷德·巴尔（Alfred Barr）、阿瑟·奥斯汀（Arthur Austin）、耶雷·阿博特（Jere Abbott）、詹姆斯·罗里默（James Rorimer）和沃尔特·赛普尔（Walter Siple），以及艺术商人柯克·艾斯丘（Kirk Askew）和建筑史学家亨利·拉塞尔·希契科克（Henry Russell Hitchcock）等未来的知名人士当年都选修了萨克斯的博物馆课程。

麦克莱伦在这一章的最后描述了萨克斯的遗产，其中最重要的是他的博物馆培训项目及其众多学生，他们在 20 世纪大部分时间里为美国的艺术博物馆提供了重要的领导力，并决定了其发展方向。

卡萝尔·保罗的《职业策展人的出现》中的一章分析了从文艺复兴到 19 世纪初，欧洲艺术品和文物收藏机构中策展的演变及其本质。保罗关注的是现代早期的私人收藏馆和 18 世纪的公共博物馆，也是在这一时期策展开始演变为一种职业。从本质上讲，为收藏家和博物馆所做的最基础的工作就是我们今天所认为的策展：策展人负责各种基本任务，包括收藏、组织、储存、展览、登编、研究和阐释物品。这些都对藏品的切实保护起到重要作用。尽管近来关于当代策展的学术研究日益丰富，但策展的历史还没有得到充分研究。

保罗对文艺复兴及早先时候欧洲策展人、公共艺术博物馆乃至艺术家担任策展人现象的出现，进行了值得关注的细致阐述。艺术家、建筑师和学者（包括古董商）有时会为自己的收藏策展。例如，16 世纪的艺术家乔治·瓦萨里（Girogrio Vasari）是佛罗伦萨的建筑师、画家和艺术史学家，他积累了十分引人注目的绘画收藏，并将其整理成多卷。另外，最早的关于收藏的论文《大剧院牌匾铭文》(*Inscriptiones vel Tituli Theatri Amplissimi*)，是由比利时人萨穆埃尔·基舍贝格(Samuel Quiccheberg)撰写的，于 1565 年出版。

渐渐地，早期公共博物馆的策展人和馆长为其职业制定了标准，其中许多沿用至今。值得注意的是，直到 20 世纪初，妇女才在艺术博物馆中担任重要角色，至少在美国是这样。保罗详细记述了科妮莉亚·本特利·塞奇·昆顿(Cornelia Bentley Sage Quinton)是怎样从 1910 年到 1923 年在布法罗担任奥尔布赖特 – 诺克斯美术馆(Albright–Knox Art Gallery)的馆长，以及弗洛伦斯·伯杰(Florence Berger)怎样于 1926 年成为美国最古老公共艺术博物馆康涅狄格州哈特福德沃兹沃思神庙(Wadsworth Atheneum)的第一位职业策展人。四年后，莫德·布里格斯·诺尔顿(Maude Briggs Knowlton)成为新罕布什尔州曼彻斯特柯里尔美术馆(Currier Gallery of Art，现称 Currier Museum of Art)的负责人；1930 年，朱丽安娜·福斯(Juliana Force)成为纽约惠特尼美国艺术博物馆(Whitney Museum of American Art)的馆长。

第二部分 运动、模式、人物与政治

这一部分首先关注的是作为策展人的个体，他们塑造了我们对 20 世纪 60 年代以来的当代艺术及其背景的理解。本部分从 20 世纪 60 年代的各种解放运动入手，如公民权利运动、同性恋权利运动，特别是妇女运动，并研究其对艺术界的政治影响。传统上，在这一时期，男性占据了所有重要的博物馆和策展业务上的职位，从而掌控了对西方典籍的展览展示乃至阐释。20 世纪 60 年代，一些女性和来自少数群体的策展人从这个边缘化的位置出发，开始在各种展览平台上行使权力，改变了我们对经典的解释。本部分对 20 世纪六七十年代至今的这段时间进行审视，考察了这些策展人在相关领域内对艺术的宣传、推广和阐释所发挥的作用。

20世纪60年代末至70年代初，在独立策展人哈拉尔德·塞曼、露西·利帕德（Lucy Lippard）和塞思·西格劳布（Seth Siegelaub）等人的开拓性努力下，新兴的策展话语包括了对艺术品衔接和制作的考量。然而，在20世纪80年代，这个被我们回溯为全球艺术实践时代的开端时期，我们看到了一种新型的艺术策展人：我们也许可以称其为主创人或飞行策展人，他们通常是巡游各地的自由职业者。当代艺术策展人像物一样成为艺术家与公众的媒介。

本部分最后考量了策展人及其与不断变化和扩张的展览模式的关系，尤其是最近双年展和其他主流群展模式的增加。特别是双年展，为艺术家、馆长和策展人都创造了机会。它们为展览带来一种挑战，即为其指定一个特定的历史观，这需要对过去、现在和未来如何相互影响表明态度。这些变化促使策展和展览的重心向新的文化和语言，以及向跨越国界的思维转变。这使策展人得以讨论中心和边缘、本地和国际、混合性和碎片化以及全球主义和全球化。

胡利·卡森在《作为动词的策展：民族国家的100年》中提出了她的论点："策展"已经从一个职业变成了一种行动。她的观点是基于汉娜·阿伦特（Hannah Arendt）的"思考"概念提出的，即没有危险的思想，思考这个行为本身才是危险的。因此，策展是一种越界的审美思维，它正在通过现成的艺术平台和展览而进行着。根据作者的说法，随着策展人对于策展成为一种对博物馆学的维护提出质疑，它转变为一种"自我生成的过程"，既没有开始也没有结束。卡森通过阿伦特的这个视角来定义策展，并将策展人视为一个对话式的思想家，日常质疑特定艺术品在双年展、全球资本和民粹主义民族国家的地位。

正是因为策展人立足于国际艺术体系，人们不得不重新考虑今天的策展实践到底是什么，以及策展人如何将博物馆学专业及其正统观念与阿伦特所定义的思考行为分开。

埃尔克·克拉斯尼在《无界的策展：21世纪跨国女权主义者和酷儿女权主义者的策展实践》中，分析了在21世纪女权主义运动的背景下，跨国女权主义者和酷儿女权主义者的五个重要策展案例。

克拉斯尼首先讨论了柏林的一个自发组织的女权主义艺术空间，它始于20世纪80年代女性艺术家的和平活动，并对当今国际艺术界的白人特权提出了质疑。她的第二个例子是根特的一家大学画廊的展览，它将过去的跨国女权主义与后殖民解放艺术联系起来。第三个例子是伦敦一家国有博物馆的展览，该展览研究了流离失所的博物馆物品，并将其与妇女难民组织联系起来。第四个是在埃里温（亚美尼亚首都）的一家自负盈亏的艺术机构，它使本地和侨居的亚美尼亚人联系起来。最后讨论的是温哥华的一个大学画廊项目，它为土著妇女抵抗殖民创伤构建了一个临时阵地。

克拉斯尼认为，这种针对本地的跨国策展远未能将边缘化的艺术家纳入全球化的艺术世界中。但重要的是，它表明其行动主义风格如何脱胎于美国印度裔理论家钱德拉·塔尔帕德·莫汉蒂（Chandra Talpade Mohanty）的无国界女权主义，并将策展、艺术和生活联系起来（Mohanty, 2004）。

基本上，克拉斯尼展示了策展如何反映区域政治，以及特定的领土、地理和历史如何产生艺术创造的条件（Rich, 2015）。作者认为，对策展进行资料分析，可以沿着不断变化的客观条件和艺术变体之间的纠缠联系画出一条路线图，从而也可以理解在21世纪女权主义和酷儿女权主义浪潮背景下形成的艺术作品。这种分析包括在全球化和新自由主义资本主义的背景下考察殖民创伤、侨民、流散和移民的历史。

玛丽亚·林德的《艺术品的情境转换和现场感：策展手法札记》讲述了近年来的两个艺术展览：艺术家多米妮克·冈萨雷斯-弗尔斯特（Dominique Gonzalez-Foerster）和作曲家兼音乐家阿里·本杰明·迈

耶斯（Ari Benjamin Meyers）在滕斯塔美术馆和斯德哥尔摩艺术中心（Stockholm Konst）组织下，于2012年5月27日星期六在斯德哥尔摩举行的为期一天的巡回表演"T.451"；以及2018年由滕斯塔公立学校举办的"艺术珍宝：黄金谷粒"（Art Treasures: Grains of Gold），该展览在滕斯塔美术馆举办，斯德哥尔摩市博物馆合作布展，汇集了各市立学校的公共艺术作品。林德认为，这两个独特案例都显示出跨越多个地点的情境转换在当代艺术界中起到的作用。这些项目都在艺术展示地点方面对传统的白方空间提出挑战。

"T.451"提出了一系列与艺术地点及其情境转换有关的策展挑战，其表演地点包括一个郊外的小型艺术中心和一个位于公共空间的市政艺术机构。有些地点是著名的，有些则不是，而且是相当不寻常的。作者一直认为"T.451"是她最喜欢的且是最具挑战性的艺术作品之一。冈萨雷斯－弗尔斯特和本杰明·迈耶斯的"诗意表演包括在斯德哥尔摩进行一次长达四个小时的城市徒步行进，其灵感来自雷·布拉德伯里（Ray Bradbury）于1953年出版的科幻小说《华氏451度》（Fahrenheit 451）"，据此改编的影片由弗朗索瓦·特吕福（François Truffaut）于1966年执导拍摄而成，并由伯纳德·赫尔曼（Bernard Herrmann）配乐。在这次表演中，观众被引导着穿过城市和滕斯塔郊区，在各种建筑环境、公共空间和基础设施中停下来观看一些电影重现场景。全天候的舞蹈、音乐、朗诵和表演仿佛直接取自弗朗特吕福的电影，使观众能够在公共场所直接感受。

在"艺术珍宝"中，曾放置在滕斯塔学校的走廊、教师办公室和用餐区中的30多件20世纪著名艺术家的作品被移走了一整年，转而放在一个艺术中心的展厅里，作为会议和展览的多功能空间和教室。惯常于一年365天都挂在附近墙壁上的历史画被转移到艺术机构中的"现场，产生了一个非现场"。林德认为，这两个事件从根本上说并不是杜尚主义（Duchampian）的情况——日常生活中的平凡物品被放置在传统的艺术机构中，提出了"什么是艺术？"的问题——而是显示出情境转换和使用意想不到的场地是如何导致关于艺术实际上在做什么的问题。在"T.451"中，对熟悉事物的新视角是通过情境转换创造的；而在"艺术珍宝"中，重要的是已经存在之物的价值和意义。

克里斯·斯普林的章节《非洲、艺术以及一无所知：关于大英博物馆策展实践的一些思考》呈现了一名艺术家兼策展人对相关主题的阐述。它采用了一种自我民族志的视角，重点突出了作者在2001年塞恩斯伯里非洲展厅（Sainsbury African Galleries）开幕后所作的关键决策。斯普林从自己的角度详细讨论了在这样一个重要的策展和博物馆事业中所涉及的问题和事项。他还指出，维系非洲裔艺术家的支持十分关键，无论是在画廊方面还是在征购他们的艺术作品方面，他们的支持对已知由此产生的从过去到如今的一系列非洲艺术传统观念产生巨大作用。

斯普林对他的角色进行了坦率的自传式记叙和诚实的描述，讲述了在重要的国有博物馆中参与非洲艺术策展工作的喜怒哀乐；以及在某些情况下，他如何从策展问题中抽身而出，专注于自己作为艺术家和作家的工作。他清楚地告诉我们，他不喜欢策展人成为一个不断巡游的展览制作人，总是按临时合同工作。斯普林解释说，有感情地且批判性地参与已故和在世的非洲艺术家的展览策划对他来说十分重要，他很荣幸能策划和书写他们和他们的作品[1]。对斯普林来说，策展要真正关心艺术家和他们的作品；这正是策展工作中要求最高的职业责任。

在美国，女性主义艺术和前卫艺术最重要的展览场所之一是玛莎·威尔逊于1976年在纽约创立的富兰克林熔炉文献库。威尔逊的《策展危机》是作者对她在曼哈顿下城区的阁楼中建立这个非营利性艺术组织的原因的精彩概述。它有双重目的：展览、保存和分发艺术家的书

---

[1] Natasha Hoare et al. 2016. *The New Curator (researcher), (commissioner), (keeper), (interpreter), (producer), (collaborator)*, Laurence King Publishing. See also Rafal Niemojewski, "The Aspirational Narrative of the New Curator," ibid.

籍，以及展示和推广女性主义艺术，特别是行为艺术。威尔逊的章节记录了露西·利帕德、杰姬·阿普尔（Jacki Apple）和其他女权主义艺术家及策展人在该机构形成过程中所发挥的不可或缺的作用。它还谈到了纽约女权主义艺术早期受到的来自诸如伊万·卡普（Ivan Karp）等画廊老板的阻力。

威尔逊描述了20世纪90年代罗纳德·里根（Ronald Reagan）政府时期发动的文化战争，在审美、文化和意识形态上实行的审查制度对卡伦·芬莉（Karen Finley）等艺术家的影响。然后她讨论了富兰克林熔炉文献库如何在1996年近乎成为一个展览场地。从那时起，富兰克林熔炉文献库已经展出了许多艺术家的作品，他们的作品涉及社会和文化主题——例如，艾滋病、监视、性别、移民、生态和种族。最近，富兰克林熔炉文献库接纳了更多不同性别、种族和文化的艺术家。作为这里的创始人，威尔逊的章节描述了富兰克林熔炉文献库作为一个另类的非营利性艺术组织，是如何在一系列的策展、社会和政治危机中幸存下来的——这些也是自20世纪70年代以来美国先锋艺术普遍关注的问题。

第三部分　全球化世界中的策展人

这一部分探讨了北美和澳大利亚原住民视觉艺术的策展、展示和批评性接受。它还包括新型博物馆的建立和策展人在中国当代艺术日益崛起中的作用，以及正在挑战欧洲中心主义和盎格鲁艺术世界的新一代策展人。

重要的是，它还提到艺术家的崛起，他们选择以各种身份工作：作为合作者、创新者或投机者。这尤其意味着研究为什么许多艺术家建立了艺术家经营的空间，在一些国家被称为艺术家经营倡议（Artist-Run Initiatives, ARI）。这种模式是创新的，因为它允许艺术家成为策展人。

在今天，策划来自北方和南方、东方和西方的视觉艺术展，也意味着讨论艺术史和理论、批评和文化理论、多元文化主义、东方主义、后现代主义和跨文化主义的最新发展。这意味着质疑在主流欧美美学和博物馆学传统中根深蒂固的阶级主义、殖民主义、种族主义，以及以男权为中心的假设、信念和主张。尤其是原住民艺术形式的策展、展示和理论化，使围绕原住民、文化身份、流散、种族、分裂、游牧和主权的问题凸显出来。

中国当代艺术（有时被称为"中国先锋艺术"）自20世纪80年代以来的非凡崛起，有许多关键因素。其中包括中国策展人发挥的作用，他们让新一代艺术家接触到西方当代艺术和现代性历史。除此之外，还有近年来外籍策展人对生活在中国的中国艺术家的影响，以及中国艺术家受邀参加中国以外的双年展、三年展和博物馆展览受到的影响。

新一代关注非洲、亚洲、拉丁美洲和中东艺术的策展人及学者们受到后殖民理论、非殖民化国家的身份以及种族政治的影响，有时会对更普遍的全球化和新自由主义政策进行评论。他们研究了这些思潮，同时分析了《第三文本》的创始编辑拉希德·阿林（Rasheed Araeen）以及霍米·巴巴（Homi K. Bhabha）、琼·费希尔（Jean Fisher）、爱德华·赛义德（Edward Said）和佳亚特里·斯皮瓦克（Gayatri Spivak）等学者的工作，以及他们对当今世界各地策展人的影响。

托马斯·博古伊斯的《我们在乎您所付出的一切：关于亚洲艺术策展的思考》是对过去30年来亚洲艺术策展及其复杂性的阐述。它对2016年1月新加坡国家美术馆的开馆进行了自传式的讨论。对作者来说，这是亚洲当代艺术策展中一个具有深刻象征意义的事件。开馆仪式的揭幕展是"未显露的事实：超越物体的艺术"（A Fact Has No Appearance: Art Beyond the Object），展出了三位杰出的东南亚艺术家的作品：约翰尼·马纳汉（Johnny Manahan，菲律宾）、已故的雷扎·皮亚达萨（Redza Piyadasa，马来西亚）以及陈丁琦（Tan Teng Kee，马来西

亚 / 新加坡）。东南亚自 20 世纪 70 年代开始迎来新的话语体系和艺术实践以来，这三个人均在其中有所作为。20 世纪八九十年代的艺术家在这些先驱的影响下，在新的背景下于世界各地从事行为艺术等新类型艺术。事实上，在 1993 年至 2003 年期间，行为艺术几乎被禁止，行为艺术家面临政府和经济层面的严格限制。

博古伊斯认为，亚洲艺术家从 20 世纪 70 年代开始就扮演了批评家的角色，并组织了自己的展览；我们还看到，从 20 世纪 80 年代开始，出现了艺术家村（Artists Village）和另类艺术空间的雏形。十年后，艺术家们开始批判主流媒体，讨论人类的虐待和言论自由问题。作者讨论了策展人的角色在当时的亚洲艺术中是如何转变的，即从看门人到推动者和代理人，将工作与艺术界、艺术市场以及公众联系起来。博古伊斯指出，转折点出现在 20 世纪最初十年的前半段，那时亚洲当代艺术的市场规模急剧增加。这一阶段也是技术迅速发展，市场对社会的影响力高度提升，以及数据在经济中的作用大幅增长的时期。

博古伊斯还认为，未来的策展人需要考虑他们与公众的关系、艺术家的角色以及艺术家策展人作为艺术生产者和推动者的作用。这些都将与当前经济和政策的现实及压力共存，并将伴随着经济影响和社会影响成为衡量展览成功的关键指标。

比利亚娜·契里奇的《机构类型如何影响策展实践》讲述了 20 世纪 80 年代中国的展览活动，以及它们如何影响知识生产和公共话语。作者梳理了这些活动的影响，包括它们是如何被用来吸引艺术领域的私人投资以及推动新艺术博物馆的创建。契里奇阐明了在过去的几十年里，中国当代艺术的蓬勃发展及其越来越多的实验性展览实践，是如何转化为对不同体制的标准化思考模式的。这一转变对展览类型和展览制作的教育方法产生了直接影响。

契里奇接着划定了过去十年中在中国使用的展览形式的类型，如在大型艺术博物馆举办的个展，以及中国艺术家与策展人已经熟知的西方主流国际艺术家的群展。她认为，一些中国当代艺术群展试图从中国的角度重写艺术史：例如，在2012年至2014年间，民生现代美术馆举办了一系列展览，包括"中国当代艺术三十年历程·绘画篇（1979—2009）"[①]。此后，又有一系列类似的专门针对特定对象的展览。某些群展的展品是从特定的藏品中挑选出来的——包括中国青年艺术家展、双年展、三年展的作品，偶尔还有主题展的作品。

根据契里奇的说法，这一时期中国最常见的艺术展览形式是个展。总体而言，这些展览的策展人作用很小；在某些情况下，根本没有策展人。这意味着艺术家会自己组织展览，而策展人只是为图录撰稿。

在中国，双年展或大型展览（通常称为艺术节）的受欢迎程度迅速提高，而在世界其他地方，双年展模式的意义正在受到质疑。

近年来可以看到，某些机构已经开始培养年轻的策展人。上海当代艺术博物馆是中国大陆第一家国有的当代艺术博物馆，其建立了一个"青年策展人计划"，由博物馆选择、资助并展示策展项目。在作者看来，这个项目存在一定的问题：主要是年轻的策展人没有足够的时间进行合作，或讨论展陈设计、艺术品呈现、空间连接等与展览相关的理论和实践问题。

契里奇最后指出，在中国还没有形成一种关于展览史的学术领域。尽管当代艺术大受欢迎，但策展实践与策略、展示形式、艺术家与策展人之间的关系、观众在展览中的角色（以及他们的个人和集体体验）、展览与出版物之间的关系等许多相关问题，仍有待进一步研究。

格雷戈里·加利根的《去殖民化空间的当代艺术策展：以泰国为中心对东南亚策展实践的观察》对2018年在泰国同期举办的三个双年展进行了分析，强调了该地区当代策展实践的艺术、社会和政治轨迹。加利根关注的是曼谷双年展（Bangkok Biennial，2018年7月1日至9月30

---

① 译者注：该展举办时间应为2010年4月。

日）、曼谷艺术双年展（Bangkok Art Biennale, 2018 年 10 月 19 日至 2019 年 2 月 3 日）和泰国双年展（Thailand Biennale, 2018 年 11 月 2 日至 2019 年 2 月 28 日）。加利根强调了这三个双年展的后全球、后殖民属性，它们从本质上说都是重要的去殖民化的空间。

加利根强调，双年展是一种"文献"，而不是物质层面的"舞台"，这意味着欣赏策展实践的嵌入式和结构性特点很重要——它反映了机构历史、展览历史和艺术历史（无论是全球的还是区域的）。加利根主张的是，从过时的"作者—策展人"的展览制作形式转向更"无政府主义"的策展实践。这在东南亚变得更加明显，新兴的后全球和后殖民特征在那里的策展实践中越发清晰。

加利根认为，曼谷双年展是泰国三个双年展中最"当代"的一个，但大多数声称关注双年展的观众对它评价不高，认为它是一个不断推倒重建的项目。与曼谷双年展一样，2013 年在阿联酋举办的第 11 届沙迦双年展（Sharjah Biennial 11, SB11）从来没有明确地进行抗争。两者都恰到好处地避免发展为政治活动，并且都自视为有别于霸权主义的策展实践，实际上却不承认自己是"一种另类的双年展"。

亚历克斯·加夫龙斯基的《从内部策划：作为策展人的艺术家》讨论了艺术家自现代主义流行以来是如何构建我们现在所理解的现代策展的。此后的各种先锋运动创造了从根本上改变展览环境可能性的展示类型。加夫龙斯基观察到，这些先锋运动中的艺术家为现代策展挑战艺术与整个世界的分离作出了贡献。

作者认为，自 20 世纪 60 年代以来，特立独行的职业策展人确实从各种先锋艺术派那里学到了很多。然而，随着专业策展课程的设置，职业策展人在艺术界中的地位往往会盖过艺术家策展人。加夫龙斯基指出，注重社会政治的国际双年展和"明星策展人"的迅速崛起，证明了策展人在当代文化中的重要作用。作者考察了不同的艺术家在此背景下如何建立虚构的机构，以批判策展机构的霸权。

加夫龙斯基在这一章中着重讨论了艺术家如何与艺术家经营的独立空间合作，这些空间促使策展成为艺术界和一般文化中的一种干预性活动。随后，他用三个重要的案例研究来支撑他关于艺术家经营的空间在当代策展实践处于中心地位的观点：① 最后的未来主义绘画展［The Last Futurist Exhibition of Pictures，卡济米尔·马列维奇（Kazimir Malevich）、泽尼娅·博古斯拉夫斯卡娅（Xenia Boguslavskaya）和伊万·普尼（Ivan Puni）］，彼得格勒①，1915年；② 超现实主义的第一批作品展（First Papers of Surréalism，马塞尔·杜尚），纽约，1942年；③ 第一届具体派艺术展［The First Gutai Art Exhibition，具体派艺术协会（Gutai Art Association）］，东京，1958年。作者的结论是，多年来，艺术家策划的展览已经显示出职业化策展的方式和方法。但他也指出，从20世纪60年代到现在，策展文化的转变也使得职业策展人在国际艺术界的地位越加重要。他认为，相比于更契合新自由主义艺术市场的大型国际双年展，在艺术家经营的空间里由艺术家策划的展览往往对艺术的体制机制更具批判性。

杰拉尔德·麦克马斯特的《民族学博物馆的去殖民化》阐明，在20世纪90年代之前，大多数现代艺术博物馆（除了少数显著例外）对策划非西方艺术展览兴趣不大。相比之下，民族学博物馆更关注对"本土"艺术品的收藏、登编和展览——不过并不是为了个人的艺术表达，而是与所谓的代表性群体认同有关。但在20世纪八九十年代，原住民艺术家、学者和作家开始批评民族学博物馆的方法和理念，而艺术博物馆则开始表现出对当代原住民艺术家的兴趣。麦克马斯特展示出这些当代艺术家的实践从代表民族—部落到表达个体的转变。麦克马斯特对此提出疑问，在这些急剧的转变和紧张关系出现后，民族学博物馆能否重新与原住民艺术家建立联系。

---

① 译者注：今俄罗斯圣彼得堡。

据作者透露，加拿大的文化机构现在正在争相试图与当地原住民艺术家和社区建立友好关系。博物馆和相关文化机构对真相与和解委员会（Truth and Reconciliation Commission）2015年的报告作出了回应，在表现特定的原住民艺术家和文化方面变得更加周到，并与原住民、梅蒂斯及因纽特社区建立了联系。在加拿大各地，许多原住民艺术家在这种文化复兴中表现得非常活跃。

麦克马斯特强调，我们正在见证国家和国际艺术展览中当代原住民艺术家数量的急速增加；对这些艺术家中的许多人而言，与上一代人不同，他们的实践活动不再与民族学博物馆有关。重要的是，把这一过程称为"复兴"，反映出早期艺术家和活动家的反抗。加拿大的许多美术馆和博物馆正在尝试和测试新的想法和方法，公众现在对通过多层次和创新性的展览来体验原住民文化表现出兴趣。

琼·蒙戴恩的《来自身份的创造：原住民艺术策展历险记》是对澳大利亚原住民策展的历史梳理。这一章开篇以《鲁滨逊漂流记》作为寓言，体现了殖民化的种族主义和权力隐喻，这包含在任何关于澳大利亚白人殖民和原住民被剥削的叙述之中。本章节对澳大利亚原住民艺术策展的发展提供了第一手的原始资料。

蒙戴恩认为，原住民艺术的历史有许多重叠的、模糊的阶段——它是市场驱动的、欧洲中心的，但也有原住民一方的形象和观点，可能还有对原住民在道义上的坚持。

蒙戴恩将原住民的艺术、策展、殖民主义和被剥削的历史分为六个历史发展阶段。第一阶段是从英国殖民者到来之前直到第二次世界大战结束。第二阶段从20世纪60年代末在澳大利亚北部的阿纳姆地"发现"树皮画开始。在接下来的十年里，帕潘亚和西澳大利亚沙漠中的点画和圆画出现了。在这个阶段，澳大利亚东南部的原住民艺术也开始兴起。

20世纪80年代是一个关键时期，一代原住民艺术家从西方艺术学校毕业——他们对当代原住民艺术产生了巨大的影响。不过，他们被商业画廊和艺术博物馆拒之门外，十位原住民艺术家因此于1989年成立了布马里原住民艺术家合作社（Boomalli Aboriginal Artists Cooperative）。

蒙戴恩认为，最后两个阶段可合并为第五阶段，原住民策展人和作家于20世纪90年代开始对其艺术和文化的营销与"解读"施加一些控制。而在目前的阶段，即第六阶段，他称之为"黑人帝国的反击"。作者提出艺术市场和澳大利亚白人社会的既得利益者认为这些成果是一种威胁，并开始对原住民艺术进行去政治化的解读。蒙戴恩认为，原住民艺术家和策展人应该积极地在当代艺术和更广泛的社会运动中重新确立他们的地位，成为有影响力的发声者。

蒙戴恩以他个人的策展经历为本章收尾，并通过1988年至2015年间的三个策展案例阐明了他的展览策略。最终，蒙戴恩认为，原住民艺术是一个强有力的工具，可以让澳大利亚的白人真正认识原住民。

法托什·于斯泰克的《全球化视域下语境特异性对策展的影响》是对土耳其、韩国和英国的某些展览中的展示政治所作的考察。于斯泰克以独立策展人的视角，描述了策展人从艺术界的游牧者到知名概念生产者的转变。她讨论了国际主义的概念及其在策展实践中对责任和自主权的重视。她的三个案例研究还关注了地域和政治联盟的特殊性，以及展览制作和社会建构的实验。

作者的结论是，策展人在他或她所处的环境、社会政治和经济现实中活动。因此，每个展览都为视觉艺术的阐释提供了一个新的背景，也可能对创造性领域进行了重新解释。每个策展项目还满足了特定历史时刻的需要，同时也承认了特定社会中的真理的产生和传承。

于斯泰克指出，当代策展人能够通过观察正在发生的具体变化来扩大我们对视觉艺术的理解。于斯泰克认为，在当前全球化的媒体环境下，知识在不同国家和实体之间共享，策展人有义务扩大他们的策展角色，以进入一种超越他们所处特定环境的真理的境界。

李永财的《被忽视的策展对象》讨论了双年展在当代国际艺术界的

作用，特别是在东南亚——尤其是新加坡、中国香港和越南。本章节主要基于彼得·奥斯本（Peter Osborne）的理论，即双年展是新自由主义意识形态和全球地缘政治全面化的象征。奥斯本认为，双年展与其说是形式与实践或地方与全球之间的对立，不如说是利用横向联系来进行关于艺术的多元叙事。作者指出，艺术评论是一种民族志写作的形式，其目的不是研究艺术界的小团体如何争夺关注和权力，而是研究当艺术作品被轻视或忽视以及作为文化资本被低估时意味着什么。

李永财在本章的最后讲述了目前在东南亚工作的五位策展人在写作方面的轶事，以及他们如何反映出当代策展话语的不同方面。他们是菲律宾大学（University of the Philippines）教授帕特里克·D.弗洛里斯（Patrick D. Flores）、独立策展人林沁怡、新加坡国家美术馆副馆长拉塞尔·斯托勒、中国香港亚洲艺术文献库研究员黄湲婷（Michelle Wong）以及独立策展人兼越南胡志明市工厂当代艺术中心（The Factory Contemporary Arts Center）研究员、艺术总监周轶（Zoe Butt）。

第四部分 博物馆之外：策展前沿

本节主要研究策划新媒体艺术作品展览在美学、策展和技术方面的复杂性。希望策划新媒体展览的人有必要了解发生在当代艺术和新媒体艺术之间的转换过程。这在过去的30年里持续进行着。这些复杂性在哲学家让－弗朗索瓦·利奥塔尔及蒂里·沙皮（Thierry Chaput）于1985年在巴黎蓬皮杜中心（Pompidou Centre）策划的先锋展览"非物质"中首次得到阐述。这个展览描绘了从实体的物到非实体的信息技术的转变，记录了从现代主义到后现代主义或现在所谓的"当代"的震荡转型。事实上，我们可以进一步追溯到贾西亚·赖卡特（Jasia Reichardt）在伦敦当代艺术空间（Institute of Contemporary Art, ICA）举办的开创性展览

"控制论的偶然性"（Cybernetic Serendipity）。

要策划新媒体艺术展览，首先必须审视艺术博物馆、文化机构和艺术学院的整个策展、展陈和博物馆学事业。这些都是对一个社会中过去和现在的艺术及其典籍和传统的评价。

策划新媒体展览（包括虚拟现实展览）需要一种跨学科、非线性和后对象（post-object）的方法，以及对学术、艺术和文化机构内外的各种策展模式的认识。还需要重新思考现代主义的构想、关注点，以及在传统艺术博物馆和美术馆的"白方空间"内外进行展览策划的过程。

此外，还需要对各种策展模式及如今策展岗位的范围有基本的了解——"全职""兼职"和"独立"——以及今天从专题展览到群展的基本展览模式。正如贝丽尔·格雷厄姆（Beryl Graham）和萨拉·库克（Sarah Cook）近来提出的那样，最近的展览模式——迭代式、模块式和分布式——也需要被包括在内（Graham and Cook, 2015）。后者是基于网络的艺术实践。最近，我们还看到新媒体艺术的在线展览模式（通过网络空间、社交媒体）。

本部分最后探讨了如何最好地策展、呈现、传播和了解新媒体艺术及相关的网络艺术模式。了解它们的概念、特点和行为，而不是强加一个"自上而下"的艺术理论，这一点至关重要。

因此，超越传统艺术博物馆的策展意味着寻求超越和跨越学科本身的边界、背景和类别。正是这种质疑艺术史、评价理论和策展本身正统观念的意愿，使我们能够重新思考当代文化话语，以展示、传播和讨论新媒体之后的挑战性艺术形式。

萨拉·戴蒙德的《平行发展：公共艺术与新媒体艺术》适时地为该主题勾画了蓝图。戴蒙德对公共艺术和新媒体艺术的同时出现进行考察，并表明"新媒体公共艺术"这一术语包括远程信息处理、联网表演作品、网络艺术、定位艺术和游戏、移动艺术、增强和混合现实作品、数据收集、监控作品、互动雕塑、投影、互动公共屏幕、灯光作品以及利用人工智能和机器学习、基因组编辑技术（CRISPR）和植入设备等新兴技术的各种作品。

戴蒙德分析了新媒体公共艺术在保存和制作方面具有独特挑战，并与公共艺术共同设定了准入和观众参与的共同条件。戴蒙德这一章引人入胜的地方之一是他对策展实践的讨论，既有策展人、艺术家、艺术顾问、艺术机构，也有新媒体公共艺术的组织和平台。

在这个数字技术无处不在的时代，对其他媒体有经验的艺术家也开始拓展新媒体公共艺术项目。同时，根据戴蒙德的说法，那些不熟悉新媒体展示背景的策展人，也在委托将其作品纳入公共艺术展览（Quaranta, 2013）。戴蒙德还指出，由早期新媒体艺术家构建的作品正在脱离其历史背景的情况下被再次构建，而作品本身有时还关注新媒体艺术范畴之外的问题（Obrist, 2003; Diamond, 2013）。库克和迪茨（Dietz）等著名的媒体策展人，已经扩展了他们的策展活动，纳入了应用（或不应用）技术、计算或数字表达的高度互动行为。根据戴蒙德的说法，这些趋势倾向于将聚光灯照向新媒体公共艺术。同时，策展人也一直在寻求新的任务，例如艺术家与科学家合作，使用基因组编辑技术在公共领域生成和展示新的基因形态。

最后，戴蒙德总结道，对于策展人来说，现在有很多新媒体的机遇和定义需要由超越纯粹数字的知识和背景创造，因为艺术家们现在正在尝试使用触控板、物联网、智能纺织品。一般来说，所有这些都意味着"从屏幕到触控，从图像到感觉"的彻底转变[①]。

阿尔瑙·吉弗鲁－卡斯特利斯的《虚拟现实展览的策划方法》是对VR展览的具体策展重点和问题的讨论。VR提供了一种新的语言，可以用来呈现和交流新的故事。从本质上讲，它是一种技术和实践，计算机模拟的环境可以借此将观众置于一种沉浸式的体验中。

---

① 萨拉·戴蒙德的采访，专家访谈，多伦多，2017年11月。

作者描述了扩展现实（XR）和虚拟现实（VR）两个主要概念。随后，他以欧美为主，描述并讨论了不同类型的 VR 展览策划方式。这使我们得以看到策展人和艺术家所采取的不同策略，以及这种策展方式的具体需求和影响。吉弗鲁 – 卡斯特利斯提出了当今以这种形式策划和展示的关键思路和注意事项。

总而言之，对作者来说，VR 展览最重要的方面是：

· 规划你的"路线图"；

· 思考你所涉及的具体领域，以及哪些作品最适合哪个领域；

· 思考哪种技术最适合这些领域；

· 按照需求仔细安排所需的空间及其分布；

· 思考你的自然目标受众；

· 选择现有的最佳作品及所需的技术支持；

· 选择最佳的平台和渠道来宣传你的展览。

埃里克·克鲁伊滕贝格的《追溯"蜉蝣"与争议：活态档案馆的美学与政治》提出了许多关于活态档案在最初被开发时的概念性和实际意义问题。这是在 2004 年至 2008 年间，阿姆斯特丹文化与政治中心百利会场（De Balie Center for Culture and Politics）、伦敦艺术大学切尔西艺术与设计学院（Chelsea College of Art and Design, University of the Arts, London）和朴次茅斯大学（University of Portsmouth）基于实践的合作研究项目。

克鲁伊滕贝格关注的是关于活态档案的两个问题。其一是，原始概念如何不可避免地导致对档案的话语评价？其二是，在基于事件的艺术和行为中，鲜活瞬间的即时性和活跃性与档案的非时间性之间的明显矛盾，以及如何在概念上和实践上处理这个问题？作者最后讨论了四个有代表性的案例，分别体现出活态档案的一些定义性特征。

克鲁伊滕贝格认为，活动家和政治的干预以及基于事件的艺术，在记录和存档的捕捉机制方面有一个共同的问题。在鲜活瞬间的紧迫性和活跃性中，记录和记忆的实际功能往往被忽视，或被认为是不相关或多余的。然而，如果没有与过去事件的某种联系，就很难理解合理的政治干预。这当然也适用于艺术干预。我们需要一种方法来缓解档案的非时间性和事件的活跃性之间的明显矛盾。本章试图解决如何在概念上理解这种明显的矛盾，以及如何在实践中处理这种矛盾的问题。

克鲁伊藤贝格在本章中从理论和实践上研究了自20世纪最初十年以来的活态档案。作者强调了三个相互关联的调查领域：

·捕捉偶发事件，这是在档案研究领域存在多年的话题，但最近随着需要进行记录的数字展品急剧增加而变得越发重要。

·活动家的实践和一过性艺术实践形式（表演、城市介入、线上艺术作品、有组织的运动）以及有关记录的实用性和敏感性。

·一过性艺术形式与档案的关系。

作者认为，这里的范围包括经常难以记录的临时介入，以及只是暂时存在的、与特定数字和媒体设备有关的、因而经常迅速消失的一过性数字和在线艺术作品。

肖恩·劳里的《互联网时代的策展》是对新兴的基于互联网和互联网驱动的艺术策展方法的讨论。今天，我们遇到了与数字激活的展示和传播形式串联在一起的新型策展方法，其特点是永久的可复制性，以及多重交叉的时间性和物质化。劳里探究了网络式、分布式和模块式的方法，这些方法更具民主性、颠覆性、制度性，有时甚至绕过了策展人。

重要的是，根据劳里的说法，这些方法中有许多不再与单一的事件或空间相联系，因而可以被更好地概念化为构思、生产和传播模式之间的全方位运动，作为一个公共空间通过屏幕进行联系。他建议，这个公共空间可以提供对新作品的访问，展示其他时空的物品，并提供现有艺术品的多种实体化形式、版本、解释和呈现方式。劳里在这一章节中对策展的最新成果进行了全面、深刻的概述，有关它对互联网艺术、网络艺术、后概念艺术、后互联网艺术、后媒介创意和技术的应用。

作者认为，技术的创造性使用只是人类创造替代世界能力的一部分。劳里认为，基于互联网和互联网驱动的艺术可能标志着人类生存的解放潜力。

当今，一名艺术家、策展人或一组团队，通过互联网几乎可以做到与一个品牌或公司没有区别。劳里认为关键在于，新世纪的许多艺术涉及协商关系，并实际上正在试探空间和时间的界限，这与20世纪艺术讨论中盛行的审美自主的基本观点不同。也许20世纪的艺术家和理论家关心的问题——"什么是艺术？"——现在已经转变为"艺术在哪里？"和"艺术在何时？"展览和艺术作品通过互联网表现出来，并且不太可能被设置时空的限制。他们更希望对正在进行的转型张开怀抱。劳里的结论是，在这个"数字世纪"的开端，我们对艺术和策展在互联网上的作用尚只有一种最低限度的认识。

梅伦蒂·潘迪洛夫斯基的《艺术与科学：交叉（再）创造》从当代策展的角度讨论艺术、科技和哲学的交汇。潘迪洛夫斯基聚焦于由艺术与科学的关系所产生的最困难且尚未解决的问题，这种关系在20世纪的大部分时间里都让人类感到困惑。这是基于C. P. 斯诺（C. P. Snow）1959年的著名演讲"两种文化"（The Two Cultures）进行的，这位小说作家兼物理学家在演讲中提出，艺术和科学之间的裂痕如果得到解决，可以为人类带来重大的突破。

斯诺正确地指出，他那个时代（当今亦然）的艺术家和科学家接受的是人文或科学教育：这两种文化的争论正是源于二元思想在整个西方文明中的重要作用。因此，解决它们之间裂痕的任务特别困难，因为人们必须协调艺术、文化、阶级、科学、技术、政治和展演等方面的交错和重叠。

然而，随着机器人艺术、纳米艺术、量子艺术（艺术和物理科学）、实验界面艺术、生物艺术和信息可视化领域的艺术发展，新兴艺术形式的快速演进大幅弥合了这种间隙。

很明显，以科学为基础的艺术作品的展示改变了艺术机构在策展中的角色。在过去的 20 年里，艺术机构一直在改进他们的展览和策展方案，以适应生物艺术。奥地利电子艺术节（Ars Electronica）、欧洲驻场媒体艺术家交流网络（EMARE NETWORK）、共生艺术研究中心（SymbioticA）、澳大利亚实验艺术基金会（Australian Experimental Art Foundation, AEAF）和斯科普里电子艺术博览会（Skopje Electronic Art Fair, SEAFair）等机构通过支持科学艺术研究而参与其中。它们在委托和支持艺术家的工作方面作用显著，这些艺术家正在打开"白盒子"，使与科学家合作的艺术作品"活起来"。艺术机构不断变化的角色，包括支持灰色地带（如生物哲学和生物政治学）的艺术研究工作，可以被视为与米歇尔·福柯（Michel Foucault）、乔治·阿甘本（Giorgio Agamben）、迈克尔·哈尔特（Michael Hardt）以及安东尼奥·内格里（Antonio Negri）的思想直接相关。

结语

综上所述，我们在《策展指南》中所尝试的是对全球当代策展进行全面、精到且深刻的概述。我们认为，自 20 世纪 90 年代以来关于当代策展的讨论已经改变了艺术，而艺术也已经改变了策展。

为此，我们的撰稿团队包括了来自世界各地的艺术家策展人、策展人、学者、理论家以及博物馆和美术馆的专业人士。从我们编辑的角度来看，他们能够代表我们对于理解如今的策展和展览制作的努力。此外，我们意图通过强调对西方思想和文化的持续性遗存的不同观点，来质疑当代艺术和策展中的许多现代主义谬误。我们的撰稿人阐明了当代策展应该如何被理解为一个在本质上与更古老、更成熟的策展形式截然不同的，相对较新的活动和思想领域。

参考文献

Benjamin, Walter. 1969. *Illuminations: Essays and Reflections*, translated by Harry Zohn. New York: Schocken Books.

Blazer, David. 2014. *Curationism*. London, Pluto Press.

Diamond, Sara. 2003. Silicon to carbon. In: *Beyond the Box: Diverging Curatorial Practices*, edited by Melanic Townsend. Walter Phillips Gallery, 141–168.

Graham, Beryl and Sarah Cook. 2015. *Rethinking Curating*. Cambridge, MA: The MIT Press.

Green, Charles and Anthony Gardner. 2016. *Bienniales, Triennialsm and documenta*. Chichester: Wiley-Blackwell.

Monhanty, Chandra Talpade. 2004. *Feminism without Borders*. Durham, NC: Duke University Press.

Obrist, Hans-Ulrich. 2003. What is the future of art? Artsy. https://www.artsy.net/article/hans-ulrich-obrist-the-future-of-art-according-to-hans-ulrich-obrist, accessed 13 March 2019.

Obrist, Hans-Ulrich. 2011. *Everything You Wanted to Know about Curating*. Berlin: Sternberg Press.

Obrist, Hans-Ulrich. 2015. *Ways of Curating*. Harmondsworth: Penguin Books.

O'Neil, Paul. 2016. *The Curatorial Conundrum*. Cambridge, MA: The MIT Press.

Quaranta, Domenico. 2013. *Beyond New Media Art*. Bresciam, LINK Editions.

Rich, Adrienne. 2015. *Blood, Bread and Poetry*. New York: W.W. Norton.

目 录

第
一
部
分

概述：策展的缘起和出处

第一章　匹兹堡策展简史

卡内基国际艺术展近况[①]

> 艺术机构不应该追求大师作品，而是致力于获取那些随着时间推移可能会成为大师作品的现代画作。[②]
>
> ——安德鲁·卡内基（Andrew Carnegie）

> 安德鲁·卡内基放弃一切财产的决定……使他成为一名更加无情的商人和资本家。他意识到，赚的钱越多，就不得不付出越多，因此他驱使合作伙伴和雇员不断前进。
>
> ——戴维·纳索（David Nasaw）[③]

匹兹堡的卡内基国际艺术展于1896年首次举办，是历史第二悠久的仍在举办的国际艺术群展[④]。与之并称的威尼斯双年展比之早创办一年，

---

① 我把这一章献给裴锋（Phong Bui），他是《布鲁克林铁路》（*The Brooklyn Rail*）富有远见卓识的编辑。

② 引自 Armstrong（1996）：15。

③ Nasaw 2006: xii.

④ 当这篇文章正在编校的同时，我又发表了两项相关成果。我与若阿基姆·皮萨罗合作出版关于野生艺术的专著《边缘美学／美学边缘：野生艺术阐释》（宾夕法尼亚州立大学出版社，2018年）；与格雷厄姆·希林合著论文《第57届卡内基国际艺术展》（Carnegie International, 57th Edition），《布鲁克林铁路》，2018年11月，参见 https://brooklynrail.org/2018/11/artseen/Carnegie-International-57th-Edition。

即 1895 年。因此，通过考察这一展会的历史，可以极大地增进对策展的了解。得益于一本最近由博物馆出版的自我批评类书籍，我们获得了这一重要展会缘起和发展的完整图文记录（Clark, 1996）。又由于我自 1973 年起住在匹兹堡，得以从 1979 年开始几乎参观历次展会，掌握了一手史料。因此，笔者的评论文章提供了一名作家对这一重要展会的持续记录。本文作为节选，略过了笔者近期看过但没有充分评论的展览。

正如本文引言中安德鲁·卡内基所说，国际艺术展的目的是为平民百姓带来当代艺术的最佳样板。但不出所料，随着时间的推移，关于如何做到这一点的看法发生了根本性的变化。卡内基没有提供任何详细说明，也没有为展览作出足够的支持。因此，由博物馆来决定如何举办展览和获得资金。那本博物馆出版的历史著作很好地讲述了一个绵延至 1996 年的长篇故事。在这里，把起始年份定于 1979 年比较合适，因为那一年标志着笔者个人了解这些展会知识的起点，也因为分析最近的展览更接近我们的目的。

笔者从历史和哲学的角度叙述卡内基国际艺术展策展人的活动。本文共有六个部分。第一部分是历史。笔者描述了最近的展览，通过列举和描画一些艺术家以指出这些展览风格的变化。本文的其余部分将对这段历史进行借鉴。第二部分谈到展览的背景。这个大型群展的一些特点是所有此类展览的共同点；但还有一些是匹兹堡所特有的。笔者根据匹兹堡的历史来描述卡内基艺术博物馆的地位。第三部分提出了策划此类群展所普遍关心的问题。笔者提出，如何识别最好的当代艺术？我发现了不断变化的艺术市场怎样影响着策展人的实践。我们想了解为什么这些展览在过去的 30 年里发生了如此大的变化。第四部分着眼于卡内基国际艺术展的政治背景。随后，第五部分要解决艺术史和哲学可以为策展人提供什么视角的问题；我们能提出一个可用的当代艺术理论吗？最后，第六部分简要提出一个个人观点。我的目标是描述这个展览，参考当代艺术和美学理论，将它置于一个更广阔的视角中。我相信，只有在经验主义史学和更广泛的概念分析观点之间转换，才有可能充分理解这个雄心勃勃的展览。

卡内基国际艺术展的缘起和历史

安德鲁·卡内基（1835—1919）原是一名来自苏格兰的贫穷移民，于19世纪末在匹兹堡发迹。到20世纪初，他成为美国最富有的人。他决意捐出大部分财产用于公益事业，希望其创建的卡内基学院（Carnegie Institute）能够展示最重要的当代艺术。此时，在纽约等地，刚刚富起来的美国实业家们正在搜罗藏品，促使美国形成先进的艺术博物馆文化。卡内基的目标与众不同——他并不希望建立一个名家名作收藏馆；相反，他乐于展示新近创作的艺术品。在19世纪90年代，这是一个非常新颖的想法。直到1929年现代艺术博物馆（Museum of Modern Art, MoMA）在纽约市成立时，美国多数的公共博物馆仍然不太重视当代艺术。

传统上，卡内基国际艺术展是一个大型群展。1977年举办了一次个展。1979年，由于博物馆对近期展览的媒体反响不满意，国际展分别交由爱德华多·奇利达（Eduardo Chillida）和威廉·德·科宁（Willem de Kooning）策划[1]。随后在1982年，吉恩·巴罗（Gene Baro）策划了一场饱受批评的展览，一位年轻的博物馆馆长约翰·R.莱恩受命重振卡内基国际艺术展。1985年的卡内基国际艺术展由莱恩与随之来到匹兹堡的新晋当代艺术副策展人约翰·考德威尔合作策划[2]。

他们的42位艺术家包括民粹主义者约翰·埃亨（John Ahearn），他

---

① 我的评论：Carrier（1980）。
② 我的评论：Carrier（1986）。

创作了布朗克斯区（Bronx）的人物雕塑；这样的纽约市知名人士还有埃里克·菲施尔（Eric Fischl）、珍妮·霍尔泽（Jenny Holzer）、尼尔·詹尼（Neil Jenney）、比尔·詹森（Bill Jensen）、埃尔斯沃思·凯利（Ellsworth Kelly）、索尔·莱威特（Sol LeWitt），以及罗伯特·曼戈尔德（Robert Mangold）、布赖斯·马登（Brice Marden）、朱利安·施纳贝尔（Julian Schnabel）和弗兰克·斯特拉（Frank Stella）。也有很多在纽约画廊中表现出色的德国人：格奥尔格·巴塞利茨（Georg Baselitz）、伊日·格奥尔格·多考皮尔（Jiří Georg Dokoupil）、约尔格·伊门多夫（Jörg Immendorff）、安塞尔姆·基弗（Anselm Kiefer）、马库斯·吕佩茨（Markus Lüpertz）、西格马尔·珀尔克（Sigmar Polke）和格哈德·里希特（Gerhard Richter）。此外，还有他们的一些意大利同行：弗朗切斯科·克莱门特（Francesco Clemente）、恩佐·库基（Enzo Cucchi）、卢恰诺·法布罗（Luciano Fabro）和扬尼斯·科内利斯（Jannis Kounellis）。最后，还有一些在美国画廊也很有名的英国人：理查德·迪肯（Richard Deacon）、巴里·弗拉纳根（Barry Flanagan）、卢西恩·弗罗伊德（Lucian Freud）、吉尔伯特与乔治艺术组合（Gilbert and George）以及霍华德·霍奇金（Howard Hodgkin）。这是对当时最杰出人物的一次很好的审视：缺乏女性，没有亚裔（日本在 20 世纪 50 年代中后期一直是主要的参展方，在 20 世纪 50 年代末的一次展会中，囊括了 25 名日本艺术家）。莱恩撰写的展览图录引言对当代艺术进行了全面述评，日后产生了重要影响。他准确地观察到，下列事项并未形成共识，即：

> 批评家评价当今艺术的适当方式，或者艺术家现在所追求的各种理论和风格方向的相对重要性。（Lane and Caldwell, 1985:17）

展览就像图录中所写的那样，很好地介绍了那些活跃在美国艺术界的著名美国人和欧洲人。

在 1988 年的国际展中，莱恩和考德威尔在咨询委员会的帮助下[1]筛选出 13 位艺术家参加两次展览。"尽管 1985 年国际展的作品汹涌、宏大而充满活力"，薇姬·克拉克（Vicky Clark）在刊载于图录中的文章中写道，"1988 年的展览则有一种安宁、静谧乃至妙不可言的感觉"。（Clark, 1988: 8）展览中有美国人西亚·阿玛贾尼（Siah Armajani）和德国人洛塔尔·鲍姆加滕（Lothar Baumgarten）的政治性装置艺术；有约瑟夫·博伊于斯（Joseph Beuys）的重要展示，他刚刚在美国得到了应有的认可；还有美国著名青年画家罗斯·布莱克纳（Ross Bleckner）和彼得·哈利（Peter Halley），以及展出了神作的杰夫·昆斯（Jeff Koons）。此外，展览还包括一些不同类型的艺术家，他们正逐渐为人所知：瑞士菲施利与魏斯艺术组合（Fischli and Weiss），阿格尼丝·马丁（Agnes Martin）和赛·通布利（Cy Twombly）等一些美国主流资深画家，以及加拿大摄影师杰夫·沃尔（Jeff Wall）。像以前的国际展一样，这又是一场以纽约为中心的展览；其中大多数非美籍人士已因画廊展览而广为人知[2]。

1991 年的卡内基国际展是我所见过最具创意的一届展览（很遗憾，我的展览评论没有很好地表达出这个意思[3]）。展览不仅仅呈现了画廊里的一系列原创艺术，还延伸到与卡内基图书馆一墙之隔的自然历史博物馆；实际上，也延伸到了整个城市。正如策展人马克·弗朗西斯所写："博物馆的特殊性创造了各种可能性和机会，博物馆的现实一直是我们的指导原则，而不是理想或想象中的博物馆的概念。"（Cooke and Francis: 19）他和他的联合策展人琳内·库克在图录中对艺术博物馆给出了一个暗示性的解释。"从历史上看"，她在目录中写道，"艺术博物馆有两个主要角色：宝库，亦即仓库；学院，亦即研究中心"。（Cooke

---

① 我的评论：Carrier（1992）。
② 我应邀为图录中的文章提供建议。
③ 这个展览确实启发了我，Carrier（2003）。

and Francis: 213）

　　一些艺术家充分利用了卡内基艺术博物馆的资源：例如，迈克尔·阿舍（Michael Asher）在建筑大厅做了一个装置。由于展览首次扩展至博物馆外，外地的评论家们来到匹兹堡后不能仅仅在博物馆内漫步，他们需要在城市中游走。知名政治艺术家蒂姆·罗林斯和 K.O.S 艺术团体（Tim Rollins + K.O.S）在霍姆伍德（Homewood，一个贫穷的黑人社区）的公共图书馆做了一个装置。展览的其他部分散布在匹兹堡市中心、杜肯大学（Duquesne University）附近以及当地一个主要的艺术场馆——床垫工厂（Mattress Factory）。而克里斯托弗·伍尔（Christopher Wool）的《无题》（Untitled, 1991）中"展览结束了"的标牌在博物馆外展示，其写有更长口号的画作则被收入馆内。在画廊内，路易丝·劳勒（Louise Lawler）、朱迪丝·巴特勒（Judith Butler）、安·汉密尔顿（Ann Hamilton）、戴维·哈蒙斯（David Hammons）以及艾伦·麦科勒姆（Allan McCollum）对博物馆进行了批评。还有伊利亚·卡巴科夫（Ilya Kabakov）和迈克·凯利（Mike Kelley）的装置作品，克里斯托弗·伍尔和菲利普·塔弗（Philip Taaffe）的绘画作品，以及出生于 1911 年的路易丝·布儒瓦（Louise Bourgeois）在国际展上迟来的亮相。另外，有一个中国人黄永砯在卡内基图书馆用废弃的艺术书籍做了一个装置作品。

　　1995 年的国际展是由理查德·阿姆斯特朗策划的，他有三个顾问[①]。由于 1991 年的展览很成功，他们特意选择了一条截然不同的道路。阿姆斯特朗访问了 27 个国家。关于我们所处的时代，图录中指出：

　　　　是一个具有自省和原子化政治倾向的时代，体现在以网络空间为标志的新兴扩展手段上。人们关于到达月球或邻近星球的共

---

　　① 我的评论：Carrier（1996）。

同愿景，已经被一种个人的甚至是普遍的设想所取代，那就是我们应该能够通过几乎无限的数据即时地联系到彼此。（Armstrong, 1996: 32）

这次展览包括各种各样的艺术：尚塔尔·阿克曼（Chantal Akerman）的录像作品、斯特凡·巴尔肯霍尔（Stephan Balkenhol）的雕塑、查克·克罗斯（Chuck Close）的照相写实主义绘画、马琳·杜马（Marlene Dumas）的具象绘画、路易丝·菲什曼（Louise Fishman）的抽象作品、罗伯特·戈伯（Robert Gober）的雕塑装置，还有佩尔·柯克比（Per Kirkeby）的雕塑——他的画作曾在早期的国际展中展出过。在这次展览上，琼·米切尔（Joan Mitchell）和唐纳德·贾德（Donald Judd）等一些美国人卷土重来，还涌现出一些重要的新人物：多丽丝·萨尔塞多（Doris Salcedo）、理查德·塔特尔（Richard Tuttle）、罗伯特·塞里恩（Robert Therrien）和蕾切尔·怀特里德（Rachel Whiteread）。

1999—2000 年的国际展出自一位新的策展人马德莱娜·格林斯泰因。她呈现了马修·巴尼（Matthem Barney）的影片、约翰·柯林（John Currin）的具象绘画、托马斯·德曼德（Thomas Demand）的照片等。国际展上，一些老资格的人物出现了——亚历克斯·卡茨（Alex Katz）、爱德华·鲁沙（Edward Ruscha）、卡拉·沃克（Kara Walker）；还有威廉·肯特里奇（William Kentridge）、马丁·基彭贝格尔（Martin Kippenberger）、克里·詹姆斯·马歇尔（Kerry James Marshall）、加夫列尔·奥罗斯科（Gabriel Orozco）以及吕克·蒂曼（Luc Tuymans）等一些重要新人。这些人除了大多成名于纽约的画廊中外，没有明显的共性。最富戏剧性的变化出现在图录上。之前的图录主要包含对艺术家和艺术现状的直接评论，1999 年的图录则包括了策展人和几位时兴的艺术评论学者的文章。由于这些文章与展出的艺术品有明显的距离，其出版引起了关于这些图录功能的切实质疑。一篇文章问道："当面对一个永远受制于不断出现的新关系以及解体重构的旧模式的现实，本我会变成什么？"（Grynsztejn, 1991: 99）文章宣称，艺术作品"首先是基于物质的、后验的形式，这决定了其影响力水平"（Grynsztejn, 1991: 101）。这并不是为广大公众准备的散文。

2013年的卡内基国际艺术展是由丹尼尔·鲍曼（Daniel Baumann）、丹·拜尔斯（Dan Byers）和蒂娜·库基尔斯基（Tina Kukielski）策划的。在20世纪80年代，国际展的重点是刚刚在纽约展出的最知名的美国和西欧艺术品[①]。当许多国家的艺术家都在进行重要的艺术创作时，这个计划便不再可行了。在选择这些来自19个国家的35位艺术家时，策展人并没有说这些是当世最重要的艺术家，也没有说他们的展览有一个统一的主题。"艺术照亮了日常生活中所有的美丽、瑕疵和诙谐"，他们说，因此"历史和地域感都是引人注目的艺术探索之地"。（Baumann, Byers, and Kukielski, 2013: 26）与1999年的图录不同，这本图录包含了更具可读性的文章。它明智地指出，"大多数将参观2013年卡内基国际艺术展的观众""并不属于'艺术界'"。（Baumann, Byers, and Kukielski, 2013: 262）在广场入口上是菲莉达·巴洛（Phyllida Barlow）有趣的反纪念碑装置《尖》（TIP, 2013），由旗帜和木杆构成。参展人员的构成是多元的，除北美和西欧人士以外，还包括：住在印度的阿米尔·坎瓦尔（Amer Kanwar），来自越南的黎光庭（Dinh Q. Lê），住在迪拜的伊朗人罗克尼·哈埃里扎德（Rokni Haerizadeh），以及在伊朗工作的卡姆兰·希尔德（Kamran Shirdel），还有南非的扎内勒·穆霍利（Zanele Muholi）、波兰的保利娜·奥洛夫斯卡（Paulina Olowska）、巴西的埃丽卡·韦尔祖蒂（Erika Verzutti）以及来自中国的艺术家。

---

① 我的评论：Carrier（1986）。

匹兹堡作为艺术展览中心的故事

为了理解这些匹兹堡策展人的行为，需要对那个地方有所了解。如果不了解卡内基艺术博物馆的历史，就无法完全理解在该馆举办的卡内基国际艺术展。建筑史学家富兰克林·托克（Franklin Toker）在《匹兹堡：一幅城市肖像》（*Pittsburgh: An Urban Portrait*）中描述的匹兹堡的特点正与此契合。19 世纪末，这座城市作为世界级的工业中心，是许多美国大收藏家的发家之所。但是，这些人及其后代的艺术收藏却流向他处：安德鲁·梅隆（Andrew Mellon）的画作捐给了位于华盛顿的美国国家美术馆（National Gallery of Art, Washington），保罗·梅隆（Paul Mellon）以个人名义把画作捐给了耶鲁大学（Yale University）的博物馆收藏；邓肯·菲利普斯（Duncan Phillips）的现代主义艺术品捐给了他自己开设在华盛顿的博物馆；亨利·克拉克·弗里克（Henry Clark Frick）的古代名家艺术品大多捐给了他开设在纽约的博物馆；沃尔特·阿伦斯伯格（Walter Arensberg）的收藏捐给了费城艺术博物馆（Philadelphia Museum of Art）；而 G. 戴维·汤普森（G. David Thompson）的收藏大多被拍卖了。

托克对建于 1895 年的卡内基图书馆（Carnegie Library）和卡内基学院建筑作出了详细的描述。艺术博物馆、自然历史博物馆、大型音乐厅、演讲厅以及图书馆的主体部分，都坐落在一个近 800 英尺长的巨大建筑中。作为大型工业中心的匹兹堡，第一次有了一座重要的文化中心。该建筑采用了 6 000 吨欧洲大理石，大厅里摆放着一系列著名建筑和雕塑的石膏模型。自从博物馆开始只寻求展示原作，模型这种艺术形式就已经过时了，但现在又变得有意义了；它一直是该座文化中心的一部分。托克写道："这些模型投射在巨大的空间中"，高度足有 70 英尺以上，"使人近乎恍惚"。（Toker, 1994: 100）。国际展的场地就在这座豪华建筑中的艺术画廊内，尽管艺术博物馆于 1974 年已经进行了扩建并增加了新的画廊，但这些画廊最近又被翻新了。

位于匹兹堡西北方仅 120 英里左右的地方，是另一个省级工业城市克利夫兰。通过对比克利夫兰的博物发展历程，可以进一步了解卡内基国际展的一些情况①。克利夫兰艺术博物馆（Cleveland Museum of Art）成立于 1916 年，仅比卡内基学院晚了 20 年（美国东部和中西部的许多大型博物馆都是在这一时期建立的）。克利夫兰艺术博物馆选择专注于构建一个大型永久收藏机构。它在 20 世纪 50 年代是美国最富有的博物馆，因而能够大规模收集古代艺术大师和欧洲现代主义风格的作品②。著名策展人李雪曼（Sherman Lee）作为一名杰出的亚洲艺术鉴赏家，拥有一所著名的中国、印度艺术品收藏机构。李对当代艺术并不十分感兴趣，尽管博物馆定期举办克利夫兰当地的艺术创作展，但从未奢望能够举办类似卡内基国际艺术展的当代艺术展览③。我在克利夫兰教书时，撰写了《博物馆怀疑论》（*Museum Skepticism*, 2006）一书，其中包含大量艺术博物馆的历史。我认为这些伟大的收藏机构标志着当地资本主义发展的高潮，它们在 20 世纪初的繁荣中快速启航，又在如今这个生锈的城市中搁浅。

1892 年，卡内基钢铁厂发生罢工，亨利·克拉克·弗里克负责处置。工厂雇佣的保安杀害了数名工人，卡内基假装对情况一无所知，让弗里克当替罪羊，两人因此决裂。与卡内基发生冲突后，弗里克显然绝不会再支持他对手名下的博物馆。假设弗里克的收藏馆成为卡内基博物馆的一部分，那么该博物馆将拥有更强大的馆藏资源。但是，这样的理想规

① 我在 Carrier（2006）的第 10 章中简要比较了这些博物馆，并详细讨论了克利夫兰博物馆（Cleveland Museum）。

② 当我告诉卡内基博物馆（Carnegie Museum）馆长理查德·阿姆斯特朗我将在克利夫兰任职时，他指出克利夫兰博物馆的财务状况比他的机构要好得多。

③ 克拉克艺术学院（Clark Art Institute）院长迈克尔·孔福尔蒂（Michael Conforti）在阅读我的《博物馆怀疑论》手稿中有关克利夫兰艺术博物馆历史的讨论时，提出了一个重要的观点。当 1916 年这家位于克利夫兰的机构成立时，创始董事使用城市的名称而非自己的名字为其命名，从而为其他当地捐助者支持该博物馆扫除了障碍。

划往往受制于个人因素。例如在洛杉矶，J. 保罗·盖蒂博物馆（J. Paul Getty Museum）拥有丰富的馆藏和出众的馆舍，而在城市的另一边，诺顿·西蒙（Norton Simon）的收藏规模也甚巨。如果两家收藏机构联合起来，洛杉矶将拥有一个世界级的古代精品博物馆。

弗里克去世后，他的女儿海伦·克莱·弗里克（Helen Clay Frick）于1928年在匹兹堡大学（University of Pittsburgh）捐建了亨利·克莱·弗里克美术大厦（Henry Clay Frick Fine Arts Building），就在卡内基学院的对面。这座建筑比卡内基学院小得多，但也很宏伟，是仿照一座16世纪的罗马别墅建造的。大厦内藏有一组由修复师尼古拉斯·洛霍夫（Nicholas Lochoff）制作的文艺复兴时期意大利壁画的等比例复制品，以及两件号称文艺复兴时期艺术大师米诺·达菲耶索莱（Mino da Fiesole）作品的大型雕塑，两件其实均为现代赝品，但并未长期陈列。20世纪60年代末，她对匹兹堡大学管理这座建筑的方式感到不满，就在她父亲的庄园内向东数英里处建了一座博物馆，即弗里克艺术博物馆（Frick Art Museum，她的父亲在20世纪20年代将大部分藏品安置于其在纽约的博物馆里）。

卡内基学院从其国际展中有偿征集了最好的作品（该博物馆还专门开设了一个主要收藏现代主义艺术品的分馆）。正如一位历史学家指出的：

> 很容易理解为什么卡内基和艺术委员会不愿意放弃举办年度展览会。卡内基只需花费一笔几乎可以忽略不计的钱，而且根本不需要付出劳动……一件优秀的藏品也许能够为社会带来同样或更大的益处。但它不那么引人注目，因而对一个陶醉于自己公共慈善家形象的人来说并不尽如人意。（Neal, 1996: 217）

你只需将匹兹堡的藏品与艾伯特·巴恩斯（Albert Barnes）为其坐落于费城郊外的博物馆所收集的画作进行比较，就可以看到上述举措的部分局限性。卡内基学院是艺术委员会决策的，因此虽然马蒂斯（Matisse）和纽约现代艺术博物馆的创始馆长小艾尔弗雷德·H.巴尔（Alfred H. Barr Jr.）等知名人士是评委，但展览呈现的是妥协的结果。在截至1988年的50年间，大约有三分之一的藏品来自国际展。卡内基学院只藏有少数毕加索（Picasso）、马蒂斯和勒努瓦（Renoir，艾伯特·巴恩斯着重收藏的三个最著名的人物）的作品，而如果考虑到早年间可以轻松购买的画作，例如抽象表现主义艺术家，或贾斯珀·约翰斯（Jasper Johns）、罗伯特·劳申贝格（Robert Rauschenberg），抑或波普艺术（Pop Art）等，那么其收藏就更是相对单薄了。显然，卡内基不可能在1895年就预见这种发展趋势——没有人预料到。但是在纽约（以及其他主要的艺术中心），博物馆为纠正早期策展人的错误，通过购买或接受捐赠来获得那些经受住时间考验的艺术品。在匹兹堡，这样做并不容易。安迪·沃霍尔（Andy Warhol）于1987年去世后，一座专门纪念他的博物馆在匹兹堡建立起来，就设在卡内基艺术博物馆下[①]。沃霍尔在匹兹堡长大，但在20世纪40年代末搬到纽约市后，他与家乡的联系就很少了。他的艺术作品在其去世前一年才首次得到博物馆认可；因此，安迪·沃霍尔博物馆的故事并非国际展历史的一部分。

在过去，展览组织者要走访全国乃至西欧的画室。后来，策展人要遍访纽约、欧洲的画廊，现在更要踏足全世界。然而，有一个地方没有得到足够的关注，那就是匹兹堡本地。从艺术上来说，它是一个地方性的城市。传统上，艺术史学家将艺术创作的中心与周遭区分开来，后者对中心有所借鉴但难以施加影响。因此，以意大利为例，历史学家明确划分了创新创作的核心区域与外延区域。在巴洛克（Baroque）时代，鲁道夫·威特科尔（Rudolf Wittkower）写道："直到17世纪中期以后，佛罗伦萨的绘画都是地方性的，但有自己独到的特点。"（Wittkower, 1973:

---

① 参见 Carrier（1994）。

469）由于这一价值判断具有明显的贬义，一些艺术史学家现在试图摒弃它。例如，将来自北美或西欧以外的当代艺术仅仅作为欧美艺术的地方性变种来看待，已经变得不合适了。经常有人提出，我们应该独立地对待这种艺术，而不是把它当作熟悉的作品的衍生品、弱化版。关键问题仍然在于这是否真的可能，因为我们不可避免地倾向于利用已有知识来判断不熟悉的东西。

在匹兹堡，博物馆事实上明确区分了主流艺术和本地艺术，后者就是地方性的[1]。102 年来，由匹兹堡方圆 150 英里内的艺术家组成的匹兹堡艺术家协会（Associated Artists of Pittsburgh），每年都举办展览，通常就在卡内基艺术博物馆内举行[2]［2013 年，匹兹堡的艺术组织"转型"（Transformazium）被纳入其中］。

总体来说，尽管我们很幸运地拥有一位精力充沛、见解深刻的艺术评论家格雷厄姆·希林（Graham Shearing），但当地报纸的艺术评论能力仍较为薄弱[3]。

本地艺术没有被策展人认真对待，其背后的原因值得一谈。要想对艺术进行显著创新，就必须与上一代领军人物保持接触，即使是那些避世的艺术家也要如此。而且，由于那些充满雄心壮志的新艺术都要在艺术世界的中心区域被展示、报道和售卖，你需要在那里开始你的职业生涯。当然，一旦一个艺术家声名远扬，他或她就可以选择住在艺术中心之外，因为那时艺术商人和策展人会主动来到其工作室。继续假设，一个年轻有为、创意十足的艺术家在匹兹堡生活和工作，这样的人很难吸引评论家的注意，也很难为其艺术创作找到市场。当地没有高档次的艺

---

[1]　若阿基姆·皮萨罗提醒我注意最近在水晶桥博物馆（Crystal Bridges Museum）举办的展览"艺术的状态：发现当今的美国艺术"（State of the Art: Discovering American Art Now）。它打破了现行的假设，囊括了一些来自匹兹堡的艺术品。

[2]　我在 2001 年策划了这个展览。

[3]　他约我撰写了唯一一篇发表在当地出版物的有关国际展的文章（Carrier, 1999）。

术商人，也难以得到评论家的支持。虽然在过去30多年间，我已经在国内外出版物上发表了多篇评论，但没有一个编辑鼓励（甚至可以说允许）我写本地艺术家[①]。与艺术家一样，评论家如被认为具有地方性，就会面临限制。我通常认为自己是纽约作家，尽管我从1972年起就没有在那里生活过。

国际综合性群展的问题

如上所述，卡内基国际艺术展的一些特质源自匹兹堡的历史。但是，其他一些特点则是所有大型当代艺术展览所共有的。大量艺术家受邀参展，但我们知道其中只有少数人能经受住时间的考验。正如托马斯·麦克维利（Thomas McEvilley）在1988年出版的图录中对20世纪50年代的描述：

> 这些年的展品清单说明了艺术史的偶然性。一件划时代的作品可能本身并不具有代表性，而是碰巧被挑选出来的。参展的大多数艺术家在国际艺术讨论中再也没有被提起过。（McEvilley, 1988: 23）[②]

收藏当代艺术品是很棘手的。如果博物馆决策的时间太久，那么那些已经崭露头角的艺术家的作品就会十分昂贵。画家肖恩·斯库利于

---

① 除了两次例外：Carrier（1997）和Carrier（2001）。这两次展览的艺术家都是非洲裔美国人。

② "关于历史上的艺术展览：卡内基国际艺术展与美国对自身的重新定义"（On the Art Exhibition in History: The Carnegie International and the Redefinition of the American Self），《卡内基国际艺术展1988年》（*Carnegie International 1988*），第23页。

1985 年参加卡内基国际艺术展，这是他第一次在美国的博物馆参展；博物馆并没有当即购买他的作品，但在晚些时候回心转意时，其价格已大幅提升①。卡内基国际展览的办展费用高昂，因而可用于征集藏品的经费似乎受到了限制。

　　如果博物馆能够支持那些尚未出人头地的艺术家，那么将可能有更多人存活下来。成立于 1962 年的《艺术论坛》（*Artforum*）是美国最有影响力且最为重要的当代艺术杂志，每年出版 10 期，几乎每期封面都会刊登一件当代艺术作品，而且很少重复。登上封面意味着高度认可——它表明评论界对艺术家非常重视。在《艺术论坛》的短暂历史上，有数百名艺术家的作品登上了它的封面。但是，没有人奢求他们中哪怕一小部分人在 50 年后仍然声名显赫，甚至不指望他们还能小有名气。

　　为数众多的精装图册为最重要的当代艺术提供了一种选择。例如，看看最近的两部大图册：《定义当代艺术：25 年间的 200 件关键艺术作品》（*Defining Contemporary Art: 25 years in 200 Pivotal Artworks*），由来自欧洲和美国的 8 位策展人编选（Birnbaum et al., 2011）；以及《100 件将定义我们时代的艺术作品》（*100 Works of Art that Will Define Our Age*），由评论家凯利·格罗维尔（Kelly Grovier）编选（Grovier, 2013）。这些书介绍了一些吸引眼球的当代艺术。正如书名所示，它们的观点有些不同；而且，它们经常支持不同的艺术家。这两本图册都没有找到对当今艺术重要性的可行定义，而且都无法提供任何不同于其他评论家的意见。

　　一个展示当地品位变化的展览很可能具有真正的社会学意义。例如，看看自 1896 年以来匹兹堡的当代艺术受到了怎样的重视，是非常有意思的。但实际上，我们所希望的是永久性地收藏现代主义和当代大

---

① 参见我的图录文章（Carrier 1985）。

师的作品：我们想要最好的艺术。20 世纪 80 年代，我和艺术评论家阿瑟·丹托（Arthur Danto）一起在卡内基艺术博物馆徜徉，他惊讶地发现那里有许多相对不那么知名的纽约艺术家的作品，而他在 20 世纪 50 年代就认识这些人。后来该馆进行改陈——现在展出的当代艺术作品大多是由知名人士创作的。

卡内基艺术博物馆是一座非常好的地方博物馆——好到足以吸引雄心勃勃的策展人和馆长，但又因资金不足而无法留住他们。在博物馆任职后，考德威尔和莱恩很快就去了旧金山；马克·弗朗西斯去了伦敦高古轩画廊（Gagosian Gallery）；劳拉·霍普特曼去了纽约现代艺术博物馆；琳内·库克换了几个不错的岗位；马德莱娜·格林斯泰因去了芝加哥当代艺术博物馆（Museum of Contemporary Art, Chicago）；阿姆斯特朗（Amstrong）去了纽约的所罗门·R. 古根海姆博物馆（Solomon R. Guggenheim Museum）担任馆长。这段历史是对博物馆的褒奖，证明它在策展人的选择上是有要求的。但这种阵容的不断变化意味着藏品反映出截然不同的风格。

在 1896 年，没有人能够预料到在这个国家，以及中国、欧洲乃至世界各地群展数量将激增。这意味着，匹兹堡的展览必须与许多类似的艺术展览竞争。它在威尼斯的竞争对手在一定程度上是凭借区位优势吸引观众的。正如《国家报》（The Nation）的艺术评论家巴里·施瓦布斯基（Barry Schwabsky）所开的玩笑："很难想象匹兹堡之行能让审美专家们像参观威尼斯时那样心潮澎湃。"（Schwabsky, 2016: 175）

公共艺术博物馆的本质

博物馆是公共空间，致力于吸引每个人；博物馆本质上是家长式的机构：它们为公众服务的愿望与它们的私立性起源相互牵制，构成了阐释其运营机制的基础。这些机构在很大程度上依赖于捐赠者，但也需要公共资金。当你进入卡内基艺术博物馆，就来到了一处豪华之所，这里向每一位购买了门票的公众开放。我很享受这种体验，但我也意识到这座建筑是一座宫殿。如果我这个相对有些许特权的前终身教授是这样看的，那么试想一下，这样的博物馆在一名少数族裔人士或贫穷的流浪汉眼里是什么样子[①]。当然，现在这些机构努力吸引多元文化背景的观众，因为它们非常希望受到广泛的认可。

像卡内基艺术博物馆这样的机构基本上是家长式的。卡内基自己选择了如何花费他的财富，当然他的所得应归功于其管理智慧和工人的劳动。假设给你一个选择：你愿意拥有一座艺术博物馆、自然历史博物馆和图书馆，还是愿意把钱花在其他社会意义不大的地方？事实上，你没有机会作出这个选择。博物馆的宗旨是让你受到教育——卡内基及其继任者的决定使你能够受益于欣赏艺术。他问道："当文明建立所依仗的法律将财富扔到少数人手中之后，管理财富的适当模式是什么？"[②]卡内基的答案诉诸赫伯特·斯宾塞（Herbert Spencer）的社会达尔文主义，并形成了自己的版本。富人的责任是组织"慈善活动，让他们的伙伴们能够从中持续获益"。实事求是地说，匹兹堡无法依靠公共资金拥有一座充满活力和雄心的博物馆。正是因为有卡内基这样非常聪明且冷酷无情的资本家，美国才成为一个富裕的国家。正是因为他们中的一些人具有公共精神，我们才得以拥有豪华的公共艺术博物馆。也正是因为他们的一部分继任者慷慨地支持博物馆，这些机构才能持续壮大。

博物馆总能引起相当大的敌意，这就是有大量关于这些机构的左派学术文献的原因之一。而且我们可以看到，正如1991年的国际展，最近一些策展人通过展示批判博物馆的艺术来处理这些情绪。然而，我现在

---

① 我在一本著作的咨询委员会任职时了解到这个问题，即《艺术/艺术品：人类学收藏中的非洲艺术》（*Art/Artifact: African Art in Anthropology Collections*），1989年春季。

② 引自 Nasaw（2006）：348，249。

的问题是，这种敌视是否有道理？我在这里提供的观点并非左派的（也不是自由主义者或右翼的观点）。它是一个哲学层面的论断，其政治含义还有待解读。哲学家们讨论的是货品的公正分配。你对卡内基的博物馆从何而来的判断，归根结底取决于你如何评价他的发家史。如果你认为这个过程是公正的，那么他就有权选择如何使用他的财富；如果你不这么认为，那么就会有一个截然不同的结论[①]。

一名处于工作状态的策展人几乎不可能沿袭这种思路，因为他需要从实际出发进行思考。但是，这并不意味着我的观点不重要。正如哲学家们的论证与日常实践之间的距离通常是巨大的，但这并不意味着他们的观点不重要。在下一部分中，我对两种关于策展的常见阐释方法进行分析，而其中的第二种方法对这一政治观点进行了直接的回应。

识别最重要的当代艺术品

我们如何才能识别出最重要的当代艺术品？这是卡内基国际展的策展人必须回答的问题。近来对此问题最有发言权的理论家是来自澳大利亚的特里·史密斯（Terry Smith），他现在是匹兹堡的一名教授（据我所知，他目前尚未参与组织过国际展）。他的著作《什么是当代艺术？》（*What is Contemporary Art?*，2009）对相关问题进行了详细的分析。他注意到，所有的当代艺术很显然都是正在被制造的艺术，他试图以一种更实用的方式定义"当代艺术"。现在，不仅是最新潮的作品，圣像画、印象派风景画和无数历史上过时的艺术形式同样正在不断地被制作出来。然而，他真正阐明的是我们的时代为什么产生了这样的艺术。史

① 该博物馆是在几代人之前创建的，那时政治环境不同；而现在的超级富豪对其目标的描述也有些不同。这些条件并不改变基本论点。

密斯指出，目前没有任何一种艺术风格是占主导地位的。这一点从卡内基国际艺术展的简介中就足以被清晰地看出来。因此，他呼吁对"当代性"这一概念进行哲学分析："这是一种归根结底由存在和时间之间多重关系构成的实践所定义的状态。"（Smith, 2009: 1）。他说，定义当代生活的正是当代性。它由此将我们与诸如20世纪中期的现代主义世界区隔开来。最终，他发现现在有三个重要的艺术潮流。首先是"全球化的美学"，它涉及对现代主义的再创作——国际展中的著名艺术家塞拉（Serra）、里希特和沃尔都是此中典型。第二，有从非殖民化进程中衍生的艺术形式——相关的艺术家有威廉·肯特里奇和佐薇·伦纳德（Zoe Leonard）。这种艺术旨在"再现当地的传统意象，并试图通过流行的西方现代艺术形式和风格来表现它，使其具有当代性"。最后，还有"被吸引来积极参与形象经济的"年轻人创作的艺术。

史密斯总结说，这些"就是上述条件（艺术界的展示）所实际导致的艺术种类"（265）。当然，"存在与时间之间的多重关系"已经存在了很久：20世纪中期，当安德烈·马尔罗（André Malraux, 1967）写下他的多元文化艺术史《没有围墙的博物馆》（*Museum Without Walls*）时；20世纪中期，当马蒂斯、毕加索和其他欧洲艺术家认真审视当时所谓的"原始"艺术时；事实上，在6世纪，当佛教艺术从印度传入中国时，这种关系已然存在。但可以说，这些情况最近发生了巨大的变化。在过去的30多年里，世界已经以全新的方式相互联系起来。这就是国际展在短时间内发生了如此巨大变化的原因。

如果你把史密斯理解为一位给艺术下定义的哲学家，那么你可能会感到失望。阿瑟·丹托持有一个颇具影响力的观点，即我们处于一个后历史时期，一个任何艺术形式都可能合理合法的时代。这是一个严格意义上的哲学论点，但史密斯提供了一种不同的思考方式。丹托从哲学的角度提出了一件物品成为艺术品的必要和充分条件；他因此确定了艺术的本质。如果你按照我的提议把史密斯看作一个社会学家，那么你会发现他的论述非常有价值。他对于像国际展这样的艺术展览进行了非常好的描述。这些展览的实践揭示了什么是当代艺术——在最近的卡内基国际展中出现的艺术正符合他的三种潮流理论。

即便如此，我对于史密斯的很多分析感到不太满意。一部分问题是，当代艺术分为三股潮流的原因并不清楚。而且，我发现对"当代性"的描述太模糊了，无法充分定义当代艺术。因此，我现在更认同一个完全不同的、更激进的分析。史密斯在事实上验证了当代策展的工作程序，而若阿基姆·皮萨罗和我则就此对艺术博物馆进行了尖锐的批评。在最近的两本书《野生艺术》（*Wild Art*）和《边缘美学 / 美学边缘：野生艺术阐释》（2018 年）中，我们对所谓的"野生艺术"作出解释，即卡内基等博物馆世界之外的艺术（Carrier and Pissarro, 2013; 2018）。现在我简要地概括一下这个解释，重点关注它对策展的影响。

艺术分为两种：处于艺术界中的艺术，即在商业画廊和像卡内基这样的博物馆中的艺术；以及野生艺术，即在艺术界之外的艺术。我们基于以下两组对比作出这种区分：

·家养动物 / 野生动物；
·家养植物 / 野生植物。

在进行这种对比时，我们并不是要赞美野生艺术。艺术界有很多平庸的艺术，野生艺术也有很多平庸之作。我们对野生艺术的定义是基于位置而非价值；是描述而非评价。我们在《野生艺术》一书中详细介绍了各种野生艺术形式，人体艺术、涂鸦和文身只是其中的三种。艺术评论家和历史学家通常几乎只关注艺术界的艺术。然而，一旦你发现真的存在两类艺术，那么你就会重新理解艺术界的艺术。

18 世纪末欧洲旧体制统治的结束以三个事件为标志，对卡内基具有持续性的重要意义。

·公共艺术博物馆的建立，包括将最珍贵的艺术品从私人手中转移到公共空间。卢浮宫（Louvre）于 1793 年作为博物馆开放是一个具有象征意义的时刻，因为它发生在法国大革命期间，也得益于大革命。

·艺术史作为一门学科的诞生，为组织规划博物馆所展示的艺术品提供了方法。

·伊曼纽尔·康德（Immanuel Kant）的《纯粹理性批判》（*Critique of Judgement*, 1790）对美学理论的发展，解释了为什么审美判断（aesthetic judgment）既不是判断事实，也不仅仅是表达选择，而是一种独特的陈述。

旧体制自上而下地对艺术界进行专制统治。审美判断被认为建立在赤裸裸的现实基础上。只有统治阶级精英有权出资，他们不关心公众的意见。公众可以接触到的大部分主流艺术品都在教堂里。相比之下，艺术博物馆是一个可供所有公民使用的公共空间。在博物馆内，艺术品通常根据艺术史学家的研究考证，安放在历史类陈列中。这完全是一种新情况。艺术现代主义就这样与民主文化联系在一起——在这里，我们找到了旧体制消亡后艺术与政治之间的基本联系。

一旦自上而下的审美判断停止了，则只有公众才能评判艺术。这在《纯粹理性批判》出版的 25 年前就已经被预料到了。在 18 世纪 60 年代，卢浮宫公开举办了当代艺术展。史上第一位伟大的艺术评论家德尼·狄德罗（Denis Diderot）写下了著名的评论。而托马斯·克罗（Thomas Crow）对这些展览为何具有重要性作出解释：

> 沙龙是欧洲最早的在完全世俗环境中定期、公开、免费进行的当代艺术展示，其目的是鼓励人们主要在审美方面给予反馈。……是什么使观众成为公众，也就是能够合法地证明艺术实践的合理性并为其产品赋予价值？观众是公众的具象化，但绝不等同于公众。（Crow, 1985: 3, 5）

我们可以说，观众只是观看艺术品的一群人，而公众是一个社群，一组自觉意识到自己身份的群体。在作出这种区分时，我意在引出被广泛讨论的"公共领域"的概念，即定义现代主义文化的群体。将观众转变为社群的途径是公开辩论。18 世纪 60 年代在巴黎展出的艺术看起来与如今卡内基国际展中的艺术截然不同。但评价过程是类似的：像狄德罗一样，我们评论家进行评判，旨在阐明甚至引导公众的反应。

康德美学的细节是复杂的，他的表述也往往是模糊的。因此，大量的学术讨论都是为了理解他的观点，以及这些观点在他精心设计的哲学体系中的位置。然而，根据我们当前的目的，其关键点可以被简要概括出来。我们每个人都必须作出自己的判断，因为没有人能够告诉我们什么是我们所喜欢的。因此，实际的问题是如何将这些个人的自由判断转化为一些关于审美价值的共识，这对于运营博物馆和组织艺术史写作而言是必要的。当康德提及让 – 雅克·卢梭（Jean-Jacques Rousseau）的重要性时，他强调了其研究的政治意义。在现代文化中，审美判断对于全民而言可谓"始于斯而归于斯"。毋庸置疑，这还只是一种理想，但是非常重要。在一个民主国家，你必须自己作出政治判断。而在一个开明的艺术世界里，你必须自己作出审美判断。没有理由相信专家能作出更好的审美判断；事实上，"更好的审美判断"这句话在本质上是逻辑混乱的。"审美判断"只能用"我的"和"你的"来修饰。在这里，康德著名的短文《对"什么是启蒙"的回答》（*An Answer to the Question: "What is Enlightenment?"*，1784）与其美学理论之间的联系是至关重要的（Kant, 1991）。由于他在晚年时才开始对美学进行论述，所以他自己并没有在政治和艺术之间建立这种联系，但这对于每个读者来说都是显而易见的。政治理论关注的问题是怎样通过投票产生公共政策。艺术界关注的问题是个人的审美判断怎样能成为博物馆的基础。

康德的品位革命本可以引领形成一个真正民主的（甚至是无政府主义的）艺术舞台，在这里，创造力将与公众的审美关注愉快地相互融合起来，这里的公众是一个全新的、更宽泛的概念。我们知道，在此后的两个多世纪，事情并没有完全如期进行。一种新的情况发展起来：艺术机构的管理者——博物馆、策展人、教授、评论家——成为专业人士，他们的职责是向公众传递艺术的意义：谈论艺术、发表观点、构建有关艺术的价值和意义，成为艺术体系的核心活动。这就是为什么策展人十分重要。艺术史这门学科也是在同一时期诞生的，艺术品管理者对其进行写作和讲授，这成为艺术体系的一个首要职能。美学的构建使所有人都能够自由地进行品位的判断；而博物馆将艺术带给人们；第三个因素，艺术史（与18世纪下半叶美学的构建及博物馆机构的创立同步发展起来）对这种潜在的无政府主义趋向加以调节。

在《对"什么是启蒙"的回答》中，康德奠定了他对人类历史的有限的乐观态度：

> 启蒙是人从自我造成的不成熟中走出来。不成熟是指在没有他人指导的情况下，没有能力进行独立思考……因此，启蒙的座右铭是：敢于求知！（Sapere aude）（Kant, 1991: 54）

如果允许自由讨论，不像在旧体制下存在的那种情况（康德所在的普鲁士就属于那种世界），那么我们就有可能得出真相。在艺术界，如果我们都被允许自由讨论我们的审美判断，那么就有可能达成共识。这就是为什么通常的艺术史教学（我曾参与其中）是完全错误的。他们不是教学生相信自己的审美判断，而是专制地向他们阐述什么是最好的艺术，这种做法很难激发独立思考。

皮萨罗和我在撰写《野生艺术》时，曾向菲利普·德蒙泰贝洛（Philippe de Montebello）详细介绍了我们的研究。他问道："如果你的论点是正确的，那么我一直以来所做的是不是完全错了？"当时，我们不知道该如何回答他。但是，我会在这里作出回应，主要是关于策展人的作用。长期以来，艺术界一直受到历史主义思维方式的影响。新的艺术形式被纳入艺术世界——为此，博物馆、艺术史和美学理论的观点需要调整。到 19 世纪 20 年代，德国哲学家黑格尔（G. W. F. Hegel）在他的艺术讲座中将康德历史化，并为艺术史和艺术博物馆的发展作好了铺垫；甚至于他在柏林的大学讲课时，当地的艺术博物馆就已经建成。温克尔曼（Winckelmann）的希腊和罗马艺术史一经出版，相关研究就有可能扩展到黑格尔所说的"绘画的历史发展"（Hegel, 1975: vol. 2, 869）。黑格尔于 1829 年在柏林的博物馆进行演说时表示，我们发现

> 绘画的内在历史的基本进程 …… 只有这样一种生动的景象，才能让我们了解绘画在传统和稳定状态中的创新，了解它如何变得更加生动，了解它对表现展示和个人特质的追求，了解它怎样从沉闷、肃穆的人物肖像中解放出来。（Hegel, 1975: vol. 2, 870）

最近的艺术史家大多不诉诸黑格尔，但他们用类似的历史主义视角思考。为了理解某物何时（以及为何）成为艺术，并将其正确地置于历史叙事中，你需要进行历史分析。E. H. 贡布里希（E. H. Gombrich）、克莱门特·格林伯格（Clement Greenberg）、史密斯和丹托都以这种黑格尔式的视角进行思考。

我们并不是说现在的野生艺术能够像早先的抽象艺术、极简主义和各种形式的后现代艺术那样，可以在艺术世界的另一次扩张中加入进来。相反，我们感兴趣的是，这个艺术世界是如何通过将其内外分野而形成的。事物越演化，就越趋同：最近作为艺术的无数形式之一而加入艺术世界的艺术，也没有消除最基本的障碍，即艺术世界内外的分界线。如果你看一下艺术世界的内部，那么似乎已经有了一系列革命性的变化。将仅仅 150 年前的艺术博物馆与当今作比较，来自欧洲的中世纪艺术品、来自伊斯兰世界的手工制品、摄影等一系列其他范畴的当代艺术都被纳入博物馆中。看看现代艺术博物馆在不到一个世纪的时间里发

生了多大的变化。在 20 世纪 30 年代，现代艺术博物馆为举办当时尚嫌大胆的亨利·马蒂斯和巴勃罗·毕加索的展览感到自豪。但现在，当这些人成为现代主义艺术的老牌大师时，博物馆展示的当代艺术就彻底革新了。博物馆内容的这些变化也反映在我上面提到的艺术史写作和美学理论中。1793 年以来的艺术界，呈现出激进而持续变化的状态。

相反，如果你站在我们所处的外部视角，那么就会看到一个截然不同的画面。博物馆、艺术史书写和美学理论等所有剧烈的变化并没有改变基本的指导思想，即相信对艺术世界体系内容的识别需要诉诸艺术世界权威制定的一些规则。最近，人们对这些不断变化的规则的具体制定方式进行了大量讨论。当一个艺术家〔杜尚、埃娃·黑塞（Eva Hesse）、沃霍尔、杰夫·昆斯、伊莱恩·斯特蒂文特（Elaine Sturtevant）以及他们的后继者〕创作出具有挑战性的新艺术时，他们的观点究竟是如何被裁定的？由策展人和其他艺术专家裁定。

那么，如果把康德的美学理论作为出发点，我们所知的艺术博物馆和艺术史就不可能存在，因为这些机构需要规则和规范。博物馆负责收集最重要的艺术品，而艺术史学家负责描述它们。除非或直到形成批判性的共识，否则它们无法发挥作用。在实践中，我们都知道，目前的艺术界是以旧体制自上而下的方式运作的。策展人、学者和评论家作出批判性的判断，而公众则跟随其后。就像旧体制中的贵族赞助人一样，这些权威人士支配着艺术的展示和解释权。我曾经是一名教授，所以在批评学者的时候，我是在进行自我批评。然而现在，我感兴趣的是，参照卡内基国际艺术展的情况，这个体系可能会被改变。

例如，如果一件艺术作品被认为不属于艺术界，会发生什么？这种情况是会发生的——诺曼·罗克韦尔（Norman Rockwell）和勒罗伊·奈曼（LeRoy Neiman）之间就存在争论，其他一些野生艺术家也是如此。这种判断是由艺术家作出的，还是由策展人决定的？当这些权威之间出现分歧时，又会发生什么？这里假设有一些规则来规定野生艺术和艺术世界艺术之间的区别。这些规则会发生变化：1963 年，就在沃霍尔变得重要之前，艺术世界的艺术不是今天的艺术。这些规则几乎是不断变化的，但不变的是这样的信念，即有普遍接受的规则（不管是谁确定的）来支撑这种区分。当今博物馆工作的应然状态是，策展人是对当代艺术有良好品位的专家。他们可以选择最好的新艺术并将其呈现给更多的公众。这就是皮萨罗和我质疑的一点。康德指出，审美判断不受规则的约束。那么随之而来的是，当代艺术中不可能有专家。当然，也有一些人广泛游历，参观诸多画室，因而欣赏到大量当代艺术。但没有理由相信，他们可以凭借这种经验作出比其他人更明智的审美判断。事实上，这些专家经常彼此意见相左。而且随着时间的推移，正如最近国际展的风格变化所显示的那样，专家的意见会有明显的变化。当我们把立场确定为审美无政府主义时，康德强调了这个基本点：对于艺术不存在专家的判断，只有你和我的意见。我们会敦促国际展览继续举办下去，因为没有什么比看到各种当代艺术观点更让人浮想联翩。

目前，我们研究的意义还令人难以理解。这些观点是激进而出人意料的，我们相信对此需要进行大量讨论。但是在这里，一些未经验证的看法具有提示性意义。关键问题之一是艺术批评与艺术史之间的区别。通常情况下，这种区别被理解为专注于当代艺术的记者报道和主要关于古老艺术的学术性写作之间的对比。然而，我们以不同的方式进行区分，对比批评家对品位的判断和艺术史家对艺术作品事实信息的介绍。

我们的文化容许对流行文化进行自由探讨。在互联网上你就能找到关于这些当代艺术形式的公开讨论（我并不是在说这些媒体本身有多么民主）。但艺术界仍然像在旧体制下一样专制。在公开论争的过程中，我们对研究成果产生了巨大的信心。唯专家意见至上的人，无论他们持左翼还是右翼立场，都会否认这种见解。而在美国的艺术界，数代左翼人士产生巨大影响力，使我们的观点成为一种激进的意见。更多的公众确实通过选择是否参观展览来表达意见，但他们的品位无法直接决定展出什么样的艺术。

尽管皮萨罗和我率先详细阐述了这一观点，但是其他评论人士也提出了相关看法。著名的艺术商人迈克尔·芬德利（Michael Findlay）写道：

> 由于我们大多数人对自己的能力缺乏信心，认为我们无法像聆听和感受音乐一样简单地欣赏和感受艺术，所以带来大量的解释工作……艺术作品的意义是不可能用经验论证的。（Findlay, 2012: 117）

他没有为这一激进的立场提供详细的论据，却得出了一个与我们一致的结论，它将当代艺术史的日常实践以及大多数博物馆策展人的思维彻底推翻。

评论大型群展

大型群展给评论者带来了一个特殊的问题。大多数情况下，人们评论的是一家画廊或博物馆中的个人艺术展；但有时，评论对象是一组具有相对明确身份的人物，例如印象派女艺术家画家或正值职业盛年的印象派画家。在这些情况下，只描述几件作品就足以代表整个展览。但是，由于国际展汇集了40位以上不同风格艺术家的作品，要确定统一的主题并不容易。那么在实践中，有两种方法可以选择。一些评论家采用提喻的方法，把展览中的几件作品当作整个展览的代表。我自己对这种做法持怀疑态度，因为展览中的艺术是非常多样的。但另一种方法，即列举众多作品的描述性清单，往往会造成编辑层面的问题，因为这样的评论有可能成为单纯的长篇罗列。这就是为什么展览图录可以非常有用。正如我们所见，策展人通常会为他们的展览提供一个实用的总结性描述。

由于本文所持的是一名艺术评论家的视角，因而应该对本人观点的明显局限性和潜在优势进行陈述。在我有限的四次策展经历中，有三次需要策展人的悉心帮助；因此，我很清楚自己的局限性[1]。策展人在博物馆里做着繁重的工作：他们到处挑选艺术品，安排运输和在博物馆内的布展，并组织图录的撰写和印刷。当马克·弗朗西斯描述他在里昂、格勒诺布尔、巴塞尔、沙夫豪森、斯图加特、达姆施塔特、法兰克福、科隆、杜塞尔多夫、埃因霍温、根特、巴黎和波尔多寻找艺术品的经历时，实际上暗示了这是个体力活（Cooke and Francis, 1991: 117）。相比之下，评论家的工作很轻松：他（或她）出现在开幕式上，得到一本图录，浏览一下展览，然后回家迅速写一篇评论。

尽管策展人对展览有从内部审视的特权，但就像公司的雇员一样，她（或他）当然被期望不要在公开场合批评性地谈论单位的内部生活。与之相比，评论家虽然可以在编辑许可的范围内自由评价展览，但不可能掌握重要的内部信息。这意味着有些关于国际展的有趣问题我根本无法回答[2]。在当今的艺术界，评论家成为边缘角色[3]。每个人当然都喜欢友好的评论，但我相信，除了《纽约时报》（ *The New York Times* ）或《纽约客》（ *The New Yorker* ）等极少数国家级出版物的评论外，博物馆几乎不会认真看待其他评价。然而，上一部分提供了一个处理这种困境的建

---

① 参见我的"七个美国抽象艺术家"［Seven American Abstract Artists，鲁杰里奥·海尼什画廊（Ruggerio Henis Gallery），纽约，1988 年 11 月］；匹兹堡艺术家协会，年度展览，卡内基博物馆，匹兹堡，2001 年 8 月。与凯瑟琳·查菲（Cathleen Chaffee）共同策划的展览"希望你在这里：冒险的艺术"（Wish You Were Here: The Art of Adventure），克里夫兰艺术学院（Cleveland Institute of Art），2003 年 10 月，著有图录文章（Carrier 2003）；客座策展人，"六个雕塑家：俄亥俄州和宾夕法尼亚州西部的当代雕塑"（Six Sculptors: Contemporary Sculpture in Ohio and Western Pennsylvania），《雕塑 X》［ *Sculpture X*，克利夫兰雕塑中心（The Sculpture Center, Cleveland）：2011 ］。

② 例如，虽然艺术家们显然喜欢在国际展上获得的认可，但我不知道这是否对艺术市场产生任何影响。我也不知道什么是运输成本，这肯定会在策展人的考量中占有一席之地。

③ 参见 Carrier（2007）。

设性方法。也许艺术评论家不只是要评判展览，还需要提供一种关于应该展示何种当代艺术的理论。如果我们这样做了，那么也许博物馆会更多地关注我们！

在呈现这段历史时，我也一直在揭示我人生的一个部分。我接受的是哲学培养，没有正式学习过艺术史。我成长为一名艺术评论家，一部分归功于参观和评论卡内基国际艺术展。由于结识一些策展人，我对实践问题有了一些小小的感受①。做一名策展人是一件非常艰难的工作，因为你肯定不能让所有人满意。尽管我对卡内基国际艺术展有很多批评性的论断，并对国际群展项目的可行性持怀疑态度，但我个人对其亏欠良多。匹兹堡的每一个人，以及前来参观这些与众不同的展览的众多观众也是如此。

参考文献

Armstrong, A. 1996. *Carnegie International 1995*. Pittsburgh: Carnegie Museum.

Baumann, D., Dan Byers, Tina Kukielski. 2013. *2013 Carnegie International* Pittsburgh: Carnegie Museum.

Birnbaum, D., Cornelia Butler, Suzanne Cotter, et al. 2011. *Defining Contemporary Art: 25 years in 200 Pivotal Artworks*. London: Phaidon Press.

Carrier, D. 1980. Willem de Kooning at the Pittsburgh International.

---

① 在卡内基博物馆，要感谢理查德·阿姆斯特朗、已故的约翰·考德威尔和马德莱娜·格林斯汀；为文稿提出意见的乔纳森·阿拉克（Jonathan Arac）、薇姬·克拉克、达朗·琼斯（Darren Jones）以及卡内基艺术博物馆的艾莉森·米勒（Allison Miller）和她的同事伊丽莎白·塔夫茨–布朗（Elizabeth Tufts-Brown，登记员/档案员也提供了帮助），还有艺术策展人路易丝·利平科特（Louise Lippincott）、玛丽安娜·诺维（Marianne Novy）、若阿基姆·皮萨罗和格雷厄姆·希林。他们对我的结论不负责任。

Artforum XVIII(5): 44–46.

Carrier, D. 1985. Color in the recent work. *Sean Scully*. Pittsburgh: Carnegie Institute: 22–27.

Carrier, D. 1986. Pittsburgh: 1985 Carnegie International. *Burlington Magazine* (January): 63.

Carrier, D. 1992. Carnegie International. *Arts* (February): 69.

Carrier, D. 1994. The Warhol Museum, Pittsburgh. *Burlington Magazine* (August): 578.

Carrier, D. 1996. Carnegie International. *Artforum* (January): 88–89.

Carrier, D. 1997. Thaddeus Mosley, Carnegie Museum of Art. *Artforum* (December): 122.

Carrier, D. 1999. Accessibility: A realistic dream: Helping the public discover the International. *Pittsburgh Tribune - Herald*. Special Supplement. Carnegie International (6 November): 16–17.

Carrier, D. 2001. Thaddeus Mosley, Carnegie Museum of Art. *Artforum* (December): 122.

Carrier, D. 2002. The aesthete in Pittsburgh: Public sculpture in an ordinary American city. *Leonardo* 36 (1): 35–39.

Carrier, D. 2003. *Wish You Were Here: Artistic Adventures in Reality*. Cleveland: Cleveland Institute of Art.

Carrier, D. 2006. *Museum Skepticism: A History of the Display of Art in Public Galleries*. Durham, NC: Duke University Press.

Carrier, D. 2007. Why art critics don't matter anymore. *ArtUS* 18 (May/June): 30–32.

Carrier, D. and Joachim Pissarro. 2013. *Wild Art*. London: Phaidon.

Carrier, D. and Joachim Pissarro. 2018. *Aesthetics of the Margins/The Margins of Aesthetics: Wild Art Explained*. University Park, PA: Penn State

Press.

Clark, V. 1988. Introduction. *Carnegie International 1988*. Pittsburgh: Carnegie Museum.

Clark, V. (ed.) 1996. *International Encounters: The Carnegie International and Contemporary Art 1896–1996*. Pittsburgh: Carnegie Museum.

Cooke, L. and Mark Francis 1991. *Carnegie International 1991*. Pittsburgh: Carnegie Museum.

Crow, T. 1985. *Painters and Public Life in Eighteenth - Century Paris*. New Haven, CT: Yale University Press.

Findlay, M. 2012. *The Value of Art: Money, Power, Beauty*. New York: Prestel.

Grovier, K. 2013. *100 Works of Art that Will Define Our Age*. London: Thames & Hudson.

Grynsztejn, M. 1991. CI: 99/00. *CI: 99/00 1995*. Pittsburgh: Carnegie Museum.

Hegel, G.W.F. 1975. *Aesthetics: Lectures on Fine Art* (trans. T.M. Knox). Oxford: Clarendon Press.

Kant, I. 1991. *Political Writings* (edited by Hans Reiss, trans. H.B. Nisbet). Cambridge: Cambridge University Press.

Lane, J. and John Caldwell (eds) 1985. *Carnegie International*. Pittsburgh: Museum of Art, Carnegie Institute.

Malraux, André 1967. *Museum Without Walls*. London: Secker & Warburg.

McEvilley, T. 1988. On the art exhibition in history: The Carnegie International and the redefinition of the American self. *Carnegie International 1988*.

Nasaw, D. 2006. *Andrew Carnegie*. New York: Penguin.

Neal, K. 1996. *Wise Extravagance: The Founding of the Carnegie International Exhibitions, 1895–1901*. Pittsburgh: University of Pittsburgh Press.

Schwabsky, B. 2016. *The Perpetual Guest: Art in the Unfinished Present*. London/New York: Verso.

Smith, T. 2009. *What Is Contemporary Art?* Chicago: University of Chicago Press.

Toker, F. 1994. *Pittsburgh: An Urban Portrait*. Pittsburgh: University of Pittsburgh Press.

Wittkower, R. 1973. *Art and Architecture in Italy 1600–1750*. Harmondsworth, Middlesex: Penguin.

本章作者简介

戴维·卡里尔（David Carrier）是一名哲学家，也为艺术评论网（artcritical.com）、《布鲁克林铁路》（*Brooklyn Rail*）杂志以及《超敏感》（*Hyperallergic*）杂志等撰写艺术评论文章。他出版了多部著作，涉及艺术博物馆、美术馆、世界艺术史、肖恩·斯库利（Sean Scully）画作、尼古拉·普桑（Nicolas Poussin）画作、夏尔·波德莱尔（Charles Baudelaire）艺术评论等。他最近出版的专著是《美学理论、抽象艺术与劳伦斯·卡罗尔》（布卢姆斯伯里学术出版社，2018 年）（*Aesthetic Theory, Abstract Art, and Lawrence Carroll*, Bloomsbury Academic, 2018），以及与若阿基姆·皮萨罗（Joachim Pissarro）合作的《边缘美学／美学边缘：野生艺术阐释》（宾夕法尼亚州立大学出版社，2018 年）（*Aesthetics of the Margins/The Margins of Aesthetics: Wild Art Explained*, Penn State University Press, 2018）。

第二章 策划好奇

帝国主义、拜物主义、人本主义与珍奇屋

> 人类对于奢侈品及众多消费的规模甚巨；如此大量的斑斓宝石，其上有那样缤纷的色彩，而其中有一种石头，只有真正的日光才能穿透它。
>
> ——普林尼（Pliny）《自然史》（*Natural History*）

> 好奇的对立面是冷漠。
>
> ——蒙田（Montaigne）

珍奇屋（Wunderkammer[①]）、珍宝馆（Kunstkammer[②]）、艺术阁（Kunstkabinett[③]）、藏宝屋（Schatzkammer[④]）、贮藏室（guardaroba[⑤]）、艺术斋（studiolo[⑥]），这些历史术语的意义都隐含在英文"珍宝阁"

[①] 译者注：德语，意为收藏奇珍异宝的房间。根据其词根"Wunder–"，这里的奇珍异宝主要指自然形成的物品。

[②] 译者注：德语，意为收藏奇珍异宝的房间。根据其词根"Kunst–"，这里的奇珍异宝主要指人工制造的物品。

[③] 译者注：德语，意为收藏艺术品的房间。

[④] 译者注：德语，意为收藏财宝的房间，引申为国库、宝库等。

[⑤] 译者注：意大利语，意为衣帽间，引申为存放收藏品的房间。科西莫一世·德·美第奇（Cosimo I de'Medici）存放家族藏品的地方就名为"Guardaroba"。

[⑥] 译者注：意大利语，意为书房，引申为收藏、研究艺术品的房间。

（cabinet of curiosities）中，体现了博物馆最初的设置、安排、理念和组织原则。"博物馆"一词源自希腊语"缪斯神庙"（mouseion），在其他认知理论（如分类学和科学）尚未大行其道时，第一批博物馆是真正的奇迹之地。亚里士多德（Aristotle）的格言"哲学始于惊奇"表明，最初的博物馆是对当今和未来世界进行储存和反思之所。它们不仅是财富的仓库，也是展示世界的浩瀚和变幻莫测，平衡物质和形而上学的一种手段。珍奇屋这个词在今天仍然很流行，用来描述一个大杂烩式的收集场，一个标新立异的混合体，旨在引起人们的好奇和愉悦。由珍奇屋如今的处境想到其前世，那时它试图成为世界的缩影，更力求铭记生命的价值。

珍奇屋是博物馆的第一种表现形式，它的起源和发展可以告诉我们关于人、社会、国家、技术、知识、想象力以及更多的东西。今天很多伟大的收藏机构——牛津的阿什莫林博物馆、大英博物馆、哈勒姆的泰勒斯博物馆、米兰的波尔迪·佩佐利博物馆——都以珍奇屋体现出的百科全书式的知识和魅力为立身之本。审视 16 世纪末出现的第一批收藏机构，可以看到博物馆如何将对客观性和秩序的需求与个人欲望和偏好的任意性巧妙地结合起来的。正如瓦尔特·本雅明反思其藏书时写道的：

> 每一种激情都与混乱紧密相邻，而与收藏家的激情一线之隔的是记忆的混乱。不仅如此：弥漫在我眼前的有关过去的机遇和命运，清晰地镌刻在这些书籍一贯的纷杂中。除惯常的无序外，还有什么可以使这些藏书有序起来？（Benjamin, 1969: 60）

本雅明认为，收藏的动机及其施加的逻辑总是会导致秩序与混乱的纠缠。"在收藏家的生活中，存在着无序与有序两极之间的辩证张力。"（Benjamin, 1969: 60）随着收藏机构的积累在曲折中逐渐增加，它变得规模更大、更有价值、更加野心勃勃，而收藏家的性格也随之愈发呈现出来，他就会试图通过其特定的体系来总结和表现世界。

　　尽管最初的珍奇屋需要全面地表达世界观，并尽可能多地汲取艺术资源，但它们是个人或少数人的产物。本雅明也就这一基本事实指出："收藏现象不再由个人主导时就失去了意义。虽然公共收藏机构较私人机构而言，在社会上不那么令人反感，在学术上也能发挥更大的作用，但这些藏品只有在后者中才能得到应有的重视。"（Benjamin, 1969: 67）这种观点是正确的，它是对公共收藏机构故作客观中立态度的纠正。此外，最初的博物馆历史与16至17世纪认识论地震中对知识本质及对世界看法的变化密切相关，它对于人的自我认识、世界观的构建以及那些被认为真实可行的幻想有很多启示。在珍奇屋的历史上，也包含关于认识世界的英勇征程，以及在创造一个包罗万象的持久愿景方面的惨烈失利。许多收藏机构都有这样的主张，即其本质是对世界和个人的局限性提出疑问，并将我们应答时的缺憾暴露出来。

早期珍奇屋的艺术与知识氛围

　　珍奇屋常被描述为宏观世界的一个缩影。虽出于这样的理解，但介绍宏观世界本身也很重要。虽然各种文明一直努力理解从神到星星那些不可知之物，但珍奇屋在很大程度上是文艺复兴尾声、近代早期时代的产物，那是一个帝国扩张、科学合理化和宗教受到质疑的时代。这些变化使得宏观世界不再是一个抽象的概念，而哥白尼的革命则将地球和人类重新置于一个不同以往的、更广阔的空间中。根据当代哲学家彼得·斯洛特戴克（Peter Sloterdijk）的观点，科学革命的时代与全球贸易和殖民化的时代相吻合，实际上就是我们现在所设想的全球化的开始。他谈到了"空间——'革命'"，即：

居民们通过了解地球而逐步意识到，四邻所至已不足以解释在一个更大的空间中与不同人共处的意义。这使得地方本体论遭受重创，消解了对原居住地的诗意畅想。在这样的启蒙过程中，所有古老的欧洲领土成为法理上的国家；无数的城市、村庄和陆地变成了事实上的交通枢纽，现代资本在这里轻松地对商品、货币、文本、图像和声望的五重蜕变施加牵引力。（Sloterdijk, 2006: 53）

这种新的牵引力可以理解为导致了新的知识配置，反映了更复杂和微妙的权力、知识和财富经济。这些经济对古老的公理构成了相当大的压力。

到 16 世纪中叶，各种货物的流动成倍增加。对全球差异化和世界多样性的认识改变了人们对国家实力的看法，不再拘泥于军事力量和财富。我们现在所认定的文化资本扩张在文艺复兴时期已经开始出现，那时王公贵族们不仅在战场上竞争，而且比拼他们吸引来的、能够为其画像的人才。一些文艺复兴鼎盛时期最伟大的艺术家与他们最著名的赞助人洛伦佐·德·美第奇（Lorenzo de'Medici）并称为"瑰宝"，这不无道理，因为他给予艺术家恩惠并结出硕果。但到了 16 世纪中叶，一个贵族能够从更广阔的世界中进行吸收、搜集和积累也是很重要的，这反映了他及其封土的视野和水平。这些贵族与学者、先知、专家（也有江湖骗子）在很大程度上联合起来以图效仿先贤，但也在新发现的指引下不再屈从于旧的知识体系，而是迈上一个新台阶。像商人一样，学者们也在频繁迁移。为了知识的流通，学术移民被认为是可取的，这意味着学者们很少在一所大学停留多年。这些拥有学生和教授的大学绝不仅是建筑外壳，而且是知识的容器，盛放着可以用作研究和教学的经验数据。对于一所大学来说，积累引起好奇和注意的材料，在重要性上可与那些对它们发表意见的人相媲美。全球时代的黎明也是物质时代的开端，世界充斥着人工制品及其附属信息。

虽然很多早期收藏机构的案例都出现在中欧，但荷兰是一个由贸易引发社会重大变化的独特样本。西蒙·沙曼（Simon Schama）非常详细地描述了 16 和 17 世纪荷兰生活的转变，总结道："这并不是历史上陈词滥调中的那种朴素的拒绝享受的文化。"事实上，按照 17 世纪中期的标准，其装饰和应用艺术市场可以说是欧洲最发达的。沙曼指出："虽然威尼斯的镜子、土耳其的地毯、波斯的丝绸和日本的漆器都是再出口的，但其国内市场的繁荣也是事实。"（Schama, 1987: 304）[①] 视野的扩大和可占有事物的增加，以及现代光学科技的发展，转化为一种基于视觉数据和描述的文化。斯韦特兰娜·阿尔珀斯（Svetlana Alpers）认为，荷兰的物质文化和开普勒（Kepler）的光学研究，使图像的地位比以往更加突出，"制作和观看"的过程赋予它们更多的"权威性"（Alpers, 1983: xxvii）。许多前往荷兰的旅行者说，就连社会下层人士也拥有绘画作品，即使没有绘画也有版画。拥有、欣赏、描绘、购买和展示，荷兰人的艺术体验在 17 世纪末达到高潮，成为一个世纪以来的缩影。

到了 17 世纪，收藏行为在上流社会和中产阶级当中流行起来，它将炫耀性消费、新兴的鉴赏艺术、获得珍奇的能力以及购买展示这些物品的洞察力结合起来。与今天一样，那些资源比较有限的人的收藏是专业化的，仅限于单一或少数个例。钱币学，即对钱币、代币和奖章的研究和收集，特别受欢迎。"屋"（Kammer）这个词与各种领域结合起来。

[①] 伦星·朔伊尔勒（Lunsingh Scheurleer）也肯定地说，在 17 世纪，随着东西方世界之间的联系越来越紧密，异国元素在荷兰的收藏场所中具有越来越突出的地位。相关物品主要来自亚洲和南美洲；来自亚洲的物品主要包括中国和日本的瓷器和漆器，来自南美洲的物品则是用各色羽毛制成的各种服饰。联省执政弗雷德里克·亨利（Frederick Henry）及其夫人阿马利娅·冯·索尔姆斯（Amalia van Solms）的宅邸在很大程度上反映了这种发展。他们拥有大量奇特的镶金水晶、玛瑙、碧玉，以及琥珀、象牙和蚌壳。这个收藏室显然是按宝库设计的，但其奇珍异宝的数量和种类肯定超过了其他欧洲国家中收藏室的常见的规模。"Early Dutch Cabinets of Curiosities," in Oliver Impey and Arthur McGregor（eds.），*The Origins of Museums: The Cabinet of Curiosities in Sixteenth and Seventeenth Century* Europe, Oxford: Clarendon, 1985, 117.

"藏宝屋"（Schatzkammer）指宝库，而"珍宝馆"（Kunstkammer）则更多地局限于绘画、塑像和雕刻；"珍品阁"（Kunstschrank，schrank 意为"柜子"或"橱柜"）表示这是一个较小的单位。这些较小规模的展示形式经过扩散和普及，发展成为一种独立的专业工艺："多功能家具"（Mehrzweckmöbel）本身就是技术上的杰作，往往不止一个工匠参与其中，在佛罗伦萨和乌普萨拉都可以找到这样的例子（佛罗伦萨的市政会议甚至承认这些物品来源于德国，因为它被称为 stipo tedesco，即"德国柜子"；Impey and McGregor, 1985: 92-93）。一些来自大自然的藏品在"天然珍宝屋"（Naturalienkammer）中，包括珍品、饰品和加工品；以及"稀世珍宝屋"（Rarität-Kammer）；还有存放古文物的，即"文玩屋"（AntiquitätenKammer）。其他进行专项收藏的还包括搜集世界各地衣服的"衣装屋"（Kleiderkammer），收藏钟表的"钟表屋"（Uhrkammer）。黑森 - 卡塞尔伯爵（Landgraviate of Hesse-Kassel）还建有一间光学室（Optisches Zimmer）和一间数学室（Mathematisches Zimmer），用于收藏光学和数学仪器及工具（Impey and McGregor, 1985: 107）。这个简短的清单已经有些令人眼花缭乱，但它确实显示出这些分类是如何体现在语言上的，同时也暴露了它们之间无数的重叠之处。

物的分类不断细化，也反映在学科本身。弗朗西斯·培根（Francis Bacon）被认为是对科学知识进行经验性划分的先驱，但这种做法随着新的对象和概念的涌入早已开始。正如玛格丽特·霍金（Margaret Hodgen）在撰写人类学史时坚持的，"很明显，整个收藏者群体，无论是收藏贝壳、硬币、化石、谚语、怪物、方言还是人为畸形，都是优秀的培根主义者——其中一些人在培根之前就是培根主义者"（Hodgen, 1964: 129）。围绕这些对象所引申出来的以及需要证明、验证的知识需求爆炸性增长，导致了学科的分化或者说专业领域的增加。医学、植物学、动物学、地质学等都成为独立的知识领域，并有其必要的分支。知识的不断膨胀和专业的不断深化也意味着一个人不再能代表一个学科。因此，现代学者群体的概念诞生了，珍奇屋成为他们聚集和交流的地方。

与珍奇屋的诞生有关的另一项重要发展是"兴趣"（wonder）和"好奇心"（curiosity）这两个词的含义增加。这些词不再只是用于解释生命深不可测的一般哲学概念；它们现在开始被纳入一种更加戏剧化的维度，其中也包括恶作剧和异想天开。在艺术史上，拉斐尔之死（the death of Raphael, 1520）和罗马之劫（the Sack of Rome, 1527）是矫饰主义（Mannerism）开启的重要分水岭。矫饰主义抛弃了文艺复兴鼎盛时期的优雅、和谐和自然主义，转而热衷于扭曲和造作，被视为反映出一个动荡不安且世俗主义膨胀的新时期。人物经常出现在不合适的环境中，摆出不正常的姿势，并具有不可理解的身体特征。16世纪中期对戏剧化的热爱也见证了一种新兴戏剧形式的诞生——喜剧艺术；而在16世纪末，歌剧也出现了［雅各布·佩里（Jacopo Peri）的《达夫内》（Dafne）于1598年上演，朱利奥·卡奇尼（Giulio Caccini）的《欧里迪切》（Euridice）于1600年上演，克劳迪奥·蒙特威尔地（Claudio Monteverdi）的《奥菲欧》（L'Orfeo）于1607年上演，均在每年狂欢节之际］。例如，在斐迪南大公（Archduke Ferdinand, 1529—1595）于安布拉斯城堡（Ambras Castle）的收藏中就可以发现对历史和戏剧的热爱，其中有许多绘画和盔甲套装，其价值正如伊丽莎白·沙伊歇尔（Elisabeth Scheicher）解释的那样，"不是来自年代或审美质量，而是来自与一些难忘事件的联系"（Impey and McGregor, 1985: 34）。这一时期，灌木丛、假山、人造瀑布和自动装置也越来越流行。虽然最稀有的贝壳可能被列入收藏品，但大量的贝壳被用来装饰这些山洞等异想的建筑（"洛可可"一词据说由假山或石雕引申而来）。这有助于从更广义上解释诸多收藏品是如何因其怪异和不合规而受到重视。沙伊歇尔补充，斐迪南大公的收藏品还包括"已知最大的木碗，巨人和矮人的扑克牌，以及残疾人和畸形人的肖像"（Impey and McGregor, 1985: 34）。珍奇屋的标志就是怪癖和痴迷，以至于赝品并不罕见，而且也很珍贵，这极大地动摇了绝对真理在现代科学诞生过程中的作用。将反常和不真实与现实世界中的大量实例结合起来是一种矛盾的组合，其逻辑直接陷入科学本身的哲学困境中，在理想主义者和经验主义者、基础主义者和相对主义者之间形成对立。本章稍后将讨论在珍奇屋的戏剧性科学主义中，虚假与事实的共生关系。

有序的剧场与收藏的展示

在收藏方面，更有影响力和标志性的文献是老普林尼的《自然史》，其最早的手稿可以追溯到公元前 8 世纪左右，但当它于 1469 年在威尼斯首次出版，然后于 1476 年在帕尔马和 1499 年在威尼斯再版时，就更加常识化了（Pliny, 1967: xiii）。该书是对自然界的广泛性分类，包括动植物、身体运动、地理形态和元素。然而，由于经常从新大陆引进新的动植物品种，该书的参考性和影响力受到动摇，需要建立更大的参照系，挑战以前的假设。

对收藏品及其排列和展示方式产生更为立竿见影影响的是菲利普斯·奥雷奥鲁斯·泰奥弗拉斯托斯·邦巴斯图斯·冯·霍恩海默（Philippus Aureolus Theophrastus Bombastus von Hohenheim），即更为人熟知的帕拉切尔苏斯（Paracelsus, 1493—1541）。帕拉切尔苏斯以及伊拉斯谟（Erasmus）、蒂乔·布拉厄（Tycho Brahe）等著名人物，是早期人本主义和现代科学的先驱。正是从帕拉切尔苏斯开始，通过化学与宇宙学的结合，微观世界和宏观世界之间的联系变得清晰起来，并得到系统的介绍。作为最早在医学上使用化学品的人之一，帕拉切尔苏斯还提出了神秘主义的思想，他认为身体的健康有赖于人的微观世界和自然的宏观世界之间的平衡。虽然以前也有关于微观世界与宏观世界关系的概念和应用，但帕拉切尔苏斯用它来定义身体的化学平衡，这种平衡的破坏导致疾病或不适。这些事实虽然简单，但对于理解珍奇屋这一现象的意义有很大帮助，它不仅是对物质世界的衡量，也是对人类生理进行思索的一种方式。可以肯定的是，还有其他更古老的系统也在发挥作用，如土、火、气和水这四种元素被血液、胆汁、黏液和忧郁液这四种体液所反映。然而，帕拉切尔苏斯的理论及海上贸易都在不断提醒人们，世界是一个远大于以往认知的地方，逐渐打破了先前的简单化认识。因此，珍奇屋的作用不仅仅是被动的展示，而且是成为一个沉思、实验和研究的场所。虽然当代的策展研究提出了将画廊作为实验室的想法，认为这是一个特别当代的概念，但这是十分不正确的，因为支撑珍奇屋的哲学内涵——尽管没有那么凝练——显示出相反的事实。收藏规模越大，需要为之付出的责任就越大，这不仅是对收藏家及其观众的要求，也是对指引和支撑它的哲学的要求。大量的收藏品也会暴露出组织上的困难，从而暴露出理性本身的束缚和局限，揭示出测量标准无法还原经验数据的问题。学术研究的法则经常不得不遵循品位判断。事实上，珍奇屋的历史呈现出的正是科学与美学的碰撞。

比利时医生萨穆埃尔·冯·基舍贝格（1529—1567）的《大剧院牌匾铭文》（*Inscriptiones vel tituli theatri amplissimi*, 1565 年）被认为是第一部关于收藏的重要论著。基舍贝格是一名医生，大量收藏家和策展人都从事过类似职业，这对珍奇屋的历史产生相当大的影响。在医生和药剂师主要的基础教育中，早期的药学就是基于对元素及其特性、原理和效果所进行的大量分类工作。在根特、巴塞尔和弗赖堡接受教育后，1550 年，基舍贝格进入英戈尔施塔特巴伐利亚公爵大学（Bavarian ducal university of Ingolstadt）学习。在这里，他成为安东（Anton）的儿子雅各布·富格尔（Jakob Fugger）的辅导老师。安东掌管着重要的银行业务和大量个人收藏，在珍奇屋的历史上具有重要地位。在这些年里，基舍贝格还完成了他的第一篇关于排序系统的论文，有关图表和医学分类方法的使用。随后，在纽伦堡药剂师格奥尔格·奥林格尔（Georg Öllinger）的指导下，他完成了一份拥有丰富插图的动物学和药用植物学手稿。马克·梅多（Mark Meadow）指出，他与富格尔家族的接触以及这些早期的论著会对他造成深远影响，明确了他对分类学的兴趣（Quiccheberg, 2013: Introduction）。在担任安东的私人医生时，基舍贝格的主要角色是图书管理员，负责将富格尔拥有的约 30 000 卷藏书整理得井井有条。但其藏品并不仅仅是书，还包括相当数量的异域珍品、钟表、钱币和艺术品，基舍贝格也着手管理这些物品。在富格尔家族于 1563 年破产之前，基舍贝格已于 1559 年转投巴伐利亚公爵阿尔布雷希特五世（Albrecht V, Duke of Bavaria）门下。正是在这一时期，他遍访欧洲高级贵族的藏宝库和书房，沉浸在人文知识中，同时为他的雇主购买藏品。这些努力的成果对著名的慕尼黑珍宝馆（Munich Kunstkammer）的建立起到了很大作用。

鉴于慕尼黑的收藏馆并不局限于艺术品，其收藏更为五花八门，基舍贝格将其命名为"剧场"（Theatrum）或"知识剧场"（Theatrum Sapientiae），可能是参考了朱利奥·卡米洛（Giulio Camillo）最著名的作品《记忆的剧场》（*L'Idea del Teatro*, 1550 年作为遗作出版）。更加局限性的和专业化的收藏被赋予了"启示所"（Promptuarium）或"博物馆"的称号（Impey and McGregor, 1985: 86-87）。回到普林尼，他习惯上根据物品是天然的还是人工的，是有机的还是人造的，对物品进行区分。基舍贝格将这些类目扩大到天然物品、手工制品和科技产品。事实上，在他的《大剧院牌匾铭文》中，基舍贝格勾勒出物的五种可能的分类。第一类属于或指向最初的收藏者。这些物品具有神圣或世俗文物的地位，可能包括地图、武器和盔甲。第二类是人造的、三维的物品，包括雕塑、衡器、钱币、金银器，甚至是蚀刻板。第三类来源于自然界，包括动物标本或其他形式的动物模型、人体解剖学物品、天然畸形物、石头、矿物和植物。第四类是媒介工具，如数学用具或乐器、书写工具及其他与科学、医学或工程有关的工具。除此之外，还有外国武器、服装和狩猎装备。最后一类物品是绘画和印刷品等二维表现形式，也包括地毯、挂毯和地图。在这一门类中，还有示意图、表格和图纸等教具。基舍贝格认为这五个类别之间有千丝万缕的联系，并强调从整体上看，收藏场所是进行教育、学习和发明的地方。他建议收藏机器的模型，以帮助实际的设备变得更好、更有效。

基舍贝格用"剧院"来描述慕尼黑珍奇屋，特别具有启发性，因为它意味着所有的物品都是自觉登上舞台的，被置于一个正式的架构或平台上供感官消费。它把重点放在与所谓的真实世界相分离但又相联系的外观形态上。但是，就像剧院的悖论那样，表达方式及其意涵可以远高于真实的日常，所以珍奇屋也可以通过比日常经验更高的密度和深度来概括世界。

早期收藏史上的另一个重要人物是奥勒·沃尔姆（Ole Worm），或名奥劳斯·沃尔米乌斯（Olaus Wormius, 1588—1654），他是一位丹麦医学教授，建立了一个私人收藏馆，收集自然物品用于教学目的。H. D. 舍佩伦（H. D. Schepelern）写道："他是早期大学教师的代表性例子，即利用其收藏品中的证明材料为自然哲学的学生服务，就像博洛尼亚的乌利塞·阿尔德罗万迪（Ulisse Aldrovandi）那样。"（Impey and McGregor, 1985: 122）。沃尔姆是胚胎学的开创者之一，他的收藏为他自己和他的学生服务，直到今天仍是医学院使用保存标本的重要参考。其遗作《沃尔姆的博物馆》（*Museum Wormianum*）在他去世后一年才出版，仍然成为其最著名的著作。这不仅仅是一本图录，而且是一部关于自然和人工制品的四卷本史书，含有植物和部分人体结构，还有艺术作品。根据收藏家的顾问都是医学家的传统，他对物品的描述经常伴随着医学用途。在他死后，其收藏被纳入腓特烈三世（Frederik III）的珍奇屋。后者的清单显示，对这些藏品的组织失去了沃尔姆赋予的系统性，而是更多根据历史和美学原则来安排（Impey and McGregor, 1985: 124）。

最早的珍宝阁

在与文艺复兴相关的众多变化中，包括作者身世和个人空间的转变。关于艺术成就和表现技巧的作者身世问题是广受关注的，因为正是从文艺复兴时期开始，我们才有了今天对艺术家和创作者个人的认识。与艺术家相提并论的是赞助人，这是最早的策展人（还要注意到这个词的词源与监护、护理和治疗有关），如果他不是教会人士，就是在艺术家、教会和国家之间游走之人。在某种意义上，对作者身世的重视激发出一种协作模式，因为赞助人也可以认为自己拥有与他们委托和雇佣的艺术家相称的权力和责任。赞助和收藏也因此被引入到治国哲学脉络中，并随之将艺术家与单纯的工匠区分开。从 14 世纪开始，王公贵族们也开始将自己与下层阶级分开，并在一个更私密的空间举行会议和用餐。到了 15 世纪下半叶，这些空间及收藏于其中的物品，在各方面的特质上已经逐渐接近它们的主人。这些物品可能是其主人的品位和学识的标志，也可能反映出那些希望向他出售或赠送东西的人对他的尊敬。

在这种别室中，"书房"（studiolo，在今天的语境中意涵较为平淡）是最早的形式之一；"研修室"（scrittorio）也是如此，它是进行（重要）写作的地方。这些流传下来的案例清楚地显示出，这些房间可能是经过精心设计、华丽雕琢的，墙面由复杂的装饰和镶板组成，并有不同类型的抽屉、柜子和收纳箱，里面装的远不止是实用器具。研修室可以供个人使用，也可以由房主授权他认为足够优秀的学者和文士在其中免受打扰地进行研究。

一个值得关注的案例，是著名的人本主义者、赞助人费代里科·达蒙泰费尔特罗（Federico da Montefeltro）公爵（1422—1482）在古比奥宫（Gubbio, 1475—1480）配备的研修室，其中设有乐器架、武器架和盔甲架。用当代的珍宝阁研究权威人士安东尼·麦格雷戈（Anthony McGregor）的话说："这些（房间）旨在分别成为文武之道的创始之所，并支撑他作为赞助人的身份，但有意思的是，它们预示了后世真正的珍宝阁的外貌。"（McGregor, 2007: 13）这些都是世俗的避风港和避难所，人们在那里不再关注上帝，而是交流思想、思考世界和自己、考量他者的礼仪和风俗。与其追溯珍品屋和珍奇屋的起源，不如把它的逐渐出现看作是一系列更广泛情境下的实际现象，其中与自我相关的（现代）所有权是对世界上各类物品进行创造、收集和占有，这与自己帝国的所有权和对他人的（殖民）要求相关。在梳理这些收藏场所的重要案例之前，对同一时期发展起来的玩偶屋和花园进行简要考察有助于证实这样一个观点，即必须在多种实践中理解珍宝阁，这些实践仰赖于广泛变化的世界观。

其他相关形式：玩偶屋和花园

如果人们停下来考量一下经常被提起的关于珍奇屋的微观 — 宏观动态，认为玩偶屋和花园的设计是与之相关联的现象是完全可以理解的，因为两者都是源于对世界是什么或应该是什么等特定概念的缩微展示。

虽然玩偶屋可以追溯到一些早期文明 —— 在埃及古墓中发现了存有一系列人和物的房间，包括仆人、牲畜和家具 —— 但欧洲最早的案例是与珍宝阁同一时代的：16 世纪，它们符合矫饰主义的品位，可爱的东西永远不会离怪诞太远。最早的案例也被称为"婴儿房"和"小房间"，它们不是为儿童准备的，也不被认为是玩耍的地方，而是供富太太布置或开展家庭活动的。虽然文献记载中最早的玩偶屋案例出自 1557 年，附属于巴伐利亚公爵的藏宝屋，但它们在连续几个世纪中越发流行，是因为使女人们得以拥有男人们那样的收藏室（Rijksmuseum, 2019a）。此中有所差别，但是在关于珍奇屋和博物馆起源的广泛的学术研究中很少提及，尽管它更能说明博物馆是一种世界观或一种小型的建构集合体。珍奇屋是外部世界的映像，而玩偶屋是家庭空间，与固有的性别范式相符。16 至 17 世纪的儿童使用它们是出于教学目的，正如帕特里夏·斯托雷斯（Patricia Storace）所言是为了训练"家中的儿童安排和照管家具，那时床单和厨具都是昂贵的宝贝。这些房子就像地图之于风景一样，是家庭生活的蓝图"。（Storace, 2016: 19）女性的地盘偶尔也为男性服务，例如曼恩公爵（Duc du Maine）的"豪华屋"（Cabinet du Sublime, 1675），为诸如罗什富科公爵（Duc de la Rochefoucauld）、德拉费耶特夫人（Mme. de La Fayette）、波舒哀（Bossuet）、布瓦洛（Boileau）以及德拉方丹（La Fontaine）等当时的著名作家提供了微型肖像画的背景。（Storace, 2016）

现存最早的玩偶屋可以追溯到 17 世纪末，如 1673 年的纽伦堡之家（Nuremberg House），以及彼得罗妮拉·迪努瓦玩偶屋。（Dollhouse of Petronella Dunois，约 1676 年）前者细节丰富，厨房里配有锡制水壶等烹饪和保存食物的各种设备。在位于阿姆斯特丹的荷兰国家博物馆（Rijksmuseum）中展示的彼得罗妮拉·迪努瓦的玩偶屋，是她在大约 26 岁时为其赞助人制造的。它也有一个精心设计的厨房，配有微型酒窖和存放蜜饯罐头的储藏间。用餐区的墙上挂满了用传统粗框装裱的绘画，其中的人物穿着当时流行的服装。卧室的墙上覆盖着图案丰富的红色东方丝绸。一张四柱床铺着同样的布料，对面是一个桃花心木的箱子，在上面堆放的物品中有一个中式蓝白相间的小花瓶。楼上的沙龙同样用绘画来装饰，但这次是肖像画；妇女和儿童都穿着精美而轻薄的丝绸和薄纱衣物。（Rijksmuseum, 2019b）

就像玩偶屋一样，花园有着非常悠久的历史，然而由于全球探险和殖民化，它们被给予更多的关注。它们不仅是自然世界的模型，而且许多还是展示世界各地植物标本的户外博物馆。关于花园应该是什么样子，也有各种哲学层面的思考。这些都是基于对自然的理解，以及支配、领导和控制等概念。弗朗西斯·培根的《论花园》（*Of Gardens*, 1597 年初版，1606 年和 1612 年相继再版）正是这种原始科学与权力模式的结合，它与《论建筑》（*Of Building*）一同成为最早的园艺论文之一。这两篇文章都是关于都铎（Tudor）王朝庄严的宅邸或宫殿的。关于自然秩序的观察历史悠久，前有普林尼，后有亚里士多德，他的《植物研究》（*Historia Plantarum*）是那个时代的学者研究自然规律的标配资料。

对培根来说，花园有几种功能，但必须与它所搭配的建筑或建筑群相协同。花园的作用远远超过了对植物的管理。它是研究自然的一种积极的方法。培根早期戏剧中的一段对话权衡了外放式人生和内省式人生的利与弊。正如葆拉·亨德森（Paula Henderson）在她关于培根的花园文章中所说的：

> 其中一位主张"哲学研究"的演讲者建议，通过创建"一座完美至极且涵盖广博的图书馆""一个宽敞而美妙的花园""一间吸引人的珍宝阁"以及"一栋配有磨具、量具、熔炉和容器的房子，作为可以适合哲学家的宫殿"，来"征服大自然的鬼斧神工"。培根一定是受到了启发而立即开始建设花园，因为两年后，安东尼·培根（Anthony Bacon）在给他哥哥的信中赞扬了"那整洁宜人的小屋和设计精美的花园"。（Henderson, 2008: 74）

健康丰富且令人满意的哲学生活需要由一连串细节来充实，这充分证明学习的具体构成要素之间的联系，其流畅度和密切度远超收藏的那些书籍。

一座花园与"一间漂亮的珍宝阁"齐名。培根认为花园是构建其自然哲学的核心。自古埃及时期以来，花园设计的主导因素均在一定程度上具有神秘色彩，与一些神灵或奇迹有关（Wilkinson, 1994: 1-17）。但是，培根与近乎与其同时期的沃尔姆斯（Worms）一样，推崇一种获得后世科学家和策展人认可的经验性方法。英国文艺复兴时期园艺的一大特征是主动分区，这与分类的品位相吻合。正如罗伊·斯特朗（Roy Strong）所解释的那样，16 世纪的花园显示出"对分区体系的坚持，一系列独立的花园由围墙隔开"。（Strong, 1999: 4）斯特朗随后提出疑问："培根主义、实验主义等是导致牛顿力学宇宙形成的驱动力，园艺与它们的出现有什么关系？"（Strong, 1999: 8）虽然没有确定的答案，但很难否认花园、珍奇屋和玩偶屋有着相同的戏剧性驱动力，这引发了对人类在世界中处境的关注。

直到 18 世纪，培根的努力才取得了预期的效果：进入 17 世纪，花园主要的真实功能是基督教的圣所，是彼岸世界中的一个不尽完美但令人宽慰的伊甸园。（Bartos, 2010: 177-193）伦敦林奈学会（Linnean Society of London）成立于 1788 年，比英国皇家艺术学院（Royal Academy of Arts）晚 20 年，如今已成为库存涵盖面最广的植物标本收藏机构之一，其中包括卡尔·林奈（Carl Linnean, 1707—1778）和詹姆斯·爱德华·史密斯（James Edward Smith, 1759—1828）的藏品（Edmonson and Smith, 1999: 244-252）。亚历山大·麦克利（Alexander Macleay, 1767—1848）是协会的主要成员。1826 至 1836 年间，麦克利在新南威尔士州担任殖民地官员，他在伊丽莎白湾的巨大庄园成为一座庞大的植物园。麦克利也是昆虫学的权威，特别是鳞翅目（研究飞蛾和蝴蝶）。他在悉尼大学的麦克利博物馆（Macleay Museum）拥有无可匹敌的收藏品，现在被用来鉴定可能已经灭绝的物种。

在微观世界和博物馆之间

1611 年，奥格斯堡的收藏家菲利普·海因霍费尔（Philipp Hainhofer）参观了阿尔布雷希特五世公爵的珍奇屋，它由基舍贝格进行整理安排，是当时最著名的珍奇屋样板之一。在他的日记中记录到：

> 宫厩（贵族宫殿中的特殊马厩）上方是珍奇屋，必须穿过一间小厅、通过双扇门才能到达。内门上方悬挂着几幅"疯子和女人"的肖像，（在）前厅里立着一张四面涂漆的方形桌子，上面摆放着各种可供演奏的乐器。在一个格子架上有一棵天堂树，上面有许多木制的小动物。（Bessler, 2012: 12）

海因霍费尔还提到了"一只非常大的乌龟""一条有七个头的九头蛇""手""脚"和"蛇"。（Bessler, 2012）这些收藏品摆满 4 个房间，大约有 6 000 件，存放在 60 个前面提到的那种橱柜桌里，也有收进箱子或挂在墙上的。尽管我们对这些东西的摆放方式只有一个模糊的概念，但这一时期的藏品清单罗列了大量的珊瑚和其他明显与海洋有关的物品，以及一个小牛头、雕像、书籍、地图、稀奇图像、浮雕、石膏复制品、装饰手杖、一个黑牛头、"印度"（即异域）瓶罐和纺织品、"印度"武器装备、奖章、蚌壳制成的盒子、著名人物的微型肖像、两个装有木雕的玻璃柜等等。

虽然像这样的收藏场所通常被认定为初具规模的博物馆，但也有观点认为它们代表了一种更科学的意图，即成为整个世界的物质资料库。加布里埃莱·贝斯勒（Gabriele Bessler）还认为，珍奇屋的最早形式体现出光学透视主义的野心，正如一个世纪前莱昂·巴蒂斯卡·阿尔贝蒂（Leon Battista Alberti）著名的一点透视理论那样。物体的空间摆放来自对世界空间认识的扩大，以及对地球和天空的观察。珍奇屋也肯定了世界及其所有组成部分都可以得到令人信服的解释。（Bessler, 2012: 14-15）物品通常根据类型进行区分，然后按大小顺序摆放——从大到小、从小到大——遵循一种延伸的透视线。她把这样的场景称为"微型舞台"（Miniarturbühne），安布拉斯城堡的"珊瑚阁"（Korallenkabinett）

就是一个典型案例。它体现了贝斯勒所说的"珍奇屋的套娃原则"。这个收藏场所让人想起"昔日的水生世界,(据说后来又增加了)基督教元素"。(Bessler, 2012: 15)大约在同一时期,汉斯·波伊赫费尔德纳(Peuchfeldner)为鲁道夫二世(Rudolf II)撰写早期德语园艺论文《园艺备要》(Nützliches Khünstbëch der Gärtnerij),也运用了透视法和几何学。(De Jong, 2008, 194)

这样的珍宝阁不仅是对世界的重新认识,而且是对权力的宣扬。在这方面,可以参考米歇尔·福柯在《词与物》(Les mots et les choses, 1966年)中对秩序、知识和权力关系的著名观点。一个丰富、充实、有序的收藏场所(以及一个繁茂、有序的花园)等同于一个繁荣领域的标志,其中的每个人和每件事物都知道自己在这个世界上的适当位置。这种构想是高度理论化的,但也是不切实际的,却成为一种令人向往的国家形象。

神圣罗马帝国皇帝鲁道夫二世(1552—1612)又称哈布斯堡(Habsburg)皇帝,他的珍宝阁就是如此,根据托马斯·达科斯塔·考夫曼(Thomas DaCosta Kaufmann)的说法,"直到最近,它还被视为一种马戏团的串场表演,缺乏任何组织原则或有序展示……皇帝估计越来越疯狂,因为他整天都在琢磨他那些奇怪的神秘财宝,而不是处理国家事务"。(DaCosta Kaufmann, 1978: 22)正如他认为的那样,鲁道夫二世在布拉格皇宫中的收藏室,"就像他统治时期的许多艺术和公共仪式一样,是帝国进行自我展示的一种形式"。(DaCosta Kaufmann, 1978)与当时的许多其他收藏场所相比,这里并不允许人们审视或评论,而是为了促进政治合作或授予恩惠而招待来访使臣的地方。当著名收藏家萨克森公爵克里斯蒂安二世(Duke Christian II of Saxony)觐见皇帝时,会面完全是在参观珍奇屋时进行的。"鲁道夫似乎是在其中通过它说话。"(DaCosta Kaufmann, 1978)

鲁道夫的收藏室品种繁多,包括令人垂涎的仪器和钟表,以及丢勒（Dürer）、老布鲁盖尔（Brueghel the Elder）、拉斐尔、提香（Titian）和柯勒乔（Correggio）的杰作。鲁道夫本人甚至也成了一幅奇特画作的描绘对象：在阿钦博尔多（Arcimboldo）创作的肖像画《如同威耳廷努斯的鲁道夫》（Rudolf as Vertumnus，约 1590 年）中，君主由各种植物华丽组合而成，集四季于一身。（DaCosta Kaufmann, 1985: 117–123）总之，它被认为是那个时代最伟大的收藏室。因此，正如考夫曼所言："在一个贵族收藏家的时代，鲁道夫拥有一个与他作为神圣罗马帝国皇帝的地位相称的珍奇屋，是欧洲统治者中的第一人：他是收藏家中的第一人"。（DaCosta Kaufmann, 1985: 23）它的规划类似于基舍贝格所描述和设计的那种方式，而且同样遵循人们喜欢的微观世界和宏观世界的拓扑结构。但是，不知道鲁道夫的珍奇屋如同一座世界剧场还是其他更神秘的东西。尽管如此，世界剧院的隐喻在炼金术时代确实有很强的魔力，它表明这种收藏不仅仅是被动的，而且有可能改变它们之外的世界。

鲁道夫和他庞大而丰富的收藏在这方面堪称典范。虽然在西班牙接受了严格的天主教教育，但鲁道夫的宫廷在欧洲历史的那段时期表现出不同寻常的宗教宽容。除了作为首席赞助人和策展人外，他本人也积极地在其宫廷式的珍奇屋兼实验室内进行许多实验。希望进入他的圈子的学者要通过一系列的测试和考核，以证明他们的价值，剔除冒名顶替者。虽然我们可能无法了解鲁道夫的学者团队在鼎盛时期的全部动向，但我们确实知道科学与神秘学、炼金术和化学紧密地联系在一起。蒂乔·布拉厄是鲁道夫的宫廷成员，随后他还邀请开普勒加入。虽然布拉厄和开普勒等人被誉为我们今天所知的客观科学之父，但他们所处的是那样一种知识氛围，即试图将生命所有的多样性和不规则的表现形式统一起来。这个时代最令人珍视的追求，是有关贵金属、生命奥秘以及为物注魂愿望的炼金术研究。（Orus, 2011）赋予生命以活力的需要，使发明机械仪器成为一项时兴的活动。总体来说，鲁道夫收集各种物品的动力，不是通常意义上树立一名受过教育且富有的统治者的形象，而是具有更全面的哲学抱负，那就是需要将一个破碎的宇宙整合成一个在分类学上紧密结合的微观世界；或数个微观世界：因为随着收藏规模的增加，尽管努力控制，但是叙事线索仍开始分散。通常情况下，不同的收藏品被赋予了特定的美德或属性，这样就可以使其具备多种功能，并因此构成多重意义。它们不是孤立的、仅供观赏的东西，而是动态的、呈现因果的例子，是神话与自然秩序关系的隐喻，甚至可能是物质表象下无形的本质。因此，无怪乎与最早的珍奇屋一同出现的还有最早的舆图，即世界地图。1507 年，马丁·瓦尔德塞弥勒（Martin Waldseemüller）、马蒂亚斯·林曼（Matthias Ringmann）和来自斯特拉斯堡附近圣迪耶的其他教士根据托勒密（Ptolemy）的旅行记事绘制了美洲地图。1544 年，塞巴斯蒂安·明斯特尔（Sebastian Münster）绘制了全面的《寰宇全图》（*Cosmographia*），作为对宇宙的呈现。在这些绘制世界地图的雄心壮举中，神秘主义与商业主义相遇，表现出克里斯蒂娜·约翰逊（Christine Johnson）所说的"商业目光"，呈现了一个贸易、旅行、金融和商品交换的新时代。（Johnson, 2008: 121）

此外，鲁道夫的收藏室以及哈布斯堡同时代的收藏室都是这样的例子，即所有物品都是相互联系的，对其研究只能在有其他物品可以比较或归纳的情况下才可以进行，而且对世界的存在和现象的理解必须建立在多重层面上。因此，这些珍奇屋有助于激发人们对扬·韦斯特霍夫（Jan Westerhoff）理论中的"泛符号主义"的兴趣，即每个物体都在另一个物体中有一些相关的符号。一种现象只有在孤立的情况下才有可能研究得不够完善。"有必要了解这个现象还象征着什么：它在神话、艺术和诗歌中的地位，它的道德象征，它的天文、神秘、数字、语言和宗教意义，等等"。（Westerhoff，2001: 641）尽管最早的收藏场所是根据收藏者本身的倾向而形成的，但它们的布置和安排"更是一种秩序，它让物品可以相互建立联系，从而使它们隐藏的相互关系变得清晰可见"。
（Westerhoff, 2001: 645）

富格尔家族

可以说，基舍贝格撰写的第一篇关于收藏的论文，是受到了欧洲最著名的收藏室之一的启发和推动。他的第一个赞助人汉斯·雅各布·富格尔（1516—1557）是16世纪后半叶最富有和最有影响力的金融家之一，也是对珍奇屋概念的形成产生最大影响的人物之一。众所周知，富格尔家族在世界各地放贷并进行商品贸易，特别是在印度。涉及的货品种类繁多，从猴子、野猫、孔雀，到宝石、兽皮和染料。在放贷时，他们将诸如一座矿场等实业作为抵押，如果债务人没有按时还款，他们会将其扣留。因此，全盛时期的富格尔家族积累了巨额财产，其中一些为其他人的收藏室提供了支持，而很大一部分则被用于充实自己的收藏。他们最重要的客户和赞助人是神圣罗马帝国皇帝查理五世（Charles V），他们与哈布斯堡家族的密切商业往来也导致了该家族的毁灭，因为其贷款担保不足，直到16世纪末还在不断违约。汉斯·雅各布·富格尔后来退出家族事务，为巴伐利亚的阿尔布雷希特五世服务，作为宫廷图书管理员主理其巨大规模的收藏。

无论如何，汉斯·雅各布·富格尔也许更适合这个新的职位，因为他是一个学识渊博、充满好奇心的人。他委托学者撰写论文，并雇用了许多策展人，其中不仅包括基舍贝格，还有耶罗尼米斯·沃尔夫（Hieronymus Wolf, 1516—1580）和雅各布·斯特拉达（Jacopo Strada, 1507—1588）。斯特拉达是一位多面手，他的兴趣和专长包括冶金、绘画和机械制造。提香在1567年为斯特拉达画了一幅穿着华丽皮草和丝绸的画像并保留下来，这无疑是他为公爵在慕尼黑的住所组建罗马雕像古物馆的佐证。在受雇于富格尔期间，斯特拉达编纂了一份多达15卷的文献，记录了意大利贵族的纹章。他还对古代钱币进行了全面的收集，并绘制了30卷的图录。1556年，他被任命为维也纳帝国国库的管理人。但是，斯特拉达和基舍贝格等人的声名鹊起终究要归功于富格尔。虽然阿尔布雷希特的收藏品在富格尔到来之前就已经积累起来了，但正是在他的管理下，它经历了巨大的转变。正如马克·梅多所言："维也纳的马克西米连（Maximilian）和布拉格的鲁道夫二世的更著名的收藏室，都在概念上与慕尼黑的收藏室有关。"（Smith and Findlen, 2002: 192-193）

这里还有两点值得强调。首先，富格尔坚定地将该收藏室建成为学问的交汇处。就像鲁道夫和马克西米连的收藏室一样，它试图吸引进步的思想，将其视为远高于物质的、用于进一步探索的原材料。这使我们不仅回归博物馆作为实验室的更广泛的概念，而且也回到了收藏室在大学和其他学习机构中的长期作用。正如梅多所说："珍奇屋也是知识资本的储存库，其运作方式与今天的大学及其收藏场馆并无二致。文物和钱币收藏是研究古代世界历史、语言和文化的基础资料。"（Smith and Findlen, 2002: 193-194）此外，正如他进一步指出的："我们甚至可以把珍奇屋看作本地和外来原材料及工艺的集合体；例如，在这些藏品中可以发现对采矿的持续性热情——回想一下富格尔财富的起源。"（Smith and Findlen, 2002: 194）最早的收藏室对于研究、教育和新知识的重视也有助于对今天仍然在进行的征集工作进行解释。也就是说，除了因慈善或捐赠而偶然获得的物品外，博物馆决定收藏什么和不收藏什么，主要取决于备选物品、艺术品、文件或任何人工制品将如何为已经入藏的藏品带来更多的启示。因此，可以理解为：第一，收藏机构是多层次的系统，以不平衡的方式扩展（或收缩），基于机会和理性进行决策；第二，许多收藏机构为国家所有，作为不可侵犯的国有财产，是国家财富和文化深度的保障和象征。德语形容词"好的"（gut）

在作为名词使用时表示财产、产品、遗产、货物或商品。国家的"Gut"就是国有财产，但也是为国家良好发展而存在的东西：国家的财富和利益。

早期博物馆中的事实与捏造

阿尔布雷希特留下的较为著名的皇室遗产之一是一枚独角鲸的牙。像犰狳或鸭嘴兽一样，独角鲸似乎是来自某个独立的幻想世界的动物。这样的动物不仅是珍奇屋流行的信物，也是为展示而专门制作的更加奇妙生物的原型。正如我们已经看到的，到16世纪，收藏已经成为商业收益的一种主要来源。正如葆拉·芬德伦（Paula Findlen）所说："它为商业大亨创造了一个世界，他们因为收藏文化而以新的方式看待自然。"（Smith and Findlen, 2002: 299）对自然产物的新兴和专门性消费需求源自各种标准，其中最重要的是药用。许多治疗方法的效用取决于原料的异域属性、稀有程度和昂贵价格。（Smith and Findlen, 2002: 301-302）但是，医学专属的自豪和自由的特性不属于自然界。芬德伦道：

> 在基督教征战的战利品中，有一种神话般的对自然的征服。埃及鳄鱼、鸵鸟蛋、号称独角兽的角、狮鹫的爪子，以及其他真实和幻想的异域自然标本，开始出现在整个西欧的教堂和宝库中。虽然没有像圣物那样受到珍视，但这些物品反映出人们对中世纪动物故事及其他基督教自然寓言中描述的自然界的奇妙部分越来越感兴趣，这些寓言将某些动物视为上帝意志的预兆。在《圣经》和普林尼的《自然史》等作品中发现的鸡蛇怪、狮鹫和龙，已经不仅仅是纸面上的自然奇观了。为满足人们的好奇心，他们逐渐被具象化地

创造出来。（Smith and Findlen, 2002: 302）

这样的阐释有助于让我们了解到，珍宝阁这种有趣物品的储藏室并不是单纯地反映世界的华美，而是要使人相信世界确实华美。换句话说，它起到了一种相互的作用，既展示出世界的多样性，又确保天地间的事物比一个人能想象的更丰富。例如，普林尼的《自然史》充满了臆测和构想，这种幻想似乎是理所当然的。

这意味着在自然的珍宝阁里，经常会有一些生物并非自然的，而是根据一些真实的动物捏造出来的混合体。最流行的动物是九头蛇和鸡蛇怪。要做出逼真的假象意味着相当高的技巧，但与此同时，欺诈行为并不一定使收藏者付出代价；恰恰相反，因为好的赝品也是非常珍贵的。如果没有标本制假技术，动物残肢本身是拼凑不出假标本的。最常见的是将独角鲸的角说成独角兽的，其他的还有被当作狮鹫爪子的牛角。（Smith and Findlen, 2002: 308）除了对自然界进行重构再现以外，幻想中的生物还会出现在珠宝盒等装饰品中，或者如丢勒在纽伦堡设计的以鹿角为翅膀的龙形吊灯那样呈现其他的效果。（Smith and Findlen, 2002: 311）尽管这类生物的可信度不高，而且有越来越多的确凿证据证明它们不存在，但它们会继续流行下去，就像今天流行文化中丰富的龙与中世纪叙事产业一样经久不衰。

除了具有幻想的魅力之外，饲养怪物——无论是假扮的还是如伊莎贝拉·德埃斯特（Isabella de'Este）的双身小狗那样是天生畸形的——也是一种警示，因为"怪物"一词来自拉丁语"警告"（monere）。正如韦斯特霍夫所说，怪胎和畸形表现出"上帝对世间罪孽的愤怒，也是他出于怜悯而给予罪人最后悔改机会的标志"。（Westerhoff, 2001: 648）不同的异象对应不同的罪。这些怪物从字面上看是不适合这个世界的东西，它们的怪异之处体现在它们在本质上与自然界乃至宇宙中其他部分的平稳运行相错位。

收藏和生活的幻想

到 17 世纪中期，珍奇屋的历史行将落幕。在整个欧洲乃至俄罗斯，它是展示真实和抽象的声望及权力概念的一种方便且有迹可循的方式。由于物的不断涌入，以及人们对艺术收藏的兴趣不断分散，原有的收藏方式出现了裂痕，珍奇屋的命数将尽。这导致在 18 世纪中叶，自然和人文收藏场所分离开来，就像学科变得更加专业化一样。这也意味着思考的方式更加多样化：人们在自然历史博物馆的体验与在美术馆不同，尽管前者仍然可以进行抽象和审美的沉思。约翰·约阿希姆·温克尔曼被认为是艺术史之父，据说他率先在书中将"艺术"和"历史"两个词放在一起，（Geschichte der Kunst des Altertums, 1764）但在这之前确实已存在用历史眼光研究艺术的文献，如约阿希姆·冯·桑德拉特（Joachim von Sandrart）的德意志学院（Teutsche Academie, 1675—1679 年）即提出将艺术视为一个独立的研究实体，并将其延伸为需要单独收藏和展示的东西。（DaCosta Kaufmann, 2001: 523-541）

在 18 世纪的启蒙运动时期，从珍奇屋到博物馆的缓慢转变象征着个人权力和影响力的转变，以及历史周期性概念的不断演进。直到 18 世纪中叶，正如路易斯·切劳罗（Louis Cellauro）明确指出的：

　　和古代一样，从 16 世纪到 18 世纪中叶，"musaeum"这个词指的是音乐会和歌咏会，或是独立研究场所，也就是那些工作室、书房或人本主义者的沙龙。这些特定的房间本身也可以被称为"musaeum"。早在 1476 年，这个拉丁文单词就被应用于费代里科·达蒙泰费尔特罗在乌尔比诺的研究室，1596 年又被应用于枢机主教切西（Cesi）在罗马的研究室。1612 年，阿卡德米奇·德拉克鲁斯卡（Accademici della Crusca）在其颇具影响的词典中指出，拉丁文"musaeum"的意大利语对应词是"studio"。然而，这个词在 1664 年就肯定被意大利化了，当时吉安·彼得罗·贝洛里（Gian Pietro Bellori）出版了他关于博物馆的著作，并交替使用了 "museo" 和 "studio" 这两个词来表示存放收藏品的房间。（Cellauro, 2012: 96）

现代博物馆从根本上打破了以领主和赞助人为中心的收藏，倾向于遵守相互扶持的、协商一致的因而更加民主的组织原则。

正是这种差异，使得 18 世纪至今的收藏机构能够对收藏品进行区分，是更倾向于表达普遍性或民族性，还是描画个人的肖像画。18 世纪有两个相关的著名案例：霍勒斯·沃波尔（Horace Walpole）的草莓山庄（Strawberry Hill）和托马斯·杰斐逊（Thomas Jefferson）的蒙蒂塞洛（Monticello）。关于沃波尔的研究文章很多，但关于杰斐逊的文章较少，杰斐逊在他的职业生涯中积攒了各种各样的收藏品，不愧是一位博雅的、饱学的绅士。在许多场合，他把自己的珍宝阁称为"印第安厅"（Indian Hall）。正如鲁滨逊强调的："最终，印第安厅的概念框架取决于杰斐逊对自然界固有的秩序与和谐的信念，以及他对美国的充沛潜力的信心。"（Henri Robinson, 1995: 44）这也是杰斐逊对美国的设想，一种多元化的混合体，他希望欧洲移民和美洲原住民最终能在这里融合。这是为了证明文明的潜力，他认为这将拯救原住民的境遇。（Henri Robinson, 1995: 58）

尽管这种观点在我们如今看来是存疑的，但从积极层面而言，可以从这些想法中看到个人收藏室对其主人的意义及其相关性。它们既是通过事物对自身内外特征进行的即时重塑，也是对世界和宇宙的一种展望。它们被赋予了非凡的力量和野心，具有远远超出事物本身的符咒般的力量。正如卡拉·扬尼（Carla Yanni）所写的："珍宝阁满足了许多功能：展示个人权力、良好的品位、提高威望、建立自我认同。但是……这些有趣的物品具有更重要的认识论价值，它们提供了一种神秘（原文如此）且强有力的认识方式。"（Yanni, 1999: 16–17）其中的事物都是实在的证据，许多对世界及现象成因的解释是超乎我们理解的，但值得进一步研究和思考。

当今的策展过于讨好社会期望、商业化和时尚，如果我们不再把"好奇""惊奇"这样的词语视为理所当然，这种更细密的、更不习惯的感觉可能会帮助我们重拾当代策展中经常缺乏的东西。尽管好奇和惊奇本身也可能会招致潜规则、意气用事以及廉价的小把戏，但它们也指向一个可以对世界进行重新认识的实验探索空间，这可能会令人惊喜，也可能像隐藏的真相那样不受欢迎。

参考文献

Alpers, Svetlana. 1983. *The Art of Describing*. Chicago: University of Chicago Press.

Bartos, Jim. 2010. The spiritual orchard: God, garden and landscape in seventeenth century England before the Restoration. *Garden History* 38(2): 177–193.

Benjamin, Walter. 1969. *Illuminations: Essays and Reflections* (trans. Harry Zohn). New York: Schocken Books.

Bessler, Gabriele. 2012. Raumfindung Wunderkammer: Ein Weltmodell aus dem 16en Jahrhundert. *Werk, Bauen, Wohnen* December: 10–18.

Cellauro, Louis. 2012. Venice and the origins of the art - historical tradition of display of the modern museum. *Journal of Art* History 81(2): 92–107.

DaCosta Kaufmann, Thomas. 1978. Remarks on the collections of Rudolf II: The *Kunstkammer* as a form of *Representatio*. *Art Journal* 38(1):

16–33.

DaCosta Kaufmann, Thomas. 1985. Archimboldo and Propertius: A classical Spiurce for Rudolf as Vertumnus. *Zeitschrift fur Kunstgeschichte* 48(1): 117–123.

DaCosta Kaufmann, Thomas. 2001. Antiquarianism, the history of objects, and the history of art before Winckelmann. *Journal of the History of Ideas* 63(2): 523–541.

de Jong, Erik. 2008. A garden book made for Emperor Rudolph II: Hans Peuchfeldner's *Nutzliches Khunstbech der Gartnerij. Studies in the History of Art* 69: 189–208.

Edmonson, John and Clare Smith. 1999. The Linnean Society's Smith Herbarium: A resource for eighteenth - century garden history research. *Garden History* 27(2): 244–252.

Foucault, Michael. 1966. *Les mots et les choses* (*The Order of Things*). Paris: Editions Gallimard.

Henderson, Pamela. 2008. Sir Francis Bacon's essay "Of Gardens" in context. *Garden History* 36(1): 68–84.

Henri Robinson, Joyce. 1995. An American cabinet of curiosities: Thomas Jefferson's "Indian Hall at Monticello". *Winterthur Portfolio* 30(1): 37–51.

Hodgen, Margaret. 1964. *Early Anthropology in the Sixteenth and Seventeenth Centuries*. Philadelphia: University of Pennsylvania Press.

Impey, Oliver and Arthur McGregor (eds). 1985. *The Origins of Museums: The Cabinet of Curiosities in Sixteenth and Seventeenth Century Europe*. Oxford: Clarendon Press.

Johnson, Christine. 2008. *The German Discovery of the World: Renaissance Encounters with the Strange and Marvelous*. Charlottesville, VA:

University of Virginia Press.

McGregor, Anthony. 2007. *Curiosity and Enlightenment: Collectors and Collections from the Sixteenth to the Nineteenth Century*. Newhaven, CT: Yale University Press.

Orus, Alvaro 2011. The apparition of knowledge in the court of Rudolf II. https://www.youtube.com/watch?v=KgJT7prSvoA, accessed 13 March 2019.

Pliny. 1967. *Natural History* (trans. H. Rackham). Cambridge, MA: Harvard University Press.

Quiccheberg, Samuel. 2013. *The First Treatise on Museums: Samuel Quiccheberg's* Inscriptiones, *1565* (edited and translated Mark Meadow and Bruce Robertson). Los Angeles: Getty.

Rijksmuseum. 2019a. Dolls' Houses. https://www.rijksmuseum.nl/en/ rijksstudio/works - of - art/dolls - houses, accessed 13 March 2019.

Rijksmuseum. 2019b. Dollhouse by Petronella Dunois, anonymous, c. 1676. https://www.rijksmuseum.nl/nl/rijksstudio/kunstwerken/poppenhuizen/ objecten#/

BK - 14656,0, accessed 13 March 2019.

Schama, Simon. 1987. *The Embarrassment of Riches*. New York: Knopf.
Sloterdijk, Peter. 2006. *Im Weltinnenraum des Kapitals*. Frankfurt: Suhrkamp.

Smith, Pamela and Paula Findlen (eds). 2002. *Merchants and Marvels: Commerce, Science, and Art in Early Modern Europe*. New York: Routledge.

Storace, Patricia. 2016. The shock of the little. *New York Review of Books* (July 14): 18–20.

Strong, Roy. 1999. Foreword: The Renaissance garden in England reconsidered. *Garden History* 27(1): 1–12.

Westerhoff, Jan. 2001. A world of signs: Baroque pansemioticism, the polyhistory and the early modern Wunderkammer. *Journal of the History of Ideas* 62(4): 633–660.

Wilkinson, Alix. 1994. Symbolism and design in ancient Egyptian gardens. *Garden History* 22(1): 1–17.

Yanni, Carla. 1999. *Nature's Museums: Victorian Science and the Architecture of Display*. Baltimore: Johns Hopkins University Press.

本章作者简介

亚当·盖齐（Adam Geczy）是一名艺术家和作家，任教于悉尼大学。他的《艺术：历史、理论及其他》（贝格出版社，2008 年）（*Art: Histories, Theories and Exceptions*, Berg, 2008）获评 2009 年美国图书馆协会选择奖（Choice Award）最佳艺术学专著。他已经出版了超过 16 本著作，最新的作品为《时尚与艺术中的人造身体》（*Artificial Bodies in Fashion and Art*，布卢姆斯伯里学术出版社，2017 年）和《艺术、时尚和电影中的跨东方主义》（*Transorientalism in Art, Fashion and Film*，布卢姆斯伯里学术出版社，2019 年）。他也是宾夕法尼亚州立大学出版社《亚太流行文化杂志》（*JAPPC*）和《原住民》（*ab-Original*）杂志的编辑。

第三章 博物馆领域的职业化

以美国为例 [①]

在 1900 年前后的数十年间，大西洋两岸的艺术博物馆管理权从艺术家等外行人士手中让渡给策展人和馆长等专职人员。这一转变与法律、医学、经济、学术等领域的职业化一道汇聚成一股大潮。但是，博物馆的变化也有特殊的缘由。随着工业现代化和城市发展，各种类型的博物馆对社会越来越"有用"。国家和社会组织希望通过出资建立博物馆，教育、安抚躁动不安的城市居民，并促进其社会化。

要完成这一任务，核心需求就是增进对通用方法、共同目标以及标准化实践的理解——总之就是需要更加专业化。1883 年，英国经济学家威廉·斯坦利·杰文斯有感于"博物馆经济管理通用准则"相关研究的缺乏，建议博物馆效法图书馆建立一个组织，来为馆舍设计、藏品编目、公共服务和职工薪资等各项实践制定标准。（Jevons, 1883）五年后，托马斯·格林伍德结合一项关于英国博物馆的综合调查结果，也赞成开展协作和促进体系化建设。（Greenwood, 1888）在大西洋彼岸，华盛顿史密森学会秘书长乔治·布朗·古德于 19 世纪 90 年代提出，博物馆工作应被视为一种职业，要尽快"编写公认的博物馆管理准则"。（Goode, 1895:3）

---

① 关于这一主题更全面的论述，参见 Sally Anne Duncan and Andrew McClellan, *The Art of Curating: Paul J. Sachs and the Museum Course at Harvard* (Los Angeles: Getty Research Institute, 2018)。

各国职业化的步调并不一致，各领域的标准也有所差异。但是在19世纪末有这样一种广泛的共识，即要简化展览和展品说明，提升交互、照明和空间——这皆是为了缓解视觉疲劳和服务大众。博物馆被普遍认为主要是博学人士的藏品仓库，这极大地限制了其成为社会性机构的可能性。博物馆常识被纳入策展必备的专业知识范畴中。例如，在艺术和考古博物馆中，相关专业知识包括对器物的认知或鉴赏——对来源、真伪、质量及状态的鉴定。依靠政府的监督以及策展人与机构间的非正式关系网，相关标准和实践逐步统一，进而促使博物馆协会（英国，1889年；美国，1906年；德国，1917年）和专业期刊相继建设起来。1926年，国际联盟（League of Nations）开设国际博物馆办公室（International Museum Office, IMO），开始关注跨国和跨学科的博物馆工作。1946年，IMO发展成为国际博物馆协会（International Council of Museums, ICOM）。

急需：博物馆馆长

尽管美国的收藏和博物馆工作规范是从欧洲移植而来的，但是发轫于新世界的博物馆呈现出一派迥异的景象。在欧洲，受政府威权及传统学术体系的影响，艺术博物馆的藏品主要来自王公贵胄旧藏；而在美国，博物馆的运营资本及藏品征集则依靠当地的个人自愿捐赠（位于华盛顿特区的史密森学会除外）。热衷于艺术收藏的金融家和实业家们渴望被比作旧世界的贵族，而又致力于追求坐拥财富的美国式理想；他们在进行收藏时模仿欧洲贵族的品位，但最终又出于公益目的而把所购艺术品捐给博物馆，还时常慷慨地给予资金赞助。对这些新教徒精英而言，赞助博物馆正是马克斯·韦伯（Max Weber）所谓的财富的合理使用。随着私人收藏品经博物馆向公众分享，这种收藏方式已普遍为人接受，甚至广受赞誉。对于赞助人来说，拥有绝世藏品成为一种殊荣，公益与私利由此接轨。博物馆与私人藏家一道反对艺术品进口税费（1909年取消），支持以发扬艺术的教育功能为由进行资金捐赠。自此，通过捐赠艺术品和资金来获得税费优惠的行为逐渐合法化。至于得到物资支持的艺术博物馆，一方面在藏品数量和馆舍建筑方面有所增益，另一方面在公募基金和基金会专项补助支持下提升公共服务，进而得以开展策展培训。

私人艺术收藏品的规模和捐献量迅猛增长，加之一些城市成为文化中心的野心急速膨胀，推动了美国博物馆在 19 世纪末至 20 世纪初的爆炸式增加。由数据可见，从 1910 年起，至劳伦斯·韦尔·科尔曼（Laurence Vail Coleman）于 1939 年出版其综合调查报告《美国的博物馆》（*The Museum in America*），美国博物馆总数增长至原先的 4 倍有余，由 600 家增至 2500 家。科尔曼乐观地认为，美国现在"可能拥有世界上四分之一……的博物馆，有些足以媲美那些外国的大馆"。（Coleman, 1939: vol. 1, 18）

在这段时间内，博物馆建筑投资从 3 600 万美元增至 1.8 亿美元，运营收入从 200 万美元增至 1 800 万美元。至 1930 年，总参观人数已翻了一番，达到 5 000 万人次。博物馆会员人数也迅速增加，纽约大都会艺术博物馆（the Metropolitan Museum of Art）的会员数量从 1873 年项目开始时的 600 人增至 1930 年的 25 万人。并不只有科尔曼在吹嘘那些年的增长。保罗·雷（Paul Rea）在 1932 年为卡内基公司（Carnegie Corporation）所作的研究中盛赞道，"这一博物馆运动的活力"因其"在全国范围内的传播，从而在数量、规模、质量、经济来源和公众参与度上大幅增加"（Rea, 1932: 4）。扩张基于广泛的原因，但科尔曼和雷都注意到艺术博物馆成功路径的特殊性，即依托财富赞助。1910 年，在 4 家获得赞助额超过 100 万美元的博物馆中，有 3 家是艺术博物馆。1923 年，据美国艺术商协会（American Art Dealers Association）估计，美国人每年在艺术品上花费2.5亿美元，其中大部分会在未来某一天被送到博物馆中（Schwarzer, 2006）。推动艺术博物馆参观人数的增长与促进高校美术教育规模的扩大是同时进行的。1876年，仅7所高校开设艺术史或艺术鉴赏课。到1930年，几乎所有具备资质的院校都开设了相应课程（DiMaggio, 1991）。

由于其取得的不俗成绩，美国在评论家、收藏家和热心人士中间，拥有与其不断上升的政治和经济实力相称的文化形象。《艺术与进步》（*Art and Progress*）杂志在1913年指出："随着一个国家的发展，它……越来越重视艺术……城镇也是如此……艺术博物馆在我国各地的发展十分显著。"（*Art and Progress*, 1913）任何对于从贪婪的美国收藏家手中保护欧洲（以及亚洲）艺术遗产的努力，都几乎难以遏止绘画、装饰艺术品和建筑部件向新世界的豪宅和博物馆中流动。

然而，藏品数量的快速大量增加，也给接收方带来挑战。正如尼尔·哈里斯（Neil Harris）所言："在一代人的时间里，美国的收藏家和他们的博物馆已经从依赖于欧洲'父母'的弱小孩童成长起来，聚敛了如此多的财富，以至于富足本身成为一个问题。"（Harris, 1990: 268-69）喜人的数据背后，是机构急剧增加带来的人员短缺问题。早在1907年，一封写给《国家》（*Nation*）杂志的信就呼吁企业家们，在建立起训练有素的人才队伍前，停止建设博物馆（Schwarzer, 2006: 173）。新博物馆的建立和现有机构的扩张，增加了对工作人员的需求——馆长、不同领域的策展人、教育人员、业务经理、登编员、图书管理员以及藏品保管员。领导人才的缺乏是最令人担忧的。1910年，《艺术与进步》杂志发表了一篇文章《急需：博物馆馆长》（*Wanted: Museum Directors*），痛陈"这个国家缺乏训练有素的人才"。"博物馆的数量正在急剧增加"，文章感叹，"对有能力的艺术管理人才的需求将在几年内不可估量地增加，应该为这些职位进行人才培养"。（*Art and Progress*, 1910）彼时，美国的博物馆一直依靠艺术家或从欧洲引进的有经验的人员，但前者往往缺乏管理和鉴赏能力，而后者则供不应求，且很少能长期留任。

自 1906 年美国博物馆协会（American Association of Museums, AAM）成立以后，其年度会议上讨论的关键议题之一，就是建立一个本土博物馆专业人才的输送渠道。1908 年，科尔内留斯·史蒂文森（Cornelius Stevenson）夫人为有抱负的策展人开设了一个课程，作为宾夕法尼亚博物馆（Pennsylvania Museum）和费城工艺美术学校（School of Industrial Art）（后来合并为费城艺术博物馆）之间的合作项目，这是对上述需求的一次早期的回应。学生们参加了博物馆历史讲座，参观并评论当地的博物馆，还在宾夕法尼亚博物馆实习。史蒂文森在美国博物馆协会的一次会议上说，在第一年选课的 11 名学生中，只有少数人有从事博物馆工作的想法，但她将继续开设这门课程，因为她相信"现在是博物馆建设与管理随心所欲的时代，必须稳定下来，不再模糊不清，不再异想天开，而要更加明确"。（Proceedings, 1909: 119）

她的发言引发了 1910 年美国博物馆协会年会上关于"培养策展人"的讨论，伊利诺伊州自然历史博物馆（Illinois State Museum of Natural History）的 A. R. 克鲁克（A. R. Crook）博士在会上发表了一项针对 12 名博物馆高层领导的调查结果，以探究"博物馆馆长或策展人岗位"的理想标准。他在亲自进行这项调查时发现，"优秀专业人士、政府首脑、高校校长、科研人员 …… 甚至博物馆的理事"对博物馆工作的无知程度令人不安。除了基本的要求——大学学位、专长领域、语言水平、经验、募款能力——接受调查的馆长们还希望岗位候选人了解顶级博物馆和学术期刊、博物馆发展趋势以及博物馆学术与博物馆教育的区别；掌握实用的建筑、陈列柜、展厅配色及布置的标准，以及标签、分类和编目的原则；并对博物馆的图书馆和出版工作有一定见解。除此以外，馆长—策展人还应该具备"友善的性格和良好的谈吐，当然还有无可挑剔的品格。他还最好出身于世家，换句话说，他应该能够有合适渠道去接近那些有可能参观或资助博物馆的富贵人士，以便更好地吸引和取悦他们"。最后，他（假设为"他"）必须拥有"执行能力"和"一定的交际能力"。（Proceedings, 1910: 59-63）美国博物馆协会主席、来自布鲁克林博物馆（Brooklyn Museum）的弗雷德里克·刘易斯（Frederic Lewis），对克鲁克的观点进行了回应，认为正式的培训是没有意义的，因为"策展人是与生俱来的，不是后天造就的。我不相信你能把一个人训练成策展人。那是天赋能力与环境共同成就的"。（Proceedings, 1910: 64）另一位与会者调侃说，克鲁克列出的要求相当于"让一个凡人达到全知全能，再让他具备有史以来所有的美德"，并认为任何培训体系都不可能完成这项任务。（Proceedings, 1912: 81）

尽管有这些质疑的声音，但对培训的呼吁仍在继续。1914年，波士顿美术馆（Museum of Fine Arts, Boston）的秘书本杰明·艾夫斯·吉尔曼（Benjamin Ives Gilman）向美国博物馆协会成员发表了题为"专家的时代"（The Day of the Expert）的主旨演讲。吉尔曼认为，博物馆不断增加的责任必须与策展人威望、权力和专业性的提高相匹配。职责与威望的关联，是"专家在各领域开展任何研究时都必须遵循的基础原则"。（Gilman, 1914）国家在包括博物馆在内的各个领域都需要"有能力的佼佼者"和"各行业的专家"。正如"只有外科医生（知道）如何进行气管切开术一样……只有策展人（知道）如何布置一个生态展览或向公众展示一组版画"。

使职业化发展再添障碍的，是交流的缺乏。"除了本协会的会议外，没有其他任何交流思想的媒介"。保罗·雷在1916年的年会上说（Rea, 1916: 11-12），"我们需要马上办一份定期出版的博物馆杂志。在为博物馆工作提供培训方面，我们才刚刚开始。博物馆实践的各项标准还没有建立起来……博物馆管理层无从获取经验和专业知识……这是一个属于专业化组织的时代"。

雷的演讲促成了两项决议：第一，美国博物馆协会将出版一份期刊，作为"讨论博物馆组织管理原则及相关问题的园地"（Rea, 1916: 19）第一期《博物馆工作》[*Museum Work*，很快更名为《博物馆资讯》（*Museum News*）]于次年出版。第二，建立一个由大都会艺术博物馆的著名教育家伊迪丝·阿博特（Edith Abbot）、罗得岛设计学院博物馆馆长厄尔·罗（Earl Rowe）和波士顿美术馆的本杰明·吉尔曼组成的委员会，负责研究艺术博物馆工作人员的培训问题。该委员会在1917年的年会上提交了报告。确定了博物馆工作的三个领域：管理、策展和教育；培训应涵盖全部三个领域。委员会认为，管理工作需要具备商业和社交技能；教育工作需要在具备教学经验的基础上对社区需求有敏感性，并具有从事"公共事业"的意识，还要熟悉艺术品原件；策展工作的首要任务是征集，最重要的是要"在评估艺术品时对'质量'的把握准确无误"，同时熟悉市场情况。所有艺术博物馆的工作人员都应具备艺术史、博物馆行业准则以及外语方面的知识；具备清晰写作和表达的能力，且能"广泛游历欧洲"。通过"田野考古工作和对其后各时期的深入研究"，有助于"在原生环境中理解藏品"。

委员会认为，这种专业化培训可以作为对现有高等教育的补充，在研究生阶段进行。至于在哪里可以进行这样的培训，委员会提出了一个在许多人看来不太可能的、不切实际的建议："这一系列的研究生教育可由（美国学校）在雅典、罗马和耶路撒冷开设的海外学院开展。"类似于德国的博物馆那样，随后还应邀请"博物馆实践与管理相关领域的有关专家"进行指导。委员会遗憾地认为，美国尚无高校或博物馆具备足够的培训能力或合作实力。"当院校与博物馆协同工作，并且前者意识到后者是一个真正的艺术与历史的研究场所时，上述提议才有可能实现。"（Proceedings, 1917: 13–17）

同时，博物馆教育的问题也被纳入讨论。不同机构对于什么是合格的教育理解不同，标准也无一定之规。1918年，美国自然历史博物馆（American Museum of Natural History）的一名策展人就此发表看法，认为不需要为博物馆教育作特别的准备；这激起该领域中一些顶层女性从业者的强烈不满——教育是博物馆工作中鼓励女性从事的领域之一。来自纽瓦克博物馆（Newark Museum）的艾丽斯·肯德尔（Alice Kendall）认为，在展厅内利用展品对各种参观者进行教学，与学校老师有很大的不同，博物馆的教育工作者必须是"技术上的专家，就像博物馆的其他工作人员在各自领域都是技术上的专家一样"（*Museum Work*, 1918: 116）在博物馆的环境中，培训需要在指导下进行。

在随后的几年里，博物馆工作人员培训的方式和场所仍然是美国博物馆协会各项会议的固定议题。1924年初，协会的《博物馆工作》杂志刊登了一篇题为《造就博物馆员》（*Making Museumists*）的社论。这篇社论反对"策展人是与生俱来的，不是后天造就的"这一观点，并断言：

> 博物馆行业需要的是一所优秀的培训学校——或者几所。我们必须增加我们的人力。一场发展的浪潮已经掀起。数以百计的新博物馆应运而生。新馆将陆续创建起来。已经建立的博物馆将加速发展。除非训练有素的博物馆工作人员的产出量在十年内大大增加——以非常大的幅度——否则未来的博物馆将走上我们不希望看到的道路。（*Museum Work*, 1924: 162）

对相关行动的呼吁终于在第二年落实了。1925年3月，纽瓦克博物馆宣布创建一所"博物馆工作人员的新型学校"。在艾丽斯·肯德尔和博物馆创始人约翰·科顿·达纳（John Cotton Dana）的指导下，课程设置"极其实用"，让学生得以接触博物馆的各个部门和功能。这将使他们并非具备"某个特定的艺术或科学领域的专业知识"，而是"使博物馆内容更吸引人的手段，以及最重要的反哺支持它的社区的实践方法"。（*Museum News*, 1925: 1, 3）申请人必须在30岁以下，拥有大学学位，并具备良好的沟通技巧、综合能力和"良好的个人形象"。劳拉·布拉格（Laura Bragg）领导下的南卡罗来纳州查尔斯顿博物馆（Charleston Museum）以及纽约的大都会艺术博物馆也展开了新的举措。其中，只有纽瓦克博物馆的项目蓬勃发展。1939年，在第一批学生毕业十年后，科尔曼在其调研中强调了它的成功："纽瓦克博物馆的学徒课程为许多博物馆培训了工作人员，其中有40多人出席了美国博物馆协会最近的一次年会。"（Coleman, 1939: 2, 420）正如肯德尔所言，纽瓦克博物馆的项目在培养教育工作者方面颇为闻名，其培养出来的几乎全是女性，适配于各种类型的博物馆。培养专业策展人的挑战落在了科尔曼挑选出的另一个项目上：由保罗·萨克斯在哈佛大学福格博物馆开设的"博物馆课程"。鉴于其在艺术博物馆策展人培训中的重要地位，本文的接下来将集中讨论哈佛大学的课程及其影响。

保罗·J. 萨克斯与哈佛大学的博物馆课程

保罗·萨克斯来自华尔街银行世家，其家族与高盛（Goldman）家族联合创办了高盛公司（Goldman, Sachs & Co）。保罗·萨克斯在哈佛大学接受教育，是天生的金融家，他闲暇时会收藏艺术品，并在母校的福格博物馆担任委员会委员职务。1915年，36岁的萨克斯离开了家族企业，在这家哈佛大学的博物馆中义务担任馆长助理，这个决定受到他周围许多人的质疑，但他和哈佛大学都没有后悔作这个决定。出身名门的博物馆馆长爱德华·沃尔多·福布斯向萨克斯发出的邀请，既独具慧眼又大胆果断。福格博物馆虽然只有20年的历史，但已经需要进行一次大规模整改并确立一个新的战略构想。美国的博物馆和艺术市场都在崛起，福布斯抓住机会将哈佛大学博物馆的前途与更广泛的社会潮流联系起来。金钱、商业和热切的私人收藏是美国博物馆开始繁荣发展的核心，而福布斯在萨克斯及其纽约的人脉网络中看到了引入这些重要资源的渠道。J. P.摩根、本杰明·奥尔特曼等人的例子颠覆了人们对美国式物质主义粗鄙愚昧的固有认知，因为这里的富豪们将积累起来的大量财富用于提升同胞的文化水平。萨克斯人脉圈中的银行家和商人可以将其巨大的金融影响力施予福格博物馆。作为回报，他们能够获得与美国顶尖大学合作的超凡声望。至于萨克斯，他已经对银行业感到厌倦，可以借此机会转向他毕生所好的艺术行业，并将其管理技能和经验投入到更有创造性的用途中。此举使哈佛大学乃至美国的艺术博物馆界受益匪浅。萨克斯与福布斯一起，将福格博物馆重新打造为一个高校博物馆的样板，收藏了大量的艺术品，并由此开创了一种以物为基础的艺术史和博物馆学教学方法。萨克斯把自己包括4700件艺术品在内的所有收藏都留给了哈佛大学，以此来表达对哈佛大学给予其第二职业支持的感激之情。但是同样重要的问题是，萨克斯给哈佛大学以外的艺术界带来了什么：他的博物馆培训项目及培养出来的数百名学生。这些学生为美国艺术博物馆形成有效领导奠定了基础，推动其发展至今。

在来到哈佛大学的时候，萨克斯很清楚合格的博物馆人员越来越稀缺。他在回忆录中写道："来哈佛大学之前，我作为一名私人收藏家，注意到来自欧洲和亚洲的无价之宝首先会流入私人手中，然后通过赞助或遗赠的方式进入公共领域。第一次世界大战后，这股热潮更加汹涌。对这些艺术品进行妥善处理和阐释需要依靠训练有素的专家，而在那时，我们的大学培养出的国际名家太少了。"（Sachs, 1954: vol. 2, 1）他和福布斯不知道究竟从何时起，就萌生了将哈佛大学的博物馆作为博物馆培训基地的想法，但在抵达剑桥还不到一年的时候，萨克斯在《哈佛大学毕业生杂志》（*The Harvard Graduates' Magazine*）上写道："在未来的十年，这片土地上任何一个欣欣向荣的城市，都可能随时召唤整装待发的策展人和馆长们。哈佛大学必须维持其在这个新职业中的领军地位，这个职业的尊严还没有被完全理解。"（Sachs, 1916: 424）福布斯透露，哈佛在第二年就已经开始收到"博物馆和大学官方要求提供完成培训人员的申请"。（Forbes, 1917: 6）

哈佛大学在进行艺术博物馆培训方面具有先天优势，其艺术与考古学系因以物为本而著称，在商业、法律、医学、教育等本科以上级别的专业课程方面也拥有成熟的基础。事实上，哈佛大学在高校中的卓越地位在很大程度上依靠于利用优秀的研究生培养项目对各个职业进行全面覆盖。

然而，开发博物馆课程需要时间。萨克斯和福布斯在一战后期都服务于海外的红十字会。20 世纪 20 年代初，用一个新的博物馆取代原先建于 1895 年的过时博物馆成为他们的首选项。筹款书中提出了新福格博物馆的理念，即在研究型大学中对艺术品进行实证研究的"实验室"。艺术史作为一门学科在美国还处于起步阶段，博物馆的馆长们渴望在哈佛大学的实践中获得实用的、前瞻性的信息。实验室作为一种全新的、进步性的心理训练场所及其隐喻，依赖于开放性的调研而不是经典的文献，在高校中获得了广泛的青睐。（Jones, 1985；Reuben, 1996）职业发展是筹款宣传的一个关键部分。《博物馆资讯》（*Museum News*）在 1924 年宣布，洛克菲勒（Rockefeller）和卡内基两家基金会的新设立的资助项目被指定为"专门用于培养研究生成为博物馆策展人、评论家和美术教师"（*Museum News*, 1924: 1）萨克斯和福布斯邀请了一位毕业于哈佛大学的年轻建筑师梅里克·罗杰斯（Meyric Rogers）协助绘制新建筑的图纸，由内而外地为最大化地保证服务和综合性学习而进行设计，形成了一种创新的博物馆类型。除了单纯的展厅以外，新福格博物馆还包括用于技术和保护的工作室、藏品研究室、开放式库房、书籍和照片收藏室、教室、报告厅以及策展人和职员的办公室。

萨克斯的课程正式名称为"博物馆工作与博物馆问题"，但多简称为"博物馆课程"，他在20世纪20年代曾进行了多次试讲，但直到1927年新福格博物馆开馆时，该课程才稳定下来并有所发展。那一年的毕业生中涌现出一批在未来令人瞩目的艺术界领袖：博物馆馆长小艾尔弗雷德·H.巴尔、小阿瑟·埃弗里特·"奇克"·奥斯汀（Arthur Everett "Chick" Austin Jr）、耶雷·阿博特、詹姆斯·罗里默、沃尔特·赛普尔、艺术商人柯克·艾斯丘以及建筑史学家亨利-拉塞尔·希契科克。随后的十年间，哈佛大学建立起了"博物馆人摇篮"的声誉，正如阿格尼丝·蒙根（Agnes Mongan）后来所叙述的那样。（Mongan，1945）

除了从1921年开始的几次试讲以外，萨克斯自1927年起至1948年退休时止，每年都会开设博物馆课程（在1932—1933学年有一次课程因休假暂停）。这门两学期的课程是哈佛大学艺术史研究生的选修课；一些优秀的本科生和旁听生也被特许选修。萨克斯对选课的学生进行筛选。除了聪明才智和良好教育等必要条件外，最好具有一些艺术史学习基础，他还要权衡学生在博物馆工作方面的潜力，特别关注他们对物和人的兴趣。社交技能和礼仪是至关重要的。萨克斯认识到"良好"出身的价值，但他也相信只要那些前景光明的学生有意愿与艺术界的精英共事，福格博物馆的训练就能使他们转变和完善以兑现其潜力。在他最成功的学生中，绝大多数来自普通的中产阶级家庭。在萨克斯的时代（战争时期除外，当时的招生人数被削减了一半），班级的平均人数为18人，其中不到一半是女性。通过拉德克利夫学院（Radcliffe）入学的女学生在课堂上受到平等对待，尽管她们毕业时机会有限、工资较低。宗教不是影响录取的因素，但犹太人和天主教徒会在工作场所面临某些歧视。在萨克斯的时代，种族从来不是一个问题，因为高等教育和艺术界的系统性歧视致使博物馆课程中从来没有任何有色人种的学生，除了一名来自东亚的游学访问生。

到退休的时候，他已经指导了大约350名学生，其中约160人在"全国最好的博物馆"任职（Sachs, 1954: vol. 2, 13；附录）博物馆课程的毕业生在整个20世纪一直活跃在相关领域，不仅遍布东北地区大量的市政、历史和高校艺术收藏机构，而且还遍及全国的博物馆。萨克斯认为，诸如托莱多、布法罗、休斯敦、堪萨斯城、丹佛和旧金山等拥有年轻博物馆的城市，与那些东海岸的艺术和文化堡垒同样重要。哈佛大学的毕业生分布在全国各地的博物馆工作人员队伍中。除了大机构的著名馆长——艾尔弗雷德·巴尔、奇克·奥斯汀、约翰·沃克（John Walker）、詹姆斯·罗里默、佩里·T.拉思伯恩（Perry T. Rathbone）等，他们都是今天那些知名馆长和策展人的铺路人——在1941年编制的学生名单中，共有43名馆长和馆长助理，25名策展人和策展人助理，19名教育工作者，29名助理馆员，3名登编员，18名图书和照片管理员，7名秘书，4名公共关系人员。如果说美国的博物馆最初依靠的是业余人士和艺术家，或寻求欧洲专业人员的帮助，那么到了20世纪中期，归功于萨克斯的课程，它们中的大多数掌握在具有共同价值观和行为标准的本土专业人员手中。

简而言之，福格博物馆的毕业生人际网络实际上塑造了博物馆管理的职业领域，划定了相关机构的组织框架和理念，美国公众可以通过这些机构来了解艺术。当然也存在其他通往博物馆职业的途径，但萨克斯的课程被誉为艺术博物馆需要补充新鲜血液时的首选之所。正如科尔曼在一项博物馆调研中指出的，哈佛大学"已经为二十多家艺术博物馆输送了馆长，为更多的博物馆输送了策展人"（Coleman, 1939: vol. 2, 420），"已经成为艺术博物馆管理岗位最著名的培养基地"。事实上，哈佛大学的毕业生"现在已经多到遍布整个行业"。

今天，美国的艺术博物馆已经建设得非常成熟，以至于需要一些想象力才能理解不到一个世纪前它们是多么的不发达。例如，20世纪30年代初，三名福格博物馆的毕业生前往堪萨斯城建立纳尔逊画廊

［Nelson Gallery，即现在的纳尔逊－阿特金斯艺术博物馆（The Nelson-Atkins Museum of Art）］时，他们面对的是一座新博物馆的空壳，没有工作人员，收藏方向也尚未确定。在满怀期盼的理事们关切的注视下，从选择墙面和地板的装修方式、设计展柜、选择和安排展品，到接待学校参观和培训讲解员，他们必须包办一切。人们相信博物馆在萨克斯的学生们的手中是安全的。哈佛大学的毕业生值得理事们和热心人士的信赖，他们的业务水平得到全国乃至其他地区同行机构的认可和验证。博物馆、赞助人和萨克斯的门徒们很快都以这个体系为标准进行自我对照和进一步强化。

教学方法与过程

萨克斯是如何开展教学的呢？在每年的年初，他都会列出"博物馆人员基本素质"清单。这些素质包括：肉眼可见的好奇心和对品质的关注，在多个领域"略知一二"而在某个领域专精，写作和演讲技巧，外语，包含对大众教育的信念在内的广泛同理心，在艺术界的职业人脉，以及将博物馆人员与学术人员区分开来的"收藏家本能"。（Sachs, 1954: vol. 2, 6）他并不期望在一年内培养出具有社会修养的、掌握多语种的文物专家，也不认为课堂教学可以替代在工作中汲取的经验。博物馆课程是初步的、标准化的；涵盖了管理、策展和教育等基本方面，旨在反复灌输方法和价值观，它们将随着时间的推移而巩固为一套绝佳的实践和专业标准。课程通过课堂讨论和实践练习，讲授美国艺术博物馆的历史、目标、经济基础和组织架构；博物馆设计与功能之间的关系；艺术界重要人物的兴趣和履历；如何评估物品，及怎样通过公开展示和阐释使公众更容易理解它们；以及策展人的正确行为和责任。

全班每周上两次课，一次在萨克斯的家，即校园外郊的绿茵山

（Shady Hill），另一次在福格博物馆（从20世纪30年代后期开始，更多地在博物馆上课）。在绿茵山的课程后来转移到了福格博物馆的农伯格厅（Naumburg Room）（见图3.1）；重点是培养眼力和学习艺术界的方法。

图3.1　保罗·J.萨克斯（Paul J. Sachs）在福格博物馆（Fogg Museum）农伯格厅（Naumburg Room）授课，乔治·S.伍德拉夫（George S. Woodruff）摄影，1944年；哈佛艺术博物馆（Harvard Art Museums）档案，福格历史照片，ARCH.0000.265；图片来源：哈佛大学（President and Fellows of Harvard College）图片部

对于美国的博物馆及未来的策展人来说，没有什么比获取一流的艺术品更重要。搞清楚追求什么东西以及如何获得这些东西，都需要技巧和策略。萨克斯从未想过一个人可以在一年内成为鉴赏家；博物馆课程所要做的是灌输指导未来实践的准则。他的目标是"教他们利用双眼来帮助观察"。（Sachs, 1954: vol. 2, 1）萨克斯的书房里塞满了各种艺术品

和古玩，为培养他所谓的"流盼的双眼"和对各种艺术创作领域的"略知一二"提供了一个初步的训练场。一场令人紧张的鉴赏洗礼在连续几周的时间里进行，学生们要识别和评估被随机放在桌上的物品。这些物品可能包括：真真假假的素描、未署名的绘画和版画、英国唱诗班座席上的雕刻图案、波斯手绘插画、犀牛角雕、在大西洋城购买的有装饰的鸵鸟蛋、中式青铜器、欧式银器、美式陶瓷、印支风格的雕塑、16 世纪的镶饰手杖、中世纪的开瓶器、在墨西哥购买的陶瓷花瓶、来源不明的古代石头，等等。在绿茵山中还模拟布置了学生们以后为寻找征集品而可能拜访的收藏者的家；策展人需要能够通过扫视一个房间，在杂乱无章中识别出有趣的物品。此举的目的不仅是锻炼精准的辨识能力，更是让学生"能够分辨极品、佳品、次品或赝品"。（*Museum Course Notes*, 15 March 1943）

策展人对物品的评估有一条正确的路径，这是一个有条不紊的过程，从敏锐的观察和直觉的反应开始，到有学术、科学和专家意见支撑的判断。经验影响着本能的反应，使其更加敏锐，并决定了其发生的时机和方式。首要的是："看一看这个物品——让它和你对话。它能吸引你的注意吗？你是否迫切地想要接近它？如果不是，是不是因为它不在你的兴趣范围内？如果你是一个博物馆的馆长，你会不会想进一步推进这件事情，并挖掘出所有信息？"（*Museum Course Notes*, 2 November 1943）人们有关真伪、归属、风格、条件和市场的问题，都始于热情。

眼力的训练也是在福格博物馆的展厅里进行的（见图 3.2）。因为公开的展品都配有展签，而且都是为人熟知的，所以研究工作进入了一个更高的层次。如何确认作品的归属？某幅画是不是艺术家的保存状况良好的代表作？保存状况是一个棘手的问题，学生们需要向保管员请教。福格博物馆是最早由科学家从事保管工作的博物馆之一，学生们经常借助这些科学家的眼睛来检视艺术品。

图 3.2　学生们在福格博物馆研究一幅早期意大利壁画，乔治·S. 伍德拉夫摄影，1944 年；哈佛艺术博物馆档案，福格历史照片，ARCH.0000.1100。图片来源：哈佛大学图片部

一幅画是否维持原有装裱且品相完好？它的价值如何？你是否想要把它收入你的博物馆中？学生们被问及他们会首先围绕哪件展品来构建藏品体系，以及这么做的原因。所谓训练有素的博物馆之眼，说到底就是一双善于征集之眼。

征集工作的另外一半，是要在收藏家和市场的圈子中进行周旋，在那里没有什么东西是简单直接的。鉴于艺术成本的上升和独立资金来源的缺乏，博物馆在很大程度上要依靠艺术品的捐赠。临时展览也依赖于收藏家的慷慨解囊。无论如何，策展人都需要成为针对收藏家的"收藏家"。在绿茵山，萨克斯分享了很多关于收藏家的敏感知识——如何促成捐赠和谈下贷款，谁的征购物有所值而谁看走了眼。不应该忽视任何有可能的捐赠，但同时，博物馆也不应该接受不需要的捐赠；他反对交换藏品或接收带有限制性条件的藏品。他非常坦率地告诉学生，有些博物馆急于求成或为了讨好捐赠者而收购了一些二流的艺术品。他鼓励学生广泛游历，参观博物馆并拜访收藏家。每年春天，全班都会到东海岸的主要博物馆、经销商和私人收藏场馆进行实地考察，让学生们打开眼界，向他们展示艺术界的礼仪和规矩。萨克斯为了他的学生勤勤恳恳地耕耘人脉，有时还为他们提供游历的资金。例如，萨克斯为巴尔在1927—1928 年的欧洲和苏联之行，向那里的学者、策展人、收藏家、艺术商人和评论家开具了至少 103 封介绍信。

赝品一直是个问题。就像学生们必须向保管员请教藏品的保存状况一样，他们在辨别真伪方面也要征询专家意见。市场上充斥着赝品和鉴识错误的艺术品，而富有却毛躁无知的美国收藏家们，特别容易受到不择手段的艺术商人的蛊惑。具备一定公信力的博物馆，需要在准确性和透明度方面设立一个高的门槛。正如一位博物馆馆长所坦言的："没有什么比购买赝品更加有损（策展人）的威信了。"（Munro, 1947: 183）错误是不可避免的，萨克斯分享了他早先作为一名收藏家的几次失误经历。最好的防范措施是不断地锻炼眼力，以及不含私心地信赖其他专家的帮助。

博物馆和市场的关系越来越密切，对于未来的策展人来说，十分有必要了解艺术品贸易的方式以及金钱的价值。萨克斯介绍了有关艺术商人的情况，哪些经纪人可以信任，以及如何进行价格谈判。他在课程中适时加入了练习，旨在教给学生艺术品质量与市场行情之间的关系。1931 年，有传言说收藏家朱利叶斯·贝奇（Julius Bache）为托马斯·劳伦斯（Thomas Lawrence）的《红孩儿》（The Red Boy）出价 40 万美元，萨克斯问全班同学，这样的价格是否合理？1935 年，安德鲁·梅隆用1 900 万美元购买了约 70 幅画作，萨克斯给学生们列出交易清单并提问："如果你有 1 900 万美元用来购买艺术品，你会作出这种选择吗？你会花 80 万美元购买拉斐尔的《圣母》（Niccolini-Cowper Madonna）吗？你能用更少的钱买到具有类似价值的作品吗？"（*Museum Course Notes*, 15 April 1935）他让学生像他那样，每天晚上临睡前看看最新的拍卖目录以了解市场情况。萨克斯掌握的艺术界及其领军人物的内幕信息，在各个层面上对于冒险进入新建的或人手不足的博物馆的年轻策展人而言都非常有用。

如果说艺术商人的诚信是一个值得关注的重要问题，那么策展人的道德行为也是如此。萨克斯坚持认为每个博物馆的专业人员都"必须以高标准的道德为指导"。（*Museum Course Notes*, 29 November 1946）他从未质疑那些资助艺术博物馆的权贵们是如何赚钱或过上这种生活的；课程中涉及的道德范围仅限于博物馆中的男男女女在工作中的行为举止。他敦促策展人以礼貌和尊重对待所有同事、公众和潜在的捐赠者，并对其他博物馆慷慨地分享信息和资源。机构个体的完善提高对整个博物馆界都有好处。萨克斯坚定地认为，策展人不应该接受艺术商人的赠予，也不应该为艺术鉴定而收取报酬。有偿服务会影响个人的判断以及博物馆的声誉。萨克斯还有一次讲述了伯纳德·贝伦森（Bernard Berenson）的教训，他认为贝伦森与杜维恩（Duveen）及商界的利益关系损害了他作为鉴赏家的声誉。萨克斯告诉学生们："为了让自己的学术生活有所保障，他做了一些现在感到后悔的事情。"（*Museum Course Notes*, 6 April 1936）

按照今天的标准，萨克斯的一个可供指摘之处是对艺术品来源的立场。尽管他直接参与招募著名的"古迹卫士"（Monuments Men），以监督盟军遣返"二战"中被纳粹掠夺的艺术品（他的学生中至少有20人在欧洲和亚洲从事这项工作），但当涉及市场中艺术品的来源时，他却持相对宽松的态度。在战争最激烈的时候，他告诉学生，如果博物馆工作人员怀疑某件物品是走私的，应该与流出国进行沟通；但是，如果"一个国家的执政当局是冷漠和腐败的，博物馆没必要为他们的过错而担惊受怕"。（*Museum Course Notes*, 22 March 1943）他从不要求学生们去质疑艺术商人的货源。萨克斯在征购方面的干劲及其对物品来源的消极态度得到了同事们的认同，并传给了他的学生，成为20世纪美国博物馆收藏政策的特点。

萨克斯宣称，博物馆的评判标准是其藏品，策展人的评判标准是他们征集的东西，并在哈佛大学的课程中也极其强调藏品的展示和阐释。为此，学生们研究了博物馆的设施和展柜。关于福格博物馆的一切都得到仔细研究，从平面图和艺术品的壁挂装置，到通风系统和电梯的承重。每年年底，学生们都会举办一次展览，并负责选择主题、商借展品、布展、制作图录、宣传以及开展公共服务。在一年中，偶尔会出现开展进一步实践的机会。例如，1932年，萨克斯说服杜维恩勋爵在德雷富斯（Dreyfus）所藏文艺复兴时期雕塑品被售出之前将其出借；又如在十年后，他说服艾尔弗雷德·巴尔让福格博物馆加入毕加索《格尔尼卡》（Guernica）全国巡回展。

人们普遍认为，美国博物馆与欧洲同行的区别在于对公共教育的投入。在20世纪上半叶，积极利用藏品为公众服务成为美国博物馆学进步的基石。公共事业几乎出现在每个博物馆的章程中，并成为基金会提供支持和地方给予税收优惠的理由。萨克斯坚持认为博物馆有责任通过教育宣传为公众服务，并通过讲座、阅读和作业，特别是展厅实践和广播讲话等形式作进一步强调。他肯定了那些著名教育工作者的成果，反对使用业余的义务讲解员，并告诉未来的策展人们永远不要瞧不起教育人员或普通民众。然而，像许多艺术界人士一样，他认为教育计划的制订取决并遵从于一个强大的收藏体系。物和人的相对重要性在这个进步的时代及以后仍然是一个有争议的问题。为了确定讨论的框架，萨克斯指定了两种观点的阅读材料——在20世纪二三十年代，使用本杰明·艾夫斯·吉尔曼和约翰·科顿·达纳的文本，在20世纪40年代，使用两位哈佛毕业生的文章，他们分别是具有开拓性的教育家西奥多·洛（Theodore Low）和未来的福格博物馆馆长约翰·库利奇（John

Coolidge）。洛在文中呼吁通过教育推广来提高参观数量。他对两类人群的分野提出批评，学者们一心膜拜"海因里希·韦尔夫林（Heinrich Wölfflin）的肖像"，而馆长们则忙于"将画作极其工整地挂在墙上，然后回到办公室完成他的工作，利用丰富的经验解决一个棘手的考证问题，并希望能在下一期杂志中发表出来"。（Low, 1942）库利奇承认教育的价值，但认为对于藏品的学术研究是博物馆工作的基础。他问道，如果"洛先生欣赏的那些受欢迎的讲者们（所谓的），一些文艺复兴时期圣母画像脸上的细腻心理描画，彰显出其人本主义、基督教和资本主义内涵"，却最终被证明"完全是 1860 年重制的产物"，这有什么好的?（Coolidge, 1943）

萨克斯欢迎对有争议的话题进行自由讨论（其他话题包括时代主题展厅的使用以及将当代艺术纳入百科全书式的收藏体系），但他也让自己的观点为人所知，在收藏与阐释的问题上，他支持库利奇而非洛。他接受并完善了策展和教育工作在各自职业轨道中的职级划分，前者需要艺术史方面的专业培训并专注于收藏，而后者则需要普通教育和教学技能以触及广大公众。哈佛大学的首要任务是培养策展人以及从中擢升的馆长，这不可避免地催生了一种对物的偏见，这种偏见成为其学生的标志，并塑造了 20 世纪相关机构的价值观。

博物馆课程被纳入研究生培养项目中，其总体目标是培养具有高超的艺术史分析能力的学者。哈佛大学以福格博物馆为基础形成的特殊优势在于，对物的品质、材料、形制和作者的全面评估——后来被称为"福格方法"。（Kantor, 1993）1937 年，萨克斯邀请流亡美国的德裔学者雅各布·罗森贝格（Jakob Rosenberg）加盟福格博物馆，加强了博物馆的鉴赏能力。罗森贝格被任命为福格博物馆的版画与素描策展人，从 1938 年起与萨克斯一道讲授博物馆课程，将教学方法从博物馆学理论转向形式分析和艺术鉴赏。罗森贝格为课程带来了庄重感，在其鼓动下，萨克斯让他的学生变得更加学术和内省。1938 年，在一名学生展示如何利用媒体宣传来扩大影响后，萨克斯对全班说："我们在工作中是否过于执着于服务广大公众——我们是否面临变得过于肤浅的风险？"（*Museum Course Notes*, 29 March 1938）一年后，他在面向现代艺术博物馆理事们的讲话中，呼吁博物馆执行更"严苛的训练"，形成更高的学术和鉴赏水平，以助力藏品征集和成果出版。（Sachs, 1939）1945年，他在《博物馆资讯》上发表了一篇文章，指出战后博物馆筹备工作的重点应该是"藏品征集；藏品保管；以及藏品展陈"。（Sachs, 1945）

尽管哈佛大学是一所领军的研究型大学，但它无法训练学生与普通公众打交道。福格博物馆的目标观众曾经是（现在也是）高学历的哈佛大学师生及职员等。当时和现在一样，研究生院里的高谈阔论在大众中间就消失不见了。博物馆课程的毕业生们自己也意识到了这一点，正如我们在佩里·拉思伯恩于1935年寄给萨克斯的报告中所看到的：

> 在底特律这样的城市中的博物馆，与福格博物馆的情况完全不同，需要一定的时间和耐心来适应它。一不留神就会对它期望过多。我所接触到的绝大多数人，都对美术领域一无所知；他们甚至对于藏品都是原作而非复制品和石膏模型而感到惊讶……非专业人士基本上记不住无意中听到的那些"美术词汇"，因而在展厅讲解中必须完全规避。
>
> 面对一群对艺术风格、创作流派、作品自身、制作技术以及其他自己长期研究和感兴趣的东西毫不关心的民众，这确实有点难。为了吸引注意力，必须将重点放在画作背后的人物、国家、文明和社会，而非画作本身。我确信，在全国范围内，对美术教育工作的需求是巨大的；但我也相信，大众对艺术的兴趣有其狭隘的局限性。（Rathbone, 1935）

衰落与遗产

从某种意义上说，萨克斯已经预见到他花费 20 多年时间精心设计和完善的课程将会过时。随着时间的推移，基于实物且达到研究生水平的艺术史研究，成为策展准备工作的真正核心，那么博物馆课程，或者至少是其中的博物馆学部分，还有什么必要性呢？这正是福格博物馆巡视委员会在 1955 年审查哈佛大学美术课程时所作的结论。在保罗·萨克斯于 1948 年退休后，博物馆课程在其继任者约翰·库利奇的领导下继续进行。为了征询当前博物馆的需求，库利奇咨询了该领域的同事以及巡视委员会。委员会（其中四名成员曾是萨克斯的学生）提出了以下建议：

> 我们经过多次咨询，形成了一个惊人一致的意见，即丰富的经验和健全的学术研究是博物馆人更有价值的资产，而不是专门的博物馆学培训 …… 博物馆培训最好建立在艺术史研究生在理想状况下接受的同类基本培训的基础之上。我们再次强调，这意味着要坚持进行对物的研究，并在学习如何"观察"它们的方面提供专门指导。幸运的是，哈佛大学的博物馆培训一直强调对艺术品质量的研究 …… 博物馆馆长和大学的艺术史学者应该是几乎可以互换的角色。不是学者的策展人肯定不是策展人；长期研究藏品原件对他而言是必须的，而对艺术史学家来说同样如此。(Visiting Committee, 1955–1956)

在这份报告的推动下，哈佛大学美术系将博物馆学的教学浓缩为一学期的选修课，由库利奇和他的博物馆同行 [布施－赖辛格博物馆（Busch-Reisinger Museum）的查尔斯·库恩（Charles Kuhn），后来是阿格尼丝·蒙根] 讲授，并开设了一门所有研究生都修的鉴赏课程，由雅各布·罗森贝格讲授。十年后的一次内部讨论重申了这一状况：有抱负的策展人和学者需要接受同样严格的藏品原件鉴赏训练，这种训练"贯穿于所有课程的全程"。（Coolidge and Mongan, 1966）希望获取博物馆实践经验的学生要在福格博物馆或其他地方参与实习。

1972 年约翰·库利奇退休后，相关课程暂停，直到 20 世纪 70 年代中期才由西摩·斯利韦（Seymour Slive）再次恢复。斯利韦是美术系的资深教师，1975 年成为福格博物馆的馆长，他致力于承继福格博物馆对藏品进行全面研究的传统。然而，现在博物馆和高校中的教职员工都在追求博士学位。博物馆学的教学被进一步削减为偶尔的"闲谈"，在不妨碍学位教育的前提下由馆长酌情为部分学生安排（Freedberg and Grabar, 1979）在福格博物馆的实习中，学生可以学习基本的博物馆运营。著名的博物馆课程在 1981—1982 学年最后一次开设，当时斯利韦正忙于监督新的塞克勒博物馆（Sackler Museum）的建设，并将福格艺术博物馆和布施 - 赖辛格博物馆吸收到一个新的、更大的行政单位哈佛艺术博物馆（Harvard Art Museums）中。1985 年，随着福格艺术博物馆的名字不复存在，美术系的教职工被调整到塞克勒博物馆，这标志着"福格方法"的解体。

萨克斯创建的培养项目的不断衰败，导致了两个后果。如果说从 20 世纪 50 年代开始，人们认为进入策展行业的基本训练就是深入的艺术史学习加上零星的实习，那么一些博物馆开设的精英研究生课程就足以完成。哈佛大学逐渐失去了其竞争优势。在萨克斯退休后，随着美国博物馆数量的增加，人员需求也不断扩大，进一步推动了竞品培养项目的设立。密歇根大学（University of Michigan）的查尔斯·索耶（Charles Sawyer）和托莱多艺术博物馆（Toledo Art Museum）的奥托·维特曼（Otto Wittmann），这两位萨克斯的学生，在 20 世纪 50 年代末联手开设了一门主要服务于中西部博物馆的课程。回到东部，纽约大学美术学院（New York University's Institute of Fine Arts, IFA）在 1956 年与大都会艺术博物馆合作，提出了一个与福格艺术博物馆的课程非常相似的项目。萨克斯的得意门生、大都会艺术博物馆馆长詹姆斯·罗里默批准了博物馆一方的提案，另一位哈佛毕业生科林·艾斯勒（Colin Eisler）负责监督纽约大学美术学院的执行，在课程中涉及博物馆史、收藏和市场的内容。

在20世纪60年代中期，艾斯勒发表了文章《当今艺术博物馆的策展培训》（*Curatorial Training for Today's Art Museum*），提出磨练"鉴赏家的精准感知和宽广视野，兼艺术商人对品质的直觉和占有欲"，以及"在任何时候都能与富有阶层体面交往"能力的重要性。（Eisler, 1966）一直到20世纪70年代，纽约大学美术学院与大都会艺术博物馆的联合课程都和哈佛大学的课程一样，以补充性教育为主旨，通过参观策展部门、实习和结构化练习，让对此感兴趣的研究生接触博物馆工作。

另外，随着萨克斯课程的扁平化，学生们不再有机会发散性地思考博物馆的社会角色和责任。在20世纪60年代，福格博物馆保留了对物的关注，而与外界拉开了距离。它选择站在主流艺术博物馆的一边，拒绝了大都会艺术博物馆特立独行的馆长托马斯·霍温（Thomas Hoving）于1968年在一次美国博物馆协会的会议上发出的大胆呼吁，即要成为社会参与且与社会"密切联系"的博物馆。（Hoving, 1968）为了抵制霍温，以及反对1971年以社会正义和扩大包容为名在纽约各博物馆示威并扰乱美国博物馆协会会议的抗议者，博物馆机构坚称，博物馆更适宜充当世俗关切、政治和其他问题之外的喘息之所，而非呈现它们的舞台。在1969—1970年的福格博物馆年度报告中，馆长阿格尼丝·蒙根宣称，在哈佛大学不会出现"博物馆的政治化"，不会发生"与我们日常生活中的社会问题有关的"运动。博物馆的使命仍然是"收藏和保管……文明的最高艺术成就"，成为"进行艺术作品、鉴赏能力和博物馆管理研究的实验室"。（Mongan, 1971）

哈佛大学满足于自己的既有形象和历史传统，在适应博物馆学思想和艺术史学科的转变方面进展迟缓。福格博物馆培训的消亡正好与哈佛大学接纳"新艺术史"的时间相吻合。"新艺术史"是一种新方法论的组合（包括女性主义、马克思主义、符号学、解构主义、精神分析、后殖民主义），从20世纪七八十年代开始，它将该领域的关注点从审美质量、真实性、溯源、风格和影响等问题，转向艺术生产与反响的条件和背景。正如一本早期的修正主义论文集的编辑在1986年所写的："在诋毁旧艺术史的过程中，像鉴赏力、质量、风格和天赋这样的词汇已经成为禁忌，新艺术史学家只能以蔑视或嘲笑的口吻说出来。"（Rees and Borzello, 1986: 4）艺术史实践的转变不可避免地在博物馆和学术界之间产生了裂痕。福格博物馆馆长、约翰·库利奇的学生玛乔丽·科恩（Marjorie Cohn）认为："这种（对于艺术史）的重新定位致使博物馆专业人士的专长——征集、保管和展览——不再得到信任，因为它们都取决于对质量的鉴别以及对真实性的评估。"（Cohn, 2012: 328）1982年，福格博物馆巡视委员会遗憾地提出警告，"福格博物馆这个让学生得以密切接触艺术作品的场所，正在明显地走下坡路……博物馆课程实质上的消失似乎尤其令人遗憾"。（Cohn, 2012: 333）

对生产和阐释的新旨趣，使得博物馆这种存放脱离原初环境的艺术品的场所，即使没有妨碍有目的的探究活动，也与其渐行渐远。正如诺曼·布赖森（Norman Bryson）所说，形式主义艺术史与展览实践相一致，其前提是"将图像去语境化，以允许观众的眼睛与纯粹的形式之间进行直接的交流"，创造一种"感知的纯粹性：永恒的、隐世的、普适的"。（Bryson, 1988：107）修正主义艺术史的一个子领域——"新博物馆学"——挑战了博物馆的一种形象，即它是一间中立的贮藏所，那些绝对卓越的艺术作品在此为自己发声。博物馆发现自己被打上了意识形态空间的标签，对审美划分等级，推崇某些特定的视觉传统和物品，并以牺牲更广泛的受众为代价满足有限的精英的兴趣。学术界的批评与博物馆领域内推动扩大公众参与的力量站在一起。美国博物馆协会发布的两份具有里程碑意义的报告——《新世纪的博物馆》(*Museums for a New Century*, 1984)和《卓越与公平》(*Excellence and Equity*, 1991)——标志着博物馆教育的兴起及其使命的转变,用斯蒂芬·韦尔(Stephen Weil)的一句经常被引用的话来说就是"从就事而为到为人而为"。(Weil, 2001)

早年间关于收藏和阐释之间的辩论再度兴起,引发了针对萨克斯的课程及其对鉴赏家的强调的批评。社会学家保罗·迪马乔(Paul DiMaggio)认为,萨克斯歪曲了美国博物馆的民主化使命,他的"博物馆专业性的独特认知基础并非建立在教育上……而是建立在艺术史的研究和非独立收藏家的培养上",并由"一套有关占有的礼仪以及为鉴赏辩护的意识形态所支持,这种意识形态通过加强精英赞助人的地位,同时贬低教育程度较低而能力出色之人的志向,来定义真正的艺术感知"。(DiMaggio, 1991: 285, 269)虽然这种看法肯定是正确的,但它没有承认的是,如果没有精英赞助人的支持,美国就不会有公共艺术博物馆如上所述,对收藏的偏爱植根于大力发展收藏作为计划基础的源动力,以及一直仰赖的捐赠者—收藏家的资金和治理结构。策展人和馆长们进修的博士学位证明其学术水平而非教育能力,这进一步使得博物馆教育的地位下降。

无论如何,美国更愿意支持哈佛大学培养出来的策展人及其打造出来的博物馆,而非那些来自不同经济和政治条件的人员和机构。但是,既然博物馆和艺术史的研究都从物转向阐释,那么策展和策展培训该何去何从?进入21世纪,经济、人口和技术力量促使我们重新思考赞助人与公众之间由来已久的紧张关系,并进一步丰富萨克斯关于策展人—学者的理想。不断上升的运营成本迫使博物馆寻求新的收入来源,以作为传统捐赠者所作的慈善行为的补充。来自联邦出资机构和基金会的捐款,以良性而多元的参观作为绩效标准。赞助企业则倾向于支持能够为其产品和服务带来最大宣传效果的活动和展览。博物馆通过提供更多老少咸宜的演出节目，抓人眼球的建筑、大规模的商店餐馆、电影、音乐会和各种社会活动，来吸引新老游客。新技术和社交媒体也在改变观众的参观习惯和预期，尤其是年轻一代，博物馆的未来还要仰赖于他们的光顾。策展人如今与教育工作者、社区相关人员、各种官员以及市场部门，以未曾预料的方式展开合作。博物馆邀请公众对展览内容等提出意见，这也称作众包，侵蚀了传统上策展人的特权。事实上，引用《华尔街日报》（*Wall Street Journal*）一篇文章的标题，我们已经进入了一个"人人都是艺术策展人"的时代，"策展"这个词现在被广泛地应用于各种环境和经历中。（Gamerman, 2014）

与此同时，策展人仍然被要求秉持对藏品品质和真伪的衡量标准。博物馆依然是一个值得信赖的学问和专业知识来源。即便大多数新晋策展人都需要获得更高的学位，但高校艺术史系的教学几乎不与博物馆的收藏范围相匹配，并且拒绝将评估质量、真伪和价值的方法纳入课程。从 20 世纪 50 年代开始，人们普遍认为策展人需要进行艺术史而非博物馆学方面的研究生学习，这种观点持续至今，尽管现在对物的质量评估早已远非研究生培养的核心问题，而且取而代之的方法论框架对普通公众来说也并不比过去的形式主义范式更友好。有些人担心物的评估水平已经下降了。早在 1999 年，约翰·沃尔什（John Walsh）在美国高校艺术协会的年会上就警告说，作为"我们这个领域中热议的转型结果……指向关于艺术及其功能的背景和理论问题"，"对艺术作品原件进行的一手研究"已经减少，导致"受过训练以及有意从事博物馆工作的青年人才储备日渐减少"。（Walsh, 1999）

也许艺术史和相关学科的物质化转向，将重新激活物的研究，并在策展人、保管员和学术界之间打开新的沟通渠道。学术就业市场的急剧萎缩，迫使优秀的博士培养项目将博物馆行业作为其毕业生去向的第二选择。策展领导中心（Center for Curatorial Leadership）、艺术博物馆策展人协会（Association of Art Museum Curators）和安德鲁·W. 梅隆基金会（Andrew W. Mellon Foundation）等机构赞助的培养项目相继建立起来，旨在弥合当前艺术史学习和博物馆需求之间的差距，促进了基于高校的博物馆研究课程的爆炸性增长。然而，与此同时，经济层面的压力有可能导致策展人员的减少和薪酬的限制，特别是对那些获得捐赠较少的机构而言，这将进一步使人才输送管道向精英倾斜，并抑制行业所需的多样化发展。"策展人之死"肯定是夸张的，但与保罗·萨克斯设想或期望的相比，未来的策展人将需要掌握更多的技能，并身兼更多的角色。

附录：由保罗·J. 萨克斯学生领导的北美博物馆清单，1925—1990 年[①]

艾迪生美国艺术画廊（Addison Gallery of American Art），马萨诸塞州安多弗

阿尔巴尼历史与艺术学院（Albany Institute of History and Art）

奥尔布赖特－诺克斯美术馆，布法罗

安大略美术馆（Art Gallery of Ontario），多伦多

芝加哥艺术学院（Art Institute of Chicago）

亚洲协会（Asia Society），纽约

巴尔的摩艺术博物馆（Baltimore Art Museum）

伯克郡博物馆（Berkshire Museum），马萨诸塞州皮茨菲尔德

伯明翰艺术博物馆（Birmingham Museum of Art），亚拉巴马州

得克萨斯大学布兰顿艺术博物馆（Blanton Museum of Art, University of Texas），奥斯汀

波士顿图书馆（Boston Atheneum）

鲍登学院艺术博物馆（Bowdoin College Museum of Art），缅因州新

[①] 这份清单是由各种资料汇编而成，可能尚有疏漏。

不伦瑞克

布施-赖辛格博物馆，马萨诸塞州剑桥

加利福尼亚荣誉军团宫（California Palace of the Legion of Honor），旧金山

卡内基艺术博物馆，匹兹堡

芝加哥历史博物馆（Chicago History Museum）

辛辛那提艺术博物馆（Cincinnati Art Museum）

库珀·休伊特史密森学会设计博物馆（Cooper Hewitt, Smithsonian Design Museum），纽约

科科伦美术馆（Corcoran Gallery of Art），华盛顿

科宁玻璃博物馆（Corning Museum of Glass），纽约州

柯里尔美术馆，新罕布什尔州曼彻斯特

米歇尔与唐纳德·达穆尔美术馆（Michele and Donald D'Amour Museum of Fine Arts），马萨诸塞州斯普林菲尔德

达拉斯艺术博物馆（Dallas Museum of Art）

戴顿艺术学院（Dayton Art Institute）

丹佛艺术博物馆（Denver Art Museum）

邓巴顿橡树园研究图书馆和收藏馆（Dumbarton Oaks Research Library and Collection），华盛顿

埃弗森艺术博物馆（Everson Museum of Art），纽约州锡拉丘兹

法恩斯沃思艺术博物馆（Farnsworth Art Museum），缅因州罗克兰

菲奇堡艺术博物馆（Fitchburg Art Museum, Fitchburg），马萨诸塞州

弗林特艺术学院（Flint Institute of Arts），密歇根州

福格博物馆，马萨诸塞州剑桥

加利福尼亚大学洛杉矶分校福勒博物馆（Fowler Museum at UCLA）

弗里尔美术馆（Freer Gallery of Art），华盛顿

乔治·伊斯门博物馆（George Eastman Museum），纽约州罗彻斯特

高等艺术博物馆（High Museum of Art），佐治亚州亚特兰大

当代艺术学院（Institute of Contemporary Art），波士顿

印第安纳大学艺术博物馆（Indiana University Art Museum），印第安纳州布卢明顿

伊莎贝拉·斯图尔特·加德纳博物馆（Isabella Stewart Gardner Museum），波士顿

康奈尔大学赫伯特·F.约翰逊艺术博物馆（Herbert F. Johnson Museum of Art, Cornell University），纽约州伊萨卡

金博尔艺术博物馆（Kimball Art Museum），得克萨斯州沃斯堡

长滩艺术博物馆（Long Beach Museum of Art），加利福尼亚州

洛杉矶县艺术博物馆（Los Angeles County Museum of Art）

路易斯安那州博物馆（Louisiana State Museum），新奥尔良

莱曼·阿林艺术博物馆（Lyman Allyn Art Museum），康涅狄格州新伦敦

麦克内伊艺术博物馆（McNay Art Museum），得克萨斯州圣安东尼奥

阿默斯特学院米德艺术博物馆（Mead Art Museum, Amherst College），马萨诸塞州

大都会艺术博物馆，纽约

密尔沃基艺术博物馆（Milwaukee Art Museum）

明尼阿波利斯艺术学院（Minneapolis Institute of Arts）

蒙特利尔美术馆（Montreal Museum of Fine Arts）

芒森-威廉姆斯-普罗克特艺术学院（Munson-Williams-Proctor Arts Institute），纽约州尤蒂卡

波士顿美术馆

现代艺术博物馆，纽约

纽约市博物馆（Museum of the City of New York）

马斯基根艺术博物馆（Muskegon Museum of Art），缅因州

美国国家美术馆，华盛顿

加拿大国家美术馆（National Gallery of Canada），渥太华

纳尔逊–阿特金斯艺术博物馆，缅因州堪萨斯城

诺顿艺术博物馆（Norton Museum of Art），佛罗里达州西棕榈滩

诺顿·西蒙博物馆（Norton Simon Museum），加利福尼亚州帕萨迪纳

奥克兰博物馆（Oakland Museum），加利福尼亚州

帕萨迪纳加州艺术博物馆（Pasadena Museum of California Art）

皮尔博物馆（Peale Museum），巴尔的摩

费城艺术博物馆

波特兰艺术博物馆（Portland Art Museum），俄勒冈州

罗得岛艺术博物馆（RISD Museum），普罗维登斯

林林艺术博物馆（The Ringling Museum of Art），佛罗里达州萨拉索塔

圣路易斯艺术博物馆（Saint Louis Art Museum）

圣地亚哥艺术博物馆（San Diego Museum of Art）

西雅图艺术博物馆（Seattle Art Museum）

史密斯学院艺术博物馆（Smith College Museum of Art），马萨诸塞州北安普敦

J. B. 斯皮德艺术博物馆（JB Speed Art Museum），路易斯维尔

塔夫脱艺术博物馆（Taft Museum of Art），辛辛那提

托莱多艺术博物馆，俄亥俄州

南加利福尼亚大学费希尔艺术博物馆（USC Fisher Museum of Art），洛杉矶

得克萨斯大学阿林顿美术馆（University of Texas Arlington Art Gallery）

温哥华美术馆（Vancouver Art Gallery）

弗吉尼亚美术馆（Virginia Museum of Fine Arts），里士满

沃尔特斯美术馆（Walters Art Gallery），巴尔的摩

沃兹沃思雅典娜神殿艺术博物馆，康涅狄格哈特福德

韦尔斯利学院戴维斯博物馆（Davis Museum at Wellesley College），马萨诸塞州

参考文献

Art and Progress. 1910. Wanted: Museum directors. *Art and Progress* 1 (September): 333–334.

Art and Progress. 1913. Art museums. *Art and Progress* 4(August): 1080.

Bryson, Norman. 1988. The gaze in the expanded field. In: *Vision and Visuality, Discussions in Contemporary Culture*, no. 2, edited by Hal Foster. Seattle: Dia Art Foundation/Bay Press: 86–108.

Cohn, Marjorie B. 2012. *Classic Modern: The Art Worlds of Joseph Pulitzer, Jr*. Cambridge, MA: Harvard Art Museums.

Coleman, Laurence Vail. 1939. *The Museum in America: A Critical Study*, 3 vols. Washington, DC: American Association of Museums.

Coolidge, John. 1943. Viewpoints: In defense of art history teaching. *Magazine of Art* 36(January): 20, 35, 37–39.

Coolidge, John and Mongan, Agnes. 1966. Graduate training preparatory to work in an art museum. Harvard Art Museums Archives. *Papers of John Coolidge and Agnes Mongan, 1909–2006*: HC5, 1787.

DiMaggio, Paul J. 1991. Constructing an organizational field as a professional project: US art museums, 1920–1940. In: *The New Institutionalism in Organizational Analysis* (edited by Walter W. Powell and Paul J. DiMaggio). Chicago: University of Chicago Press: 267–292.

Eisler, Colin. 1966. Curatorial training for today's art museum. *Curator* 9(March): 51–61.

Forbes, Edward W. 1917. Recent gifts to the Fogg Art Museum and what they signify. *Harvard Alumni Bulletin* 1(February): 327–331.

Freedberg, Sydney and Grabar, Oleg. 1979. New museum training course in a letter from Sydney J. Freedberg and Oleg Grabar to members of the Fine Arts Visiting Committee, 12 April 1979. Harvard Art Museums Archives. *Papers of Daniel Robbins and Seymour Slive, 1959–2003*: HC 7, 399.

Gamerman, Ellen. 2014. Everybody's an art curator. *Wall Street Journal* (23 October).

Gilman, Benjamin Ives. 1914. The day of the expert. *Proceedings of the American Association of Museums* 8: 65–72.

Goode, George Brown. 1895. *The Principles of Museum Administration*. York: Coultas & Volans.

Greenwood, Thomas. 1888. *Museums and Art Galleries*. London: Simpkin, Marshall & Co.

Harris, Neil. 1990. Collective possession: J. Pierpont Morgan and the American imagination. In: *Cultural Excursions: Marketing Appetites and Cultural Tastes in Modern America*. Chicago: University of Chicago Press: 250–277.

Hoving, Thomas P.F. 1968. Branch out! *Museum News* 47(September): 15–16.

Jevons, William Stanley. 1883. The use and abuse of museums. In: *Methods of Social Reform*. London: Macmillan: 53–81.

Jones, Caroline A. 1985. *Modern Art at Harvard*. New York: Abbeville.

Kantor, Sybil Gordon. 1993. The beginnings of art history at Harvard and the "Fogg Method." In: *The Early Years of Art History in the United States: Notes and Essays on Departments, Teaching and Scholars* (edited by Craig Hugh Smyth and Peter M. Lukehart). Princeton: Department of Art and Archaeology, Princeton University: 161–174.

Low, T.L. 1942. Viewpoints: Blind spots in art history teaching. *Magazine of Art* 35(November): 240–241.

Mongan, Agnes. 1945. A cradle for museum men. *Art News* 44(May): 24–25, 31.

Mongan, Agnes. 1971. Fogg Art Museum. *Official Register of Harvard University: Report of the President of Harvard College and Reports of Departments, 1969–1970* 68: 485–486.

Munro, Thomas. 1947. The place of aesthetics in the art museum. *College Art Journal* 6(Spring): 173–188.

Museum Course Notes. Sets of typed and dated notes recording class proceedings are housed in Special Collections at the Getty Research Institute, Los Angeles. Museum News. 1924. *Museum News* 1 (1 July).

Museum News. 1925. *Museum News* 2 (15 March).

Museum Work. 1918. *Museum Work* 1 (December).

Museum Work. 1924. *Museum Work* 6 (January–February).

Proceedings. 1909. *Proceedings of the American Association of Museums* 3.

Proceedings. 1910. *Proceedings of the American Association of Museums* 4.

Proceedings. 1912. *Proceedings of the American Association of Museums* 6.

Proceedings. 1916. *Proceedings of the American Association of Museums*

10.

Proceedings. 1917. *Proceedings of the American Association of Museums*

11.

Rathbone, Perry T. 1935. Letter to Paul J. Sachs, 4 April 1935. Harvard Art Museum Archives, *Paul J. Sachs Papers*: HC3, 1555.

Rea, Paul M. 1916. Conditions and needs of American museums. *Proceedings of the American Association of Museums* 10: 11–19.

Rea, Paul M. 1932. *The Museum and the Community*. Lancaster, PA: Science Press.

Rees, A.L. and Frances Borzello. 1986. *The New Art History* (edited by A.L. Rees and Frances Borzello). London: Camden Press.

Reuben, Julie A. 1996. *The Making of the Modern University: Intellectual Transformation and the Marginalization of Morality*. Chicago: University of Chicago Press.

Sachs, Paul J. 1916. The Fogg Museum. *Harvard Graduates' Magazine* 29(March): 421–425. Sachs, Paul J. 1939. An address to the trustees. *Bulletin of the Museum of Modern Art* 6(July): 1–12.

Sachs, Paul J. 1945. Preparation for art museum work. *Museum News* 22(1 September): 6–8.

Sachs, Paul J. 1954. Tales of an epoch (unpublished typescript), 2 vols. *Columbia Oral History Project*. New York: Columbia University.

Schwarzer, Marjorie. 2006. *Riches, Rivals and Radicals: 100 Years of Museums in America*. Washington, DC: American Association of Museums.

Visiting Committee. 1955–1956. Report of the visual arts at Harvard. "Training for Museum Work." Harvard Art Museums Archives, Director's Office. Departmental Records. Brown Report: 26–31.

Walsh, John. 1999. Eight theses for art historians and museums. *CAA*

News (March): 10–11.

Weil, Stephen E. 2002. From being *about* something to being *for* somebody: The ongoing transformation of the American Museum. In: *Making Museums Matter*. Washington, DC: Smithsonian: 28–52.

本章作者简介

安德鲁·麦克莱伦（Andrew McClellan）是美国塔夫茨大学（Tufts University）艺术史教授。他撰写了大量关于 18 世纪欧洲艺术、博物馆和艺术收藏史的文章。他的著作包括：《创造卢浮宫：艺术、政治与 18 世纪巴黎现代博物馆的起源》（加利福尼亚大学出版社，1999 年）（*Inventing the Louvre: Art, Politics, and the Origins of the Modern Museum in Eighteenth-century Paris,* University of California Press, 1999）、《艺术及其公众》（威利·布莱克韦尔出版社，2003 年）（*Art and its Publics*, Wiley-Blackwell, 2003）、《从部雷到毕尔巴鄂的艺术博物馆》（*The Art Museum from Boullée to Bilbao*，加利福尼亚大学出版社，2008 年），以及与萨莉·安妮·邓肯（Sally Anne Duncan）合著的《策展艺术：保罗·J. 萨克斯与哈佛的博物馆课程》（盖蒂出版社，2018 年）（*The Art of Curating: Paul J. Sachs and the Museum Course at Harvard*, Getty Publications, 2018）

第四章　职业策展人的出现

我们现在所说的策展，是一种为收藏家和博物馆服务的最古老且最基础的工作。策展人负责物的收藏、整理、储存、登编、展览、研究和阐释，他们的学识对于物主来说十分重要。尽管近年来关于现当代策展的学术成果激增，但策展的历史仍待书写。在拉丁语中，"策展人"（curator）被定义为"照管或负责某物的人，是管理者，监督者，主导者，保管者"（Lewis, 1989: 501）在古罗马，一些艺术品被放置在神庙等公共建筑中。公元前11年至公元前14年，奥古斯都（Augustus）成立了一个行政委员会，负责监管公共收藏品以及存放它们的建筑。随后，大约在公元200年，设置了司画官（procurator a pinacothecis）和司刻官（adiutor rationis statuarum）；在公元335—337年，出现了雕塑策展人。这些可能是第一批职业的——或者至少是有正式头衔的——策展人。（Pearce, 1995: 92）

当然，古代也有私人收藏家。在罗马，他们的成就得益于活跃的艺术市场以及艺术史学家和艺术顾问。在中世纪，有钱有势的人也能够积累一些珍宝，但最好的藏品大概都在教堂及其金库里。巴黎近郊的圣丹尼斯修道院（Abbey of St. Denis）就是最典型的例子之一，它在著名的叙热（Suger）院长执掌期间重建，并进行了豪华装饰。叙热记录了自己担任院长后的作为，详细描述了他为装饰圣坛而搜罗的奇珍异宝。（Panofsky, 1948: 78–81）。其中一些物品出现在1706年出版的一套版画中，画中描绘了当时装满珍宝的修道院的五个柜子（Pearce, 1995: 102–103）

从文艺复兴时期开始，越来越多的各色私人艺术收藏机构在欧洲出现，也有一些市政或国有收藏机构建立起来。特别是从17世纪开始，这两类收藏机构的数量持续增加。这些现代早期的收藏机构是由其赞助人和/或各领域专家所管理的。随着18世纪欧洲公共博物馆的出现，策展开始发展为一种职业。本章将考察从现代早期私人收藏机构到18世纪至19世纪初欧洲公共艺术和文物博物馆中的策展，探究其本质特征及演进历程。本研究并非面面俱到，而是意在通过一些重要案例阐明发展过程，并突出强调重要问题。

现代早期欧洲私人收藏机构中的策展

在公共博物馆出现之前，策展是否具有职业性？如果是，由谁来从事？服务对象是谁？那些从事策展工作的人是否有薪水或其他形式的报酬？他们——或同时代的人——如何定义这种职业？在现代早期，精英阶层拥有的包括艺术品在内的家产，可能会由仆人照管和看守，并由他们掌握着钥匙，但其职责大概更多的是保管而不是策展。艺术家、建筑师和学者——比如文物学家——以及其他职业的收藏家有时也会为自己的藏品策展，但并非以"专业人士"的身份进行。这类艺术家的典型代表是16世纪佛罗伦萨画家、建筑师和艺术史学家乔治·瓦萨里，他收集了一系列名画，并将其整理成数卷。（Tempesti, 2014）据瓦萨里判断，这些意大利画作的年代上至13世纪、下到当时。瓦萨里藏品中的一部分来自艺术家或他们的继承人，其他则来自受赠或购买。他对这些画作进行了必要的保护或修饰，用纸质画框对它们进行装裱，并按照他的考证标注了每幅画的创作者。随后，他将这些画作装订成册，主要按照作者的年代排序，以与其《艺苑名人传》（*Vite de' più eccellenti pittori, scultori ed architettori*, 1568年）中相关传记的顺序相对应。（Vasari, 1966）

17世纪伟大的佛兰德斯画家彼得·保罗·鲁本斯（Peter Paul

Rubens）拥有丰富的收藏，包括古典雕像、文艺复兴和巴洛克风格的绘画、古代珠宝、象牙雕塑以及水晶瓶和石瓶。（Muller, 1989）根据杰弗里·马勒（Jeffrey Muller）的研究，鲁本斯依照作品质量和个人品位，精心挑选他的收藏品。在当时的思想指引下，他在安特卫普的家中深思熟虑地安排艺术品，利用装饰来提高展示效果，或是设计辅助空间，比如像展示古代雕塑的"万神殿"那样的圆形大厅。

在非职业艺术家中，为自己的藏品进行策展的代表人物是塞巴斯蒂亚诺·雷斯塔（Sebastiano Resta）神父。雷斯塔出身于米兰的一个贵族家庭，却在罗马加入了奥拉托利会（Oratorian），并从他在菲利皮尼堂（Casa dei Filippini，奥拉托利会本堂）的房间开始构建其收藏，这里与位于瓦利切拉的圣玛丽亚教堂相邻（Warwick, 2000）。从 1680 年起，到 1714 年雷斯塔去世，他收藏了 3 500 多幅画作，装订成约 31 卷。与瓦萨里一样，雷斯塔直接从艺术家那里获得了一些画作 —— 这是其藏品的最大来源 —— 而其他部分则是通过各种渠道受赠或购买的。他在一些画册中也效仿瓦萨里的做法，按艺术家所处的年代顺序进行排序，但也按时期和地域风格进行分组。另一些画册则专门属于某一位大师，其中最值得关注的是 16 世纪艾米利亚地区的伟大画家安东尼奥·阿莱格里（Antonio Allegri），即著名的柯勒乔。

与前人不同的是，雷斯塔还为每幅画作撰写了注释，其中包括历史和鉴赏的信息。（Warwick, 2000）在鉴赏方面，他为艺术家创建了风格"谱系"，追溯其他艺术家作品对他们的影响。有时，他将画册想象为虚拟展厅，通过在画册中将相应的画作并置来说明这些关系。当一幅画的作者成疑时，雷斯塔会利用他对艺术家风格的了解来确定其归属，有时也会征求其他人的意见，这显示出鉴赏能力对策展工作的重要性，直到今天仍然适用，即使鉴赏方法已经发生了变化。雷斯塔在策划这些画册的过程中推动了艺术史知识体系的发展，随后又通过向知名赞助人展示画册来传播这些知识，以募集用于教会慈善事业的捐款。虽然雷斯塔在其所处的时代被公认为是一名收藏家和鉴赏家，但我们是否也可以把他看作一位业余的策展人，从而在某种意义上回馈他付出的劳动？

　　那些没有亲自打理藏品的收藏家有时会请顾问、代理人和经纪人来进行评估和收购，但这些人不一定身兼策展人的角色。例如，16世纪著名的雕塑家本韦努托·切利尼（Benvenuto Cellini）就是托斯卡纳大公科西莫一世·德·美第奇（Cosimo I de'Medici, Grand Duke of Tuscany）的顾问，为他评估所购或受赠的宝石和雕像的价值。（Cellini, 2002: 305–307, 313, 318）再如，17世纪初的英国驻威尼斯大使达德利·卡尔顿（Dudley Carleton）爵士曾担任大收藏家阿伦德尔伯爵托马斯·霍华德（Thomas Howard, Earl of Arundel）的代理人。（Brown, 1995: 18–20）然而，对于这些为皇亲贵胄服务的艺术家、建筑师、图书管理员和秘书而言，策展可能只是其众多工作中的一个方面。他们的作用可能并不侧重于策展，其头衔也可能不是策展人。例如，瓦萨里在1554年被科西莫一世任命为"受薪画师"或"宫廷画师"（pittore stipendiato），月薪25枚银币，以艺术家和建筑师的身份为公爵服务。（Goldberg, 1988: 4）他为科西莫所做的众多工作之一，是为其挑选了一批小型器物和画作，安置在佛罗伦萨市政厅旧宫（Palazzo Vecchio）的一间书房里，其中大部分是古代铜器或它们的现代仿品，值得注意的是还有一组美第奇的肖像。（Gáldy, 2014；Pegazzano, 2014）为与他的赞助人和场地相适应，瓦萨里在选择藏品时突出了托斯卡纳和伊特鲁里亚的艺术品，并精心进行了策展布置，设计了房间里的架子、抽屉和建筑装饰，以适应不同类型的物品。为了装饰书房的天花板，他绘制了一幅缪斯女神卡利奥普（Calliope）的图像，被称为卡利奥普书房（Scrittoio di Calliope）。但显然，这种对托斯卡纳文化遗产和先进性的展示是短暂的：1559年书房完工后，似乎在16世纪60年代初就被拆除了。

　　教皇保罗三世于1534年设立文物专员（Commisario delle Antichità），这可能是现代早期第一个官方的策展职位。（Ridley, 1992）该职位由优秀的文物学家、建筑师和艺术家担任：其中的佼佼者是 17 世纪的乔瓦尼·彼得罗·贝洛里和 18 世纪的约翰·约阿希姆·温克尔曼，他们都是文物学家和艺术史学家。文物专员的职责是保护罗马的文物，监管整个教皇国的考古发掘工作，为修复的纪念碑和公共工程起草铭文，管理文物出口，同时也为重要来宾担任导游，这可能使其获利颇丰。1870 年，随着意大利王国的建立，教廷失去了在罗马的世俗权力，文物专员这一职位也就此取消。

尽管出现了文物专员一职，但其他在现代早期从事策展工作的人往往仍要为其赞助人履行多种职责。例如，文物学家兼收藏家富尔维奥·奥尔西尼（Fulvio Orsini），曾任罗马法尔内塞（Farnese）家族的学术顾问。他住在法尔内塞宫，起初为枢机主教拉努乔·法尔内塞（Cardinal Ranuccio Farnese）的图书管理员。1565 年拉努乔去世后，奥尔西尼继续担任拉努乔的兄长枢机主教亚历山德罗·法尔内塞（Cardinal Alessandro Farnese）的图书管理员，同时还负责亚历山德罗所藏文物的策展工作。（Robertson, 1992: 223–230）此后，他继续为亚历山德罗的侄子枢机主教奥多阿尔多·法尔内塞（Cardinal Odoardo Farnese）服务。奥尔西尼兼具人文顾问和策展人的职责，在亚历山德罗麾下时尤其如此。作为前者，他通常为纪念碑撰写铭文，并为系列壁画设计图像方案。在策展方面，奥尔西尼关注的是主教书房中的物品陈设，包括古钱币、雕塑、文艺复兴时期画作、微型画、精装手稿和书籍等小型文物。科西莫一世公爵在佛罗伦萨的书房与之相似，这些文物摆放在墙上的壁龛中，或存放在木制抽屉里。

在奥尔西尼身后约一个世纪，菲利波·巴尔迪努奇（Filippo Baldinucci）同样以多重身份为佛罗伦萨采邑主教洛伦佐·德·美第奇工作。（Goldberg, 1988）巴尔迪努奇在今天以其艺术史著作而闻名，但他也是一名收藏家，并且是一名职业商人。1664 年，他开始为莱奥波尔多（Leopoldo）担任记账员，此后他的鉴赏才能得到了赏识。到 1673年，巴尔迪努奇似乎已经成为负责为采邑主教收集艺术品的顾问代理团成员，尤其关注素描作品和艺术家的自画像。据记载，巴尔迪努奇为莱奥波尔多中意的画作进行系统评估，考证其作者，并提出收购价格的建议。就在这一年，他制作了一份采邑主教所藏画作总单，打算在他的代理人之间传阅。到 1675 年去世时，莱奥波尔多已经收藏了 650 多位艺术家的 11 000 多幅画作；其中包括巴尔迪努奇卖给或无意中献给这位采邑主教的个人藏品。（Goldberg, 1988: 168）

莱奥波尔多的大量绘画收藏是在瓦萨里思想影响下进行的，即着重强调托斯卡纳艺术家在艺术史中的主导地位。（Goldberg, 1988）为了达到这一目的，巴尔迪努奇开始为采邑主教的收藏中的代表性艺术家按年代为序制作索引和历史图表，但未能完成。不过，巴尔迪努奇确实完成了另一个符合莱奥波尔多艺术史旨趣的项目，即对瓦萨里著名的《艺苑名人传》进行扩充和更新。莱奥波尔多 1675 年去世后，巴尔迪努奇的代表作六卷本《与奇马布埃谈话》（*Notizie de'professori del disegno da Cimabue in qua*, 1681—1728）（Baldinucci, Baldinucci, and Ranalli, 1974—1975）问世，在作者 1696 年离世后由其他人最终完成。这样，与瓦萨里一样，巴尔迪努奇的学术研究与他的策展工作并驾齐驱。

欧洲北部的收藏家们也雇佣顾问，其中一些人似乎肩负策展人的职责，甚至已经拥有策展的头衔。巴尔塔扎尔·热尔比耶（Balthazar Gerbier）是一位画家兼鉴赏家，他为白金汉公爵乔治·维利尔斯（George Villiers, Duke of Buckingham）担任顾问，收集绘画藏品。作为白金汉公爵的代理人，他四处奔波，为其寻访画作。当热尔比耶于 1619 年初次踏入白金汉公爵家中时，公爵说，他"将开始打理（keeping）我的画和其他珍品"（Brown, 1995: 24），这似乎是英语单词"keeping"应用于策展工作的早期实例。在不久之后的 1625 年，精通硬币和奖章制作的荷兰工匠亚伯拉罕·范德多尔特（Abraham van der Doort）被英王查理一世（Charles I）任命为"寡人珍奇屋之主理"，年薪 50 英镑（Millar, 1958—1960）。查理一世的珍奇屋位于伦敦圣詹姆斯宫（Palace of St. James），其中有绘画、雕塑、微型画、钱币和徽章等令人印象深刻的藏品，范德多尔特负责"遵王命收集、接收、递送、整理、安置、改陈、制作等，所陈诸事并所领王命悉数造册"（Millar, 1958—1960: xiv）。范德多尔特还在王室铸币厂担任两个职位，发挥了他的技能，并在那里绘制了查理一世的肖像，印刻在部分硬币上。他的第四个职务是终身制的，担任"白厅（Whitehall）及各收藏室""孤（查理一世）及王室子孙画像"的监察员。其中具有策展性质的职责是：

> 护其（画作）周全、免受玷污，对其登记编目、接收递送，并
> 听孤及宫务大臣之命制作、复制画作，如此孤准其在画廊等存画之
> 所便宜行事……（Millar, 1958—1960: xiv）

范德多尔特认真对待他的登编工作；1639年，他为自己照管的绘画和艺术品制作了一份详尽、系统的清单，除初稿外还有一些副本，但未能完成。从理论上讲，他应该为服务查理一世而得到了丰厚的回报，因为他的所有职务都有年俸，而且作为珍奇屋侍从官还有日常津贴，但他在领取报酬方面一直受到官僚主义的困扰。此外，他的策展工作也面临压力：国王的其他属下阻挠他接触其负责的一些艺术品。这一点，加之他因丢失国王托付给他的一幅微型画而感到绝望——这幅画后来被他的遗嘱执行人找到了——或许导致范德多尔特在1640年夏天悬梁自尽。

佛兰德的小特尼尔斯（David Teniers the Younger）和瓦萨里一样，也是一位身兼策展人职责的宫廷画师。1651年，特尼尔斯被奥地利大公（Austrian Archduke）、佛兰德斯执政官利奥波德·威廉（Leopold Wilhelm）任命为宫廷画师，在1653至1655年间，他还被加封为"珍奇屋侍从官"（ayuda da camara）。（Klinge, 2006）在布鲁塞尔，这位艺术家为大公作画，同时也为他构建起针对一流画作的收藏，其中尤以令人艳羡的16世纪威尼斯画派作品最为丰富，如提香和保罗·韦罗内塞（Paolo Veronese）。作为画家兼策展人，特尼尔斯在利奥波德·威廉的陈

列室中以一套引人注目的画作组合"宣传"收藏的亮点。陈列室的布置在特尼尔斯的各幅画作中均不相同，都未呈现出展室的实际样貌或画作的真实排布，而是表现了策展人理想中的展览方式，反映出现代早期的展览水准。在这个版本中，由不同艺术家创作的大小、规格、流派各异的画作，经过简单的装裱，以一种和谐对称的方式紧密地悬挂在一起。（Klinge, 2006: 74-76）展室墙壁的上部分被大型神话主题画作所占据，各种肖像画和宗教画则遍布各处。特尼尔斯似乎对这些藏品和他自己的作品都感到非常自豪，因为他把自己和大公的肖像均放在这幅和有关陈列室的其他画作中。在本作中，艺术家站在展室左侧的桌子后面，而戴着礼帽的利奥波德·威廉则出现在另一侧（见图 4.1）。

图 4.1　《利奥波德·威廉大公在他位于布鲁塞尔的画廊》（Archduke Leopold Wilhelm in His Picture Gallery in Brussels），约 1651 年，铜版油画，104.8 厘米 × 130.4 厘米，马德里普拉多国家博物馆（Museo Nacional del Prado）；图片来源：纽约斯卡拉 / 艺术资源库（Scala/Art Resource NY）

为了更广泛地宣传大公的收藏，特尼尔斯于 1660 年出版了一本图录——实际上是一套版画集——题为《画苑》（*Theatrum Pictorium*），其中包括 243 幅意大利绘画的图版，并被翻译成荷兰语、法语、拉丁语和西班牙语版本。（Klinge, 2006; Waterfield, 2006）将藏品刊布出来当然是策展人的常规工作之一，但这项活动又以一种独特的方式将特尼尔斯的绘画和策展才能结合在一起：他在图录中按照书卷的尺寸绘制了画作的副本，供雕版师临摹。尽管从利奥波德·威廉那里得到了一些资助，但特尼尔斯还是为制作和出版图录承担了部分费用，该图录的内容质量和豪华程度成为后来者的重要先例。

除了为私人收藏家提供策展服务外，艺术家们有时也会参与临时展览的筹备工作，其中一些展览实质上更加公众化。例如，在 17 世纪的罗马，人们会为庆祝修会主保圣人的命名日或其他活动，而在教堂的回廊中展示文艺复兴时期和巴洛克时期的绘画作品。从 1676 年开始，画家、修复师兼收藏家朱塞佩·盖齐（Giuseppe Ghezzi）每年都为劳罗的圣萨尔瓦托雷教堂（church of San Salvatore in Lauro）策划展览，持续了很多年。作为官方指定的展览组织者，盖齐得以从私人赞助者那里借来画作并监督其安装，他为此制定了贯穿整个任期的工作方针。（De Marchi, 1999: 61-64; Haskell, 2000: 9-12）

上述案例在一定程度上展示出现代早期欧洲各种类型的策展工作。它们表明，策展是一种由收藏家或各种职业人士完成的工作，后者身居各式岗位，其中一些就以策展为名。随着策展逐渐得以定义并全面职业化，艺术家、建筑师、鉴赏家、工匠和学者们利用各种专业知识所做的工作均被证明是策展的基础。然而，在这一时期，关于策展实践的文字记录非常少。毫无疑问，一些关于策展知识是以口耳相传或言传身教的方式流传下来的，但这并不意味着其没有理论化，这项工作——即使没有以此为名——在一些 16 和 17 世纪关于收藏的文献已有记载。

目前所知最早的关于收藏的论述，是佛兰德斯医生萨穆埃尔·基舍贝格撰写的《铭文》，1565年在慕尼黑出版。（Quiccheberg, 2013）在行医之余，基舍贝格还曾为德国商人汉斯·雅各布·富格尔工作，为他管理图书和藏品。他撰写《铭文》时，正在管理巴伐利亚公爵（Duke of Bavaria）阿尔布雷希特五世的收藏。然而，基舍贝格的论著并没有讨论阿尔布雷希特的收藏及其为之建立的博物馆，而是为珍奇屋（见第二章）提供了收集、存储和展示海量藏品的参考。这种收藏类型在16和17世纪的欧洲北部地区十分流行，其中既有艺术品，也有用于研究科学和自然历史的物品。虽然基舍贝格的论著在本质上是一本操作手册，但他概述了这类收藏的意义，即不仅展示其出资人修养、权力和财富方面的传统魅力，而且具有作为教育和研究场所的实际功能。该著作可能反映出的是在当时并未推广开来的做法，且没有证据表明这种做法有过实践；不过，基舍贝格有可能通过他在欧洲收藏家中广泛的人脉网络传播他的策展理念。

与基舍贝格的作品类似，朱利奥·曼奇尼（Giulio Mancini）于1621年撰写的《关于绘画的思考》（*Considerazioni sulla pittura*）是为贵族收藏家和观众提供的全面的消费指南，如书名所示其侧重于绘画收藏。（Mancini, 1956–1957）曼奇尼是一位博学的艺术爱好者，而且和基舍贝格一样是一位医生。他的著作直到现代才得以出版，但他也可能通过在精英阶层中的人脉网络推广了他的观点，因为他后来成为教皇乌尔班八世（Urban VIII）的私人医生。曼奇尼的著述罗列了画家和绘画在传记、历史和理论等方面的常规材料，构建了鉴赏家的概念，勾勒出其在判断质量、推断作者和区分真伪方面的专长。或许更有创意的是，此书还有购买、保存和展示绘画的实际应用信息，从而作出了可能是最早也最清晰的关于观、藏、展三者关系的论述。

曼奇尼关于画作布置安装所制定的准则既有审美性又有教育性，而且正如弗朗西丝·盖奇（Frances Gage）所示那样根据各类因素和环境而有所不同，例如画作所处展室的类型或功能。（Gage, 2014）他的一些建议是常规性的，例如收藏家在安排画作时要考虑照明和空间。他对宫殿画廊的指导意见更为新颖——事实上是有先见之明的——他主张按时代和地域流派组合画作，这是对瓦萨里按艺术家历史顺序排列画作策略的延伸。（Paul, 2012: 5–8）曼奇尼的理论是："这样一来，观众就能更方便地观看和欣赏，而后将这些画作保留在记忆中。"（Mancini, 1956—1957: vol. 1: 144–145）然而，考虑到收藏具有随机性，且意大利收藏场所的覆盖面有限，很少有赞助人能够实现这种时间与地域相结合的计划。因此，曼奇尼提出了一种历史化的"混合流派"展示方法，也就是将同一时期不同风格的画作按时期和流派分组并列，让观众有机会比较它们的不同特点——这符合当时精英阶层的观赏习惯——并将个人成就置于更广阔的发展背景之中。曼奇尼认为，对历史的理解是为了建构安德鲁·麦克莱伦所说的展厅中的"对比观赏"，在他的著作中，在讨论绘画的各个方面之前，先要进行艺术史的概述。（McClellan, 1994: 31–48）

17 至 18 世纪，欧洲各地都出现了与曼奇尼的著作相似的小册子，其中大部分都不太关注如何布置画作，而是更注重培养鉴赏技能。前述的其他策展方式在私人收藏场所中得以延续。18 世纪的法国收藏家、鉴赏家兼艺术商人皮埃尔－让·马里耶特（Pierre-Jean Mariette）以非艺术家的身份为自己的绘画收藏策展，为早期策展实践的发展作出了贡献（Smentek, 2014: 139–189）循着瓦萨里的先例，马里耶特对他的画作进行了修饰（有时是大幅裁剪）装裱，考证其作者并贴上标签。但是，他的装裱比瓦萨里更精致，也没有将画卷装订成册而限定画页的顺序，从而能更灵活地进行对比观赏。这种做法后来被其他收藏家采用。

在 18 世纪，艺术家、鉴赏家和学者们继续为私人收藏场所策展。例如，著名的德国古物学家约翰·约阿希姆·温克勒曼（Johann Joachim Wincklemann）从 1758 年开始担任知名文物专家兼古董商人枢机主教亚历山德罗·阿尔瓦尼（Cardinal Alessandro Albani）的图书管理员，以及阿尔瓦尼在罗马郊区的大别墅中所展示的大量古董收藏的保管人，直到他 10 年后去世为止。1763 年，温克勒曼还成为有史以来首位非意大利籍教皇文物总管（Prefect of Papal Antiquities）（Potts, 2006: 9-10）。在这一时期，也有一些临时展览：从 1769 年开始，英国皇家艺术学院理事会每年组建筹备委员会，作为年度公开展览的策展团队（Sunderland and Solkin, 2001: 23-37）。与私人收藏和临时展览相关的策展实践，自然会对 17 世纪开始遍及欧洲的公共博物馆产生影响。

公共博物馆与职业策展人

在 18 世纪之前的现代早期，欧洲的公共博物馆屈指可数。1596 年，位于威尼斯安蒂萨拉（Antisala）或圣索维诺图书馆［Libreria Sansoviniana，今天的马尔恰纳国家图书馆（Biblioteca Nazionale Marciana）］前厅的威尼斯共和国公共雕塑馆（Statuario Pubblico della Serenissima）开放，它藏有大约 200 件文物，尽管开放程度尚不完全清楚，但这可能是欧洲第一个公共博物馆。（Favaretto and Ravagnan, 1997）1683 年开设于牛津大学的阿什莫林博物馆被认为是英国的第一家公共博物馆，但它在成立之初主要是科学与自然史收藏机构，而非艺术博物馆。（MacGregor, 2001: 56-59）基于艺术家以及精英或学者型观众的需求，公共博物馆在 18 世纪大量出现，其展陈内容与多数有影响力的私人收藏机构相同，以文物和现代早期绘画为主，尤其是意大利绘画作品。与当时的私人收藏机构一样，绘画和雕塑往往是分别展出的。但与私人收藏场所不同的是，公众进入公共博物馆无需介绍信或导游陪同。（Paul, 2012: vii-xxi）事实上，许多博物馆一开始是私人收藏场所，后来向更多的公众开放，它们的王室或贵族创始人与出资人在大多数情况下继续掌控运营权。很少有如今天的公共博物馆那样由政府资助的博物馆。

正如我们所看到的，私人艺术收藏机构的运营有多种方式，但随着公共博物馆的出现，需要由有资质的工作人员进行更系统的管理，这就导致了博物馆专业人才队伍的建立。在早期的公共博物馆中，工作人员承担的工作与在私人收藏机构中相同并有所扩展，而人数规模与今天相比则较少。他们的职责有时会重叠，所以不同岗位的工作人员可能职能是相同的。（Paul, 2012: xvii-xviii）因此，负责博物馆总体运营的馆长可能也要像策展人一样参与艺术品的征集与保管、展厅的布置、图录和参观指南的撰写，并亲自讲解导览。因此，在回顾策展的历史时需要考虑到馆长的作用，就如同在回顾博物馆管理的历史时应考虑到策展人的作用一样。同时，一种以馆长为首的等级制度开始形成。虽然"策展人"（curator）一词在17世纪60年代就出现了，但并不常用，而是更多地使用"看守人"（keeper）、"保管员"（custodian）或"管理员"（librarian），抑或采用其他语言中的词汇。

与馆长和策展人一样，在其麾下工作的副手或助理有时也会驻场。（Paul, 2012: xviii-xix）他们可能会负责开闭场馆、接待观众、售卖门票、讲解导览、卫生保洁以及安全保卫。到19世纪，一些博物馆会为阻止不当行为或防止盗窃而雇佣安保人员。大多数博物馆雇员都是受薪的，但也有一些人依靠小费或接受酬金，后一种形式尤其适用于馆长。除了那些长期在公共艺术博物馆工作的人之外，还有许多人参与了博物馆的运营。在18世纪和19世纪初，修复工作通常由艺术家承担，他们可能与建筑师一同对展陈装置提出建议，并参与展厅的布置。各种类型的工匠也帮助进行安装和装饰工作。艺术品通常是通过艺术商人获得的，他们对博物馆藏品的积累十分重要。随着时间的推移，博物馆工作人员的规模越来越大，各种岗位职责也越来越专业化。

博物馆职业及其结构体系从一开始就在公共艺术博物馆中建立起

来，罗马的卡皮托利尼博物馆（Museo Capitolino）就是一个证明。卡皮托利尼博物馆成立于 1733 年，次年在卡皮托利诺山（Campidoglio）开馆，是最早的具有国际影响力且呈现出今日公共艺术博物馆特征的机构。（Paul, 2012: 20–45; Johns, 2015; Arata, 2016）与其他从私人收藏场馆发展而来的此类机构不同，卡皮托利尼博物馆是教皇克雷芒十二世（Clement XII, 1730—1740 年在位）从枢机主教亚历山德罗·阿尔瓦尼那里购买大量精品文物后，明确地作为公共博物馆建立的。该项目是由马尔凯塞·亚历山德罗·格雷戈里奥·卡波尼（Marchese Alessandro Gregorio Capponi）在背后驱动的，他是一位热心的业余文物学家，也是教皇的亲信，在教廷中任职。卡波尼说服克雷芒从阿尔瓦尼那里购买雕像并建立博物馆，而教皇则任命他管理该机构，并任命其为首席文物保管员（custode e presidente antiquario），兼具馆长和策展人的双重身份。

卡波尼从主持位于卡皮托利诺山的新宫（Palazzo Nuovo）内的博物馆建设工作开始履行其职责。（Paul, 2012: 25–27）他为这一项目雇用了建筑师、艺术家和工匠，掌管薪资并管理账目。经与文物学家和枢机主教阿尔瓦尼协商，他确定了雕像的安装方案。博物馆开放后，他负责藏品的征集工作，并保留了批准艺术家和其他人临摹文物的权利。卡波尼的作用是开创性的：作为公共艺术博物馆的馆长兼策展人，确实没有先例可循，但他部分地借鉴了私人收藏场馆中已经实施的做法。

教皇赋予卡波尼任命一名副手的权利，在他手下从事一些琐碎的工作。（Paul, 2012: 27）这个职位由彼得罗·福里耶（Pietro Forier）担任，他的职责是保管新宫的钥匙，按时开馆、照管古物，严查未获卡波尼批准而临摹雕塑的行为。与首席文物保管员一样，这一职位基本上是终身制的。福里耶的儿子加斯帕罗（Gasparo）也来协助工作，住在新宫的一个房间里。父亲的月薪是 7 个银元，还可通过保洁工作获得额外报酬，并能从观众那里获得小费；场馆似乎不收取入场费。福里耶的儿子肯定具备一些基本的文物知识，因为他在18世纪40年代初曾编纂了一本便携的小册子，供观众参观博物馆使用。这本小册子对于认识艺术品而言十分必要，因为大部分雕塑是没有说明的，而且小册子中还包括一些文物的其他信息，如显著特点、流传经历或前人研究成果。

如同卡皮托利尼博物馆及一些私人收藏场馆一样，公共博物馆对于策展工作人员的选择，都是根据他们的专业知识与不同藏品类型的适配程度而调整的。（Paul, 2012: xviii）与私人收藏场馆类似，有些人另兼他职或另有他业。在藏有大型古代雕塑的博物馆中，馆长和策展人的职位通常由卡波尼这样的文物学家担任。在佛罗伦萨的乌菲齐美术馆（Uffizi Gallery），有一位馆长、一位文物学家和一位保管员，他们都或多或少地了解一些文物知识，并在职责范围上有所重叠。（Findlen, 2012）后来，艺术史学家兼文物学家路易吉·兰齐（Luigi Lanzi）被任命为乌菲齐美术馆的馆长时，增加了副馆长这一职位。如果美术收藏场馆的馆长和策展人不是学者或鉴赏家，则往往是艺术家，比如来自波希米亚的画家约瑟夫·福格特（Joseph Vogt），他从1755年开始在卡皮托利诺山担任夸德里画廊［Gallerie de'Quadri，现在称为卡皮托利尼绘画馆（Pinacoteca Capitolina）］的第一任馆长，该馆自1751年起向公众开放。（Marinetti, 2014: 32）除了负责管理外，福格特还绘制和售卖馆藏画作的复制品，以补贴其5个银元的月薪。（Marinetti, 2014: 84）同样，慕尼黑老美术馆（Alte Pinakothek）画廊的首任馆长是画家约翰·格奥尔格·冯·迪利斯（Johann Georg von Dillis）；更不寻常的是，迪利斯也是慕尼黑古代雕塑博物馆（Glyptothek）的馆长，但他曾帮助罗马的一家收藏机构征集雕像，彰显其关于文物的专业知识。（Buttlar and Savoy, 2012）以伦敦的英国国家美术馆（National Gallery）首任管理者威廉·塞吉耶（William Seguier）为代表的美术收藏场馆策展人既是修复师又是画家，他们的双重技能显然对其职位很有帮助。（Taylor, 2012: 266）

早期公共艺术博物馆的一些馆长和策展人延续了私人收藏场馆的做法，同时也为后来者开创了一些重要的先例。例如，卡波尼对文物的创新展示，反映出卡皮托利尼博物馆的公共属性和启蒙教育使命。（Paul，2012: 36–37）尽管展览中的雕塑是按照传统的主题和类型进行分组的——半身像、等身像、头像、盛骨瓮、浮雕以及铭文——但卡皮托利尼博物馆的展厅不像私人收藏场馆的装潢那样豪华，这就催生出一种新的观展方式。例如，罗马皇帝的半身像在私人收藏场馆中很常见，通常用壁龛或基座装饰，但不一定按照特定的次序摆放，而常与其他类型的雕像放在一起。在卡皮托利尼博物馆，皇帝的半身像不仅按照历史顺序排列，而且在其独立的展厅、展架上展出，使观众能够思考雕塑所刻画的本尊，比较他们的共性——特别是同一个人物的多种形象并排摆放在一起时——以及罗马历史的发展轨迹（见图4.2）。

图4.2　罗马卡皮托利尼博物馆（Musei Capitolini）新宫（Palazzo Nuovo）皇帝展厅场景；图片来源：卡皮托利尼博物馆影像档案

卡波尼的展示也促进了审美和鉴赏能力的提升，因为随着越来越多的文物可以在这样的展陈中得到系统的观赏和比较，人们开始对古代雕塑的年代、地域多样性和风格演变有了更好的认识。这种不断增长的知识最终将使博物馆能够按照时间和地域来展示文物，首创此举的博物馆是 1830 年在慕尼黑开设的古代雕塑博物馆。但是，这一开创性举措应该归功于博物馆的建筑师莱奥·冯·克伦策（Leo von Klenze），而不是迪利斯。这提醒我们，公共博物馆在策展方面的决策像私人收藏场馆一样，并不是总由策展人或馆长作出的。卡波尼还不得不以更实际的方式观照卡皮托利尼博物馆作为公共机构的性质，并为后来的博物馆树立标杆。在他管治下，场馆里建立了一套巧妙而有创意的安保系统：以一种几乎肉眼不可见的方式，用铜丝、锁扣和伪装成教皇印章的扣子，将半身像等相对较小、便携的文物固定起来。（Franceschini and Vernesi, 2005: 57；Paul, 2012: 26）

除了为公共博物馆的雕像展示创造新的展陈装置类型外，馆长和策展人也在制定新的绘画展览策略方面发挥了作用。在私人收藏场馆以及一些早期的公共博物馆中，绘画往往混合摆放，或者按照体裁或地域流派进行分组，抑或按照审美和谐而非概念系统的方式进行展陈。（Paul, 2012: 2-5）曼奇尼提出，这些展陈策略有时可能同时应用于一家场馆的展览中，或者以其他方式呈现。18 世纪中叶，按照地域流派对现代早期绘画进行组合的创新性展陈方法——正如曼奇尼所认为的那样——被引入德国，先是德累斯顿美术馆（Dresden picture gallery），再是杜塞尔多夫美术馆（Düsseldorf picture gallery），此后于 18 世纪 70 年代末在维也纳的美景宫（Belvedere Museum）变得更加系统。（Paul, 2012: xiii–xiv）

美景宫的展陈布置是由来自巴塞尔的艺术商人兼雕刻家克里斯蒂安·冯·梅歇尔（Christian von Mechel）设计的，他被神圣罗马帝国皇帝约瑟夫二世（Joseph Ⅱ）召唤到维也纳承担这项任务，这让博物馆馆长、维也纳画家约瑟夫·罗萨（Joseph Rosa）颇感惊愕。（Yonan, 2012; Swoboda, 2014）作为客座策展人，梅歇尔根据艺术家所属的流派将画作分门别类，再按年代顺序排列，以展示各种艺术传统的发展以及艺术家个人作品的演变（见图4.3）。事实上，梅歇尔将他的成果描述为"可见的艺术史"（sichtbare Geschichte der Kunst）。这种新颖的历史性展陈方式迅速成为业界标杆，并一直沿袭至今，部分原因是公共博物馆的观众随着时间的推移，越来越证明该方式行之有效：那些知识储备较少的人可以通过参观排列好的作品来了解艺术史。在巴黎的卢浮宫博物馆（Musée du Louvre）和马德里的普拉多国家博物馆（Museo Nacional del Prado）等一些博物馆，这种历史性的展陈也通过将来自地域派系艺术家的画作纳入展品清单来为政治服务。（McClellan, 1994, 2012; Schulz, 2012）

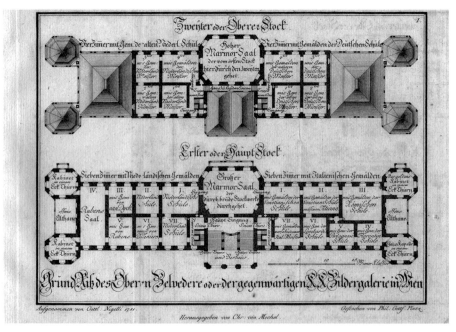

图4.3　皇家画廊美景宫（Belvedere Palace）第一、二层规划布局；采自克里斯蒂安·冯·梅歇尔（Christian von Mechel）《奥地利帝国时期的维也纳画廊》（Verzeichniss der Gemälde der kaiserlich königlichen Bilder Gallerie in Wien，维也纳：克里斯蒂安·冯·梅歇尔，1783年）卷末图版；作者供图

然而，这种偏重历史性的展陈方式也导致一些可能影响到收藏政策的问题，策展人和馆长们由此展开争论——持续性的争论——应该侧重于搜罗名家名作，还是为补全历史而聚焦于冷门作品？18世纪至19世纪初，各方矛盾因一个问题而进一步加剧，即博物馆应该为哪种观众服务：是为审美体验而前来参观的、具有一定受教育水平的鉴赏家，还是来接受艺术史教育的普罗大众？在某种程度上，这种对收藏展示策略与观众兴趣反馈之间关系的理解没有必要极端化，因为历史展览并不排斥审美行为；恰恰相反，这种展览也可以作为"比较式观展"的场所，晚些时候更成为对艺术品报以浪漫主义表达方式的地方。尽管如此，在梅歇尔于1783年离开美景宫后，更喜欢营造审美体验的罗萨按照自己的要求改变了前者的历史性展陈布置，并讽刺地声称这更贴近公众。（Yonan, 2012: 180–186）关于展览策略及其效果的类似争论后来又发生在1830年开馆的柏林老博物馆（Altes Museum），该馆负责展陈布置事务的策展委员会成员包括该馆建筑师卡尔·弗里德里希·申克尔（Karl Friedrich Schinkel）、第一任馆长古斯塔夫·弗里德里希·瓦根（Gustav Friedrich Waagen）以及著名教育家兼哲学家威廉·冯·洪堡（Wilhelm von Humboldt）。（Gaehtgens, 2012: 296–299）

梅歇尔在美景宫进行的另外一些非首创性的展览实践也成为惯例。例如，他使画作的装裱标准化，以统一展厅的面貌，这已经在罗马的私人收藏场所中实行了，但有别于后者使用的简单画框，他选择了18世纪维也纳流行的华丽款式。梅歇尔还为画作标注了作者信息，及其在他撰写的图录中对应的序号。（Yonan, 2012: 177）此前，杜塞尔多夫美术馆也做过类似的标注，但梅歇尔与宫廷建筑师尼古拉·德皮加热（Nicolas de Pigage）共同制作了图录，而非馆长或策展人。（Gaehtgens, 2011）此外，策展人和馆长们还关注展墙的颜色。通常认为，橄榄绿是早期现代美术展的最佳配色，但画家查尔斯·洛克·伊斯特莱克（Charles Lock Eastlake）爵士先后担任国家美术馆的保管员和馆长时，尝试了红色和绿

色。（Klonk, 2009; Taylor, 2012: 276）

早期公共艺术博物馆的一些策展人和馆长撰写了藏品图录或导览手册，为这类出版物树立了标杆，影响至今。尽管"图录"和"手册"有时会混用，但它们可以被理解为两种不同类型的出版物。（Paul, 2012: xvii）导览手册往往小而便携，通常会推荐参观路线，根据展厅布局标明理想的观展顺序。关于单件展品的信息量各不相同，但手册一般不如图录详细，后者往往更具有学术性，而且体量更大，甚至可能呈现多卷本。由于手册是在博物馆中使用的，所以18世纪和19世纪初期出版的手册一般不含插图，只有建筑平面图，而图录通常被用作"虚拟"博物馆，因此会配有展品的图像。有时，策展人和馆长们会同时主持开展上述两种出版物的工作，比如大英博物馆分管古代文物工作的副馆长泰勒·库姆（Taylor Combe）在19世纪初撰写了一本导览手册，并开始编纂一套12卷本图录。（Anderson, 2012: 60-61）顾问也对这两类出版物作出重要贡献，例如，梅歇尔在参与编纂前述杜塞尔多夫美术馆的图录时，就以呈现出展墙上的画作布局而闻名。又如，著名学者乔瓦尼·加埃塔诺·博塔里（Giovanni Gaetano Bottari）撰写的卡皮托利尼博物馆大型四卷本图录［最后一卷由尼科洛·福金尼（Niccolò Foggini）撰写］中，每个物品的条目都有大量信息并配图，因内容广博、结构完善而成为后来者的典范。（Paul, 2012: 27）

尽管早期公共艺术博物馆的策展人和馆长具有很大的行业影响力，但并非所有人都树立了正面榜样。乌菲齐美术馆的保管员朱塞佩·比安基（Giuseppe Bianchi）曾在1762年因失职引起烟道失火，比安基后来还被指控在此工作的20年间盗窃了数件藏品（Findlen, 2012: 89-96）。米尼克·维旺（Dominique Vivant）、巴龙·德农（Baron Denon）于1802年被拿破仑·波拿巴（Napoleon Bonaparte）任命为卢浮宫博物馆［Musée du Louvre，当时称为拿破仑博物馆（Musée Napoléon）］馆长，他们负责在卢浮宫按照梅歇尔的历史性展陈方法制作早期现代绘画展览。（McClellan,

1994: 140–148; 2012: 229–230）然而，德农还负责管理拿破仑为丰富卢浮宫收藏而从欧洲各地博物馆掠夺的艺术品，并在帝国崩溃后竭力抵制维也纳会议（Congress of Vienna, 1814—1815）发出的艺术品归还令。

虽然说早期公共艺术博物馆中的策展工作已经专业化和标准化，但似乎也没有多少相关的文字记载。因为在公共博物馆出现之前，关于策展的知识是言传身教的。策展人、馆长和顾问会在博物馆工作中主动分享策展实践经验，也会通过工作调动把策展知识从一个机构传播到另一个，这种情况至今仍然存在。（Paul, 2012: xviii）例如，梅歇尔将他在杜塞尔多夫美术馆学到的东西应用在美景宫的工作中。瓦根担任英国国家美术馆多项事务的顾问；画家拉尔夫·尼科尔森·沃纳姆（Ralph Nicholson Wornum）在此担任管理员时撰写并于1847年出版的藏品图录，就参考了瓦根1841年版的老博物馆图录。（Taylor, 2012: 269–277）大学者恩尼奥·奎里诺·维斯孔蒂（Ennio Quirino Visconti）曾帮助梵蒂冈的庇护 – 克莱门蒂诺博物馆（Museo Pio-Clementino）编制文物图录，他后来成为卢浮宫的古代雕塑策展人并实施了一些展览策略，就得益于在意大利收藏机构的工作经验。（Collins, 2012: 140; McClellan, 2012: 228）

早期公共艺术博物馆的策展人和馆长还通过与他们合作的其他机构传播其影响，同时也受到它们的影响。例如，瑞典皇家博物馆［Royal Museum in Stockholm，瑞典国家博物馆（Nationalmuseum）的前身］在1792年成立后任命的首位策展人卡尔·弗雷德里克·弗雷登海姆（Carl Frederik Fredenheim），也是瑞典皇家美术学院（Royal Swedish Academy of Fine Arts）的院长，他致力于在这两个机构之间建立强有力的联系。（Olausson and Söderlind, 2012: 206–207）19世纪，随着艺术史被引入高等教育课程体系中，特别是在德国，策展人和馆长开始在大学和艺术学院中任教，并攻读相应学科的学位，今天仍然如此。（Sheehan, 2000: 89–93）瓦根是一名艺术史教授，而柏林博物馆岛（Museum Island）凯泽 – 弗里德里希博物馆［Kaiser-Friedrich Museum，今称博德博物馆（Bode

Museum）〕的创建者和策展人威廉·冯·博德（Wilhelm von Bode）是第一批拥有艺术史博士学位的策展人之一，他于1870年从莱比锡大学（University of Leipzig）获得该学位。（Sheehan, 2000: 157）因此，正如博物馆和院校之间一直存在的紧张关系一样，策展人既参与塑造了艺术史这个学科，也受到了它的影响。

早期公共艺术博物馆的策展人和馆长从工作内容和工作方式等方面展开实践并建立职业标准，一直沿用至今。当然，随着时间的推移，策展职业及其职责也在不断发展。策展职位的人员配置也发生了重要变化。读者会注意到，到目前为止，本章中提到的所有策展人和馆长都是男性。至少在美国，女性直至20世纪初才在艺术博物馆中担任重要角色。（Schwarzer, 2010: 17–19）1910年至1923年，科妮莉亚·本特利·塞奇·昆顿担任纽约布法罗的奥尔布赖特-诺克斯美术馆馆长。1926年，弗洛伦斯·伯杰成为康涅狄格州哈特福德沃兹沃思雅典娜神殿艺术博物馆的第一位职业策展人，这是美国最古老的公共艺术博物馆。三年后，莫德·布里格斯·诺尔顿成为新罕布什尔州曼彻斯特的柯里尔美术馆的负责人；1930年，朱丽安娜·福斯成为曼哈顿惠特尼美国艺术博物馆的馆长。目前，女性的参与程度在策展行业中表现较好，但作为博物馆馆长则稍差；另一项挑战是在这两种职位中打造种族多样化的人才队伍。尽管如此，自从约300年前开始成为一种职业以来，策展在其发展中取得了长足的进步。

参考文献

Anderson, Robert G. W. 2012. British Museum: London: Institutionalizing Enlightenment. In: *The First Modern Museums of Art: The Birth of an Institution in 18th- and Early-19th-Century Europe* (edited by Carole Paul):

47–71. Los Angeles: The J. Paul Getty Museum.

Arata, Francesco Paolo. 2016. *Il secolo d'oro del Museo Capitolino: 1733–1838: Nascita e formazione della prima collezione pubblica di antichità*. Rome: Campisano editore.

Baldinucci, Filippo, Francesco Saverio Baldinucci, and Ferdinando Ranalli. 1974–1975. *Notizie de' professori del disegno da Cimabue in qua* (edited by Paola Barocchi). 7 vols. Florence: Studio per edizione scelte.

Brown, Jonathan. 1995. *Kings & Connoisseurs: Collecting Art in Seventeenth-Century Europe*. Princeton: Princeton University Press.

Buttlar, Adrian von, and Bénédicte Savoy. 2012. Glyptothek and Alte Pinakothek, Munich: Museums as public monuments. In: *The First Modern Museums of Art: The Birth of an Institution in 18th- and Early-19th-Century Europe* (edited by Carole Paul): 305–29. Los Angeles: The J. Paul Getty Museum.

Cellini, Benvenuto. 2002. *My Life* (translated with an introduction and notes by Julia Conaway Bondanella and Peter Bondanella). Oxford: Oxford University Press.

Collins, Jeffrey. 2012. Museo Pio-Clementino, Vatican City: Ideology and aesthetics in the age of the grand tour. In: *The First Modern Museums of Art: The Birth of an Institution in 18th- and Early-19th-Century Europe* (edited by Carole Paul): 113–143. Los Angeles: The J. Paul Getty Museum.

De Marchi, Giulia (ed.). 1999. *Sebastiano e Giuseppe Ghezzi: protagonist del barocco*. Venice: Marsilio Editori.

Favaretto, Irene and Giovanna Luisa Ravagnan (eds.) 1997. *Lo Statuario Pubblico della Serenissima: Due secoli di collezionismo di antichità 1596–1797*, exh. cat. Cittadella: Biblos, 1997.

Findlen, Paula. 2012. Uffizi Gallery, Florence: The rebirth of a museum in the eighteenth century. In: *The First Modern Museums of Art: The Birth of an Institution in 18th- and Early-19th-Century Europe* (edited by Carole Paul): 73–111. Los Angeles: The J. Paul Getty Museum.

Franceschini, Michele and Valerio Vernesi. 2005. *Statue di Campidoglio: Diario di Alessandro Gregorio Capponi (1733–1746)*. Città di Castello: Edimond.

Gaehtgens, Thomas W. 2011. Making an illustrated catalogue in the enlightenment. In: *Display and Art History: The Düsseldorf Gallery and Its Catalogue* (edited by Thomas W. Gaehtgens and Louis Marchesano). Los Angeles: The Getty Research Institute.

Gaehtgens, Thomas W. 2012. Altes Museum, Berlin: Building Prussia's first modern museum. In: *The First Modern Museums of Art: The Birth of an Institution in 18th- and Early-19th-Century Europe* (edited by Carole Paul): 285–303. Los Angeles: The J. Paul Getty Museum.

Gage, Frances. 2014. Observing order. In: *Display of Art in the Roman Palace 1550–1750* (edited by Gail Feigenbaum with Francesco Freddolini): 204–214. Los Angeles: The Getty Research Institute.

Gáldy, Andrea. 2014. Vasari, Exhibitor of Art: Medici Collections of Antiquities. In: *Giorgio Vasari and the Birth of the Museum* (edited by Maia Wellington Gahtan): 119–130. Farnham: Ashgate.

Goldberg, Edward L. 1988. *After Vasari: History, Art, and Patronage in Late Medici Florence*. Princeton: Princeton University Press.

Haskell, Francis. 2000. *The Ephemeral Museum: Old Master Paintings and the Rise of the Art Exhibition*. New Haven, CT: Yale University Press.

Johns, Christopher M. S. 2015. *The Visual Culture of Catholic Enlightenment*. University Park: The Pennsylvania State University Press.

Klinge, Margret. 2006. David Teniers and the theatre of painting. In:

David Teniers and the Theatre of Painting, exh. cat. (edited by Ernst Vegelin van Claerbergen): 10–39. London: Courtauld Institute of Art and Paul Holberton Publishing.

Klonk, Charlotte. 2009. *Spaces of Experience: Art Gallery Interiors from 1800 to 2000*. New Haven, CT: Yale University Press.

Lewis, Charlton T. 1989. *A Latin Dictionary*. Oxford: Clarendon Press.

MacGregor, Arthur. 2001. *The Ashmolean Museum: A Brief History of the Museum and Its Collections*. Oxford: Ashmolean Museum and London: Jonathan Horne Publications.

Mancini, Giulio. 1956–1957. *Considerazioni sulla pittura* (edited by Adriana Marucchi and Luigi Salerno) 2 vols. Rome: Accademia Nazionale dei Lincei.

Marinetti, Raffaella. 2014. *La Pinacoteca capitolina nel Settecento*. Rome: Aracne Editrice.

McClellan, Andrew. 1994. *Inventing the Louvre: Art, Politics, and the Origins of the Modern Museum in Eighteenth-Century Paris*. Cambridge: Cambridge University Press.

McClellan, Andrew. 2012. Musée du Louvre, Paris: Palace of the People, Art for All. In: *The First Modern Museums of Art: The Birth of an Institution in 18th- and Early-19th-Century Europe* (edited by Carole Paul): 213–235. Los Angeles: The J. Paul Getty Museum.

Millar, Oliver. 1958–1960. Abraham van der Doort's Catalogue of the Collection of Charles I. *The Volume of the Walpole Society* 37: xi–xxiv, 1–256.

Muller, Jeffrey M. 1989. *Rubens: The Artist as Collector*. Princeton: Princeton University Press.

Olausson, Magnus and Solfrid Söderlind. 2012. National museum/Royal Museum, Stockholm: Connecting north and south. In: *The First Modern*

Museums of Art: The Birth of an Institution in 18th- and Early-19th-Century Europe (edited by Carole Paul): 191–211. Los Angeles: The J. Paul Getty Museum.

Panofsky, Erwin. 1948. *Abbot Suger and the Abbey Church of St.-Denis and its Art Treasures*. Princeton: Princeton University Press.

Paul, Carole (ed.). 2012. *The First Modern Museums of Art: The Birth of an Institution in 18th- and Early-19th-Century Europe*. Los Angeles: The J. Paul Getty Museum.

Pearce, Susan M. 1995. *On Collecting: An Investigation into Collecting in the European Tradition*. London and New York: Routledge.

Pegazzano, Donatella. 2014. Giorgio Vasari, Rome and early forms of display of the Medici collections in Florence: Models and afterlife. In: *Giorgio Vasari and the Birth of the Museum* (edited by Maia Wellington Gahtan): 131–49. Farnham: Ashgate.

Potts, Alex. 2006. Introduction. In: *Johann Joachim Winckelmann: History of the Art of Antiquity* (translated by Harry Francis Mallgrave): 1–53. Los Angeles: Getty Research Institute.

Quiccheberg, Samuel. 2013. *The First Treatise on Museums: Samuel Quiccheberg's* Inscriptiones, *1565* (edited and translated by Mark A. Meadow and Bruce Robertson). Los Angeles: Getty Research Institute.

Ridley, Ronald T. 1992. To protect the monuments: The papal antiquarian (1534–1870). *Xenia antiqua* 1: 117–154.

Robertson, Clare. 1992. *"Il Gran Cardinale": Alessandro Farnese, Patron of the Arts*. New Haven, CT: Yale University Press.

Schulz, Andrew. 2012. Museo Nacional del Prado, Madrid: Absolutism and nationalism in early-nineteenth-century Madrid. In: *The First Modern Museums of Art: The Birth of an Institution in 18th- and Early-19th-Century*

Europe (edited by Carole Paul): 237–59. Los Angeles: The J. Paul Getty Museum.

Schwarzer, Marjorie. 2010. Women in the temple: Gender and leadership in museums. In: *Gender, Sexuality and Museums: A Routledge Reader* (edited by Amy K. Levin): 16–27. London: Routledge.

Sheehan, James J. 2000. *Museums in the German Art World from the End of the Old Regime to the Rise of Modernism*. Oxford: Oxford University Press.

Smentek, Kristel. 2014. *Mariette and the Science of the Connoisseur in Eighteenth-Century Europe*. Farnham: Ashgate.

Sunderland, John and David H. Solkin. 2001. Staging the spectacle. In: *Art on the Line: The Royal Academy Exhibitions at Somerset House 1780–1836* (edited by David H. Solkin): 23–37. New Haven, CT: Yale University Press.

Swoboda, Gudrun. 2014. *Kaiserliche Gemäldegalerie in Wien und die Anfänge des öffentlichen Kunstmuseums*. 2 vols. Vienna: Böhlau Verlag.

Taylor, Brandon. 2012. National Gallery, London: For "all ranks and degrees of men." In: *The First Modern Museums of Art: The Birth of an Institution in 18th- and Early-19th-Century Europe* (edited by Carole Paul): 261–83. Los Angeles: The J. Paul Getty Museum.

Tempesti, Anna Forlani. 2014. Giorgio Vasari and the *Libro de' disegni*: A paper museum or portable gallery. In: *Giorgio Vasari and the Birth of the Museum* (edited by Maia Wellington Gahtan): 31–52. Farnham: Ashgate.

Vasari, Giorgio. 1966. *Le vite de' più eccellenti pittori, scultori ed architettori: Nelle redazioni dal 1550 e 1568* (edited by Rosanna Bettarini) 6 vols. Florence: Sansoni.

Warwick, Genevieve. 2000. *The Arts of Collecting: Padre Sebastiano Resta and the Market for Drawings in Early Modern Europe*. Cambridge: Cambridge University Press.

Waterfield, Giles. 2006. Tenier's *Theatrum Pictorium*: Its genesis and its influence. In: *David Teniers and the Theatre of Painting*, exh. cat. (edited by Ernst Vegelin van Claerbergen): 40–57. London: Courtauld Institute of Art and Paul Holberton Publishing.

Yonan, Michael. 2012. Kunsthistorisches Museum/Belvedere, Vienna: Dynasticism and the Function of Art. In: *The First Modern Museums of Art: The Birth of an Institution in 18th- and Early-19th-Century Europe* (edited by Carole Paul): 167–189. Los Angeles: The J. Paul Getty Museum.

本章作者简介

卡萝尔·保罗（Carole Paul）是加利福尼亚大学圣巴巴拉分校（University of California, Santa Barbara）艺术与建筑史系（Department of the History of Art and Architecture）博物馆研究主任。她最近的研究关注早期现代时期的博物馆和收藏馆史，尤以罗马为主。她著有《第一家现代艺术博物馆：18世纪至19世纪早期欧洲一个机构的诞生》（*The First Modern Museums of Art: The Birth of an Institution in 18th- and Early-19th-Century Europe*，盖蒂出版社，2012年）。

她正在撰写一本关于卡皮托利尼博物馆（Capitoline Museum）的专著。

第二部分

运动、模式、人物与政治

第五章　作为动词的策展

民族国家的 100 年

　　语言，作为思想的媒介，常会把这样一些词语，概念、判断、定义、学说等，冻结在思想中，而"思想家"的天性就是对这些词语进行解冻和复原，还原其根本内涵。……思想家所拥有的这种特质直接导致的结果就是，他们一旦开始思考，社会上许多约定俗成的标准、价值观、善恶的衡量标准，极有可能遭到破坏，即使不被破坏，至少也会被逐渐削弱，简言之，就是道德层面和伦理层面上，早已经被人们普遍接受的习俗和行为规则会受到冲击。苏格拉底（Socrates）也曾经表达过类似的意思：这些冻结的思想，来得如此方便，人们甚至可以在睡眠中应用它们。然而，尽管这些思想早已属于你，但是，只要有人能够把你从睡梦中唤醒，并使你完全清醒，睡意全无，那么你就会突然发现，你的心中除了困惑空无一物，唯一能做的，就是与他人分享这些困惑。

——汉娜·阿伦特（Arendt, 1971: 175-176）

序曲：思考

在文化战争循环往复、周而复始上演的过程中，艺术家和作家通常会率先发问："人们究竟应该做些什么？"鉴于二级市场、博物馆和双年制这三者业已成为引发这些文化战争的同一台在全球运转的金融机器的重要组成部分，因此，上述这个问题，策展人显然也是无法回避的。然而，与他们的艺术家和作家同行不同的是，策展人作为这个体系中的一分子，早已被裹挟其中。所以，作为策展人，我们必须重新调整思路，提出一个针对性更强的具体问题：一个批判性的策展可能需要什么？在这里，我想借助阿伦特的理论，对策展展开大胆想象：如果我们采用阿伦特思考"思想"的思路来考虑"策展"会怎么样？也就是说，如果将"策展"一词的语法定义从名词转换为动词，那么，"策展"一词的概念就会从一种**职业**转化为一种**行为**。这种提法本身听起来莫名其妙，甚至有些荒谬。因为策展不论是作为名词还是动词都是无可厚非的：当我们在**思考策展**时，会不自觉地把它**设想成**一种职业，一种将艺术付诸实践的职业。而且，不论在大学、艺术机构、博物馆，还是在画廊中，这种观点早已成为策展研究领域的共识。不过，我提出的观点其实略有不同。设想一下，如果从阿伦特的视角出发去思考策展，我们究竟应该怎么做？比如，我们可以尝试着把博物馆学意义上的这个职业与艺术世界中的思考行为，完全分隔开来。当然，在日常工作中，你还是可以把这两者完美地结合起来。但是，正如科学家所说的：相关性不等于因果关系。

事实上，策展这个职业（名词）和思考策展（动词）这两者之间毋庸置疑存在矛盾，我并不想只是简单地承认它的存在，而是更愿意深入研究，把它视为一种能够**创建**理论的策展模式。与艺术史、博物馆学实践获取知识的典型方式恰恰相反，策展领域中的思维模式既没有任何现成的教义可供参考，也没有任何既定的规则可以遵循，然而，这也是策展所拥有的独一无二的优势。让我们再次回到阿伦特的逻辑中，并且试想一下，当我**以动词的形式**进行策展时，也就是在策展过程中，我的想法始终处于不断发展变化的过程，那么，"我是否需要继续思考，必须由我本人**通过思考**获取答案，也就是说，我昨天的想法是否能够满足我今天的需求，完全取决于我今天重新思考后得出的结论"（Arendt，1971:163，**我所强调的重点**）。但是，不可否认的是，即便按照阿伦特的思路去思考策展，仍有一个问题亟待解决：策展人除了挑选展览所需的艺术品，并从事展览设计这些实操性的工作之外，在进行哲学理论阐述或艺术史叙事这两项工作中，具体应该怎么**做**？事实上，不论是男性策展人，还是女性策展人，都只是在**借助**展览进行思考，而目的只有一个。众所周知，选定的艺术作品能够唤起相关的政治、理论和美学方面的联系，三者互相影响，互相作用，而策展人的目的就是，通过这种错综复杂的关系，向参观者揭示某种潜在的规则，或者将某个被压抑的悖论公之于众。这就意味着，在制作特定展览的过程中，策展人还要发挥理论家的作用，这其实也是艺术家和策展人之间从接触之初就开展的一场对话。事实上，对艺术品进行"解读"或挖掘艺术品背后的"真相"，既不需要对艺术品本身进行描述，也不需要借鉴策展圈内流行的先验理论。相反，一件特定的艺术品和相关理论上的"困惑"，这两者之间相互映射，也就是双重模仿（double mimesis），可以借助展览**融为一体**，继而向参观者传达出展览的内涵。

每当谈到镜像反射这个话题，我便会不由自主地联想起一个"过时的"，可以应用于美学的诠释学理论，这是一个在 20 世纪 60 年代由汉斯-格奥尔格·加达默尔（Hans-Georg Gadamer）提出，在 20 世纪 80 年代经雅克·德里达（Jacques Derrida）解构，在当今众多学者中又再次引起共鸣的理论［德里达、加达默尔和拉库-拉巴尔特（Lacoue-Labarthe，2016）］。这个理论就是"双重模仿"，一个由加达默尔率先提出的术语，用于描述艺术创作和哲学写作这两种活动之间存在的相互映射的关系，这两种活动能够实现现象学上的相互融合，完全来源于观看艺术品的观众或阅读哲学理论的读者对某一特定艺术品有一定的历史认知，虽然这些认知本身来自过去，却在展览举办的当下得以呈现，并被广泛讨论。加达默尔强调，诠释学的任务，就是**弥合**各个心灵之间的距离，这距离或许存在于个人之间，或许存在于时空之间。这个论断就意味着把展览设想成一个游戏场，在这里，艺术品中所蕴含的"真相"，与无数的历史文物、美学、政治理论和哲学都息息相关的真相，从不植根于过去，即使这些艺术品源自过去；也不植根于现在，即使这些当代艺术品是当代社会的产物。更确切地说，就像在游戏中一样，真相在演说家或游戏玩家之间来回游走：首先是介于艺术家和艺术史学家之间，然后是介于展览和观众之间（Gadamer, 2007: 123-131）我建议将"双重模仿"的原则进一步扩展，应用到制作、展览和传播当代艺术的广阔空间中。这样一来，为了达到**偶然地**确定某个艺术品在相关的理论领域内可能引发的**困惑**的目的，策展人就势必将展览的主体（艺术品）与展览的客体（某种话语结构）紧密结合起来。

如果我们愿意把以上两种奇思妙想结合起来，一个是加达默尔将展览视为游戏场的理论，另一个是阿伦特提出的苏格拉底式思想的理论，那么我们就能领悟到美学真谛变幻莫测的特性，今天美学可能呈现出某种样子，而明天它又可能呈现出另外的样子。因此，为了全方位地感受美学，我们可以将阿伦特的策展模型重新梳理一下：艺术品昨天灌输给我的"想法"，到今天我仍然觉得满意，完全取决于我今天仍然认可这个想法的程度。如果策展人试图增强存在于某件当代艺术品与其批判性写作之间的，以及存在于展览现场与观众观点之间的双重模仿，那么，阿伦特所强调的**思考工作**，便会成为策展人责无旁贷的任务。由展览作为纽带连接起来的这一系列相互模仿的元素，让我们在艺术作品永无休止地折射出来的意义的迷宫中**持续**思考，无论展览的艺术作品制作于什么年代，是一件历史文物或是一件当代艺术品，都能成为推动思考的动力。而且，为了让参观展览的观众、思想家和读者三种身份融为一体的人，能够通过批判性地打破自己所持有的传统观念的途径，在面对艺术作品时拥有清晰的历史认知，应用阿伦特策展模型的，集策展人、思想家和作家三重身份于一身的策展人，也必须不停地思考。

除了提出苏格拉底式思想的理论，阿伦特在战后还提出了一个新的构想，那就是人道主义在政治上的必要性的问题，当时，她正在思考独裁统治下，公民应该拥有的个人责任和判断力的问题。就像本章节详细叙述的20世纪反复上演的文化战争一样，我们当下在政治上也面临着一个绕不开的类似话题，那就是西方地缘政治，正是在这个领域，我们遭遇到的竟然是所有人都认为早已摆脱的问题：一个倒行逆施的具有专制主义思维的领导人，把一些要求苛刻的，被他肆无忌惮地歪曲和曲解的规章制度，强加给本国公民；一种占主导地位的文化统治行为，即使无法完全剥夺民众思考的意愿，至少要杜绝民众产生思想的可能。这种文化上的倒退绝对不会让阿伦特感到惊讶，即使她还在世也不会，因为在1975年去世前的最后一篇文章《咎由自取》（*Home to Roost*）中，她早已颇有远见地哀叹过我们当下的时代：

> 我对福克纳说过的一句话深信不疑："过去从未真正逝去，甚至根本就没有过去"，原因显而易见，因为我们所生活的世界的每时每刻，**正在成为**过去的世界；人类的行为不论好坏，都会给这个世界遗留下一些痕迹，或是丰碑，或是遗迹；世界的真实面貌永远是既定事实所**呈现**的样子。换句话说，过去始终**纠缠着**我们，这是毋庸置疑的；而不停纠缠，正是过去所要发挥的作用，即便我们活在现世，并希望生活在最真实的世界里，也就是它当前**呈现**的样子，也始终无法摆脱过去的纠缠。（Arendt, 1975: 270）

根据阿伦特的表述内容，仅从表面上看，我们仿佛生活在墓地里，那么，我们至少应该从那些不停纠缠我们的过去中学到一些东西。所以，我们接下来便要对贯穿20世纪，可圈可点的几个策展瞬间进行剖析，通过回顾这些策展经历，我们或许可以尝试做到一点：学会思考。下面分析的每个展览，都是利用被某段历史萦绕的当下时刻来展现某种策展思维模式。而且，为了帮助大家更好地理解这种思维模式，每个展览都采取了二次加工，一种理论层面的行动，以实现这一思想。

原始场景：可能性

截至19世纪末，席卷德国的文化斗争（Kulturkampf）的矛盾冲突已经达到了顶点。德文"Kulturkampf"一词狭义上指的是俾斯麦（Bismarck）领导的德意志帝国（一个君主制联盟）内部进行的权力斗争；广义上指的是19世纪晚期，随着罗马天主教会在全球的权威日益衰落，新兴的宪政和民主国家点燃的，并席卷整个欧洲的争夺国家主权的斗争。各国曾被赋予神圣权力的君主制旧政权，突然间受到了一股新势力的冲击，这股新势力就是被赋予普遍（成年）选举权的现代世俗政府。在德国，为了更好地利用日益高涨的民主和社会主义情绪，俾斯麦下令规定，德意志帝国的国会（Reichstag），即政府的下议院，其组成人员全部由人民选举产生。就这样，全民选举的政治制度，便成为现代政府（不论是君主制政府，还是民主制政府）的命脉，当然，选举的前提是最高统治者能够成功掌握（实际上是操控）公众的喜好和全体国民的心理。为了努力维护自身至高无上的权力，罗马天主教会在1870年颁布了教皇绝对无懈可击的教条，要求天主教徒无条件接受教皇关于信仰和道德的一切宣言，不管教徒身为哪个国家的公民，都责无旁贷。上述三种政治制度：君主制、民主制和教会制，构成了地缘政治斗争的三角，继而又被全球金融市场在地理上进一步划分为三个区域，金融市场以欧洲的工业"内区"（包括英国、比利时、德国、法国、意大利北部和奥地利帝国西部）为核心，内区负责对欧洲的农业"外区"（爱尔兰的大部分地区、伊比利亚和意大利半岛、波希米亚和整个奥地利）进行协调并实施监管。在欧洲以外的区域，美国的东北海岸属于一个延伸出来的内区，而美国南部、拉丁美洲和其他地区则被指定为外区。除了上述地区，在亚洲和非洲，人们还会发现"第三区"，也就是欧洲中心论者眼中的"蛮荒之地"。

这种区域划分方式从一开始就种下了1914年全球崩盘的种子，因为所有边界和区域的创建，都是以标榜内外有别、文明与野蛮相对立的姿态进行的，这种做法带来的只能是无法逃避的灾祸（你越想把事情处理得井井有条，它们往往越会变得凌乱不堪）。颇具讽刺意味的是，一方面金融势力日益壮大，另一方面政府和宗教霸权大行其道，在这两方面力量的共同驱使下，这些民族国家迅速采取了多种清洗和遏制策略来控制本国的人口，而与此同时，他们又在自相矛盾地争夺人民的选票。这种状况在第一次世界大战后进一步恶化，当时，国际联盟（League of Nations）进一步重新对欧洲进行规划之后起草了"少数族裔条约"（minority treatise），旨在为那些在文化或族裔上不属于新主权国家的外乡人确立"人权"，以此来保护少数族裔的合法权益。这一举措效果显著，一度被视为外围区域的人口统计数据因此被嵌入到了新划分的"内区"中。然而，针对少数族裔的人权保护注定不会长久。正如阿伦特所指出的："仇恨的情绪，在战前的世界中已是四处弥漫，战后更是在各国的公共事务中，开始变得日益凸显。因此，在20世纪20年代看似平静的岁月里，政治舞台上呈现出来的，尽是斯特林堡（Strindbergian）式家庭纷争的污秽，与超出常理、不可思议的气氛。"正是这种一片狼藉的政治生态，导致了政治生活的普遍解体，阿伦特继续道："没有人愿意对国家事务负责，无论是政府、资产阶级，还是来自外部的势力，都在逃避承担国家事务的责任。"（Arendt, 1962: 268）随后接踵而至的，便是欧洲的各个共和国的统治逐渐过渡到了专制独裁，事态进一步发展，到20世纪20年代末、30年代初，竟然彻底转变成了极权主义。

现在让我们把时间倒回19世纪末的欧洲，也就是出现这一结局的前夕。当时，席卷整个欧洲的文化斗争正在如火如荼地展开，国际上先锋派（avant-garde）的发展势头也是高歌猛进。而到了1915年，先锋派的发展势头突然出现了倒退迹象，回到了自然主义最初的形成阶段。关于当时的情形，本亚明·H. D. 布赫洛（Benjamin H.D. Buchloh）在他所写的一篇备受争议的论文，即《权威人物，回归密码：欧洲绘画中艺术表现形式的回归札记》（*Figures of Authority, Ciphers of Regression: Notes on the Return of Representation in European Painting*）（Buchloh, 1981: 107）中，曾有过一段经典的阐述："感知模仿式艺术表现的传统再次重新建立起来，它是自文艺复兴时期以来构建起来的视觉和空间体系，一直统领绘画领域，但是自19世纪中期以来，曾被系统地依次打破"。这篇论文是在《现成品与黑色方块》（*Readymade and the Black Square*）发表两年之后问世的，他认为，先锋派在美学上呈现回归态势与意识形态全面爆发激烈反应之间存在着必然的联系，因为这种激烈反应理想化了"艺术史上那些永久的丰碑和创立这些丰碑的艺术大师，建立新的美学正统进行的尝试，以及尊重文化传统这一基本需求"。在20世纪80年代，当布赫洛动笔写这篇论文的时候，他坚持认为20世纪20年代欧洲爆发的文化斗争是"以独裁主义为典型特征，坚决拥护并认同'永恒的'或古老的秩序体系（即部落的法律、历史的权威、主人的父系原则等）"。（Buchloh, 1981: 111）值得注意的是，独裁主义并不是某一地区或某一政府组织架构所特有的。事实上，在20年代初期，受到欧洲先锋派影响的苏联，也出现了回归现实主义的艺术倾向，但当时，附属于莫斯科艺术圈的先锋艺术家们——马列维奇、马雅可夫斯基（Mayakovsky）、利西茨基（Lissitzky）和罗琴科（Rodchenko）作为其中的代表人物，也同样受到了日丹诺夫主义社会主义现实主义的冲击。而且，10年后，斯大林领导的共产国际正式宣布，社会主义现实主义是国家认可的美学，因此，罗琴科先前宣传布尔什维克革命的现实主义照片："少先队员"（Young Pioneer）、"扫盲号召"（Call for Literacy）和"去示威"（To the Demonstration）都被指控表现出了"形式主义的偏差"。（Carson, 2012: 92）通过苏联的例子可以看出，欧洲先锋派移植到苏联之后，苏联在文化和意识形态两个方面才出现强烈的反应，也就不足为奇了。然而，一个由艺术家领导的民间策展团队，竟然图谋取代在美国艺术界占据统治地位的纽约的后卫艺术精英，先锋艺术能够在这样一个策展团队的手中大放异彩的确让人惊诧不已。

下面要介绍的就是这一著名的"军械库展览会"（Armory Show）。当欧洲即将爆发第一次世界大战时，由美国画家和雕塑家协会（AAPS）组织的"国际现代艺术展览会"于1913年2月15日在纽约市第69军团军械库正式开幕。举办这场展览最初的创意可以追溯到1911年，当时有四位年轻艺术家——杰尔姆·迈尔斯（Jerome Myers）、埃尔默·麦克雷（Elmer MacRae）、沃尔特·库恩（Walt Kuhn）和亨利·菲奇·泰勒（Henry Fitch Taylor）共同发起了这一创意。当时，美国艺术家在现有的艺术圈内（或圈外），想要展示自己的作品困难重重，他们四个人为此深感不安，所以共同创立了美国画家和雕塑家协会，不仅要为全新的前卫艺术提供展示的舞台，而且也要为艺术家主导的展览提供新的展示平台。正如米尔顿·W. 布朗（Milton W. Brown）在1963年回忆道："美国画家和雕塑家协会做成了一件看似毫无可能做成的事情。为了达到熏陶和教育美国的艺术界和公众的目的，他们全凭一己之力，征集并展出了1200多件来自美国本土和国外的艺术作品。"他继续阐述，这场展览"从设计之初就希望在美国引起一场精神上的震动，促使美国能够摆脱长期的审美自满"。（Brown, 1963: 26）正是抱着这一初衷，组织者们展示了印象派（Impressionists）、后印象派（Post-Impressionists）、野兽派（Fauves）和立体主义（Cubists）等诸多艺术风格的作品，希望公众有机会近距离感受戈雅（Goya）、安格尔（Ingres）和德拉克鲁瓦（Delacroix）的艺术风格，并希望公众对艺术充满激情。正如他们在声明中所表达的，美国画家和雕塑家协会致力于向国内年轻的艺术家们证明，面对欧洲的先锋艺术，美国的艺术家们无需畏首畏尾。正是凭借这股革命热情，他们勇敢地向美国设计学院（American Academy of Design）发起挑战，该学院坚定地在自然主义（naturalism）学派这一传统艺术允许的范围内培养艺术家，甚至可以说是**严格限定**这个范围，不许他们有任何越界行为。由此可见，如果说美国画家和雕塑家协会这个组织已经被民族主义的革命精神打上了深深的烙印，那么协会为展览选择的标志就更能彰显它的个性了：此次军械库展览使用的官方标志，正是美国大革命期间，革命军旗帜上采用的松树图案。（Brown, 1963: 4）

　　按照艺术史传统的书写方式，军械库展览的组织者定能在民族主义这一主题下青史留名，而"军械库展览"也将被盛赞为现代主义（Modernism）成功登陆美国的归零地，但是我想争辩，展览组织者想做的，绝不是将某种外国美学直接移植到自己的海岸上。在所有传统的爱国主义行为的背后，他们其实也一直在**摄取养分**，当然是在无意识的层面上，摄取到的养分在本质上是一种观念，一个概念性的美学平台正是围绕这个观念生发出来的，而这个观念就是上述文章中提到的，可以成为动词的策展。军械库展览组织者在其办展声明中试图唤起的，难道不正是这个观念吗？他们是不是曾经说过，希望引起一场精神上的**震动**，使美国摆脱长期的审美**自满**？我们应该试着回忆一下，苏格拉底曾把自己隐喻为"牛虻"，轮到阿伦特时，她又把牛虻比喻为批判性思维模型不可缺少的核心："他（思想家）知道该如何唤醒公民，如果没有他，这些公民将在余生中'不受干扰地睡觉'，除非再来人叫醒他们。"那么，牛虻在他们身上唤醒的究竟是什么？阿伦特这样回答："思考和研究问题是不可缺少的活动，在思想家眼里，生命一旦缺少这种活动，不仅没什么价值可言，甚至连基本的活力都不具备"。（Arendt, 1971: 174）在上述表达的基础上，我还要补充一条附加说明：只有当思考这一表述性行为成为人们**有意识地**努力去做的一件事时，也就是说，只有把思考行为与阿伦特解读的苏格拉底式思维相联系时，具体来说就是，只有当人们主动思考自己在国内外的独裁统治和帝国关系中所承担的某种"责任"时，这种思考行为才会成为艺术家、策展人和作家手中的批评性**行为**。

谈到这个话题，就还要回到布赫洛的观点。布赫洛提出，面对法西斯主义时，艺术家必须负责**思考**，他的这个观点十分精准地抓住了阿伦特模型的核心——表述性的**责任**。他认为："首先艺术家们会掀起艺术运动，这些运动很可能对主流意识形态造成批判性的瓦解作用"，"然后亲身参与这些运动的艺术家们会进行自我否定，表现出来的状态是不断给自己施加压力……经过一段时间以后，在最后一个阶段，艺术家们倡导的艺术运动将沦为对反动势力代表的绝对奉承"。（Buchloh, 1981: 108）布赫洛理论的正式组成部分，就是他所提出的这个观点，世上普遍地存在"一种因果联系，一种机械反应，正是由于这种联系和反应，不断升级的政治压迫才能必然和不可逆转地产生对传统的代表性的回归"，不论他本人是否愿意承认，事实上，他的观点已经与阿伦特的观点背道而驰。（Buchloh, 1981: 107）布赫洛认为，如果一**种**审美形式自身永远是进步性的，那么，与其相对的另一种审美形式则必然永远保持退步的特点，而且，这种现象会始终呈现循环往复的周期性发展特点，在20世纪20年代出现的艺术形象回归传统，就像20世纪80年代再次出现的形象回归一样，同样的事件再次发生就等同于相关性和因果关系。然而，与布赫洛持不同观点，阿伦特坚持认为，对于美学形式或哲学方法而言，不存在这种现成的知识模板，存在的只是针对**所有**认识论策略，我们如何提出问题的具体操作模式。对阿伦特来说，思考是一种不断冲洗和不停重复的活动。当你考虑要**放弃**一种占主导地位的想法时，另一种想法自然会乘虚而入。所以，你必须永远保持高瞻远瞩的姿态。简言之，思考是一种没有既定规则、模板或总体规划的全职职业。

我们还是再回过头来说说那群在美国纽约曼哈顿的上西区运用现代主义的**思想家们**吧。我们看到，他们自己离经叛道的行为，导致他们与自己的前辈——保守的国家设计学院一样，遭遇到了类似的命运。正是当先锋艺术在欧洲以外的地方影响力日渐式微的时候，军械库展览的组织者们将其引进了美国，他们能够清晰地感受到，自己的努力引发了相当程度的"关注"，哪怕只是在结构上。而这份关注追根溯源是来自他们的朋友兼同行马塞尔·杜尚。杜尚凭借在军械库展览①中展出的立体主义兼未来主义绘画作品《下楼的裸女之二》（Nude Descending a Staircase, no 2）在国际上引起了巨大轰动。4年后，他在纽约的独立艺术家协会（Society of Independent Artists）举办的第一届年度展览上展示了他的下一件"臭名昭著"的作品，一件表现性的现成品雕塑《泉》（Fountain）。当时，美国画家和雕塑家协会已经解散，而独立艺术家协会成为了它的继承者。新的协会诞生于1916年，当时，杜尚和一群志同道合的伙伴们，既包括从法国移居到美国的让·克罗蒂（Jean Crotti）、阿尔贝·格莱兹（Albert Gleizes）、弗朗西斯·皮卡比亚（Francis Picabia）；也包括美国人沃尔特·帕克（Walter Pach）、约瑟夫·斯泰拉（Joseph Stella）、查尔斯·希勒（Charles Sheeler）、莫顿·L.尚贝格（Morton L. Schamberg）、约翰·科弗特（John Covert）、凯瑟琳·S.德赖尔（Katherine S. Dreier）和诗人华莱士·史蒂文斯（Wallace Stevens），这群人共同聚集在路易丝·阿伦斯伯格（Louise Arensberg）和沃尔特·阿伦斯伯格夫妇的公寓里，设想在美国建立一个类似法国巴黎独立沙龙（Parisian Salon des Indépendants）的展览平台，在法国，该沙龙一直是法国先锋艺术作品

---

① 参见《马塞尔·杜尚：创作和生活》（*Marcel Duchamp: Work and Life*）："为立体主义画派保留的53号画廊中悬挂的所有作品"，杜尚的画作《裸女》（Nude）是公众最为期待能够一睹芳容的一件，它的图版在画廊的图录中也是高居榜首。参观展览的公众蜂拥而至，争相观赏这幅被《晚报》（*Evening Post*）戏称为"艺术学院中的马戏团"的画作，并深陷于新艺术带给他们的困惑、震惊、欢乐甚至愤怒的情绪之中，无法自拔"。1913年3月24日，星期一，芝加哥（Gough-Cooper, 1993）。（注意，图录页码与占星图相一致）

的发布平台。就这样，独立艺术家协会便应运而生。经过商议，大家一致决定，协会的董事会，其中也包括杜尚，必须严格遵守协会的成立章程，即接受协会所有成员提交作品参加展览的申请，展览既不设立评审委员会，也不颁发任何奖项。这种做法赋予了任何想要参展的人一项权力，只需支付少量费用就可以将自己的作品对外展出。此前的美国画家和雕塑家协会，在挑选参展作品时看重作品本身的"价值"，"既不会夹杂任何自私的或别有用心的目的，也不会抱有任何报复他人的想法"（Brown, 1963: 27）。这些标准本来是其对立面美国设计学院采用的，听起来颇具讽刺意味，而其继承者独立艺术家协会则完全反其道而行之，设立的目标是，每年举办一次年度展览，**完全**摒弃与所谓守旧的纽约艺术世界有着千丝万缕联系的既定美学标准，以便达到协会创始人沃尔特·帕克所设想的"给那些没有其他机会展示自己作品的人，提供一个展示的机会"。（McCarthy, 2017: 32）

此后，针对协会提出的"无评审委员会"原则，作为协会在大中央宫（Grand Central Palace）举办的第一届展览的常务委员会的主席，杜尚开始着手秘密启动他的测试计划，他最终向大众证明，无评审委员会的展览实际上只是艺术机构创造的海市蜃楼，虚无缥缈，根本不可能在现实中存在。值得我们注意的是，杜尚本人在 1912 年就曾经被打着"无评审委员会"旗号的独立艺术家沙龙拒之门外，当时他们拒绝他的画作《下楼的裸女》（Nude Descending a Staircase）参加沙龙举办的年度展览，理由是对作品的题材和标题感到不满。（Hulten, 1993: 9 April 1917）那件事成为一根导火索，导致杜尚在 1913 年告别了巴黎画坛，并于 1915 年移居美国，期间他一直在探索一种"随机的美学"，并在他的作品《三个标准的终止》（Three Standard Stoppages）中将其发挥到极致。这件作品创作起来十分简单：每根长度均为 1 米且水平放置的 3 根线，让它们从 1 米高的地方掉落到一块帆布上，并使用清漆将它们固定在帆布上。《三个标准的终止》更倾向于表现事件发生的偶然性，而不是表现观察事物的角度，因此，这件作品开辟了一条"逃离那些长期应用的、与艺术息息相关的传统表达法"的道路，采用这种新的艺术创作手法，如果说是**偶发性**取代**绘画**成为杜尚精心选择的艺术创作新媒介，那么它的发展方向必然是建立以"可能性"这个概念为核心的美学思想。（Moderings, 2010: xi–xii）赫伯特·莫尔德林斯（Herbert Molderings）提出这样的观点："《三个标准的终止》所表达和追求的核心，既不是所有类型的现实主义（realism）希望表达和追求的'相似'或'真相'；也不是形式主义美学（aesthetics of formalism）希望表达和追求的美、和谐或平衡；而是希望表达和追求只有凭借想象才能创造出来的'可能性'，也就是所有事物都能够以不同的方式被感知和想象的观念。"（Molderings, 2010: xiv–xv）我同意莫尔德林斯的观点，并想补充说明一点，在逻辑上，追求"可能性"就意味着否定传统观念中**不可能**的想法。因此，从他的艺术创作领域延伸到他的展览制作领域，杜尚引入了一系列针对现成品的随机操作，追求的是**超前的、没人设想过的、也尚未出现的**东西，概括起来就是超越现有知识体系或艺术规范的全新思维模式。

　　时间终于到了 1917 年 4 月 6 日，那天是个星期五，杜尚站在那里，为独立艺术家协会的第一届年度展览，一场没有评审委员会参与的展览筹划布置。他都做了些什么呢？蓬图斯·胡尔滕（Pontus Hulten）回顾的现场情况是这样的：

　　　　在当选为展览的常务委员会主席后……杜尚面临着三天之内完成对 2 500 件艺术作品进行布展的任务。展览为了避免使用先入为主的想法对展品进行分组，最终采纳了杜尚提出的采用民主的方式安排和布置展品的建议：全部作品将从大中央宫中央画廊的东北角开始悬挂，依照艺术家的姓氏在字母表中的顺序依次悬挂。当天一大早，在罗谢（Roché）和比特丽斯·伍德（Beatrice Wood）的见证下，杜尚**从一顶礼帽里随机抽取了字母"R"**，就这样他便选定了首先要悬挂的作品，是姓氏以"R"开头的作者。（Hulten, 1993: 6 April 1917, my emphasis）

当杜尚为随意悬挂（未经策展）一群毛遂自荐的艺术家的作品忙得不可开交的时候，有一些他早已了然于胸的真相便逐渐浮出水面：缺少评审委员会的展览实际上就是制度上的海市蜃楼，也就是说，这种展览是不可能存在的，**尤其是**当评审委员会被取消的情况下。因为具备评审委员会的展览，除了要求艺术家缴纳一定的参展费用外，还对艺术家的参展标准提出严格要求，这样做是为了确保展览能够以意想不到（偶然）的方式带给主办方回报，对于这个道理，杜尚当年向巴黎独立艺术家沙龙提交那件裸体画作时，就曾痛彻心扉地感受过。杜尚明知回报周期的问题不可回避，所以，为了尽可能缩短这个周期，他启用了一种随机操作的策展手法：把字母表中的所有字母都扔到一顶礼帽中，然后随机抽出一个字母，并从这个字母开始，按照艺术家姓氏的字母顺序依次布置展品。然而，在这种情况下的客观"选择"，也就是对字母表中字母的选择，实际是否定主观选择和让随机性肆意在辩证逆转的关系中持续发挥作用。也就是说，这种"策展现成品"的情形，也就是将某些元素随机"扔进"某个社会组织和其相应的展览空间中的操作手法，在策展史上首次创立了一种以随心所欲为特点的随机性策展模式。而这种**碰运气**的表现性行为，就构成了杜尚独创的针对现成品的"策展"方法的"动词"形态。

如果说独立艺术家协会举办的第一届展览，被协会的创始人杜尚以随机干预的方式，从根本上进行了颠覆性的策划的话，那么接下来要提到的组织架构就是这种干预的具体应用。杜尚最著名的干预案例——取名为《泉》（Fountain）的一件作品，不仅堪称其独创的艺术实践的开山之作，而且还成了**可能性**策展美学（需要全身心投入进行思考的美学）

的零起点。然而，与此同时，这件作品也借机建立了"不可能"策展美学（遭到驱逐而被拒绝的美学）。对后者而言，《泉》的遭遇提供了绝佳的素材。为了说得更明白一些，我将引用胡尔滕的一段描述，其开端就提到了《泉》所引发的争论：

> 一直到展览开幕前的那一刻，独立艺术家协会的官员和董事之间的不和谐气氛，始终弥漫在大中央宫里。争议的焦点就是《泉》这件作品是否能够参展，它由署名为费城（Philadelphia）的理查德·米特（Richard Mutt）送来参展，米特支付了6美元的会员费，因此，按照协会的章程，他有权展出自己的作品。支持这件作品参展的人认为，这尊雕塑并未包含任何不道德的成分，拒绝它参展将违反这次展览确立的基本组织原则："不设立评审委员会，不设置任何奖项。"然而，以独立艺术家协会主席威廉·格拉肯斯（William Glackens）为首，对这件作品进行批评的人，认为它是"被压抑的青春期"的产物，坚称这件作品形象不雅，根本就不配称为艺术品。在这些批评者中，乔治·贝洛斯（George Bellows）甚至回想起了卡通片人物米特（Mutt）和杰夫（Jeff），因此怀疑有人把它送来参展只是为了开个玩笑。（Hulten, 1993: 9 April 1917）

事实上，这件被放置在一个黑色基座上，"引起舆论一片哗然的，拥有闪亮的白色搪瓷外形的物品"，仅仅是一个反转放置的男性小便器。（Hulten, 1993: 9 April 1917）这件作品，单就"作者功能"而言，在《泉》成为杜尚作为艺术家构思的一个典型的现成品之前，它只是杜尚作为组织者以匿名方式实施的一项干预策展的案例。这件事发生不久，协会的董事们中间就爆发了一场纯脑力的论辩和争执，他们当中的大多数人言之凿凿，《泉》在艺术展览会中不配有一席之地，因为从**任何定义**上来说，它都算不上是一件艺术品。争论的焦点随即转移到"是否应该对不设立评审委员会的展览进行评审"的展览上。如果《泉》在任何条件下都符合"非艺术品"的定义的话，那么它是**不应该**被协会的董事们拒之门外的，因为协会所奉行的能够确保艺术具有绝对包容性的"无评审委员会，无评选奖项"原则，在**法律**层面上定然会大获全胜。但事实上，杜尚本人却彻底败北了，因为他通过这次随机的操作暴露了协会的内部矛盾。通过这一系列的策展操作，杜尚同时扮演了两种角色，也就是将小便器**放入**协会的人，所以，当他声称正是自己导演了这一切的时候，他也就顺理成章地成了协会最终**驱逐**的人。

外密性（Extimate）客体：排外性

我一直持有这样的观点：如果说 19 世纪末 20 世纪初，随着欧洲各个民族国家之间地缘政治不断变化，杜尚创立的可能性美学，能够被视为现代主义策展思维模式的起点的话，那么到了 20 世纪中叶，伴随第二次世界大战带给人类的灾难一起出现的，另一种能够与地缘政治相提并论的**生物政治**，已经日臻成熟，并且也为战后的当代艺术带来了一种新的美学思想，与可能性美学虽不同但却息息相关的美学，我把它叫作"外密性美学"，我将在下文中详述这个概念。

"外密性"是雅克·拉康（Jacques Lacan）创造的新词，用来描述虽然被我们定义为**非我**，但却潜移默化地**定义了我**的外部客体所产生的精神效应。因此，就像莫比乌斯带（moebius strip）一样，外密性客体实际上模糊了"内部"和"外部"的明确界限，因为就个人对"自我"的界定而言，这些客体看似矛盾地被认定为既是"自我"的内部也是外部。所以，我们与这些外密性客体之间，存在着一种若即若离的关系，既各自独立却又迷恋认同彼此。在拉康看来，这种状况从我们第一次与自己在镜子里的形象相遇就开始出现了。这就是拉康在 1936 年提出的精神分析理论——著名的“镜像阶段”（mirror stage）理论。这个理论描述的主要是婴儿主体，不论是男婴还是女婴，从 6 个月大开始就会发现自己正处在一个可见世界的入口，被他或她自己的形象深深吸引，甚至达到了无法自拔的地步，并且“每当他或她处在令自己身心愉悦的活动中时，他或她在镜子中的形象就会在刹那间浮现在脑海中”。（Lacan, 1977: 1–2）这个乳臭未干的主体体验到愉悦感的那一刻，其实是对外部客体极度认同的一种反应，因为主体的自我感受源自**感受外部的刺激**。这也就意味着，婴儿的自我感受是在**外在**的自己的**形象**的刺激下产生的。简言之，婴儿主体形成的时刻，也就是感受到内在“我”存在的时刻，对我们来说总是外在的，因为“我”在“那里”，在实质上是我的**它**那里，正是在那里，“我”才得以被激活。接下来，主体往往倾向于将包括那些具有外密性特征的人、地方、图像和概念的客体**异化**，原因显而易见，主体喜欢想象他或她本人是完好无缺地植根于一个地方的。也就是说，她或他的存在**毫无**自相矛盾之处。

镜像阶段所产生的自相矛盾的主观性，在米歇尔·福柯提出的“生物政治领域”也得到了充分体现，这是因为，拉康的镜像阶段理论恰好诞生在这一文化背景下。1936 年，在马林巴德（Marienbad）举行的国际精神分析协会第十四届大会（Fourteenth Congress of the International Psychoanalytical Association）上，拉康发表了“窥镜阶段”理论第一阶段的研究成果。而在现实世界中，他也亲眼见证了人在婴儿期经历的原始场景是如何在群体现象中得以展现的，这是因为，拉康在离开会场后，便赶到了柏林主办的第十一届奥运会（Eleventh Olympiad）的现场，参观那里正在举办的纳粹博览会，并见到了奥运会历史上从未出现的一幕，第三帝国（Third Reich）的宣传者们把奥运会变成了一个大规模的宣传现场，正在使用大屏幕放映着莱尼·里芬施塔尔（Leni Riefenstahl）导演的一部电影。菲利普·朱利安（Philippe Julien）详细描述了拉康的这段经历：“凭借其独创的镜像阶段理论，拉康向世人揭露了种族主义的根源；而现在身处柏林，他亲眼见证了种族主义根源在现实中令人目眩的表现。事实上，种族主义力量的根源，来自我们每个人，不论是男人还是女人，对自己在镜子中形象的原始迷恋，对镜子中另一个自己身体的格式塔（gestalt）这一镜像的迷恋。"这就是爱，这就是自恋。然而，朱利安继续说道："另一方面，这一镜像会将我无法认同的陌生人排除在外，唯恐他会打破我的镜子。"（Julien, 1994: 29）这就是仇恨。这就是妄想。而生物政治学——各个国家和全球强国对全世界所有人应用的科学技术，正是在这种爱恨交织、自恋与妄想并存的基础上蓬勃发展起来的，并将个人的"主观性"转化为了对大众的"征服"。因此，福柯认为，生物政治学是这样一种机制，掌权者通过应用它来决定允许谁存在（存活）于公共领域内，又将谁驱逐（灭亡）于公共领域之外。

从20世纪90年代中叶直到今天，其著作一直被文化界人士广泛阅读的意大利哲学家乔治·阿甘本，进一步探讨了现代主体是如何不可避免地**陷入了**界定生物政治学的外密性矛盾体中。具体来说，他阐述了古罗马人关于"神圣人"（homo sacer）的概念，这是英语中"神圣的人"或"受诅咒的人"的拉丁语写法，指的是在"神圣"或"被诅咒"的意义上，任何与其所在社会"隔离开来"的东西。阿甘本认为，神圣人是现代概念的"赤裸生命"（bare life）的基础：

（他）能被杀害，却不能被牺牲，我们打算维护他在现代政治中的基本功能。他是古罗马法中的一个模糊形象，在罗马法的司法秩序中，人类的生命仅以被排除在法律秩序之外（即被杀害的程度）的形式被包含在法律秩序中，他就这样为我们提供了一把钥匙，不仅描述主权的神圣文本，而且政治权力的法典都将借助这把钥匙揭开其内在的奥秘。然而，与此同时，"神圣"一词在被赋予宗教含义之前或成为宗教信仰之前，它的古老含义带给我们的，却是一个何为神圣形象的未解之谜，而这个谜团便构成了西方政治领

域的第一种范例。（Agamben, 1998: 8–10）

　　将阿甘本"神圣人"理论转化为现代政治机器的，就是卡尔·施密特（Carl Schmitt）提出的主权例外的概念。根据施密特的说法，当执政者感受到外部敌人对本国存在严重威胁时，执政当局在法律上就被赋予了启动"例外状态"的权力，也就是有权暂停实行国家宪法和其他法律，正如希特勒的所作所为一样，因为在希特勒眼里，施密特是至高无上的法学家。施密特认为，被赋予这项权力的执政者"既处于常规的司法秩序之外，但同时又隶属于它，因为他正是对是否可以暂停实行宪法负有决定权的人"（Agamben, 2005: 35）这一边缘地带，也就是执政者身处的法律管辖范围之内和不受社会规范约束之间的不确定区域，标志的正是存在于敌人与本国之间的外密性关系。虽然敌人，也就是那个"非我"的群体性代表，看起来似乎是位于本国的社会环境之外的，但实际上，对于民族国家而言，这个敌人是你中有我，我中有你的存在。因为敌人的存在也是国家存在的目的。当你在毁灭敌人的同时，也在毁灭你自己。

　　因此，执政者和敌人在拓扑学（topology）上互为镜像，将神圣的与世俗的两种特性连通起来。此外，赤裸生命这个概念恰恰是"处于外部却又同时隶属于"这种拓扑结构的化身，与上文中提到的拉康使用的主体概念和阿伦特使用的国家概念有异曲同工之妙。阿甘本还亲自解读了阿伦特提出的国家概念，正是通过把人类权力的命运与民族国家的命运联系起来的方式，阿伦特暗示了两者之间存在着**密切**联系。通过将两者联系起来，"阿伦特远离了一种自相矛盾的情况，就是本来应该完美体现人权的人物，也就是难民，却转而发出了这一概念存在着根本危机的信号"。（Agamben, 1998: 126）如果要意识到这场危机的存在，这个难题的存在，人们首先要努力理解为什么现代民主政治无法拯救所有的生物，"为了这些生物获得幸福，使其避免遭受前所未有的毁灭，民主政治本来已经倾尽全力"。在阿甘本眼里，现代民主政治的"颓废和与后民主政治的宏大社会背景中的极权主义国家的逐渐趋同"的根源很可能就是这场危机，这个难题。如果这个理论得到了验证，那么，"只要这个理论所暗示的矛盾一天不被消除，纳粹主义和法西斯主义，也就是将赤裸生命的理论转化为至高无上的政治原则的两个主义，就将长期而顽固地与我们共存"。（Agamben, 1998: 10）

　　谈到这里，我们有必要再回到外密性美学的话题上去。在过去的20年间，纳粹主义和法西斯主义"早就已经"与我们形影不离、常伴左右。与此同时，我们所有人都记得过去曾经存在的以欧洲为中心的极权主义，但它再次在全球范围内回归的事实却是所有人都极力否认的，这份集体记忆和集体否认的态度，却在当代国际展览平台——文献展（documenta），举办过程中所使用的策展叙事中深深地扎了根。文献展是一个由德国的卡塞尔市（City of Kassel）、黑森州（State of Hesse）以及德国联邦文化基金会（German Federal Cultural Foundation）联合支持和资助的非营利性组织，它每隔5年举办一次展览。这是目前众所周知的文献展的基本情况，但鲜为人知的是，其雏形诞生于1955年，当时，卡塞尔的一位画家，同时也是学院中的一位教授，阿诺尔德·博德（Arnold Bode）构思出来文献展这样一个平台，用来庆祝**战胜**了这种专制主义、取得胜利的现代主义的盛大回归。文献展在对当时的情景进行回顾时，是这样叙述的："二战结束后，阿诺尔德·博德一直致力于恢复德国与世界其他地区的对话，并希望通过'20世纪的艺术展示'将德国与国际艺术市场连接起来。"[1] 为了打造一个"百日博物馆"，博德将目标瞄准了那些外密性的现代主义风格的艺术品，这些作品曾经在1937年举办的"堕落的艺术展览"（Degenerate Art exhibition）中，遭到第三帝国的

---

[1] 文献展，2019年。《回顾第一届文献展，1955年7月16日至9月18日》（Retrospective: documenta I, 16 July — 18 September 1955），参见 https://www.documenta.de/en/retrospective/documenta，2019年3月13日访问。

严厉批判，并被下令驱逐，博德致力于让它们回归到现代性得到修复的伟大故事场景中。博德在文献展简介中，是这样书写并描述其展览目标的："并不是为了展现20世纪上半叶艺术创作的全貌，而是为了'对所有领域中的当代艺术追根溯源'。博德想要绘制当代艺术的一份系谱图，这种艺术的产生源于一种情绪，可以被描述为战后创伤的感受和渴望适应现代的需求相混合的情绪。"① 他也的确言出必行，将展览的重点放在前卫艺术的几大古典流派上：表现主义、未来主义、建构主义和立体主义。

然而，在策展过程中，当声名显赫的艺术家和艺术品，无法达到博德确定的现代主义系谱图所要求的标准时，便会有**更多的**外密性作品应运而生。最为引人瞩目、缺席展览的艺术流派，就是政治倾向明显，也更具颠覆性的达达主义（Dada）。最好的例证就是，虽然法国具象雕塑家雷蒙德·杜桑－维隆（Raymond Duchamp-Villon）的作品可以参展，但他的兄弟马塞尔·杜尚的作品却被拒之门外，无法参展。而且，任何与《泉》这一现成品的创作思路一致的艺术品也都无法入选。如果要参展，这些艺术家就不得不等到1972年，在哈拉尔德·塞曼策划的闻名于世的第五届文献展上展示自己的作品，因为到那时，艺术世界中的当代外密性作品才会迎来强势回归。到那时，沿着概念艺术（Conceptual art）—波普艺术—激浪派（Fluxus）（Conceptual-Pop-Fluxus）的艺术创作轨迹进行创作的艺术家，以及他们所创作的艺术品，又再次被呈现在了另一个宏大的故事场景中，这就是塞曼创造的名噪一时的"个人神话"（individual mythology）的故事场景。埃德·金霍尔茨（Ed Kienholz）、克拉斯·奥尔登堡（Claes Oldenburg）、马塞尔·布罗特尔斯（Marcel Broodthaers）、汉斯·哈克（Hans Haacke）、约瑟夫·博伊于斯、维托·阿孔奇（Vito Acconci）、小野洋子（Yoko Ono）、布鲁斯·瑙曼

---

① 文献展，2019年。《回顾第一届文献展，1955年7月16日至9月18日》（Retrospective: documenta I, 16 July — 18 September 1955），参见 https://www.documenta.de/en/retrospective/documenta，2019年3月13日访问。

（Bruce Nauman）和赫尔曼·尼奇（Hermann Nitsch），都是这些艺术家中的典型代表。塞曼对博德所开创的"百日博物馆"策展模式进行了辩证性的颠覆，将策展模式重新打造成为一个过渡性的"百日事件"。在塞曼的手中，第五届文献展的**叙事方式**与博德当年的叙事方式相比，恐怕已经有了180度的转变。虽然说，从内容上看，艺术史讲述的故事只是当代艺术实践从现代主义转向了概念主义，但是，不容忽视的是，讲述这一艺术史故事的典型**方式**确实发生了变化。对于这个展览平台而言，策展人既是打造者，是**属于**平台的不可或缺的一分子，同时也位于平台之外，是**远离**平台的一个旁观者、局外人。而通过这种讲述方式的改变，策展人作为这个展览平台的绝对掌控者的地位是至高无上、不可撼动的。事实胜于雄辩，一群亲身参与了第五届文献展的艺术家们现身说法，联合提交了一封署名的信件，信中严厉批判塞曼文献展的本质只是一场"展览的展览"。具有讽刺意味的是，塞曼对本就独立的艺术品进行策展，完全不顾及作品本身的评论和所要表达的思想之间的矛盾，野蛮而粗暴地把所有作品都强行归入他提出的"个人神话"这个主题[①]。因此，塞曼创建的印象驱动模式与施密特所描述的独裁的民族国家一样，将一个自我肯定的镜像反射到自己身上，因为它们两者都依赖于这样一

---

① 文献展，2019年。《回顾第五届文献展，1972年6月30日至10月8日》（Retrospective: documenta 5, 30 June — 8 October 1972），参见 https://www.documenta.de/en/retrospective/documenta_5，2019年3月13日访问。根据历届文献展的档案记载："许多艺术家，包括亲身参与了展览和未参加展览的人，都对第五届文献展提出了严厉的批评，认为它是一场'展览的展览'，旨在将展览本身奉为一件艺术作品，并为了达到这个目的对艺术大肆利用。在一封措辞犀利的信件中，罗伯特·莫里斯（Robert Morris）明确表示禁止文献展览展示他的作品，这些作品在未征得他本人同意的情况下被选中并向公众展示，并且一度被滥用，他写道，只是为了达到'阐释一些误导人的社会学原则和艺术史类别的目的'。他与卡尔·安德烈（Carle Andre）、汉斯·哈克（Hans Haacke）、唐纳德·贾德、巴里·勒瓦（Barry Le Va）、索尔·莱威特、多罗西娅·罗克伯恩（Dorothea Rockburne）、弗雷德·桑德贝克（Fred Sandback）、理查德·塞拉和罗伯特·史密森（Robert Smithson）几个人一起签署了一份反对文献展的声明，该声明于1972年5月12日在《法兰克福汇报》（*Frankfurter Allgemeine Zeitung*）上刊载。然而，除了安德烈、贾德、莫里斯和桑德贝克4个人的作品之外，文献展还是一意孤行地展出了其他所有声明签署者的作品。"

种元叙事，掌权的印象会认定其主体在本体论上是同义词，否则它们就会被驱逐。按照惯例，在神话中，艺术策展和民族叙事被认为是截然分开的，**尤其**当两者被有意关联在一起时，就像文献展中的民族主义结构设计的那样，即便有意关联，两者也会被认定为毫无联系，然而，在现实中，艺术策展和民族叙事总是存在有机联系的，正如布赫洛在**权威人物**（Figures of Authority）一文中恰如其分地指出的那样。

卡特琳·达维德（Catherine David）策划的第十届文献展，也是20世纪的最后一届文献展，将卡塞尔城视为一片"现代废墟"，在国家政治和美学叙事之间构建起有机的联系，因为她清楚地意识到，在历史叙事中，艺术作品有时会被包含其中，而有时又会被排除在外，两者交替进行，就像作为"神圣人"回归到赤裸生命状态的人们，有时他们是西方政治国家不可或缺的一分子，有时他们又是被排除在这些国家之外的人，上述两种情形**如出一辙**。当人们通过语言表达将这两个领域——国家政治和美学叙事联系起来时，也就是有意识地把它们的关系置于策展的叙事中时，那么，不仅艺术作品的美学批评会发生改变，其策展基调也会相应改变。按照这个思路，达维德将第十届文献展设想成一系列"对历史的回顾与反思"，旨在将战后时期框定在"后国家时代的"（post-national）记忆与反思空间中，并以同样的手法"展现西方艺术史学所遗漏的要点"[①]。就这样，达维德利用"百日百位客人"的创意，进一步将塞曼的"百日事件"的策展模式转变为了策展式的表演活动，在这个活动中，每天晚上从7点开始，来自全世界各个地区的客人，受邀与达维德在文献展的展览大厅中，围绕各种话题展开讨论。通过这种方式，在第十届文献展中，我们又再次进入了一场**思考**的游戏中，在这场游戏中，叙述式的策展，以同样的姿态，对经典的西方艺术史进行讲述

---

① 文献展，2019年。《回顾第十届文献展，1997年6月21日至9月28日》（Retrospective: documenta X, 21 June — 28 September 1997），参见 https://www.documenta.de/en/retrospective/documenta_x，2019年3月13日访问。

和**不**讲述。达维德在展览海报上设计的标志正是这一思想的集中体现。标志上打底的是一个略小的黑色字母"d",指的是文献展,在上面加盖一个巨大的橙色字母"X",指的是文献展的第十个章节。在那些对现有体制忠贞不贰的支持者面前,这个标志激起了他们的强烈愤慨,因为它颇有深意地象征着文献展**被划掉了**。但是,事实证明,他们的反应过激了,以至于在辩证的反转关系中产生了凭空想象的幻觉。这是因为,划掉某样东西与抹掉某样东西**并非**同义词。恰恰相反,被划掉的东西仍然留在原处,可以在擦除标记的**下面**看到,而这个擦除标记从表面上看处于待审查状态,因此,文献展就像历史叙事和民族认同一样,是一个以印刷形式呈现出来的若隐若现的幽灵。在达维德采用的策展手法下,文献展这一"主体"既非完全存在,也非完全消失,而是我们交织在一起的审美和历史欲望的客体**原因**。

返回:不可能

让我们把时间快速推回到 2008 年。9 月 29 日,道琼斯工业平均指数下跌 777 点,创下美国历史上(到当时为止)单日最大跌幅。这场崩盘是美国次级房贷危机(US subprime home mortgage crisis)的余震,引发了全球自由市场的系统性感染,这场危机发生在美国总统乔治·W. 布什(George W. Bush)的执政时期,根源在于,美国的经济发展一直严格遵循米尔顿·弗里德曼(Milton Friedman)的经济学学派的理论指导,成功避开了单一和整体的政府监管,进而导致整个全球金融市场,而不仅限于美国的房地产市场,一时间都被"有毒资产"所侵扰[①]。最终导

[①] 有毒资产指的是,当买卖它们的二级市场因为它们之前因为人为和系统过高估值而消失时,流动性就变得不足的那些抵押贷款证券、抵押债务和信用违约互换。

致大量的问题资产只能静静地待在各个金融机构数量庞大的账簿上，引发了一场自下而上的竞争。随着自身价值持续下降，这些资产对无法将其卸载、由众多银行和机构构成的整个全球网络的偿付能力，造成了巨大威胁。随之而来的崩盘，对笃定自由市场的思想家们来说，犹如天崩地裂一般，带给他们的是灾难性的打击，甚至连美联储（US Federal Reserve）前主席艾伦·格林斯潘（Alan Greenspan）都向国会坦承："我们当中那些凭借一己之私，执意寻求贷款机构来保护股东权益的人，也包括我自己在内，都处于无比震惊、难以置信的情绪中。"（Andrews, 2008）接下来，政府开始救助被华尔街金融巨头视为"大到不能倒"的国际银行。但救助的资金势必从外部筹措，于是，由世界银行（World Bank）和国际货币基金组织（International Monetary Fund）组成的金融"内区"（inner zone）所包括的西方大国政府，转而将紧缩计划强加给那些银行体系和政府也陷入困境的属于金融"外区"（outer zone）的国家。所以，接踵而至的便是民族国家的危机所引起的一系列连锁反应：欧洲联盟内外区国家，甚至延伸至中东国家，举行了大规模抗议，抗议继而导致全球范围内爆发了21世纪新一轮的难民危机。当过去早已经安然度过的难民危机在西方世界再次发生时，阿伦特的声音在我们所有人的耳边再次回响：我们现在每时每刻所生活的世界**就是**过去的世界。

如果说，在20世纪，民族国家的特征可以被地缘政治的转换、生物政治的技术、全球金融市场的崩溃先后依次描述的话，那么处于当代的民族国家正深陷于这些相互关联的体系相互依存的泥潭中。相应地，什么样的批评方法能够适用于当前的策展理念，必须结合国际双年期、三年期和五年期的艺术展示平台本身如何能够同时嵌入这一泥潭的方式进行考量。在这种思路的启发下，波兰策展人亚当·希姆奇克（Adam Szymczyk）在担任第十四届文献展艺术总监时，策划了一届展览主题为"学习雅典"的文献展。希姆奇克决定将文献展的举办地一分为二，在卡塞尔和雅典两座城市之间建立一个"分裂的自我"，用他自己的话来说，这是建立"一种明确的反身份的立场"[①]。在确定了这个分裂的自我的主题后，也就是说，在**想通了**我们目前的民族国家在当代国际展览平台如何体现的问题后，希姆奇克立即意识到，他努力打造的策展方案可能会受到体制掣肘：

> 文献展是个受控于经济和政治势力的领域，其体制内的自我保护机制不会轻易允许超越一定权限的"实验"出现，即便文献展宣称能给予"艺术总监"相当的"艺术自由"，但这种自由也必须被限定在体制能够认可的范畴内。因此，我们试图提出这样一个问题：不仅限于艺术表达的自由，还包括完全突破"艺术"这个限定词的自由究竟能够达到什么程度？而这个问题的答案有待于在第十四届文献展中揭晓。（Szymczyk, 2017: 22）

由于财政上捉襟见肘，其他方面也陷入困境，第十四届文献展的艺术策展平台随时面临失败的风险[②]，但是，希姆奇克坚定而执着地尝

[①] 认同主义运动（identitarian movement），是一场起源于法国的，由欧洲人和北美白人发起的民族主义运动，主张维护民族认同感，并回归西方传统价值观。奥地利的自由党（Freedom Party），德国的德国选择党（Alternative for Germany），法国的国民阵线（National Front），荷兰的自由党（Freedom Party），为了更好的匈牙利运动（约比克党），意大利的北方联盟，希腊的金色黎明党，瑞典民主党，保加利亚的"团结的爱国者联盟"，和人民党——我们的斯洛伐克都是这一认同运动的参与者。同时，在美国，极右派运动把唐纳德·特朗普总统塑造成为首位"同族总统"（参见 Weigel, 2017）。

[②] 希姆奇克具体阐释了这种双边恐惧："卡塞尔方面担心，文献展的主办权会'输给'雅典（正如基督教民主联盟在参加2016年卡塞尔地方政府选举时所提出的口号所表达的：'作出改变的绝佳理由就是为了文献展能够留在卡塞尔'），而雅典方面则担心文献展会成为又一个无法产生良好后续效应的大事件，就像2004年奥运会一样，举办过后希腊便开始逐渐走向衰落"。（Szymczyk, 2017: 21）事实上，作为第十四届文献展举办地之一的雅典，后来被指责超支严重甚至陷入债务，这充分表明了希姆奇克当初指责西方世界将"债务作为一种政治手段"恰如其分。而文献展的展览现场出现的实际情况是，200名参展艺术家联合签署了一份公开的抗议书。（参见 Russeth, 2017）

试围绕自由展开实验，这是一种与赤裸生命概念相关的自由，这一实验并不仅仅局限于艺术范畴，他还同时关注了笼罩文献展的险恶的全球背景：不论是在国内，还是在全球范围内，都存在着一些普遍现象，"将债务作为施加政治措施的手段，福利待遇优厚的国家所残存的福利消耗殆尽，为了争夺资源和市场而发动战争，以及由此导致的、永无休止的人道主义灾难。这种日益黑暗的全球局势压在我们心头重如千斤，敦促我们第十四届文献展夜以继日为其思考，并为其付诸行动，努力表达"。（Szymczyk, 2017: 22-23）

希姆奇克进一步阐述，在这些灾难中首当其冲的是：

> 在随后实施的紧缩措施阶段，由国际金融机构联合欧洲联盟领导人一手炮制的，针对希腊人民实施的，在外界看来几乎是实验性质的经济暴力。这种经济措施，已经造成了严重后果，希腊不论是在当前，还是在未来的政治选区中，都已经名副其实地丧失了主权，而且在 2015 年被施加了资本管制手段后，希腊公民的个人自由也完全丧失了。与其相伴而生并深深陷入这场全社会的崩塌危局的，是叙利亚爆发的灾难性战争，以及通过海路和陆路源源不断涌入希腊和南欧的难民，最后是横扫整个欧洲大陆，乃至蔓延至全世界的专制统治、右翼民粹主义（populism）和法西斯主义这些黑暗势力的崛起。（Szymczyk, 2017: 23）

描述当前全球社会的崩溃状态的词汇可以有很多，而选用"灾难"一词绝不是任意而随性的。"灾难"在波兰的弥赛亚主义（Polish Messianism），即救世主主义的语言中居于核心地位，而作为浪漫主义意识形态的弥赛亚主义，是在 1795 年，普鲁士王国（Prussian）、沙皇俄国和奥地利帝国对波兰进行了**灾难性的**瓜分后诞生的。本来，弥赛亚主义的所有教义，不论是犹太教的，还是基督教的，都是以即将到来的灾难作为开始和结束的，在这种情况下，弥撒亚主义的本质其实是末世主义教义。但是，具有波兰特色的弥赛亚主义与其说是具有启示性的，不如说是乐观向上（尽管是精神上的），充满希望的，憧憬着独裁统治的灾难过后，开明的自治必将到来。波兰的具体情况是这样的，弥赛亚主义最著名的代言人，浪漫主义诗人亚当·米茨凯维奇（Adam Mickiewicz），也和许多浪漫主义人物一样，受到所谓的"基督教的"喀巴拉（Kabbalah）的影响。喀巴拉是由西班牙的神秘主义者拉蒙·柳利（Ramon Llull）创立的一种教义，在具有浪漫主义气息的"狂飙运动"（Sturm und Drang）中得到普及和推广。（Bielik-Robson, 2014: 31–32）这一教义将波兰作为殉道的"基督国"施加洗礼，波兰于966年在欧洲大陆这片绝对主义的海洋中独树一帜地建立了一座民主主义岛屿，一个联邦制的国家。正如乔尔·伯内尔（Joel Burnell）所描述的那样，波兰的弥赛亚主义坚持认为，只有"一个独立自主、民主自由的波兰得以复活，才能证明自由和正义是可以战胜暴政和压迫的，并且能够开创一个和平而正义的，欧洲各国充满国际兄弟情谊的新时代"。（Burnell, 2009: xvii）因此，在波兰的弥赛亚主义中，对历史进步的信仰就这样取代了对天神的信仰。希姆奇克渴望通过卡塞尔处于内区的展览系统，为殉难的处于外区的希腊民族国家，进行一场充满波兰的弥赛亚主义精神的救赎。

希姆奇克表达出来的救世主式的愿望或许略显含蓄，但另一位策展人，以色列人加莉特·埃拉特（Galit Eilat）则在策展人否定策展思路时十分明确地使用了救世主主义风格的批评语言①。加莉特·埃拉特在2008年策划的展览"选定的"（C.H.O.S.E.N.），由以色列数字艺术中心（Israeli Center for Digital Art）主办，波兰格但斯克（Gdańsk）的岛屿艺术学院（Wyspa Institute of Art）协办。埃拉特邀请了一批以色列和波兰

---

① 我在这里使用"否定"一词，选用的是阿多恩（Adorne）对这个词的定义。

的艺术家、哲学家和社会学家，在波兰和以色列两国的民族叙事中，具体而言，就是在更广泛的后殖民时代的全球民族叙事中，将救世主主义作为一个超越犹太－基督教背景的"预言"概念进行讨论。埃拉特是这样解释的，组成"选定的"若干展览和会议（以及参观这些展览和参加这些会议的读者），"起初研究的是整个民族或当代大众对历史的叙述是如何受到救世主哲学、文学和意识形态等因素的影响……但是同时，研究逐渐过渡到个人、民族或国家为解放、拯救民族和国家，加强国家力量，作为完成这一独特使命的中坚力量，他们的远见卓识是如何在当代艺术中反映出来的；研究还试图探究社会的文化环境如何与英雄、先知、圣人、政治家、知识分子和艺术家的个人视角相互交织"。（Eilat, 2008: 9-10）当然，改造后的救世主主义绝不是现代社会中形成的，第一个为宗教教义提供世俗选择的意识形态。事实上，在现代政治理论的基础上诞生的意识形态包罗万象，从极左到极右，一应俱全。尽管它们当初都无一例外地抱着最真诚的理想主义目的，但是事实上，它们即使无法预料最终会出现大的灾难，至少也都是存在先天不足的。那么，问题来了，神秘的、末世论学说的一个具有"进步性"的观点，能够在实践中被解构，并在美学、哲学和社会学多个领域产生批评理论吗？这是个难以回答的问题，甚至提出这个问题都有些荒谬，但它推动了加莉特·埃拉特的策展实践围绕人权激进主义的完全跨学科模式的方向发展，在这种模式中，事实和虚构的领域会故意相互渗透，模糊彼此的界限。

对救世主主义进行解构性研究激发了埃拉特的热情，或者更准确地说，激发了她的**紧迫感**，使她更急切地希望推动策展实践的发展，而不是仍然停留在针对按专题布展的现成品，进行一些描述性的、装饰性的或陈述性的工作，以供观众参观。埃拉特非常渴望策展实践能够对无数现成的国家边界**做**点什么，并且在策展过程中，通过刻意跨越国家边界的策展方式引发人们对国界的**思考**。我们应该看到，这类策展能够利用的主题层出不穷。自美国9·11恐怖袭击以来，全球范围内修筑的边境墙数量从 2001 年的 15 座激增到 2015 年的 63 座，而且这 63 座边境墙遍布了四大洲。这些在国家间设立的新屏障，绝大多数都出现在欧盟里，而从表面上看，欧盟内部国与国之间的边界，在此之前早已被抹掉了。建立新屏障是为了应对 100 多万移民的大量涌入，其中的大多数人曾经是（现在仍然是）为了逃离叙利亚和伊拉克爆发的战争。（Granados et al., 2016）2004 年，也就是美国向伊拉克宣战的第二年，埃拉特隶属的一个团体——"无墙艺术家"（Artists without Walls）将目光专门锁定在一堵墙上：将约旦河西岸（West Bank）和耶路撒冷（Jerusalem）分隔开来，长度达 420 英里的隔离墙。他们的声明这样写道：

> 一个由以色列和巴勒斯坦艺术家联合制作的，原理极其简单而又趣味十足的项目，将于今天晚上 6 时，在耶路撒冷的阿布迪斯（Abu Dis）地区，靠近隔离围栏的地点举行。届时，两台摄像机将同时拍摄隔离墙两边正在发生的一切，并且将两边分别拍摄的场景在围栏的另一边同时放映。这样，人们不论站在墙的哪一边，都会看到另一边的场景，这种方法将会使这堵墙在几个小时的时间里变得"透明"……然而，在墙上打开一扇窗的做法是存在风险的，因为我们想要的最终结果，以及我们当初聚集一起的目的，其实是要从根本上完全拆除这堵墙……这堵墙只是以一种具体的实物形态，对人们心中由来已久的某种情感进行了宣泄，那是普遍存在于公众当中的一种心态和情感：与外界保持高度隔绝和分离的渴望……所以，人们反抗隔离墙的存在，实际上是与上面的这种情感进行对抗，也就是意味着人们需要改变原本固有的心态……但问题是，在公众之中，无论是巴勒斯坦人还是以色列人，对抗这种渴望隔离的心态和情感究竟意味着什么……这就需要我们走近巴勒斯坦人和以色列人，并且清楚地知道运用哪种方式可以打动他们，继而抛出反对隔离这个话题……（The Divide, 2004）

"无墙艺术家"这个团体主动制造了一场发生在隔离墙边，围绕隔离墙思考应对之策的策展，而这场策划很可能带给他们失败的风险，他们很可能将美学价值重新铭刻在这堵墙上，并进一步强化以色列在意识形态上的主张，即这堵墙的存在是"天经地义"的。当然，隔离墙神话般理所当然的存在，是那些被质疑的主体不假思索的主张，因为不论是阿尔都塞（Althusser）对这种存在的词义解读，还是犹太复国主义者对历史的叙述，都体现了这种存在不容置疑的特性。1948 年，联合国更是旗帜鲜明地将这一叙述合法化，因为当时联合国允许联合国大会的参与者们将巴勒斯坦称为"一个没有土地的民族所拥有的一块缺少民族的土地"，而并未受到任何质疑。当埃拉特后来回忆起当初策划的隔离墙项目时，她谈到了策展领域内触手可及的"机会主义"（opportunism），并重点强调，这里的机会主义指的并不是社会交往中"相互利用"的消极含义，而是指那些介于可能实现和实力强大两者之间的项目，在遇到合适机会的前提下，甚至可以把原本**不可能的**东西转换到实力强大的阵营中去。在这样做的过程中，人们便能发现改变现有强势的评论和叙述的**根基**，是完全有可能的①。

　　埃拉特提出的"机会主义策略"的理念，这个将策展视为动词的绝佳案例，与让·弗朗索瓦·利奥塔尔（Jean-Francois Lyotard）提出的"批评语用学"的理念不谋而合。利奥塔尔使用这个术语，指的是使用适合特定情境和符合当地特点的干预性语言替代普遍主义元叙事的战术性、陈述性行为，这种元叙事既是结构主义理论的核心，也是现代政治的核心，我认为还应该添加一条，也是艺术史的核心。再就是利奥塔尔提出的，与批评语用学挂钩的另一个概念——"短语"，它强调碎片式的语言比完整的叙事更重要。杰弗里·本宁顿（Geoffrey Bennington）把利奥塔尔所谓的"短语"比作**脱离**叙事整体的"句子"。在某些情境下，以短

---

① 与埃拉特在 2018 年 5 月 15 日进行的对话。

语和句子为核心的批评语用学可以代替叙事，这在本质上是对叙事所拥有的庞大的隐喻功能进行了转喻处理①。埃拉特本人将策展作为动词的具体做法与上述这些理念有共通之处，她的策展方式打破了内化的叙事，具体来说，也就是打破了艺术和国家内化的叙事，并通过公共实践将这种被打破的叙事外化，从而通过机会主义的方式，把这种打破内化叙事的思维和工作方式**传染**给其他人。因此，在 2010 年，当她被问到用艺术改变了什么时，她这样回答："首先，我通过艺术改变了自己和与我一起工作的人。我学到了许多关于国家运行机制的知识，以及在国家背景下艺术运行机制的知识。"（Eilat, 2012: 106）此外，通过**绕开**或**割裂**历史上的前卫艺术和以色列这个国家所共有的军国主义叙事，她将自己的策展实践比作贩卖违禁药品，因为一个**好**的药品贩卖者会破坏原有的叙事，但同时，这种贩卖行为也会促使人们养成积极向上的成瘾行为：

> 我所做的就是创建一支由我自己的士兵组成的军队。具体怎么做？我就像个违禁药品的贩卖者，在各个街道中穿梭，创建一个网络。我一旦拥有了第一批吃药上瘾的若干士兵后，就会立即把他们派遣到街道上、其他国家乃至世界各地。他们会把药品继续卖给其他人，而其他人也会同样上瘾。这样一来，我就成了一个好的药品贩卖者。所有具有广泛的群众基础的意识形态的运行机制都在以类似的方式运行着。为什么不想方设法让它为我们所用呢？唯一需要解决的问题就是研制出一种好药。（Eilat, 2012: 108）

---

① 正如杰弗里·本宁顿所说："想要找到关于某个事件面面俱到的阐述，叙事的确是一个不错的来源：显而易见的原因就是，叙事本就是对这一事件进行叙述或描绘，另一个原因就是，这种叙述或描绘行为本身也是针对这一事件的特定处理方式，对这一事件保持尽量中立立场的一种处理方式。另外，也有人声称，叙事在某种意义上可以'成为'一个事件。"（Bennington, 1988: 110）

这种好药很可能是波兰犹太复兴运动（JRMiP），一个沉浸在救世主精神中的艺术项目，这个项目的催化剂和核心是娅埃尔·巴塔纳（Yael Bartana）拍摄的开创性电影三部曲：《噩梦》（2007 年）、《墙壁和塔》（2009 年）和《暗杀》（2011 年）。后来，在 2011 年举办的第 54 届威尼斯双年展波兰馆进行展出时，这个项目经过塞巴斯蒂安·齐霍茨基（Sebastian Cichocki）和加莉特·埃拉特的联合策划，以《欧洲将会震惊》（Europe will be stunned）这个名字为大众所熟知。波兰犹太复兴运动，作为一个由三个部分融为一体的电影叙事所试图展现的，是一份关于一个想象中的政治团体，呼吁犹太人回到他们祖先的土地上的记录。如果这一次犹太人的家园被证明是波兰，而不是以色列，那是因为波兰犹太复兴运动发出的呼声充满了严重分歧，同样充斥着过去备受压抑的反乌托邦恶魔，和对跨国未来充满希望的乌托邦梦想。正如齐霍茨基和埃拉特在新闻稿中所描述的："这三部影片穿越了一片被互相争斗的民族主义和军国主义的历史蹂躏、满目疮痍的土地，以色列定居点（Israeli settlement）运动、犹太复国主义梦想、反犹太主义（anti-Semitism）、大屠杀（Holocaust）和巴勒斯坦回归权的叙述不绝于耳。除了完成电影三部曲的拍摄和制作，艺术家巴塔纳还为掀起一场新的政治运动做好了铺垫。"（e-flux, 2011）但如果说波兰犹太复兴运动本身就是一场"政治运动"的话，那么它一度被包裹在一件虚构的艺术品里，而最终又在现实的艺术世界中象征性地引发了一场政治运动。

波兰犹太复兴运动能掀起一场政治运动，取决于这个项目创建于威尼斯，拥有得天独厚的地理位置，这就让我们又回到了话题讨论的起点。正是在 19 世纪末，即 1895 年 4 月 30 日，在威尼斯城第一届国际艺术展（The 1st International Art Exhibition of the City of Venice）上，威尼斯双年展（Venice Biennale）首次亮相。作为审美上的传统主义者和政治上的民族主义者，威尼斯双年展在国王翁贝托一世（Umberto I）和王后玛格丽塔·迪萨沃依（Margherita di Savoy）的见证下庄严揭幕。它的设计（自始至终）一直是将一系列的团体展厅和各个民族国家的展馆（目前国家馆已经增至29个）联盟有机结合起来。每个民族国家展馆都拥有自己的管辖权，有点类似驻扎于全球各个国家的大使馆，每隔两年，展馆便会邀请一位艺术家（或是一件藏品）来"代表"他们的国家。在展馆建立初期，仅仅是谁被允许代表谁，就是一件必须循规蹈矩，谨言慎行的事情，双年展的秘书长安东尼奥·弗拉德莱托（Antonio Fradeletto）就曾经哗众取宠般地将毕加索的一幅作品从西班牙展馆中撤掉，他的这种行为一度被认定为令人震惊的现代主义行为。虽然双年展的展览平台在20世纪的发展过程中，已经越来越多地展现出自由化的倾向，甚至包括了将前卫艺术手法与干涉主义抗议艺术相结合的令人眼花缭乱的展览形式，但是，直到2011年的第55届威尼斯双年展开幕以及整个展览期间，展馆概念中的民族主义主题仍然是重中之重。在这种历史背景下，巴塔纳虽然是威尼斯双年展历史上，第一个代表其他国家——波兰的外国国民，却也只是双年展有史以来（截至当时），在其所属国家以外的展馆，代表其他国家举办展览的第三个外国国民。借助这种方式，波兰犹太复兴运动在一丝不苟地"努力在一个民族展馆的主体中实现一次艺术的虚拟表演，利用国家的声音召唤300万犹太人尽早回归。艺术的运用，或者说艺术品能够产生价值的条件，在这种情况下，恰恰位于艺术领域或艺术机构**之外**"，就像埃拉特回忆的那样[1]。

波兰犹太复兴运动，其实就是在一个符合艺术品**主题**而不是艺术家原籍国的国家展馆中，放置的一个现成的叙事，可以把它定位成一项杜尚式的激进做法，就像当初杜尚敢冒天下之大不韪把《泉》放置在独立艺术家协会中一样，突破常规，大胆创新。虽然巴塔纳虚构的舞台场景，受到了波兰文化部的公开邀请，但在以色列方面，这个项目却备受冷落，声名狼藉。以色列文化体育部部长利莫尔·利夫纳特（Limor

---

① 与埃拉特在2018年2月22日进行的对话。

Livnat）起初甚至拒绝参观波兰馆，指责巴塔纳的作品是反犹太复国主义的。在未曾亲眼看到作品之前，利夫纳特就发表了一项官方声明，"文化是一座社会桥梁，而政治辩论必须置身在文化和艺术生活之外"。（Rosenblum, 2011）虽然迫于公众压力，利夫纳特最终不得不作出妥协，参观了展馆，但是有报道指出，他在离开展览现场时"一脸茫然"。然而，以色列总统希蒙·佩雷斯（Shimon Peres）自始至终也没有去过波兰馆参观，只是参观了以色列馆。这就是隐藏在波兰犹太复国主义运动的具有寓言性质的虚构场景背后，实际上却是要进行政治活动的回归。在对这件作品饱受的非议进行反思时，阿马利娅·罗森布拉姆（Amalia Rosenblum）指出，"在波兰恢复犹太民族的生活方式这番设想，在生活在全世界各个角落的人们所提出的问题中，很容易引起共鸣，对于正在与移民问题进行斗争的欧洲人而言更是不在话下，因为回归权问题还远未从他们的议程上消失"。（Rosenblum, 2011）在威尼斯亮相的巴塔纳创作的波兰犹太复国主义运动的电影处女作，正是针对这些形形色色的政治问题作了收场白。而具有表演性质的波兰犹太文艺复兴运动第一次大会（First Congress of the Jewish Renaissance Movement in Poland），则是她给 2012 年举办的第七届柏林双年展（Berlin Biennale）献上的一份厚礼①。柏林双年展的策展人——波兰艺术家阿图尔·兹米耶夫斯基（Artur Zmijewski），作出了"比以往任何一届双年展的讨论都要多"的承诺，双年展分别在柏林和艾森许滕施塔特（Eisenhüttenstadt）的 12 个地点同时举行，试图"通过展现一系列对政治可能造成直接影响的尝试，来论证将艺术作为社会变革的工具的合理性"。（Berlin Biennale, 2012）在柏林，波兰犹太文艺复兴运动实际上是和巴塔纳一样的散居侨民的集散点，这些侨民包括哲学家、政治家、艺术家、作家、策展人以及其他各

①　关于娅埃尔·巴塔纳发起的波兰犹太文艺复兴运动，无论是作为电影三部曲还是表演性大会的一份深入的分析，参见卡森的文章。（Carson, 2013: 29-37）

行各业的人士。这个运动在可能和不可能、民族和跨民族之间，当然也是在**真实的**世界和我们**想象中的**世界之间开展工作。

终曲：散居侨民

截至 2017 年，一度被认定为越界行为的波兰犹太文艺复兴运动，已经逐渐为人们所接受，成为了常态。在第 57 届威尼斯双年展上，赫蒂·朱达（Hettie Judah）在谈到"流氓"展馆数量激增的状况时，提出过一系列值得思考的问题："艺术家如果能被双年展选中代表一个国家参展毋庸置疑是一种荣誉，毕竟有哪位艺术家会抗拒威尼斯双年展这种档次的展览平台呢？但是，'代表'一个国家究竟意味着什么？一个国家无法被一位艺术家代表是什么意思？或者一位艺术家没有一个可以代表的国家又是什么意思？当一个国家的民族主义蓬勃兴起的时候，国家的管理工作又该在哪些方面承担相应的职责？"（Judah, 2017）她所提出的这些问题，直击威尼斯双年展近些年出现的跨民族展馆现象存在的理由。第 57 届威尼斯双年展中，英国资助设立的位于皮萨尼·圣马丽娜宫（Palazzo Pisani San Marina）的临时展馆——散居侨民展馆就是最好的见证，该展馆"被认为是对国际双年展结构内，国家展馆占主导地位的一种挑战，其挑战的具体形式，就是 19 名艺术家的艺术创作 …… 在强调散居侨民作为一个活生生的实体，在当今社会始终与跨民族现象紧密相连的同时，也将散居侨民这个概念变得更加宽泛，更加复杂，甚至改变了其原本的稳定性"。（International Curators Forum, 2017）下面，我们再来观察另一个实例，斯洛文尼亚的一个艺术团体，新斯洛文尼亚艺术（Neue Slowenische Kunst），简称 NSK，它的临时展馆，名为"时间状态"（State of Time），这也是斯拉韦伊·日热克（Slavoj Žižek）为第 57 届威尼斯双年展所设计的标题，展馆被认为是一个乌托邦式的展馆，既不涉及任何一块实际领土，也未与任何一个现存的民族国家产生认同感。斯洛文尼亚新艺术团体的新闻稿是这样自我介绍的："该展馆不仅没有违背威尼斯双年展这条以民族为主线的展览结构，而且还在此基础上，努力追求成为一个能够重新定义什么是国家，并提出什么是新型的公民身份的独树一帜的展馆"。（Buffenstein, 2017）所有这些被选中的策展实践，以及超出这篇文章的范围其他数不胜数的诸多策展实践，在全部这些策展实践中，阿伦特定义的"思想家"这个道德幽灵，一直在纠缠着从20世纪末一路走到今天的国际双年展体制。如果现实情况被阿伦特言中："**从来没有任何一种想法是危险的，而是产生想法的思考过程本身才是危险的**"，那么这种借助现成的艺术平台进行思考的行为，也就是这种策展模式将是一个永无起点也永无终点的模式。而且，这种模式还是一个自我创新的过程。昨天一件经过精心策划的艺术品灌输给我的思想，例如，国际艺术展览、全球资本和民粹主义民族国家的一些扎根于我的脑海可能并不确切的信息，能否满足我今天对思考的需求，取决于我今天经过重新思考仍然认可这些想法的程度。与博物馆学以**保管**为主要特点的模式不同，对于一种以评论性的**实践**为主要特点的模式而言，策展人必须持之以恒地促进**并且**积极投身到单个和所有违反美学思想的行为中去。这才是策展作为动词的真正含义。

参考文献

Agamben, Giorgio. 1998. *Homo Sacer: Sovereign Power and Bare Life*. Stanford, CA: Stanford University Press.

Agamben, Giorgio. 2005. *State of Exception*. Chicago: University of Chicago Press.

Andrews, Edmund L. 2008. Greenspan concedes error on regulation.

New York Times (23 October).

Arendt, Hannah. 1962. *The Origins of Totalitarianism*. New York: Meridian Books.

Arendt, Hannah. 1971. Thinking and moral considerations. In: *Responsibility and Judgment*, 2003 (edited by Jerome Kohn): 159–189. New York: Schocken Books.

Arendt, Hannah. 1975. Home to roost. In: *Responsibility and Judgment* (edited by Jerome Kohn): 257–275. New York: Schocken Books.

Bennington, Geoffrey. 1988. *Lyotard: Writing the Event*. Manchester: Manchester University Press.

Berlin Biennale. 2012. Mission statement. *7th Berlin Biennale*. http://blog.berlinbiennale.de/en/1st-6th-biennale/7th-berlin-biennale.html, accessed 13 March 2019.

Bielik-Robson, Agata. 2014. The apocalyptic breeze: Nihilism as a messianic strategy. In: *C.H.O.S.E.N.* (edited by Galit Eilat): 25–35. Holon: Israeli Center for Digital Art.

Brown, Milton W. 1963. *The Story of the Armory Show*. New York: The Joseph H. Hirshhorn Foundation.

Buchloh, Benjamin H.D. 1981. Figures of authority, ciphers of regression: Notes on the return of representation in European painting. In: *Art After Modernism: Rethinking Representation* (edited by Brian Wallis): 107–139. New York: The New Museum of Contemporary Art.

Buffenstein, Alyssa. 2017. Slavoj Žižek will headline a radical utopian splinter pavilion at the Venice Biennale. *Artnet* (14 April). https://news.artnet.com/exhibitions/utopian-nsk-state-hosts-slavoj-zizek-925256, accessed 13 March 2019.

Burnell, Joel. 2009. *Poetry, Providence and Patriotism: Polish*

Messianism in Dialogue with Dietrich Bonhoeffer. Eugene, OR: Pickwick Publications.

Carson, Juli. 2012. Arguments for an abstract space. In: *Florian Pumhösl, Spatial Sequence* (edited by Yilmeaz Dziewior): 85–94. Kunsthaus Bregenz.

Carson, Juli. 2013. Art of the impossible: The Jewish Renaissance Movement in Poland (JRMiP). In: *Yael Bartana: If you will it, it is not a dream* (edited by Jeanette Pacher and Yael Bartana): 29–37. Vienna: Secession.

Derrida, Jacques, Hans-Georg Gadamer, and Philippe Lacoue-Labarthe. 2016. *Heidegger, Philosophy, and Politics: The Heidelberg Conference*. New York: Fordham University Press.

e-flux. 2011. Polish Pavilion at the 54th Venice Biennale. https://www.e-flux.com/announcements/35504/polish-pavilion-at-the-54th-venice-biennale/, accessed 13 March 2019.

Eilat, Galit. 2008. *C.H.O.S.E.N.* Holon: Israeli Center for Digital Art.

Eilat, Galit and Artur Zmijewski. 2012. A good drug dealer: Galit Eilat in conversation with Artur Zmijewski. In: *7th Biennale for Contemporary Art: Forget Fear*: 103–111. Berlin: Walther König.

Gadamer, Hans-Georg. 2007. "Aesthetics and hermeneutics. In: *The Gadamer Reader: A Bouquet of the Later Writings* (edited by Richard E. Palmer): 123–131. Northwestern: Northwestern University Press.

Gough-Cooper, Jennifer and Jacques Caumont. 1993. *Marcel Duchamp: Work and Life* (edited by Pontus Hulten). Cambridge, MA: MIT Press.

Granados, Samuel, Zoeann Murphy, Kevin Schaul, and Anthony Faiola. 2016. Raising barriers: The new age of walls. *Washington Post* (12 October).

Hulten, Pontus. 1993. *Marcel Duchamp, Work and Life*. Cambridge, MA: MIT Press.

International Curators Forum. 2017. Diaspora Pavilion. 57th Venice

Biennale. http://www.internationalcuratorsforum.org/projects/diaspora-platform, accessed 13 March 2019.

Judah, Hettie. 2017. A series of rogue pavilions wrestles with the Venice Biennale's national structure. *Artnet* (9 May). https://news.artnet.com/opinion/post-national-art-venice-biennale-2017-953204, accessed 13 March 2019.

Julien, Philippe. 1994. *Jacques Lacan's Return to Freud: The real, the symbolic, and the imaginary*. New York: New York University Press.

Lacan, Jacques. 1977. The mirror stage as formative of the function of the I as revealed in psychoanalytic experience. In: *Ecrits* (translated by Alan Sheridan): 1–7. New York: W.W. Norton & Company.

McCarthy, Laurette E. 2017. Marcel Duchmap, Walter Pach, and the Urinal. In: *Some Aesthetic Decisions: A Centennial Celebration of Marcel Duchamp's "Fountain"* (edited by Bonnie Clearwater): 27–37. Fort Lauderdale, FL: NSU Art Museum.

Molderings, Herbert. 2010. *Duchamp and the Aesthetics of Chance. Art as Experiment*. New York: Columbia University Press.

Rosenblum, Amalia. 2011. A pioneer in Poland. *Haaretz* (16 June).

Russeth, Andrew. 2017. Documenta 14 participants defend embattled show in open letter: "Shaming through debt is an ancient financial warfare technique." *Art News* (18 September).

Szymczyk, Adam. 2017. Iterability and otherness: Learning and working from Athens. In: *The documenta 14 Reader* (edited by Adam Szymczyk): 17–42. Kassel: documenta and Museum Fridericianum.

The Divide. 2004. Artists without Walls. http://w3.osaarchivum.org/galeria/the_divide/chapter19.html, accessed 13 March 2019.

Weigel, David and Robert Costa. 2017. Trump's America will be on vivid display at annual conservative gathering. *Washington Post* (21 February).

本章作者简介

胡利·卡森（Juli Carson）是加利福尼亚大学欧文分校（UC Irvine）的艺术学教授。2018—2019年，她还担任贝鲁特美国大学（American University of Beirut）艺术史和策展专业的"菲利普·亚布雷教授"（Philippe Jabre Professor）。她的著作包括：《想象的流亡：政治、美学、爱情》（*Exile of the Imaginary : Politics, Aesthetics*, Generali Foundation, 2007）和《表现的极限：精神分析和批判美学》（*The Limits of Representation: Psychoanalysis and Critical Aesthetics*, Letra Viva Press, 2011）。《解释学的冲动：关于不羁往事的美学》（*The Hermenuetic Impulse: Aesthetics of an Untethered Past*）于2019年由柏林图书出版社（b_books Press）的子公司塑料笔出版社（PoLyPen）出版。

第六章 无界的策展

21 世纪跨国女权主义者和
酷儿女权主义者的策展实践

我们生活在这样的时代：战乱连年不断，众多百姓流离失所，严重侵犯人权事件频发。政治、经济和生态领域一直处于危机四伏的状态中。而新自由主义资本主义下的全球分工进一步加剧了社会不公，尤其是性别差异和种族差异引发的不公愈加严重。另外，借助全球的社会媒体，右翼和宗教原教旨主义广泛传播，这也导致了仇视同性恋、厌恶女性、惧怕同性恋、仇视外国人和惧怕变性者的人数空前激增。同时，人们的日常生活被三种暴力牢牢掌控：结构暴力（structural violence）、体制暴力（institutional violence）和佳亚特里·斯皮瓦克在 1988 年提出的所谓"认知暴力"（epistemic violence），与此同时，21 世纪又掀起了新的女权主义浪潮。2017 年，我们可以看到，一场新的女权主义妇女运动的轮廓已初具雏形，鉴于此，沙米·查克拉巴尔蒂（Shami Chakrabarti）也提到了"全社会对妇女事业的关注正在逐步复苏"。事实上，女权主义和酷儿女权主义运动，不论是地方层面，还是全球层面，都是建立在社会、政治和文化网络的基础上，而这些网络可以跨越国界，将全世界紧密联系在一起，成为一个整体。这一观点在两本书中得到了有力体现：一本是 2018 年出版的书，其中详细记录了 2017 年举行的妇女游行示威活动（2017 Women's March），另一本是 2015 年出版的一本选集——《我自称为女权主义者：25 名 30 岁以下女性的观点》（*I Call*

Myself a Feminist: The View from Twenty-five Women Under Thirty)。

  本章涉及的女权主义者和酷儿女权主义者的策展实践，都体现了具有地方特色的女权主义者的跨国工作方式。在对这些策展实践进行分析的过程中，本章充分考虑了 21 世纪女权主义运动的背景，并且重点分析了超越艺术世界的策展实践，也就是艺术史学家安杰拉·迪米特拉卡吉（Angela Dimitrakaki）在 2016 年提出的"真正的女权主义"所涵盖的策展实践。本章所讨论的重点，是融入女权主义的策展实践，这种策展意在与本文开头所描述的可怕现实进行对抗，并且同历史上的女权主义建立联系，特别是同女权主义第二次浪潮和第三次浪潮之间的那段历史建立联系，这两次浪潮之间，跨国女权主义出现了里程碑式的高潮，那就是在内罗毕举行联合国第三次妇女问题世界会议（United Nation's Third World Conference on Women）期间诞生了 1985 年论坛（Forum'85）。恰巧在同一时期，策展领域也产生了一些意义深远的变化。艺术世界的全球化趋势，导致可以与明星建筑师或明星艺术家相媲美的新型策展人——明星策展人横空出世。这种融入女权主义元素的策展实践，具有一些典型特征：快节奏的知识经济，高度发达的通讯，以及艺术制作在全球范围内风起云涌的发展，具体包括一些大型展览、双年展、三年展，以及其他为大型节日量身定制或委托创作的艺术展览的大规模制作。同一时期还出现了一些掺杂了社会因素和政治因素的自下而上的策展形式，它们在才智、审美、政治和基础设施方面所体现出来的激进主义已经远远超越了艺术世界的范畴。女权主义策展实践的典型特征和超越艺术世界的策展形式，正是 20 世纪晚期的策展实践留给后人的双重遗产，而对女权主义策展实践有着清醒认识的明星策展人和普通策展人，正尝试在艺术世界之外，自发组织并逐渐建立起全新的策展结构和网络。而本章所关注的重点，就是立足于 21 世纪女权主义和酷儿女权主义运动的跨国层面，讲述普通策展人的策展实践。这些策展实践，可以说有效地拓展了策展的领域，因为它们不仅以研究为基础，而且与社会运动（social movements）、难民运动（refugee movements）、移民激进主义（immigrant activism）、反士绅化（antigentrification）、反种族主义（antiracism）、去殖民化或性少数群体（LGTBQIA）的斗争、基层的妇女中心或学术界的批评工作息息相关。另外，这些策展实践还为开展詹姆斯·霍尔斯顿（James Holston）和阿尔君·阿帕杜莱（Arjun Appadurai）在1996年提出的"实质性公民身份（substantive citizenship）"活动拓展了空间，这是一种不同于正式公民身份的实践活动。

针对21世纪跨国女权主义和酷儿女权主义的策展实践，进行文化分析、书写历史和理论这两项工作，目前仍然处于起步阶段，尽管这类策展实践在艺术史学术研究领域备受瞩目，而且策展人也对这类策展实践表现出了极大的书写热情。从20世纪90年代开始，关于策展的历史发展脉络已经清楚地梳理出来，并且相关理论也已经创建起来①。但是这段近期的策展历史几乎对女性策展人取得的策展成就视而

---

① 主要参考文献如下：纳塔莉·海因里希（Nathalie Heinrich）和迈克尔·波拉克（Michael Pollak）著《从博物馆策展人到展览制作人：打造一个非凡的职位》（*From Museum Curator to Exhibition Auteur: Inventing a Singular Position*），载于丽莎·格林伯格（Reesa Greenberg）、布鲁斯·W. 弗格森（Bruce W. Ferguson）和桑迪·奈恩（Sandy Nairne）主编的《思考展览》（*Thinking about Exhibitions*），伦敦和纽约：劳特利奇出版社（Routledge），1996年；汉斯－乌尔里希·奥布里斯特（Hans-Ulrich Obrist）著《策展简史》（*Brief History of Curating*）。苏黎世：JPR 出版公司（JPR Ringier），2008年；贝亚特丽斯·冯·俾斯麦（Beatrice von Bismarck）、约恩·沙法夫（Jörn Schafaff）和托马斯·韦斯基（Thomas Weski）著《策展的文化》（*Cultures of the Curatorial*），柏林和纽约：施特恩贝格出版社（Sternberg Press），2012年；特里·史密斯（Terry Smith）著《思考当代策展》（*Thinking Contemporary Curating*），纽约：国际独立策展人协会（Independent Curators International），2012年；保罗·奥尼尔（Paul O'Neill）著《策展的文化与文化的策展》（*The Culture of Curating and the Curating of Cultures*），剑桥和伦敦：麻省理工学院出版社（MIT Press），2012年；延斯·霍夫曼（Jens Hoffman）著《策展完全手册》（*Curating From A to Z*），苏黎世：JPR 出版公司（JPR Ringier），2015年。相关领域前沿动态可参见下列期刊：《宣言杂志：围绕策展实践》（*Manifesta Journal. Around Curatorial Practice*），http://www. manifestajournal.org/about（2003年至今）；《关于策展》（*On Curating*），http://www.on-curating.org（2008年至今）；《展览人》（*The Exhibitionist*），http://the-exhibitionist.com（2009年至今）；《策展研究杂志》（*Journal of Curatorial Studies*）（2012年至今；唯一一个有同行评审的期刊）；《艺术家策展人》（*Artist as Curator*），http:// www.theartistascurator.org（2013年至今）。

不见，重点几乎完全放在针对女权主义和酷儿女权主义开展的学术研究上，尤其是已经逐渐渗透到展览领域的女权主义和酷儿女权主义的策展实践。虽然从总体上看，女权主义运动第一次浪潮时期的展览制作仍是一个有待于深入研究的领域，但是也有几个出类拔萃的案例颇为引人注目，包括玛丽·佩普津斯基（Mary Pepchinski）在 2007 年出版的《女权主义空间：1865 至 1912 年间，费城和柏林之间举办的展览和讨论》（*Feminist Space: Exhibition and Discourses between Philadelphia and Berlin 1865–1912*）；由 T. J. 布瓦索（T. J. Boisseau）和阿比盖尔·M. 马尔克温（Abigail M. Markwyn）主编并于 2010 年出版的《将两性平等的观念纳入世界博览会：世界博览会上的女性和两性的历史》（*Gendering the Fair: Histories of Women and Gender at the World's Fairs*）；以及朱莉·M. 约翰逊（Julie M. Johnson）在 2012 年出版的书中所写的一篇文章，讲述了 1910 年维也纳分离派展览馆（Vienna Secession）在艺术上大放异彩的时期，一群策划了一场大型历史群展的女艺术家们的故事。还有一些出版物，重点讲述了当今的策展实践如何与女权主义运动第二次和第三次浪潮遗留下来的遗产产生了千丝万缕的联系，包括凯蒂·迪普韦尔（Katy Deepwell）在 2006 年撰写的题为《20 世纪 70 年代以来的女权主义策展策略和实践》（*Feminist Curatorial Strategies and Practices Since the 1970s*）的论文，以及由勒妮·巴尔（Renée Baert）和迪普韦尔主编，并于同年出版的《n. paradoxa：国际女权主义艺术杂志》（*n. paradoxa: international feminist art journal*）中的《策展策略》（*Curatorial Strategies*）特刊。从 21 世纪 10 年代开始，人们便开始对女权主义策展实践的跨国层面产生了越来越浓厚的兴趣，具体的研究成果包括马琳·赫德林·海登（Malin Hedlin Hayden）和杰茜卡·舍霍尔姆·斯克鲁贝（Jessica Sjöholm Skrubbe）在 2010 年主编的《女权主义仍然是我们的名字：关于史学和策展实践的七篇论文》（*Feminisms is Still Our Name: Seven Essays on Historiography and Curatorial Practices*）；卡特琳·基维马（Katrin Kivimaa）在 2012 年主编的《与女权主义合作：东欧的策展实践和展览》（*Working with Feminism: Curating and Exhibitions in Eastern Europe*）；安杰拉·迪米特拉卡吉和拉腊·佩里（Lara Perry）主编的《装在玻璃箱中的政治：女权主义、展览文化和策展的越界》（*Politics in a Glass Case: Feminism, Exhibition Cultures and Curatorial Transgressions*）；以及埃尔克·克拉斯尼和梅拉诺妇女博物馆（Frauenmuseum Meran）主编的《妇女博物馆：女权主义、教育、历史和艺术领域的策展政治》（*Women's Museum: Curatorial Politics in Feminism, Education, History, and Art*），后两本书均于 2013 年出版。

下文中讲述的几个 21 世纪女权主义和酷儿女权主义的策展案例，将目前关于女权主义策展的学术研究范围进一步扩大，每一个案例都是在新兴的 21 世纪女权主义运动的大背景下，展现了"跨国女权主义者策展实践"的个性化特征：正如后殖民时代女权主义理论家莫汉蒂（Mohanty）阐述的："将女权主义进行去殖民化和将资本主义进行神秘化的处理"，对理解跨国女权主义至关重要。（Mohanty, 2003: 10）事实上，这种包括策展在内的女权主义实践，是在当今新自由主义资本主义的全球化框架下开展起来的，并与导致政治和媒体一起流血的右翼民族主义的复兴相伴相生。下文中对策展实践进行文化分析的立足点是 1984 年阿德里安娜·里奇（Adrienne Rich）提出的"位置的政治"（politics of location）这一概念。她强调，"有必要了解现在地图上的某个地方，在历史上究竟是怎么样的一个地方，作为女人、犹太人、女同性恋和女权主义者的我，是如何被历史上的这个地方创造出来的，又如何在现在这个地方继续创造新的历史"。（Rich, 1984: 212）这种辩证的思维方式对理解本文应用的"策展唯物主义"是大有裨益的。（Krasny, 2016）里奇还提出过"从物质着手"，以及关注"何时、何地和在什么条件下"的建议。（Rich, 1984: 213–214, 221）在艺术创作和策展领域里，最新的史学研究已经转向（或者说回归）了唯物主义分析的形式。虽然 20 世纪 70 年代和 80 年代的一些女权主义艺术史研究体现了明确的唯物主义方向，但 20 世纪 90 年代的女权主义艺术史研究更倾向于精神分析和后结构主义（post-structuralism）。鉴于当今日益严重的不公现象给社会造成了严重的破坏，女权主义艺术史学不得不再次呼吁建立"唯物主义者联盟"（materialist alliances）。（Horne and Perry, 2017: 17）"联盟的首要任务……就是将前途一片光明的反资本主义女权主义批评与我们身边的世界正在进行的至关重要的社会激进主义联系起来，并且将那些奇特的、去殖民化的和社会性的再生产斗争纳入其中"。（Horne and Perry, 2017: 17）

本章划分为五部分，分别考察了"2015 年柏林展""2015 年根特展""2015 年伦敦展""埃里温 2008—2010 年展"和"温哥华 2011—2012 年展"这 5 个具体案例。"柏林展"这一案例是一个自我组织的女权主义艺术空间，它可以追溯到 20 世纪 80 年代女性艺术家们掀起的和平激进主义运动，展览的目的是与当今艺术世界中存在的白人特权进行对抗。"根特展"在一所大学的画廊中举行，在历史上出现的跨国女权主义的里程碑，与当今女权主义和酷儿女权主义在后殖民时代得到解放的艺术创作之间建立起有机联系。"伦敦展"是在对全世界观众开放的一家国家博物馆中，针对身处异国他乡的博物馆藏品和妇女难民组织策划的一个项目。"埃里温展"运用独树一帜的艺术结构展示了当地和散居侨民中的同性恋亚美尼亚人的生活经历。在温哥华的一个大学画廊里策划的"温哥华展"构建的是社区内邻里合作的场景，重点是展示土著妇女如何对抗殖民创伤，以及在当今社会如何反抗以士绅化为主要特征的新自由主义的城市主义。尽管这些展览项目的展示地点位于类型迥异的机构中，从埃里温的一个花园，到伦敦维多利亚与艾伯特博物馆中的中世纪和文艺复兴时期的画廊，但是所有项目都遵循着因地制宜的原则，并且致力于突破艺术世界的界限。这些项目对历史上和当代的策展实践都进行了深入的研究，或对现有的策展网络进行整合，或创建全新的网络。这些项目在策划过程中对展示和会话功能同样重视，势必会让人联想起策展实践的双重特征。关于策展历史的书写模式，人们直到近几年才逐渐挖掘出展示和会话并重的双重谱系。两者都被认为是对历史上，也就是 18 世纪和 19 世纪的，在今天被称为"策展"的发展起到了举足轻重的作用。自从托尼·本内特（Tony Bennett）在 1995 年对"展示性复合体"（exhibitionary complex）进行分析以来，策展史的重点就一直放在展览形式上。而直到最近，女权主义学术研究才确定了与策展史，特别是与其女性谱系相关的"会话体"（a conversational complex）。（Krasny, 2017a: 147-163）就本文选取的跨国女权主义和酷儿女权主义的策展实践样本而言，展示和会话功能同等重要，因为这些策展实践的策展人都是由艺术批评家、艺术家、建筑师、文化人类学家、文化理论家、翻译家或作家担任的。

虽然从 21 世纪 10 年代中期以来，积极投身博物馆和全球化艺术世界的活动，已经成为拥有大量大规模跨国策展实践经验的女权主义者们的目标，但是本文的关注点，却是以实质性的公民身份进行的策展实践为重点，在民间开展的艺术激进主义的风格迥异的跨国策展实践[①]。莫

---

① 大型女权主义展览包括玛丽亚·德科拉尔（María de Corral）和罗莎·马丁内斯（Rosa Martínez）于 2005 年策划的"威尼斯双年展"（Venice Biennale）；莫拉·莱利（Maura Reilly）和琳达·诺奇林（Linda Nochlin）策划，萨克勒女权主义艺术中心（Sackler Center for Feminist Art）于 2007 年在纽约布鲁克林博物馆举办的开幕展"全球女权主义：当代艺术的新方向"（global feminisms. New Directions in Contemporary Art）；康妮·巴特勒（Connie Butler）为旧金山现代艺术博物馆（San Francisco Museum of Modern Art）策划的"怪异艺术和女权主义革命大型调查成果展"（WACK Art and the Feminist Revolution）；以及博亚娜·佩伊奇（Bojana Pejic）为维也纳现代艺术博物馆（mumok）策划的"性别调查：东欧艺术中的女性气质和男性气质"（Gender Check: Femininity and Masculinity in the Art of Eastern Europe）。这一波女权主义展览引发了大量讨论，其中具有重要价值的包括：阿米莉亚·琼斯（Amelia Jones）和安吉拉·迪米特拉卡基（Angela Dimitrakaki）著《切实可行，还是仅有可能？关于女权主义激进策展计划的对话》（Viable or Merely Possible? A Dialogue on Feminism's Radical Curatorial Project），载于埃尔克·克拉斯尼和梅拉诺妇女博物馆（Frauenmuseum Meran）主编的《妇女的博物馆：女权主义、教育、历史和艺术中的策展政治》（Women's Museum. Curatorial Politics in Feminism, Education, History, and Art），维也纳：勒克出版社（Löcker），2013 年，第 67-78 页；希拉里·鲁宾逊（Hillary Robinson）著《当女权主义遇见大型展览：2005 年以来的博物馆调查成果展》（Feminism meets the Big Exhibition: Museum Survey Shows since 2005），（转下页）

拉·赖利（Maura Reilly）使用"跨国"一词来描述这样一种策展框架，它旨在为"处于超越国家界限时代中的女权主义艺术创作"，提供"一个崭新且更加宽泛的定义"。（Reilly，2007: 19）这种策展思路下所采用的策略，就是将一度被边缘化的艺术立场整合到全球化的艺术世界中去。本文选取剖析的策展实践样本，全方位展现了得到解放的女权主义者和酷儿女权主义者的策展实践，这些实践试图揭示，个人在新自由主义资本主义、殖民创伤和种族灭绝的历史等多重压迫下所遭受的复杂情感变化，是如何跨越国界，在全世界引起共鸣的。这五个选定的展览样本，在其各自特有的展览环境中，均与社会运动、公民组织或学术界内外的批判性研究活动保持高度一致，积极对抗那些对当今社会造成毁灭性影响的条件。下文描述的策展实践中采用的唯物主义分析方法，采取了分层描述法，这些描述有机结合了实地探访工作、艺术史研究和城市研究，以及女权主义理论。其中的实地探访工作包括亲临现场与策展人或艺术家进行深入的对话交流。

暗流涌动的艺术：抗议与抵抗（柏林，2015 年）

当人们在 2015 年走进柏林的一家女权主义画廊，即阿尔法·诺瓦未来画廊（alpha nova & galerie futura）时，必然会产生一种耳目一新的感觉，因为整个空间的墙壁新近被绘画颜料涂成了黑色。2015 年 9

（接上页）载于《盎格鲁－撒克逊人》（Anglo Saxonica）2013 年第 3 卷第 6 期，第 128-152 页；珍妮娜·唐（Jeannine Tang）著《平等问题，或在全球展览时代中解读"妇女"》（*The Problem of Equality, or Translating 'Woman' in the Age of Global Exhibitions*），载于安吉拉·迪米特拉卡基和拉拉·佩里（Lara Perry）主编《玻璃箱中的政治：女权主义、展览文化和策展的离经叛道》（*Politics of A Glass Case. Feminism, Exhibition Cultures and Curatorial Transgressions*），利物浦：利物浦大学出版社（Liverpool University Press），2013 年，第 244-259 页。

月 12 日，在"暗流涌动的艺术：抗议与抵抗"（Precarious Art：Protest & Resistance）展举行开幕式的当天，三位受邀艺术家美洛迪·拉韦尔纳·贝当古（Melody LaVerne Bettencourt）、卡琳娜·格里菲思（Karina Griffith）和莱拉托·沙迪（Lerato Shadi）便对她们这样设计画廊的动机进行了解释。她们竭尽全力想要改变人们对画廊空间的固有印象，之所以使用绘画颜料和色彩，目的是为了对白色墙壁进行批判和改造。因为在柏林乃至整个德国，白墙除了具有代表"白色空间"（white spaces）的隐喻功能外，还常被看作"权力和特权空间"（space of power and privilege）具体的物化形式。（LaVerne Bettencourt, Griffith, Shadi, 2015: 10）这种将展示空间的白墙变为黑墙的颠覆传统的变革方式，重点希望呈现的是，"生活在一个'黑色'友好型的世界里会是什么样子或者看起来是什么样子"。（LaVerne Bettencourt, Griffith, Shadi, 2015: 10）这三位策展人，加上住在伦敦的艺术家斯塔茜·CC.格雷厄姆（Stacie C C. Graham），以及拥有性别研究专业知识背景的画廊艺术总监和经理两人，也就是文化人类学家卡塔琳娜·科赫（Katharina Koch）和玛丽–安妮·科尔（Marie-Anne Kohl），都希望以画廊作为媒介，联合黑人妇女和有色人种妇女，围绕她们如何抵抗结构性和日常生活中经常感受到的种族主义和性别主义，以及如何反抗白人艺术系统中将她们边缘化的这些问题，向外界普及相关的知识，并互相交流应对这些问题的策略。（参见 Graham, Koch, and Kohl, 2015: 7）

发生在一个自发组织的女权主义艺术空间中，将白色墙壁涂成黑色的行为，必须放置在柏林特有的，残留后殖民时代记忆的政治所具有的，更为宏观的历史背景中进行考察。2015 年是一个重要的历史节点，不论对于柏林的殖民帝国主义给非洲造成的历史创伤而言，还是对于德裔黑人和生活在德国的黑人在历史上自发组织的抵抗组织而言。1885 年，距离 2015 年整整 130 年前，柏林西非会议［Berlin West Africa Conference，又称刚果会议（Congo Conference）］在柏林举行，这是一场欧洲列强制定其非洲政策的会议。他们采用的"有效控制原则"（doctrine of effective occupation）意味着"宣称在非洲占有领土的欧洲列强必须脚踏实地地表现出'有效的'存在"。（Chamberlain, 2013: 54）这个原则最终导致非洲大陆上遗留下大量欧洲人的印记。1915年，距离2015年整整100年前，德意志帝国在纳米比亚（Namibia），也就是德属西南部非洲的殖民统治，宣告终结。历史学家赖因哈特·克斯勒（Reinhart Kössler）在2015年完成的著作就是关于"德国军队在1903—1908年纳米比亚战争期间，所犯下的20世纪第一次种族灭绝的罪行"的政治记忆。（Kössler, 2015: 1）他指出，"殖民健忘症曾经（而且仍然）在德国公众中广泛传播，甚至在消息灵通和吹毛求疵的群体中也是如此"。（Kössler, 2015: 50）在德国，2015年同样也是黑人为争取生存权利值得纪念的一年。1985年，距离2015年整整30年前，"德国黑人倡议组织"（Initiative of Black People in Germany）正式成立。与1984至1992年生活在柏林的，美国诗人、妇女权利支持者和民权活动家奥德蕾·洛德（Audre Lorde）进行的一场关于跨国女权主义的对话，最终促成了这一倡议组织的成立。特别值得一提的是，洛德鼓励生活在德国的黑人妇女，从自身所处的环境入手，撰写和发表属于她们自己的故事。1980年，联合国世界妇女大会（UN World Women's Conference）在哥本哈根召开期间，洛德参加了一场大规模的妇女集会。正是在那里，她遇到了位于西柏林的柏林自由大学（Free University of Berlin）的讲师达格玛·舒尔茨（Dagmar Schultz），1984年，舒尔茨为洛德在柏林自由大学谋到了一个客座教授的职位，而由洛德执教的研讨班创造了两个新术语，非裔德国人（Afro-German）和德国黑人（Black German）。（参见Schultz, 2012; Griffith, 2015; Lennox, 2017）如今，伴随着1989年柏林墙的倒塌，德国的首都日益涌现出许多新变化，其中最显著的特点就是，来自全球各地的移民，包括诸多国际艺术家、文化产业人和知识分子，当然其中也包含了新一代的黑人妇女和其他有色人种的妇女艺术家，都被这座生活成本一度较低的都市所吸引，会聚一堂。活跃在柏林的黑人妇女艺术家们和有色人种妇女艺术家们，关于实质性文化公民实践的诉求，既反映了"二战"期间非裔美国士兵和非裔德国人的心声，也反映了二战后他们的后代的心声，更是在今天的全球化移民群体中引起了强烈共鸣。（Griffith, 2015）

  阿尔法·诺瓦未来画廊对 20 世纪 80 年代柏林的女权主义第二次浪潮进行了回顾，并重点关注了为应对 1986 年切尔诺贝利灾难（Chernobyl disaster）而进行的和平激进主义运动。今天，这个自发组织的艺术空间正在将具有地方特色的女权主义者，跨越国家的界限团结到一起，共同寻求对抗白人特权的发展战略，因为柏林正在成为一个虽然贫穷但却充满文化和艺术创作氛围的全球性大都市，而这一转变能够成为现实，阿尔法·诺瓦未来画廊功不可没。从工业文化向后工业文化的转变，以及向以休闲为目的的文化生产方式的转变，引发了大量似是而非的热议，就像多语种在线期刊《横断面》（Transversal）（http://eipcp.net/transversal）从跨国的欧洲视角出发所阐述的观点一样。阿尔法·诺瓦未来画廊从 2012 年开始，一直在防洪沟（Flutgraben）的艺术和文化的综合建筑群中安家，这个建筑群是对原有的东柏林公共交通系统进行了后工业和后社会主义的风格改造的维修车间，而阿尔法·诺瓦未来画廊是这个 3 800 平方米的包含多种独立艺术风格的综合建筑群中，唯一致力于女权主义的艺术空间。画廊由柏林参议院劳动、社会事务和妇女部（Berlin Senate's Department for Labor, Social Affairs and Women）资助，资助者期望画廊能够为妇女艺术家提供技能培训，以便提高她们的专业水平；而艺术家们则期望能够拥有一个平台，支持她们创作并展览自己的艺术作品。画廊一直在两种期望中小心翼翼地寻求平衡。卡塔琳娜·科赫从 2015 年起，就一直在与艺术家多罗西娅·诺尔德（Dorothea Nold）分享如何指导艺术的经验，她始终强调，女权主义者的策展实践应该依据反种族主义活动的议程表，以促进黑人妇女和有色人种妇女的团结为目的，无私分享并合理分配获得的财政和基础设施方面的支持。画廊正是通过在柏林本地和更大的范围内创建网络，寻找志同道合的艺术家和理论家，通过与移民、散居侨民和世界各地活跃的艺术家们建立联系，通过与年长的妇女艺术家，包括画廊的老一辈创立者沟通交流，积极践行着自己的创办宗旨。为了配合"暗流涌动的艺术：抗议与抵抗"展的举行，科赫设法从德国柏林彩票基金会（German Lottery Foundation Berlin）柏林站和海因里希·伯尔基金会（Heinrich Böll Foundation）获得了资金支持，进行配套的一些展示和一系列活动。在2017年秋季与这个展览的作者进行的一场谈话中，她曾明确表示，当她意识到自己作为一名白人女性学术策展人拥有诸多特权时，就坚定了举办这样一场至关重要的展览的信念。

重新布置为黑色的展厅墙壁上，还绘制了由多位女性姓名组成的图案（见图 6.1），这些女性都由于私人原因、政治上或者艺术上的原因与三位受邀艺术家颇有渊源。那些对三位艺术家个人而言十分重要的，关于女性遗产的谈话，虽然从未以文字形式记录下来，且由于内容私密从未对外公开，但这些墙壁充当了大家联合制作的个人记忆的公共登记簿。而且，这些墙壁也为专题研讨会上的语言展示和演讲搭建了一个展现的舞台。由于奥德蕾·洛德在研讨会上多次提到了格拉达·基隆巴（Grada Kilomba），一位出生在里斯本，拥有圣多美和普林西比（São Toméand Príncipe）和安哥拉（Angola）血统，却长期居住在柏林的艺术家和理论家，她在上一代非裔德国知识分子中灌输的跨越国界的意识是显而易见的，这也能够证明她在柏林自由大学讲授的关于性别和种族的知识，激发了反种族主义知识分子在当今采取激进主义的行动。基隆巴关于创伤和记忆的著作，尤其是 2008 年出版的《种植园记忆：种族主义的日常片段》（*Plantation Memories: Episodes of Everyday Racism*）更是为这种激发力量提供了动力。

图 6.1 "暗流涌动的艺术：抗议与抵抗"（Precarious Art: Protest & Resistance），柏林阿尔法·诺瓦未来画廊（Alpha Nova & Galerie Futura），2015 年；墙壁依照艺术家美洛迪·拉韦尔纳·贝当古（Melody LaVerne Bettencourt）、卡琳娜·格里菲思（Karina Griffith）和莱拉托·沙迪（Lerato Shadi）的指示被涂成黑色；装置影像由阿尔法·诺瓦未来画廊提供

　　阿尔法·诺瓦未来画廊采用的策展策略表明，他们所做的一切策展实践是向激进主义方向，具体来说是以柏林为中心的激进主义转变的一个组成部分。当画廊被牵扯到实质性公民身份的文化实践中时，这一激进主义采取了颇有争议的手法，将历史上遗留下来的殖民主义痕迹与当今艺术劳动岌岌可危的状态融合在一起。"暗流涌动的艺术：抗议与抵抗"展项目中的跨国女权主义者的策展实践，实质上是大家共同分享一个小型女权主义艺术空间的资源和基础设施。画廊的策展人们一方面尊重画廊作为一个自发组织的女权主义第二次浪潮艺术空间的历史，另一方面，他们也在通过对抗白人特权的方式将这一遗产发扬光大，使艺术、激进主义、理论和知识交流网络领域内，生产出新的跨国女权主义和酷儿女权主义作品成为可能。

向我展示你的档案，我将告诉你谁得势（根特，2015 年）

　　"亭子艺术空间"是在非营利艺术组织 Kunstensite vzw（一个非营利艺术网站）和根特大学（University College Ghent）美术学院（KASK）的共同倡议下创办起来的，通往展示空间的中心房间的狭窄通道旁，依次整齐摆放着一系列贴有各式各样的印刷品和照片的白板。其中的传单、小册子、书籍、信件和海报都在讲述，贯穿 20 世纪七八十年代，在根特当地开展的女权主义运动以及整个比利时当时的宏观社会背景，并且通过重点介绍参与自由安杰拉·戴维斯（Angela Davis）委员会的竞选和在内罗毕举行的 1985 年论坛，凸显了当地女权主义运动的跨国层面。我们还从中看到了比利时第一个自治妇女组织——"多勒·米娜"（Dolle Mina）和比利时自由安吉拉·戴维斯委员会（Belgian Free Angela Davis Committee）的相关文件。还有 1976 年 3 月 4 日至 8 日在布鲁塞尔（Brussels）设立的危害妇女罪国际法庭（International Tribunal on Crimes against Women）的审判过程的相关资料，以及一些包含 20 世纪 80 年代跨国女权主义的一个重大事件——1985 年论坛的黑白照片在内的文献资料。这个论坛是由自治妇女组织和非政府组织发起的，在 1985 年 7 月 15 日至 26 日，与内罗毕召开的联合国世界妇女问题会议同期召开的，可供与会代表选择的一场妇女集会。通过根特展的策展团队、艺术评论家兼独立策展人娜塔莎·彼得勒由－巴舍莱（Nataša Petrešin-Bachelez）和亭子展示空间的创始人兼策展人维姆·威尔普特（Wim Waelput）共同参与收集的这些文献资料不难看出，该展览项目之所以会选定位于根特的亭子艺术空间，至少存在个人传记方面的因素，那就是上面提到的这些女权主义运动，不论是地方的，还是跨国的，尚塔尔·德斯梅（Chantal De Smet）均投身其中。作为女权主义运动的先驱、根特的多勒·米娜的联合创始人、比利时派遣到内罗毕 1985 年论坛的特使，尚塔尔·德斯梅从 1989 至 1996 年间，担任根特皇家美术学院（Royal

Academy of Fine Arts Ghent，即现在的 KASK）院长，这是该学院历史上的第一位，也是迄今为止唯一的一位女性院长。当然，这次展览并不是对德斯梅个人成就的一次专门评估，而是一场精挑细选的跨国策展实践，抽丝剥茧地将跨越历史、跨越地方和跨越国家的各种复杂关系逐层剥开。

展览以"向我展示你的档案，我将告诉你谁得势"作为标题，参考了拥有非裔苏里南血统的、荷兰女权主义学者格洛丽亚·威克（Gloria Wekker），于 2005 年庆祝阿姆斯特丹妇女图书档案馆（Amsterdam's Women's Library and Archive）成立 70 周年的庆典开幕式上发表的致辞。（Vried, 2011: 3）这一参考明确了一点，在女权主义艺术史写作和策展领域，根特展成为了改变档案资料和历史资料编纂方法至关重要的一环，这种改变重在强调女权主义能够跨越几代人和众多地点，进行穿越时空的对话。（Eichhorn, 2013; Horne and Perry, 2017: 15）根特项目将历史上的展览制作与当代艺术展览结合起来，并设计了一些讲座和讨论的环节。展览还囊括了一些档案资料和历史文献资料，展现了将全球北方和南方的妇女聚集在一起的大规模集会的跨国网络结构。令人倍感耳目一新的是，当代艺术背景下的一次展览，竟然将 1976 年设立的危害妇女罪国际法庭和内罗毕召开的 1985 年论坛再次呈现在世人面前。20 世纪 70 年代和 80 年代的这些大规模的跨国妇女集会，截至目前几乎毫无例外地都没有被进行过深入的研究。（Antrobus, 2004）

1976 年设立的危害妇女罪国际法庭，作为截至目前此类法庭的唯一案例，是一次规模宏大的、由底层妇女发起的广大妇女汇聚一堂的聚会，她们直面针对妇女的暴力行为，对包括家庭暴力、强奸、色情、卖淫和杀害妇女等行为勇敢发声。法庭坚持推行同阶层女权主义政治，没有指定任何个人担任法官的角色，而是采用提高认识的战略，让来自 40 个国家的 2 000 名参会妇女出庭作证。在法庭开庭时，西蒙娜·德·波伏瓦（Simone de Beauvoir）由于无法出席，便发来了一封声援信，在信中，她强调了开展跨国女权主义运动的重要性，并将这次妇女集会自发组织的性质，与1975年在墨西哥城举行的联合国妇女大会作了泾渭分明的划分。波伏瓦尔这样写道：

> 亲爱的姐妹们 …… 此次集会与墨西哥城召开的大会形成了鲜明对比：在墨西哥，妇女们在其所属政党和国家的领导下，只是寻求将"女性"融入男权社会，而今天，你们聚集在这里，是为了指控妇女在这个社会中受到的压迫 …… 彼此交流，也与世界交流 …… 我要向开启妇女彻底去殖民化历程的法庭致敬。（de Beauvoir, 1976: 5）

1985年在内罗毕举行的联合国会议见证了1985年论坛的诞生，这是一场与官方的正式会议同期举行的群众集会，有14000名来自自治妇女组织和非政府组织的代表参加。全球南北方的女权主义者们展开了气氛热烈而充满激情的辩论和知识交流。到目前为止，尚没有任何一家历史博物馆为这些大型跨国妇女激进主义运动的集会专门举办过展览。

在根特展中，历史文献清晰地呈现了当代女权主义和酷儿女权主义的跨国美学语言，因为这种语言与历史上的女权主义运动和21世纪新兴的女权主义运动的社会背景都有着千丝万缕的联系（见图6.2）。该展览的两位策展人邀请了六位艺术家——马尔瓦·阿萨尼奥斯（Marwa Arsanios）、萨迪·舒瓦（Saddie Choua）、阿芒迪娜·盖伊（Amandine Gay）、卡普瓦尼·基旺加（Kapwani Kiwanga）、阿托·马林达（Ato Malinda）、埃娃·奥索夫（Eva Olthof），以及一个由多人组成的团结与跨界行动研究组（Study Group for Solidarity and TransActions），共同制作了"拥有后殖民时代、跨国或政治上的解放背景的新作品"。（KIOSK, 2017）邀请和委托他人创作作品既需要财政支持，也需要创作和展示的空间。"向我展示你的档案，我将告诉你谁得势"，充分展现了

图 6.2 "向我展示你的档案，我将告诉你谁得势"（Show Me Your Archive and I Will Tell You Who is in Power），根特亭子艺术空间（KIOSK），2015 年；装置影像由作者提供

如何广泛利用社会网络和有效锁定资助的技巧。展览被纳入了由欧盟文化项目（Culture Programme of the European Union）提供资金支持，国际博物馆联盟（museum confederation L'internationale）具体实施的长期项目"艺术的应用：1848 年和 1989 年的遗产"（The Uses of Art: The Legacy of 1848 and 1989）。国际博物馆联盟是由欧洲的 6 家现代和当代艺术机构组成的艺术团体，具体包括：现代美术馆（moderna galerija, MG+MSUM，斯洛文尼亚卢布尔雅那）、索菲娅王后国家艺术中心博物馆（Museo Nacional Centro de Arte Reina Sofía, MNCARS，西班牙马德里）、巴塞罗那当代艺术博物馆（Museu d'Art Contemporani de Barcelona, MACBA，西班牙巴塞罗那）、安特卫普当代艺术博物馆（Museum van Hedendaagse Kunst Antwerpen, MHKA，比利时安特卫普）、萨尔特艺

术中心（SALT，土耳其伊斯坦布尔和安卡拉）和范阿贝博物馆（Van Abbemuseum, VAM，荷兰艾恩德霍芬）。而根特大学美术学院（比利时根特）则是欧洲博物馆联盟的合作伙伴之一。国际博物馆联盟"国际"一词的命名方式，借鉴了历史上劳工运动的命名方式，将国际歌的命名方式赋予了博物馆联盟。额外的资助来源于比利时国内与性别和历史研究有关的教育和研究机构，包括安沙布社会历史研究所（Amsab-ISG, Institute of Social History）、布鲁塞尔妇女历史档案和研究中心（AVG-Carhif, the Archive and Research Centre for Women's History in Brussels）和比利时性别研究网（Sophia asbl/vzw）。

这些资助进一步证明，根特展不仅将历史展览和艺术展览的形式融合在了一起，而且展览专门通过更为多样化的讲座和电影放映的形式扩大了自身的影响力，使其远远超出了艺术范畴。

参与此次展览的艺术家们围绕殖民创伤、种族主义、性别歧视和战争中如火如荼开展的妇女运动等主题，进行档案资料、文献资料、调研成果或者行为表现的展示。萨迪·舒瓦选用的行为表现形式围绕着黑彼得（Zwarte Piet）展开，他是"被想象成一位白人主教——圣尼古拉斯（Saint Nicolas）的摩尔仆人"，这种展示方式揭示了"荷兰文化档案"中长期存在却一直被忽视的种族主义特征。（Wekker, 2016: 138, 141）卡普瓦尼·基旺加运用非洲未来主义的手法，从银河系人类学家的视角出发，讲述亨丽埃塔·拉克斯（Henrietta Lacks）的故事，她是一位非洲裔美国妇女，罹患一种十分严重的癌症，在没有征求她本人同意的情况下，她的身体细胞被擅自利用，作为创造体外细胞链的来源。阿芒迪娜·盖伊将关注的焦点放在为散居的黑人妇女们发声上，给她们提供讲述自身经历的机会。其他几位艺术家则是临时承担起了历史学家的角色，比如马尔瓦·阿萨尼奥斯对战争期间诞生的库尔德自治妇女运动进行了调研和实地考察，再比如埃娃·奥索夫，对档案文献进行了一番别出心裁的加工。奥索夫通过想象刚果历史上几位举足轻重的女性人物的相遇，创造出了一系列崭新的反殖民主义叙事。这几位女性包括帕特里斯·卢蒙巴（Patrice Lumumba）的礼仪主管——安德烈·布卢安（Andrée Blouin），卢蒙巴的妻子波利娜·奥潘加·卢蒙巴（Pauline Opanga Lumumba）和嫁给比利时国王博杜安（King Baudouin）的王后法比奥拉（Queen Fabiola）。团结与跨界行动研究组还揭示了一段鲜为人知的跨国抵抗运动的历史，身处世界各地的人们主要是通过一个跨国信件系统，寄钱给活跃在南非的反种族隔离力量，支持他们在南非开展反种族隔离运动。

"向我展示你的档案，我将告诉你谁得势"这个展览，作为一次跨国女权主义的策展实践，运用了档案和史料编纂的手法。因为它是由一群身处 21 世纪妇女运动的背景下的当代艺术家，从她们个人的跨国移民或散居侨民的主观主义出发、源于对实质性公民身份的探究，并站在非西方中心论的妇女、女权主义和酷儿女权主义解放的立场上开展的策展实践，所以这个展览必然为人们提高对 20 世纪七八十年代跨国妇女运动的认识起到推动作用。

不止一件易碎品（伦敦，2015 年）

2015 年 11 月，由 50 名妇女组成的一群人，围坐在维多利亚与艾伯特博物馆（Victoria and Albert Museum）的两张桌子旁。她们所在的位置，是博物馆内中世纪和文艺复兴时期的展厅，这是一片面积巨大的空间，装满了来自欧洲的喷泉头、门道、教堂墓、台阶和其他建筑零部件。在原产于比利时的几根石柱廊旁边，为了满足这群上英语课的妇女们进行英语会话的需求，专门摆放了两张特制的新桌子（见图 6.3）。这些妇女接受穆夫建筑 / 艺术工作室（Muf architecture/art）的邀请，将每周上英语课的场所转移到了博物馆里。课程由妇女寻求庇护者联合小

图 6.3 《不止一件易碎品》(More Than One Fragile Thing at a Time),伦敦维多利亚与艾伯特博物馆(Victoria & Albert Museum, London),2015 年;装置及穆夫建筑／艺术工作室(muf architecture/art)设计的新式桌子影像由穆夫建筑／艺术团体提供

组(Women Asylum Seekers Together group)这一妇女组织提供,而该组织得到了活跃在英国基层,与妇女寻求庇护者常年开展合作的,为难民妇女提供服务的一家妇女慈善组织的支持。从 2014 年开始,这个慈善组织就一直在开展"还她自由(Set Her Free)"运动,呼吁当局早日结束对妇女寻求庇护者的扣押,归还她们自由,并积极组织举办全国难民妇女会议(National Refugee Women's Conference)。而穆夫建筑／艺

术之所以能够成功策划这场展览，关键在于他们成功地邀请到了这群难民妇女。穆夫建筑／艺术是一家将建筑和艺术合二为一的机构，他们旗帜鲜明地将目标定位于"公共领域的社会、空间和经济基础设施"，虽然他们从不以策展人自居，但却拥有丰富的策展经验，比如他们曾经策划过"2010 年威尼斯双年展"的英国馆。他们在维多利亚与艾伯特博物馆所作出的贡献，成了 2015 年 4 月 1 日至 7 月 19 日在这里举办的展览——"所有这一切都属于你"（All of This Belongs to You）不可或缺的一部分。由科琳娜·加德纳（Corinna Gardner）、罗里·海德（Rory Hyde）和基兰·朗（Kieran Long）负责策展的这个项目，"考察了公共机构在当代生活中扮演的角色，以及承担国家收藏重任的内涵"。（All of This Belongs to You, 2015）

　　成立于第一届世界博览会（World Fair）举办之后的国有博物馆——维多利亚与艾伯特博物馆，和 1851 年在伦敦举办的"万国工业博览会"（The Great Exhibition of the Works of Industry of All Nations）理所当然地被视为文化基础设施的重要组成部分，而这些文化设施也早已成为当今全球化都市的典型特征。"全球化都市"的概念是萨斯基亚·扎森（Saskia Sassen）在 2001 年提出的，当时，她以全球若干个大都市为例，其中便包括伦敦，阐述在本国国内和国际上均发挥着举足轻重作用的当代全球化经济中心的概念。尽管扎森在她的分析中并未提及这一点，但不可否认的是，随着现有基础设施的更新改造和全新明星建筑的建造，全球化都市也促进了一种新型博物馆——全球化博物馆的蓬勃发展。目前，维多利亚与艾伯特博物馆的影响力日益扩大，举办渗透到全球每个角落的活动层出不穷，这些都有力地证明，它正在发挥全球化博物馆的功能。2003 年，扎森又进一步明确了全球化都市的定位，它是以新的"去国有化形式"重新定位公民身份的地方。（Sassen, 2003: 41）穆夫建筑／艺术在维多利亚与艾伯特博物馆策划的项目展示了这样一个事实，被理解为公益机构的全球化博物馆，可以为这种公民身份的重新定位和其实质性的文化实践提供现实的帮助。这种帮助具体包括，缺少正式公民身份的难民或其他群体，可以把博物馆当成他们在阿伦特意义上的外在空间。（Arendt, 1958: 199）

拍摄布展过程的视频资料中，有一段时任维多利亚与艾伯特博物馆设计、建筑和数字部保管员的基兰·朗与穆夫建筑/艺术负责人莉莎·菲奥尔（Liza Fior）之间的对话，揭示了穆夫建筑/艺术的工作过程自始至终都将重心放在研究上。（Fior and Long, 2015）而菲奥尔把这个过程描述为开展一系列的测试。"测试的第一个项目是英语课。第二个项目是英语课上可能感受到的各种紧张情绪。想象一下，当你处于一个与他人共享的空间时会怎样，在这个展览的具体情境中，就是与许多人共处于一个装满珍贵文物的空间中会怎样"。（Fior and Long, 2015: 2min. to 2min. 14s）要将为难民妇女自发组织的英语课堂移植到博物馆，就不得不开始思考教室的标准化尺寸的问题。于是，他们查阅了市长住房指南（Mayor's Housing Guidance），找到了供30名儿童使用的教室尺寸的相关规定，并在展厅的地板上用黑线勾勒出了这样一间标准教室的大致轮廓。针对博物馆收集到的，并摆放在展厅中的各种物件，穆夫建筑/艺术进行了历史和物质层面的研究，并设法找到了某些物件的原始起源地。展厅中展示的所有物件都为19世纪大英帝国博物馆收藏行为背后的逻辑提供了有力证据。它们全部来自异国他乡，被抢夺至此，远离了原属地，许多已经残破不堪，更有一些是世界上其他地方仍然存在的建筑物上遗失的配件。在视频中，菲奥尔指向一个慈悲像解释说，在今天的威尼斯，仍然存在这样一座"有一个慈悲像疤痕"的建筑，这就是博物馆中这个物件的原始来源。（Fior and Long, 2015: 3min. 50s to 3min. 53s）于是，穆夫建筑/艺术联系了仍然活跃在威尼斯的圣克里斯托福罗慈悲兄弟会（Arciconfraternita di San Cristoforo e della Misericordia），并在维多利亚与艾伯特博物馆的布展过程中选取了一些可以展现兄弟会目前所从事工作的物品，比如有一些物品便是展示他们在威尼斯女子监狱从事的社工工作。目前，围绕文物是否应该归还原属地的问题，博物馆界展开了异常激烈的辩论，而穆夫建筑/艺术运用的展示手法对这个问题给出了独特的解答。他们建立起了一条跨国研究链，对文物的来源地追根溯源，探究其原属地或原属机构在当下这个时代所承载的功能和体现的内涵。毋庸置疑，这种研究方法对于研究殖民主义、帝国主义、纳粹帝国或专制政权的互相交织的历史具有极高的关联度。与此同时，利用博物馆收藏的物品来研究历史上的解放事业和团结斗争跨越国界的联系，这种研究方法也同样适用。

2016 年 2 月 11 日，本文作者与菲奥尔在伦敦进行过一次谈话，当时她曾一再强调，穆夫建筑/艺术在维多利亚与阿尔伯特博物馆策划的这个项目，严格遵循了博物馆作为"D 类空间，纯粹的公共福利"的法律定义。公共福利是"由政府、个人或私立组织向社会全体成员无偿提供的商品或服务"，而且它全心全意扑在"公众的利益或福祉"上。（Oxford University Press, 2017）自从公众产生政治想象和法国大革命创建出西方的公民观念以来，博物馆机构始终占据着举足轻重的地位，直至今日。现代艺术博物馆的原型是巴黎的卢浮宫，它将博物馆视为推行现代公民观念这种新仪式的公共空间。（Duncan, 1991）法国大革命颁布了卢浮宫是属于"所有人的财产"的法令，这有助于"赋予公民'一种民族性格和自由人的风度'"。（McClellan, 1994: 99）而托尼·本内特提出的"正式平等人（formal equals）"的概念赋予了博物馆一种"文化权利"。（cultural right）（Bennett, 1995: 8, 104）但是，与自由人和正式平等人息息相关的公民概念，在性别差异和种族差异方面容易引发显而易见的矛盾冲突。因此，穆夫建筑/艺术坚持把博物馆视为公共空间，这样人们能够更好地理解，博物馆是以实质性公民身份进行文化实践的公共福利，在政治层面具有深远的意义。

邀请妇女寻求庇护者联合小组，将她们的英语课堂搬到在维多利亚与艾伯特博物馆的公共空间中，这既是一种团结他人的做法，同时也在向社会公众宣扬公共福利惠及全社会的有效途径。穆夫建筑/艺术把物质层面的展览实践和意识层面的政治思想有机结合起来，坚持利用简单的文字和精巧的设计，把原本令人束手束脚的博物馆展示空间转化成了可以创造出无限可能的公共空间。与此同时，他们严格遵守博物馆的文物保护要求，设计了两张新桌子，其弯曲的程度和姿态恰到好处地避免触碰到柱廊，这些柱廊原产于比利时，都是从当地的一家修道院运输到博物馆里的。而且，他们对细节的关注可谓面面俱到，甚至延伸到了桌脚，将所有桌脚用毡子包裹起来，所以博物馆的地板上并未留下一丝划痕。这一系列做法都为妇女寻求庇护者联合小组即将开始的英语课做好了充足的前期准备，此外，他们还在两张桌子的后面挂了一条由碎片拼接而成的大幅挂毯。挂毯的碎片上写满了支持抵抗事业和团结斗争的只言片语，其中也包括安吉丽娜·朱莉（Angelina Jolie）的一条留言。穆夫建筑/艺术从博物馆作为公共福利的法律定义和政治哲学的概念出发，以研究为基础，深入探究被掠夺至异国他乡的文物和实质性公民身份的实践。整个博物馆界和"致力于赋予已在英国寻求到庇护的妇女们权力，让她们向媒体、政策制定者以及在公共活动中讲述自己的亲身经历"的女权主义基层组织（如 2019 年为难民妇女服务的妇女组织）结成同盟，为未来的女权主义和酷儿女权主义的策展实践指明了道路，根据萨斯基亚·扎森 2003 年提出的论点"公民身份部分取决于遭到社会排斥的人的作为"，她们声称作为公共福利的博物馆与新兴的跨国公民文化实践有着密不可分的关系。

酷儿埃里温组织在扎鲁比扬大街花园的集体展示（2008—2010 年）

这里植被茂盛。位于埃里温（Yerevan）市中心扎鲁比扬大街 34 号的花园里，种植着许多无花果树。它们的树枝生长茂盛，伸到了一些波纹状的铁皮之外，可以看出这里正在进行着一场非正式的搭建活动。艺术家阿斯特吉克·梅尔科尼扬（Astghik Melkonyan）先是在地上放置了一个白色的剪影，过不多久她就会用面粉填充其轮廓。由阿德里内·德尔－博戈西昂（Adrineh Der-Boghosian）创作的照片系列《碎片自我》（Fragmented Self, 2008 年）正高悬在一棵无花果树上。观众和艺术家们正在热烈地交谈着。接下来便是活动的开场白。苏珊·阿瓦吉扬（Shushan Avagyan）和安吉拉·哈鲁图尼扬（Angela Harutunyan）轮流发言。自始至终，风铃声一直在耳边回荡着。在临时放置的一个木制三脚架底下，有一片干燥的草地，上面摆放着一台笔记本电脑，措马克·奥加（Tsomak Oga）正在播放她所制作的视频短片《无题》（Untitled）。2008 至 2010 年间，酷儿埃里温在扎鲁比扬大街花园进行的集体展示，拍摄了许多现场视频，经过后期剪辑制作的短片所展现的，便是上述的开场场景。当地的和侨居于此的亚美尼亚艺术家对这个花园进行过一番改造，并把它作为所谓"酷儿埃里温"的艺术空间（见图 6.4）。

曾经为这个艺术空间作出过贡献的，常年居住在纽约的尼里·梅尔科尼安（Neery Melkonian）这样写道："我意识到了一点，在我的英语思维中，'酷儿'一词很可能早已扎根或者说渗透其中了。也就是说，它是属于一个移民到美国的欧洲人的文化地理概念……而 da-RO-ri-NAG-vadz 这个词在我的亚美尼亚语思维体系中并不存在，找不到意思相同的词语，甚至连意思相近的词语也没有。"（Melkonian, 2011: 9）酷儿既指代埃里温严酷的政治和经济现实下的生活状态，同时也指代以各式各样的表达方式为核心的艺术创作行为。酷儿埃里温把花园作为自发组织的，可以与朋友一起分享的艺术空间，追根溯源，可以看成是私人空间中两种不同的艺术分享形式的延伸和发展：一是妇女和女同性恋领导的从 19 世纪到 20 世纪初风靡欧洲的沙龙文化；二是 20 世纪末苏联和东欧举办的前卫艺术风格的地下公寓展览。

图 6.4 《酷儿埃里温组织在扎鲁比扬大街花园的集体展示 2008—2010》（Queering Yerevan's Collective Happenings In The Garden On Zarubyan Street 2008–2010），苏珊娜·莱西（Suzanne Lacy）个展"女权主义策展思维下的国际晚宴"（International Dinner Party in feminist curatorial thought），埃尔克·克拉斯尼策展，苏黎世艺术大学（Zurich University of the Arts, ZHdK），2015 年；装置影像由埃尔克·克拉斯尼提供

　　由三个核心成员，阿尔皮·阿达米扬（Arpi Adamyan）、苏珊·阿瓦吉扬和卢西纳·塔拉利扬（lusine talalyan），以及聚集在她们周围异常活跃的女性成员组成的酷儿埃里温团体，始终坚持一个原则：艺术创作绝对不能墨守成规，必须离经叛道。卢西纳·塔拉利扬解释道："我们采用自己的方式，全凭自己的能力办成每件事。"（Harutyunyan, 2011: 204）对她们而言，独立的含义就是，凡是彰显亚美尼亚国家机构威严的合法

行为，她们一概拒绝，事实上，直到 21 世纪，以一个女同性恋的身份生活在埃里温，也仍然是一个不小的挑战，因为"从 1936 到 2003 年，依据《亚美尼亚刑法》（Armenian Criminal Code）第 116 条的规定，同性恋者会受到羞辱、定罪和监禁的处罚"。（WOW Collective, 2019）在那之后，尽管"针对性少数群体的法律条款变得越来越宽容……但是，在亚美尼亚社会的大多数阶层中，离经叛道的非异性恋仍然会遭到强烈的谴责"。（WOW Collective, 2019）传统的中规中矩的异性恋性文化获得了根深蒂固的父权制的强烈支持。2008 年，亚美尼亚正式接受了联合国反对基于性取向的歧视的宣言。这种做法提高了人们对性少数群体权利的认识，但是与此同时也导致了暴力和反对同性恋言论的增加，政治家们纷纷站出来，公开反对非异性恋性取向，批判它们是病入膏肓的疾病。2009 年，妇女导向妇女团体，也就是酷儿埃里温的前身，撰写了一封《谴责不容忍的公开信》（*Open Letter Against Intolerance*），并于 2009 年 1 月 28 日在酷儿埃里温的博客上对外发布。公开信中引用了亚美尼亚人类可持续发展机构的负责人——卡琳·达尼埃良（Karine Danielyan）的说法："人们一直认为，如果占人类 4%～5% 的人口出现了某种病理表现……那么这些病理表现就应该被视为某种疾病。"

酷儿埃里温所奉行的特立独行的行事风格，不仅意味着她们对埃里温本地由国家经营运作的文化机构进行抵制，而且，她们还拒绝与任何庆祝全球艺术世界变革的活动扯上关系，也不想和促进苏联文化和公民变革的国际资助机构有任何瓜葛。塔拉利扬曾明确表达她们的忧虑，担心那些来自国际组织的资助机构，可能会试图把她们这个团体变成可以利用的"工具"，为资助者提供一个机会，帮助他们塑造"变革倡导者"的形象。（Harutyunyan, 2011: 204）这难免会带来一定风险，可能会"把那些与大众品位格格不入的事物进行美化和规范化"。（Harutyunyan, 2011: 204）因此，酷儿埃里温团体选择了亲力亲为，义无反顾地承担起这样一份需要自发组织，自筹资金，且没有酬劳的工作，让自己时常会陷入岌岌可危的境地，而她们做这一切的初衷，只是为了保护自己的艺术创作不受他人控制。

她们的具体做法，包括动用自己的私人关系和利用私人渠道，获取制作图书、举办展览、放映电影或举行集会所需的资源。除了努力争取个人私下的资金支持，她们偶尔也会发起公开的募捐活动。除此之外，她们策划一个展览，偶尔也需要成员们拿起锄头和铲子，亲自动手清理出一个花园，打造出一个临时的艺术空间。

这座花园之所以能够被选为"酷儿埃里温集体展示"的场所，也是因为它拥有特殊的背景，这里曾是散居国外侨民创建的跨国民间组织的一个联络点。苏联和东欧在后社会主义转型时期，曾经创建过一批民用基础设施，这些设施就是这些联络点的最初雏形。而两个民间组织，妇女资源中心（Women's Resource Center）和乌托邦文化中心（Utopiana Cultural Center），都与亚美尼亚散居侨民以及他们创建的跨国联络点有着千丝万缕的联系，前者致力于为妇女争取权利，后者致力于抵制当地艺术家夜郎自大的姿态。妇女资源中心隶属于活跃在欧洲高加索和巴尔干地区的人权之家网（Human Rights House Network）。而妇女导向妇女团体的早期创始成员又都曾在乌托邦文化中心工作，苏珊·阿瓦扬更是妇女资源中心的创始成员。酷儿埃里温的成员对民间组织的组织结构十分熟悉，因此决定尝试建立一种以群体性自发组织为基础，与以往松散的组织形式大相径庭的协会团体。但令人颇感意外的是，她们竟然欣然同意将上述两个妇女民间组织共同使用的房子后面的花园作为临时艺术空间，而且竟然连续坚持了三个夏天。

对酷儿埃里温这个团体而言，"跨国"一词是对亚美尼亚散居侨民所特有的生活状况的描述。1915 至 1923 年期间，亚美尼亚曾经发生了种族灭绝事件，这一历史创伤给埃里温这座城市留下了深深的、不可磨灭的烙印。时至今日，"大约有 800 万至 1 000 万亚美尼亚后裔生活在亚美尼亚共和国以外的地方（亚美尼亚本国人口目前约为 290 万）"。（Burman, 2019）虽然亚美尼亚共和国的公民出国旅游仍然受到限制，全世界 80 个国家都要求他们办理入境签证，但自从苏联解体之后，亚美尼亚共和国却对居住在全世界的亚美尼亚裔侨民开放了旅游通道。回顾酷儿埃里温团体成立的历史，不可否认的是，这个团体之所以能够建立，与亚美尼亚侨民近些年出现的，日益紧密的联系密不可分，因为这些侨民都对自己的原籍国表现出浓厚的兴趣，虽然他们可能已经与其分离了四五代人的时间，甚至可能从未回去过。在旅居海外的亚美尼亚侨民中，酷儿侨民中的艺术家、作家和知识分子群体，充满了激情，极易与亚美尼亚当地的酷儿生活经历产生共鸣。

2007 年建立的酷儿埃里温团体，确实受到了一些成员个人经历的激励，这些人的同性恋性取向，包括他们在视觉艺术上的表现或是在文学上的表达，一直被社会压制，也受到了对同性恋性行为进行暴力镇压的政治气氛的激励。这个团体站在埃里温本地人的角度来考察"酷儿"一词的同时，也同样考察了其他语言中表达相同意思的对应词语，cuir（西班牙文）、kirik（土耳其文）、kvar（塞尔维亚－克罗地亚文）或 kuir（葡萄牙文）。（Schwärzler, 2015）关于展览地点的选择和选择的原则，酷儿埃里温采用的是酷儿女权主义的自我策划实践的原则，能在海外的同性恋侨民和当地的同性恋群体中引起共鸣。酷儿埃里温的工作不仅需要生产视觉艺术作品或诗歌作品，而且还需要积极行动起来，充分利用基础设施和资源，就地取材，创造这些作品生产所需的条件。

绘制日常：社区对未来的诉求（温哥华，2011—2012 年）

2011 年 11 月 26 日，一群人围坐在一起，形成一个大大的圆圈，共同探讨如何呈现出理想中的"市中心东区所有人共同拥有的未来"（Collective Futures in the Downtown Eastside）。环绕在他们四周的是白色的墙壁，墙上用黑笔写满了一排排的文字（见图 6.5）。在这些为了便于

图 6.5 《绘制日常：社区对未来的诉求》（Mapping The Everyday. Neighbourhood Claims for the Future），奥丹美术馆（Audain Gallery），2011—2012 年；装置影像中显示有一排排文字及多种媒介的档案；凯文·施密特（Kevin Schmidt）供图

书写而安装的墙上展示了许多诉求，大多数是用英语书写的，也有一些是用汉语和斯阔米什语（Squamish）书写的。在温哥华市中心东区妇女中心（Vancouver's Downtown Eastside Women's Centre，DEWC），全部诉求都是妇女们经过研究讨论、精挑细选出来的，参观这场展览的人能够读到这样一些诉求："停止对妇女使用暴力"（1980 年）、"禁止仇视同性恋"（1989 年）、"禁止宣扬种族主义"（1989 年）、"红路勇士"（1989 年）、"姐妹抵抗"（2001 年）或"为妇女提供安全住房"（2007 年）等。一个艺术活动家团体——德梅迪亚（desmedia），组织了一次社区集会，一群人围坐一圈畅谈社区未来发展的前景，这个活动是西蒙·弗雷泽大学奥丹美术馆（Simon Fraser University's Audain Gallery）举办的"绘制日常：社区对未来的诉求展"的部分内容。担任这个内容包罗万象的展览项目策展人的有三个人，包括奥丹美术馆的艺术总监扎比内·比

特（Sabine Bitter），她既是从奥地利移居到温哥华的移民，也担任着温哥华市中心东区妇女中心的协调员，加拿大黑人妇女塞西莉·尼科尔森（Cecily Nicholson）和在维也纳定居的策展人埃尔克·克拉斯尼，他们三人受奥丹家居视觉艺术家项目（Audain Visual Artists in Residence Program）的邀请，进行了一次临时合作，他们三人对殖民主义创伤带给原住民妇女的无法抹去的悲痛和妇女们极力对抗这份创伤的历史进行深入了解后，探讨了在新自由主义城市士绅化条件下，妇女们可以开展合作的方式。

距离不远的温哥华市中心东区妇女中心和奥丹美术馆，可以被恰如其分地描述为地位相差悬殊的社区邻居。1978年，市中心东区妇女中心成立并完成注册。它的选址位于市中心东区，这是"一个具有文化多样性特征的社区，48%的人口代表的是显而易见的少数群体，包括唐人街的居民、来自美洲各地的大量原住民和许多移居到加拿大的新移民"。该中心作为社区中妇女们日常聚集的一个场所，一直坚定地支持她们，特别是原住民妇女和年迈的中国妇女移民，争取自己的权利，抵抗各种社会不公。（Newnham, 2005）几十年来，该中心作为一项由妇女经营的充满活力的基础设施，日复一日地为妇女们提供日常帮助，有时是一顿热乎乎的餐食，有时是一些法律方面的建议，而且，中心还为培育积极向上的社区精神，号召全社区共同抵制体制性的压迫作出了一定贡献。2010年，奥丹美术馆正式对外开放。它是西蒙·弗雷泽大学在市中心新建校园的一个组成部分，就在伍德沃德大楼（Woodward Building）旧址上拔地而起，这座大楼曾是温哥华历史上的地标性建筑，历史可以追溯到1903年的一家家喻户晓的百货公司。1993年，伍德沃德破产后，这座建筑便一直空置，直到2002年，一群政治活动中的活跃分子占领了大楼，并宣称这块地皮是社会公共房地产。于是，2006年，大楼经过爆破拆除后，这块地皮按照建筑公司——昂里凯合伙人建筑事务所（Henriquez Partners Architects）的理念进行了重新开发。应运而生的奥丹美术馆一直强调，当代艺术空间，包括大学里的画廊，对城市的士绅化发展具有重要意义。市中心的东区，一直被视为加拿大所有地区中最为贫穷的邮政编码所属地，已经见证了士绅化发展带给社区的巨大压力。地位相差悬殊的邻居之间展开女权主义合作，正如市中心东区妇女中心和奥丹美术馆之间所开展的合作，正是源于人们意识到了上述士绅化发展带给社会的窘境，而采取的应对之策。依照女权主义理论家莫汉蒂的理论，这种地位相差悬殊的社区邻居如果要进行合作，就"必须在考察具体的历史背景和社会政治背景的基础上，审时度势地通盘策划"。(Mohanty, 2003: 24) 这个展览所应用的跨国女权主义策展实践涵盖了原住民、移民、社会工作、艺术创作、城市研究和社会活动家等诸多视角，因此，它远远超越了策展制度既定的批判模式，采用的模式就是，在明知自己与现有制度的力量对比悬殊，可能会承受制度评判带来的风险，但是仍然试图通过超越策展界限的实践挑战现有的策展制度。(Alberro and Stimson, 2011) 开展合作性的研究工作，需要人们清醒地认识到殖民和新自由主义城市转型之间存在着复杂的联系，能够心无旁骛地投身到纪念性和治愈性的女权主义原住民的研究和实践中去。奥丹美术馆展示空间的功能可以一分为二：这里既是社区集会，各抒己见的论坛，也是进行艺术表演，博采众长的论坛，例如，在红色迪瓦项目（ Red diva projects ）委托的一个新展览中，项目创始人玛丽·克莱门茨（ Marie Clements ）和米歇尔·圣约翰（ Michelle St. John ）便将讲故事这种艺术表现形式和市中心东区妇女中心关于原住民的各种各样的认知结合起来。

　　这项由多部分组成的策展工作的核心，便是我提出的与市中心东区妇女中心的妇女们开展合作，共同研究她们进行抵抗斗争的历史。事实上，该中心为了定期发行通讯，一直在从事研究工作，这项工作从发行之初起就由一个定期到访中心，专门设立的妇女小组负责。小组成员包括斯特拉·奥古斯特（ Stella August ）、米丽埃尔·布吕内勒（ Muriel

Brunelle）、达拉娜·盖尔·鲍恩（Dalannah Gail Bowen）、舒利·陈（Shurli Chan）、帕特·哈拉姆（Pat Haram）、奥德丽·希尔（Audrey Hill）、苏珊娜·基尔罗伊（Suzanne Kilroy）、卡伦·拉艾（Karen Lahay）、泰里·马里（Terri Marie）、琼·莫雷利（Joan Morelli）、拉莫娜·桑德拉（RamonaSandra）、萨拉·德尔（Sara Dell）、休·李（Sue Lee）、斯特林·塞克斯顿（Stirling Sexton）、比阿特丽斯·斯塔尔（Beatrice Starr）、黛比·文图里（Debbie Ventury）、伯尼斯·韦尔德（Bernice Verde）和迪安娜·王（Deanna Wong）。她们书写的一排排文字，布满了画廊的所有墙壁，描绘的是有史以来广大妇女们的诉求，这些诉求也构成了展览的核心。

其中两项诉求，"为失踪和被杀害的妇女伸张正义"（20世纪90年代）和"2月14日妇女纪念游行委员会"（1992年以来），与温哥华市中心东区曾发生的杀害妇女的历史事件紧密相关。1978至2001年期间，共有60多名妇女陆续失踪，其中不乏性工作者和原住民居民。这两项诉求反应的是为纪念那些受害妇女举行的政治运动，和为她们伸张正义的意识觉醒。东区妇女中心的许多妇女一直积极投身妇女纪念游行活动，这类游行通常不仅仅局限于本社区范围，甚至不仅局限于本国范围，游行的目的是要提高全社会对特定暴力行为的系统性认识，即专门针对性少数群体和少数民族的妇女的暴力行为。"第一次妇女纪念游行于1991年举行，是对温哥华鲍威尔街上居住的一名海岸萨利什人（Coast Salish）女性被谋杀的事件作出回应"。（Women's Memorial March, 2019）这场声势浩大的游行活动在整个加拿大引起了轩然大波，引发了大范围的意识觉醒，随后，加拿大的其他城市也紧随其后，纷纷举行游行活动，而且，这次游行还促进了跨国政治活动如火如荼地开展，他们公开宣称"正是因为公众对公开的秘密无动于衷，为谋杀原住民妇女创造了特定的历史条件和地缘政治条件，导致施暴者把这种谋杀视为实施人类和文化灭绝的一种方式"。（Due to Injuries, 2019）2012年举行的妇女纪念游行活动的组织者在活动期间，在包含展览计划的小册子中展现了国际化视角："2月14日举行的妇女纪念游行委员会和市中心东区妇女中心，依据联合国《消除对妇女一切形式歧视公约》任择议定书第8条规定，刚刚向联合国递交了相关材料，目前正在翘首以盼国际范围内正义的到来。"（Women's Memorial March, 2019）

扎比娜·比特、埃尔克·克拉斯尼和塞西莉·尼科尔森三位策展人通力合作，确保展览获得了足够的资金支持，成功邀请到市中心东区妇女中心参与到展览中来，并成功委托了一些艺术家和艺术机构，共同为展览出谋划策。德梅迪亚（Desmedia）是一家艺术团体，从2000年起就开始为一个需要多方协作配合的社区活动举办工作坊，记录和讲述市中心东区的生活。他们制作的充满生活气息的档案资料，一度挑战了当时主流媒体上出现的固有形象，因为档案内容更多涉及的是社会上定义为负面形象的场景，穷困潦倒、无家可归、使用暴力、滥用毒品和从事性工作。他们的档案资料，包括架设起来的棚架，一个工作站，一些录像带和绘画作品，被放置在本次展览所在展厅的中心位置。红色迪瓦项目所开创的，是一种为展览搜集妇女们的诉求的新型展示形式。库普（Coupe），一个成立于2010年的跨学科团体，设想出了一个命名为"星期三夜校"的公众集会项目。该项目的资金来自奥地利联邦教育、艺术和文化部（Austrian Federal Ministry for Education, Arts, and Culture）、阿姆·乔哈尔（Am Johal），隶属于西蒙·弗雷泽大学伍德沃德文化单元的都市社区事务办公室（Vancity Office of Community Engagement）主任、西蒙·弗雷泽大学英语系的埃伦和沃伦·托尔曼作家居留项目（Ellen and Warren Tallman Writer in Residence Program），以及温哥华市成立125周年纪念资助计划（City of Vancouver's 125th Anniversary Grants Program）。就像地位相差悬殊的邻居进行合作一样，策划这个展览的三位合作者对申请这个资助计划也进行了针锋相对的讨论。温哥华市始建于1886年，发展于殖民运输的基础设施——加拿大太平洋铁路（Canadian Pacific

Railway）的扩张。

尽管直到今天为止，不列颠哥伦比亚省的大部分地区仍属于原住民，这些土地他们始终未曾割让，但是在历史上，殖民立法对这块领土的掌控和主宰权的觊觎却从未消失。温哥华市恰巧地处传统的原住民——斯阔米什人（Squamish）、穆斯克姆人（Musqueam）和齐莱尔—沃特斯人（Tsleil-Waututh）未曾割让的几块领土上。"绘制日常：社区对未来的诉求"展项目决定参加温哥华建市的周年庆祝活动，是为了提高人们对一个自发组织、自下而上的基层妇女中心的发展历程的认识，它在新自由主义经济体制下能为妇女们提供一些日常的帮助，并寻求从殖民创伤和殖民引发的人类和文化灭绝中感受悲伤和治愈创伤的方法。

对于涵盖了原住民、移民和当代艺术世界多个领域，并投身于合作性的历史研究和当代艺术生产的这场策展实践而言，跨国女权主义战略构成了玛丽亚·林德所谓的"合作转向"的一部分。（Lind, 2007: 15–31）一个是女权主义在第二次浪潮时期形成的具有旺盛生命力的"女权主义联合城市主义"存在的证据——一个自发组织的在政治上十分活跃的妇女组织，另一个是包含社会因素和政治因素在内的当代艺术创作方法和对纪念性活动意义非凡的毁誉参半的研究工作，这场策展实践将这两者完美结合在了一起。（Krasny, 2017b）这场策展还强调了，一个大学画廊，在士绅化和学生化都不断发展的双重影响下，可以举办与当地独有的殖民创伤和"切实存在的新自由主义"相关的纪念活动，并且在进行城市公民身份的实践方面发挥重要的公共职能。（Brenner and Theodore, 2002）

结论

策展实践能够记录变化。依照阿德里安娜·里奇（Adrienne Rich）的思路，有些策展实践，当然并非所有策展实践，可以通过某个地理位置在政治上的演变过程，帮助人们了解一块领土、一处地理位置和一段历史如何创造出艺术诞生和发展的条件。上述针对策展实践的唯物主义分析独辟蹊径，使人们清楚地看到，一些策展实践是如何呈现不断变化的客观条件对艺术创作产生的影响，因此，当代策展实践必须放在21世纪女权主义新浪潮这一更为宏大的背景中进行考察和理解。殖民创伤、种族灭绝、侨民问题、移民问题和难民问题的复杂历史，以及新自由主义资本主义下的全球化，在地图上无一例外都能找到相对应的位置，不仅在这些地方生根发芽，甚至还能产生跨国影响。移民、原住民和流散侨民大量存在的现实，和他们生活在异国他乡的生活经历正在使这些人的个人问题形成跨国影响。女权主义和酷儿女权主义策展实践所采取的政治立场，绝不是四处游说，要将先前被排斥或边缘化的艺术立场重新融入全球化的艺术世界中。恰恰相反，这些女权主义者在智力、审美、政治、社会和基础设施方面积极行动起来，也绝不是为了证明全球化拥有无边无际的影响力。由于女权主义策展实践可以一直追溯到从女权主义第二次浪潮到第三次浪潮的过渡时期，并为了支持今天的实质性公民实践活动而在艺术领域之外建立起了各种合作，即便是这样，它们也并不是"无边无际的"。（Mohanty, 2003: 2）涵盖移民、非移民、黑人、同性恋、流散侨民、原住民、难民、有色人种或白人的生活经历和生活感悟的策展实践，必须要将钱德拉·塔尔帕德·莫汉蒂所描述的"当下存在的断层线、冲突、差异、恐惧和遏制的边界"考虑在内。（Mohanty, 2003: 2）无论是在展览还是在谈话中，当策展实践致力于女权主义和同性恋女权主义的未来发展时，所有实践都会积极调动跨界策展所拥有的解放自我的最大潜力。现在下这个结论可能为时尚早，但我们未来见证的很可能不仅仅是在新女权运动的背景下进行的策展实践，真正见证到的将是21世纪女权主义和酷儿女权主义策展运动的形成。

参考文献

Alberro, Alexander and Blake Stimson (eds.). 2011. *Institutional Critique*: *An Anthology of Artists' Writings*. Cambridge, MA: MIT Press.

Antrobus, Peggy. 2004. *The Global Women's Movement: Origins, Issues and Strategies*. London: Zed Books.

All of this Belongs to You. 2015. Exhibition at the Victoria & Albert Museum London, 1 April–19 July 2015. http://www.vam.ac.uk/content/exhibitions/all-of-this-belongs-to-you/all-of-this-belongs-to-you/, accessed 13 March 2019.

Arendt, Hannah. 1958. *The Human Condition*. Chicago: University of Chicago Press.

Baert, Renée and Katy Deepwell (eds.). 2006. Curatorial strategies. *n.paradoxa international feminist art journal* 18.

Bennett, Tony. 1995. *The Birth of the Museum*: *History, Theory, Politics*. New York: Routledge.

Boisseau, T.J. and Abigail M. Markwyn (eds.). 2010. *Gendering the Fair: Histories of Women and Gender at the World's Fairs*. Champaign, IL: University of Illinois Press.

Brenner, Neil and Nik Theodore. 2002. Cities and geographies of "actually existing neoliberalism." *Antipode* 34(3): 349–379.

Burman, Stephen. 2019. Armenia's diaspora: Its role and influence. http://www.refworld.org/pdfid/55375ae94.pdf, accessed 13 March 2019.

Chakrabarti, Shami. 2017. *Of Women in the Twenty-First Century*. London: Allan Lane.

Chamberlain, Muriel Evelyn. 2013. *The Scramble for Africa*. New York: Routledge.

De Beauvoir, Simone, 1976. Preface. Simone de Beauvoir's Remarks. In: *Crimes Against Women: Proceedings of the International Tribunal* (edited by Diana E.H. Russell and Nicole Van de Ven): 5–6. Berkeley, CA: Russell Publications.

Deepwell, Katy, 2006. Feminist curatorial strategies and practices since the 1970s. In: *New Museum Theory and Practice: An Introduction* (edited by Janet Marstine): 64–84. Malden, MA: Blackwell Publishing.

Dimitrakaki, Angela. 2016. Feminism, capitalism and the art field: Questions on methods, politics, history. Paper delivered at *Feminist Perspectives in Artistic Productions and Theories of Art*, 28–30 October 2016, Azkuna Zentroa, Bilbao.

Due to Injuries. 2019. http://duetoinjuries.com/response-cecily-nicholson, accessed 13 March 2019.

Duncan, Carol. 1991. Art museums and the rituals of citizenship. In: Exhibiting Cultures: *The Poetics and Politics of Museum Display* (edited by Ian Karp, and S.D. Lavine): 88–103. Washington, DC: The Smithsonian Institution Press.

Eichhorn, Kate. 2013. *The Archival Turn in Feminism: Outrage in Order*. Philadelphia: Temple University Press.

Fior, Liza and Kieran Long. 2015. City as Host: *All of these Belongs to You Talks*. Victoria and Albert Museum. https://www.vam.ac.uk/blog/design-and-society/10-april-2015-city-as-host-liza-fior-and-kieran-long, accessed 13 March 2019.

Graham, Stacie C.C., Katharina Koch, and Marie-Anne Kohl. 2015. Vorwort. In: *Prekäre Kunst: Protest & Widerstand* (edited by Stacie CC, Katharina Koch, and Marie-Anne Kohl): 7. Berlin: alpha-nova-kulturwerkstatt & galerie futura.

Griffith, Karina. 2015. A Black German year. A review essay. http://womeningerman.org/?q=node/249, accessed 13 March 2019.

Harutyunyan, Angela. Live from Angela: Apart we are together. In: Queered: What's to be Done With xCentric Art (edited by lusine talalyan, Arpi adamyan, and Shushan avagyan): 200–209. QY Collective, 2011.

Holston, James and Arjun Appadurai. 1996. Cities and citizenship. In: *Public Culture* 8(2): 187–204; doi: 10.1215/08992363-8-2-187.

Horne, Victoria and Lara Perry. 2017. Introduction: Feminism and art history now. In: *Feminism and Art History Now: Radical Critiques of Theory and Practice* (edited by Victoria Horne and Lara Perry): 1–24. New York: I.B. Tauris.

Johnson, Julie M. 2012. The ephemeral museum of women artists. In: The Memory Factory: *The Forgotten Women Artists of Vienna* 1900, 295–336. West Lafayette, IN: Purdue University Press.

KIOSK. 2017. Show me your archive and I will tell you who is in power. http://www.internationaleonline.org/media/files/kiosk_booklet_archive_press_fin.pdf, accessed 13 March 2019.

Kössler, Reinhart. 2015. *Namibia and Germany: Negotiating the Past*. Windhoek, Namibia: University of Namibia Press.

Krasny, Elke. 2016. Curatorial materialism: A feminist perspective on independent and co-dependent curating. *OnCurating* 29: 96–108.

Krasny, Elke. 2017a. The salon model: The conversational complex. In: *Feminism and Art History Now: Radical Critiques of Theory and Practice* (edited by Vitoria Horne and Lara Perry): 147–163. New York: I.B. Tauris.

Krasny, Elke. 2017b. Neighbourhood claims for the future: Feminist solidarity urbanism in Vancouver's Downtown Eastside. In: *The Social (Re) Production of Architecture: Politics, Values, and Actions in Contemporary Practice* (edited by Doina Petrescu and Kim Trogal): 93–112. New York:

Routledge.

LaVerne Bettencourt, Melody, Karina Griffith, and Lerato Shadi. 2015. Group artist statement. In: *Prekäre Kunst*: *Protest & Widerstand* (edited by Stacie C.C. Graham, Katharina Koch, and Marie-Anne Kohl): 7. Berlin: alpha-nova-kulturwerkstatt & galerie futura.

Lennox, Sara (ed.). 2017. *Remapping Black Germany: New Perspectives on Afro-German History, Politics and Culture*. Amherst, MA: University of Massachusetts Press.

Lind, Maria. 2007. The collaborative turn. In: *Taking Matters into Common Hands: On Contemporary Art and Collaborative Practices* (edited by Johanna Billing, Maria Lind, and Lars Nilsson): 15–31. London: Black Dog Publishing.

McClellan, Andrew. 1994. *Inventing the Louvre: Art, Politics, and the Origins of the Modern Museum in Eighteenth-Century Paris*. Berkeley, CA: University of California Press.

Melkonian, Neery. 2011. In lieu of a preface. In: *Queered: What's to be Done with Centric Art* (edited by lusine talalyan, Arpi Adamyan, and Shushan Avagyan): 7. Yerevan: Queering Yerevan Collective.

Mohanty, Chandra Talpade. 2003. *Feminism without Border: Decolonizing Theory Practicing Solidarity*. Durham, NC: Duke University Press.

Muf. http://www.muf.co.uk/profile, accessed 13 March 2019.

Newnham, Jodi. 2005. An overview of Vancouver's Downtown Eastside for UBC Learning Exchange Trek Program participants. UBC Learning Exchange. http://www.learningexchange.ubc.ca/files/2010/11/overviewdtes2016.pdf, accessed 13 March 2019.

Oxford University Press. 2017. English Oxford Living Dictionaries. https://en.oxforddictionaries.com/definition/public_good, accessed 13 March

2019.

Pepchinski, Mary. 2007. *Feminist Space: Exhibition and Discourses between Philadelphia and Berlin* 1865–1912. Weimar, Germany: VDG.

Pepe, Victoria, et al. 2015. *Why I Call Myself a Feminist*. London: Virago Press.

Queering Yerevan. 2009. Open letter against intolerance. http://queeringyerevan.blogspot.co.at/2009/01/open-letter-against-intolerance.html, accessed 13 March 2019.

Reilly, Maura, 2007. *Global Feminisms: New Directions in Contemporary Art*. New York: Merell Publishers.

Rich, Adrienne. 1984. *Blood, Bread, and Poetry: Selected Prose*. New York: W.W. Norton.

Sassen, Saskia. 2001. *The Global City: New York, London, Tokyo*. Princeton: Princeton University Press.

Sassen, Saskia. 2003. The repositioning of citizenship: Emergent subjects and spaces for politics. In: *The New Centennial Review*, 3(2): 41–66. doi: 10.1353/ncr.2003.0028.

Schultz, Dagmar. 2012. *Audre Lorde: The Berlin Years 1984 to 1992*. New York: Third World Newsreel.

Schwärzler, Dietmar. 2015. QQ queer and questioning. In: *Pink Labor on Golden Streets: Queer Art Practices* (edited by Christiane Erharter, Dietmar Schwärzler, Ruby Sircar, and Hans Scheirl). New York: Sternberg Press.

Spivak, Gayatri Chakravorty. 1988. Can the subaltern speak? In: *Marxism and the Interpretation of Culture* (edited by Cary Nelson and Larry Grossberg): 271–313. Urbana, IL: University of Illinois Press.

The Women's March Organizers and Condé Nast. 2018. *Together We Rise: Behind the Scenes at the Protest Heard Around the World*. New York:

Dey Street Books.

Vried, Tilly. 2011. Women's memory, whose memory. In: *Women's Memory: The Problem of Sources* (edited by D. Fatma Türe and Birsen Talay Kesoglu): 2–7. Newcastle upon Tyne: Cambridge Scholars Publishing.

Wekker, Gloria. 2016. White Innocence: *Paradoxes of Colonialism and Race*. Durham, NC: Duke University Press.

Women for Refugee Women. 2019. http://www.refugeewomen.co.uk/about-us/, accessed 13 March 2019.

Women's Memorial March. 2019. https://womensmemorialmarch.wordpress.com, accessed 13 March 2019.

WOW Collective. 2019. "Two years in correspondence" from the WOW Collective in Armenia. https://www.kickstarter.com/projects/aglany/two-years-in-correspondence-from-the-wow-collect/description, accessed 13 March 2019.

本章作者简介

埃尔克·克拉斯尼（Elke Krasny）是维也纳美术学院（Academy of Fine Arts Vienna）教授。她的研究、写作和策展将女权主义实践、空间经济、城市分析以及策展史学联系起来。其著述包括 2017 年发表于《第三文本》（*Third Text*）的论文《暴露：瓦利·艾丝波特透明空间中基础设施的政治》（Exposed: The Politics of Infrastructure in Valie Export's Transparent Space），以及发表于霍恩（Horne）和佩里（Perry）编《女权主义与当代艺术史》（*Feminism and Art History Now*）的《沙龙模式：会话性的综合体》（The Salon Model: The Conversational Complex）。2013 年她主编文集《妇女：博物馆——女性主义、教育、历史和艺术中的策展政治》（*Women's: Museum. Curatorial Politics in Feminism,Education, History, and Art*）。

第七章 艺术品的情境转换和现场感

策展手法札记

　　21 世纪 10 年代初，在斯德哥尔摩现有的城市结构中，设想出一个反乌托邦式（dystopian）的未来场景怎么样？一个虚构的故事情节能让我们对日常环境墨守成规的感知和体验得到些许改变吗？这两个问题最终催生了一场为期一天的名为"T.451"的表演，表演于 2012 年 5 月 27 日星期六在斯德哥尔摩举行，这场表演由艺术家多米妮克·冈萨雷斯 – 弗尔斯特和音乐家兼作曲家阿里·本杰明·迈耶斯联合策划，并由滕斯塔美术馆和斯德哥尔摩艺术中心负责协调。然而，这两家艺术机构，一个是位于郊区的小型艺术中心，另一个是致力于在公共空间展示艺术的艺术市政机构，摆在它们面前的难题是，"T.451"这个项目带来了一系列策展方面的挑战，主要涉及的是艺术展示和表演的具体地点如何确定，以及展示和表演过程如何在这些地点之间进行情境转换；另外，进行展示和表演的艺术空间有一些家喻户晓，但也有一些鲜为人知。"T.451"这个项目，尽管在最初策展时面临如此多的挑战，但它最终呈现的效果在漫长的岁月中仍然令我情有独钟，它早已成为我最中意的艺术作品之一——它对我们这个时代感受最强烈的情境进行了一种富有诗意的表达。

　　冈萨雷斯 – 弗尔斯特和本杰明·迈尔斯策划的"T.451"表演，是在斯德哥尔摩完成一场长达 4 个小时不间断的城市漫步，街道两旁的环境让人们仿佛从当下的现实瞬间实现穿越，回到了一个经典的故事中。这场表演的灵感取自雷·布拉德伯里于1953年创作的科幻小说《华氏451度》，以及弗朗索瓦·特吕福在1966年将其搬上银幕，由伯纳德·赫尔曼配乐的电影版本。伴随着"T.451"的艺术表演，公众被引导着步行穿过斯德哥尔摩这座城市和位于市郊的滕斯塔，电影中的场景嵌入到斯德哥尔摩的建筑环境、基础设施和公共场所，再次呈现在公众眼前。现场音乐、舞蹈编排、文字表达和诸多表演元素都做到了全方位呈现，使公众在公共场所获得仿佛身临其境进入了吕福特当年拍摄的电影中一样的体验。

在布拉德伯里小说的原始版本中，故事发生在未来社会，当时人们唯一的交流媒介是电视中的图像。文字被认定将对统一的社区造成威胁，因此被划定为非法。消防员们积极搜寻并及时销毁书面文字，消防员们不去扑灭火灾，而是焚烧书籍，只是为了消除人类产生幻想的条件。有些人对这种做法提出反对意见，试图偷偷地将文字资料保存下来，随之保存的当然还有自由思考的可能性。冈萨雷斯－弗尔斯特和本杰明·迈尔斯策划的"T.451"表演项目的起点是贡纳尔·阿斯普隆德（Gunnar Asplund）建造的位于奥登普兰（Odenplan）的著名的城市主图书馆（见图7.1），接下来，整个表演队伍会迁移到斯德哥尔摩的地铁里（见图7.2），并最终在滕斯塔具有后现代主义风格的住宅区结束表演，这种艺术品的情境转换，旨在测试在艺术殿堂的高墙之外，通过一种新的音乐和表演叙事的形式来想象未来是否有可能，有多大的可能。

在策展领域内，对艺术展示地点进行迁移是一种经常运用的策展手法。它需要将某件物品从一个环境（通常是一个被视为"老巢"的地方）迁移到另一个环境中。围绕如何"在公共空间中呈现艺术"提出的倡议层出不穷，这是众所周知的艺术展示地点实现情境转换的一种方式，目的就是允许人们在长时间逗留的地方近距离感受艺术，并且在无须购买门票的情况下获得艺术体验。无论是在广场上、地铁里，还是在

图 7.1 "T.451"，多米妮克·冈萨雷斯－弗尔斯特（Dominique Gonzalez-Foerster），2012 年；滕斯塔美术馆供图，罗宾·哈尔德特（Robin Haldert）摄影

图 7.2 "T.451"，多米妮克·冈萨雷斯－弗尔斯特，2012 年；滕斯塔美术馆供图，罗宾·哈尔德特摄影

公园里、医院里，这种艺术展示都意味着艺术的某种解放，因为艺术从白色立方体机构的禁锢中被释放出来了。尽管在西半球，这种现象从二战后才开始大规模出现，但是事实上，艺术被"应用"于教堂和宫殿中，以及广场上的纪念碑上早已经有长达几百年的历史了，所以，这绝不是全新的现象。然而，现在的人们期待亲身感受艺术，从中获得愉悦感，而不是将其作为政治吹嘘的工具，这又是前所未有的新现象。今天，"公共空间中的艺术"大行其道甚至引发了一个问题：一个城市的公共空间中究竟能承载多少艺术展示？试想一下，比如德国的明斯特（Münster）是否有能力承载它那些大型的雕塑项目？

很长一段时间以来，人们都认为，在白色立方体里展示艺术作为展示艺术的规范存在诸多局限，其中有些原因能够自圆其说，但也有一些原因，在我看来似乎是无法立足的。过去 50 年来，尽管世界上的不同地区在不同程度上，都确立了将白色立方体作为艺术展示规范的主导地位，但这种规范也并非始终如一，一以贯之。随着博物馆、艺术中心和画廊的展示条件不断变化，作为策展手法的艺术展示地点的迁移应该如何利用，能够产生哪些价值，以及地点迁移会在现场和非现场之间产生什么样的关联，都是这些艺术机构需要重新思考的亟待解决的问题。除了马塞尔·杜尚（Marcel Duchamp）开创的建立在物品的地点迁移基础上的哥白尼式的艺术革命之外，罗伯特·史密森（Robert Smithson）创作的具有开创性质的艺术作品《非现场》（Non-Sites）使天然的现场——通常是远离城市的工业区——成为首先考虑的第一现场，而艺术机构，例如，从第一现场运来的岩石会在其中进行展示的空间，反而成了次要的第二现场。《非现场》这一作品测试了一件物品是如何通过地点的迁移，而改变了其自身的内涵。这样一来，与杜尚的做法背道而驰，这些雕塑强调的是各种关系相互作用的过程、将一个物品从一个地方转移到另一个地方的行为，以及由此产生的被史密森视为某种抽象容器的机构和另一个地点之间的关联。而且，对他来说，现场所包含的是一些零散的信息，而《非现场》包含的是完整的信息。和他类似，我对艺术展示地点的迁移、类似艺术进行的一次旅行，物品、地点和相关问题重新组合在一起以及这些组合能够产生什么样的影响兴趣盎然。

"T.451"项目是一家市政机构——斯德哥尔摩艺术中心和一家私人机构——滕斯塔美术馆，联合举办的项目，同时得到了斯德哥尔摩图书馆（Stockholm Library）和滕斯塔图书馆（Tensta Library）的大力支持。实施这个项目的原因是，市政议会中的政客们无视公平原则，向斯德哥尔摩艺术中心提出了一个简单粗暴的要求：要求斯德哥尔摩艺术中心在奥登普兰制作一个临时性的艺术项目，试图缓解在当地新建一个地下购物中心的计划在当地居民中引发的紧张情绪。斯德哥尔摩艺术中心随即与我们滕斯塔美术馆进行了接触，我们建议邀请艺术家冈萨雷斯－弗尔斯特，请他策划出一个可以将奥登普兰和滕斯塔关联起来的临时性的艺术项目，这两处地方虽同处一个城市，也是欧洲种族隔离程度最高的城市之一，却势同水火、毫无瓜葛[①]。从人口统计学角度来看，一处是生活优渥、白人居住的内城社区，而另一处则是生活窘困、有色人种居住的位于郊区的后现代主义风格的住宅区。

像冈萨雷斯－弗尔斯特创作的诸多作品一样，"T.451"也需要音乐发挥重要作用，把那些配乐场景嵌入到建筑环境、基础设施和公共场所中，并且依据时机、情境和公众选择演奏曲目，而不是依据演出场所的建筑材料和构造特点。同时，很多场景的部分或全部都进行了与艺术毫无关联的活动地点的转移。她常会受到艺术领域以外的其他领域的启发进行艺术创作，所以，她的作品能够把文学经典或电影中的场景搬到现实中来，呈现出来的却绝不仅仅是一个简单的叙事：作品试图捕捉公

---

① 最终，斯德哥尔摩公共交通公司（SL）、大斯德哥尔摩消防大队（Greater Stockholm Fire Brigade）、红色同志组织（Röda Hanen）、埃纳尔·马特松（Einar Mattsson）房地产公司、滕斯塔拳击俱乐部、斯德哥尔摩城市博物馆和位于斯班加（Spånga）的库尔德协会均以各种形式参与到表演中。

众与艺术产生直接接触时的场景。因此，顺理成章的是，她的作品所呈现出的是多维度的表演，声音和视觉元素与表演环境完美融合，把表演变成一种对艺术潜能的体验，艺术既能产生想象中的变化，也能产生现实中的变化。她的作品已经在各种类型的地点演出过，包括白色立方体和其他艺术机构的空间，也包括公园，甚至还有马戏团。冈萨雷斯－弗尔斯特和迈尔斯的交情始于 2007 年，两人都参与了"邮递员时间"（Il Tempo del Postino）的表演，这是由汉斯－乌尔里希·奥布里斯特（Hans-Ulrich Obrist）和菲利普·帕雷诺（Philippe Parreno）共同策划的一场团体表演，也是一场艺术家歌剧，它作为曼彻斯特国际艺术节（Manchester International Festival）开幕式的一个节目进行了首演①。自此之后，两人合作的作品往往是从特定的电影或音乐曲目中获得灵感，并被他们自己描述为"以观众为基础"的作品。

斯德哥尔摩的这场表演通过报纸、社交媒体和组织者通讯上的广告广而告之②。有些人在无意中撞到其中一个场景后竟不由自主地一路跟随。在城市主图书馆，一支由大约 30 名专业音乐家组成的弦乐团，演奏了赫尔曼的一些电影曲目，周围聚拢了一百多名观众，然后，少数协调人员引导着这些观众一路步行，进入地铁，电影里的场景在站台上和车厢里同步上演。在那里，表演节目单被分发给观众们，但人们很快发现节目单所包含的只有绘制出来的各种场景的图像，却没有文本。之后在滕斯塔，布置的场景包括一辆满载着消防队员的 20 世纪 30 年代的消

---

① 他们两人合作完成的第一部完整的作品，出现在 2008 年，是为美国纽约所罗门·R.古根海姆博物馆内的彼得·B.刘易斯剧院（Peter B. Lewis Theater）策划的表演——"2022 年的纽约"（NY 2022）。2009 年，他们在纽约的阿伯伦斯艺术中心（Abrons Arts Center）奉献了 2009 年度表演委员会"K.62/K.85"的首演。随后，在 2011 年，"K.62/K.73/K.85"又在布鲁塞尔的凯伊剧院（Kaaitheater）继续上演，紧接着前往柏林的赫伯剧院（Hebbel Theater Berlin）演出"K.62/K.85/M.31"。

② 演出之前，艺术家们在滕斯塔美术馆举行会谈，具体介绍了他们在美术馆和斯德哥尔摩图书馆主楼的演出计划以及即将放映的吕福特的电影。

防车，全速穿过社区，在当地的水塔下进行演习，然后，消防员们不是朝着火，而是朝着一个住宅区的广场上的一堆书用消防水枪喷水（见图7.3），一名妇女歇斯底里地叫嚷着，试图保护乡间木屋中一个装满书籍的房间，一名穿着睡袍的女士正在凝视着一台安装在墙上的平板电视，整个公寓的装修风格像是回到了1969年的样子。最后一幕发生在附近的一片小树林里，与电影中类似的场景如出一辙，人们缓慢地来回踱步，认真背诵着名著小说，力争拯救文字，不被人们遗忘。

图7.3 "T.451"，多米妮克·冈萨雷斯－弗尔斯特，2012年；滕斯塔美术馆供图，罗宾·哈尔德特摄影

　　"T.451"项目在整个表演过程中发生的几处地点的迁移具体体现在如下几个方面：来自一本书和一部电影中的场景被转移到了室外和室内的公共或半公共的空间，而再次上演的活动本身"原本应该属于"其他地点。例如，消防队是绝不可能在住宅区的水塔下进行演习的，大家也很少聚集在森林中一起背诵文学作品。这次，艺术机构并不是展示艺术品，而是扮演了这场演出的制作人，让策展团队将艺术品转移到不同

于以往的其他地方。这样一来，常规策展的风险被极大地规避了。在我看来，以独具匠心的方式进行策展工作，几乎比进行任何其他活动，都会不可避免地更多地打破常规，每个项目都必须拥有量身定制的专属方案。另一个提出了与地点迁移的策展手法息息相关的诸多千奇百怪的问题，而又远远超越常规的专业策展手法的项目，就是滕斯塔美术馆于2018年举办，斯德哥尔摩市博物馆协办的，滕斯塔众多公立学校提供作品参展的"艺术珍宝：黄金谷粒"，这是一场市政学校在公共空间联合展示艺术品的展览①。此次参展的大约30件艺术作品均是由20世纪享有盛誉的艺术家创作的，它们通常被悬挂在滕斯塔公立学校的走廊里、教师办公室里和校园餐厅中。为了举办这场展览，滕斯塔美术馆借展这些作品长达一年的时间，并将作品放置在美术馆内画廊中的所谓教室里，其实就是一个可以举办会议、讲授课程、放映电影和开办讲座的多功能空间。就这样，一年中365天都被悬挂在人们身边的墙壁上的历史作品，从它们的"现场"被借来，在这家艺术机构中创造了一个"非现场"。

这些借展给滕斯塔美术馆的艺术品刚被移走，便针对这些作品在几所学校里留下的空置空间组织了一个项目，项目由应邀进行临时艺术创作和创办工作坊的艺术家负责启动②。创作出来的艺术品囊括了素描画、水彩画、雕塑和立体装饰等门类。与此同时，滕斯塔美术馆也举办了各种活动，包括教师研讨会、艺术参观和学校观摩活动③。在2018年一整年的时间里，滕

① 选择"T.451"项目和"艺术珍宝展"作为研究案例的原因，并不是因为它们在某些方面比其他项目更具优势或者有更高的相关度，而只是因为我对它们有切身体验。

② 参加这个项目的艺术家包括贝恩德·克劳斯（Bernd Krauss）、马茨·阿德尔曼（Mats Adelman）、尼娜·斯文松（Nina Svensson）、彼得·格施温德（Peter Geschwind）、托马斯·埃洛夫松（Thomas Elovsson）和于尔娃·韦斯特隆德（Ylva Westerlund）。

③ 这些活动是与埃林斯堡学校（Elinsborg School）、恩贝克学校（Enback School）、古林格学校（Gullinge School）、尤尔斯塔学校（Hjulsta School）、斯班加高中（Spånga Upper Secondary School）和滕斯塔高中（Tensta Upper Secondary School）联合举办的。

斯塔大约有70个学校班级都被邀请到滕斯塔美术馆，参加一场需要动手操作的工作坊，聆听一场关于现场展览，以及学校中艺术史的讲解[①]。

讲解中首要的问题便是，为什么滕斯塔的学校中必须有艺术品？通过对艺术品从工作室转移到展览现场，再辗转到学校这个"非现场"（non-site）这段旅程进行一个简短的历史讲述，可能有助于人们理解，最近举办的这场展览艺术品展示地点的迁移，是对早期艺术品展示地点迁移的逆向操作。"艺术珍宝展"中包含的艺术品都是从滕斯塔的市政学校中挑选出来的，然而，所有艺术品最初入藏学校的历史背景却是大相径庭，而且经历了漫长的岁月才达到今天的规模。但是，当初把它们放置在学校中的初衷却是不谋而合：为少年儿童和年轻人创造近距离体验原创艺术的机会。现归斯德哥尔摩市政府所有的这些艺术品，通过斯德哥尔摩城市博物馆的公共艺术部门的统筹安排，已经全部投放到公立学校中。滕斯塔的几所综合学校都在20世纪60年代至70年代之间创立，而与其所在社区同步建立的滕斯塔高中（Tensta Upper Secondary School）则于1984年对外开放，而且作为斯德哥尔摩现代化程度最高的高中之一，它从1982年关闭的诺拉拉丁语学校（Norra Latin School）接手了一批杰出的艺术藏品。除了从诺拉拉丁学校继承来的藏品，滕斯塔高中还新近接收了一批艺术藏品[②]。

瑞典开展向学校投放艺术品的计划可以追溯到19世纪下半叶。当时，在欧洲众多的重要城市中，艺术史成为一门新兴的学科，艺术博物馆也开始大规模兴建起来。在同一时期，图片教学逐渐变得司空见惯，

---

① "艺术侦探"（Art Detectives, 2015至2016年）项目的举办早于"艺术珍宝展"：艺术家皮娅·桑德斯特伦（Pia Sandstrom）和建筑师斯特凡·彼得松（Stefan Petersson），与来自恩贝克学校、埃林斯堡学校和古林格学校的师生一起，制订和讨论了他们的机构与斯德哥尔摩艺术中心开展合作的公共艺术计划。

② 来自韦罗妮卡·尼格伦（Veronica Nygren）和托尔斯滕·伦奎斯特（Torsten Renqvist）等艺术家。

主要是以艺术复制品和教科书中插图的形式出现的。瑞典从 1842 年开始引入公立学校，规定每个教区和镇上的教会都必须开办一所小学，所有教师都必须经过资格认证。在农村地区，许多小学都是以木材为主要原料建造而成，而在城市里，则是由大名鼎鼎或小有名气的建筑师设计建造的，堪称"学校式宫殿"的一些气势宏伟壮观的学校建筑。稍晚些时候，在 20 世纪与 21 世纪之交，卡尔·G. 劳林（Carl G. Laurin）和埃伦·凯（Ellen Key）等教育家断言，通过参观和研究当地的里程碑式建筑和博物馆的方式，来激发学校中少年儿童和年轻人对艺术的兴趣至关重要。在 1899 年发表的《艺术与学校》（*Art and School*）的文章中，劳林一再强调孩子们学习"利用眼睛"的方法，并声称现在"把艺术呈现在青少年面前和把青少年呈现在艺术面前"恰逢其时，而且，更重要的是，只有秉持"只有最好的才足够好"的理念才能实现这个目标。（Laurin, 1899）这一思想植根于浪漫主义对儿童与生俱来的创造力的关注及其对培养个性所付出的努力。

同时，关于艺术普遍具有崇高功能的思想在当时也很流行。在 1900 年出版了开创性著作《儿童的世纪》（*The Century of the Child*）的作者埃伦·凯认为，美、秩序和纯洁之间存在直接的联系。让艺术走进学校被认定为积极的举措，无论是从教授艺术史的角度，还是从培养学生们的审美的角度上，都是大有裨益。埃伦·凯思想产生的灵感来源多样，包括阿尔弗雷德·利希特瓦克（Alfred Lichtwark）在汉堡美术馆（Kunsthalle Hamburg）工作期间撰写的一部具有开创意义的著作，在 1900 年前后的几十年中，这部作品为现在被称为"博物馆教育学"的理论奠定了基础。艺术史学家兼理想主义社会批评家约翰·罗斯金（John Ruskin）和威廉·莫里斯（William Morris），一位与工艺美术运动（Arts and Crafts Movement）有着千丝万缕联系的纺织设计师、小说家和社会活动家，他们两人也对埃伦·凯思想的产生起到了重要的推动作用。

19 世纪末，仅有为数不多的几所瑞典学校接收到了爱国主题和其他富于启发性主题的大型壁画①。这些壁画能够顺利进入校园，完全仰仗这几所学校校长的积极倡议，以及私人慷慨捐赠的义举。后来，很多学校得到了装饰学校协会（Association for Decorating Schools）的大力支持和帮助。该协会于1897年在斯德哥尔摩成立，后于1903年改名为"艺术进校园"（Art in School）。就这样，许多学校一方面可以委托艺术家专门创作伟大的艺术品来装饰学校，另一方面，还可以使用历史作品和当代作品的复制品来装饰学校。如果某个学校希望成为装饰学校协会的成员，必须要缴纳会员费。不久之后，其他城市也陆续建立起协会的附属机构。事实上，在瑞典出现这类协会之前，类似的协会在德国和英国早已存在，而后在20世纪初，挪威和芬兰也相继出现这类协会②。

直到第二次世界大战之后，瑞典为了实现艺术的民主化，并将艺术向更广泛的范围推广付出了更多艰苦卓绝的努力。国家艺术委员会从1948年起就强烈建议艺术应该覆盖到社会生活的所有领域。瑞典建立的义务制公立学校，要求关注每个独立的学生个体，训练他们学会用自己的眼睛观察、理解艺术，并且能够与艺术建立起个人层面的联系。这种训练被认为有助于人们对自己的处境产生清晰的认识。1947年成立了一个全新的协会，沿用了它的前身——艺术进校园这个名称，旨在安排艺术品原件和复制品穿梭于各个学校间，进行巡回展览。参展的艺术品原作通常包含15到20件作品，这些作品会出现在便携式展示屏上，在教室里和校内的其他地方进行展示。这些用于展示的艺术品，大部分来自

---

① 例如，1888年，哥德堡的自然科学文法学校里的赖因霍尔德·卡曼德（Reinhold Callmander, 1840–1922）创作的旧北欧主题的大型画作和1891年同在哥德堡的女子初级文法学校里的卡尔·拉松（Carl Larsson, 1853–1919）创作的《历经百年沧桑的瑞典女人》（The Swedish Woman through the Centuries）的画作。

② 某些艺术家，例如安德斯·索恩（Anders Zorn, 1860—1920）和欧根王子（Prince Eugen, 1865—1947），把他们举办展览所取得的收益捐赠出来，启动了一项用于增加会员经费的基金。在斯德哥尔摩，诺拉拉丁学校（Norra Latin），诺拉皇家学校（Norra Real），索德拉拉丁学校（Södra Latin），新元素学校（Nya Elementar）和奥洛夫斯隆兹学校（Olovslunds）都以拥有众多举世闻名的壁画而负有盛名。

艺术家本人主动出借，另一些甚至是一些收藏家和画廊主动提供的^①。当然，学校如果打算长期观赏这些艺术品，也会被赋予购买的权利。这通常要通过与人民艺术推广组织（People's Movement for Art Promotion）开展合作实现，该组织自 1947 年诞生以来，以合理的价格与同时代的众多知名艺术家展开合作，从而形成了一套艺术品交易价格体系。巡回展览往往会围绕一个特定的主题进行，与其配套的，还有一整套针对性很强的教学方案^②。这套教学方案的目的是希望达到"艺术培育"的效果，却又并不止步于此，更希望艺术能够充分发挥教案的作用，成为一种超越学科界限的跨学科工具：艺术应当是一种包罗万象的工具。凭借皇家基金（Royal Fund）提供的财政帮助，艺术进校园从 20 世纪 50 年代中期开始，也同样拥有了购买艺术品的实力，并将买到的艺术品随后投放到全国各地的学校中去。这个协会后来在很大程度上成了一个农村组织，在许多拥有艺术博物馆的城市以外的地区产生了巨大影响^③。在人口稀少的地区，屡见不鲜的一个现象是，艺术进校园组织的展览为人们提供了他们人生中第一次亲身体验原创艺术的机会。从 1967 年起，艺术进校园与新成立的瑞典巡回展览组织（The Swedish Traveling Exhibitions）强强联手，成为众多学校中专门设立的艺术部门，这种状况一直延续至 1976 年^④。到了 20 世纪 60 年代上半叶，斯德哥尔摩市政艺术委员会（Municipal Art Committees）宣告成立，这是继 1937 年国家艺术委员会

① 例如，艺术家斯文·埃里克松（Sven "X:et" Erixson）连续几年出借自己的画作，参加巡回展览。参加该协会举办的巡回展览的女艺术家人数众多，原因是她们比男人更愿意出借她们的作品。

② 例如，《脸和面具》（The Face and Masks），《十位女性画家》（Ten Women Painters）和《树》（Trees）。后者包含原创艺术、儿童绘画、复制品和照片等类型，这些艺术形式都被认定为适合讲授绘画、地方史、自然科学和自然保护的课程。

③ 即斯德哥尔摩（Stockholm）、哥德堡（Gothenburg）、马尔默（Malmö）、埃斯基尔斯蒂纳（Eskilstuna）和诺尔克平（Norrköping）。

④ 在 1973 年举办的 212 次全国展览（Riksutställningar）中，有 151 次是学校展览。在此期间，所谓的盒子展览或打包展览经常被运用，并随着时间的推移，它们开始被归类为"教育材料"。

（State Art Council）成立之后，政府在艺术推广方面的又一项重大举措。这是第二次世界大战后，国家艺术委员会越来越频繁地实施"1%"规则之后，为专门负责执行这一规则的规定而设立的机构，该规则规定每幢建筑的建设和翻新费用中应该有1%的比例分配给艺术项目[①]。

在思考"T.451"项目和"艺术珍宝展"项目时，我更多地考虑的是没有划分等级、地位相同的不同现场，而不是现场和非现场，也不是场内和场外。而且，"T.451"项目令人着迷的一点正是项目所倚重的艺术展示地点不断迁移的这根链条（见图7.4），没有任何一个地点比另一个更有资格高高在上：它们对于这个项目而言，具有同等的关联度，同时又独具特色。这个项目超越了杜尚式的把一件普通物品从日常生活中转移到艺术机构中，并将其升华为皇家物品的掌控权。杜尚式的艺术品

图7.4 "T.451"，多米妮克·冈萨雷斯－弗尔斯特，2012 年；滕斯塔美术馆供图，罗宾·哈尔德特摄影

---

① 学校艺术委员会是市政委员会之一。1993 年，这些委员会合并成为城市艺术委员会（City Art Council），这一机构委托其下设的艺术部门提高整个学校的艺术氛围，而不仅仅是提高学校庭院中的艺术氛围。斯德哥尔摩城市艺术收藏机构的莫妮卡·瓦林（Monica Wallin）在 1997 年的一篇文章中写道，鼓励"通过艺术进行学习，来激发自己的创造力的愿望"是学校最重要的任务之一。

展示地点的迁移所涉及的问题是"什么是艺术？"而艺术品展示地点迁移的这根链条，不论长短，则是激发了人们关于艺术究竟在做什么的探讨。这样一来，想要人们理解和接受艺术具有不同的意义也就水到渠成了。在"T.451"中，对熟悉的事物和环境赋予全新的视角是通过艺术展示地点的迁移产生的，而在"艺术珍宝展"中，物品存在的意义则是早已存在于物品中的价值和相关性。最后，布雷德伯里对文字的地位的关注仍然至关重要，但它可能与书籍消亡、屏幕最终取代书籍关系不大，而是与长时间专注于一段叙述的能力紧密相关。把这一点放在首位加以考虑是这些特别的艺术项目业已实现的目标。

参考文献

Laurin, Carl G. 1899. *Art in Schools and Art in Homes*. Stockholm: P.A. Norstedt & Söners Förlag.

本章作者简介

玛丽亚·林德（Maria Lind）是一名策展人、作家和教育家，常驻斯德哥尔摩。她是斯德哥尔摩滕斯塔美术馆（Tensta konsthall）的馆长，也是第 11 届"光州双年展"（Gwangju Biennale）的艺术总监。她曾于 2008—2010 年担任巴德学院（Bard College）策展研究中心（Center for Curatorial Studies）研究生项目主任。她最近参编了《艺术与法西斯：对欧洲褐变的反思》（*Art and the F Word: Reflections on the Browning of Europe*, Sternberg Press, 2014）。她编辑的《抽象》（*Abstraction*）被收入麻省理工学院和白教堂美术馆（Whitechapel Gallery）的《当代艺术文献》（*Documents on Contemporary Art*）丛书。

第八章 非洲、艺术以及一无所知

关于大英博物馆策展实践的一些思考

导言：塞恩斯伯里非洲展厅

　　大英博物馆的工作人员，在 2017 年撰写的一份学术研究述评中指出，有一个领域的学术研究十分匮乏，那就是研究策展经验和策展人的心路历程的领域。我所撰写的这篇论文能够恰如其分地弥补这一不足；由于这篇文章是在我的博士论文（斯普林，2015 年）的基础上延伸而来，所以，我引用了那篇博士论文中的大量内容。我将在下文中讨论的是，自己担任大英博物馆非洲部分的艺术家兼策展人的职业生涯，重点讨论的是，塞恩斯伯里非洲展厅在 2001 年成立之初，我所亲身经历的那段心路历程。那个时候，博物馆采用什么方式展示其他国家或地区的文化艺术，必须事先经过严格审查。与此同时，全球社会也处于政治动荡的时期。2001 年 9 月，我正在伦敦的泽西画廊（Jersey Galleries）举办一场名为"绿色与濒临死亡"（Green and Dying）的大型个人作品展。在展览举办期间，针对纽约世界贸易中心的袭击恰巧发生，随后，其他很多灾难性的事件接踵而至，改变了全世界数十亿人的生活（埃利斯，2002年），这些灾难性事件，为我和我的同行们在展示和庆祝非洲艺术的过程中所付出的艰苦努力，增加了一份特殊的意义。

本章中，我将尽量站在批判者的角度，审视自己当年作为策展人所作出的重大决定，我也越来越深刻地认识到，自己有责任通过当代非洲艺术的媒介向公众呈现一个积极向上、与众不同、引人深思的非洲形象。塞恩斯伯里非洲展厅在自身不断发展变化的同时，也给大家提供了一个模板，当代艺术如何同非洲古老而悠久的传统相互融合，最终呈现一个充满活力的非洲的美好愿景，同时，通过展览，世人能对非洲既是全球艺术生产的摇篮，也是全人类的发源地的结论心悦诚服。

一直以来，我都在应用自我民族志（auto-ethnography）的方法论体系从事研究活动，这是一种思考和写作方式，产生于社会科学在后殖民时期发生的结构性的转变。如果不是社会科学出现了后殖民、后现代的转型，从而把策展实践从民族志中的"描述"转变为"交流"的模式，那么，这篇论文的构建便无从谈起，我在大英博物馆中非洲展厅的策展过程中采用的方法也更是无源之水。关于这一转型，阿瑟·博赫纳（Arthur Bochner）和卡罗琳·埃利斯（Carolyn Ellis, 1996: 4）作过具体阐述。

民族志在未来将出现的一个重要变化，就是从描述到交流的转型……这个转变的目标就是不仅要让人们知道，而且要让人们感受到民族志所传达的"真理"，从而做到更加全身心地沉浸其中，也就是在道德上、审美上、情感上和智力上都能做到全情投入。

这种晦涩难懂的策展方式能够在策展领域占有一席之地，当代艺术家的努力功不可没。1996 年，出生于肯尼亚的陶瓷学家——玛格达莱妮·奥登多（Magdalene Odundo）给我介绍了一位老师，他让我原本的艺术实践道路发生了 180 度的转变，随后我委托奥登多创作了一件器物，作为 2001 年我们向公众介绍非洲展厅时，精心挑选的在世艺术家创作的四件作品中的一件（见图 8.1）。

今天，如果你逛遍大英博物馆的所有展厅，总共可以找到 20 多位拥有非洲血统的当代艺术家的杰出作品，这些作品既成功地向观众呈现

图 8.1 《致敬玛格达莱妮·奥登多》(Tribute to Magdalene Odundo)，纸面水墨铅笔画，1996 年，高 60 厘米，宽 42 厘米，克里斯·斯普林绘；作者供图

了展览的内涵，而且让策展人的声音暂时退居幕后。这个例子诠释了，我在博物馆工作的这些年里，作为策展人的角色是如何发生了微妙的变化的。策展人的存在通常被认为是展览中的一个中介——也就是一个镜头，通过它，人们能够解读和理解展览的内涵。然而，随着非洲展厅中当代艺术家的作品数量不断增加，艺术家们自我展示的能力以及对周围其他古老艺术作品的解读或与其融为一体的能力也在增强。他们是当之无愧的悠久历史文化传统的当代传承者。过去，这些传统在博物馆里被

描绘成了被时间冻结、一成不变的样子，而今，这些当代艺术家借助他们富有生命力的作品将非洲的现在和未来，以及遥远的过去连接起来，展现出了无限活力。

处在这样的背景下，我需要承担的艺术家兼策展人的角色，就是在非洲展厅延伸出来的画布上，寻找一个合适的位置来放置每一件新作品，让它能够产生最佳的效果和最大的影响力。通过这种方式，艺术家不仅在推进和策划一个展览，而且还拥有了对画廊的掌控权。

早年间，在对非洲展厅的初期展品进行规划和设计时，我与格斯·凯斯利–海福德（Gus Casely-Hayford）建立了亲密无间的合作关系，他现在已经成为华盛顿特区史密森学会非洲艺术国家博物馆（National Museum of African Art at the Smithsonian）的馆长。他完美地总结了我们当年策展时的心境和我在非洲展厅策展过程中竭尽全力营造的效果：

在博物馆学的发展瞬息万变的时代，大英博物馆推出的这个展览开辟了民族志画廊发展的新途径……展览既允许我们无限靠近展品，像吸收艺术一样把它们吸入体内。但同时，它又会在展览的展板上、播放的电影中和印制的图录中给我们提供相关的背景知识，这样，我们就可以轻松跨越横亘在展品与我们之间的那道鸿沟，深入探寻展览的框架，去解码一些本应令我们感到手足无措，甚至将我们拒之门外的谜团。在这个后现代主义的原则开始不断遭受人们质疑的时期，这个展览便成了大众眼中的避难所，不论是对非洲文化展示熟稔于心的参观者，还是对仍算得上是门外汉的参观者而言，其展示手法都更能贴近他们的内心。（Casely-Hayford, 2002: 127）

在策展过程中，我们曾经考虑过应用多种不同的展示手法来展现大英博物馆里的非洲藏品，尽管有些方法由于展厅客观形状的限制只能放弃。非洲展厅拥有一个主入口，公众可以从这里左转或右转进入展厅，除此之外，展厅还有两个出入口。从某种意义上说，这样的展厅布局是没有起点，也没有终点的，因此，令我稍感欣慰的是，不论是按照历史年代顺序，还是按照地理位置分布来布置展品，想要进行线性叙事都是绝不可能的。展厅是专门为收藏藏品建造的，但是，由于博物馆的地上部分已经没有现成的可供利用的空间，所以展厅被建在了地下，一丝的自然光都无法照射进来。这样一来，地下展厅提供了一个更为稳定的展示环境，使我们能够展示以前展览中选用过的许多艺术作品，并展示一些材质相对脆弱的作品，如纺织品，但这也不可避免地引发了一些政治问题，稍后我将具体阐述。

虽然按照展品原属的地理位置分布进行布展，可能有助于人们摆脱将非洲视为一个单一国家的固有思想认知，但这种展示方法会不可避免地强调这些藏品的殖民历史，这是因为藏品中的很大一部分来自尼日利亚和加纳。而非洲大陆的其他地区，如北非，几乎没有出现过任何代表性的藏品。为了解决这一矛盾，我们决定通过探究隐藏在各种藏品的材质下的深层意义，对展厅进行区域划分。例如，按照藏品的组成材质：黏土、生铁、木材、黄铜和布料，对藏品进行分类布展，这种方式也允许我们讨论一些在其他展览中可能按主题，如历史、宗教和贸易，划分的标题下遇到的一些问题。我认为，这种采用材质和主题双管齐下的手法展示展品，不仅远不会引起混乱和困惑，反而会让画廊的展示引发人们更加深入地讨论。例如，将"黏土"和"生铁"放在同一个空间中展示，加上使用黏土和生铁这两种材质进行创作的当代艺术家的作品，例如，奥登多创作的陶瓷作品和拉希德·科拉奇（Rachid Koraïchi）创作的金属作品，可以充分表达寒冷与炎热、自然和文化、女性和男性的经典二元论理论，这些可都是人类学文献中经常讨论的主题。

实地工作和征集

> 在过去，人类学家会奔赴现场，开展实地调查和征集工作，而现在，实地工作就发生在博物馆里。所以，我从未想象过，有朝一日我也会走出博物馆，四处搜集藏品。这是无可厚非的，因为博物馆里的藏品早已堆积如山，你根本没必要走出去，探寻未知的世界；因为未知的东西其实早已进入你的众多藏品中了。（Deliss, 2016: 191）

我能够理解，2010 至 2016 年间，在法兰克福的世界文化博物馆（Museum der Weltkulturen）担任馆长的克莱芒蒂娜·德利斯（Clémentine Deliss）在上面这段陈述中试图表达的观点，但是，征集工作，或者像大英博物馆里一位愤世嫉俗的同事提议的表达方式——"购物"，在揭露"未知"方面仍然占有一席之地。当然，如今再也不会有任何强制性的规定，要求你奔赴某个遥远的地方，"征集"那些在集市上或工厂里不费吹灰之力便唾手可得的东西。我现在能想到的"未知"的东西，就是在东部和南部非洲，纺织品机器制造的传统工艺，及其遍布全球的生产历史，这些传统工艺在历史上的每个阶段都承载着浓郁的非洲韵味和风格。

为了将问题解释清楚，我可能需要提及一件早已尽人皆知的展品——"坎加"（kanga）。我记得，当初非洲展厅刚刚对外开放时，我曾向一群实地工作的潜在资助者展示过这件物品。当时，他们问："这件物品的非洲元素（其实这是来自坦桑尼亚妇女的典型穿着）体现在哪里？它看起来更像是达明·赫斯特（Damien Hirst）随意创作的一幅现场画，根本算不上一件了不得的物品。况且它还是在印度印制的，甚至连非洲本土的东西都算不上，不是吗？"当时，我指着印在纺织品上的斯瓦希利语（Kiswahili）标语——"你们一无所知"（HUJUI KITU）来解释众多要点中的一点，"真正的非洲元素"是什么，就是一位年长的女性可能会身着一件坎加来评价那些傲慢的年轻对手："你们这些年轻人都自认为聪明绝顶，但是事实上，你们一无所知（HUJUI KITU）！"我在桑给巴尔岛（Zanzibar）的集市上买到这件坎加的时候，对于它的这些内涵也是一无所知。这句话其实是在非洲的任何地方工作都可以运用的一句金玉良言，也是非洲人一直遵从的经验法则，因为如果你一无所知，你可能会尝试去学习一些东西，而如果你自认为洞悉一切，你就永远学不会任何东西。（Spring, 2012a: 361）

最终，那些资助者们确实给了我一些用于实地工作的钱。而我所购买的这件坎加，被远在肯尼亚国家博物馆（National Museums of Kenya, NMK）工作的我的一位同行基普罗普·拉加特（Kiprop Lagat）选中，为一个名为"哈奇纳"（HAZINA）的开创性展览充当了特色展品。（拉加特和哈德逊，2006 年）这件展品见证了肯尼亚国家博物馆和大英博物馆之间开展的合作和收藏品的共享，并于 2006 至 2007 年，在内罗毕的一个特意翻新的画廊中展出。这件藏品的借展看起来就像是把煤运到纽卡斯尔（Newcastle），但我的策展人同行拉加特，却可以看到这件坎加所独有的，在内罗毕向他的公众讲述一段故事的潜力，就像我可以预见到，它在伦敦的大英博物馆可能对我的公众产生的影响力一样。这件坎加竟然为我日后感兴趣的一项特殊研究播下了种子。来自东部和南部非洲，使用机器印制和编织的纺织品，日后在大英博物馆中的非洲展厅和第 91 号展厅中作为主打展品长期展出（2013 年），并作为一个名为"社会织物：东部和南部非洲纺织品"（Social Fabric: Textiles of Eastern and Southern Africa）的独立展览，于 2015 至 2016 年在英国的四家地方博物馆巡回展出。英国国际开发部（UK Department for International Development）主任马克·洛科克（Mark Lowcock）在评论大英博物馆举办的这些展览时曾经提到，他曾多次访问达累斯萨拉姆（Dar es Salaam）、内罗毕和蒙巴萨（Mombasa），这些地方的集市上随处可见裹着彩色坎加布的妇女，可以说，这种形象在某种程度上代表的是非洲众多原始形象中的一种。然而，正是因为他参观了大英博物馆的展览，才促使他对那些集市产生了全新的认知，而不只是停留在非洲妇女的着装色彩艳丽这一刻板印象上，这些全新的认知对从前的他而言显然是"未知"的，最终使他能够理解他过去在集市上所目睹的那些场景的真正意义。（2013 年与马克·洛科克的个人交流）

南非：景观与三百万年的艺术

我的朋友南非人琼·巴姆－哈奇森（June Bam-Hutchison）曾经满怀激情地描写过自己在种族隔离时代的成长经历。（Bam-Hutchison, 2010）在大英博物馆与英国皇家植物园——邱园（Royal Botanical Gardens at Kew）开展的合作中，我们共同承担了策展工作，联手打造了一片"南非景观"（South Africa Landscape），它对博物馆前院一片寂寂无闻的草地进行了改造，使它成为南非举办的 2010 年足球世界杯（2010 World Cup）和第一个国际纳尔逊·曼德拉日（International Nelson Mandela Day）举行庆典活动时大众瞩目的焦点，近 25 000 人参加了活动。这个景观远不止是展示异国情调的鲜花那么简单，通过运用一定技巧来摆放信息展板和艺术品，景观不遗余力地展示了南非的植物、人和土地所有权之间深层次的联系。

我曾经问过我的朋友，艺术家塔斯林·马丁（Taslim Martin），他的作品目前正在非洲展厅展出，他是否可以尝试在景观中的岩石上复制一些南非的原住民——桑族（San）艺术家创作的作品。在他身体力行投身这项工作的过程中，这个他过去从不曾关注的古老民族的传统，不仅让他本人获益匪浅，而且也让观赏到这些作品的观众对今天的桑族人肃然起敬，因为正是他们的祖先创造了这些宏伟的艺术作品。

时隔几年，我再一次回到了南非，因为它将成为我在大英博物馆最后一次重大展览的主题。我与考古学家约翰·吉布林（John Giblin）共同策划了"南非：三百万年的艺术展"（South Africa: Three Million Years of Art），在这个展览中，我们大胆地尝试通过艺术品讲述南非的历史，从遥远的过去讲述到现在。至少有20名南非当代艺术家的作品，对每个重要的历史时刻和在那个时刻被视为"当代"的艺术品进行了评论。由于大英博物馆内部对某些概念情有独钟，所以，展览被重新命名为"南非：一个民族的艺术"展（South Africa: The Art of a Nation）。（Giblin and Spring, 2016）尽管在当时，所有与展览相关的横幅和海报都已经打印完毕，并且召开新闻发布会的计划也已一切准备就绪。这就意味着，我们不得不对展览标题中的一个问题词——"民族"承担责任，然而也正是这个词让我们在第一时间就招致了非议。争议主要围绕一个小型展品——马卡潘斯加特（Makapansgat）卵石展开，它是在距今大约三百万年前的现代人类祖先——南猿属的遗迹中发现的，并且似乎是从至少几千米外的地方携带至此的，因为卵石的地质特征与其发现地的地质特征大相径庭。更为关键的是，卵石的两侧均出现了一个由于水蚀形成的"面"，有些人认为，这一特征，加上卵石所呈现出来的淡红色的色泽或许可以解释它被我们人类早期的某个祖先"收集"的原因。当然，不管通过什么办法，这一点都是绝对无法证明的。在象征意义上的"艺术"这个概念很可能早在三百万年前就已经存在，但是，显然有人担心，抛出这样的结论可能会使大英博物馆声名狼藉。我无法揣测约翰的想法，但在我看来，这种出尔反尔的做法，既体现了大英博物馆在布置展览的过程中富于瑰丽的想象，又在为展览重新命名的过程中暴露出了缺乏自知之明的迂腐。正如我和约翰在展览所附的书中所指出的，"人们对鹅卵石和其他物体持有什么样的观点并不重要，重要的是，这些物体的收集手法给我们提供了一次思考的机会，让我们着手探究早期人类从何时开始，出于什么原因重视天然的物体，并采取了哪些手段来收集

和管理它们"。（Giblin and Spring, 2016: 30）

尽管存在这些不尽如人意的地方，展览本身仍然取得了巨大的成功（Picton, 2016），抛开其他创新不提，单就对已故的伟大艺术家罗伯特·洛德（Robert Loder）的藏品的利用方面，这场展览可谓做到了极致。

洛德与安东尼·卡罗（Anthony Caro）爵士，一起在非洲各地创建了由艺术家工作坊组成的三角网络（Triangle Network），在世界各地产生了巨大影响。（Savage, 2014）艺术家的工作坊、艺术中心、工作室、艺术博览会和双年展是遍布各大洲的艺术家们展示自己不可或缺的重要工具，特别是一些新兴或鲜为人知的艺术家们创作了一些更具实验性质的作品，这些艺术家创作的这类作品可能无法进入传统的"白色立方体"的画廊或博物馆。但我一直坚信，这类工作坊能够激励和推动非洲博物馆的发展，就像大英博物馆中的非洲展厅一样，甚至推而广之，整个大英博物馆，因为融入了在世的非洲艺术家的作品而受益匪浅。由于得到了罗伯特·洛德的祝福，和我的朋友兼同事朱莉·哈德森（Julie Hudson）的帮助，我们设法为大英博物馆找到了资金，用于支持洛德在莫桑比克共和国（Mozambique）、加纳（Ghana）和尼日利亚（Nigeria）创办的三个工作坊。我以艺术家和策展人的身份参与了这些活动，与艺术家们和博物馆的同行们建立了天长地久的联系。三角网络的现任负责人阿莱西奥·安东尼奥利（Alessio Antoniolli）和1992至2005年期间担任国际交流协调员的安娜·金德斯利（Anna Kindersley）这样介绍这些工作坊的特点、历史以及它们对艺术家个人、当地社区和参与共建的机构的潜在益处：

> 这些工作坊给艺术家们提供了一个可以尽情发挥、自由实验的空间，而并不要求他们创作出成品或呈现出最终的效果，所以，艺术家们可以全身心地专注于过程而不是产品。这个过程包括与艺术家同行和公众进行对话，继而推动某一特定作品的创作进度，通常

也会推进艺术家继续朝着某个创作方向前进。在谈到1982年最初创立工作坊时，安东尼·卡罗爵士回忆道：

> "大家在思想、知识和技术上的分享达到了令人难以置信的程度……所有来到三角网络的人都是创作者。正是通过与他人朝夕相处建立起来的友谊，这些创作者才能得到一直渴望的那种支持和指导……我们创办工作坊的初衷，是想打造起一个以互相交流和艺术创作为核心的组织，这个组织完全以艺术为导向。在人们身处工作坊的两周时间里，工作坊就是他们生活的全部！"（Triangle Network, 2017）

三角网络在从过去走到今天的漫长岁月中，一直是一个群策群力的组织。担任图佩罗工作坊（Thupelo）协调员的艺术家吉尔·特拉普勒（Jill Trappler）把三角网络最初的创建团队描述为橡子播种机，这个团队的组成成员具体包括安东尼·卡罗、罗伯特·洛德、威拉德·博普尔（Willard Boepple）、比尔·安斯利（Bill Ainslie）、大卫·科洛安（David Koloane）、卡伦·威尔金（Karen Wilkin）和莱昂内尔·戴维斯（Lionel Davis）。这个团队强烈的事业心、投入的巨大精力和付出的极大热情，激励并吸引了数千名艺术家、数百名组织者（很多情况下他们本人也是艺术家）、策展人、协调员、作家、评论家，以及关注艺术创作，并不断拓展艺术创作前景和视野的整个文化圈。（https://www.trianglenetwork.org/triangle-network/about/triangle-network-history/）

术语

我在本章节中反复使用"当代非洲艺术"（contemporary African art）和"非洲血统"（African heritage）这两个术语，所以我有必要在这里对这两个术语给出明确的定义，尤其是它们还共同引出了第三个术语："全球非洲"（global Africa）（Sanyal, 2015），这个术语，我在本文中也多次使用，尽管不一定是在当代艺术的背景下使用的。有些学者，比如V.Y. 穆丁贝（V. Y. Mudimbe）在 1988 年和 1994 年，夸梅·安东尼·阿皮亚（Kwame Anthony Appiah）在 1995 年都曾指出，"非洲"和"非洲艺术"是由许多方面共同构建而成的，在现实中，"非洲"这个概念内涵丰富，拥有多个维度，就像生活在非洲大陆上的不同民族所奉行的艺术传统五花八门、异彩纷呈一样。然而，在普通大众的想象中，"非洲艺术"所指代的，仍然是以西非和中非的面具和木雕为主的艺术形式。我作为策展人的部分职责，就是使公众对整个非洲大陆艺术传统具有毋庸置疑的多样性，加深认识理解，提高欣赏水平，从而拓宽这些公众对非洲艺术的感知和体验。

已故学者奥奎·恩维佐和希卡·奥凯克－阿古鲁（Chika Okeke-Agulu），作为当代非洲艺术领域最有影响力的两位策展人，对当代非洲艺术作过以下描述：

> 更具体地说，当代非洲艺术所指代的既是一个包含诸多复杂要素的艺术生产、研究和解读的领域，也是一座蕴藏着丰富知识，亟待发现的宝库，等待发现的正是对文化、政治、社会和认识论领域进行分析产生的千变万化的模型中，嵌入其中内涵丰富的非洲片段。具体来说，能与非洲产生联系的部分……适用的是或居住在非洲本土，或居住在非洲以外的其他地方，或在本土与本土之外的地方之间随意游离的艺术家，对他们的身份和模棱两可的身份认同进行识别的模型。（Okwui Enwezor and Chika Okeke-Agulu, 2009: 11）

我使用的是"非洲血统"的措辞，而不是"非洲人后裔"一词（从字面上讲，我们都是不折不扣的非洲人后裔），因为我们主要讨论的并非种族问题。非洲血统这种表达不仅在区域划分上能够做到包罗万象，具体可以包括"南非白人"、"阿马齐格人"〔Amazigh，即柏柏尔人（Berber）〕、"英国黑人"、"非洲加勒比人"或"非裔美国人"等各色人种，而且还包括那些"继承"了一些异常强大的非洲文化特质的人，这些特质既能够在全世界触手可及的艺术形式中展现出来，也能够在政治、哲学、科学、宗教等社会各行各业中自发地表现出来。总而言之，这就是我所说的"全球非洲"。

人类博物馆

与巴勃罗·莱昂·德拉巴拉（Pablo León de la Barra）以及其他很多策展人一样，特别是与我同时代的很多策展人一样，我进入策展这个行当纯属"误入歧途"。（de la Barra, 2016: 114）大学毕业后，我最初接受的是为了成为一名艺术家的专业训练，这个艺术家的身份在日后我所从事的艺术实践中，早已成为我的策展人身份不可分割的一部分。然而，大学毕业后的一系列经历，使我阴差阳错地每周都会抽出两天的时间，从皮卡迪利大街上的皇家艺术学院（Royal College of Art）的大门走出来，来到人类博物馆（Museum of Mankind），为在那里工作的图书管理员煮咖啡。无巧不成书，大英博物馆的人种学系那时刚好临时安置在皇家艺术学院后面的人类博物馆里。那时的我对非洲艺术一无所知，但是，长期置身于书海中，又耳濡目染同行们策划的展览，我竟然取得了令人叹为观止的进步。久而久之，这也逐渐成了我的生活中不可或缺的一部分。所以，在某种意义上，我的亲身经历正契合了拉法尔·尼默耶夫斯基（Rafal Niemojewski）所描述的"成为策展人的传统模式……其实就是在他们整个职业生涯中始终坚守在自己的岗位上"。

（Niemojewski, 2016: 9）我曾经一度把自己描述为大英博物馆的"救生员"，甚至早在20世纪80年代晚期，我就能隐约感觉到，不论是让公众感受非洲艺术的方式上，还是在展示非洲艺术的手法上，我或许都能做出与众不同、推陈出新的方案。那时的我潜心研究"当代""传统"和"古代"这种分类方法是否合理，以及用来表达它们三者的学科：艺术史、社会人类学和考古学这种划分方式是否恰如其分。有一点对我而言是显而易见的，那就是，"古代"在历史上曾经是"当代"，而"当代"也总会在未来的某一天成为"古代"，而"传统"，在作为一个动态连续体的意义上，可能是将当代和古代连接在一起的一个要素。

想当初，当我在大英博物馆开启自己的职业生涯时，在博物馆中工作的民族学家或人类学家们被寄予厚望，人们希望他们可以开展德利斯所描述的那种实地工作：远离城市环境，到那些（通常是）极其偏远的地方去远足，在当地四处搜集，逐渐"形成一个收藏体系"，便于这些藏品也能为日后策划的展览打下基础。然而，我所策划的第一个展览——"手的力量：非洲的武器和盔甲"（Power of the Hand: African Arms and Armour, 1994—1995）及其配套图书，涉及的却是德利斯所提到的第二种类型的工作，也就是说，展品全部来自博物馆库房中的现有藏品。（Deliss, 2016: 191）对于那些曾经参观民族学博物馆，早已见过一个多世纪以前的作品的游客而言，这场展览中出现的艺术品，有种似曾相识的感觉，尽管在创造这些作品的非洲艺术家眼中，这些艺术品的真正内涵，对这群参观过民族学博物馆的游客来说也依然是"未知"的。

德利斯本人在世界文化博物馆协助策划的一些展览中，曾经触及过一些类似的问题，非洲裔美国艺术家兼策展人弗雷德·威尔逊（Fred Wilson）在其举办的对后世影响深远的展览"挖掘博物馆"（Mining the Museum, 1992）的布展过程中也强调了这个问题。该展览在巴尔的摩当代博物馆［The Contemporary（Museum）of Baltimore］和马里兰州历史学会（Maryland Historical Society）也都举办过。威尔逊还专门阐述了一个问题，博物馆在决定展示什么作品，放弃展示什么作品的同时，有意识地或在不经意间强化了种族主义信仰和行为，当然博物馆解读展品的方式和方法也在强化这一信仰和行为。当我在大英博物馆的库房里，为撰写《非洲的武器和盔甲》（*African Arms and Armour*, 1993）一书做初步调研时，我看到了一堆堆积如山、一眼望不到头的盒子，盒子外面标注着"不明非洲武器"的字样，盒子里装的通常是一些制作精美绝伦，文献中描述为"投掷刀"（见图 8.2）的多刃武器，然而，目前能够查到的关于这种武器的为数不多的学术研究（Jedrej, 1975）似乎表明，创造这些非凡器物的人们是从男人的角度来构思它们的，换句话说，它们是极富特色的金属雕塑。维多利亚时代的感性，更确切地说，一些充满这份感性的同事建议我不要举办一场关于"令人讨厌的尖锐物体"的展览，因为他们把这种物体仅仅看作是类似于导弹和富于异国情调的杀戮方式，尽管其中的很多物体从未被设计用来投掷，更不用说用于战争了。

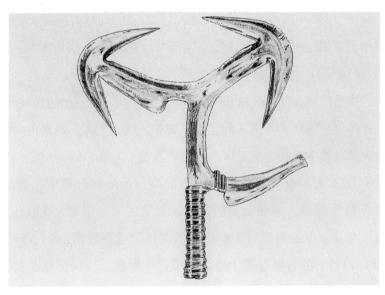

图 8.2 "投掷刀"素描，纸面铅笔画，1993 年，高 38 厘米，宽 51 厘米，克里斯·斯普林绘；作者供图

我清楚地记得，2004年，当阿尔及利亚艺术家拉奇德·科拉奇（Rachid Koraïchi）在大英博物馆的非洲展厅参观，无意间瞥见展示出来的"投掷刀"时，既感到万分震惊而又充满仰慕之情，以至于连呼吸都变得急促起来。当时，我正热切地期待能够征集到他的作品《玫瑰之路》（The Path of Roses, 2001），并把它充实到我的展览中，这件作品主要是献给中世纪的神秘诗人鲁米（Rumi），纪念他为了在土耳其的科尼亚（Konya）创立梅夫莱维·德维什教团（Mevlevi Dervish Order），所经历的精神上和肉体上的旅程。不幸的是，由于非洲展厅空间有限，无法将科拉奇创作的这组作品中所包含的大小不一的金属雕像、刺绣纺织品和陶瓷盘子全部摆放在一起。万般无奈之下，我最终听从了他的建议，允许他的小型金属雕像在投掷刀下面随意"行走"，这种布置似乎是水到渠成，除了强调旅行这一概念外，也凸显了这些金属雕像的拟人形式，从而展现了它们在人性和艺术性上的统一。时至今日，这一设计仍然是大英博物馆展厅中，当代非洲艺术家、策展人和"传统"艺术品之间成功合作的一个典范。

北非

在人类博物馆里，我对研究北非产生了浓厚的兴趣，这也促使我对整个非洲大陆都有了基本的认识，并且意识到不仅在非洲大陆内的一个地区和另一个地区之间，而且在非洲大陆与世界其他地区之间都存在着历史悠久的联系。我在非洲当地和"全球"非洲开展的实地工作，几乎自始至终都是通过与当代艺术家开展合作得以实现的，他们会不厌其烦地（通常在当地博物馆里）向来自其他地方的兴致盎然的同行娓娓道来。这些艺术家通过亲身经历领悟的独到见解，使我的每一次旅行和每一个项目都成为一次完美无缺的体验。1997年和1998年，我与朋友兼同事朱莉·哈德逊在突尼斯（Tunisia）先后开展了两期实地工作，我们通过与艺术家哈立德·本·苏莱曼（Khaled Ben Slimane）和恩贾·麦赫达维（Nja Mahdaoui）开展合作，不仅获得了他们本人创作的佳作，还征集到了一批城市手工编织和刺绣纺织品的上乘之作，其中一些是委托当地织工专门制作的（见图8.3）。

图8.3　突尼斯的丝织机，纸面油面，1997年，高11厘米，宽30厘米，克里斯·斯普林绘；作者供图

　　经常有人向我这样描述北非，它"并非真正的非洲"，"真正的"非洲位于"撒哈拉以南的非洲"，这是一个植根于殖民时期的高度分裂的术语。作为策展人，西蒙·恩贾米（Simon Njami）在巡回展览"非洲混音"（Africa Remix）配套图录的简介中评论道：

　　　　这种修正主义是病态的，因为它试图否定从中世纪以来，萨赫勒地区（Sahelian）的大城市与其北非邻国之间的交流所带来的多重影响……简言之，它试图否定多个国家共同拥有的一段历史：这些国家都经历过被列强殖民的命运，并且之后都相继开展过争取解放的斗争。（Njami, 2005: 13, 23）

从这个时期开始，我才逐渐意识到，可以通过释放大英博物馆收藏的几乎所有艺术品中所隐藏的思想内涵和历史的方式，运用一种动态的方式来描述过去、现在和未来。策展非洲艺术和文化所面临的最大挑战，或许就是展现生活在非洲大陆上的各个民族拥有的千变万化、充满活力、富有创造力、具有深刻精神内涵和极具诙谐幽默特点的这些正面形象的同时，也要承认他们的历史中确实存在不太光彩略显阴暗的一面，同时还要对外界强加给他们的历史有所了解。媒体常常把中东和非洲描绘成充满暴力的地方，而把伊斯兰教描绘成醉心于培养极端主义和恐怖主义的宗教。（Marvasti，2005）从非洲展厅向公众开放的那天开始，直至今日，这些观念一直根深蒂固，但在最近这几年里，这些观念竟然呈现出愈演愈烈的趋势。现在，非洲展厅比以往任何时候都更有责任展示故事的另一面。虽然在非洲展厅中可以隐约感受到奴隶贸易、殖民主义、冷战、种族隔离以及艾滋病毒和艾滋病流行存在的痕迹，但拥有非洲血统的艺术家们通过创新性和补偿性的艺术创作对这些问题作出了回应。

莫桑比克：王座和树

在非洲展厅向公众开放后不久，我购买了艺术家凯斯特（Kester）创作的一尊雕塑作品《武器王座》（The Throne of Weapons），这促使我对莫桑比克反对葡萄牙人的独立战争，以及最近在凯斯特的家乡——莫桑比克爆发的所谓内战进行了一番研究。我还委托凯斯特和另外三位艺术家制作了一尊更大的雕塑——《生命之树》（The Tree of Life）。这两件雕塑作品都是用退役武器制成的，作为圣公会主教唐·丹尼斯·圣古兰妮（Dom Dinis Sengulane）于1995年在马普托（Maputo）创立的"剑入犁"（Swords into Ploughshares）项目的一部分。这又相应地督促我阅读了人类学家卡罗琳·诺德斯特龙（Carolyn Nordstrom）所撰写的《另一种版本的战争故事》（*A Different Kind of War Story*, 1997），这段时间，我不论是在实地工作中作出策展决定时，还是在写作并发表文章时，已经开始运用自我民族志的方法论了。通过阅读诺德斯特龙的书，我脑海中的这套方法论得到了进一步巩固。正如诺德斯特龙所说：

> 当我去莫桑比克旅行时，我对客观记录一个与现有描述不同的"其他"版本的莫桑比克并不感兴趣。我所感兴趣的就是寻找整个世界所面临的一系列异常紧迫的问题的解决方案。对我来说，政治暴力是所有问题中最亟待解决的那个问题。如果莫桑比克能够提供解决这些致命问题的办法，那么莫桑比克就顺理成章地成为我研究的起点。（Nordstrom, 1997: 233）

其实，诺德斯特龙所提到的"解决方案"恰恰存在于《武器王座》和《生命之树》这两件雕塑作品中，它们就这样客观地呈现在所有人面前，因此，它们激发众多学者、艺术家、囚犯、诗人、社团和音乐家创作出了数不胜数的作品，追根溯源，这些作品全部源于圣古兰妮主教的项目。这些雕塑是为了纪念战争而建造的风格各异的丰碑，讲述的故事并未在历史书中出现过，但却展现了莫桑比克的战争不是由军人或政治家结束的，而是由一群手无寸铁却敢于挺身而出，拒绝暴力文化，并反抗多年来困扰他们国家的枪支成瘾问题的一群普通人结束的。

> 《生命之树》和《武器王座》都强调了暴力并不一定会成为故事的结尾，人们完全可以畅想和创造出更加和平和公正的未来。（Mitchell, 2012: 3）

《生命之树》成了大英博物馆"2005 年非洲项目"（Africa 2005）的

核心和标志性形象，并在展厅日新月异的发展变化中发挥了至关重要的作用，而《武器王座》则周游了英国和全世界，在学校、购物中心甚至监狱等类型迥异的场所传播其主旨。没有其他任何一件艺术作品，能够像《王座》和《树》一样牢牢抓住了人们的想象力，以至于在短短几年内，它们便在《大英博物馆的珍宝》（ *Treasures of the British Museum* ）一书中占据了独立的一个篇章，这本皇皇巨著有点类似大英博物馆最受尊敬的艺术品中的《名人录》（ *Who's Who* ）。

在"2005年非洲项目"举办期间，在大英博物馆入口处也举办了一个小型展览，题为"非洲制造"（ Made in Africa ），展览的重点放在大英博物馆收藏中最为古老的藏品——来自坦桑尼亚（ Tanzania ）的奥杜瓦伊峡谷（ Olduvai Gorge ），拥有180万年历史的石制手斧的艺术魅力和美学魅力上。当公众从这个虽然运用了灯光照明，却仍略显昏暗的展览空间中，移步到大中庭（ Great Court ）十分明亮而空旷的开放空间中时，首先映入眼帘的便是非洲藏品中最新收购的一件作品——《生命之树》。将大英博物馆中这两件藏品以这样一种方式呈现在公众面前，会给公众带来极具震撼力的具有实验性的视觉冲击，而且，我认为，这种做法，让公众第一次真正了解非洲艺术从遥远的过去走到今天，充满了无限活力和生生不息的生命力。有机会见证这一切的发生，让我觉得自己正在实现最重要的策展目标。

赞助和地下室里的非洲

任何一项研究都不可能轻而易举得到赞助，而在类似大英博物馆这样的大型博物馆中，这项工作主要都是由博物馆中的一个开发部门负责，与此同时，策展人本人有责任提醒开发部门的同事，哪些是有争议的赞助，如果一旦接受这些赞助，将会给博物馆带来十分不利的后果。

多家银行和矿业公司都与非洲和第三世界的国家保持着联系，虽然它们的备案信息清晰，但往往备受争议，在这种情况下，策展人应该确保博物馆知晓这些争议，并且充分意识到某些赞助关系可能引发的后果，比如可能出现各种形式的抗议，包括进行现场干预，罢工工人劝阻工人正常上班，以及出现负面的新闻报道。如果指定某个赞助商对某个展览提供赞助，那么赞助商在道德层面上绝对不能与这个展览策展人的想法背道而驰。塞恩斯伯里非洲展厅在布展期间发生的一件事就很好地诠释了这一点。我在前面提到过，我曾经委托玛格达莱妮·奥登多创作过一件作品，目的是让我们的公众从刚刚踏入展厅的那一刻起，就开始对自己看到的作品进行思考。为了调动公众的思考欲望，我采取的办法就是在展览中引入这样一位当代艺术家的作品，她出生在肯尼亚，却在英国接受专业训练，并在陶瓷制作这一传统艺术领域从事艺术创作，而这个领域直到今天也算不上是一个与美术息息相关的领域。至今，我仍对奥登多在"1995 年非洲节"（Africa '95 festival）期间，策划展览时所发表的评论印象深刻，她说："我的目的就是要展现历史和当代作品可以被视为一脉相承，传承清晰的连续统一体。"（Odundo, 1995: 26）她的这一见解对我产生了巨大的影响，当时我正在考虑在大英博物馆中如何策划一个全新的非洲展厅。然而，我将奥登多的作品摆放在展厅入口处的做法，立刻招来塞恩斯伯里研究所（Sainsbury Institute）所长，同时也是塞恩斯伯里家族的代言人——史蒂夫·胡珀（Steve Hooper）的不满，他要求将其移至展览的其他位置摆放，并直接提出，将入口处的展品替换为博物馆藏品中来自非洲的"标志性珍宝"——《伊费国王头像》（Ife Head），这是一件来自尼日利亚的雕塑作品。如果我们当时同意了他的这个要求，那么，通过让公众见到意料之外的作品，而且是享有盛誉的在世艺术家创作的作品的方式，从而让公众了解非洲艺术的重要意义就会丧失。令人颇感欣慰的是，胡珀最终理解了我们所追求的目标中蕴含的深意，没有再继续坚持，很快便返回了诺威奇（Norwich）。

尽管在一家规模庞大的国有博物馆，类似大英博物馆这样的博物馆中，建立一个永久性的非洲展厅对英国这个国家至关重要，特别是考虑到伦敦是一座拥有大量非洲血统人口的城市，但是将非洲展厅置于何处，展示什么样的内容，都会不可避免地在政治上和情感上产生深远的影响。尤其大英博物馆还是一家由于拥有世界各地久负盛名的藏品而背负着殖民掠夺、野蛮行径和非法侵占的骂名的机构，这种情况尤为突出。由于空间所限，著名建筑师诺曼·福斯特（Norman Foster）勋爵针对大英博物馆进行的世纪改造项目中，专门把非洲展厅建造在地下。而这一最终选址，成为一个引发长期热议的话题：有人认为，这是对非洲大陆极具侮辱性的刻意冷落，而有人则认为，建造在地下恰恰体现了非洲富有深厚的精神内涵，这个内涵从字面上可以理解成大英博物馆的地基，在比喻义上可以理解成大英博物馆的精神内涵的源泉。上述这两种观点一直针锋相对，此消彼长。在通往展厅的楼梯两侧，从顶端开始，由上及下摆放了几件引导性的作品，它们不仅向观众展示了展览中所有展品背后蕴含的基本原理：非洲如何从遥远的过去走到了今天，而且还向人们阐释了这些展品"位于地下室"的原因。同时，它们也在向观众陈述这样一个事实：这些展品只能对一块由 54 个国家组成的广袤大陆和全球非洲现象进行一次简单的描述。尽管我们最初很难说服大英博物馆的管理层，让他们相信这种抛砖引玉式的介绍展览的方式至关重要，但事实胜于雄辩，时至今日，非洲展厅已经得到了社会各界的广泛好评。邦妮·格里尔（Bonnie Greer），一位非洲裔美国剧作家，曾担任过大英博物馆的董事会副主席，有一次，她和美国亚特兰大（Atlanta）斯佩尔曼学院（Spelman College）的同事共同参观了非洲展厅。与其他很多人最初的感受一样，邦妮始终觉得，非洲展厅所处的位置给她欣赏那些展品带来了很大困扰。然而，这一次，我陪同他们在展厅里待了整整一个小时后，她停下来，转向我说："这种感觉才是对的。"另外，位于肯尼亚的阿巴苏巴部落和平博物馆（Abasuba Community Peace Museum）的馆长杰克·奥博尼奥（Jack Obonyo）最近刚刚参观了非洲展厅，我饶有兴致地听取了他对于展厅的总体印象。他评论道，非洲展厅所在的空间，与其他任何地方都完全隔绝开来，这一点与大英博物馆中的其他展厅迥然不同，那些展厅都在人们去往其他地方的必经之路上，这种独树一帜的定位赋予了非洲展厅一份独有的尊严和相当程度的尊重。

正在大众就非洲展厅的具体位置及其展示的具体内容展开旷日持久的良性讨论时，一项市场调查的结果恰巧新鲜出炉，有些结论令人颇感意外。首先是关于"停留时间"的调查，也就是对普通参观者在大英博物馆中所有展厅中花费的时间进行比较，结果是，人们在非洲展厅的停留时间是在博物馆中其他任何地方的两倍。其次，在非洲展厅里，人们的行为举止比在博物馆里其他地方表现得更加平静，甚至达到了近乎虔诚的状态。

大西洋奴隶贸易

在 2005 年即将接近尾声时，大英博物馆开始探讨一个敏感话题，就是如何在 2007 年举办一场纪念废除大西洋奴隶贸易 200 周年（Bicentenary of the Abolition of the Atlantic Slave Trade）的展示活动。（斯普林，2011 年）经过一番激烈的辩论，我说服了大英博物馆的决策层，决定购买贝宁共和国（Republic of Benin）的罗穆亚尔德·哈朱梅（Romuald Hazoumè）创作的作品——《国王的嘴》（La Bouche du Roi），这是一个需要安装的，规模巨大的多媒体装置，作者从 1997 年便开始构思，但直到 2005 年才最终完成。

这部当代作品当之无愧地成了大英博物馆为纪念废奴贸易 200 周年举办展览的核心焦点，但它在最初创作时并未将纪念 200 周年这一历史时刻考虑在内。这件作品的创作以反抗和纪念为主题，并运用了奴隶运输船——布鲁克斯（Brookes），这一废奴主义者经常用到的形象的现代表现手法，也就是用汽油桶代替被奴役的非洲人的形象，这件作品不仅在纪念废除大西洋奴隶贸易 200 周年的当年进行展示十分应景，在日后的岁月中进行展示也是恰如其分。

如果说，我从纪念 200 周年的展示活动中得到了一点启发的话，那就是策展人应该勇敢地走出他们的舒适区，无论他们在博物馆中的地位如何，是高还是低，都不应该担心自己可能变得情绪化，就不敢大胆建言。除非他们能够克服自己患得患失的毛病，否则他们将永远无法真正开始向公众揭示和描绘创伤性的历史时期或事件背后可能隐藏的多层次的解读方式。丹尼斯·伯恩（Denis Byrne）和其他一些人强烈主张，文化遗产领域应该摆脱"有形政治"，只有这样，我们现代人的生活和过去那些人的生活之间才能建立起情感联系。如果我们这些在博物馆中工作的策展人，在工作中达不到细致入微的程度，那么伯恩所说的那种情况可能就会出现，"我们所创造出来的过去的景观，看起来更像是石器传统和陶瓷文化居住的，而不是人类居住的"。（Byrne, 2009: 245）

想要摆脱有形政治，策展人可以采用的行之有效的一种办法是：把自己设想成非洲历史的主宰，想非洲人所想，从非洲人的视角出发去展示奴隶贸易，突出非洲人对贸易的抵制，并展示非洲人对大西洋、地中海和印度洋周边的"世界"作出过不可磨灭的贡献，即使没有比欧洲人做得更多，至少也和欧洲人一样，并展示非洲文化和拥有非洲血统的人民如何从这种最邪恶和最具毁灭性的奴隶制的摧残下毅然振奋起来。

罗穆亚尔德·哈朱梅及时纠正了我原来的想法，尼日利亚和贝宁之间进行的黑市汽油进口，是一种既危险而又非法的贸易。而展示这种贸易的这部电影，作为他所创作的多媒体作品的一个组成部分，也并不像我们最初认为的那样，代表奴役的一种现代形式，事实恰恰相反。这些从事非法汽油进口业务的人冒着生命危险开采石油管道，先后用小船和摩托车把这些高度易燃物运过边界，我们应该这样看待这些人，他们仅仅回收了非洲所拥有的巨大自然资源中微不足道的一部分。几个世纪以来，这些资源一直被少数人利用，而绝大多数人仍然处于贫困之中。"凭借《国王的嘴》这件作品，大英博物馆取得了非凡的成就"，制片人兼导演帕姆·弗雷泽－所罗门（Pam Fraser-Solomon）在纪念活动举行后不久，在发给我的电子邮件中这样写道，"我是泰特现代美术馆（Tate Modern）的常客，但《国王的嘴》这件作品是我所见过的当代艺术具有全球性重要意义的最佳例证"。

在策划 200 周年纪念活动的那段时间里，我与一个社团——胜利之约（Rendezvous of Victory），以及社团里的年轻人合作密切。他们不仅帮助我们将 2007 年 3 月 25 日命名为"抵抗和纪念日"（Resistance and Remembrance，展览标题原本很可能仅是简单提到"纪念"一词），而且还帮助我们将这一活动从可能展示伟大和美好的庄严宣誓转变为让所有人，特别是拥有非洲血统的人民，确立全球非洲持久荣耀的一天，这份荣耀是奴隶贸易试图消灭却未能消灭的。

在纪念 200 周年展示活动之后，我开始与拥有特立尼达血统的英国艺术家扎克·奥韦（Zak Ové）频繁对话，希望他能把具有当代加勒比风格的艺术搬进非洲展厅，引入狂欢节的形式，并针对大西洋奴隶贸易，展现出一个大胆创新的，全球非洲应该作出回应的形式，讲述一个关于民族解放的故事。最终，功夫不负有心人，一个机会悄然而生，对于大英博物馆而言，这种不期而遇的事情时有发生，我们委托扎克·奥韦制作了两个象征莫科·胡比斯（Moko Jumbies）的大型雕塑，它们是来自特立尼达和其他加勒比嘉年华的高跷步行者，最初起源于西非和坦桑尼亚举办的化装舞会。因为大英博物馆的馆长尼尔·麦格雷戈（Neil MacGregor）决定，博物馆将在 2015 年举办庆祝非洲的活动，因此，在另外两位捐赠者的慷慨帮助下，我才能够委托扎克·奥韦制作这两件雕塑。它们在诺丁山狂欢节即将开始（Notting Hill Carnival）之前，在博物馆的大中庭初次亮相，并由特立尼达狂欢节女王和莫科·胡比斯高跷舞蹈团奉献了一场表演，以示庆祝。经过了一番大规模的修改后，当它们在非洲展厅再次现身时，已经拥有了一个雄伟的外表，传达了非洲加勒比狂欢节在为曾经被奴役的带有非洲血统的人民带来解放的过程中所拥有的创造力。（Jon Snow, Channel 4，2017）

归还与赔偿

我对那些将非洲展厅展出的艺术品视为"被掠夺的文化遗产"的人，以及要求归还这些作品的呼声怀有最深切的敬意。然而，我对夸梅·安东尼·阿皮亚后来在他的著作《世界大同主义》（Cosmopolitanism, 2006 年）中表达的观点深有同感：在一家世界上许多其他伟大的文化都得到了强有力表现的博物馆里，这两件宏伟的作品理所当然占有一席之地，承担起代表非洲的多元文化的重任。它们被放置在博物馆的展厅中，从某种意义上说，在人们与无知作斗争的过程中，它们将起到积极的示范作用，因为正是这种无知导致它们在殖民时代被武力强取豪夺，这种对非洲的复杂性和活力一无所知的状态即使在今天非洲众多的社会中仍然普遍存在。

能够正视和接受一般意义上的殖民主义的现实，尤其是英国帝国主义掠夺非洲艺术品的现实，是当今英国策展人在向公众展示这些艺术品的工作中，面临的众多职责中关系最为微妙，要求最为苛刻的一项。当然，如果只是泛泛谈论这些艺术作品属于世界，或者至少属于全球非洲（Cuno, 2009），这个问题似乎就能迎刃而解。但是，必须承认，当初帝国主义者掠夺这些艺术品时所表现出来的无知和持有的种族主义偏见，在当今的英国和全球社会中仍然非常活跃，而展示这些艺术品以及攫取它们的历史必然要与至今仍然持有这种观点的人正面交锋，并且对他们提出的观点作出回应。然而，有些人指出，埃塞俄比亚教会的主教

（Abuna of the Ethiopian church）、阿桑特王国的国王（Asantehene of the Asantekingdom）和贝宁王国的国王（Oba of Benin），他们作为各自的文化、宗教和政治组织中身份显赫的伟大领袖，要求博物馆归还深受其精神和世俗权威影响的艺术品，可谓义正词严，对于持有这种观点的人而言，展示这些艺术品及揭示它们的历史倒不至于招致不满。

展示这些敏感作品的关键，也许就是将获取它们的真实历史，竭尽所能地向观众讲述出来，同时将它们作为艺术作品在艺术创作方面所具有的非凡价值，全方位、多角度地描绘出来。如果要阐述清楚这一策展思路，我就要借助曾经征集到的拥有加纳血统的英国籍艺术家基马蒂·唐科（Kimathi Donkor）创作的一幅大型绘画作品，它具体讲述了英国人在三次阿桑特战争中掠夺库马西（Kumase）的故事，掠夺来的大部分战利品最终都入藏了大英博物馆。这幅画描绘的是一个名叫亚阿·阿桑特瓦亚（Yaa Asantewaa）的妇女，她把阿桑特的男人们召集起来举行起义，反抗英国人，因为他们提出了想要坐上金凳的要求，这是一项非常无知和无礼的要求，因为金凳在精神层面上代表了阿桑特王国的心脏。这幅画后来展示的位置，位于阿桑特王国皇家专用的一块肯特（kente）布和1897年从贝宁国王的王宫掠夺来的黄铜铸造的牌匾之间。

在更宽泛的英国帝国主义背景下，具有尼日利亚血统的英国艺术家拉伊米·巴达莫西（Raimi Gbadamosi）创作的《九面旗帜》（Nine Flags）能够为非洲展厅提供一个全新的思考角度，因为它是一个概念性的作品，通过对英国国旗（Union Jack）的去殖民化处理，来扩展我们关于英国和英国国家身份相关概念的理解。这部作品非但没有嘲笑英国国旗，反而暗示了对当今英国多元社会中一度象征帝国主义统治地位的旗帜产生的某种油然而生的尊重。（Spring, 2012b: 72）

在贝宁国内，有一种呼声比以往任何时刻都更加强烈，坚定地呼吁通过当代艺术家艺术实践的镜头，向外界传达展品所具有的继往开来的意义。在贝宁出生、后来定居伦敦的艺术家利奥·阿塞莫塔（Leo

Asemota）一手打造的"恩斯项目"（Ens Project）（Spring, 2019），是一件由五个阶段组成的多媒体艺术作品，聚焦贝宁的埃多族人实行的一种古老的宗教仪式——伊格头崇拜（Igue ritual of Head worship）、1897年英国针对贝宁王国进行的惩罚性远征（British Punitive Expedition of 1897），以及瓦尔特·本杰明所撰写的论文《技术复制时代的艺术品》（*The Work of Art in the Age of its Technological Reproducibility*）。这个多媒体艺术作品在第三阶段——"不幸的财富"（MISFORTUNE'S WEALTH）中，详细审视了伊格宗教仪式，以及完成这个仪式所需的材料：奥尔胡（高岭土/粉笔）、煤和铁。这些材料对于贝宁王国和大英帝国而言，同样具有神奇和历史悠久的象征意义，它们一方面治愈和保护了贝宁国王和他的王国，另一方面推动了英国工业革命（Industrial Revolution）的发展进程，而在工业革命的推动下，英国的经济和军事实力显著增强。我对利奥创作的艺术作品产生浓厚的兴趣，并不仅仅是因为大英博物馆中非洲展厅建立的基本思路，与他对黏土、铁、木料、黄铜和布料中所蕴含的象征意义的复杂性的理解如出一辙，更重要的是因为他对这些材料的运用经过深思熟虑，且怀有崇敬之情。

策展是一种需要经年累月长期坚持、持续不断与他人开展合作且收获满满的生活方式，尽管它不可避免地偶尔也会令人非常沮丧。作为一名艺术家和才思敏捷的作家，我能够很好地把控创作的节奏，时不时停下脚步，歇口气，然后再全身心地投入自己的工作一段时间。然而，那种"凭借签订的临时合同就要奔走于世界各地的展览制造者"（Niemojewski, 2016: 9）的策展人生活，对我毫无吸引力。我常常会情不自禁地与艺术家们建立情感上的联系，不论是在世的艺术家，还是已经逝去的艺术家，我会用批判的眼光审视他们的作品，并且竭尽所能去策划如何展出他们的作品，如何书写这些作品背后的故事，这才是令我倍感荣幸的事情。经我策划和书写的许多艺术品，都会以某种独特的方式献给非洲人民，献给他们的希望、恐惧和对未来的憧憬，以及他们世代生活的这片土地，无论是在非洲大陆上还是在全球非洲这一更广阔的空间中。对非洲人这个群体来说，其中大多数人对我而言可能永远是陌生人，但我却能强烈地感受到自己与他们心意相通，心有灵犀，以及我对他们所负有的强烈的责任感。对我来说，这就是策展在最初表达为"关照"这一含义时所蕴含的全部意义。

参考文献

Appiah, Kwame Anthony. 2006. *Cosmopolitanism: Ethics in a World of Strangers*. New York: W.W. Norton.

Bam - Hutchison, June (Musuva). 2010. *Peeping Through the Reeds: A Story about Living in Apartheid South Africa*. Leeds: Peepal Tree Press.

Byrne, D. 2009. A critique of unfeeling heritage. In: Smith L. and Akagawa, N. (eds.), *Intangible Heritage*. London: Routledge, 229–252.

Casely - Hayford, Augustus. 2002. A way of being: Some reflections on the Sainsbury African Galleries. *Journal of Museum Ethnography* 14: 113–128.

Caygill, M. 2009. *Treasures of the British Museum*, 2nd edn. London: British Museum Press.

Cuno, James. 2009. *Whose Culture? The Promise of Museums and the Debate over Antiquities*. Princeton: Princeton University Press.

de la Barra, Pablo Leon. 2016. *1st Gran Bienal Tropical [2011]*. In: Milliard, Coline et al. (eds), *The New Curator*. London: Laurence King, 114.

Deliss, Clémentine. 2016. Museum der Weltkulturen (2010–2015). In: Milliard, Coline et al. (eds.), *The New Curator*. London, Laurence King: 188–195.

Ellis, Carolyn. 2002. Shattered lives: Making sense of September 11th and its aftermath, *Journal of Contemporary Ethnography* 31(4), 375–410.

Ellis, Carolyn and Bochner, Arthur P. (eds.). 1996. Taking ethnography into the twenty - first century. *Journal of Contemporary Ethnography: Special Issue* 25, (1).

Ellis, Carolyn, Adams, Tony E. and Bochner, Arthur P. 2011. Autoethnography: An overview. *Forum: Qualitative Social Research* 12(1).

Enwezor, Okwui and Okeke - Agulu, Chika. 2009. *Contemporary African Art since* 1980. Bologna, Italy: Damiani.

Giblin, John and Chris Spring. 2016. *South Africa the Art of a Nation.* London: Thames & Hudson.

Jedrej, M.C. 1975. Ingessana throwing knives. Anthropos 70: 42–48.

Lagat, Kiprop and Hudson, Julie (eds.). 2006. *Hazina: Traditions, Trade and Transitions in Eastern Africa.* Nairobi: National Museums of Kenya.

Marvasti, Amir. 2005. Being Middle Eastern American: Identity negotiation in the context of the war on terror. *Symbolic Interaction* 28(4): 525–547.

Mitchell, Jolyon. 2012. *Promoting Peace, Inciting Violence.* London: Routledge.

Mudimbe, V.Y. 1988. *The Invention of Africa.* Bloomington, IN: Indiana University Press.

Mudimbe, V.Y. 1994. *The Idea of Africa.* Bloomington, IN: Indiana University Press.

Niemojewski, Rafal. 2016. The aspirational narrative of the new curator. In: Milliard, Coline et al. (eds.), *The New Curator.* London: Laurence King.

Njami, Simon. 2005. *Africa Remix.* London, Hayward Gallery.

Nordstrom, Carolyn. 1997. *A Different Kind of War Story.* Philadelphia:

University of Pennsylvania Press.

Odundo, Magdalene. 1995. *African Metalwork*. London: The Crafts Council.

Picton, John. 2016. South Africa: A land of visionaries and artists. https://www.christies.com/features/South-Africa-Art-at-the-British-Museum-7995-1.aspx, accessed 13 March 2019.

Sanyal, Sunanda K. 2015. "Global": A view from the margin. African Arts 48(1).

Savage, Polly (ed.). 2014. *Making Art in Africa 1960–2010*. London, Lund Humphreys.

Snow, Jon. 2017. https://www.channel4.com/news/zak-ove-tackling-slavery-through-caribbean-sculpture, accessed 13 March 2019.

Spring, Chris. 1993. *African Arms and Armour.* London: British Museum Press.

Spring, Chris. 2008. *Angaza Afrika: African Art Now.* London: Laurence King.

Spring, Chris. 2011. Art, resistance and remembrance: A bicentenary at the British Museum. In: L. Smith, G. Cubitt, R. Wilson, and K. Fouseki (eds.), *Representing Enslavement and Abolition in Museums: Ambiguous Engagements.* London: Routledge. 193–212.

Spring, Chris. 2012a. Notes from the field: Contingency, *The Art Bulletin*, (Warwick University) XCIV(3): 359–361.

Spring, Chris. 2012b. *African Textiles Today*. London: British Museum Press.

Spring, Chris. 2015. *A Way of Life: Considering and Curating the Sainsbury African Galleries.* Hendon: Middlesex University.

Spring, Chris. 2019. *Leo Asemota's Ens Project, Nka Journal of*

Contemporary African Art. New York: Cornell University.

Triangle Network. 2017. Triangle Network history. https://www.trianglenetwork.org/triangle-network/about/triangle-network-history/, accessed 13 March 2019.

本章作者简介

克里斯·斯普林（Chris Spring）是一名艺术家、作家和策展人（www.chrisspring.co.uk）。他的研究兴趣包括当代非洲艺术以及非洲东部和南部的机械制造纺织传统。在大英博物馆（British Museum）的展览包括"南非风景"（A South African Landscape, 2010 年）、"社会结构"（Social Fabric, 2013 年）及与约翰·吉布林（John Giblin）合作的"南非，一个国家的艺术"（South Africa, Art of a Nation, 2016 年）。他的获奖专著有《璀璨非洲：当今非洲艺术》（*Angaza Africa: Africa Art Now*, Laurence King, 2018），《今天的非洲纺织业》（*Africa Textiles Today*, 大英博物馆出版社，2012 年），以及与约翰·吉布林合著的《南非，一个国家的艺术》（泰晤士和赫德森出版社，2016 年）。

第九章　策展危机

　　本章节回顾了富兰克林熔炉文献库策展工作的发展演变历程。这家档案馆是我于 1976 年 4 月 3 日，在曼哈顿下城独居的阁楼里成立的一个非营利性的艺术组织。那个时候，我和男朋友理查兹·贾登（Richards Jarden）刚刚分手，便从加拿大新斯科舍省（Nova Scotia）的哈利法克斯（Halifax）搬到了纽约，十分迫切地想知道自己到底算不算是个真正的艺术家。对我而言，这一直是个悬而未决的问题，因为我在哈利法克斯的导师（他曾是我大学时代的绘画老师）曾经告诉过我，"妇女在艺术世界里不可能取得成功"。这话颇有几分道理，因为尽管艺术学校中的女学生人数众多，但是，在画廊和博物馆的专业队伍中女性人数却寥寥无几，在艺术杂志或期刊上针对女性的报道更是少之又少。

　　在我创建富兰克林熔炉文献库之初，便下定决心要展示同等数量的女性和男性的照片（见图 9.1）。但与此同时，我并不希望呈现出来的艺术内容被我的个人品位完全主导；我觉得自己与更广阔的艺术世界仍然缺乏充分的接触，当然更不想在街上被一群想要向我展示他们幻灯片的艺术家们一路追赶。最终，我决定向我的朋友——杰姬·阿普尔寻求帮助。我第一次见到她，是在露西·利帕德策划的展览"c.7500"的展览目录中。当年，我能够在利帕德策划的"数字展示"的系列展览中出现，这背后还有一段小故事。早在 1973 年，利帕德便确定了自己职业生涯的发展方向，想要专门从事针对妇女创作的作品的组织和写作工作。当她来到哈利法克斯时，碰巧关注到我正在制作的一件照片配文字的作品，便随即告诉我："是的，你是个艺术家。在北美和欧洲，也有不少女艺

图 9.1 《玛莎·威尔逊》，富兰克林熔炉文献库公司供图，2005 年；图片来源：克里斯托弗·米尔恩（Christopher Milne）

术家正在搞女权主义艺术创作。"当年，正是她给了我艺术家的称谓和定位！直到那时我才明白，我其实只是一种更为广泛趋势的一个缩影，我并不是唯一一个以自己的女性身体和女性视角为基础进行艺术创作的人。就这样，我开始了与阿普尔之间的通信，并在一项行为艺术项目中展开合作，这个项目名为"转型：克劳迪娅"（Transformance: Claudia），1973 年 12 月在广场酒店（Plaza Hotel）和休斯敦街南部（SoHo）进行演出。

还有另一个关于策展的故事，也值得我在这里提及。在我抵达纽约几个月后，阿普尔与伊万·卡普提前约好，我们准备向他展示我们的作品，他当时是位于休斯敦街南部的西百老汇 OK 哈里斯画廊（OK Harris Gallery）的负责人。阿普尔首先向他展示了她自己的作品，然后由我向他展示了我的作品。这之后便听到卡尔普开始大声嚷嚷："你给我看这个干什么？我永远不会展示它。这件作品简直糟透了！"这段经历给我带来了巨大的创伤，以至于我把我在哈利法克斯创作的所有作品都收起来放到了床下，转而全身心地投入了一项新工作——创建一个组织。

还有一个故事是我早年间的一段经历。我在纽约从事的第一份工作是在哈里·N. 艾布拉姆斯出版公司（Harry N. Abrams, Inc.）的编辑工作。有一天，我在《纽约时报》上读到一则通知，说一家出版公司正在招聘有编辑经验，并拥有艺术史学位的人，当时我猜测它要么是普雷格出版公司（Praeger），要么是艾布拉姆斯公司。我到达艾布拉姆斯公司的时间是早上 8 点 30 分，恰巧目送参加 8 点那场面试的应聘者离开。当我前面的那个应聘者坦承自己是个艺术家时，总编顿时皱起了眉头。所以，我当场暗暗下定决心暂时先不要承认自己是一个艺术家，先拿到这个职位再说。这件轶事对我后来创办档案馆的经历影响深远，主要是因为我通过在这个行业中实际工作所学到的东西比我在研究生院多年来学到的还要多。

现在还是说回富兰克林熔炉文献库的创立初期。每天，当我结束在艾布拉姆斯公司朝九晚五的工作之后，就会去市中心的创意仓库（Idea Warehouse）观看行为艺术的各项活动，仓库是由艺术和城市资源研究所（Institute for Art and Urban Resources，后来发展成现代艺术博物馆 PS1 分馆）的创始人——阿兰娜·海斯（Alanna Heiss），在里德街上创立的一个场所。我记得，有一场演出令我感到特别震撼。弗吉尼娅·皮索尔（Virginia Piersol），一位艺术家兼电影制作人，开发了一种可以把一台 Super-8 电影放映机背在身上的背带，放映机的一面朝向前，另一面朝向后。当她穿着旱冰鞋，在创意仓库的宽敞阁楼里绕圈滑行时，电影中的影像就会同步投射在墙上，一会儿变得越来越大，一会儿又变得越来越小。我觉得这个创意很棒！

后来，当皮索尔听说我正在市中心寻找一个能住人的阁楼时，便在公园广场（Park Place）拦住了我，告知我在富兰克林街112号有一个底层阁楼，于是我便把它租了下来。富兰克林熔炉文献库就此成立。

尽管现代艺术博物馆在1970年举办了"信息"展（Information），但是出售、展示和保存艺术家的书籍仍是一种被曼哈顿上城机构忽视的艺术形式，而富兰克林熔炉文献库的成立恰好弥补这一缺憾。正如我前面提到的，理查兹·贾登当时还是我的男朋友，他的作品恰巧出现在了这场展览中，这是如此重要的一件事情，以至于我们专程从哈利法克斯赶到纽约来参加开幕式，并有幸见到了正在展出的从维托·阿孔奇到劳伦斯·韦纳（Lawrence Weiner）等艺术家们创作的概念性作品。五年后，当我再次回到现代艺术博物馆的书店，询问他们是否愿意售卖我亲手制作的艺术家图书时，书店经理直接回答："听着，女士，你的书价值五美元，但我给你的书做书目记录就要花费五美元，所以不行，我的书店绝对不会存放你的书。"此外，当时社会上，关于艺术家图书算作图书还是艺术品还没有达成共识。据报道，美国画家爱德华·鲁沙在得知美国国会图书馆将他的艺术作品《房地产机会》（Real Estate Opportunities）错误编目在房地产的类别而不是艺术的类别下时，反而感到一阵窃喜，因为他认为普通人可能会出现这种差错。（Senior, 2016）

在富兰克林熔炉文献库开幕当天，在搁板桌上展示了大约200本已经出版的艺术家们创作的图书，以及卡伦·肖（Karen Shaw）和克莱尔·弗格森（Claire Fergusson）创作的独一无二的作品。我们当时并不确定如何命名正在展出的东西：艺术家创作的像书一样的作品？图书作品？艺术家图书？是否应该将独一无二的一件作品和已经出版的数量众多的作品加以区分？与此同时，当我在曼哈顿下城四处奔波，拜访法务部（Department of Law）和国税局（IRS），为了新组建的档案馆获得非营利的资质不懈努力时，包括露西·利帕德、索尔·莱威特、帕特·斯泰尔（Pat Steir）、米米·惠勒（Mimi Wheeler）、沃尔特·鲁滨逊（Walter Robinson）、罗宾·怀特（Robin White）和埃迪特·戴阿克（Edit DeAk）在内的一群人聚到一起，准备创建印刷品公司（Printed Matter, Inc.）。起初，乍看上去我们似乎拥有相同的目标，只是我还额外拥有店面空间，所以我们应该展开合作。但是，这种幻想最终还是破灭了，当率先获得富兰克林街112号净租赁权的《雪崩》（Avalanche）杂志出版商兼艺术家威洛比·夏普（Willoughby Sharp）带着他的律师下楼时，大声喊道："这个地方永远不会作为印刷品公司的地址为世人知晓！"最终，印刷品公司在哈德逊大街（Hudson Street）上的美术大楼（Fine Arts Building）找到了一个空间租赁下来。再后来它才搬到了利斯佩纳德街（Lispenard Street）上，开始拥有了自己的店面。在这个过程中，我们重新分配了馅饼，印刷品公司（以营利为目的）出版和发行艺术家图书，而富兰克林熔炉文献库（以非营利为目的）保存和展示艺术家图书。

关于行为艺术的几句话

富兰克林熔炉文献库在曼哈顿下城运营三个月后，某位作品已经入藏的艺术家，提出了希望开展一次阅读活动的需求。我以为这位艺术家——马丁娜·阿巴利亚（Martina Aballéa）只是想单纯地体验阅读，但是出人意料的是，她当天身着盛装出现在活动现场，使现场活动化身为她阅读的文本对象。就这样，档案馆的行为艺术项目诞生了。在项目进行的前两季里，我会把艺术家们的所作所为称为"艺术家阅读"，尽管在事实上，每个艺术家都亲自操控表演元素（灯光、声音、与观众的关系、道具、服装、时间），并把这些元素视为他们作品的一部分（"行为艺术"这一并不恰当的定名远远未能抓住阅读活动的核心）。当时正流行的用语是"片段",它包括通过绘制、拍照、摄制、出版、录音或任何可以采用的手段记录下来的思想、行为以及文献资料。

从1976年4月3日开幕直到1980年,杰姬·阿普尔一直担任富兰克林熔炉文献库的首席策展人。她是一个纽约人,本身就与许多艺术家十分熟识,甚至还嫁给了一个叫作比利·阿普尔(Billy Apple)的艺术家,后者一直在为自己和朋友们经营着一个艺术空间。在为我工作时,杰姬会选择与那些希望展示独一无二作品的艺术家会面,还会去主动接触一些职业前景一片光明的行为艺术家。在那个时期,因为我本人还要依靠失业保险生活,所以档案馆既没有资金,也没有预算。无奈之下,阿普尔只能从行为艺术活动的门票收入中拿走50%,作为工资收入。大约也是在这段时间,画家兼雕塑家芭芭拉·奎因(Barbara Quinn)有一天突然走进门来,大声向我宣布:"你需要雇佣我。"当时,她的日常工作是为非营利组织筹款。她希望我每天支付给她35美元。而我的失业保险一周才只有75美元,但我考虑,如果不雇佣她,早晚有一天我也会破产,所以我们达成了协议。就这样,富兰克林熔炉文献库的前几年,就是由我们三个金发女郎共同打理的。

然而,在最初那几年里,我们从未讨论过策展配额的问题。直到1980年阿普尔搬到洛杉矶之后,档案馆出现了一场策展危机,在此期间,我决定将富兰克林熔炉的展览选择权转交给一个同行评审小组,小组中的艺术家都是由我挑选出来的,但我不会去试图把控他们的审美观点。这意味着富兰克林熔炉展示出来的,可能是我并不看重的艺术家,这种想法在令我兴奋不已的同时,也在提醒我,需要拓展自己对当代前卫艺术先入为主的理解。富兰克林熔炉文献库成立40年来,由于自身的局限性,我所面临过的挑战不计其数,这也迫使我不得不不断深入对艺术内涵的理解,并不断提高自身的艺术欣赏水平。

在我看来,身体是20世纪的新型艺术媒介,是视觉艺术家通过诗歌文本发掘出来的,具体来说,是受到诗人斯特芳·马拉美(Stéphane

Mallarmé）的启发。他于 1897 年创作了一首名为《掷骰子永远不会彻底消除机会》（*Un coup de dés jamais n'abolira le hasard*）的诗歌，在 19 世纪末到 20 世纪初的巴黎咖啡协会（Parisian café society）中引起了热烈的讨论。艺术家兼策展人雅罗斯拉夫·安杰尔（Jaroslav Aněl）跃跃欲试，尝试与富兰克林熔炉文献库接触，并提出了举办一场"前卫之书"（The Avant-Garde Book）展览的建议，这是一次将斯特芳·马拉美的诗作为试金石，覆盖面广泛的学术性展览。《掷骰子永远不会彻底消除机会》到底有什么意义？有什么非凡之处？这首诗不仅引发了诗人们的热烈讨论，也成了画家、雕塑家和音乐家群体热烈讨论的焦点，几乎文化圈内的每个人都参与了这场讨论。在展览中，这首诗的文字以大小不一的点状形态分布在页面上，将页面转化为视觉艺术空间，把读者从约定俗成的线性顺序中解放出来，从而赋予这首诗多种解读的可能性。通过这种方式，诗歌实现了主题和形式的高度统一。亲临现场的一位艺术商人达尼埃尔－亨利·坎魏勒（Daniel-Henry Kahnweiler）宣称："我认为，直到 1907 年之后，斯特芳·马拉美的诗歌才对造型艺术产生了巨大的影响，这一影响与保罗·塞尚（Paul Cézanne）的绘画对造型艺术产生的影响平分秋色。正是通过阅读马拉美，立体画派的画家才找到了自由发挥、随意创作的勇气。"（Hultén and Grassi, 1986: 520）

在我看来，行为艺术是戏剧的对立面，根据塞缪尔·泰勒·柯勒律治（Samuel Taylor Coleridge）的说法，戏剧的目标是"刻意让难以置信的事物戛然而止"，而行为艺术大胆运用文学、音乐、舞蹈和戏剧传统（戏剧借鉴了行为艺术的惯用手法）散播混乱。但总体来说，行为艺术家们会在现场提醒他们的观众：现场没有使用任何技巧，一切都在"真实的"时间中正在发生。因为行为艺术是内嵌于身体中的，所以它将时间本身列为它的首要主体。要解释清楚这个理论，可以列举谢德庆（Tehching Hsieh）的案例，他所创作的《1981 至 1982 年一整年的表演》（One Year Performance, 1981–1982），于 1983 年 2 月 16 日至 3 月 12 日在富兰克林熔炉文献库进行现场表演。其间，在谢先生创作的《一整年的表演》里，他做了很多事情：当他住在笼子里时，每隔一个小时重拳击打一个计时钟，当他住在笼子外面时，被绑缚在另一个人身上，他把身体在时间上的消耗作为这场表演的核心。

在文化战争中，富兰克林熔炉文献库数次陷入困境，这促使我们不得不调整展览计划（见图9.2）。在20世纪80年代，前卫艺术家丧失了他们作为美国文化宠儿的地位。罗纳德·里根政府和保守的宗教团体也在不失时机地宣扬这样一种观点：艺术家是一种病毒，一直在侵蚀着政治这副健康的躯体。1984年，富兰克林熔炉文献库推出了一场由嘉年华知识（Carnival Knowledge）策划的"第二次到来"（The Second Coming）展览，嘉年华知识是一个由九位女性艺术家和活动家组成的女权主义表演团体，她们一直在追问是否可以有"女权主义色情"或不诋毁妇女或儿童的色情作品。嘉年华知识邀请了色情明星安妮·斯普林克尔（Annie

图9.2 《〈阅读〉与〈沉浸地阅读〉》，达拉·伯恩鲍姆（Dara Birnbaum），富兰克林熔炉文献库公司供图，1978年4月11日

Sprinkle）和她的色情明星后援团——90俱乐部（Club 90）的成员，参加嘉年华知识在富兰克林熔炉文献库举办展览期间，计划于1月份开展的一场活动。摄影师多娜·安·麦克亚当斯（Dona Ann McAdams）曾经在百老汇的一间阁楼上，拍摄了一张名为《女权主义者和色情明星》的宣传照片，拍摄期间她提出这样一条建议，参与拍摄的人全部赤身裸体，每个人身上都贴上一张表明她们是"女权主义者"，或者是"色情明星"的标签，但许多人都在拍摄集体照的过程中交换了彼此的标签。这一宣传剧照后来被各种出版物广泛转载，从《哈哩》（Hustler）杂志到《乡村之声》（Village Voice）。现在让我们回到在富兰克林熔炉文献库举办的这场活动，这场题为"剖析色情明星"（Deep Inside Porn Stars）的表演现场，为观众准备了茶水和饼干，表演本身试图提醒观众，性工作者也和她们的女权主义者同行一样，是母亲、女儿、妻子和普通妇女。正是在这场活动中，安妮·斯普林克尔把她的身份从"色情明星"变成了"行为艺术家"，将在南加利福尼亚长大的胖女孩埃伦·斯坦伯格（Ellen Steinberg）和生活在纽约的光彩照人的色情明星安妮·斯普林克尔两个人物角色进行了对比展示。

当"第二次到来"展览在1月底结束后，道德行动委员会（Morality Action Committee）随即采取了行动，给当选官员写明信片，给富兰克林熔炉公司和基金会的支持者写信，声称我们每天向500名儿童展示色情制品。这只是文化战争早期的一个小冲突，由于这场文化战争，行为艺术家，特别是行为艺术家的工作"在政治上变得毫无可能"，而且，国家艺术基金会的个人艺术家研究金方案（Individual Artists Fellowship Program of the National Endowment for the Arts）也被终止了。

1983年，卡伦·芬莉与她的丈夫布赖恩·劳思（Brian Routh），后者是基珀儿童（Kipper Kids）的成员，在富兰克林熔炉文献库共同奉献了一场表演，这也是她在纽约的首场演出。她在表演中使用了大量液体，在手提箱里洗澡，使用韦森牌食用油和椅子做爱。结果，演出后一切如常，因为她的演出票价是市中心表演的标准票价。事实上，我告诉芬莉她应该搬到纽约来，而她竟然真就搬来了！在几年以后的1989年，芬莉由于她的表演《欲望的恒久状态》（Constant State of Desire），被保守的联合报纸专栏作家罗兰·埃文斯（Rowland Evans）和罗伯特·诺瓦克（Robert Novak）称为"涂抹巧克力的年轻女人"。这是因为她在裸露的乳房上涂抹了巧克力霜，以此来象征女性的堕落，然后再在上面洒上豆芽，闪闪发光。我认为，她除了袒露自己的胸部让男人生气外，更令男人愤愤不平的是，她身着伍尔沃思牌的纯棉内裤、脚穿一双伍尔沃思牌的平底便鞋，腿套一双伍尔沃思牌的长筒袜；这些着装都是专门用来抵制性凝视的。

富兰克林熔炉文献库一直致力于展示"新兴艺术家"，他们都是由同行小组评审委员会从世界各地提交的提案中精挑细选出来的。当卡伦·芬莉提出展示一件装置艺术作品时，她的提案被评审委员会一眼相中，并成功实现。她当年曾经一度"脱颖而出"，成为一名行为艺术家，这次又"崭露头角"，成为一名视觉艺术家。她的作品——《女人的生命价值不大》（A Woman's Life Isn't Worth Much）由刻画在富兰克林熔炉文献库墙上的文字和图像，经过涂改的图书封面，以及我们安装在档案馆前面的散热器上的一块刻有文字的花岗岩板组成。到了1990年，当文化战争进行得如火如荼，达到了白热化程度的时候，我向国家艺术基金会主席约翰·弗龙迈耶（John Frohnmayer）发出邀请，问他是否愿意来富兰克林熔炉文献库亲自验证一下芬莉的作品并非淫秽作品，但他拒绝了。

富兰克林熔炉文献库第三次遇到问题，也是最后一次在宗教权利方面遇到问题，出现在1996年，当时我们举办了一场题为"窥淫癖者的快乐"（Voyeur's Delight）的展览。这场展览由芭芭拉·鲁辛（Barbara Rusin）和格蕾丝·罗塞利（Grace Roselli）共同策划，汇集了一些追求视觉冲击力的作品，从变态的窥淫，到作为媒体文化一个重要方面的窥淫享乐的作品应有尽有。乔斯琳·泰勒（Jocelyn Taylor）为"窥淫癖者的快乐"这个展览，专门准备了一间用镜子做地板的房间，这样的布展环境使观众能够看到女性裙子的内侧，而且地板上安装了内嵌式的小型视频监视器，显示的是用窥镜放大的阴道的轮廓。这种设计希望表达的是西方医学对妇女身体的侵入性。

　　一个名为基督教行动网络（Christian Action Network, CAN）的组织声称，富兰克林熔炉文献库为"窥淫癖者的快乐"展览筹集了超过10万美元的联邦资金。当时，我们确实刚刚从国家教育协会（National Education Association, NEA）获得了10万美元的预支补助金，所以说，这个组织所说的这个数字是准确无误的。然而，令人烦恼不已的是，基督教行动网络运用了行为艺术的技巧，把他们的主张以戏剧化的形式呈现出来：把一个人装扮成死神（Grim Reaper）的模样，并且打造出来两口棺材，里面装满了传单，一口棺材里的传单呼吁富兰克林熔炉文献库尽快灭亡；而另一口棺材里的传单呼吁国家艺术基金会尽快灭亡。他们把这两口棺材同时抬上了华盛顿特区国会大厦的台阶。据亲临抗议活动现场的同事说，守卫国会大厦的一名国民警卫队队员告诉他们："你们只能把一口棺材抬上台阶。"直到今天，我们也不知道他们最终选择了把哪口棺材抬上台阶。

重新评估我们的目标

　　在20世纪90年代末，富兰克林熔炉文献库经历了一段对我们的办馆目标进行重新评估的时期，在文化战争之后，我们决定"开启虚拟的历程"。在富兰克林熔炉文献库创办20周年的时候（1996—1997年），我们最后一次在现实的空间中举办了一场展览——由达尼埃尔·乔治（Daniel Georges）策划的"不断流动的：替代性的创作策略"（In the

Flow: Alternate Authoring Strategies）。这次展览主要考察，艺术是如何在过去的 20 年中从"固态的"绘画和雕塑转变为"液态的"互动式作品的，这些作品从根本上对艺术家作为作品唯一作者的角色提出质疑，并且提出，这些作品完全可以通过合作的方式创作出来。与此同时，我们也在不断地追问自己，今后在什么地方还有可能实现自由的表达，并最终认定，网络空间在当时仍是一个自由的空间。富兰克林熔炉文献库在 1997 年 2 月 1 日正式"上线虚拟"，将我们的网站 www.franklinfurnace. org 作为我们呈现在观众面前的公开形象，并且将艺术家的文字陈述与图像表达结合起来进行展示，这样做可以使观众更好地理解展示的内容，例如乔斯琳·泰勒为什么会将一个窥镜放在自己的阴道内。

我当时设想过，一旦富兰克林熔炉文献库"上线虚拟"，艺术家的身体可能就会被抛诸脑后，事实也确实如此，我们在 2000 年，第一次与网络开展合作的成果就是一款在线游戏，"超级征服：国际艺术市场的游戏"（Superschmoozio: The Game of the International Art Market），这是一款由杰克·沃特斯（Jack Waters）设计开发的游戏。这款互动式的网络游戏复制了在艺术世界为了成为一名"专业艺术家"，所要攀爬的每一级阶梯，为了实现这一目标，必须要经历磨碎嘴皮子，以及被人从背后捅刀这些困难，才算通关成功。要打造一个以超级马里奥兄弟的游戏为模板的游戏，并提前设计出每一种可能的互动方式，大约需要花费 50 万美元的编程费用。富兰克林熔炉文献库为了帮助杰克·沃特斯实现他的想法，牵线搭桥，把他介绍给了艺术家莉萨·布伦奈斯（Lisa Brenneis）和阿德里安娜·耶尼克（AdrieneJenik），她们两人曾经使用过一个名为"宫殿"的在线软件开发了一款"桌面剧场"的游戏，创造出了一个受世界各地的玩家控制的化身之间进行互动的环境。使用人物化身代替人体本身，使用虚拟环境代替真实环境的做法，触及了关于活力、存在和表现的中介等问题讨论的核心。

反对布什的自行车（Bikes Against Bush）是乔舒亚·欣贝里（Joshua

Kinberg）和尤里·吉特曼（Yuri Gitman）共同发明的，标志着人体和技术的一次融合，并被富兰克林熔炉文献库的 2004 至 2005 年的展览季选中。他们的创意——神奇自行车（Magicbike），是一个可移动的 Wi-Fi 热点，凡是自行车所到之处，都能提供免费的互联网连接服务。它将一种定制设计的打印设备安装在自行车上，可以把网络用户输入的信息用粉笔喷雾的形式打印到街道表面，通过创建这样一款将社区无线运动、自行车文化、街头示威和当代艺术结合起来的作品，把公共艺术与技术活动重叠在一起。2004 年 8 月 30 日，理论终于转化成了实践，当天，金伯格正骑着神奇自行车，准备在纽约市举行的共和党全国代表大会上进行抗议，结果，自行车被警察扣押，给出的理由是，在街道上打印文字信息会玷污公共财产，因此受到禁止涂鸦的法律的约束。（在警察逮捕金伯格时，欣贝里的合伙人吉特曼举着相机在现场拍照。该案件在法院顺利审理，最终证明金伯格无罪；然而，神奇自行车在纽约警察局被扣押期间竟然"丢失"了。）

自上线虚拟以来，富兰克林熔炉文献库展示了一群特定的艺术家的作品，他们的作品关注种族、监视、艾滋病、移民、性别和生态等一系列社会和政治问题。2012 年 7 月 28 日和 29 日，艺术家杨钦志（Chin Chih Yang）在皇后区博物馆门前，向大众展示了他的互动式行为艺术作品——《杀死我或做出改变》（Kill Me or Change）。他和他的团队收集了三万个铝罐，这是一个人一辈子要扔掉的铝罐的平均数量，将它们装在一个带网眼的网兜式的球状物中，并用起重机将它们高高吊起，悬离地面 30 英尺，然后，把网兜中的所有铝罐直接倒在杨钦志的头上，借此机会制作了一场五颜六色且令人窒息的铝废料展示。杨钦志希望，通过直观地展示每个人的个人污染所造成的影响有多么令人窒息，能够唤起每位在场观众重新审视个人消费习惯的意识。

富兰克林熔炉基金的一些资助对象开发出来的某些行为艺术项目，也取得了直接的社会公益效应。肖恩·莱昂纳多（Shaun Leonardo）创作的项目——《我无法呼吸》（I Can't Breathe, 2015）是一个需要公众广泛参与的研讨会，同时也是一个表演项目，以自我防卫课的形式呈现在公众面前。在课堂上，参与者学习了一系列的自我防卫技术，从单纯的消极的力求自保的演习（包括如何减轻锁喉导致窒息的压力），到更为积极主动的防御策略。2017年，这位艺术家成功地开发了一个为受到法律制裁的年轻人（在纽约州刑事法院，这些年轻人会被视为成年人对待）提供替代监禁（以及其他针对成年人的制裁方式）这种惩罚方式的转移性方案。"里塞斯"是一个艺术空间，莱昂纳多和这个空间是合作伙伴关系，而"里塞斯"当时正与布鲁克林司法计划开展一项合作项目，招募项目参与者，在法院进行审判阶段参加由莱昂纳多设计的艺术项目。当参与者完成该项目之后，检察官就可以关闭并封存他们的案件。

结论

在富兰克林熔炉文献库走过的40年时间里，艺术家们关注的焦点已经发生了改变，但艺术家们所承诺的，向大众传达致力于改变文化话语体系的想法，却没有丝毫改变。这么多年来，富兰克林熔炉文献库一直竭尽所能把所有作品都呈现在公众面前，为此我们倍感自豪。到目前为止，我从未对参加我们项目的女性与男性的总人数进行过对比统计。然而，我可以骄傲地向大家报告，近年来，有色人种艺术家的数量在大幅增加：在2017年富兰克林熔炉基金资助者的评选中，12人中有八人是有色人种的艺术家。这是由于评选委员会的人员构成，项目协调员和我们的选择标准是要选出能够代表不同的种族、族裔、文化、性别、能力和年龄的艺术家。我们正在通过我们的策展工作，竭尽全力使当代艺术面孔的颜色逐渐变黑，而不是一成不变的白色。

参考文献

Hultén, Karl Gunnar Pontus and Grassi, Palazzo. 1986. *Futurism and Futurisms*. New York: Abbeville Press.

Senior, David. 2016. Piles of books: Art as publishing in the 20th and 21st centuries. Lecture, Wendy's Subway, Brooklyn, NY (26 May).

本章作者简介

玛莎·威尔逊（Martha Wilson）是一名行为艺术家，也是美国纽约富兰克林熔炉文献库公司（Franklin Furnace Archive, Inc.）的创始董事。

第三部分

全球化世界中的策展人

第十章　我们在乎您所付出的一切

关于亚洲艺术策展的思考

引言

我与李永财最近一次的会面是在 2016 年 1 月。他是新加坡第一个独立当代艺术中心——电力站（The Substation）的前任艺术联合总监，该中心成立于 1990 年。我们俩当时正在参加新成立的新加坡国家美术馆（NGS）的开馆仪式。这座全新的博物馆被定位为新加坡重要的文化中心，位于市中心的市政厅和最高法院旧址。同期，以"我们是亚洲！"为主题的新加坡艺术周（Singapore Art Week）和"艺术登陆新加坡"（Art Stage Singapore）艺术博览会吸引了来自各地的亚洲艺术界人士。新加坡国家美术馆还组织召开了"强强联合"项目闭幕研讨会，这是一个由悉尼大学鲍尔学院（the Power Institute）2012 年牵头的为期三年的研究项目，得到了洛杉矶盖蒂基金会（Getty Foundation）的资助。会议当晚，在前最高法院大楼的地下室，新加坡艺术家唐大雾（Tang Da Wu）策划的历史题材展览"地球工程 1979"（Earth Works, 1979）向在场的特邀嘉宾开放。

灯火通明的走廊尽头是 1 号中央大厅，里面同期开放了展览"事实不显露：超越物体的艺术"。该展览展出了三位东南亚艺术家：约翰尼·马纳汉（菲律宾），已故的雷扎·皮亚达萨（马来西亚）和陈丁琦（马来西亚/新加坡）的作品。包括李永财在内，上述四位艺术家都是20世纪70年代以来东南亚当代艺术理论和实践的开拓者。他们的作品见证了东南亚抽象艺术的发展。策展人兼艺术史学家朱普·叶（Phil Yap）评论皮亚达萨是一位"不可言喻的抽象艺术家"，他在当地就地取材，并引用了在美国和欧洲有广泛影响力的艾伦·瓦茨（Alan Watts）和铃木大拙（D.T. Suzuki）关于道教"封禅"和佛教"参禅"的思想。（Yap, 2017: 241）雷扎·皮亚达萨创作时注重实时性和空间感，作品常常以短暂紧张的张力所表现出全新的美学。（Abdullah and Chung, 2014: 203）（见图10.1）

图 10.1　雷扎·皮亚达萨（Redza Piyadasa）和苏莱曼·埃萨（Sulaiman Esa），《放生后的空鸟笼》（Empty Bird Cage After Release of Bird, 1974 年）；吉隆坡语言和图书馆委员会（Dewan Bahasa dan Pustaka）举办的神秘现实（Mystical Reality）展览场景

这些艺术家同时也是艺术评论家，在印度尼西亚等东南亚国家兴起的新艺术运动中，他们将传统艺术形式和实践融入现代艺术中，尤其是在抽象绘画和雕塑方面，对当时的一些墨守成规的艺术机构提出了批判

性意见。

从许多方面来说，20 世纪 70 年代的这一批艺术家及其作品试图在包括行为艺术在内的艺术领域寻求新的语境，是 20 世纪 80 年代后期推动艺术新批判性论述和实践的先驱。在新加坡，唐大雾于 1988 年创建的艺术家村已成为艺术家重新审视和挑战既有的艺术话语和实践的重要渠道之一。在 1993 年 12 月至 1994 年 1 月之间，艺术家村的一系列演出活动引发了许多争议，甚至招来严厉的批评。1996 年，李永财出版了一本书，完整记录了这些事件及争议。(Lee, 1996: 63-72) 在 1993 至 2003 年的十年间，行为艺术被事实上禁止，行为艺术家面临财务和官僚主义方面的压力。

这些公共事件与复杂多元的艺术史息息相关。从 20 世纪 70 年代起，艺术家开始从事艺术评论，并策划自己的展览。20 世纪 80 年代，艺术家村和替代性艺术空间方兴未艾。到 20 世纪 90 年代，艺术家纷纷参与了对主流媒体的批判，以及抵制侵犯人权，维护言论自由等活动。本文有关亚洲艺术策展的分析讨论了亚洲策展人的角色转变，从艺术品守护者转向代理人和促进者的角色，越来越多地面向艺术世界、公众以及蓬勃发展的艺术市场。其中，21 世纪前十年早中期是一个重要的转折点，这一时期见证了艺术市场的繁荣以及以亚洲为首的对当代艺术的公共和私人投资的不断发展。21 世纪前十年同时是一个技术加速迭代更新的时代，市场力量的不断壮大以及全新的数字经济的崛起对社会产生了巨大的影响。

本文研究审视并探讨了当代艺术与公众、市场和创意产业有关的策展实践的整合，描述了一个领域，在这个领域中，亚洲的策展人与艺术市场和创意产业密切关联，以满足公众对艺术的需求和兴趣，以应对当时公共机构失效，私人和企业部门引领艺术发展的状况。本文将引发未来的策展人的思考，衡量策展人与公众的关系以及艺术家，策展人和艺术家策展人作为艺术创作者和促进者的作用。随着艺术和策展实践越来越多地受到经济激励和战略方向的影响，货币以及流通价值、关键绩效指标以及社会和经济影响成为衡量策展人成功与否的关键指标。

机构，战略与区域交流

2004年，克莱尔·多尔蒂（Claire Doherty）对艺术中的新制度主义进行了分析，并阐述了其如何成为当前欧洲策展的主流话语。专著《谁在乎？》（*Who Cares?*）是目前唯一详细阐述这一流派在策展理论和实践层面融合的书籍。"新制度主义"一词最早于2003年12月3日至2004年1月5日在由延斯·霍夫曼构思、北欧当代艺术研究所（NIFCA）与赫尔辛基奇亚斯玛现代艺术博物馆（KIASMA）联合举办的一个名为"第二代机构"专题研讨会上提出。会议文集引用了2004年延斯·霍夫曼的著作中提到的一个问题：询问机构"为什么有人要在乎？"以此为出发点，倡导塑造21世纪新型机构而开启了一系列对话。很多人，包括我本人，也思考过集体在塑造当代艺术中的作用，例如在雅加达的艺术家策展小组鲁昂鲁帕（Ruangrupa）的例子。在随后以"谁在乎很多？鲁昂鲁帕策展小组"为主题的研讨中，理论家、策展人和新加坡营利性艺术画廊完美未来（Future Perfect）的主要创始人郑大卫（David Teh）讲述了鲁昂鲁帕策展小组如何成功地"发挥了策展人的职能"，小组一些做法被视为"战术性的"，但不是集体"战略计划"的一部分。在这场研讨中，蒂亚可能忽略了策展小组的战略计划，艺术家们在亚洲以集体的组织形式和决策模式，确定策略计划，以实现集体的发展和生存，这一特点不仅仅体现在策展领域，在很多领域都有类似情况，并且最终很有成效。

我们可以从一个名为"战略"（siasat）的图书项目来观察这种战略计划效用，图书原计划在2010年鲁昂鲁帕策展小组成立10周年之际推出，并同期推出一系列展览，包括在印度尼西亚国家美术馆的展览，以及一系列有关"扩展空间与公众"的讨论和活动。遗憾的是，这本书最终未能出版。同样在 2010 年，围绕增强鲁昂鲁帕基础制度建设，推动其成为雅加达南部艺术家集体标杆的讨论进行得如火如荼。最初的计划包括在未来筹建一个名称为"鲁鲁公司"（RURU Corps）的商业分支机构，并加强与雅加达艺术委员会的联系，发展艺术教育，资助相关创意社区的发展。还有关于创意产业园的故事，以及与雅加达某家企业合作，为鲁昂鲁帕开辟新空间的可行性讨论。最终，策展小组于 2015 年在雅加达南部潘佐兰的古当萨里娜租用了两座大型仓库，设想变成了现实。同样在 2015 年，总统佐科·维多多（Joko Widodo）成立了印度尼西亚创意经济产业局（Badan Ekonomi Kreatif, BEKRAF），以支持印度尼西亚的创意产业。在以苏西洛·班邦·尤多约诺（Susilo Bambang Yudhoyono）为首的内阁领导下，旅游和创意产业部指导出台了关于创意产业发展的意见。

在亚洲，几乎所有的策略都是一个较大战略的一部分，以产生更大的政治和经济影响力，从而使艺术家、策展人赖以生存，不断拓展艺术的空间、实践和平台。在不对某个具体战略进行分析的情况下，探论战略和策略模型，或者简单套用某种类型的独立策展模型，是行不通的。必须意识到，当代艺术家、策展人和观众都能够以某种方式自主地参与或关注当代艺术，这会让人们误以为艺术领域是一个理想化的批评领域，与政治战略和经济行为无关。亚洲当代艺术和策展人的现在，乃至过去和未来，都与国家和市场的学术体系和文化产业发展息息相关。例如，中国通过以话语权、实践、商品、服务和课程为主导的艺术体系来区分"更高级的"艺术和"低级"艺术，从而吸引资本，并发挥艺术的伦理和道德功能，各类新兴的前卫艺术和实验艺术无论如何发展，最终总是注定会融入整个艺术系统中。（Berghuis，2006）

激进艺术实践的发展，以及亚洲艺术机构和艺术市场的资本扩张是

20世纪90年代到21世纪前十年这段时间的主旋律。艺术家、策展人和艺术机构为了提升自身形象，提高亚洲艺术的全球地位，努力探索独特的发展模式。亚洲模式与欧洲和北美的同行不同，因为他们位于不同的地区，具有独特的工作传统、当代性表达和艺术创新，包括艺术与公共领域的关系以及亚洲或其他地区的策展实践。亚洲艺术通过其与历史、政治和市场的独特关系来提高知名度，而忽略了在艺术体系中巩固话语权和实践的策略，由此导致与文化创意产业的联系并不紧密。

20世纪80年代末和1990年是亚洲当代艺术的"发现阶段"，中国艺术横跨亚太地区，日本、澳大利亚艺术各领风骚，新加坡是东南亚艺术的重要连接。为了将亚洲各大都市联系起来，20世纪90年代出现了两个主要的交流中心，分别是亚太地区交流中心，以及将日本与亚洲大陆联系起来的跨地区交流中心，这两个中心可以媲美欧洲和北美的现代艺术同行。这些交流中心有力地促进了亚洲艺术话语权的提升和艺术实践的发展，这些话语和实践通常以新艺术、前卫和另类实践的形式来描述，进一步带动了三代策展人、艺术家和艺术史学家进行艺术的现代性和当代性范例研究，推动亚洲艺术整个行业体系独树一帜。（Clark, 1993; Turner, 1993）

有一种说法，亚洲艺术和亚洲艺术史起源于澳大利亚和日本的政治动机，部分原因是日本20世纪80年代经济实力迅速崛起，以及澳大利亚力争成为亚洲或亚太地区的领头羊，并于1989年首次提出了"亚太经济合作"的概念。从20世纪80年代后期到20世纪90年代初，区域主义在加强亚洲和亚太地区经济联系的背景下诞生。在许多方面，亚洲艺术在地区战略交流的过程中蓬勃发展，对于澳大利亚艺术也是如此，受益于亚太地区交流活动。在日本，通过1987年成立的日本—东南亚国家联盟（ASEAN）综合交流计划，在东盟国家建立了日本社会文化基金办事处（Japan Social and Cultural Dimensions Foundation offices），并于1995年将东盟文化中心转变为亚洲中心。（Yamamoto and Hernandez,

2003）由日本基金牵头的展览"在建：亚洲艺术的新维度"（Under Construction: New Dimensions in Asian Art）包括七个当地展览和一个在东京举办的总结展览掀起了第一波亚洲艺术区域交流的热潮。展览的主要策展人是森美术馆（Mori art Museum）的片冈真身（Mami Kataoka），来自中国、印度、印度尼西亚、日本、韩国、菲律宾和泰国等七个国家的九位策展人参与策划。（Kataoka, 2002）

20世纪80年代，为了促进澳大利亚文化交流的多样化发展，澳大利亚当局积极呼吁开展亚洲地区的区域交流，澳大利亚艺术理事会视觉艺术委员会称之为"通过有力的国际化的官僚政策干预，推动当代艺术空间的拓展和艺术行业的专业化"。（Zeplin, 2003）1987年，澳大利亚艺术家交流项目（Australia and Regions Exchange, ARX）在珀斯成立，1991年更名为艺术家地区交流项目（Artists' Regional Exchange）。该项目的使命于1993年结束，随后改为每三年在布里斯班的昆士兰美术馆举办"亚太三年展"（Asia-Pacific Triennial）。澳大利亚政府未来委员会和梅耶基金于1990年建立了名为"亚洲链接"（Asialink）的专门机构，推动与亚洲地区在商业、文化和教育领域的战略交流。1993年创刊的《艺术与亚太》（*Art and Asia Pacific*）杂志更是进一步提升了澳大利亚领导的对亚洲艺术的关注度。2003年10月，赵刚和温迪·西格尔曼（Wendy Siegelman）收购该杂志，并在纽约以新的名称出版。2004年，伍颖瑜（Elaine Ng）担任总编辑，并于2005年3月与作家西蒙·温彻斯特（Simon Winchester）共同收购了该杂志。2011年，伊莱恩作为独家发行商，将总部迁至香港。

从20世纪90年代开始，新加坡出现了亚洲艺术区域交流的另一条轨迹。当时，新加坡正努力发展成为亚洲的创意中心和东南亚视觉艺术、设计、文化创意产业的重要国家，促进新加坡的艺术、旅游行业发展。1995年起，20世纪60年代至20世纪80年代的每年国庆艺术展览改为每两年举办一次。同样，1997年起，20世纪90年代初开始举办的新加坡艺术博览会也改为两年一度。1999 年，该活动得到了手机生产商诺基亚公司的支持，更名为诺基亚新加坡艺术节（Nokia Singapore Art），两年一度的视觉艺术节旨在展示新加坡最出色的当代艺术。第一届诺基亚新加坡艺术节于 1999 年在 15 个场馆组织了 26 个展览，吸引了近 400 位艺术家。展览以新加坡美术馆为中心，该美术馆成立于 1996 年，旨在支持和展示新加坡、东南亚和大中华地区的最佳当代艺术实践，并逐步建立起东南亚当代艺术收藏。同样，1996 年国家遗产委员会（NHB）还牵头成立了包括博物馆圆桌（Museum Roundtable, MR）在内的一系列公共和私人博物馆、文物画廊以及有关科学和发现的计划和活动，旨在支持和发展"新加坡更强的博物馆文化"。

1999 年诺基亚新加坡艺术节还配套举办了研讨会、学生计划和月度活动，旨在适应"广泛的艺术趋势以及公众的不同兴趣"。诺基亚新加坡艺术节的新闻稿提到"艺术家会通过城市的视觉环境对正在发生的物理和社会转变进行反思或批判，包括物理结构之间的关系，如建筑、流行图像及其表现形式，意识形态和文化价值等价值体系"。（Nokia Singapore Art, 1999）这次活动为艺术家和研究人员提供了在新加坡公共环境中组织批判性干预的方式。在这里，我们可以看到一些举措，例如，2000 年，艺术家村（成立于 1988 年）的艺术家们发起了"艺术家调研古迹项目"（AIM）。得益于诺基亚新加坡艺术节在新加坡艺术方面的大力宣传，一系列激励措施使得新加坡成为视觉艺术和创意产业的重要中心，并获得了新的政府激励支持，旨在将新加坡建设成为世界一流的艺术中心。

这些激励和愿景在已故的李文（Lee Wen）身上得到了重要体现，1999 年诺基亚新加坡艺术节期间，在新加坡美术馆开展了名为"世界阶层社会"（1999 年）的活动，艺术家们身着白色衬衫和黑色领带（标准的办公室服装），喊着"世界阶层社会"与"世界阶层经济"相关的口号，观众在屏幕上通过长管布（看上去像"枪管"）观看（见图 10.2）。

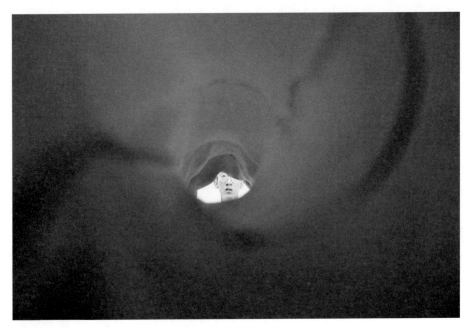

图 10.2 李文（Lee Wen），《世界级社会》（World Class Society），"装置、视频、软雕塑、群展：
1999 年诺基亚新加坡艺术节"（Installation, video, soft sculptures, survey, Nokia Singapore Art 1999），
新加坡艺术博物馆（Singapore Art Museum），1999 年 9 月至 2000 年 2 月

　　1999 年 9 月至 2000 年 2 月，诺基亚新加坡艺术节首次展出了"世界阶层社会"展览，随后的 2000 年 5 月，悉尼的伊万·多尔蒂美术馆（Ivan Dougherty Gallery）举办了同样的展览，名称改为"批判的回答"。十年后，该展览在其他展览中以录像形式展示：2011 年 6 月至 2011 年 9 月新加坡美术馆举办的"1965—2010 年艺术与历史：蓬皮杜艺术中心和新加坡美术馆藏艺术品"展览，2013 年 4 月至 6 月新加坡美术馆在横滨美术馆举办的"欢迎您进入丛林：东南亚当代艺术"展览。李文在一篇简短的网络文章中，回顾了新加坡"民族艺术建设"的背景和"不可能实现的梦想"，"我们成为一个专权国家，人们只能穿过枪管看到它"，暗示了展览中枪管的形状。（Lee, 2013）

　　研究亚洲尤其是东南亚艺术的区域交流，新加坡是一个有趣案例。从全球艺术的角度来看，20 世纪 90 年代初开始，中国当代艺术和艺术

家的国际关注度上升，进入21世纪前十年，印度艺术和艺术家的关注度上升，关于东南亚的艺术和艺术家历史的研究比较匮乏。有关中国当代艺术关注度上升的讨论与欧洲、澳大利亚和美国的早期"标志画展"相关，包括在香港汉雅轩画廊（Hanart TZ Gallery）举办的"中国1989年以后新艺术展"展览，该展览在1993—1994年前往澳大利亚和美国巡展；在德国柏林世界文化中心（Haus der Kulturen der Welt）开幕的"中国先锋派：艺术与文化的对立面"展览，随后1994年在荷兰和英国巡展；以及1997年在纽约亚洲协会博物馆举办的"由内而外：新中国艺术"展览。从1993年开始，越来越多的中国当代艺术家参加久负盛名的威尼斯双年展——国际艺术展的公开主题展览部分。人们还可以从中研究东南亚地区当代艺术和艺术家合作交流的清晰战略和激励措施，其中包括渴望成为"视觉艺术中心"的新加坡。

2005年，新加坡总理李显龙（Lee Hsieh Loong）首次透露将空置的新加坡最高法院大楼和市政厅改建为新加坡国家艺术馆（TNAGS，后来缩写改为NAGA）的计划，并最终更名为新加坡国家美术馆（NGS）。2006年，由国际知名的日本策展人南条史生（Fumio Nanjo）领导的新加坡双年展正式启动（他还在2008年策划了第二届新加坡双年展），标志着一项宏大计划的开端，该计划将推动提升"新加坡作为国际视觉艺术中心的突出地位，不仅为新加坡艺术家、策展人和艺术企业提供了新的机会，也为全球艺术界的交流和合作提供了重要推动力"。2006年新加坡双年展设有16个场馆，包括前市政厅大楼和最高法院大楼（当时尚未改建）、新近重新开放的国家博物馆、国家图书馆、狮城几所重要公共场所和历史建筑，以及腾空的军事综合体和远东英军的总部基地。

从2001年开始，新加坡开始参加威尼斯双年展，艺术家黄汉明（Ming Wong）因为设计2009年第53届威尼斯双年展新加坡馆的参展作品，引起了双年展评委会的特别关注。在2013年新加坡短暂中断参加第

55届威尼斯双年展后，新加坡馆于2015年重返威尼斯。这一次，在几乎整个新加坡艺术界的支持下，新加坡馆在威尼斯盛大重启，新加坡国家美术馆、当代艺术中心（CCA）和新加坡国立技术大学（NTU）还精心策划了东南亚艺术研讨会，新加坡文化、社区和青年部部长宣布新加坡已在双年展的第二个官方举办地——贾尔迪尼市郊的阿森纳中心租赁了新场地，租期20年。2015年威尼斯双年展的新加坡馆取得了圆满成功，尤其是在展览和委托过程中，新加坡艺术界团结起来，展出了由林育容创作的名为《6级海况》的大型艺术品。作品是艺术家2005年开始的一个长期项目的一部分，研究并展示了新加坡作为一个岛国不断扩大的领土轮廓和区域影响力。（见图10.3）

2005年启动的"海洋国家"项目的作品还先后在2008年意大利特伦蒂诺—上阿迪杰地区举办的欧洲当代艺术双年展"宣言7"、2008年中国上海第七届上海双年展、主题为"门户开放"（Open House）的

图10.3 林育容（Charles Lim），《6级海况——倾覆》（SEA STATE 6 - capsize，定格画面），2015年，单通道高清数字视频，约7分钟；艺术家供图；威尼斯双年展军械库展览馆（Venice Biennale Arsenale）和南洋理工大学新加坡当代艺术中心（NTU Centre for Contemporary Art Singapore）

2011年第三届新加坡双年展等活动中展出。新加坡双年展的总策划从国际明星策展人南条史生（2006年和2008年前两届的总策划人）转变为由艺术家魏明福（Matthew Ngui）领导的地区性跨文化的国家团队，并邀请了当时在布里斯班的昆士兰美术馆和现代美术馆（QAGOMA）担任亚洲当代艺术策展人的拉塞尔·斯托勒和马萨诸塞州塞勒姆的迪美博物馆（Peabody Essex Museum）策展人特雷弗·史密斯（Trevor Smith）。在第56届威尼斯双年展上同时举行的还有由新加坡国立技术大学亚洲当代艺术中心举办的全天研讨会，研讨会于5月9日举行，主题为"地缘政治与生物物理学"。2015年6月，新加坡国家美术馆延伸举办了另一场学术研讨会。

两年后的2017年，哉昆宁（Zai Kuning）策划的"马来国王：知识传播"（Dapunta Hyang: Transmission of knowledge）展览在第57届威尼斯双年展新加坡馆亮相。该展览讲述了自公元7世纪以来廖内群岛和马来西亚群岛漫长而复杂的海事历史。总体而言，展览似乎未能成为吸引有关方面支持艺术家、展览和新加坡馆的关键因素，而且开幕式没有配套的研讨会。该项目的复杂性似乎在很大程度上被策展人忽略了，而且项目的首席策展人叶德晶（June Yap）在展览开幕前两个月就辞职了。据阿莉莎·巴芬斯滕（Alyssa Buffenstein）在艺术网新闻（artnet News）的一篇报道，艺术家和策展人在12月31日新加坡国家艺术委员会（NAC）发表的声明中都引用了"操作方法上的差异"这一说法。（Buffenstein, 2017）国家艺术委员会的评论证实了该项目的复杂性，并提出了重要的策展和艺术实践。

观众正在参观一个由竹子、蜡、布和红线制成的大型容器，该容器于2013年、2014年、2015年分别在新加坡大田美术展（Ota Fine Arts）、新加坡湾滨海艺术中心剧院及巴黎东京宫展出过。在附近的海军军官俱乐部，香港地图办公室（MAP Office）的洛朗·古铁雷斯（Laurent Gutierrez）和瓦莱丽·波特（Valerie Portefaix）编辑了《海洋档案和指南》，包括新加坡艺术家张奕满（Heman Chong）在内的众多艺术家为图书编辑作出了贡献。这次活动深化了海事历史题材展览以及威尼斯的一些机构在开展公共计划时与哉昆宁作品的联系，类似于两年前的新加坡国立技术大学当代亚洲艺术中心研讨会与林育容作品《6级海况》的关系一样。

激发本地和全球的交流互动一直是威尼斯双年展的重要目标之一。1995年，蔡国强的项目《把马可·波罗遗忘的东西带给威尼斯》就占据了第46届威尼斯双年展"跨文化"展览相关国际报道的头条。作品由南城文雄和达娜·弗里斯－汉森（Dana Friis-Hansen）策划，在威尼斯大运河上展示了一艘中国式帆船。作品由威尼斯海军博物馆（Museo Naval di Venezia）收藏。（Ong, 2012）（见图10.4）

图10.4　蔡国强，《把马可·波罗遗忘的东西带给威尼斯》（Bring to Venice What Marco Polo Forgot），1995年，行驶至威尼斯大运河（Grand Canal）；在"第46届威尼斯双年展"的"跨文化"单元展出；装置中包括泉州木制渔船、中药、土罐、参汤、竹勺、瓷杯、人参（100公斤）和手推车；意大利威尼斯海军博物馆（Museo Naval di Venezia）

与早期亚洲艺术和艺术家的发现探索阶段展览相比，机构策划的展览把国家、地区和国际交流联系在一起，涉及更复杂的利益相关者、战略和激励机制，其中的博弈也更加复杂。这一点体现在新加坡馆及其与新成立的新加坡国家美术馆的连接，新加坡国立技术大学当代艺术中心等高等教育机构，画廊、收藏机构及个人和其他利益相关者等多方面。因此，策展实践成为将机构和个人利益相关者联系在一起的一系列复杂策略和激励措施的一部分，从而引领艺术机构和亚洲当代艺术市场的整合力量。

20世纪90年代后，当代亚洲艺术的策展越来越多地采用政府、私人和公共部门、利益相关者等多方共同参与的机构性策略，优先服务于新的国家和跨国战略，从而超越了促进亚洲艺术文化发展的区域性激励措施。2000年以后的时期逐渐成为亚洲艺术、策展能力、艺术家和著名艺术藏品"巩固力量"的阶段。

我于2012年9月11日在悉尼大学与香港M+博物馆希克私人收藏的高级策展人皮力（Pi Li）进行的一次公开对话中首次提出了"巩固力量"的概念，那次对话的题目为"中国当代艺术：巩固力量"。对话中，皮力回顾了自己在20世纪90年代担任评论家、艺术史学家和独立策展人的策展经历，他在21世纪前十年成为艺术商人，随后成为中央美术学院的教师，并最终成为香港M+博物馆（博物馆加）希克私人收藏中国当代艺术策展人。备受瞩目的香港M+博物馆建设工程数次延期，但最终于2019年完工开馆。（Leong，2017）巩固力量的理念为在中国艺术体系中巩固实验艺术领域，以及2002年之后推动中国当代艺术国内市场的崛起发挥了一定作用。2006年，政府通过倡导美学和伦理原则，明确支持巩固实验艺术活动，并支持遵循这些原则的国内当代艺术市场的发展。在中国，实验艺术的根本性转变将导致"公共道德的复兴"以及"文化市场秩序的优化"。（Berghuis，2006：122，165）2001年3月，中国文化部颁布法令，禁止某些形式的行为艺术和装置艺术，被认为规范了当代艺术的发展。该法令将对艺术家和艺术实践作出指引,更好地维护美学和道德原则,并且吸引中国观众。(Berghuis, 2012)

接下来,关于"巩固力量"的讨论话题转移到政府与私营企业和企业家合作,引领中国博物馆繁荣发展,尤其是在 2010 年之后。当代亚洲艺术的策展方法不再仅仅由策展人创造新的语境、展览和平台,面向的对象也不仅仅是新的观众以及相对固定的艺术家、评论家和支持者群体。相反,该领域变得越来越受复杂的区域、国家和国际利益影响,尤其是在 2006—2007 年期间,艺术品市场高速增长,随后十年,对亚洲艺术品和创意产业的公共和私人投资也在不断增长。

从 2000 到 2003 年,亚洲艺术从发现探索阶段逐步过渡到巩固力量阶段,创意产业、文艺资本、文艺市场逐渐与软性硬性激励机制紧密联系在一起。亚洲艺术不仅仅只是为新的受众或市场利益而创造,艺术和创意产业在亚洲、中东以及全球其他地区获得了强大的文化影响力,甚至在欧洲和北美也如此。艺术不再单纯是商业或文化。通过与创意产业的紧密联系,它已成为一种文化产业,为艺术界带来了新的未来。策展人的角色越来越多地转变为文化和创意经纪人,他们能够让艺术在与创意产业紧密相邻的地方产生庞大的影响力,例如媒体、文化和传播行业,以及教育、培训和人力资源市场,被称作 21 世纪创意经济。策展成为开展文化、创意和知识经纪整合业务的一种活动。在新的策展理念中,策展人被赋予了多种角色。策展人评论说,他们对艺术界关于创造、心理学和社会学的主题十分感兴趣,并常常以一种游戏的方式将表达的事物呈现给公众。

策展人关于当代艺术和当代艺术世界自我反思的一个例子体现在香港"崛起的策展人"专题项目中。该城市在过去十年里已经成功成为当代艺术界的文化之都,超越了东南亚的新加坡和中东的迪拜。梁学彬是香港"新晋策展人"之一,也是非营利性艺术组织录映太奇(Videotage)的主席,该组织位于香港九龙牛区牛棚艺术村。当被问及自身对艺术的兴趣时，他指出，他对艺术的兴趣源于一种方式——"艺术除了体现高超的技巧，还类似于一种'魅力网络游戏'，玩家必须通过打破、遵守或重塑规则来生存，这一点启发了我对艺术界的社会性认识"。（Leung, 2016）

　　艺术的社会性也越来越关注财务支持和激励措施。在香港，艺术世界的"魅力网络游戏"与艺术市场以及文化创意资本紧密地联系在一起，因为艺术为资本和金融与世界联系重新创造了条件。亚洲艺术策展非常迅速地经历了市场化的过程，就像意大利文艺复兴时期那样，艺术品进入巴黎的沙龙和20世纪初美国的"资本主义收藏"。策展人为艺术在区域、国家和跨国交流中的传播发挥重要作用。

　　本文的最后一节考察了策展人与文化资本的关系，分析了策展人对21世纪当代艺术、文化和创意产业的影响及其在全球市场的杠杆效应。

话语、知识和交互

　　上一节介绍了国际范围内亚洲艺术的"发现探索时代"，20世纪80年代末期和20世纪90年代第一个区域艺术中心的建立，搭建了策展人助推亚洲艺术创作发展的桥梁。本节将介绍东南亚现当代艺术的艺术批评、艺术历史和策展活动的替代性论述和出版物。一个例子是由奥地利策展人兼编辑乔治·舍尔哈默（Georg Schöllhammer）领导的"文献展期刊计划"（Documenta 12）项目（2006—2007），汇集了来自世界各地的期刊、（在线）杂志、人物、出版物和网络，并基于研究进行文献展览交流。（Schöllhammer, 2007）

　　2006年1月，在时任新加坡电力站艺术中心总监李永财、吉隆坡作家及记者沙拉德·库坦（Sharaad Kutan）、长期居住在吉隆坡的艺术家兼讲师雷·兰根巴赫（Ray Langenbach）等人的支持下，在新加坡电力站艺术中心举行了为期两天的跨区域会议，讨论"文献展期刊计划"。我很幸运地参加了该会议并同编辑以及包括作家、艺术家、策展人、学者和艺术史学家在内的听众共同开展研讨。会议邀请了来自东南亚的作家、（在线）期刊编辑、艺术杂志和其他出版物的十几位专家学者进行演讲。在会上亮相的杂志期刊包括露西·戴维斯（Lucy Davis）主编的新加坡《当代艺术与社会论坛》（Focas）杂志、努尔·哈纳姆·海尔丁（Nur Hanim Khairuddin）主编的马来西亚吉隆坡《起来！》（sendAp!）、艺术家集体鲁昂鲁帕出版的印度尼西亚雅加达《碳》（Karbon）杂志。书目里包括自那以后停止出版的杂志，通常是由于财务拮据和编辑人员的工作重点转移所致。本次会议还显示出新加坡和印度尼西亚市场、创意资本和创意产业的治理模式（包括媒体和艺术批评）等相关制度融合的迹象。《讨论》（Kalam）期刊的策展人和编辑没有出席新加坡会议，但是参加了在香港亚洲档案馆举行的另一次跨地区会议，该期刊虽然出版不久就停刊了，但是是一家重要的印尼艺术和文化书籍的出版商，出版了已故印度尼西亚艺术评论家和讲师实藤尤里曼（Saneto Yuliman）的散文集《两种艺术：写作的选择》，由阿西金·哈桑（Asikin Hasan）编辑。（Yuliman and Hasan, 2001）

策展人兼作家艾琳·勒加斯皮－拉米雷斯（Eileen Legaspi-Ramirez）是"文献展期刊计划"项目参与者之一，她在《视图：菲律宾视觉艺术》杂志工作期间获得了爱丽丝奖，并被授予 2012 年当代艺术杂志最佳大众声音奖。2016 年，勒加斯皮·拉米雷斯发表了一篇关于东南亚艺术中"狂热策展潮流"的文章，并对"文献展期刊计划"项目进行了评论，使一些人对"分散的机会"感到失望。（Legaspi-Ramirez, 2016: 243–245）

2006 年 9 月，即"文献展期刊计划"项目在新加坡举行的同一年，李永财与香港亚洲艺术档案馆、变电站、新加坡当代艺术中心和国际艺术评论家协会新加坡分会共同组织了他于 2003 年启动的名为"比较当代艺术"项目的第二次活动。此次活动的重点是策划东南亚当代艺术批评论文集，由李永财与五位编辑合作，这些编辑同时身兼艺术家、策展人和学者等多种职务，他们每人将选择10篇关于东南亚当代艺术的期刊论文。五位编辑分别是《目击》（*Ocula*）杂志和《亚洲艺术顾问》（*Art Asia Advisory*）的创始人、1997—2001年曾任《亚太艺术》（*Art Asia Pacific*）杂志编辑的休·阿克雷特（Sue Acret）；马尼拉巴尔加斯博物馆（Vargas Museum）策展人、菲律宾大学艺术研究系教授帕特里克·弗洛里斯，他于1997至2003年间担任学院院长；新加坡艺术家兼讲师何子彦（Ho Tzu Nyen）；柬埔寨金边雷乌姆艺术与文化学院联合创始人利·达拉武（Ly Daravuth）；以及缅甸仰光缅甸移动影像中心创始人、"文献展期刊计划"东南亚地区项目编辑诚惠子（Keiko Sei）。

　　"比较当代艺术"项目的概念最初在2003年新加坡电力站艺术中心举行的研讨会上被提出，旨在发展一个广泛的在线平台，为以亚洲当代艺术为主题的作家、研究人员、策展人、艺术家和读者创造一个交流研讨社区。（Lee et al., 2013）2013年，即概念提出十年后，"比较当代艺术"项目在一个博客站点启动，由亚洲艺术档案馆主办，通过网络列出了每位编辑选择的10篇有关东南亚艺术的重要文章，并对每篇文章进行了一般性介绍。不幸的是，迄今为止，没有引发预想中的研究人员、策展人、艺术家和读者之间的大讨论和大辩论，并且选集也没有进一步扩展到亚洲其他地区、其他编辑和文章的范围。

　　有人可能会说，"比较当代艺术"项目的发起时间较晚，当时的艺术批评已经相对固化，因此无法发起有意义的在线公开讨论。相比之下，在线平台"东南西北"（n.e.w.s.; http://northeastwestsouth.net）借国际电子艺术研讨会（International Symposium on Electronic Art, ISEA）2008年在新加坡召开之际，在新加坡变电站艺术中心启动在线研讨，并取得了成功。"东南西北"提供了一个开放源代码平台，用于在线讨论与亚洲有关的艺术，包括"亚洲艺术双年展"（Asian Art Biennale）的角色和定位。（Lee, 2008）包括艺术家勒内·里奇韦（Renée Ridgeway）

在内的编辑人员最初基于博客的图像、档案、评论，以及"协作写作""类似 Wiki 的书"和"策展人确定主题"的理念，创建了一个 Web 2.0 开放式讨论平台。后来，它变成了一个 Web 3.0 平台，开展关于数据免费共享以及对公共时间和空间控制的讨论。（Ridgeway, 2008）最初的参与者包括：鲁昂鲁帕的总监阿德·达玛万（Ade Darmawan）、时任大都会艺术博物馆馆刊的高级编辑英格丽德·科芒德尔（Ingrid Commandeur）、策展人因蒂·格雷罗（Inti Guerrero）、作家米娅·扬科维奇（Mia Jankowicz）、艺术家里奇·施特赖特马特–特兰（Rich Streitmatter-Tran）、艺术家穆斯塔法·马卢卡（Mustafa Maluka）、理论作家斯蒂芬·赖特（Stephen Wright）、策展人尤莉亚·索罗基纳（Yuliya Sorokina）、艺术评论家布兰卡·丘尔契奇/库达（Branka Ćurčić/Kuda）以及我本人。我以策展人和艺术史学家的身份加入团队，当时我在新南威尔士大学美术学院当代艺术与政治中心工作，2008 年后调动到悉尼大学工作。当时，负责网站维护的是李永财和勒内·里奇韦。编辑委员会由策展人、艺术史学家兼盖茨基金会原主任塞巴斯蒂安·洛佩兹（Sebastian Lopez），艺术理论家古纳兰·纳达拉然（Gunalan Nadarajan），艺术史学家凯蒂（Kitty Zijlmans），策展人、柏林世界文化之家展览项目负责人沙欣·梅拉利（Shaheen Merali）和作家兼视觉艺术教授萨拉特·马哈拉杰（Sarat Maharaj）组成。参与者需要支付一小笔订阅费，之后可以在平台上围绕主题自由发表评论，或发起新的讨论。该网站的开源特性允许进行公开讨论。网站编辑、注册参与者和不成文的评论底线确保了较高水平的创造性和活跃度。"东南西北"的功能不多，在一定程度上充当了档案库、资源库或智库，但更多地被当作交换重要意见的开源平台或管道。

2007 至 2008 年，亚洲艺术品市场逐渐走向繁荣，当"比较当代艺术"项目在 2013 年最终得以推出时，市场的繁荣增强了其影响力。"比较当代艺术"项目发起之时，艺术评论也逐渐通过同行评审的学术期刊和资金雄厚的学术论坛发展日臻完善，这些学术论坛将大学与博物馆紧密联系起来，例如"雄心联盟：东南亚艺术的新历史"项目，该项目由洛杉矶盖蒂基金会资助，澳大利亚悉尼大学鲍尔学院、新加坡国家美术馆和印度尼西亚万隆技术学院共同开发。在2014年初至2015年初的一年时间里，项目建立了一个平台，供特定的高级学者和初级学者之间进行交流，目的是开创东南亚艺术的新历史。该项目的网站（www.ambitiousalignments.com）包含对项目和学者的简介，概述了在悉尼和万隆举行的闭门研讨会和讲习班的交流情况。2016年1月，项目总结会于新加坡艺术舞台艺术博览会暨新加坡艺术周期间在新加坡国家美术馆成功举办，"雄心联盟：东南亚艺术的新历史"项目将编辑出版数篇精选的论文文集。

与此同时，悉尼大学亚洲艺术课程的一群初级学者和应届博士研究生进一步建立了同行评审的东南亚艺术学术期刊，名为《今日东南》（*Southeast of Now*）。首先，编辑者创建了一个脸书页面，该页面几乎立即成为一个活跃的平台，供订阅者共享有关东南亚艺术的信息和评论与讨论。2017年1月，该期刊由国立新加坡大学出版社正式发布并在线出版。在其发行之前，期刊副标题从《当代和现代艺术指南》改为《亚洲当代和现代艺术指南》，强调了亚洲和亚洲艺术的背景和话语定位，与《今日东南》呼应。

该期刊自发布以来，其相应的脸书页面讨论的活跃度下降，并且似乎更多地用于活动宣传、职位发布、会议和研讨会。在2007年"文献展期刊计划"开展的十年之后，以及比较当代艺术的最初概念提出近15年之后，东南亚艺术的学者、策展人、工作组、研讨会、大学及国家博物馆出版社终于建立起了"一个由作家，研究人员，策展人，艺术家和读者组成的社区，就亚洲当代艺术和艺术写作进行辩论和讨论"。（Lee, 2003—2013）

现在普遍而言，机构和组织是知识生产和艺术批判的主要参与者，并最终领导文化资本的分配，包括期刊、研讨会、档案馆、博物馆藏品、艺术品和学术辩论和交流的知识资本。在20世纪90年代和21世纪前十年，草根艺术界曾经通过艺术家集体活动、开辟替代空间、举办展览和出版图书，短暂引领亚洲当代艺术的话语、实践和知识生产的产生和传播。在中国、新加坡和印度尼西亚等国家，负责艺术创作和传播的官僚机构保守主义倾向明显，使得政府机构与当代新的实验性艺术的生产完全脱节。艺术家、作家、评论家和策展人团体正在创造全新的、独立的基层基础设施以及替代性的空间和平台，以生产和传播当代艺术。双年展、三年展和其他经常性展览及配套活动，进一步加强了亚洲和全球其他地方关于当代艺术的互学互鉴。

重要融资模式的创建为这些草根平台和艺术行动提供了支持，推动全球层面的互联互通和交流，并扩大艺术家、策展人、作家、赞助商和合作者的网络。重要的筹资机构包括蒙德里安基金（Mondriaan Fund），克劳斯亲王基金（Prince Claus Fund）以及各类艺术发展组织，例如希沃斯（Hivos），其职责是支持艺术和文化交流，进而促进社会变革，引领全球文化艺术发展。其他例子包括英国文化协会（British Council），以及澳大利亚亚洲链接基金和新加坡亚欧基金会（Asian-Europe Foundation）等组织。跨地区和跨国网络组织，例如艺术合作实验室（Arts Collaboratory）和总部位于荷兰的国际驻地艺术家中心协会（ResArtis），也为长期的交流合作提供了重要的支持。上述机构组织为草根艺术界开展交流展览和交流活动搭建了基础平台，将亚洲艺术家、艺术家集体、作家、研究人员和社会活动家同世界紧密联系起来。

关于亚洲草根平台及其艺术实践的资金结构分析很有必要，但这超出了本文关注的范围，本文旨在介绍探索阶段到权力巩固阶段的亚洲艺术策展活动。在过去的十年中，相关研究揭示了亚洲艺术双年展和艺术"双年化"发展的现象。（Clark, 2007, 2010; Gardner and Green, 2014, 2016）借助对艺术家、策展人和市场之间的交流分析，对艺术市场和艺术经济学的研究也在不断增加，并且越来越深入。（Buckley and Conomos, 2018）与创意产业相关的艺术和文化交流活动以及艺术和文化资本市场可能是下一步研究的重点。吴振涛 2002 年的论文《私有化的文化：20 世纪 80 年代以来的企业艺术发明》是关于艺术商业和文化艺术产业私有化的经典研究。

如今，人们普遍希望更深入地了解艺术家、社区集体和艺术"生态"。正如我在关于雅加达艺术家集体鲁昂鲁帕的论文中所指出的那样，这些艺术家集体在激活亚洲当代艺术话语、空间和地位方面起着重要作用。（Berghuis, 2011）以印度尼西亚为典型的亚洲艺术家集体没有将集体视为创意共同体（这是最近才出现的现象，欧洲的话语范式被驱逐出局），而是将其视为可以激励单个当代艺术家或艺术家团体进行艺术实践和策展实践的集体资助。当然，仍然有些人认为，可以通过集体运作以及通过艺术的生产、知识和合作的集体手段来潜在地产生"未来艺术"。

戴维·蒂亚在评论我关于集体主义的论文时指出，策展学院如何理解鲁昂鲁帕的重要工作仍然是关键的。他进一步指出，鲁昂鲁帕固有的策展方式标志着重要的"关于创造性和智力劳动的激烈斗争的感觉"。（The, 2012: 115）。对于戴维·蒂亚而言，任何关于集体在塑造艺术话语和实践中的作用的观点都会削弱策展人的重要作用，而策展人则是印度尼西亚和东南亚艺术实践的引领力量。从策略上讲，戴维·蒂亚继续将独立策展人视为一个重要角色，在这里，策展人将"策展精神"传递给作为"终极关怀对象"的观众。（The, 2012: 117）此外，虽然亚洲策展实践所产生的机会多，东南亚策展人确实要为地位、荣誉和有意义的接触而奋斗，他们往往极富活力，机智和魅力。这些特质使得策展人得以进行策展活动，并进入艺术界，从事策展实践与交流的魅力化网络游戏。策展人和艺术家之间的区别在于虽然两者都在相对较小的领域中创作，但是策展人与更广大的受众人群和多元化公共领域进行沟通，从而产生了更大的杠杆作用、地位和权力。

策展学院和策展学历越来越多地激励着策展人在与艺术家合作过程中发挥策展杠杆的作用，并推动艺术商人更深地融入艺术圈。策展人最初的意愿是要求保持独立性和灵活性，这一点已被广大主流接受。现在，艺术界的每一个领域都存在策展习惯。新的机构已经与原有组织结构相结合，并被整合到全球战略网络中，与创意产业一起驱动文化艺术资本。一些艺术区，例如北京798艺术区，已成为富有成效的文化区；而另一些艺术区，例如新加坡的吉尔曼军营艺术区（Gillman Barracks），则试图将文化资本作为竞争性知识经济的一部分与技术官僚体系在全球范围内共存和竞争。

在雅加达，六个艺术家集体将艺术家、研究人员、策展人以及许多文化创意产业人士联系在一起，共同组成"萨里娜仓库生态系统"（Gudang Sarinah Ekosistem）：一个由两个大仓库和一个开放区域组成的综合体，位于雅加达南部的潘佐兰地区。自2015年第16届雅加达双年展以来，"萨里娜仓库生态系统"一直是该双年展的主要场馆。雅加达双年展最早于1974年举办，2015年以前一直由雅加达艺术委员会组织，2015年第16届雅加达双年展首次改由基金会举办。2015年的雅加达双年展由查尔斯·埃舍（Charles Esche）策划，他与来自安瓦尔的六位策展人一同合作，他们分别是：金普·拉赫曼（Jimpe Rachman），阿塞普·托潘（Asep Topan），本尼·维卡索诺（Benny Wicaksono），艾尔玛·香提莉（Irma Chantily），普特拉·希达亚图拉（Putra Hidayatullah）和里克莎·阿菲亚蒂（Riksa Afiaty）。双年展主题为"既非前进亦非后退：在当下学习"，展期为2015年11月至2016年1月。

鲁昂鲁帕是"萨里娜仓库生态系统"的主要组织者之一，该生态系统还将一个当代美术馆纳入其中，通过更传统的商业美术馆运营模式和组织结构来支持艺术家、作家和策展人创作。鲁昂鲁帕的其他组件包括鲁鲁公司（RuRu Corps），一个由鲁昂鲁帕联腾论坛（Forum Lenteng）

和塞拉姆（Serrum）建立的视觉传媒机构。如今，鲁昂鲁帕似乎并没有呼吁增加艺术家集体流动性或策展的永久性，而是在为巩固印度尼西亚当代艺术的地位而努力。印度尼西亚和东南亚其他地区的创意产业制作了一批重要的艺术品。当前的复杂形势下，存在着无法用策展人或传统艺术家集体来形容的力量。当代艺术和文化创意产业市场巩固权力的力量已经产生了对集体艺术新的、更复杂的期盼，与当代策展精神联系在一起。

尾声：我们在乎您所付出的一切

策展空间离不开资本空间、艺术市场以及文化创意产业，这一点在亚洲也不例外。然而，我们继续分析主流艺术、替代平台、策展空间、亚洲当代文化艺术实践之间的区别。（Bauer and Oetker, 2016）那么，除了亚洲艺术双年展或亚洲艺术品市场的兴起，我们如何继续坚持独立策展的观念，这对亚洲艺术策展而言仍然是一个批判性的思考。艺术世界和策展世界长期以来一直与艺术市场联系在一起，也许有一些例外，如从 1993 至 2003 年的中国早期实验艺术运动。今天，这些艺术家在复杂的全球艺术体系和当代艺术市场中引领着当代艺术的最新潮流，在全球私人投资者、公共和私人博物馆及藏品的支持下，以及在中国国际展览代理等具有外交背景公司的支持下，举办了诸如"生活在此时"〔2001至 2002 年德国柏林汉堡火车站当代艺术博物馆（Hamburger Bahnhof）〕以及"那么，中国呢？"（2003 至 2004 年巴黎蓬皮杜中心）等展览。（Berghuis, 2006: 136）

在新加坡，变电站艺术中心关于东南亚策展空间和策展人有关的最新讨论指出，变电站艺术中心未能坚持其作为艺术中心的重要作用。遭受批评之后，策展人艾伦·奥伊（Alan Oei）被任命为艺术总监，领导重建艺术中心。艾伦·奥伊专门在市政厅组织了一次会议，会上，他为未能与艺术界进行广泛磋商而道歉。（Fang, 2016）2016年底，《亚洲艺术评论》发表了艾伦·奥伊的文章，其中列出了领导新加坡艺术中心所面临的挑战。如今，变电站艺术中心是"引领20世纪90年代新文化基础设施建设的主要催化剂"，但无法完全跟上时代的发展步伐。艾伦·奥伊认为其在公共和文化领域缺乏野心，将其过去的历史和遗产重新作为独立且重要的艺术中心。（Oei, 2016）

如今，吉尔曼军营艺术区似乎更可能获得公众的青睐，尤其是在主要开发商和投资者新加坡经济发展局（the Singapore Economic Development Board）、JTC公司和国家艺术委员会眼中，吉尔曼军营艺术区是首选模型，其重点放在以商业画廊、咖啡馆、艺术家驻地、非营利或营利艺术中心为特色的策展空间，包括由乌特·梅塔·鲍尔（Ute Meta Bauer）和策展人及客座策展人团队领导的新加坡南洋理工大学当代艺术中心、原东京宫副馆长凯鲁丁·霍里（Khairuddin Hori）领导的"陈+霍里当代艺术画廊"。吉尔曼军营艺术区的迪西尼（DISINI）节庆活动于2018年1月起开始举办，作为新加坡艺术周的一部分，活动涵盖了吉尔曼军营的展览和公共艺术品展示，正逐步成为吸引公众参与的新加坡当代艺术策展典范。迪西尼是将艺术、设计、建筑以及文化创意产业联系在一起的示例，旨在满足期望参与、激活并沉浸于艺术和创意产业表现形式的公众。这些事件标志着"最新类型的公共艺术"，其特征是希望公众广泛参与艺术和创意产业，而不是遵循传统策展理念，建立由当代策展人领导的独立的艺术批评中心。

在讨论与东南亚当代艺术发展相关的策展学院的发展时，策展人和艺术史学家帕特里克·弗洛里斯讨论了从20世纪70年代后期至今东南亚当代艺术发展过程中，艺术家转变为策展人导致的馆藏和集体之间关系的复杂化。（Flores, 2016: 36）马来西亚的雷扎·皮亚达萨、印度尼西亚的吉姆·苏庞卡（Jim Supangkat）、菲律宾的雷蒙多·阿尔巴诺（Raymundo Albano）和泰国的阿皮南·波希亚南达（Apinan Poshyananda）等前卫的经纪人逐渐转变为制度化的天才，他们可以制作艺术品、为艺术品铺平道路，将艺术品理论化和历史化。（Flores, 2016: 36）弗洛雷斯指出，有些艺术家和艺术家集体对当代艺术发展、当代艺术空间、当代艺术批评和东南亚策展发展至关重要，但他们并未遵循艺术家作为策展人的传统做法。相反，这些艺术家和艺术家的集体激发了批判性的话语实践和交流，为东南亚策展和艺术创作提供了批判空间。这些艺术家包括马来西亚的雷·兰根巴赫（Ray Langenbach）、黄海昌（Wong Hoy Cheong）和刘公瑜（Liew Kung Yu）。新加坡的阿曼达·亨（Amanda Heng）、李文、哉昆宁和露西·戴维斯；以及艺术家集体，例如雅加达的鲁昂鲁帕艺术家集体以及 1997 年在印度尼西亚日惹成立的阿贡·库尼亚万和克代克文论坛（Agung Kurniawan and Kedai Kebun Forum）。在他的关于东南亚策展学院的论文中，弗洛雷斯遵循大陆哲学家斯拉沃伊·齐泽克（Slavoj Žižek）的观点，即"展览策划是自我反思的一种特殊姿态"（Flores, 2016: 31–32）随后引用了齐泽克的一句话："最终的艺术家不是艺术家而是策展人，以及他的选择。"（Žižek, 2000: 337）

当前，东南亚的许多艺术家似乎已经成为艺术、文化和创意产业的制作人。一个例子是吉尔曼军营艺术区的迪西尼节庆活动，由营利性艺术空间"陈+霍里当代艺术画廊"的负责人凯鲁丁负责展览策划、公共活动、公共空间安排、画展和吉尔曼军营艺术区文化遗产展，并提出"通过有深度的会议和演讲巩固集体精神"。另外一些例子包括埃科·努格罗霍（Eko Nugroho）领导的近来风头正盛的一些文化艺术创意公司，包括位于日惹的"种植肉类"（Daging Tumbuh）艺术出品公司，创意代理商以及"种植肉类"商店，还有一些介绍印尼各地艺术空间和活动的中介渠道。埃科·努格罗霍还绣制了长肉艺术出品公司（DGTMB）的标语"我们在乎您所付出的一切"（见图 10.5）。

图 10.5　埃科·努格罗霍（Eko Nugroho）创办长肉艺术出品公司（DGTMB），《我们在乎您所付出的一切》（We Care as Much as You Pay），黑色棉衬底手工刺绣补丁，白色中密度纤维板框架，26厘米 × 36厘米，14厘米 × 24厘米（刺绣）；2016 年 1 月购买于雅加达艺术品商店萨里哈拉社区（Komunitas Salihara）

　　一位印尼策展人看到这件作品时对我说，这件艺术品可以代表照顾印尼中上层家庭的佣工的立场，还可以代表制作这些刺绣的工人，使他们回想起当代艺术的集体精神（Berghuis，2011）和艺术家策展人的角色。（The, 2012）

　　"我们在乎您所付出的一切"，意味着艺术家、策展人或者艺术家兼策展人在制作艺术、概念化艺术、选择展览以及关心艺术时自我反省的过渡。艺术家，展览和观众，以重新定位艺术家、策展人和艺术家、策展人在艺术和文化资本以及亚洲创意产业生产者中的作用。因此，"我们在乎您所付出的一切"提供了一个颇具挑衅性的标题及其结论，本文在文末提起了一些最近的例子，并讨论了艺术家和策展人如何转向文化艺术创意行业的制作人。这些例子可用于思考未来亚洲艺术的策展作用。同时，本文还提出了一些重要的讨论和亚洲艺术展览策划的例子，从 20世纪 90 年代的"发现探索"阶段到策展实践，机构变革、公共和私人行动、艺术市场和创意产业蓬勃发展的"巩固权力"阶段。

参考文献

Abdullah, Sarena and Ah Kow Chung. 2014. Re-examining the objects of mystical reality. *Jati* 19: 203–217.

Bauer, Ute Meta and Brigitte Oetker (eds.). 2016. "Introduction". In: *SouthEastAsia Spaces of the Curatorial/Räume des Kuratorischen*, Jahresring 63. Berlin: Sternberg Press, 13–19.

Berghuis, Thomas J. 2006. *Performance Art in China*. Hong Kong: Timezone 8.

Berghuis, Thomas J. 2011. ruangrupa: What could be "art to come." *Third Text* 25(4): 395–407.

Berghuis, Thomas J. 2012. China and the world of contemporary art: Repositioning the art system in China. In: Hopfener, Birgit, Kock, Franziska, Lee-Kalish, Jeong-hee (eds.), *Negotiating Difference: Chinese Art in the Global Context*. Weimar: VDG, 227–242.

Buckley, Brad and John Conomos (eds.). 2018. *Who Runs the Artworld: Money, Power and Ethics*. Farringdon: Libri Publishing.

Buffenstein Alyssa. 2017. June Yap, Curator of Singapore Pavilion at 2017 Venice Biennale, Resigns. *Artnet News* (3 January). https://news.artnet.com/art-world/venice-biennale-singapore-withdrawal-zai-kuning-802544, accessed 13 March 2019.

Clark, John (ed.). 1993. *Modernity in Asian Art*. Sydney: Wild Peony Press.

Clark, John. 2007. Histories of the Asian "new": Biennales and contemporary Asian art. In: Desai, Vishaka (ed.), *Asian Art History in the Twenty-First Century*. Williamstown, MA: Sterling and Francine Clark Art Institute.

Clark, John. 2010. Biennales as structures for the writing of art history: The Asian perspective.

In: Elena Filipovic, Marieke van Hal, and Solveig Øvstebø, (eds.), *The Biennial Reader*. Bergen and Ostfildern, Norway: Bergen Kunsthalle and Hatje Cantz.

DISINI. 2019. DISINI. https://www.disini.art/about, accessed 13 March 2019.

Doherty, Claire. 2006. The institution is dead! Long live the institution! Contemporary Art and New Institutionalism. *Engage* 15: 6–13.

Fang, Joy. 2016. The Substation's Alan Oei reverses some decisions on its revamp plans. *Today* (4 April). https://www.todayonline.com/lifestyle/substations-alan-oei-reversessome-decisions-its-revamp-plans, accessed 13 March 2019.

Flores, Patrick D. 2016. Within and across: Troublesome propositions. In: Bauer, Ute Meta and Brigitte Oetker (eds.). *SouthEastAsia Spaces of the Curatorial/Räume des Kuratorischen*, Jahresring 63. Berlin: Sternberg Press, 31–41.

Fominaya, Alvaro Rodriguez and Michael Lee (eds.). 2010. *Who Cares? 16 Essays on Curating in Asia*. Hong Kong: Para/Site Art Space.

Gardner, Anthony and Charles Green. 2014. Mega-exhibitions, new publics and Asian art biennials. In: Hjorth, Larissa, Natalie King, and Mami Kataoka (eds.), *Art in the Asia-Pacific: Intimate Publics*. New York: Routledge, 23–36.

Gardner, Anthony and Charles Green. 2016. *Biennials, Triennials, and Documenta: The Exhibitions that Created Contemporary Art*. Chichester: Wiley Blackwell.

Kataoka, Mami (ed.). 2002. *Under Construction: New Dimensions of*

Asian Art. Tokyo: The Japan Foundation Asia Center.

Lee, Wen. 2013. World Class Society. http://leewen.republicofdaydreams. com/worldclass-society, accessed 13 March 2019.

Lee, Weng-Choy. 1996. Chronology of a controversy. In: Krishnan, Sanjay, et al. (eds.), *Looking at Culture*. Singapore: Chung Printing.

Lee, Weng-Choy (ed.). 2003–2013. Comparative contemporaries. http:// www.aaa-a.org/programs/comparative-contemporaries-a-presentation-by-lee-weng-choy/, accessed 13 March 2019.

Lee, Weng-Choy. 2008. Asian Art Biennials Forum. *n.e.w.s.*, http:// northeastwestsouth.net/node/323/nl/nl/forums, accessed 13 March 2019.

Lee, Weng-Choy, et al. 2013. Where I am calling from: A roundtable on location and religion. *Reading Room: A Journal of Art and Culture* 6: 112–113.

Legaspi-Ramirez, Eileen. 2016. Southeast Asia in a crawl space: Tempering CuratorialHubris. In: Bauer, Ute Meta and Brigitte Oetker (eds.), *SouthEastAsia Spaces of the Curatorial/Räume des Kuratorischen*, Jahresring 63, Berlin: Sternberg Press: 240–250.

Leong, Katy Chin. 2017. Amid delays, Hong Kong's ambitious museum plan takes shape," *New York Times* (18 April). https://www.nytimes. com/2017/04/18/realestate/commercial/hong-kong-musuem.html, accessed 13 March 2019.

Leung, Isaac. 2016. Six up and coming curators shaping art in Hong Kong. *Time Out Hong Kong* (25 March). https://www.timeout.com/hong-kong/art/six-up-andcoming-curators-shaping-art-in-hong-kong, accessed 13 March 2019.

Museum Roundtable. 2019. Singapore. https://www.nhb.gov.sg/what-we-do/ourwork/sector-developmen, accessed 13 March 2019.

Nokia Singapore Art. 1999. Press Release. National Arts Council,

National Heritage Board and Nokia Pte Ltd. http://biotechnics.org/1nsa.html, accessed 13 March 2019.

Oei, Alan. 2016. As cities become brands and deploy art to create identity, can culture exist as a contested space? *Art ReviewAsia*. https://artreview.com/opinion/ara_winter_16_opinion_alan_oei/, accessed 13 March 2019.

Ong, Aihwa 2012. "What Marco Polo forgot": Contemporary Chinese art reconfigures the global. *Current Anthropology* 53(4).

Power Institute. 2012. Chinese contemporary art: Consolidating powers Thomas J. Berghuis in conversation with Pi Li. Announcement, Power Institute and the China Studies Centre, University of Sydney (11 September). http://sydney.edu.au/arts/asian_studies/about/events/index.shtml?id=1660, accessed 13 March 2019.

Ridgeway, Renée. 2008. Latest projects. *n.e.w.s.* (24 July). http://reneeridgway.net/latest-projects-2, accessed 13 March 2019.

Schöllhammer, Georg. 2007. We also expected answers that weren't harmonious. Interview with Georg Schöllhammer. http://www.documenta12.de/index.php?id=1389&L=1, accessed 13 March 2019.

Singapore Biennale 2006. *Belief*. National Arts Council, Singapore. https://www.nac.gov.sg/media-resources/press-releases/Singapore-Biennale-2006-Belief.html, accessed 13 March 2019.

Teh, David. 2012. Who cares a lot? Ruangrupa as curatorship. *Afterall: A Journal of Art, Context and Enquiry* 30. https://www.afterall.org/journal/issue.30/who-cares-a-lotruangrupa-as-curatorship, accessed 13 March 2019.

Turner, Caroline (ed.). 1993. *Tradition and Change: Contemporary Art of Asia and the Pacific*. Brisbane, Australia: University of Queensland Press.

Wu, Chin-tao. 2002. *Privatising Culture: Corporate Art Invention since the 1980s*. New York: Verso.

Yamamoto, Tadashi and Carolina Hernandez. 2003. Social and cultural dimensions. *East Asian Community Building: A Foundation for East Asian Community*. Tokyo: Japan Center for International Exchange, 171–188.

Yap, June. 2017. *Retrospective: A Historiographical Aesthetic in Contemporary Singapore and Malaysia*. Selangor, Malaysia: Strategic Information and Research Development Centre.

Yuliman, Sanento and Asikin Hasan. 2001. *Dua Seni Rupa: Sempilihan Tulisan Sanento Yuliman* (*Two Arts: Two Arts: The Compilation of Sanento Yuliman Papers*). Jakarta: Yayasan Kalam.

Zeplin, Pamela. 2003. The ARX experiment, Perth, 1987–1999: Communities, controversy & regionality. Published online with the Australian Council of University Art and Design Schools (ACUADS). https://acuads.com.au/conference/article/the-arx-experiment-1987-1999-communities-controversy-and-regionality/, accessed 13 March 2019.

Žižek, Slavoj. 2000. Whither Oedipus? In: *The Ticklish Subject: The Absent Centre of Political Ontology*. London: Verso.

本章作者简介

托马斯·J. 博古伊斯（Thomas J. Berghuis）是一名策展人和艺术史学家，常驻荷兰莱顿，他的专著《行为艺术在中国》（*Performance Art in China*）于 2006 年由香港东八时区出版公司（Timezone 8）出版。博古伊斯还在当代艺术、新媒体艺术、实验艺术以及于中国和印度尼西亚的策展实践等方面有所著述。博古伊斯曾策划的展览包括纽约古根海姆博物馆（Guggenheim Museum）的"汪建伟：时间寺"（Wang Jianwei: Time Temple, 2014 年）以及阿姆斯特丹范龙博物馆（Museum van Loon）的"暂停的历史"（Suspended Histories, 2013 年）。

第十一章　机构类型如何影响策展实践

　　在 20 世纪 80 年代中期，中国艺术学校涌现出新一代艺术家时，艺术实践获得了巨大的发展势头 [1]。1985 年，被称为新浪潮的音乐在全国各地的艺术圈和独立展会中流行。值得注意的是，当时，大多数艺术家并不互通有无，大多数艺术家都负担不起旅行的费用，艺术期刊成了不同城市艺术家之间的唯一交流联系渠道。这些期刊收集并出版来自各地的作品图片，从而使其广为人知，典型例子包括《江苏画报》《美术》《中国美术》和《艺术潮流》。这些出版物是思想在中国传播的重要媒介，标志着新的艺术探索的开始。

　　参与中国各地各类艺术活动的人向上述出版物的编辑部踊跃投稿，以期发表他们的作品、展览或活动。正如一位艺术家在当时的一次采访中指出的那样，在 20 世纪 80 年代，"信息意味着力量"，许多杂志编辑后来也成为重要展览的组织者。他们组织了两次重要会议：1986 年的珠海会议和 1988 年的黄山会议，邀请全国各地的艺术家参加。在珠海会议上，放映了来自中国各地艺术家的幻灯片作品，可以说是中国群展最早的尝试之一。杂志编辑在 "1989 年中国先锋展览" 中首次以策展人身份出现时，展览实践发生了巨大变化，那一刻，放映幻灯片终于在时空层面转化为现实的展览。

　　但是，有趣的是，"中国先锋展览" 并未将组织者称为策展人，而是称其为 "筹备委员会成员"。之后展览的组织者被改称为 "学术组织

---

　　① 史蒂文·L. 布里奇斯（Steven L. Bridges）仔细审校了本章的初稿，特此致谢。

者"，直到后来最终采用了"策展人"①一词。现在，中国对该术语的使用仍然容易引起混乱。每当我向学生讲授策展方法时，第一个问题通常是"策划展览和策划公司商务活动或布置促销摊位有什么区别？"这些活动的中文用语非常相似。

因此，在20世纪80年代，在中文材料中找不到策展人的头衔，原因很简单，20世纪80年代的大多数展览都是由艺术家组织的，没有将组织者视为策展人。

最终，随着中国艺术界的国际化，策展人的角色被引入并被人熟知，与此同时，艺术市场也起步发展，许多中国当代艺术品的第一批购买者是外国人。

在20世纪90年代初期和中期，本地策展人和评论家的角色迅速转变，充当西方策展人和国外机构的中介。在某种程度上，他们成为看门人，可以决定外部世界应该看到什么或不看到什么。从20世纪90年代后期开始，这一角色逐渐由商业艺术机构代替。

作为这一段历史中的特例，1992年"广州双年展"特别值得探讨。该展览由艺术评论家吕澎组织，并由一家私人公司资助，在中国当代艺术的发展背景下，预见了艺术市场的繁荣和重要性。"广州双年展"的模式得以维持并延续，企业和私人投资成功取代了国家资助的形式②。

广州双年展展示了约350件作品，且所有作品均可出售。尽管双年展主题选择上存在本质性问题，且组织者也不得不承认展览最终以失败收尾，但这次展览是对时局的直接反应，当时，外国人是唯一的买家，并且他们的品位开始影响到中国的艺术实践。这次展览试图提高人们对发展本土艺术品市场和培育本土收藏家重要性的认识。虽然现在已经有许多艺博会和双年展，广州双年展开创性地将这两种形式融合在一个活

---

① 在汉语中，curator（策展人）一词并没有拉丁词根中"照管"的含义，尽管这在西方尤为重要；该词的中文翻译更偏向于"展览的策划者"。

② 首个具有较长持续性的双年展是开始于1996年的上海双年展。

动中，可以看作是对未来发展的一种预测：国际艺术体系，不仅限于中国，与双年展和艺博会之间有着紧密的联系，许多艺术家同时在这两类活动中传播艺术。

虽然广州双年展代表着一个未来十年左右会成为主流的趋势，但当时，大多数本地艺术家仍在以自我组织的方式发展艺术创作，大多数实验性展览在大学教室、劳动人民文化宫、废弃地下室、公寓以及公共场所、咖啡厅等场所举办。

这些影响创作的环境极大地影响了艺术家组织的展览以及更广泛的艺术实践。艺术家在积极学习的过程中，也在不断改进展览的实践，开始围绕如何提高作品的公众影响力作出不同的选择。

还必须指出的是，直到20世纪90年代中期，展览几乎得不到任何支持——没有市场、没有机构、没有批判性讨论的平台、没有收藏家，也没有鉴赏家来支持展览策划。参加展览的艺术家必须自己承担所有费用，而作品展出的机会几乎完全取决于自身建立的朋友圈子，依靠团结互助以及强烈的艺术信念而得以实现。因此，这段时期内的许多展览都消失在了历史中，如今，迫切需要寻找、保存和研究关于这一充满活力的时期可能留下的文献资料。但是，由于缺乏专业机构的支持，展览档案广泛散布在参展艺术家之间。

美术馆的兴起与新公共领域的创造

在中国，白色立方体画廊直到2000年以后才出现，那时它与艺术界的商业化紧密相关。这一现实一直延续到今天。这与从前西方的环境有很大的不同，在从前西方，白色立方体空间的概念是在第二次世界大战后引入的，并且与艺术的制度化密切相关。因此，在中国由艺术家发起的展览，而不是博物馆，充当了知识的发源地，这与西方国家的情况形成了鲜明对比，西方国家的情况是博物馆、现代和当代艺术的发展以及艺术史对艺术的研究相互联系。白色立方体空间的突出地位通过私人美术馆部门和商业画廊的相互联系而得到加强，此后对策展实践及其以非常僵化的方式进行展览制作产生了巨大影响。

艺术市场的发展不仅规范了策展人的角色，同时也意味着许多艺术家经营的空间或所谓的独立空间逐渐没落消亡。在某些国家，这些空间也被称为"艺术家运营计划"（artist run initiatives）。20 世纪 70 年代末到 21 世纪初艺术家组织的展览对于早期展览策划的研究具有重要意义。

白色立方体空间的出现推动展览形式设计朝着标准化方向发展。在某种程度上，展览的语言，乃至艺术语言，也标准化了。这在年轻一代的艺术家中尤为明显，现在他们的首次展览一般都在画廊空间内进行。

2000 年后，随着当代艺术领域的私有化和公司化，类似早期展览的公共领域的尝试逐渐消退了。同一时期，国家与活跃的艺术家之间达成了一种默契，当代艺术从"地下"工作状态转到了"地上"。随着当代艺术作品被纳入 2000 年上海双年展，艺术家们发现自己处于一个新的、不确定的位置。

在中国，大多数新建的美术馆都是私人投资的，投资者大多为房地产公司或投资公司，或者是希望公开分享其收藏的私人藏家。

在过去的十年中，这种情况已经发生了迅速的变化，这些私人艺术机构在公共领域的扩展产生了哪些影响仍有待确定。它们试图定义和体现什么样的价值观，促进了什么样的艺术实践，如何在公共领域培养公众观点，都值得我们思考。

有趣的是，在所有不同类型的机构中，美术馆是最受欢迎的。人们对其他机构形式，如艺术中心，几乎没有兴趣。当人们观察这些美术馆新建筑时，会注意到它们没有遵循 19 世纪老式博物馆的传统设计，而是拥有巨大的展览厅。这些美术馆很快就融入了现有的艺术机构体系，并履行了其功能职责：展览、教育和研讨。但是，很少有机构采用激进的创新方法来重新思考什么是艺术机构，或者艺术机构应该做什么。这些机构通常依赖于一个资金来源：例如，一家房地产公司的私人收藏家（而且通常不采用独立会计系统来运作）。因此，很少有艺术机构会考虑如何减少对单一资金来源的依赖，推动机构更具可持续性，对于美术馆等机构应如何在公共领域发挥自己的作用也几乎没有任何思考。

有一件事可以说是激进的，就是这些博物馆的规模，一般都是巨大的建筑实验，每家博物馆都希望成为其所在城市的主要地标。

近年来，基金会的出现使艺术界的生态发生了细微变化，创作的话语权成为新的关注重点。基金会也是由私人资助的，并以收藏家的财力为后盾，除了收集和展示他们的藏品外，还支持本地和国际上的其他机构，例如21世纪艺术基金会（21st Century Art Foundation）和杨锋艺术与教育基金会（Frank F. Yang Art and Education Foundation）。这是一个重要的转变，在一定程度上反映了人们对艺术系统贡献的不同思考方式。

大多数新成立的美术馆除了收藏和展出本地艺术家的作品，一般都接受国外艺术家的作品，并将其纳入馆藏。界定收藏趋势的主要是私人收藏家和博物馆创始人，并且需要注意的是，很少有博物馆设有顾问委员会帮助其实现预期的功能。经销商和画廊不断从国际知名艺术家那里购买昂贵作品，掀起了一股市场力量。尽管如此，西方越来越多的艺术机构仍在为生存而挣扎，现在，它们比以往任何时候都更多地依赖中国，寻求有利可图的合作。

这里有一个问题，中西方的这种联系产生了什么样的国际网络或跨国对话，对以西方为中心的艺术历史叙事产生了哪些影响。这个问题通常不会在交流合作中被认真考虑，因此策展人可能与艺术家接触一些问题，但策展人的角色仍然处于边缘。

在这种情况下，展览仍然是一种演出性质的活动，而且大多数机构都恰恰这样看待展览。展览的成功取决于观众数量和微信转发和自拍数量的抽象计算。

许多新成立的美术馆也积极向西方机构寻求合作。这一战略举措可帮助这些机构通过与合作者的同等地位，更快速地提升全球知名度。上海西岸艺术中心（由西岸发展集团资助的博物馆）于2018年开放，最近与法国蓬皮杜文化艺术中心（Centre Georges Pompidou）签署了一项为期五年的战略合作协议。在2019到2024年的合作期内，法国蓬皮杜文化艺术中心将在上海西岸艺术中心组织20场展览和活动。在五年的时间里，这20多个展览和活动可能是该机构规划的主要内容，因此上海西岸艺术中心将不必制订自己的计划，而是将自己作为法国蓬皮杜文化艺术中心新计划的一部分。

这种工作方式在亚洲并不陌生。最近成立的新加坡国家美术馆通过一系列展览开启其行动计划，每个展览都与不同的美术馆合作，例如2015年与英国泰特美术馆（Tate Britain）联合举办"艺术家与帝国——直面（遭遇）殖民遗产"展览；2016年和法国蓬皮杜文化艺术中心共同举办"重构现代主义"展览。这些展览在新加坡开始和结束，都没有去巴黎或伦敦巡回展出。

正如艺术家石勇在2014年的一次采访中所说："如今，中国许多机构都有很多资金。甚至比西方同行还要多。但从本质上讲，这种向西方学习的心态并没有改变。尽管中国艺术机构在经济上可能与世界上其他机构持平，但仍然认为自己在文化领域不如西方。因此，中国艺术机构愿意做任何事情来融入西方代表的权力结构。从本质上讲，世界没有改变"。（Ćirić et al., 2015）

然而，公共艺术机构同艺术市场和私人机构相比，几乎没有资金和自由来实现其愿景，其馆藏通常基于划拨和捐赠，征集预算十分有限。如果将藏品征集视为各类机构书写和维护艺术史的指标，那么公共机构早就错失了为历史作出贡献的机会。它们的角色或多或少像展览馆。另外，就目前中国艺术家作品的价格而言，公立博物馆肯定不可能在短期内通过购买征集到这些作品。其次，政府对当代艺术的政策也不够明确，缺乏保护性欣赏的措施促使许多中国私人收藏的艺术品离开大陆在其他地方入藏。例如，希克收藏（Sigg）被捐赠给了香港 M+ 博物馆。这些公共美术馆仍然具有象征意义，特别是对于老一辈中国艺术家，他们的回顾展经常在这些机构举办，以展示他们对该领域的贡献和国家的认可。

艺术博览会是中国政府对艺术的唯一支持形式。上海市现在有三个艺术博览会得到了市政府的支持，分别是上海廿一当代艺术博览会、上海西岸艺术与设计博览会和影像上海艺术博览会。威尼斯双年展的中国馆虽然由政府机构主办，但资金是由策展人邱志杰从私人渠道筹集的①。

当然，与任何类型的机构举办的展览相比，艺术博览会更受欢迎，并且受到更多主流媒体报道。在这种情况下，人们会根据艺术展览的标准来评判艺术博览会，导致设计销售展示的艺术博览会与展览策划之间几乎没有区别。

实际上，艺术博览会的展位很可能成为类似儿童娱乐教育的场所，以介绍艺术概念和视觉语言为主，这种将商业展与博物馆展览混淆的做法，令我个人感觉很奇怪和沮丧。

策展人的表现

一些读者可能认为，艺术机构②必须有大量的策展人和教育者，以支持大型企划。但实际上，这些机构不需要策展人，或者说策展人只是扮演着协调者或管理者的角色，而不是进行与展览相关的研究。

---

① 主要出资者之一是明当代美术馆，这是由明园集团于 2015 年开设的一家民营艺术博物馆，集团下属房地产公司拥有博物馆及其周边大部分土地的使用权。

② 中国平均每年新增近百家博物馆。2011 年，这一数据高达 386 家——每天新增超过一家。参见：Jeffrey Johnson, "The Museumfication of China," *Leap Magazine*（May 2013），http://leapleapleap.com/2013/05/the – museumification – of – china/, accessed 13 March 2019。

新机构的兴起同时促进了许多展览策划的新思想流派。

在某些情况下，博物馆创始人也是具体运营的负责人，策展人的职位通常被认为专业性不强，许多人都可以胜任，而无须考虑展览是一种智力和知识生产活动的事实，实际上，展览策划需要对美学进行深刻的认识和分析。这一现象的存在有一定合理性，因为许多商业画廊都非常渴望推动自家艺术家的作品进入博物馆展览，推介给中国观众和收藏家。同时，许多美术馆也在寻找一定声誉的国际艺术家办展，以吸引主流媒体的关注并产生视觉冲击。在这种情况下，几乎没有必要讨论策展人的角色。

引入客座策展人是博物馆机构经常采用的另一种策略。许多私人博物馆都采用了从外部邀请某人参加展览策划的策略，而不是选择自身机构内的工作人员作为策展人。尽管这些博物馆中很多人有着策展人的头衔，但实际上他们很少策划展览。馆外策展人制度使得在大多数情况下，展览和机构之间几乎没有联系，除了共同的愿景以及互惠互利关系。

在某些情况下，展览甚至可能没有策展人参与，而是与画廊联合制作。有时，会出现在世的艺术家都不知道自己的作品被展出的情况（在华举办的安塞尔姆·基弗展览就发生过类似问题）。无论有没有策展人参与，将展览直接交给画廊合作往往都是十分冒险的行为，工作的空间会缩小很多。

上面提到的一些工作模式为策展工作产生了许多机会，但不幸的是，很少有职位能切实提供发展策展话语的必要自由。通常，策展人缺乏足够的时间来开发和实施展览，机构对展览的理解也非常有限，这使得情况更加复杂。机构缺乏策划展览的兴趣，不愿更深层次地参与策划并探索背景情况，这也导致机构与客座策展人之间的关系非常肤浅。

另一个极端例子是 K11 艺术基金会。该基金会采用的方法不能被视为时下流行的机构策略，但确实是该机构所独有的。

K11 艺术基金会在过去几年中为许多重要的西方机构提供了经济支持，包括英国伦敦的当代艺术空间，美国纽约的新当代艺术博物馆

（New Museum of Contemporary Art），纽约现代艺术博物馆，法国巴黎的蓬皮杜文化艺术中心和同样在伦敦的蛇形美术馆（Serpentine）等。这些举动提高了基金会的国际地位。另一方面，其内部策展团队遍布上海、香港和武汉等不同地点，大部分时间不出席活动，只是起着更大的管理作用。

K11艺术基金会非常成功的营销策略包括充分利用重要的节点。例如，在双年展或艺术博览会期间，邀请基金支持的机构的馆长和策展人在位于上海和香港的K11场馆举办展览。汉斯·乌尔里希·奥布里斯特（Hans-Ulrich Obrist）、克劳斯·比森巴赫（Klaus Biesenbach）以及劳伦·康奈尔（Lauren Cornell）等都在K11策划举办了展览。

这一策略促进了基金会的活动，但对当地艺术圈的影响很小，仅使创作基金会收藏藏品的艺术家受益。当艺术家作品在基金会的展览中展出时，每个关系人都将从中受益，艺术家的作品可能最终会被纳入其他一些机构的收藏中。最近，K11艺术基金会向法国蓬皮杜文化艺术中心和美国纽约现代艺术博物馆捐赠了作品，从长远来看，这将是一件有趣的事情。这些策略将如何影响这些国际知名机构的征集实践？其次，这些举动引发了关于公司价值和公共价值的讨论，以及它们如何相互协商以共存的问题。

对于独立策展人而言，这创造了新的工作机会，使个人可以从一个展览转到另一个展览，但同时，如果策展人希望在整个展览策划过程中获得更有深度、更强的连接，这将是极具挑战性和令人沮丧的。策展人被机会的时空性束缚，展览带来的时空感会随着展览结束一并消逝。通常，在一个展览开幕之后，博物馆就往往已经开始关注下一个展览，几乎没有时间进行反思。这里引出了一个问题：我们如何中断这个无限循环，或者至少设法使其复杂化？

从个人的角度而言，我总是尝试与艺术家一起思考如何才能真正与东道机构进行更深入的交流，并在时间和空间上扩大参与度。展览每天随着博物馆开放和关闭，但很少有展览能实质上产生任何知识或展示与知识的相关性，且常常沦为用于自拍的虚荣视觉背景。我制定了一种策展策略，可以视为对展览过度消费的一种防御机制，将展览与人的相遇转化为更强大的事物。

艺术家、策展人和机构之间逐渐转向长期合作和共同目标，为构建新型关系提供了机会，并且还可能为未来创造新的行业惯例，进而推动产生新的组织机构模型，或者至少产生新的类型的博物馆。

我最近与上海明当代美术馆合作就是一个实例。合作始于筹办名为"把一切都交给你"的展览，此后随着时间的推移，我加入了荒川医（Ei Arakawa）、谢尔盖·切里宁和斯特凡·切里宁（Sergei and Stefan Tcherepnin）牵头的"幽灵信"学术研究项目，我的展览项目是他们深入研究和与机构互动的起点。我认为这些类型的多方合作很重要，改变了内部合作的僵化模式。

不可否认的是，目前绝大多数展览仍然是基于简单的、短期的合作逻辑的肤浅关系，这一现状是世界各地广泛面临的最大挑战之一，不仅限于中国。

在我看来，被许多传统西方机构所忽略的一点是，这些新的艺术机构的最大优势是其灵活性和不同寻常的活力。它们的工作方法尚未完全形成，可以被用作不同机构实验的试验场，这是一种巨大的优势，也可能是劣势。令人遗憾的是，这种机会通常不会被抓住，众多新机构还是选择了重蹈覆辙。

一个机构应该具有自我变革和自我转型的能力，多年来，许多历史悠久的机构已经失去了这种能力。相反，他们陷于管理、筹款、战略规划、增加观众人数的官僚主义中，谈判机会的渠道非常狭窄。大型机构的情况就是如此，而许多小型艺术机构却由于资金削减和文化政策的转变而面临着生存危机。这些关于西方基础设施变革的思考在中国已经很深入，并产生了非常统一的组织机构建设方法和主流仪式型展览机制。

展览和展览制作类型

这类统一的机构类型简化了展览类型的定义以及相关术语。大多数大型艺术博物馆要么举办占据整个展厅的个人专题展览,要么举办以下几种类型的集体展览:一是将策展人已经熟悉的国际艺术家与中国艺术家配对,举办集体展览(之所以要这样配对,主要是因为展览在中国举办)。二是力求书写中国当代艺术历史的集体展览,例如2010至2014年间,上海民生美术馆组织了一系列展览,2010年的"中国当代艺术三十年:绘画(1979—2009)"就是其中一个例子。三是从特定收藏中挑选出展品的集体展览。四是展示一个国家的艺术实践的团体展览(通常是巡回展览)。五是为年轻中国艺术家举办的有奖展览。六是双年展或三年展。在很少的情况下,也有采用基于研究的主题展览。

个人专题展览是最常见的展览类型之一,形式非常有趣。通常,美术馆会将整个展厅空间交给艺术家。当然,如果一位艺术家非常重视展览的形式设计,并有兴趣探究其仪式化的结构,那么这个展览将显得非常有创意。但是在大多数情况下,展览最终只是一个充满物品的博物馆。在许多个展中,策展人的角色无关紧要,甚至根本没有策展人。因此,基本上,展览是完全由艺术家自己完成的,与不同的经办机构合作。也许在最后,策展人会为了编撰图录写一点东西。

不幸的是,在个人专题展览中很少有真正突出的例子,艺术家和策展人通过对话逐步打磨观点,进而创造出有意义的东西。优秀的展览会给一位伟大的艺术家足够的空间来应对特定的挑战,例如菲利普·帕雷诺(Philippe Parreno)2017年夏天在上海外滩美术馆推出的个展,抑或托马斯·赫赛豪恩(Thomas Hirschhorn)2018年在明当代美术馆推出的个展。但是,在某种程度上,这种工作模式将大部分责任交由艺术家自身负责,而机构的策展团队则扮演协调员的角色。

另一种流行的展览形式是双年展,有时也被称作节日大型展览。尽管如今有越来越多的评论家对双年展的意义提出质疑，双年展在艺术界的地位变化也引发了许多疑问，包括探讨这种形式的展览是否能够延续下去，甚至是否还应该保留，但中国的双年展仍维持较强的增长势头，每年都有越来越多的新展。

上海双年展由上海美术馆于 1996 年首次举办，尽管当时它的规模不大，基本没有国际影响力，但的确是该地区的一项早期举措，到 2000 年，上海双年展已经在国际范围获得了广泛认可。

值得反思的是，当 2011 年上海双年展的共同策展人之一延斯·霍夫曼谈及该展览时，他表示，参加策展是一件令人沮丧的事，因为他觉得自己以策展人的身份加入团队，但却没想到策展人在整个团队中的地位是最低的。

除了上海双年展，近年来，中国还举办了许多类似的大型展览，这些展览往往是由企业而不是由城市财政资助的，例如，上海喜玛拉雅美术馆和远景集团资助的上海项目，南京国际艺术节，以及由银川当代艺术美术馆资助的银川双年展。

我最近在南京国际艺术节的研讨会上作了一个演讲。当我在晚宴上请一位同行向我介绍他的公司时，他说："公司在几个城市都有画廊和拍卖行，我们正在筹建一家艺术装潢公司，将在房屋装修时将艺术带给每个家庭……"最后，他提到"我公司有一个双年展"。

双年展在这样的背景下可以发挥什么作用？它只是营销策略的一部分。该公司不必购买昂贵的广告，而是支付一定的费用来建立一个双年展，展览会提供一个所谓的学术标签，表明公司的所作所为是为了公共利益。所有这些举措同时还能提高公司利润，因为该公司能与地方政府商讨减免税收，它将一项国际盛事带到了一个不是上海或北京，而是一个有兴趣培养艺术鉴赏力的二线城市。

在这种情况下，策展人没有考虑把展览当作一种特定形式，让其充满无限的可能，没有考虑单个作品与其更大的背景装置之间的边界，或者可能存在跨时空联系的可能性，也没有考虑展品安置的顺序或观看的路线，没有思考这些问题对于展览来说意味着什么。在大多数情况下，展览形式已被固定，没有任何想象力。

策划未来

值得注意的是，近年来，一些机构更加重视培养年轻策展人。上海当代艺术博物馆创立了一个青年策展人计划："青策计划"，通过公开征集的方式收集策展建议，并由博物馆出资赞助，遴选出一些提案。从我个人的角度来看，这种倡议是积极的，但仅提供金钱和空间是不够的，仍然缺乏非常重要的东西。是时候与顾问或对话者团队合作了，他们的理论基础将协助年轻策展人的发展。这也涉及一些非常实际的问题，包括展览设计、艺术品特定展示、空间联系以及展览中许多其他通常不予考虑的重要方面。携手合作的机会至关重要，遗憾的是，尽管许多研究本身令人印象深刻，但我从该计划中看到的展览仍然过于标准化和谦虚。

杨锋艺术与教育基金会也进行了类似的尝试，该基金会公开征集策展建议，并将在未来落地转化为展览。在此过程中，一部分工作是与本地年轻策展人举行两年一次的工作坊交流，这种形式有利于彼此分享经验，同时也为年轻人提供了更多与知名策展人讨论其想法的机会。这些都是谈论策展和展览制作的宝贵机会，尤其是当前中国还没有专门与该主题相关的研讨会。正如前面提到的，尽管公开征集意见可能仍然面临许多相同的问题，但这里的关键是重新构建工作坊机制。如果这些微型工作坊延续时间稍长一些，我相信结果会大不相同，他们将有更长的时间共同合作策划展览。

许多年轻策展人的职业生涯起点选在了商业画廊，但不幸的是，这种工作并不能提供很多讨论展览策划的机会。或许这些新兴策展人可以通过工作坊或研讨会来反思艺术史及当前艺术面临的问题，进而在未来带来新的思想和行动。出现这种情况也与社会环境有关，大型艺术博物馆往往只招聘知名的策展人，迫使年轻的策展人转向商业画廊领域寻求机会，而他们可能会被困住，并且很少有人能找到适合自身发展的替代策略。考虑到这一点，支持年轻策展人也将成为一种营销策略。

因此，通过展览的历史[①]以及围绕这些领域的研究来了解艺术史似乎至关重要，这促使我们回到了本文开篇所讨论的艺术家组织的展览。策展的历史并不经常被公开讨论，但我相信，这是重要的艺术历史知识，了解当前关于策展的论述也很重要。我们如何活化利用关于展览策划的历史，进而改进当今艺术家和策展人的工作方法？通过展览将艺术品公之于众会产生什么样的效果？

当我深入思考这些艺术家组织的展览及其物质传承时，我认为最重要的是他们渴望在公共场合表达自身价值观的一种张力。由于这些不同的张力而产生的行动成为社会环境中的有力工具。

在反思自己的立场时，问题是：我们目前的张力是什么？今天这种张力如何表现出来？我们的产出远远超出了我们的实际需要，这条生产线作出改变已变得迫在眉睫。当然，这都归因于消费者主义模型的标准程序。

展览历史尚未完全融入中国艺术史并形成适当的学术成果[②]。展览历史研究的缺乏和对其相关论述的忽略，直接导致了当前展览制作方法的

---

① 我对 1979 至 2006 年间由艺术家在上海举办的展览进行了大量的研究和梳理。研究成果参见：《展览的历史：上海 1979—2006》（*History of Exhibitions: Shanghai 1979—2006*），中国当代艺术中心（CFCCA），2014 年。

② 很多策展人试图通过书籍或文本复现其展览，而艺术家策划的展览，尚存以下难点：第一，收集散落资料的难度是一个现实问题，这些资料随时间和记忆而流散了。第二，有一个更加复杂的问题，许多艺术家不想重温自己的过去，不想与某些展览、事件、人物或艺术家群体联系在一起。

过于简化，以及人们未能认识到这种独特媒介提供的许多内在可能性。许多问题被忽略了，例如不同的展示形式和策展选择，展览中反映的艺术家与策展人之间的关系，展览中观众的角色及个人和集体的经历，出版物与展览之间的关系以及展览的文献记录问题等，所有这些领域都有待改进。相反，似乎很多人都倾向于认同过于简化的观点，把展览视为只是关于进场和出场的编辑选择。

作为活跃在策展领域的人，我希望看到并感受到更多不同的张力，听到或看到与艺术界一般企业标准和逻辑不相同的声音或行动。即使基于某种天真的信念，我仍然相信，艺术可以改变世界。这一点，也可以作为对玛丽亚·林德提出的问题——"艺术是做什么的？"的回答。

参考文献

Biljana Ćirić, Hu Yun, Shi Yong, and Luke Willis Thompson. 2014. Reflections on artistic practices now and then in Shanghai. *Yishu* 14(4): 21.

本章作者简介

比利亚娜·契里奇（Biljana Ćirić）是一名常驻上海和贝尔格莱德的独立策展人。她是 2015 年第三届"乌拉尔当代艺术工业双年展"（Ural Industrial Biennial for Contemporary Art，叶卡捷琳堡，2015 年）的联合策展人，担任卡迪斯特艺术基金会（Kadist Art Foundation，巴黎）驻场策展人（2015 年），以及赫尼·翁斯塔艺术中心（Henie Onstad Kunstsenter）研究员（霍巍科登，2016 年）。她最近的工作项目是 2018 年在上海外滩美术馆举办的"第二次集会"（Second Assembly），这是一场聚焦 20 世纪 90 年代中国和东南亚展览史的系列研讨会。

第十二章　去殖民化空间的当代艺术策展

以泰国为中心对东南亚策展实践的观察

三届泰国双年展的批判性策展案例研究①

曼谷双年展（2018 年 7 月 1 日至 9 月 30 日）

曼谷艺术双年展（2018 年 10 月 19 日至 2019 年 2 月 3 日）

泰国双年展（2018 年 11 月 2 日至 2019 年 2 月 28 日）

由于 2018 年曼谷的集体游行，人们在纷繁错综的城市景观中很容易忽视一个新的全球艺术双年展的开幕式。沿着湄南河岸的台阶，拉玛八世大桥下隐藏着以阿南达·玛希顿（Ananda Mahidol）的名字命名的未来主义巨兽雕塑。玛希顿又被称为拉玛八世，是泰国现代扎克里王朝的第八位君主，于 1935 至 1946 年统治泰国。斯潘德克斯和尼克斯附近

---

① 笔者意图用"批判性策展"一词来表示策展实践中的一种转向，这种转向主要是针对话语性的对象，而非实质性的。展览归根结底是一种文本，这甚至比展览本身（作为实质装置）更广泛地为人所知晓和接受。双年展有自己的历史进程，其中包括一个影响广泛并值得反思的问题，即批判性策展项目的"推进"是为落实"应用性"实践以及一个更概念化的、批判性的——甚至理论化的——且被广泛理解为"当代策展实践"的子范畴。如果我们越过作者和现实去揭示它们的基本背景，还需要同时研究阐明当代策展实践如何深刻地嵌入到制度、展览和艺术历史矩阵中。

的外籍居民聚集在一起，唱着泰国国歌（20世纪30年代，《泰王国歌》每天早上和晚上两次在全市范围广播，工作时间充满了爱国的氛围），跳着"韩流"舞蹈（见图 12.1）。

图 12.1 "曼谷双年展"（Bangkok Biennial）开幕式，2018 年 7 月 1 日，曼谷；图片来源："曼谷双年展"和迈·萨顿（May Thatun）

只有两个高耸的迎宾气球人，上面用垂直大写字母写着"曼谷双年展"，以及一个贴有"展馆导览"的海报和袖珍杂志，能够提醒行人这里正在发生什么。①

曼谷双年展（展期为 2018 年 7 月 1 日至 9 月 30 日）的开幕典礼似乎标志着一种泰国艺术家精神的回归：自己动手的精神。这一精神出现于 20 年前的泰国首都曼谷，当时的艺术家力求在去殖民化的空间策

---

① 值得一提的是，曼谷双年展的工作人员进行了简短的开幕和闭幕致辞，以及短暂的剪彩仪式（他们不愿将其称为真正意义上的仪式）来纪念这一重大时刻，可以说是效仿了典型的泰国艺术开幕式的学术性或官僚主义特征。

划当代艺术展览。曼谷双年展开幕前几周，著名的泰国独立策展人阿皮南·波希亚南达（1956 年生）策划了与之并不相关、相对公司化运作的曼谷艺术双年展，并准备展出（展期为 2018 年 10 月 19 日至 2019 年 2 月 3 日）。在一系列赞助商的大力支持下，他在曼谷艺术文化中心（Bangkok Art and Culture Centre, BACC）举办了曼谷艺术双年展的第 12 个预热活动"曼谷艺术双年展说（BAB Talk）"[1]。波希亚南达是曼谷艺术双年展的创始人、首席执行官和艺术总监，享有崇高的声誉，好像任何以著名的威尼斯双年展为原型的展会都需要展现出个人的超凡魅力。官方安排了来自泰国、新加坡和菲律宾的五位东南亚策展人作为曼谷艺术双年展的联合策展人，但波希亚南达是真正的掌舵者[2]。由于波希亚南达在主流艺术中的地位，几乎没有人质疑他的权威。在区域和全球范围内，他被视作独立策展人的"黄金标准"。波希亚南达在大约 20 年前迅速崛起，无疑得益于"小池塘现象"：从 20 世纪 90 年代初期到

---

① 在曼谷艺术双年展举办前的其他预热访谈对象包括李昢（Lee Bul，韩国）、海里·多诺（Heri Dono，印度尼西亚）、米凯尔·埃尔姆格伦［Michael Elmgreen，埃尔姆格伦与德拉格塞特（Elmgreen and Dragset）成员，丹麦和挪威］、皮歇·克朗淳（Pichet Klunchun，泰国）、奈良美智（Yoshitomo Nara，日本）、黄永平（中国）和奥雷勒·里卡尔（Aurèle Ricard，法国）。曼谷艺术双年展举办所需的数百万泰铢资金来自众多企业和基金会，声名最显赫且财力最雄厚的是泰国饮料有限公司（Thailand Beverage Public Company Limited，Thaibev），该公司还经常赞助首都的各项文化活动，其中许多实际上都在曼谷艺术和文化中心，这是曼谷的主要艺术中心——泰国没有主要收藏现当代艺术品的全国性博物馆——开展当代艺术、音乐、舞蹈等项目。

② 曼谷艺术双年展的五人策展团队由三名泰国人和两名来自其他地区的人组成，他们均在学术和策展领域与波希亚南达关系密切：帕特里克·D. 弗洛里斯（菲律宾大学和马尼拉瓦尔加斯博物馆）、拉卡娜·库娜维嘉侬（Luckana Kunavichayanont，曾工作于曼谷艺术文化中心）、桑色恩·米兰德苏塔［Sansern Milandesuta，曼谷大学（Bangkok University）］以及陈韦纯（Adele Tan，新加坡国家美术馆）。曼谷艺术双年展的顾问委员会成员包括：戴维·斯图尔特·埃利奥特［David Stuart Elliott，曾工作于斯德哥尔摩当代美术馆（Moderna Museet）和东京森美术馆］、南条史生（森美术馆）、奈杰尔·赫斯特［Nigel Hurst，伦敦萨奇画廊（Saatchi Gallery）］、金宣廷（Sunjung Kim，光州双年展基金会）、亚历山德拉·芒罗（纽约所罗门·R. 古根海姆博物馆）、陈维德（Eugene Tan，新加坡国家美术馆）以及里克力·提拉瓦尼（清迈和柏林）。http://www.bkkartbiennale.com/，2019 年 3 月 13 日访问。

现在，在泰国展览策划行业，除了略为年轻、同样雄心勃勃的吉姆·汤普森艺术中心（Jim Thompson Art Center）①艺术总监格里提亚·盖维旺（Gridthiya Gaweewong, 1964 年生）②，他几乎没有竞争对手。

人才的发展离不开合适的平台，或者至少需要时代背景和历史潮流的推进。波希亚南达作为艺术明星的崛起也离不开当时的艺术生态，他于 20 世纪 90 年代初在美国康奈尔大学完成了泰国现代艺术史博士学位后迅速上升为国际名人，他的学位论文《泰国的现代艺术：19 和 20 世纪》是对近两个世纪泰国现代艺术的开创性研究。（Poshyananda, 1992）直到今天，此文仍然是唯一可供学者和公众查阅的英文调查文献，其首发出版后（没有第二版）长期在书店的书架上占据一席之地③。

---

① 吉姆·汤普森艺术中心是吉姆·汤普森家族博物馆（Jim Thompson House Museum）的教育和展示场所，该博物馆由 H. W. 汤普森基金会（H.W. Thompson Foundation, JHWTF）资助，盖维旺担任后者的首席顾问（2007 年至今）。她的直属上司、密友兼同事埃里克·汶纳·布思（Eric Bunnag Booth）是泰国丝绸有限公司（Thai Silk Company, Ltd.）的总裁助理，也是 H. W. 汤普森基金会的永久受托人，可以说是泰国最活跃的本土当代艺术收藏家。布思与继父让·米歇尔·伯德莱（Jean-Michel Beurdeley）一起在北方城市清迈建造了清迈当代艺术博物馆（MAIIAM Contemporary Art Museum, 2016 年建成），盖维旺实际上是其非官方的"客座策展人"。布思也是作为曼谷吉姆·汤普森家族博物馆相关资产、价值 300 多万美元的吉姆·汤普森艺术中心扩建项目背后的主要推动者。埃里克·布思与笔者的电子邮件，2018 年 8 月 23 日；另见 https://www.gwangjubiennale.org/en/biennale/event/plan.do, 2019 年 3 月 13 日访问。

② 盖维旺于 20 世纪 90 年代初在芝加哥艺术学院修读艺术管理专业，她以论证在泰国建立一个另类艺术空间的可行性为主题撰写了硕士学位论文（1996 年），随后她为实现设想而在曼谷建立了独立平台"项目 304"（Project 304，1996—2001 年）。2007 年，她加入了吉姆·汤普森艺术中心。由于泰国缺乏可与之媲美的全球巡回策展人——只有几所大学博物馆和曼谷艺术文化中心有个别例外（尽管在国际影响力上没有一位能与盖维旺相提并论）——吉姆·汤普森艺术中心显然没有其他的策展人。相反，盖维旺领导着一小群年轻的"新兴"文化工作者，他们最终以结业学徒的身份离开吉姆·汤普森艺术中心，去寻求自己的独立项目。

③ 波希亚南达不是第一个尝试按时间顺序梳理泰国现代艺术的泰国历史学者；泰国学者皮里亚·盖勒什（Piriya Krairiksh, 1942 年生）于 20 世纪 70 年代初获得了哈佛大学的博士学位，他稍早的一项研究某种程度上无疑比波希亚南达的成果更为完善，且更具国际影响力。参见 Krairiksh, *Art Since 1932*（Thammasat University, Bangkok, 1982）。在攻读康奈尔大学（Cornell University）的博士学位之前，波希亚南达还曾参与盖勒什的"泰国对美国经验的反思"（Thai Reflections on American Experiences）展览［曼谷披拉斯利现代艺术学院。（Bhirasri Institute of Modern Art），1986 年］

论文出版几年后，波希亚南达以泰国分部联合策展人的身份参加了第一届亚太当代艺术三年展（First Asia-Pacific Triennial of Contemporary Art，APT1，昆士兰美术馆举办，1993 年）。他还得到了一个重要的委托，在曼哈顿上东区（当时可以说是全球艺术中心）设计了一个分水岭样式的展览。他策划的"亚洲当代艺术：传统/张力"展览 1996 年在亚洲协会博物馆（由纽约大学的皇后博物馆和灰色美术馆联合组建）展出，展示了印度、印度尼西亚、菲律宾、韩国和泰国的当代艺术作品。该展览经常被认为是当代南亚和东南亚艺术的一次重大的、思维模式的变革，因为它不仅提升了东南亚新兴当代艺术的全球关注度，而且还宣示了其主题的独立性，指出东南亚当代艺术不需要在西方艺术评论的话语下发展①。当然，纽约的艺术评论家们并没有放弃话语权，他们立即意识到，展览构成了另一种"当代的"东西，与西方的全球主义完全不同，不少人对现代主义以前的一段历史都拥有自己的见解。（Cotter, 1996; Heartney, 1997; Munroe, 1997）

值得一提的是，让－休伯特·马丁（Jean-Hubert Martin）策划的"地球魔术师"展览（1989 年在法国乔治·蓬皮杜艺术中心展出）被认为是颇具传奇色彩的重要展览②。"亚洲当代艺术：传统/张力"展览并非空穴来风、随意编造的，它既是策展制度历史的一部分，也是当代策展历史在早期演变阶段的代表作，更重要的是，它是最近出现的真正意

---

① 由吉塔·卡普尔（Geeta Kapur）、托马斯·麦克维利、玛丽安·帕斯特·罗塞斯（Marian Pastor Roces）、雷载灵（Jae-Ryung Roe）和吉姆·苏庞卡合作编写的《亚洲当代艺术：传统/张力》展览图录，是早期后殖民和"多元文化"学术的经典著作，其封面是泰国艺术家差猜·贝皮亚（Chatchai Puipia, 1964 年生）的表现主义自画像，此外还收录波希亚南达自己撰写的导言和总结文章。德赛和波希亚南达共同提供了编者名单；维沙卡·N. 德赛与笔者的电子邮件，2017 年 11 月 3 日。

② 关于"地球魔术师"展览的准东方主义和明显殖民主义倾向，参见 Bruce Altshuler, *Biennials and Beyond: Exhibitions that Made Art History, 1962–2002*（New York: Phaidon, 2013），esp. pp. 283‐294；关于展览背景，另见 *Third Text*, Special Issue, *Magiciens de la Terre: Les Cahiers* 6（Spring 1989）。

义上的泰国全球独立策展实践①。在同样的历史交汇期，亚洲协会博物馆（建于1956年）也经历了艺术形式的变革，20世纪90年代后期，巴塞洛缪·沃桑格（Bartholomew Voorsanger）多彩的未来派代替了爱德华·拉腊比·巴恩斯（Edward Larrabee Barnes）1981年过时的室内装饰。曾在波士顿美术馆担任策展人的维沙卡·N.德赛（Vishakha N. Desai，1949年生）最近担任了亚洲协会博物馆馆长，她将重塑这座位于公园大道上的博物馆。德赛在20世纪90年代初有效地启动了波希亚南达的全球艺术推广战略，她卓有远见地将亚洲协会博物馆的展览计划从亚洲古代文物收藏的传统轨道（约翰·洛克菲勒三世的热情）转移到亚洲当代艺术的主题上，以展示其在全球范围内的出现和发展。德赛自身职务的晋升也体现出了当代艺术方面的策展政绩。实际上，"亚洲当代艺术：传统/张力"只是一个具体实例（另一个实例，一项广泛的、具有开创性的中国当代艺术调查"由内而外：新中国艺术"已在制作中），德赛与波希亚南达最初的合作就体现了关于策展工作的核心形式和原则（她最终将展品挑选工作委托给了信任的客座策展人）②。这一"超越历史"的理念（超越策展史学的长期趋势，使"作者－策展人"的个人成就优先于展览所作出的贡献的语境因素）实际上已包含在展览的名称中，即以"泛亚洲"的前缀来扩大展览的广度，波希亚南达也因此通过展览本身得到了南亚前卫艺术家的关注③。

---

① 尽管展览史在当今政治分歧日益严重的东南亚学术界中并没有得到承认，但相关研究需要与制度和策展实践的历史保持密切而共生的关系，特别要注意它们如何在不同的地缘政治和年代视野中参与到彼此的向心性、话语式的扩展进程中。

② 维沙卡·N.德赛与笔者的电子邮件，2017年11月3日。

③ 值得注意的是，大约20年后，我们才刚刚开始充分认识到那一刻如何代表了也许是东南亚所谓"第三代前卫"（Third Avant-garde）的兴起，当代各地区的艺术家及其分散各处的同仁们，用一种"全球概念主义"的话语，创新地塑造了传统（有时以工艺为基础）的材料。参见 Leonor Veiga, 2017, "The Third Avant – garde: Messages of Discontent," in *Southeast of Now: Directions in Contemporary and Modern Art in Asia* 1（2）: 91 – 127；另见 Luis Camnitzer, Jane Farver, and Rachel Weiss, *Global Conceptualism: Points of Origin, 1950s–1980s*, exh. cat., Queens Museum, Walker Art Center, and Miami Art Museum, 1999。

20年来，波希亚南达先是在泰国文化部任职超过十年（2003至2016年，职务至高级公务员"常任副秘书长"），后来转为独立策展人，完美地实现了政府遗产保护官员和跨国艺术大使双重身份的转变。从某些角度来看，波希亚南达通过曼谷艺术双年展塑造了其他人未曾想象过的东西：双年展是隐性的自传，每一个主要组成部分都反映了其策展人的履历（见图12.2）。

图12.2　"曼谷艺术双年展"（Bangkok Art Biennale）联合创始人阿皮南·波希亚南达（Apinan Poshyananda，右）与苏华荣（Thapana Sirivadhanabhakdi），后者是泰国饮料有限公司（Thailand Beverage Public Company Limited, ThaiBev）首席执行官兼总裁，2018年9月，曼谷；艺术品：[韩]崔正化，《爱我粉红猪》（Love Me Pink Pig）；图片来源：2018年"曼谷艺术双年展"

为了解释这种极端的身份转变，必须回顾波希亚南达早期的策展经历，他在20世纪80年代中期作为独立概念行为艺术家出道[1]。在进入

①　受到美国和欧洲潮流的一定影响，混合媒体、装置艺术、环境艺术、行为艺术和实验版画从20世纪80年代初开始在波希亚南达的泰国同仁中越来越受欢迎。参见Vichoke Mukdamanee，Vichoke Mukdamanee, *Mixed Media and Installation Art in Thailand*（Art Center, Silpakorn University, Bangkok, 2002）。1998年，由行为艺术家宗蓬·阿比苏（Chumpon Apisuk，1948年生）创办的一年一度的国际行为艺术节"亚洲顶峰"（Asiatopia）在泰国举行。

康奈尔大学攻读艺术史博士学位之前，波希亚南达从事了多年的表演和多媒体装置艺术工作，逐渐从以工作室为中心的业务经营转向更具概念性的学科研究，他始终保留着艺术家对实验和社会参与的热情。（到20世纪90年代初，波希亚南达离开康奈尔大学时，"艺术与生活是密不可分的，艺术家应该大力参与博物馆策展活动"已成为全球公认的真理。）[1]

艺术家转型为策展人的现象存在一定程度的历史共性，这方面的例子包括马来西亚的雷萨·皮亚达萨，菲律宾的雷蒙多·阿尔巴诺和印度尼西亚的吉姆·苏庞卡等，都恰好出于东南亚后殖民时代开启时。（Flores, 2012）这也许解释了为什么波希亚南达在大约四分之一个世纪后会在曼谷艺术双年展上大肆宣传表演大师玛丽娜·阿布拉莫维奇（Marina Abramović），他们在新千年的头十年里已经有过两次合作[2]。阿布拉莫维奇的商标"Mata Hari"肖像反复出现在曼谷艺术双年展（2018年10月中旬）的宣传材料中，肖像头像甚至成了双年展官方网站的弹出按钮，生动地证明了这一段紧密交织的历史。

波希亚南达在20世纪90年代作为东南亚跨国策展人的崛起是一个具有启发意义的典型案例，他的方法论推动了独立策展实践的"话

---

[1]　1993年3月以社会政治为导向的惠特尼双年展（Whitney Biennial）开幕时，欧洲和美国已经举办了几次大型展览，尽管未能有效地将艺术家和策展人的学科转化为社会鼓动和政治行动的工具，但均或多或少地明确呼吁他们探讨社会和政治话题。例如，参见展览图录 *Choices: Making an Art of Everyday Life*, curator Marcia Tucker, New Museum, New York, 1986; *documenta 8*, curator Manfred Schneckenburger, Kassel, 1987; and *1993 Biennial Exhibition*, curators Elisabeth Sussman et al., Whitney Museum of American Art, New York, 1993。

[2]　20世纪80年代初，波希亚南达在东京第一次见到了阿布拉莫维奇，随后于1983年在泰国接待了她，后者在那里与合作伙伴乌雷 [Ulay，弗兰克·乌韦·雷斯鹏（Frank Uwe Laysiepen）] 制作了实验短片《天使之城》（*City of Angels*，纽约现代艺术博物馆）。此后在2004年12月的大海啸后，阿布拉莫维奇返回泰国（再次应波希亚南达的邀请），在普吉岛（一个豪华的度假胜地，是受灾最严重的海岸线之一）的海滩上表演了一场公共"治愈活动"："大海的惩罚"（Sea Punishing, 2005 年），她步入大海，用手臂拍打海浪，兼具祝福和告诫的意味（该作品以视频装置作品的形式保存下来）。

语转向"。自20世纪80年代以来，独立策展人制度也逐渐在全球巡回双年展（Clark, 2007）以及其他大型的主题驱动的团体展览的助推中发展壮大（O'Neill, 2012）。实际上，细读波希亚南达早期职业生涯（约1991至2007年）的公开演讲和展览图录文章，确实能感受到他充满挑衅同时兼具治疗性的叙事天赋。这些早期著作充斥着沉船事故、自然灾害、政治灾难和"全球性暴动"的寓言，也描述了泰国笑容的表里不一，以及泰国文化中其他的肤浅幸福陷阱。（Poshyananda, 2007）

曼谷艺术双年展以一种综合的方式体现了主要策展人的思想和作品，同时也为其他相关方提供了一个实验项目的平台。整个泰国政府及所有的参与方（包括但不限于公共赞助机构、场地供应方、基础设施供应商，等等）都可以通过双年展获得丰厚的经济效益和社会效益①。关于20世纪50年代以来双年展形式及内容的最新研究表明（Green and Gardner, 2016），政府背景和幕后的支持可能无处不在，尤其是当地政府甚至国家政府将双年展（或其他定期的大型团体展览）视为一场重要的促进经济社会发展的展览时。自1993年第一届亚太当代艺术三年展在昆士兰美术馆举办以来，在亚洲及环太平洋区域一直如此②。

要想举办自己的双年展，首先可以尝试在历史悠久的威尼斯双年

---

① 尽管存在种种问题，双年展仍为策展人和主办地的政府带来了丰厚的收益，因而短期内不太可能停办。对于策展人来说，这已经成为提升国际知名度的必经之路，即使对于那些号称从根本上批判将双年展视为一种景观的人也是如此。（至少东南亚有一位新兴的"导演策展人"是这样认为的，他暗示必须策划一个双年展才有资格成为一个流派的合格评论家，这显然是一个荒谬的主张，但这使策展人得以既随大流保持对双年展的批评，又让双年展现象持续下去。）对于地方政府来说，双年展无疑只是众多"艺术熏陶"社区的方式之一，这往往与城市重建过程中推行的极不公平的中产化进程而同时进行。

② 约翰·克拉克（John Clark）在其即将出版的《双年展中的当代亚洲艺术》（*Contemporary Asian Art at Biennials*，新加坡：新加坡国立大学出版社，2019年）中，详细讨论了双年展对于亚洲的当代艺术走上全球舞台过程中的作用。感谢克拉克在写作过程中分享了书稿的预发本。

展中搭建自己的国家馆，某种意义上说，这一行为就像是进行"双年展扫盲"，是一种反思性的尝试。波希亚南达与泰国双年展的自我觉醒和发展成熟有很大联系。2003 年，他担任泰国文化部新成立的当代艺术和文化办公室主任，在运作成熟的第 50 届威尼斯双年展上迅速建立了泰国展馆。展馆由波希亚南达亲自精心策划，以"全球创伤时代中的沉思和幻想"为主题展出了一些装置艺术，反对世界各地复兴的恐怖主义和西方殖民主义者将东南亚视为"危险的东方鬼怪"的错误观念。（泰国馆建于 9·11 事件后不久，当时世界上充满了对本·拉登恐怖主义的焦虑。）当波希亚南达为威尼斯双年展泰国馆挑选的艺术家名单公布时，并没有引起大的波澜。当时的泰国馆已经获得了亚洲和西方策展界重量级人物的广泛且一致的认可。波希亚南达本人很快就接受亚历山德拉·芒罗（Alexandra Munroe）的邀请，并将注意力转移到了在古根海姆博物馆成立并召开的首届亚洲艺术理事会。但是，波希亚南达已经逐步地成功构建了泰国最杰出、最前沿的当代艺术家的核心圈子，囊括了绘画、雕塑、混合媒体、装置艺术、摄影和概念行为艺术等领域，代表人物包括萨卡琳·克鲁昂（Sakarin Krue-On），甲蒙·福斯瓦迪（Kamol Phaosavasdi，曾参与波希亚南达的传统/张力展览），塔瓦柴·汶图沙瓦（Tawatchai Puntusawasdi，设计了独立的仿泰国亭子结构），瓦桑·斯蒂吉克（Vasanri Sitthiket），玛尼特·斯里瓦尼奇姆（Manit Sriwanichpoom）和蒙翠（Montri Toemsombat）。当时，对于波希亚南达而言，甚至对于泰国艺术而言，威尼斯双年展泰国馆对未来发展有着重大意义，因为其策展人完美校准了泰国艺术的话语，迎合了西方艺术界的期望，既体现了亚洲艺术自身的特色和对西方艺术的潜在冲击，也反映了 21 世纪崛起的跨国艺术的时代特点。

值得注意的是，波希亚南达在 2003 年泰国馆展览的主题选择中，始终把正面和负面的指示词——"尊敬"和"幻象"摆在并列的位置，从实用主义和哲学两个方面阐述了一个模糊的展览主题：约 15 年后的

"幸福之外"（Beyond Bliss）。实际上，泰国当时已经被军事独裁统治四年之久，泰国双年展时刻都处于军政府监控下。许多东南亚当代艺术家在面临高度监视的社会中工作时，都会采用一种"显示和隐藏共存"的工作策略：在公开场合宣称通过艺术来探索并获得"幸福"，而实际上，却更深层次地批判这种"幸福"是非常肤浅的。波希亚南达的主题"超越幸福"就是一例令人怀疑的策展话语，或许蕴含着潜在的政治抵抗，佛教"寂静"理念让围在其周围的浮躁的捐助者感到"宁静"的自我满足错觉（人们对于自身偏见的反思总是显得肤浅）①。因此，阿布拉莫维奇的双年展被广泛引用，人们认为"在这个混乱的时代，超越曼谷双年展的极乐代表着一种希望"，至少对于艺术界内部人士来说，"阿布拉莫维奇方法"是一种勇敢的尝试。在历时数月的泰国双年展上，帝国充斥着喜剧式变幻的力量，不断发出对权威的呼唤。（Hardt and Negri, 2000, esp. 13–17）

弗朗切斯科·博纳米（Francesco Bonami）2003年在第50届威尼斯双年展策划的"梦想与冲突：观众的独裁"展览是泰国首次在国际舞台亮相的尝试，展览因对非洲、亚洲和拉丁美洲艺术的推崇而被广泛评论。本届威尼斯双年展还邀请了泰国名人艺术家里克力·提拉瓦尼（Rirkrit Tiravanija），其与来自乌托邦艺术站的莫莉·内斯比特（Molly Nesbit）和汉斯-乌尔里希·奥布里斯特（Hans-Ulrich Obrist，通常被称为"小汉斯"）共同担任策展人。此次尝试非常顺利，在随后的十年中，从2003年第50届威尼斯双年展到2013年的第55届（波希亚南

---

① 波希亚南达认为，"幸福之外"看似温和的主题总是有意地制造一些矛盾性，而"曼谷艺术双年展"邀请艺术家"批判性地评论我们所处世界的状况，包括这个国家错乱的状态"（波希亚南达与作者的短信通信，2018年8月1日）。值得注意的是，只有最有见地的评论人才能从BAB的宣传材料中窥探这一点，其中只是暗示了这样一种矛盾的概念，它小心翼翼地表示"当世界各地正在经历各自的困境"时，"幸福"中任何"喜乐"的条件"似乎都无法实现"。参见 *Bangkok Art Biennale 2018*, Issue 1, March 2018, p. 2; http://www.bkkartbiennale.com/content/e – bab – mag – 1.pdf, 2019年3月13日访问。

达 2011 年之后不再担任泰国馆的总监），泰国激进的当代艺术家都积极参与了双年展，其中包括：孟提·汶马（Montien Boonma）和阿拉雅·拉斯查尔里索（Araya Rasdjarmrearnsook）参加了 2005 年双年展；阿姆里特·楚素宛（Amrit Chusuwan）和尼潘·奥兰尼维斯纳（Nipan Oranniwesna）参加了 2007 年双年展；萨卡琳·克鲁昂（Sakarin Krue-On）、迈克尔·绍瓦纳赛（Michael Shaowanasai）、苏西里（Sudsiri Pui-Ock）、素蓬·初松德（Suporn Shoosongdej）和婉塔妮·西帕塔娜伦塔宫（Wantanee Siripattananuntakul）参加了 2009 年双年展；阿运·拉挽猜哥（Navin Rawanchaikul）参加了 2011 年双年展；以及阿林·龙江（Arin Rungjang）和瓦辛布里·苏帕尼奇沃拉帕奇（Wasinburee Supanichvoraparch）参加了 2013 年双年展。最近几年，泰国政府在艺术评价中给予威尼斯双年展更高的地位，给相关的策展人授予了国家荣誉，哪怕其学术生涯较短、资历较浅。在奥奎·恩维佐作为总策展人的 2015 年第 56 届威尼斯双年展上，泰国馆最初计划采用老牌"新古典"现代主义艺术家他旺·杜什尼（Thawan Duchanee, 1939—2014）的作品，但是不久以后，转而选定展示保守派的版画家卡莫尔·塔萨南差里（Kamol Tassananchalee, 1974 年生）的作品，使泰国当代艺术保持永远的"前卫"状态[①]。2017 年第 57 届威尼斯双年展的泰国馆是由抽象派画家颂汶（Somboon Hormtienthong, 1949 年生）策划的。他的职业生涯主要在慕尼黑工作，鲜少被国际媒体关注，普通观众观赏其作品，如大象雕塑、古董展柜等，一般都会认为他绝对不是当代艺术家。在 2014 年泰国以"恢复幸福"为口号的不流血军事政变发生后，他的作品隐隐透露着对现实的逃避主义态度。

[①] 塔萨南恰利在泰国国家馆中的展品包含了一尊体积巨大的有趣雕塑《土、风、火、水》，来源于四大元素的思想。参见 Gregory Galligan, 2015, "Atlas Bangkok: Who's/Whose Thai Contemporary?" in *Art in America* 103（5）：65‐66。

当局对于这种含沙射影的行为置之不理。军方政府甚至在2017年末在泰国南部甲米宣布举办一场完全露天的泰国双年展（展期为2018年11月2日至2019年2月28日），由英国伯明翰城市大学艺术学院的学者姜节泓主持策展，这一举措引起了广泛的困惑。双年展以"仙境前沿"（The Edge of the Wonderland）为理念，再次构建了一种矛盾的结构，表面上是一种良性的社会条件，用来取悦政府当局，同时暗含了更多复杂的概念和具有政治风险的解读。该届泰国双年展提出了针对特定地点的安装艺术概念，极具挑战性，最终圆满结束，帮助泰国实现了举足轻重的民族主义声望，既体现了国家公共艺术的赞助，也成功吸引了世界各国艺术参展，营造了非常浓郁的艺术氛围，增强了泰国的文化旅游体验。甲米也从一个默默无闻的渔村，转变为一个引人注目的手工艺地区（见图12.3[①]）。

图12.3　助理策展人维帕什·普里查农特（Vipash Purichanont，右二）考察位于甲米的"泰国双年展"（Thailand Biennale）现场；图片来源："泰国双年展"

[①]　为了与国家管理的各级项目相配合，首席策展人姜节泓在四名助理策展人和四名策展助理的协助下开展工作。60位"新兴的"区域和国际艺术家被选中参加一个完全露天且指定地点的展览，展品分布在甲米省的几个自然和文化遗产场所。

如果波希亚南达晚一些退休，泰国双年展的策展人可能仍然是他，因为经验表明，他能够在复杂的现实政治环境中找到合适的策展团队，并策划出令人鼓舞的展览。例如，波希亚南达的跨代际展览团队2010年年中在曼谷艺术文化中心推出了"想象和平：动荡时代的泰国当代艺术"。当时的街头抗议活动已经导致邻近购物中心引发大火并遭到严重破坏，但展览仍然顶住压力，顺利开幕[①]。

曼谷艺术双年展和泰国双年展使用的是截然不同的平台，前者利用了首都曼谷的二十多处遗产、旅游景点、酒店和购物场所，后者则利用沿海自然环境作为艺术家创作设计的背景和挑战，但是两者均源于一个共同的假设：双年展的策展可以被认为是一种商品，两者都是从威尼斯双年展中汲取灵感。实际上，双年展的定名围绕其基本形式和核心运作方式，尽管其具有延展性和可变性，但还是有固定的模式。值得注意的是，无论是曼谷艺术双年展，还是泰国双年展，从现实或延伸的角度看，都没有涉及关于策展话语的讨论，也没有泛策展（para-curatorial）（McDowell, 2016）项目（除了必须有的专题讨论会）。双年展的商品性质决定其可以"出口"，交由其他国别的策展团队来组织，但从根本上来说，其本身是独特的艺术节日品牌（Schjeldahl, 1999），受到国际商标的隐含保护，泰国的两类双年展都更多地让观众潜移默化地将其同威尼斯双年展情况进行对比，而不是同自身的上一届双年展来比较。

---

① 波希亚南达"鼓舞人心"的策展实践很容易体现在其主要展览的标题中——"泰国之眼：当代泰国艺术"（Thailand Eye: Contemporary Thailand Art），2015年；"泰国一瞬"（Thai Transience），2013年；"曼谷香蕉"（Bangkok Bananas），2010年；"暹罗微笑的踪迹：艺术＋信仰＋政治＋爱"（Traces of Siamese Smile: Art+Faith+Politics+Love），2010年——这些均唤起一种陷入困境的地区、全球或历史性背景，在此之下，他描绘了一种调和的或偶然的存在主义清算的基调。在波希亚南达的实践中，这种偏向于治疗的方法一直延伸到他最早为亚洲协会举办的展览中，不仅是在1996年的"传统／冲突"（Traditions/Tensions），而且在2003年的后续专题展览"孟提·汶马：心灵的殿堂"（Montien Boonma: Temple of the Mind）中。亚洲协会的观众在这位泰国当代重要人物的作品中，体会到的深刻的佛教影响，而他只是在竭尽了更古老、更具社会政治影响的意识形态之后才真正接受佛教。对于汶马美学的更为矛盾性的解读，参见 *[Montien Boonma]: Unbuilt/Rare Works*, exh. cat., curated by Gregory Galligan and Gridthiya Gaweewong, Jim Thompson Art Center, Bangkok, 2013.

在 2017 年第 57 届威尼斯双年展上，波希亚南达隆重地宣告曼谷艺术双年展即将举行——这个炫目的"艺术万岁"展览是由蓬皮杜中心的克里斯蒂娜·马塞尔（Christine Macel）策划的——他沿着浸水的走廊，在圣玛丽亚教堂前与该市副市长为一群"佳尼康"（canikon）举杯（图 12.4[①]），这就更能说明问题了。

图 12.4　阿皮南·波希亚南达（Apinan poshycunanda）在 2017 年"第 57 届威尼斯双年展——艺术万岁"（Viva Arte Viva!）上宣布 2018 年首届"曼谷艺术双年展"正式启幕；图片来源：2018 年"曼谷艺术双年展"

①　有关在威尼斯推出曼谷艺术双年展的详细信息，参见 http://www.bkkartbiennale.com/inaugural-launch-bab，2018 年 9 月 1 日访问。"佳尼康"是指经验丰富的专业摄影者，偏爱稍早版本的佳能（Canon）和尼康（Nikon）设备。感谢克里斯蒂安·霍格（Christian Hogue）提供相关参考资料。

在那些总有一天会寻求帮助的旁观者中间——一名新晋的独立策展人，一位环游曼哈顿的画廊业者，一个曼谷的"新兴"行为艺术家（她后来被证实是波希亚南达的展览团队中的一员）——没有人敢指出这种宣传活动就像最近这次一样在这里举行过，即使他们其实记得很清楚。事实上，就在波希亚南达的招待会之前几年，在2013年第55届威尼斯双年展上（由马西米利亚诺·吉奥尼策划的"百科全书式的宫殿"），另一个聪明的泰国策展人和地区市政官员的小团体认为他们正在推出一些令人惊叹的东西：所谓的2014年芭堤雅双年展，这是以曼谷以南约两小时车程（约150千米）的一个对外国人和游客友好的海滩城市命名的——一个非常"另类"的双年展，他们打算在波希亚南达谋划其卸任部长职位后的未来之前，以一种表面温和实际叛逆的方式"引爆"①。在同一家酒店里，他们站在自己的芭堤雅双年展官方海报旁边。[由著名的泰国独立电影导演阿彼察邦·韦拉萨库（Apichatpong Weerasethakul）设计，海报的近景图像是一个无头的、高竿的摩托车头盔，拖着马的鬃毛。]芭堤雅双年展的创始人塔斯奈·塞塔社里（Thasnai Sethaseree，该国最著名的艺术家之一，也是清迈大学受人尊敬的教授），以及首届策展人格里提亚·盖维旺和皮耶尔·路易吉·塔齐（Pier Luigi Tazzi, 1941年生，1992年第九届文献展的共同策展人），由芭堤雅市政府的赞助人陪同。他们蓬头垢面，看起来非常"草根"，仿佛站在那里是件麻烦事。他们都腼腆地对报以同情的狗仔队笑着。

---

① 早在2010年首都政治局势最紧张的时期，波希亚南达的多场馆展示活动"曼谷香蕉"就广为人知，这显然在一定程度上受到了森美术馆的展览"关于笑声：当代艺术中的幽默"（All about Laughter: Humor in Contemporary Art, 2007）的鼓舞，这位策展人渴望有一天能够在首都为成熟的双年展进行一次虚拟"试运行"。因此，所谓的芭堤雅双年展不可抑制地在国内地缘政治方面呈现出一种对波希亚南达式中间派的、鼓舞人心的策展议题的反衬意味。

到 2013 年年中，熟悉泰国当代艺术和政治的人早就明白，这个组织可以说代表了当今泰国最进步的策展和艺术界，也是一个在政治上倾向于泰国北部伊桑（Isaan）地区底层社会的团体。他们最近在民粹主义通信大亨、前总理他信·西那瓦（Thaksin Shinawatra，此后被指控腐败）支持下，仍然希望有朝一日能够与"精英主义"的曼谷寡头实现社会政治平等。因此，芭堤雅双年展在其"泡沫"之下，无异于是对艺术和政治革命的呼唤，虽然它拥有与威尼斯偶然而独特的联系，但在精神上是同行又对立的，其代表性被蒙娜丽莎的微笑所掩盖，完美地隐蔽传递着某种接近策展无政府主义的东西。换句话说，芭堤雅双年展不是单纯的"另类"节日，而是对曼谷中心主义的明确拒绝[①]。如果有人难以置信地问："为什么你们不在曼谷举办泰国有史以来的第一个双年展？"那么他在无意中已暴露了在政治上的无知[②]。

这是不可能发生的。到 2014 年 5 月，随着针对英拉·西那瓦（Yingluck Shinawatra）政府的大规模街头抗议活动（她本人现在被指控为具有误导性和机会主义的民粹主义者）呼吁泰国民主的"重启"，芭堤雅双年展被证明是政治内斗的牺牲品。芭堤雅的小集团对泰国持续不断的政治动荡感到疲惫——十多年来，各个阵营争论不休，并不时地投掷炸弹或纵火——而且无疑被又一轮的军事行动打击了士气（这是自1932 年暹罗成为君主立宪制国家以来第 12 次成功的军事政变），悄悄地放弃了所有关于发动重大策展攻势的主张。没有正式宣布取消，但芭堤

---

① 正如盖维旺在 2018 年光州双年展中的作品"直面缥缈的边界"（Facing Phantom Borders）中反映出来的那样，她探讨移民和"去领土化"的主题，长期以来一直公开声称其主要策展兴趣在于"分散"泰国艺术界的着眼点，专注于"小叙事"，即揭示政治和社会（以及艺术）边缘那些不为人知的历史。参见 https://www.gwangjubiennale.org/en/biennale/event/composition.do，2019 年 3 月 13 日访问。

② 塞萨里强调，芭堤雅双年展的应运而生，是为了推动泰国"艺术经济""转向其他方向，或（远离）以曼谷为中心的艺术话语现状"。引自塞萨里与笔者的短信通信，2018 年 8 月23 日。

雅双年展就这样消失了①。

回想起来，波希亚南达似乎注定要举办他的中心主义双年展"幸福之外"，甚至早在 2014 年就对东京的观众吹嘘，军政府给人民"带来了幸福"，最终给泰国社会带来了"蓬勃发展的艺术界"暗中依赖的那种文化稳定性②（就在大家都在怀疑民主选举是否会如约而至的时候，他在 2018 年年中的曼谷双年展举办前接受媒体采访时重申了这一论点）。波希亚南达几乎没有为军事政变和相关的政治灾难辩解；更重要的是，他早就知道"泰国就是泰国"（Tsang, 2018），正如他以泰国特有的方式小心翼翼地说着一切，同时又什么都没有说。如果一个人想得到某样东西，最好微笑并采取"聪明的休闲"姿态。事实上，波希亚南达十多年前在纽约所罗门·R.古根海姆博物馆的"年度希拉·雷贝讲座"（Annual Hilla Rebay Lecture, 2007 年）中已经说过同样的话，他坦率地认为："今天泰国当代艺术领域的沉沦状态是不健康的。泰国的艺术家和电影制作人只得苦笑着忍受。即使在他信政府时期的紧张局势下，以前所享有的言论自由也遗憾地丢失了。可悲的是，泰国当代艺术中的限制和胁迫似乎将在未来很长一段时间内持续存在。"（Poshyananda, 2007）③

---

① 在芭堤雅双年展的一些叛逆的、后殖民的精神影响下，由常驻曼谷的策展人兼学者他侬·察帕基（Thanom Chapakdee）于 2018 年在伊桑地区举办的首届"孔敬宣言"（Khonkaen Manifesto, 2018 年 10 月 6 日至 26 日），提出"抵抗美学"意识形态。参见 http://khonkaenmanifesto.art/home/（2019 年 3 月 13 日访问）。芭堤雅双年展阴谋集团的亲密伙伴察帕基证实，孔敬宣言的部分意图是鼓励一种"以社区为基础"和"参与性的视角"，意在采取行动"反对源自中央（曼谷）的泰国主流艺术"；察帕基与笔者的短信通讯，2018 年 8 月 21 日。

② 2014 年 10 月上旬，特别是在泰国首都发生军事政变几个月后，波希亚南达在东京的 2014 年创新城市论坛（Innovative City Forum）上发表主题演讲，题目是"创造性混沌：艺术与设计的无序未来"（*Creative Chaos: Art and Design for a Chaotic Future*）。http://icf.academyhills.com/2014/en/index.html, 2019 年 3 月 13 日访问。

③ 自 2014 年 5 月的军事政变以来，（无论国内外）谈论泰国在政治和经济发展方面经历了"失去的十年"（约 2006 年至 2016 年）已经变得司空见惯（有人可能会说这一时期增进了"文化"的发展，而"节日主义"文化不断弥散开来）；《政变加剧了人们对泰国失去的十年的担忧》（*Coup worsens worries over Thailand's lost decade*），《华尔街日报》，2014 年，参见 https://www.wsj.com/articles/thai – coup – worsens – worries – over – lost – decade – 1400827373，2019 年 3 月 13 日访问。

非殖民主义空间的策展实践

这是我最喜欢的歌曲，伊（Itt）。

怎么了……？

你的眼睛里有东西……

我想我是在做梦，伊。我真的只想醒过来。

那么……就睁大你的眼睛，像这样……

大一点！啊——非常好……

珍（Jen），在我们去过的所有地方中，

这是迄今为止最富丽堂皇的地方。

但它没有任何装饰。

连黄金都没有？

没有！

在这里你可以看到最肥沃的土地。

满是稻谷的田地，满是鱼的河流。

嗯……但它看起来很孤独，不是吗？

嗯……

我现在看清了一切，伊。

哦？

在王国的核心。

除了稻田之外。

没有什么——①

---

① 选自阿彼察邦·韦拉萨库《辉煌的墓园》剧本，2015年（作者稍作修改，以表达电影的情感基调）。

在关注泰国独立电影人阿彼察邦·韦拉萨库（Apichatpong Weerasethakul, 1970 年生）的"慢电影"的批评文献中，人们注意到，这位全球知名的独立艺术家似乎在露天有氧运动（或"舞蹈运动"）的场景中发现了一些特别感人的东西，甚至是象征性的东西，这种场景经常发生在泰国首都（以及该国其他大都市社区）的城市公园或其他城市公共集会场所^①。这些由公民资助的、开放性的"动员会"对韦拉萨库来说显然不仅仅是新奇。自 21 世纪初以来，他已将其明显地融入他的几部主要电影中，即《热带病》（*Tropical Malady*, 2004 年）、《综合征和一个世纪》（*Syndromes and a Century*, 2006）和《辉煌的墓园》（*Cemetery of Splendor*, 2015）。户外有氧运动集会的主题对韦拉萨库来说似乎是一个模棱两可、不断变化的符号，因为它可以被解释为对大众一致性的隐喻，或者反过来说，一种从未完全实现的政治建构。从形式上看，这个主题似乎是作为一种怪异的时间转移的比喻；它在这些电影中，成为一种从心理亲密场合向相反状态过渡的时刻：集体活动"发生"——在时间和空间维度——仿佛历史的线性展开突然完全暂停。一个时钟永远在转圈，其棘轮和钟点不再标记时间，没有任何意识形态或实际方向的进展^②。在户外运动课上，所有的手臂和腿在木偶般的"舞蹈运动"中摇摆，可以说综合性地体现出一个从无休止的躁动宇宙中清晰提取出来的时刻，通过艺术家的镜头进行审视，然后以外科手术的精度返回到一个令人不安的"实时"维度。这是一台机器。换句话说，运动课是一个"归零"的时刻，讽刺地并也许是令人不安地在令人眼花缭乱的感知和视网膜骚动

———————————

① 参见 Travis Bean "How the final scenes of Apichatpong Weerasethakul's films represent the divided, inquisitive souls of his characters," Film Colossus, 1 June 2017; https://www.filmcolossus.com/single-post/2017/06/01/Apichatpong-Weerasethakul-filmography-endings-progression-divided-inquisitive-characters, 2019 年 3 月 13 日访问；参见 Thislight.org, "The films of Apichatpong Weerasethakul and public aerobics," 16 December 2017, http://thislight.org/ThisLight_Stuttgart.html, 2019 年 3 月 13 日访问。

② 郑大卫将泰国现当代艺术的历史演变描述为"停滞的旅行"，参见 Teh, Thai Art: Currencies of the Contemporary（Cambridge, MA: The MIT Press, 2017）。

中构成了一个概念性静止的城市景观（以几乎是幻觉的方式）。

韦拉萨库的《辉煌的墓园》可以说是他迄今为止存在感最强的作品（这部电影从政治和文化角度对这位独立艺术家奇妙而又"暴力"的祖国进行了阐述），以一个叛逆的"戏谑标题"来介绍自己，将一个令人担忧的主题（泰国人从不认为墓地是没有问题的）和一个欢快的背景条件（在这种等级制度和父权文化中，除了可疑的奇观制造外，辉煌唤起了某种审美的遗存）融在一起①。有些令人难以释怀的是，在一场军事政变之后，"辉煌的墓园"这个矛盾的说法很容易构成一个完美的双年展主题。这场政变本身就经过巧妙策划，在 2014 年 5 月伴着它自己精心打造的幸福文化的旗号整装上阵（政治术语是"不流血"），城市中心几乎被巨大的坦克（让我们提醒自己，尽管它们让小孩子着迷，但它们是工业化的杀人机器）渗透。在它们雄伟的加农炮室里放着鲜花，挺拔的驾驶员慵懒地与路人闲聊，并摆出姿势任游客拍照——仿佛所有人都在表演一个星巴克式的梦幻场景。

正如韦拉萨库所展示的那样——尽管这好像显然并不构成什么特别的东西——户外运动课那令人窒息和眩晕的大会，显然揭示其或许蕴含着构成基层"身体议会"（2018 年第 14 届文献展）的潜力，这种政治行动主义潜力迄今为止被浪费掉了（有人可能会说，芸芸"大众"的合力或能动性是分散的，即使目前尚不是悲剧性的）。在这些顽固的"摇摆"舞者之间流动的无形而相关的能量中，可以感知到一种潜在的力量。他们之间无形的纽带，让人想起自 20 世纪 90 年代末以来从众多全球"参与性"艺术案例中学到的社会性教训。（Bourriaud, 2002）关系美学同时倾向于活动主义和和平主义，它总是贩卖"微观革命"的概念，展览作

---

① 值得注意的是，国际独立策展人组织（Independent Curators International）和格里提亚·盖维旺为韦拉萨库策划的个人巡回展览"阿彼察邦·韦拉萨库：疯狂的宁静"（Apichatpong Weerasethakul: The Serenity of Madness, 2016 年至今），通过并置具有鲜明矛盾的术语，再次重复了矛盾的策展模式。

为社会互动的"临时组合"的舞台，或许能适度地改变世界，或被纳入"现有的现实中"。（Bourriaud, 2002: 11–18）因此，户外运动课是完美的"关系"练习，效果既立竿见影又混沌无序，或者是虽积极主动却完全没有目的性，后者在本质上是一种"多元"意义上的社会，由独特的且独立的参与者构成，但他们仍然依赖于实现群聚效应来形成一种集体身份。

现在，如何进行必要的过渡？是否有可能形成一种去殖民化的策展实践，也许在概念上等同于对大都市中心进行理性的无政府主义"焚烧和掠夺"（Virgioti, 2012）？在一个"暴力构建了我们与世界的关系，而反对暴力的文化运动不断创造各种产品（语言的、视觉的、听觉的）"的时代，（Latimer and Szymczyk, 2017）是否有一种有成效的策展性暴力或破坏行为？在一个仍然被殖民主义历史所渗透的地区（即使是摆脱了政治统治的泰国，也将殖民主义的冲动内化了）[①]，在双年展的组织者和他们的公众之间达成一个新的策展契约，旨在实现与所有殖民主义话语的决定性脱钩，或与似乎仍在该学科中占主导地位的"权力的殖民矩阵"（Mignolo, 2007）脱钩，这意味着什么[②]？尽管在过去的 20 年里，

---

① 关于 19 世纪末泰国对殖民主义（又称"内部殖民主义"）的内化，参见 Thongchai Winichakul, "The quest for 'Siwilai': A geographical discourse of civilizational thinking in the late nineteenth and early twentieth – century Siam," *The Journal of Asian Studies* 59（3）（August 2000）: 528‑549; see also Winichakul, *Siam Mapped: A History of the Geo‑Body of a Nation*（Honolulu: University of Hawaii Press, 1994）; 以及 Michael Herzfeld, "The conceptual allure of the West: Dilemmas and ambiguities of crypto–colonialism in Thailand," in Rachel V. Harrison and Peter A. Jackson（eds）, *The Ambiguous Allure of the West: Traces of the Colonial in Thailand*（Ithaca, NY: Cornell University Press, 2010）: 173‑186。

② "权力的殖民矩阵"这一概念源于秘鲁学者阿尼瓦尔·基哈诺（Aníbal Quijano, 1930—2018）的理论著述; 米格诺罗将其概括为四个相互关联的殖民主义领域："经济控制（征用土地、剥削劳动力、控制自然资源）; 权力控制（机构、军队）; 对性别和性的控制（家庭、教育）以及对主体性和知识的控制（认识论、教育和主体性的形成）。"参见 Walter D. Mignolo. 2007. Coloniality of power and decolonial thinking. Culture Studies 21（2–3）: 155‑167; https://www.tandfonline.com/doi/full/10.1080/09502380601162498, 2019 年 3 月 13 日访问; 基哈诺关于这一主题的文献参见 Aníbal Quijano.（2000）Coloniality of power, Eurocentrism, and Latin America. Nepantla: Views from South 1（3）: 533‑580; 米格诺罗在《文化研究》（*Culture Studies*）中再版（如上所引）。

卓越的策展人周期性地对全球主义体系发起挑战，但其中最值得一提的是奥奎·恩威佐，他为具有深刻话语权的2002年第11届文献展作出了"去地域化"的努力。该展在维也纳、柏林、新德里、圣卢西亚和拉各斯建立了进步的研究型平台，直至在卡塞尔达到顶点。（Enwezor, 2002）如果曼谷要为这个不断发展的话语添加任何重要的东西，那么是否可能从一个创造性且自发的策展/艺术（curistic）实践中，或者说至少是最低限度的无政府主义中，产生一些区域性影响①？

出于户外有氧运动集会坚定的多元性，这种"议会"中的每个人都保留了独特的地位，同时表达了对其他人相互尊重和相互依赖的集体认可，那么构成一个主要去中心化的、"开放的"双年展平台的是什么？曼谷双年展的匿名组织者（他们尽可能严格地回避"独立策展人"的标签）从未承认，他们在开幕式上设置户外有氧运动环节，与韦拉萨库自己对有氧运动主题的青睐有任何关系，即便这不具有艺术和政治上的革命性，也是某种对现实的挑衅②。也许更值得注意的是，它的组织者显然不知道这位泰国独立电影人对有氧运动的迷恋，他认为这是一种一致性的隐喻。然而，它仍蕴含着潜力，横向分散政治行动主义能量（我们毕竟循着一个可能被称为理论上可靠的批判性策展项目中假设的线索），

① 作者提出的术语"curistic"是指一种合作性事业，策展和艺术在其中不仅像传统意义上的"合作"一样是共享的，而且使展览物质性成果的可识别性（即二元结构）模糊化，甚至被隐晦地摒弃。这与最近发展起来的"策展作为艺术实践的媒介"或"展览作为媒介"论调形成鲜明对比。关于后者，参见 Paul O'Neill, The Culture of Curating and the Curating of Culture（s）（Cambridge, MA: The MIT Press, 2012），esp. pp. 87–129。

② 曼谷双年展的核心组织者最终在2018年中旬（随着曼谷双年展向公众开放）确定为曼谷艺术家昂查理·阿南达瓦（Unchalee Anantawat，泰国人，1982年生）、杰夫·冈珀茨（Jeff Gompertz，美国人，出生年不明）和利亚姆·摩根（Liam Morgan，加拿大人，1982年生），并得到了艺术家弥载映（Mit Jai Inn，泰国人，1960年生）和独立策展人篷瓦迪·诺帕克·玛农特（Penwadee Nophaket Manont，美国人，1983年生）的帮助或指导。值得注意的是，当被问及为什么他们在开幕式中选择户外有氧运动课程的形式时，摩根罗列出几个寻常原因，即他们认为拉玛八世大桥（Rama VIII Bridges）是一种特别理想的"创建"场景，而未提及韦拉萨库的"隐喻"。利亚姆·摩根与笔者的电子邮件通信，2018年7月31日。

以及使曼谷双年展的策展具有操作性的、开放的形式。然而，其整个概念和实质成果被证明是迄今为止双年展作为话语建构或"作为研究的展览"（Sheikh, 2015）的最进步的迭代之一，其工作随着时间的推移而展开，最终因其参与者和多样的观众而实现"凝聚感"，实际上"作品（和展览）的意义是在特定场景下各部分——对象、概念、标签和空间或作品之间的张力——协调后的总和"。（Fowle, 2015）无论"策展"被定义为由一个人还是一个合作团体实现，曼谷双年展的组织者通过否认自己的策展人角色，隐晦地测试"策展"是否可以成功地被分解，甚至达到这样的程度，即策展实践作为一个概念和实际行动的集群，即便不是实际冗余，也可能最终变得难以分辨，其功能已被有效地移交给众多的"展馆"（后者是一个传统的机构，在这种情况下也被彻底质疑），将双年展同时构建和解构为一个可能是有形的甚至是太过熟悉的建筑。

最终使这种"非策展"甚至"反策展"（Heidenreich, 2017）的策展实践复杂地横向分布在独立展馆或平台中的，是作为复合形式带有部分目的性的双年展。双年展既建立又破除了作为当代策展实践特权主体的双年展模式，既提出了策展霸权的问题，又断然否定了它，因此有必要保留"双年展"这个话语概念，以便更好地质疑其盛行的神话。那么，人们可以说，曼谷双年展在设计上只有准目的性，其组织者完全接受了纯粹的机会和"隐形"的元素。任何人几乎都不可能完整地接受这个双年展，因为它令人神往而又基本的特质，是一种全球分布的、以时间为基础的、具有表演性的现象。双年展随着时间的推移不断使现实发生变化，同时在一个实际的、几乎无法映射的空间维度见证自身的完善。

曼谷双年展不知从何而来的起源，以及它对结论性定义的持续拒绝，与它最初的临时性甚至无政府主义的概念奇妙地一致。三位艺术家伙伴在曼谷的"老城区"共享一间工作室（其中一位还经营着附近的一家独立艺术画廊），他们在 2017 年中旬开始萌发了对几年前神话般的芭堤雅双年展的求知欲①。波希亚南达还没有公布他的曼谷艺术双年展，但它的可能性无疑使这些艺术家对综合性的、实验性的——甚至是叛逆的——第14届文献展"向雅典学习"（Learning from Athens）产生了更直接的兴趣，该展览由亚当·希姆奇克（Adam Szymczyk）策划，展出了160位艺术家的作品，于2017年4月初至9月中旬在雅典和卡塞尔相继举行。第14届文献展为"直播"展览而开设了自己的广播节目［这种具有煽动性的手段暗含着与后殖民主义理论家弗朗茨·法农（Frantz Fanon）关于广播是"抵抗媒介"的概念的强烈联系］，以及一套关于事件的话语性课程和基于时间的项目，这些项目唤起了后资本主义文化的共鸣合作和锻造"人类团结的美学"的可能性——后者反映了最近对"其他人类学"（Povinelli, 2011）的理论研究，"礼物经济"可能暗示了后资本主义场景的潜在模式。同时，第14届文献展坚定地提出，一个真正的全球、跨国社会应采用一种批判性的、非殖民主义的"南方心态"（South as a State of Mind）的做法（这是一份当代杂志的名字，在整个展览的五个月展期中成为某种基于时间的日志），这意味着一个人承担了长期被边缘化的他者的位置，以彻底地去除殖民化知识，以及基于西方帝国主义的长期历史和阴险的种族压迫政策的系统性制度实践。（Mignolo, 2017）② 尽管仍然由一个核心人物——作为主要推动者和概念催化剂的策展人——指导，但第14届文献展明确地将这个庞大的群展作为一个集体创作的现象来推广，它超越了所有个人所有权的范畴（一个最受欢迎的口号是"第14届文献展不属于任何特定的人"）。

---

① 笔者感谢曼谷双年展组织者同意在双年展正式开幕后惠允见面，并讨论双年展概念和资料来源（2018年7月17日）。

② 值得一提的是，曼谷艺术双年展和泰国双年展的策展人都是亚洲人。波希亚南达解释说，这是为了确保他的策展团队熟悉该地区及其艺术家从业者，特别是考虑到参展艺术家中有近50%是泰国人，或者在泰国活动；波希亚南达与笔者的短信通讯，2018年8月1日。联合策展人帕特里克·弗洛里斯提出，当东南亚需要构建自己的现代主义和当代历史时，这种不同于流行的西方帝国主义方法的策展安排特别有益；弗洛里斯与笔者的短信通讯，2018年7月30日。（注：联合策展人陈韦纯亦受邀就相关问题发表看法，但最终未能随本书刊出。）

如果说第14届文献展是停留在乌托邦的话语范畴内，这一特征可追溯至1972年策展人哈拉尔德·塞曼的第5届文献展"质疑现实，今天的图像世界"（Questioning Reality, Image Worlds Today，传奇艺术家萨满约瑟夫·博伊于斯在其间亲自"策划"了他自己的"直接民主"展台），那么曼谷双年展将通过建立一个彻底冷静的、平等的策展前提，一头扎进一个更为狭隘的未来：任何想参与的人都可以提交一份简单的"展馆"登记表，写明自己的创作意图和合作承诺，然后组织者将通过一个可无限扩展的（至少是假设的）数字和地缘政治空间矩阵来观察其结果（如果有人想这样做，完全可以在卡塞尔或卡拉奇设立一个"曼谷双年展"展馆）。每个"展馆"都建有一个可以无限修改且开放的维基网站，任何项目都可以在此随心所欲地变形，从而超越组织者或任何人的第一人称控制和霸权监控。虽然这似乎是双年展作为实体民主的一个很好的隐喻，但并不是说这种策展机构的横向分布一定能保证对霸权中心的成功抵抗（见图12.5）。

图12.5　萨望翁·雍维（Sawangwongse Yawnghwe），《雍维的流亡工作室 —— 异议平台》（Yawnghwe Offie In Exile–Platform To Dissent），"曼谷双年展"场馆卡泰尔艺术空间（Cartel Artspace），2018年8月3日至9月2日；图片来源：比差·帕塔拉（Preecha Pattara）

正如那些在策划"非物质性"数字作品展览时遇到隐含的新挑战的人所观察到的那样,即使"控制不再是集中的,甚至不再是分散的,因而不是等级化的,而仍然以分布式的组织形式存在"(Krysa, 2006),这也是完全可能的。

乌托邦到此为止。似乎是为了强调这一点,曼谷双年展没有拥抱任何中心主题或议题,而是选择抵制任何希望留下印象的双年展的首要任务:总体叙事、策展宣言。如果有一天可以说有什么东西把这个双年展凝聚在一起,那就是超越了它对所有先入为主的标准或组织逻辑中内含的拒绝——人们认为乔治·巴塔伊(Georges Bataille)的告知(informe)概念,它构成了对视觉领域的粗暴破坏,从而暗示了任何中心统一主题的不可能性(Bois and Krauss, 1997)——它将不得不从活动本身产生,作为一种附带的品质,从合作行动中在很长的时间跨度内单独甚或偶然地产生。

最后,曼谷双年展拥有约250名来自各地区和远方的参与者(例如,73个参与馆中的一个馆在冲绳的一个艺术家经营的空间举办临时放映活动,而另一个馆在曼谷和马斯特里赫特协调特定地点的装置),预计"开放"的可能性和挑战隐含在日益非个人化且后叙事性的策展实践中,目前正在数字艺术和所谓后人类策展领域积极探索。(Tyzlik-Carver, 2016)这种实践包含了"分布式网络模式",隐含着对过时的、等级化的策展方法的挑战——可以说是帝国主义和霸权主义传统的产物(西方衍生的"作家-策展人"理念)——从而使其越来越站不住脚。(Krysa, 2006)

也许曼谷双年展最终体现的是一种"后策展转向"的到来(Sheikh, 2017),它对任何可行的东南亚地区的未来都具有诱发性的意义,使策展实践非殖民化。(Mignolo and Nanibush, 2018)通过这种转向,东南亚可能逐渐与它的西方源头"脱钩",并将当代策展实践重新概念化,成为一种更广泛包容的、自主的甚至后民主的——如果不是概念上的无政府主义——"维基"文化。这样的实验为双年展回归到为艺术家服务而不是为管理者服务带来了希望，由此而生的展览在很大程度上摆脱了"传统的双年展模式，将权力从机构和策展人手中转移到艺术家身上"。（Muñiz-Reed, 2017）如果双年展作为一种策展形式，甚至可以说已经自成一种体系，积极地强迫艺术家们制作出值得迪士尼关注的双年展特定奇观［人们想到达明·赫斯特在 2007 年为 2017 年第 57 届威尼斯双年展创作的《来自难以置信的残骸的宝藏》（Treasures from the Wreck of the Unbelievable），这只是一个最近的例子］，我们如何解决"策展已经标志着永远存在的制度化话语取代激进政治的可能性"？（Soon, 2016）策展实践如何批判其自身嵌入的现实，不仅是在多个机构中，而且是在多维历史中——机构性的、基于展览的、艺术史的等等——从而富有成效地质疑它本身是如何"在意识形态上、历史上和文化上产生的"？（O'Neill, 2005）

如果说曼谷双年展似乎是在传递一个可能无限分散的活动的一些最非物质化的品质，那么矛盾的是，它是近年来最"接地气"的全球双年展之一。由曼谷、纽约、芝加哥和伦敦的大学的新晋策展人和美术专业毕业生构成的外地艺术家群体和进步的当地人组织起来的展馆，展示了行为艺术、装置艺术、美术摄影、身体艺术、档案项目和/或社会参与实践。放映地下电影、受达达主义启发的卡拉OK活动、参与式足球、基于公寓的艺术展览、"社会雕塑"展览、声音艺术、社区工作坊、开放工作室和"手工艺主义"行为，等等①。还有作为自由翻译机构的平台，双年展的自我记录，以及一个必要的研讨会。展馆的指南手册本身让人想起 20 世纪 90 年代曼谷人对艺术家自制出版物（或者说是粗制的"杂志"）的迷恋，这似乎在艺术家里克力·提拉瓦尼最早的超大杂志《溢出》（VER，标题暗指泰语中"多余"的发音，表示一种极富表现力的过

---

① 关于完整的展览计划，参见《曼谷双年展：场馆指南，2018.1.7-9.30》（*Bangkok Biennial: Guide to Pavilions, 01.07-30.09.18*）；http://bangkokbiennial.com/Bangkok_Biennial-Guide_to_Pavilions_2018/Bangkok_Biennial-Guide_to_Pavilions_2018.pdf，2018 年 9 月 1 日访问。

剩）中达到了顶峰①。在这种明显的接地气的特质中——植根于泰国首都"光荣混乱"中的"双年展的喧嚣"——曼谷双年展与最近关于"跨国"的评价脱钩并回归某种新的锚定，即使不是一种"沉重"或"严肃"（Adajania and Hoskote, 2010），也意味着一个人虽是进步的艺术公民群体之一员，但无疑属于特定的时间和地点（见图12.6）。

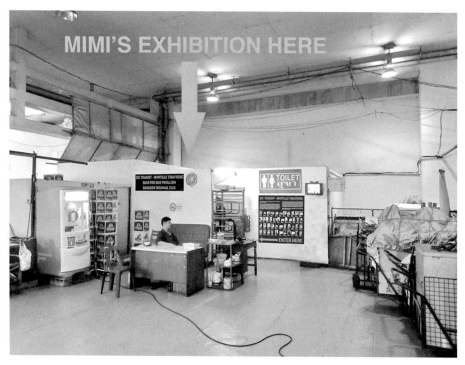

图 12.6　米蒂尔·蒂博朗（Myrtille Tibayrenc），《转瞬即逝》（SIC-TRANSIT），"曼谷双年展"场馆交换场（Quid Pro Quo），活跃账号艺术团体（Liv_Id Collective），曼谷集市；图片来源：曼谷图特·扬画廊（Toot Yung Gallery）

仿佛是在呼应"将沉重视为一种锚，使我们致力于世界的区域历史，每一处都体现了家乡和其他地方、参照点和消失点之间的特定纠

---

① 实验性杂志《溢出》（最初题为"O-VER"）于2000年由活动于曼谷的艺术家运营的平台南迪出版中心（Namdee Publishing Station，后来成为溢出画廊）出版试刊本，随后于2000至2005年间又发行三期。

葛，每一处都有自己的区域现代性的知识和艺术来源"，曼谷双年展拥抱了一种超当代、过渡性的后现代、后殖民和后"另类现代"（还有可能加上"后跨国"）社会的现状，或者被称为"露天广场式（Agoratic）的场景"，在这里"政治的基底更像流沙，而不是辩论室的地板"。

如果说曼谷双年展是泰国最聪明和最"当代"的双年展，那么矛盾的是，它仍然没有得到大多数声称参与双年展的观众的赞赏，因为双年展是永久重塑的策展对象。下面列举一个可能有启发性的比较点。大约五年前，非殖民主义理论家沃尔特·米格诺罗（Walter Mignolo，作者承认本文频繁引用了他的言论）欣喜地指出阿拉伯联合酋长国的第 11 届沙迦双年展〔Sharjah Biennial 11，2013 年；"回复：涌现——走向一种新的文化制图学"（Re:emerge-Towards a New Cultural Cartography），由长谷川祐子（Yuko Hasegawa）策划〕是"时代的变化"的信号。从他的"非殖民主义美学"的方法论角度来看，米格诺罗在沙迦双年展中采用了一种"批判性干预"的策展实践，以"挑战现代美学的霸权规范性"。（Vazquez and Mignolo, 2013）它既标志着现代性及其后继者（后现代、另类现代、后殖民）的局限性，同时又促进了认识论和抵抗性审美的全球化过程。

值得注意的是，与曼谷双年展一样，第 11 届沙迦双年展从未明确拒绝任何东西；这两个双年展保持在政治行动主义的阈限之下，只是提供了对霸权主义策展实践的替代选择，而从未声称自己是一个"另类双年展"。根据第 11 届沙迦双年展策展人长谷川祐子的说法，她采用了"庭院"及其花园式的多重性作为文化记忆的隐喻，第 11 届沙迦双年展的"产生"不仅标志着从欧洲中心主义观点的转向，而且体现了向一种新的"地方意识"的转变。（Hasegawa, 2013）[①]正如米格诺罗很久以前所坚

---

① 长谷川祐子与笔者的谈话，2018 年 6 月 22 日，曼谷。另见 Hasegawa, "Re: Emerge: Towards a new cultural cartography," Sharjah Biennale 11（Sharjah Art Foundation, 2013）：18 - 25。

持的，我们不能简单地从一个有缺陷的甚至悲剧性的境况（即西方帝国主义、殖民主义的霸权）中脱身，而不去确定要重新联系的本土现实的某个面向。东南亚的"当代策展"如何在其未来的非殖民空间中参与这一挑战，将构成一个真正值得持续和研究关注的策展实践。

参考文献

Adajania, Nancy and Ranjit Hoskote. 2010. Notes towards a lexicon of urgencies. *Journals* (1 October). Independent Curators International (ICI). http://curatorsintl.org/research/notes-towards-a-lexicon-of-urgencies, accessed 13 March 2019.

Bois, Yve-Alain and Rosalind E. Krauss. 1997. *Formless: A User's Guide*. New York: Zone Books.

Bonami, Francesco. 2003. *Dreams and Conflicts: The Viewer's Dictatorship*. New York: Rizzoli.

Bourriaud, Nicolas. 2002. *Relational Aesthetics*. Dijon, France: Les presses de réel.

Clark, John. 2007. Histories of the Asian "new": Biennales and contemporary Asian art. In: *Asian Art History in the Twenty-First Century*, Clark Studies in the Visual Arts, edited by Vishakha N. Desai. Williamstown, MA: The Clark Art Institute, 229–249.

Cotter, Holland. 1996. The brave new face of art from the East. *The New York Times* (29 September). https://www.nytimes.com/1996/09/29/arts/the-brave-new-face-ofart-from-the-east.html, accessed 13 March 2019.

Enwezor, Okwui. 2002. The black box. *documenta* 11, 42–55. Kassel.

Flores, Patrick D. 2012. Turns in Tropics: Artist-curator. In: *Modern and*

Contemporary Southeast Asian Art: An Anthology, edited by Nora A. Taylor and Boreth Ly. Ithaca, NY: Cornell Southeast Asia Program Publications, 171–188.

Fowle, Kate. 2015. Action research: Generative curatorial practices. In: *Curating Research: Occasional Table*, edited by Paul O'Neill and Mick Wilson. London: Open Editions, 153–172.

Green, Charles and Anthony Gardner. 2016. *Biennials, Triennials, and documenta: The Exhibitions that Created Contemporary Art*. Chichester: John Wiley & Sons, Ltd.

Hardt, Michael and Antonio Negri. 2000. *Empire*. Cambridge, MA: The MIT Press.

Hasegawa, Yuko. 2013. Re:Emerge: Towards a new cultural cartography. In: *Sharjah Biennial 11*. Sharjah: Sharjah Art Foundation, 18–24.

Heartney, Eleanor. 1997. Asia now. *Art in America* (February): 70–75.

Heidenreich, Stefan. 2017. Against curating. *& Journal* (23 June). http://tripleampersand.org/against-curating/, accessed 13 March 2019.

Krysa, Joasia (ed.). 2006. *Curating Immateriality: The Work of the Curator in the Age of Network Systems*. Data Browser 03. http://data-browser.net/db03.html, accessed 13 March 2018.

Latimer, Quinn and Adam Szymczyk. 2017. Editors' Letter. *South as a State of Mind*, Issue 9 (*documenta 14*, No. 4): n.p. http://www.documenta14.de/en/south/25211_editors_letter, accessed 13 March 2019.

McDowell, Tara. 2016. The post-occupational condition. *Australian and New Zealand Journal of Art* 16(1): 22–36.

Mignolo, Walter D. 2007. Delinking: The rhetoric of modernity, the logic of coloniality and the grammar of de-coloniality. *Cultural Studies* 21(2–3): 449–514.

Mignolo, Walter D. 2013. Re:Emerging, decentring and delinking: Shifting the geographies of sensing, believing and knowing. *IBRAAZ*, Platform 005 (8 May). https://www.ibraaz.org/essays/59, accessed 13 March 2019.

Mignolo, Walter D. 2017. Coloniality is far from over, and so must be decoloniality. *Afterall* 43(Spring/Summer): 39–45. https://www.journals.uchicago.edu/doi/pdfplus/10.1086/692552, accessed 13 March 2019.

Mignolo, Walter D. and Wanda Nanibush. 2018. Thinking and engaging with the decolonial: A conversation between Walter D. Mignolo and Wanda Nanibush. *Afterall Journal* 45 (Spring/Summer). https://afterall.org/journal/issue.45/thinking-andengaging-with-the-decolonial-a-conversation-between-walterd-mignolo-and-wandananibush, accessed 13 March 2019.

Muniz-Reed, Ivan. 2017. Thoughts on curatorial practices in the decolonial turn. *OnCurating* 35(December): 99–105.

Munroe, Alexandra. 1997. Contemporary art in Asia: Asia society. *Artforum* 35(8): 87. O'Neill, Paul. 2005. The co-dependent curator. *Art Monthly* 291. https://www.artmonthly.co.uk/magazine/site/article/the-co-dependent-curator-by-paul-oneillnovember-2005, accessed 13 March 2019.

O'Neill, Paul. 2012. *The Culture of Curating and the Curating of Culture(s)*. Cambridge, MA: The MIT Press.

Poshyananda, Apinan. 2007. *Behind Thai Smiles: Selected Writings, 1991–2007*. Bangkok: Office of Contemporary Art and Culture, Ministry of Culture.

Poshyananda, Apinan. 1992. *Modern Art in Thailand: Nineteenth and Twentieth Centuries*. Oxford: Oxford University Press.

Povinelli, Elizabeth A. 2011. Routes/Worlds *e-flux Journal* 27

(September). https://www.e-flux.com/journal/27/67991/routes-worlds, accessed 13 March 2019.

Schjeldahl, Peter. 1999. Festivalism. *The New Yorker* (5 July): 85–86.

Sheikh, Simon. 2015. Towards the exhibition as research. In: *Curating Research: Occasional Table*, edited by Paul O'Neill and Mick Wilson. London: Open Editions.

Sheikh, Simon. 2017. Von Para zu Post: Aufstieg und Fall des kuratorischen Prinzips (From para to post: The rise and fall of curatorial reason). *Springerin*, "The Post-Curatorial Turn" (Winter): 16–20. https://www.springerin.at/en/2017/1/von-parazu-post/, accessed 13 March 2019.

Soon, Simon. 2016. Rethinking curatorial colonialism. In: *SouthEastAsia: Spaces of the Curatorial* (*Jahresring 63*), edited by Ute Meta Bauer and Brigitte Oetker. Berlin: Sternberg Press. http://obieg.u-jazdowski.pl/en/numery/azja/rethinking-curatorialcolonialism, accessed 13 March 2019.

Tsang, Ann. 2018. The art of bliss. *Peninsula* 2: 85–87.

Tyzlik-Carver, Magdalena. 2016. *Curating in/as commons: posthuman curating and computational cultures*, Unpublished doctoral dissertation, Aarhus University, Denmark. https://www.academia.edu/29844696/Curating_in_as_Common_s_Posthuman_Curating_and_Computational_Cultures, accessed 13 March 2019.

Vazquez, Rolando and Walter D. Mignolo. 2013. Decolonial AestheSis: colonial wounds/decolonial healings. *Social Text Online*, "Decolonial AestheSis." https://socialtextjournal.org/periscope_topic/decolonial_aesthesis/, accessed 13 March 2019.

Virgioti, Marita. 2012. Destroy to build. *South as a State of Mind* 1(Summer/Fall).http://southasastateofmind.com/article/destroy-build/, accessed 13 March 2019.

本章作者简介

格雷戈里·加利根（Gregory Galligan）是一名独立策展人和艺术史学家，也是 2010 年成立于曼谷的非营利性学术平台泰国艺术档案（Thai Art Archives）的董事兼联合创始人。他为设计与建筑学国际项目（International Program in Design and Architecture, INDA）讲授全球现当代艺术史，为朱拉隆功大学（Chulalongkorn University，曼谷）的文化管理硕士（MA in Cultural Management, MACM）讲授文化管理与当代策展实践的历史和理论。

第十三章 从内部策划

作为策展人的艺术家

一个鲜为人知的事实是，艺术家策划了许多现代社会最具标志性和影响力的展览。艺术家个人和团队的策展活动为专业策展人的出现和发展奠定了基础。现代艺术家策划的展览所揭示的是他们赋予艺术和艺术家所展示的首要地位：策展是一种在艺术家中树立更广泛的社会政治地位的手段。策展人的专业声望和文化力量在策划展览时并非特别重要。此外，在发展初期，策展本质上是一种保守的工作，类似于对现有藏品的档案记录和保存。是艺术家们最先意识到展览的潜力，将其视为一种真正现代化的、经得起理论检验的、具有社会批判性的形式。艺术家们把展览作为一种媒介，将他们的话语形式、观念和政治关注推向了更广阔的公共舞台。他们还从美学、现实意义等方面改变了展览的观念，思考艺术所展现的意义。早期从事现代艺术策展的艺术家个人和集体为培育新一代职业策展人留下了不可磨灭的印记。20世纪60年代见证了独立策展人的崛起。他们向传统的策展制度发出了挑战，创新、接受并拥护新的策展制度，其中的典型包括艺术家策展人卡济米尔·马列维奇和马塞尔·杜尚。这一时期的重要策展人与当代艺术家关系密切，都认为策展是一种更倾向于创造性的行为，而不仅仅是一种表现形式。20世纪80年代，经济的繁荣推动了新的艺术机构和专业策展学历教育蓬勃发展，特别是在美国和北欧。这一发展态势促使策展人实现更大、更雄心勃勃的展览，全球双年展应运而生。尽管经历了相对的经济衰退，20世纪90年代却见证了明星策展人的崛起。在艺术机构和商业利益的推动下，明星策展人成了全球范围内当代艺术和文化话语的主要表达者。艺术家兼任策展人的情形逐渐减少，公众更倾向于接受职业策展人。但也不尽然。当人们越来越看重策展人的明星光环，而且其展览规模越来越大时，部分艺术家创立并策划了自己的博物馆和文化机构，像创作小说一样提出自身的理念，质疑策展工作的文化权威性。在其他地方，另一些艺术家和艺术家团体开始采用干预主义和准激进主义的策展模式。在上述两种情况里，艺术家策展人都从内部实践开始，将展览策划作为艺术实践的延伸。他们挑战了原先"自给自足"制度化的假设，尤其是这种传统制度已经与新自由主义风潮和艺术产业的发展相去甚远。实际上，独立艺术家作为共同策展人参与策展实践创造出了一些新兴的职位，得以通过一种特殊的立场审视和质疑资本对包括策展文化在内的当代文化的影响。

先例的重要性：三个案例研究

现代主义的要义是彻底革新艺术和文化的传统。现代主义艺术家的立场和态度具备多样性特征，并且经常产生意识形态上的冲突。现代主义艺术家渴望对生活和工作的文化中作出改变，并将这种心理体现到策展活动中。毫无疑问，展览是展示有关艺术、文化、政治和社会的先进思想重要媒介之一，同时提供了一个挑战传统观念的平台。从意识形态的角度看，展览策划是一种正式的实验，体现现代社会正在发生的巨大变革。巨大社会政治变革时期的俄罗斯前卫艺术策展活动就是一个生动的例子。策展也对艺术及艺术机构的性质提出了同样激进的质疑。达达和超现实主义艺术家社团（Dada and Surrealist）的合伙人马塞尔·杜尚就是一位致力"反对传统理念"的策展人，通过策展反复质疑传统意义上定义艺术价值的一些核心理念。艺术家策展活动的另一个重要特点是跨文化和跨学科。在全球化的背景下，在此之前被认为是在相对封闭的国家进行的策展实验能够较快速地传播到国际艺术中心的社群。日本的前卫具体运动（Gutai movement）就是这种情况，它从植根于话语互动的集体实践中追求高度非典型形式实验的个人主义，对西方现代艺术发展产生了相当大的影响。这些先例为许多策展人提供了重要的启发。

0.10——最后的未来主义绘画展（卡济米尔·马列维奇、泽尼娅·博古斯拉夫斯卡娅、伊万·普尼，彼得格勒，1915 年）

"0.10——最后的未来主义绘画展"是俄罗斯当代前卫艺术的首次亮相，意义非凡。展览的核心理念和外在形式由卡济米尔·马列维奇、泽尼娅·博古斯拉夫斯卡娅和伊万·普尼三位艺术家共同策划。这些艺术家以及他们举办的展览都深深地沉浸在社会剧变的历史氛围中。"0.10——最后的未来主义绘画展"在 1917 年俄国十月革命前夕展示了当代激进主义的艺术理念，映衬出当时特定的历史背景。任何人对于该展览性质的审视都必须考虑策展人对激进主义和社会变革的理解，把激进主义作为社会变革推动力的一部分。为应对大规模的社会转型，这些艺术家对艺术和自身的角色进行了必要的重塑。对于马列维奇等至上主义者而言，艺术是代表新社会兴起的一个非物质化、反代表性的"起点"（Chlenova, 2012），一种社会主义新视觉实践形式。（McNeill, 2005: 7）至上主义者试图摆脱艺术对材质的要求，呼吁对传统艺术进行彻底改革，重点是革新包括官方博物馆文化在内的传统。另一方面，由马列维奇的主要竞争对手弗拉基米尔·塔特林（Vladimir Tatlin）领导的建构主义学派明确强调艺术家相当于社会的工程师，也是工人阶级中的一员。他们在新的社会主义社会中的地位是与主流社会结盟而非批判

（Groys, 2016: 62）。艺术家"工人"将使用最新的工业技术和从内部构建新社会艺术。总体来看，至上主义和建构主义的共同点是两者都强调艺术内在的革命，艺术创作是一个过时的概念，将被更具社会整合性的文化生产所取代。内在艺术之所以具有革命性，是因为它不以常规的绘画传统为基础。事实上，这样的艺术是绝对不具代表性的，因为这种新艺术是在不断地重新塑造当下。然而，艺术的任务是毁灭和创新，而不是重复。

呼吁彻底重新思考艺术和博物馆意味着对策展实践进行同样激进的反思。在俄罗斯，还没有任何策展人会像马列维奇一样提议对博物馆进行全面的重构。（Groys, 2016: 64）对于联合策展人之一的马列维奇来说，"0.10——最后的未来主义绘画展"不仅仅意味着个人的职业抱负，艺术的集体导向才是最重要的，要让自己坚持的至上主义得到更加广泛的认可。事实上，"0.10——最后的未来主义绘画展"的背后，"共产主义"思潮早已融入策展的主题。这意味着，在现实中，不能简单地用至上主义者或建构主义流派来区分辨别个别艺术家。这些新的艺术家集体不能用简单代表性词汇来形容，无论他们归属于哪一流派或阵营，都具有无穷的创造力，更重要的是，他们在很大程度上相互影响，并且其影响力是超越个人的。艺术的形式也是政治问题。无论是至上主义艺术家还是建构主义艺术家，对他们而言，形式本质上是政治性的，因为它意在完全改变艺术表现的传统。例如，马列维奇等至上主义艺术家会将图片展品放置在面向展览空间角落的地方交错排列。作品中穿插着手写的启发思考的说明文字。许多作品被编号但未命名。正如人们经常评论的那样，马列维奇将其标志性的黑色方块放置在整个图片组合的最高角落，取代了传统东正教标识的位置。（Néret, 2003; Chlenova, 2012; Shatskikh, 2012）在相邻的房间里，塔特林的"角落浮雕"（1914—1916）更像工业制品而不是典型的艺术品，为通常被忽视的墙壁连接点增添了艺术活力。这些浮雕为博物馆空间提供了更多的视觉支点。通过改变传统的正面静态展陈，塔特林的作品动态地将博物馆改造成为一个活跃的建筑、一间实验工厂。作为多位艺术家共同发起的策展活动，"0.10——最后的未来主义绘画展"在推动集体协作的艺术生产和展示方面具有极其重要的意义。作为一种主观意识浓厚的行为，展览策划与社会政治的关系不仅仅是间接的、潜移默化的，而且是直接的、密切的。展览的话语与实现社会政治变革的期望密切相关。至上主义和建构主义的集体组织形式都预示着 21 世纪更加激进的策展实践。

马塞尔·杜尚与"超现实主义的第一批作品"展（纽约，1942 年）

"超现实主义的第一批作品"展是超现实主义艺术在国际背景下的开创性展示。尽管超现实主义的领袖和首席发言人、诗人安德烈·布雷东（André Breton）是展览的"总策展人"，但实际承担主要策展任务的人是艺术家马塞尔·杜尚。到 1942 年，杜尚的展览形式已经"成为一种艺术媒介"。（Kachur, 2014: 143）杜尚极力推崇通过框架参数来感知解读艺术，最具象征意义的是他设计的生活艺术品，如 1913 年设计创作的小便池，这一设计理念对其策展活动也有深刻的影响。早在 1938 年，杜尚曾担任巴黎国际超现实主义展览的总监，他尝试将这一展览作为一种"审讯工具"，（Kachur, 2014: 144）对艺术对象及艺术机构的局限性提出了批判性的质疑。（Filipovic, 2012: 160）为了欣赏国际超现实主义展览的画作，观众不得不使用主办方提供的火炬，因为展厅是完全黑暗的。杜尚通过这种独特的策展方式表示艺术品不再能够独立于周围环境，一旦进入展览，任何作品都将被迫成为展览场景中的"演员"，其边界超出了画廊或博物馆的范围。在另一个著名的案例里，杜尚在受人尊敬但又略显古板的鲁昂美术馆精美装饰的天花板上悬挂了大量煤灰袋，煤炭间歇性地洒在了开幕式嘉宾昂贵的礼服上。此外，杜尚还在博物馆空间的正中心安装了一个装满煤炭的钢制火盆，这一装置容易让人联想起无家可归不得不在公共场所生活的失业群体，充满了挑衅的寓意。

巴黎国际超现实主义展览中表现出来的策展趋势在"超现实主义的第一批作品"展中得到了进一步阐释。此次展览的一大特点是它包含了杜尚设计的"十六英里的弦"（见图 13.1）连续的长麻线贯穿了整个展览空间，杜尚创造了一个蜘蛛网状的迷宫，阻止参观者在展厅空间自由移动。通过这样的设计，他再次对博物馆空间的内涵进行了深入反思：博物馆是不是经常被假定为一个自由沉思的空间，尤其是从战后纽约渴

图 13.1　呈现马塞尔·杜尚（Marcel Duchamp）《十六英里的绳子》（Sixteen Miles of String）的"超现实主义的第一批作品"（First Papers of Surréalism）展览照片，1942 年，明胶银印花；约翰·D.席夫（John D. Schiff）版权所有；费城艺术博物馆（Philadelphia Museum of Art）图书馆与档案馆藏，雅克利娜·马蒂斯（Jacqueline Matisse）、保罗·马蒂斯（Paul Matisse）和彼得·马蒂斯（Peter Matisse）为纪念他们的母亲阿莱希娜·杜尚（Alexina Duchamp）捐赠，13-1972-9（303），纽约莱奥·贝克学院研究所（Leo Baeck Institute）供图

望新思想的新世界的角度来看？博物馆是不是艺术家普遍期待的代表民主与自由的空间？答案是模棱两可的，首先，由于观众在博物馆并不能广泛而私密地接触艺术，可能会因为无法理解展览的全部意义而感到沮丧。其次，在第二个例子中，由于作品被策展人杜尚以半遮半掩的方式展出，艺术家需要被迫处理他们的作品无法接近观众的事实。这种不可接近的特性也可能阻止收藏家对展品的兴趣。此外，还有一些其他问题，例如"十六英里的弦"能算作杜尚的作品吗？毕竟，脱离了展览，麻线并没有意义，而它在展览中显然是一种自主的艺术行为。最终，杜尚通过"超现实主义的第一批作品"展和"十六英里的弦"，提出了一个命题：展览策划可以被视为一种艺术行为。如此一来，展览本身就变成了一件艺术品。（Filipovic, 2012）由于在空间上固有地依赖其所缠绕的建筑，"十六英里的弦"对艺术自主性是否等同于谨慎的美学创作、展览策划是否仅仅是对已有艺术作品的简单组合提出了双重质疑。事实上，作为一名艺术家兼策展人，杜尚大胆地将艺术创作和展览策划相互渗透，并强调两者相互融合的重要性。这种行为从根本上重新定义了艺术创作和展览策划的概念，对后来的艺术家、策展人和设计师产生了极大的影响，尤其是后来被称为"机构批判者"的艺术家群体。

第一届具体派艺术展（具体派艺术协会，1955 年，日本东京）

第二次世界大战后的日本文化是一种急剧变化的文化。在战败后，日本代代相传、根深蒂固的社会关系和政治关系突然受到批判性审视和质疑，影响深远的社会政治转型悄然揭幕。民主化进程对什么可以被表达以及由谁表达提出了新的限制要求。为了应对变化的文化环境，同时向战前民族主义文化的刻板僵化发起挑战，一群实践艺术家组成了具体派艺术协会（Gutai Art Association），旨在激发大规模的日本当代艺术创作。大多数具体派艺术家来自关西地区的芦屋市，一个位于工业发达的大阪西边的城市。第一届具体派艺术展是该协会在复兴中的日本首都首次展示他们的作品。作为"二战"后最具开创性的艺术家群体，具体派艺术家强调不改变材料的本质，同时用一种具体的艺术方式来呈现创作的精神。与传统意义上的艺术品制作不同，具体派艺术家追求一种极端的相对性，这种相对性更倾向于行为艺术的表达而不是作品的固化表达。与许多日本传统艺术普遍存在的对材料的精加工和赋予艺术品内敛的精神情感不同，具体派实践者追求直接的行动以及非常规材料的美学和概念潜力。

通常，标准化的展览是通过一件件独立的作品来呈现策展人意图的，具体派艺术展览却不一样，更加注重集体主义为展览带来的整体效果。具体派展览的核心特点是其重视整体氛围对观众的感官冲击，而不是单纯地营造视觉刺激。田中墩子的作品《钟》[Work (Bell)，1955—1993 年] 包含一个开关，该开关会依次激活位于展览所在的东京大原厅内的 20 个系列工作钟。作品意在对日本快速发展阶段的冷血无情的薪酬文化进行批判。村上三郎的作品《六个洞》(At One Moment Opening Six Holes) 在展览上亮相时，艺术家用夸张的表演行为六次穿过了一系列纸屏，在纸屏上留下一个个洞，行为产生的声音也强化了观众的观感。在其他展览中，白发一雄展示了他的作品《挑战泥土》(Challenging Mud, 1955)，他刻意将自己的身体摔进一个湿黏土坑来"作画"。在另一个房间里，艺术家金山明用一个巨大的气球占据并遮住了房间的天花板，房间地板上摆放着一系列由山崎鹤子涂上亮金属漆的 25 个易拉罐。首届具体派艺术展中展出作品的绝对差异和地方特色体现出了具体派的实验策展方法。从整体上看，这次展览的不同部分合在一起，最终对当时的艺术环境产生了更大的影响。从策展的角度来看，参加第一届具体派艺术展的艺术家集体，无论他们是多么的个人主义，都让人联想到俄罗斯的至上主义和建构主义先锋。具体派艺术协会自视为一个相互承诺、紧密结合的团体，其创始人吉原治良形容协会成员"非常和谐地合作"，（Chong, 2012: 351）"将他们的精力专注于具体项目"。（Chong, 2012: 50）作为一个集体，协会公开鼓励小组讨论和话语互动及分享。（Tomii, 2016: 27）这一理念可以追溯到吉原治良于 1951 年成立的当代艺术讨论小组（Genbi）。第一届具体派艺术展的多元实验引领了 20 世纪 60 年代日本艺术发展的许多关键趋势，包括事件艺术、装置艺术、大地艺术、行为艺术和声音艺术。更广泛地说，第一届具体派艺术展预见了多年以后当代艺术的各种趋势，包括一系列与关系美学和后人类唯物主义倾向相关的艺术发展趋势，这些趋势与被称为"人类世"的理论有关。（Davis and Turpin, 2015）此外，具体派策展方法融合了各种当代的多媒体、扩展装置和表演实践，这些实践如今已经成为双年展等全球策展活动的关键部分。

从艺术家策展人到策展创作人

前面讲述的艺术家策划的展览仅仅代表了 19 世纪后期大量涌现的前卫艺术家策展活动的一小部分案例。事实上，1884 年法国巴黎独立艺术家沙龙对现代艺术及其后来的发展产生了深远的影响，推动艺术家在 20 世纪 60 年代之前始终占据着高级展览的主要创作者的中心地位。艺术家把展览作为一种平台来质疑、论证关于艺术、社会和政治的思想，这一做法极大地改变了展览的性质。这种改变对艺术家策展人的影响一直持续了好几代。到 20 世纪 60 年代，专业策展活动成了"历史前卫项目的延伸"，（O'Neill, 2012: 9）意味着高级展览策划越来越多地从艺术家手中转移到独立策展的人手里。艺术界比较著名的新一代独立策展人包括哈拉尔德·塞曼、露西·利帕德和塞斯·西格劳布等。值得注意的是，这些策展人是自由流动的，而不依赖于特定文化机构的稳定就业。

更一般地说，他们见证了"策展人作为创作者的崛起"。（Cherix, 2010:
7）这些策展人不再仅仅是把文物放上展台的整理者，他们的策展活动
体现出他们各自对当代文化中的主要艺术和社会倾向的推断方面具有无
可争议的创新性。到 20 世纪 80 年代后期，随着独立策展事业的发展，
相关的专业教育显著扩张，特别是在欧洲和美国。在这一时期，欧洲第
一个策展专业学科在法国格勒诺布尔市的当代艺术中心设立。同年，惠
特尼独立研究计划［Whitney Independent Study Program，后来更名为策
展和批判研究（Curatorial and Critical Studies）］中极具影响力的艺术和
博物馆研究部分启动。（O'Neill, 2012: 2）20 世纪 80 年代当代策展人角
色的专业化发展借鉴了 20 世纪 60 年代的案例，同时寻求方法将早期独
立策展人取得的成果制度化。20 世纪 80 年代也见证了艺术市场的繁荣，
这对更广泛的当代艺术生态产生了巨大影响。（Žerovc, 2015）与之相关
的是，同一时期，当代艺术的集体展览在规模和地理上同样戏剧性地经
历着迅速的扩张。艺术市场的全球化促使双年展及其衍生的展览迅速崛
起，成为全球当代艺术展览的典范形式。与地缘政治影响力相呼应的
是，越来越多的西方策展人开始接触和了解非西方的当代艺术，这些地
区曾被认为是边缘的、文化或经济上不可渗透的。尽管艺术界重新强调
集体策展的重要性，全球双年展已经把主题多元化作为基本原则，这一
时期有影响力的策展人仍然扮演着权威"导演"的角色，把自己定位为
跨文化话语的塑造者。继 20 世纪 80 年代奥奎·恩维佐、弗朗西斯科·博
纳米、查尔斯·埃舍等策展人拓展了策展的平台之后，20 世纪 90 年代出
现了一批明星策展人。（Filipovic, 2012；Balzer, 2014）明星策展人的超
可见性更广泛地促进了全球化背景下策展话语的最终固化和制度化专业
化。像卡罗琳·克里斯托夫－巴卡吉耶夫、汉斯－乌尔里希·奥布里斯特
和克劳斯·比森巴赫这样的策展人已经成为区域全球化的文化体系中知
名的中立发言人和当代价值观的重要仲裁者。这些策展人显然是受某些
因素驱动的，以特殊的、高度主观的和艺术的方式开展工作。同时，即

使有时看似自相矛盾抑或偶然，他们展览的庞大规模也使当代艺术越来越接近日益壮大的全球商业文化。对许多人来说，这些策展人雄心勃勃的、开放式的作品已经准确定义了当代艺术。（Birnbaum et al., 2011）

1969年，哈拉尔德·塞曼在瑞士伯尔尼艺术博物馆举办了展览"活在你的脑海中：当态度成为形式——作品、概念、过程、情境、信息"（Live in Your Head: When Attitudes Become Form——Works, Concepts, Processes, Situations, Information）。该展览突出了20世纪60年代后期现代艺术中一些最具实验性的创作。展览联合了正式和看似随意安排的艺术组织，其中许多作品对非艺术材料的非常规使用，以及整体的展览话语，都让人联想起更早的第一届具体艺术展。确实，展览通过在空间上模糊不同作品与其作者身份之间的界限，不强调作者的知名度，创造性地将展览转变为围绕广泛的当代艺术趋势的公开对话。对话内容包括极简主义、贫穷艺术、观念艺术及其衍生品，如"过程艺术"和"信息艺术"。这种不同作品之间相互渗透对话的感觉在展览中得到了很明显的体现。重要的是，这个展览证明了塞曼对众多流行艺术实践的嵌入、多重吸收和融合，就好像他也是一位艺术家，将自己的想法投射到展览空间中。（von Hantelmann, 2017: 226）露西·利帕德是20世纪60年代观念艺术和"艺术对象的非物质化"的重要评论家和理论学者，（Lippard, 1997）同时也是一名自主策展人。在她1969年策划的西雅图展览"557, 087"中，利帕德收到了众多知名概念艺术家和极简主义艺术家的指导作品，包括索尔·勒维特、迈克尔·海泽、简·迪贝茨、卡尔·安德烈（Carl Andre）和理查德·塞拉。然后她自己开始策划，并测试了这个艺术信息远程传输系统的局限性。利帕德坦率地承认了以下情况：无法按照艺术家提供的参数来实现作品创作，艺术家指示在某些方面存在错误，或者作品根本无法呈现。（O'Neill, 2012: 15）她对展览不可渗透性的质疑与她选择展示的艺术家的倾向密切相关。与此相关的是，塞斯·西格劳布成为观念艺术最狂热的支持者之一，对他而言，"艺术世界的不同类别正在崩溃 …… 画廊经销商、策展人、艺术家策展人、评论家作家、画家作家的想法，所有这些都变得模糊，不那么清晰了"。（O'Neill, 2012: 19）在 1969 年 1 月 5 日至 31 日的展览中，西格劳布选择与一群志同道合的艺术家结盟。这些艺术家的作品强烈批判把艺术商品化放在首要位置，其中包括用惰性气体创作隐形作品而闻名的罗伯特·巴里（Robert Barry）、对艺术创作目的提出尖锐评论的道格拉斯·休布勒、研究情境文本的典型和争议性用法的劳伦斯·韦纳和约瑟夫·科苏斯。作为策展人，塞曼，尤其是利帕德和西格劳布，继承了杜尚发起的反艺术遗产。20 世纪 60 年代的策展大师们采取了与传统策展人保护角色相去甚远甚至对立的立场，内化并接受了前几代前卫艺术家的质疑和实践，将自己转变为独具匠心的艺术家。

20 世纪 80 年代，双年展在全球范围内迅速普及，显著改变了策展人的角色。20 世纪 60 年代独立策展人的国际化理念和相对本地化的实验表达已经成为全球关注的焦点。伴随着展览场景的不断扩大，集体的企业化策展模式的应运而生。新的全球策展实践中的集体运作模式并没有改变策展人作为创作人的理念，而是呼应了早期艺术家策展人集体和前沿策展人集体的重要艺术史案例。与此相关的还有一个事实，即像全球双年展这样的集体联合策展活动，经常公开地提出政治诉求。俄罗斯前沿艺术家曾经拥有政治抱负，希望像苏联革命结盟一样，改变全世界的社会政治结构。如今，在当代展览中，这一抱负从某种意义上得到了呼应，其理论意图是集体从根深蒂固的以西方为中心的艺术世界里夺取文化主导地位。例如，在 2002 年的"卡塞尔文献展 11"上，出生于尼日利亚的著名策展人奥奎·恩维佐邀请了六位联合策展人一起搭建一系列五个全球性的"平台"，试图突出文献展的"对全球问题的承诺"，以"打破艺术界的西方中心主义"。（Lesage, 2011: 67）弗朗西斯科·博纳米在 2003 年第 50 届威尼斯双年展上邀请了 11 位联合策展人来完成展览。奇怪的是，采用这种策展策略据悉是为了避免"笨拙的主题结构"，

（Rugoff, 2003）而当时，全球各地的展览主题都类似于"紧急言论……以应对全球问题"。（Rugoff, 2003）尽管如此，组成第 50 届威尼斯双年展的 11 个相互关联的展览在每个展览的入口处都列出了策展人个人的名字，这一行为本身就强调了当代策展人在创作者层面的角色。相比之下，查尔斯·埃舍和瓦西夫·科尔通与助理策展人埃斯拉·萨里吉迪克和诺韦柏尔·派恩特合作实现的 2005 伊斯坦布尔双年展的政治抱负更为温和。展览的标题"简单的伊斯坦布尔"巧妙地暗示了这座城市跨越东西方的历史，以及 9·11 之后被恐怖主义威胁所笼罩导致的、令人担忧的地缘政治身份的变更。然而，虽然大型全球展览的策展活动日趋集体化，但人们通常仍然只记得住这些展览的首席策展人，并将其名字与展览相关联。总策展人撰写了各项记录，并最终占据了类似导演的位置，成为全球范围内展览的制作者。作者策展人取代了艺术家策展人的概念，成为他们作品的国际展示中的决定性参与者。

到 20 世纪 90 年代，专业策展人已经占据了前所未有的文化主导地位，享有"当代文化中的非凡存在和突出地位"。（von Hantelmann, 2017: 227）最耀眼的文艺中介当数"明星策展人"，他们从 20 世纪 60 年代的策展人创作人的例子中汲取了知识，并受益于 80 年代的"双年展文化"，（Sapiro, 2016）拥有丰富实践经验。明星策展人越来越被认为是一个新文化阶层的上层，通常被称为"创意人"。（Raunig, Ray, and Wuggenig, 2011）创意人是在全球化背景下具有充分流动性的文化专家，活跃在日益相互交叉的文化领域，有着明确的商业追求，如活动管理、广告和品牌发展，也从事时尚、设计、新媒体实践、图形和插图等工作。创意人的内涵已经超越了以前诸如画廊主和策展人等文化精英的范畴。正如评论家布赖恩·霍姆斯所说，这种转变发生在当代博物馆"越来越深入和有机地渗透到文化符号组成的复杂网络中，其衍生产品，例如设计、时尚、多媒体等，以及相关技术应用和跨界咨询，都成为当代经济的驱动力"。（Möntmann, 2006: 28）

明星策展人的角色与博物馆文化紧密联系在一起，博物馆文化将展览"总体上"与全球文化紧密相连，这种连接大部分都可以公开地商业化。明星策展人搭建平台，并选择他们认为最能体现主题的艺术家。（Žerovc, 2015）无论展览的政治化程度高或低，他们在普遍货币化的新自由主义文化的背景下运作，并从中受益。（Gielen, 2009: 9）此外，数量众多的当代艺术家本身职业根基并不牢固，但在被明星策展人选中参与项目后，除了展示选择他们的特定策展人的愿景，还得以争相展示自身的创意，暗中成为个性化的代言人。（Balzer, 2014: 53）因此，艺术界话语权从艺术家到策展人的转移变得更加明显。明星策展人不仅是一位创造者，也是全球话语的构建者，话语范围涵盖政治、后殖民主义、时尚、建筑、流行音乐和工业设计等方方面面。此外，与最以自我为中心、顽固或不可预测的艺术家一样，明星策展人往往具有强烈的个人主义特质，不仅是艺术家的伯乐，还是其他行政、教学、宣传工作的组织者和普通员工的管理者。明星策展人策划的展览规模较大，通常是双年展或由许多小型展览组成的群展。除了展览本身，配套的讲座、座谈会、工作坊、参观、周边场外展览、宣传活动和筹款活动等推动主办方的活动规模不断向外扩展。（Holmes, 2009: 55）

总体而言，策展人作为监督者，是这些活动的核心，构建起了一个能够自给自足的认知资本主义系统。有时，即使策展人刻意淡化自身的影响力，也难免会发生这种情况。卡罗琳·克里斯托夫－巴卡吉耶夫不喜欢别人称其为"策展人"，（Smith, 2015）但实际上，他是当代最有成就、最多产、最多元的策展人之一。更普遍的是，当代高级策展人往往将自己的想法灌输给其他知名人士，例如，汉斯－乌尔里希·奥布里斯特（Hans-Ulrich Obrist）在策展过程中经常与最成功的当代艺术家和其他领域的"创意人"进行无休止的讨论。与此同时，奥布里斯特的年轻门徒、被称为"毫不顾忌展现自己名利心"（Viveros-Fauné, 2015）的克劳斯·比森巴赫担任美国纽约现代艺术博物馆 PS1 分馆总监和纽约现代艺术博物馆首席策展人，由于策划追求当代流行文化和偶像的展览，他被指控将美国纽约现代艺术博物馆"好莱坞化"。（Miller, 2015）明星策展人与明星艺术家作为当代文化名人在同一时期成功崛起，无论他们的作品是否严肃认真，都代表了一种准流行文化。策展的创造性维度越来越倾向于远离严格的艺术评论话语，而是转而迎合更普遍和更有利可图的全球文化，主观化的展览寻求成为"越来越独特的事件"，以期吸引媒体和公众越来越多的关注。（Žerovc, 2015: 9）与此同时，以前的艺术世界被称作视觉产业，与好莱坞等其他文化产业大致相当。（Graw, 2006: 147）在这种氛围下，明星策展人的名字被当作全球创意的品牌来运作。

掌控：艺术家策展人和博物馆范式

艺术家策展人在各大洲与数百名艺术家一起大规模协同工作，其统治地位的上升带来了许多新挑战。英国伦敦皇家艺术学院策展专业的学生弗朗西斯科·马纳科达（Francesco Manacorda）2003 年评论道，20 世纪 90 年代艺术家和策展人之间爆发了一场"地盘战争"，（Cooke, 2006: 32）但现实情况更加复杂。事实上，"由于博物馆策展人越来越认可艺术家的直觉感知和表现力，博物馆越来越多地邀请艺术家从馆藏艺术品中策划展览"。（Putnam, 2001: 132）然而，与博物馆内部专业策展人相比，艺术家采用的策展方法更具挑战性。随着策展实践变得越来越"艺术化"，许多艺术家变得越来越自我制度化。部分艺术家选择放弃以表现力和外向批判艺术为特点的经典范式，模仿创意策展的制度。这项工作的大部分内容可以被视为"制度批判"，但由于批判方式的矛盾性或诗意不透明，使得批判变得难以理性拆解。马塞尔·布罗特尔斯、马丁·基彭伯格、伊莱恩·斯特蒂文特等艺术家和斯洛文尼亚艺术家集体"新斯洛文尼亚艺术"（Neue Slowenische Kunst, NSK）等将博物馆作为灵感的来源，建立并策划了他们自己的博物馆、藏品体系或类似艺术机构。通过改变博物馆的意识形态基础、从根本上将博物馆虚化，这些艺术家以一种超自然的方式进行策展，以寻求想象或模仿的解决方案。这种方法的出现尤为突出，因为它来自一个经常自我夸大的策展场景，在这个场景中，艺术家的选择越来越多地与"经销商、收藏家和赞助人的既得利益"有关。（Storr，2006: 22）创建和策划他们自己的机构和收藏意味着这些艺术家避免了大型展览策划所特有的妥协类型。尤其是自20世纪80年代以来，它们不可避免地与新自由主义要求在经济上可量化的结果交织在一起。（Gielen，2009: 10）新自由主义的要求也在意识形态上支持了"场所营造"的士绅化政治，像双年展这样的全球展览可以被视为特别征兆。双年展是"与全球资本的游牧灾难保持一致的卓越文化形式"。（Lee, 2012: 10）预料到这种变化对艺术系统的影响，布罗特尔斯、基彭伯格、斯特蒂文特和"新斯洛文尼亚艺术"的艺术家等从业者选择了不同的实践。他们将策展制度从他们自己扩展的实践中变成了元批评的对象。

1968年9月，比利时艺术家马塞尔·布罗特尔斯创办了现代艺术博物馆——鹰馆（Musée d'Art Département des Aigles），自己出任馆长、策展人和宣传员。他向朋友和当地及更远地区的知名艺术界人士发出了正式邀请。与标准的授权做法进一步矛盾的是，布罗特尔斯的博物馆是在他自己布鲁塞尔的公寓里举行了开幕式。为了增加开幕式的真实性，批评家和当时门兴格拉德巴赫现代艺术博物馆（Museum of Modern Art Mönchengladbach）的馆长约翰内斯·克莱德斯（Johannes Cladders）出席了博物馆的正式启动仪式。布罗特尔斯在家的博物馆里展出了从门凯斯大陆艺术运输公司（Continental Menkés）借来的几十个箱子。（Haidu，2010）在开幕式上，该公司的卡车特意停在布罗特尔斯家的前面，从而挡住了里面的任何视野。在板条箱对面的一面墙上，贴着一系列大约50张19世纪关键画作的明信片复制品，从雅克-路易·戴维德（Jacques-Louis David）的新古典主义作品《雷卡米埃夫人》（Madame Recamier, 1800 年）到古斯塔夫·库尔贝（Gustave Courbet）的现实主义作品《你好，库尔贝先生》（Bonjour Monsieur Courbet, 1854 年）。此外，胶片灯被放置在整个空间中，为整体氛围贡献了一种期待的情绪。布罗特尔斯的公寓式博物馆及其"信息"内容讽刺性地将艺术机构及其相关活动转变为一个批判性的，而不仅仅是展示性的实体。事实上，布罗特尔斯通过将杜尚的现成品概念延伸到博物馆来对抗艺术的日益制度化。正如马塞尔·杜尚所说："这是一件艺术作品"，从本质上讲，我说的是"这是一个博物馆"。（Moure, 2012: 228）。杜尚的现成品对艺术的自主性提出了质疑，他把博物馆的传统审美范围之外的物品带进了博物馆。布罗特尔斯把博物馆当作一个现成的物品，在理论上把它放在现实世界的外面，从而质疑博物馆的内容与背景的制度化分离。正如雅克－德里达（Jacques Derrida）所指出的，布罗特尔斯表明，"内部与外部分离或内部不受外部污染的想法是一种幻想，一种形而上学的虚构"。（Krauss, 1999: 32）根据这一直觉，他提出了"博物馆虚构"的理念。

在策展方面，布罗特尔斯通过展出借来的艺术空容器扩展了虚构的博物馆的概念，他将这些空容器与源于现代性之初的艺术作品的现成复制品一起展出。通过这种方式，布罗特尔斯对展出的艺术品的内在价值的概念提出了激进的当代挑战。对艺术价值的考虑，特别是对"杰作"的考虑，在 20 世纪初以来稳步发展的商品化国际环境中被放大了。在这种环境下，一件艺术品的价值越来越取决于其可复制性。因此，一件作品在其文化背景中的可见度越高，它被有效地"宣传"，并因此能够被回忆起，它所产生的价值似乎就越大。作品可以很容易地被更多的人拥有复制，这矛盾地赋予了原作更大的光环，因为对获得其真实性的渴望成倍增加。（Benjamin, 1935）布罗特尔斯的策展努力是在他自己的公寓里进行的，而且只展出艺术的次要物品，这证明了被机构推崇的原始艺术对象最终是不可触及的，它的真实性也同时通过这种手法被质疑。这里的问题涉及"再化，是布罗特尔斯作品的核心问题之一，也是他那一代人的马克思主义辩论的主题"。（Snauwaert, 2014: 15）作为一个策展的艺术家，布罗特尔斯选择了像板条箱这样的大规模生产的物品，并且考虑到物品归属权问题，最终决定使用其他人的物品，在这种情况下，它们属于制造商。这些未经创作的"发现"物品并不构成布罗特尔斯的"艺术"。相反，他的艺术是使博物馆本身像明信片一样可以展示艺术行为。布罗特尔斯不再沿用博物馆的传统意义和功能，他将博物馆作为一个自我认证的场所，激发博物馆本身的策展潜力。

以布罗特尔斯为榜样，马丁·基彭伯格于 1993 年底在希腊偏远的锡罗斯岛建立了锡罗斯现代艺术博物馆（见图 13.2）。基彭伯格为他的博物馆选择了一个不完整的混凝土亭子，这个亭子最初是为了容纳一个屠宰场而建的。艺术家在拜访朋友和赞助人米歇尔·维尔特（Michel Würthle）时偶然发现了这个结构，他是柏林"巴黎酒吧"的老板，基

图 13.2　马丁·基彭贝格尔（Martin Kippenberger），《锡罗斯现代艺术博物馆》[Museum of Modern Art Syros（MOMAS）]，1993—1994 年；克里斯托弗·伍尔（Christopher Wool）设置的希腊锡罗斯现代艺术博物馆标志牌；克里斯托弗·伍尔版权所有

彭伯格早些时候曾为其创作过一系列绘画。就像布罗特尔斯的博物馆一样，基彭伯格占据了通常与博物馆运作相关的所有位置。他同时也是"创始人、馆长、策展人、宣传员和活动策划人"。（Krieger，2015: 4）对基彭伯格的指导和策展工作至关重要的是，他故意将博物馆设在远离典型艺术世界中心的地方。困难的物理访问故意使得艺术家的博物馆成为外围。锡罗斯现代艺术博物馆（Museum of Modern Art Syros）这一名称，缩写为 MoMAS，是对纽约现代艺术博物馆（MoMA）等文化中心地位的嘲弄。围绕着 MoMAS 的随意性，延伸到了基彭伯格在其存在的三年里策划它的方式。对于基彭伯格来说，锡罗斯现代艺术博物馆是他"作为自己和他人作品的策展人的长期活动"的延伸。（Morgan, 2006: 21-22）恰当的是，基彭伯格选择的艺术家大多是朋友或亲密伙伴。虽然基彭伯格确实给他邀请的一些艺术家在他的博物馆中分配了荣誉角色，但并没有假装一个"适当的"选择过程。例如，参与的艺术家克里斯托弗·威廉姆斯（Christopher Williams）被任命为锡罗斯现代艺术博物馆"摄影部"的主任，而同为实践者的约翰内斯·沃恩塞弗（Johannes Wohnseifer）被指派为"博物馆保卫"的角色。基彭伯格赋予博物馆孤立的自我的性质，远离关键的艺术世界大都市的集中审查，同时授予该机构一个准神话的层面。对其存在的了解，由基彭伯格制作的印刷邀请函和其他新闻杂项所证明，在其他方面几乎都是间接的。关于在锡罗斯现代艺术博物馆内部和周围举办的展览，几乎没有文献记载。对那里发生的事件的描述都是口口相传的，因此几乎不可能明确指出相关内容有多少是真实的。基彭伯格这个遥远的机构没有围墙，暗示着透明度和开放性，同样让人对它的实际功能产生怀疑：它是一个笑话还是只是对时间和（最小）资源的放纵性浪费？

在他更广泛的实践中，基彭伯格并不厌恶开玩笑，支撑基彭伯格的外围博物馆的幽默也是严肃的，"这是基彭伯格自身品牌的机构批判的新转折"。（Morgan, 2006: 22）此外，"有一个人物在这个项目中特别重要：策展人，以及策展人在调节艺术解释和历史接受方面的作用"。（Krieger, 2015: 4）在其短暂的历史中，锡罗斯现代艺术博物馆举办了五个展览，涉及九位艺术家。其中许多艺术家已经在国际艺术界享有较高名望，如克里斯托弗·伍尔、斯蒂芬·普里纳（Stephen Prina）、科西马·冯博宁（Cosima von Bonin）和海莫·佐伯尼格（Heimo Zobernig）。与他们名字相关的文化魅力自动阻止了基彭伯格的行动，使其不被视为单纯的愚蠢。此外，这些艺术家为锡罗斯现代艺术博物馆创作的作品是现有项目的延续，是对已完成的艺术实践的现场回应性再创作。最后，基彭伯格的博物馆和他在其中进行的策展活动，虽然本身无疑是合法的，但同时也挑战了当时的主流策展方式。在几乎每个大陆都有双年展的背景下，基彭伯格"无望地"在一个偏远的地中海岛屿上举办了小规模的、几乎没有人参加的展览。（Kippenberger, 2011）这位艺术家对新的货币化策展进行了隐晦的批判，这种策展同时被部署为促进全球旅游业的手段，并加剧了国家和地区之间为增加文化和经济声望的竞争。锡罗斯现代艺术博物馆是基彭伯格的"反对全球化艺术商业的声明"，（Kippenberger, 2011: 439）他在职业生涯结束时已经成为一名成功的国际艺术家，并从中获益。他还表明，在一个绝大多数艺术都不可能亲自观看的当代艺术世界里，策展与不间断的调解同样重要，甚至更重要。（Žerovc, 2015）。谣言和至少一些照片证据的战略性复制，比在工作室里固执地追求美学上的完美更能保证艺术的成功。

美国艺术家伊莱恩·斯特蒂文特也同样接受了机构主义的语言来颠覆和挑战传统的策展。与布罗特尔斯和基彭伯格建立虚构的博物馆不同，斯特蒂文特精确地将艺术生产与策展实践重叠在一起。事实上，斯特蒂文特策划的展览同时由她自己和不属于她自己的作品组成。在她始于 20 世纪 60 年代中期的职业生涯中，斯特蒂文特复制并展出了其他艺术家的作品。早在挪用艺术成为 20 世纪 80 年代后现代主义的流行元素之前，斯特蒂文特就通过模仿对现代艺术家的作者角色提出质疑。同样与后来的挪用艺术家不同的是，斯特蒂文特并没有以任何明显的方式对她所复制的作品进行批判性评论。她的方法是空白的，尽管有证据表明她有创造性的触摸，但似乎想废除所有作者的痕迹。这意味着重点被放回了策展人的想法上，"这是从特定的展览概念中产生的"。（Maculan, 2004: 18）斯特蒂文特故意以系列的方式工作，创造了其他艺术家的整个展览，因为她关注的是"上演一组作品，而不是单个艺术品的展示"。（Maculan, 2004: 19）因此，斯特蒂文特的"沃霍尔"展览包括一些最具代表性的作品，从玛丽莲·梦露的肖像到重复的花的丝网印刷，再到她1966年的银色云朵浮动金属气球装置的演绎。列支敦士登的展览包括该艺术家最著名的波普卡通图像的剪裁。1967年，斯特蒂文特甚至创作了《克拉斯·奥尔登堡的商店》（The Store of Claes Oldenburg），这是奥尔登堡的《商店》（The Store, 1961）的一个精雕细琢的变体，严重考验了模仿者与她更知名的当代人的关系。（Maculan, 2004）事实上，斯特蒂文特的艺术事业的一个激进方面是她经常模仿与她同时代的作品。斯特蒂文特没有等待一个艺术家变得众所周知，而是在她自己的时代，即他们共同的时代，直觉地感受到一个当代人作品的价值。这里的问题不是斯特蒂文特有多大能力去模仿另一位艺术家的作品，而是更普遍的"我们认为艺术是什么"。（De Vries, 2004: 33）当涉及杜尚和沃霍尔等艺术家的作品时，这样的调查尤其具有挑战性。这两位艺术家已经严重挑战了艺术作者的所谓同质性。两位艺术家也都不同程度地淡化了以前在艺术体系中对手工制作的核心作用。通过将这些具有开创性的"非个人"艺术家的作品作为她的主题（或"对象"），斯特蒂文特表明，他们的作品也是艺术例外性的主要代表。重塑他们的作品指出了一个系统性的悖论，即逃避或批评艺术制作的拜物教方面的愿望最终导致了它的重复。（Hainley, 2013）对斯特蒂文特作品的这一核心维度的认识，促使意大利概念艺术家朱利奥·保利尼（Giulio Paolini）说，最终斯特蒂文特是唯一一个永远无法被复制的艺术家。（De Vries, 2004: 36）重要的是，斯特蒂文特通过整理和展出现有艺术家的作品，承担了策展人的重叠角色。只是在她的案例中，她在概念上选择了亲自改造而不是借用她策划的作品。

20世纪80年代在卢布尔雅那成立的斯洛文尼亚艺术团体"新斯洛文尼亚艺术"集体，把对艺术机构的认同性批判推向新的高度。"新斯洛文尼亚艺术"集体是在东欧共产主义的审查背景下成立的，故意挑战了当时普遍令人满足的工人愿景。"新斯洛文尼亚艺术"集体对全球地缘政治关系迅速变化的本质进行了概念上的复杂质疑，同时也挑战了西方艺术界的许多假设。"新斯洛文尼亚艺术"集体的实践具有广泛的跨学科性，包括音乐［莱巴赫工业乐队（Laibach）］、绘画［欧文（IRWIN）］、戏剧［天蝎座姐妹剧场（Scopion Nasice Sisters Theatre）］和设计［新集体主义（New Collectivism）］以及哲学。像他们之前的俄罗斯前卫艺术一样，"新斯洛文尼亚艺术"集体认为他们的集体活动是内在的，而不是外在的政治。相应地，1992年，该团体建立了他们自己的跨国虚拟国家，新斯洛文尼亚艺术集体的"时间国家"。新斯洛文尼亚艺术集体宣称这个国家是"位于欧洲社会政治空间中的一个抽象的社会机构"。（Gržinić, 2003: 248）与传统的国家形式相反，新斯洛文尼亚艺术集体的"时间国家"主要是在内部化的私人和家庭领域实现的。这种选择与该团体同时代的俄罗斯人，即地下苏特艺术和公寓艺术（apt-art）运动的倾向性相呼应。（Gržinić, 2003: 261）与它们不同的是，新斯洛文尼亚艺术集体及其相关的表现形式，包括他们的"时间的状态"，模仿了官方的修辞和经典的国家赞助的文化活动的形式。同时，由于其活动地点的私密性，它的行动或多或少不受国家监督。当然，从历史上看，国家本质上是民族主义的，并受到意识形态上的定义的约束。与这种模式相反，虽然在日常生活中受到限制，但新斯洛文尼亚艺术集体"时间中的国家"欢迎志同道合的人参加主要在公寓和私人住宅举行的艺术策划活动。这些活动通常涉及新斯洛文尼亚艺术集体各分支的艺术作品的策划，如欧文画家和新集体主义设计师。在展示"新斯洛文尼亚艺术"集体艺术的同时，还有一系列的小组辩论、主题圆桌讨论以及午餐和晚餐。这些欢快的附加活动模仿了当代全球双年展惯用的专题讨论会和其他外围活动。它们还提供了一个内部化的、不受审查的"自由空间"，鼓励参与者之间的公开讨论。与此相反，新斯洛文尼亚艺术集体根据典型的国家自我介绍，制造了牌匾、旗帜和其他官方外观的用具。通过这些，新斯洛文尼亚艺术集体接受了批判，作为一种对现有国家机构的符号化的过度认同。（Žižek，1993）他们的批判是一种元批判，使对国家缺陷的更明显的正面攻击变得严重复杂。

作为"时间国家"的一部分，新斯洛文尼亚艺术集体暂时在世界各地建立"大使馆"。1992年在俄罗斯莫斯科，1993年在比利时根特，1993年在德国柏林，这些"大使馆"都出现了。此外，新斯洛文尼亚艺术集体还在世界各地建立了临时"领事馆"，如1993年在意大利佛罗伦萨的安巴夏托里酒店（Hotel Ambasciatori），1994年在克罗地亚的乌马格。后者的领事馆是在收藏家马里诺·塞蒂娜（Marino Cettina）的个人厨房在"不恰当"背景（Monroe, 2005: 250）下建立的。（Gržinić，2000，221）新斯洛文尼亚艺术集体还计划在中国北京建立一个大使馆（1994年），并为日本东京建立一个在线虚拟"电子"大使馆（1996年）。最近，这个集体为2017年的第57届威尼斯双年展设立了一个国家馆。颠覆了许多双年展（尤其是最成熟的双年展）中不可避免的倒退的民族主义，新斯洛文尼亚艺术集体在这次展览中没有代表斯洛文尼亚。相反，他们策划了他们的移动、自主的"时间状态"的又一次迭代。从这个概念的构建中，他们继续他们的做法，向任何愿意完成相关文书工作的人发放新斯洛文尼亚艺术集体国家护照。这些护照是以最真实的真实模型制作的，完美地模仿了国家的功能对应物。事实上，它们纯粹的真实性鼓励了它们的非法使用。（Monroe, 2005: 264）通过这些结合起来的象征性行动，新斯洛文尼亚艺术集体的"时间中的国家"（State in Time）将国家作为一种话语上的"民族"文化现象重新创造出来，与实际存在的国家政治的官僚效用和操纵性的权宜之计相对立。他们的作品是一种具有讽刺意味的乌托邦式的努力，比全球化的灵活性和无国界性的言论的全部力量更早，也更有预期。新斯洛文尼亚艺术集体的"时间中的国家"打断了这种修辞的夸张，意识到一个假想中的国家也可以在现实世界中运作的讽刺。事实上，由于"时间中的国家"不受地理、经济或政治边界的限制，它的象征性维度被强化了，因此它的存在可以说更加真实。经济全球化对国家命运的后国家影响在理论上被一个取代它的虚拟国家所取代，因为任何选择的人都可以属于它。正如理论家和新斯洛文尼亚艺术集体的合作者埃达·尤弗（Eda Čufer）所提到的，"时间中的国家"不是赋予领土，而是赋予心灵，其边界处于变化状态，与象征性和物理性的集体实体的运动和变化相一致。（Monroe，2005: 251）作为最广泛的策展声明，新斯洛文尼亚艺术集体寻求"通过改变的和固有的不稳定的国家形成来建立艺术的跨国基础设施"。（Gardner, 2015: 101）通过使国家成为一件艺术品，（Benson, 1996: 187）新斯洛文尼亚艺术集体提到了公共博物馆的历史和它在法国大革命期间的起源。（Schubert, 2009）在那一刻，博物馆成为世界政治中的一个关键文化角色。启蒙时代的博物馆馆长知道，他们的角色从根本上受制于对"全人类的利益的"意识形态责任。新斯洛文尼亚艺术集体的"时间国家"强调博物馆及其相关场所是天生的政治场所，艺术家的集体策展行为牵涉到每个人的参与。

独立的替代品：从内部重新定义策展

艺术家通过揭露和质疑策展的权威性维度来挑战专业策展人。挪用机构方法的艺术家策展人强调艺术、艺术家和机构的结合是艺术的最终社会文化意义的所在。参与独立艺术家运营活动的艺术家的策展活动，在很多方面呼应了艺术家的做法和态度，他们有意识地寻求从艺术生产的领域中重新构建策展。奇怪的是，艺术家自营空间的历史，也被称为艺术家自营计划，被解读为与20世纪60年代独立专业策展这一新领域的出现相同：作为先锋派的延续。（Detterer, 2012: 13）。不过，艺术家经营自己的空间和组织自己的倡议的策展活动的不同之处在于他们独立于机构的约束。这些活动的独立性，由于持续的实际压力（如支付租金），往往是不稳定的，其性质并不以满足相关董事会成员、企业赞助商、受托人或目标观众等既得利益者的机构要求为前提。虽然他们的业务范围通常必然是卑微的，但这一事实也有关键的力量。在他们最精辟的时候，独立艺术家经营的空间与商业、机构和严格的官僚主义要求相对应，这些要求的结合定义了全球新自由主义资本的当代领域，这个世界主要被预设为经济企业。通过与这种看似不可避免的模式的要求相反的实践，艺术家策划的独立空间示范了如何仍然有可能划出一个不受制于追求可衡量的结果和利润的地形。对选择性亲和力和友谊的积极拥抱，以及这些不可避免地引起的批判性兴奋，标志着这种地形。（Condorelli, 2013: 62-73）当然，这样的空间也绝不是乌托邦式的。事实上，强调认知劳动而非物质生产的后福特主义模式，定义了当代新自由主义的运作方式，并大量借鉴了艺术实践的例子。这样的实践经常基于一种愿意长时间工作而报酬很少或没有报酬的态度，并支持灵活性和创造性的品质。（Aranda, Kuan Wood, and Vidokle, 2011）一些艺术家经营的活动实际上是在模仿新自由主义的价值观，不加讽刺地内化和部署官僚和商业方法，这些方法与他们实际运作的需要没有什么结构上的联系。（Sholette, 2011）与这些机会主义组织不同的是，那些将艺术家和艺术家集体的例子延伸到机构的虚构方面的意识，包括策展机构。（Gielen, 2009）这些独立的策展工作可能发生在紧张和审查的政治环境中。它们可能发生在非典型的地点，如家庭店面或地下室。它们也不需要限制在物理空间。艺术家可能会选择在互联网的虚拟空间中进行策展，尽管这些空间无处不在。或者他们可以在同时策划的多个移动平台上进行实践。艺术家经营的空间还可以是根据从自问自答的实践中获得的经验进行策划，这些实践向外偏转，更广泛地质疑当代艺术机构。

20世纪60年代末，艺术家格拉谢拉·卡内瓦莱（Graciela Carnevale）是在阿根廷布宜诺斯艾利斯和罗萨里奥举办的一系列活动和展览的主要参与者。这些活动被统称为"实验艺术周期"（Experimental Art Cycle），最终导致了1968年实现的"图库曼烧伤"（Tucumán Arde），一个结合了研究、活动和展览的倡议。"实验艺术周期"的活动挑战了政府对图库曼工人暴动报道的审查制度，图库曼是阿根廷的一个贫困地区，那里存在极端的剥削。（Carmen-Ramirez, 1999: 67）同年，卡内瓦莱在罗萨里奥的一个废弃商店里推出了她的"禁闭行动"（Acción del Encierro）。她在策展方面的考虑远远超过了对图片谨慎放置的考虑。"禁闭行动"同时也是一个尖锐的批评，正如卡内瓦莱自己所说的"以不同方式做事、不同方式思考、不同方式考虑艺术在社会中的作用的主张"。（Copeland, 2015: 79）卡内瓦莱在她所要求的店面的门窗上贴上了海报，并邀请观众加入她的行列。在开幕式当晚，现场已经坐满了人，卡内瓦莱秘密地锁住了所有的出口，使所有人无法离开。活动意图的模糊性得到了加强，因为在这个空间里没有什么可看的，没有艺术可看。同时，参观者对他们被强行困住的意识是逐渐产生的。一旦发现他们不能自由离开，许多人就惊慌失措。（Filipovic, 2012: 164）在军事独裁和猖獗的媒体审查的压迫背景下，卡内瓦莱的策展贡献基本上是她故意加剧了恐惧和焦虑，这些情绪建构了当时的阿根廷社会。这些都是有效展示的"对象"。展览结束时，一个路人目睹了里面的恐慌情况，砸碎了商店的窗户，让人们逃离。（Kester, 2011）值得注意的是，卡内瓦莱的策展姿态将批判作为一种"过度认同"的形式（BAVO, 2007）：艺术家并没有试图通过可预见的以其开明的反面去质疑现状。相反，"禁闭行动"采用了统治者的残酷手段，以一种相当残酷和直观的方式揭示了当代瑞士艺术家托马斯·赫希霍恩（Thomas Hirschhorn）后来声称他想通过他的作品揭示的东西："艺术和艺术世界不能脱离更大的世界。"（Gardner, 2015: 151）

上述由艺术家策划的行动的干预性维度在最近得到了艺术家的独立策展倡议的响应，这些艺术家要么是公开的活动家，要么是游走在活动主义和艺术之间的边界的人士。例如，在意大利米兰，伊索拉艺术集体（L'Isola dell'Arte）以一种与20世纪80年代后特别有影响力的意大利棚屋运动相关的精神，对该城市快速的后工业化作出了回应。伊索拉艺术集体占据了一个被称为斯泰卡（Stecca）的大型工业建筑，他们在2003至2007年间将其作为一个自主的创作空间。伊索拉艺术集体的艺术家们批评了意大利政府对米兰作为一个新的"创意城市"的企业化愿景。他们认为这样的品牌效应是一种玩世不恭的、几乎不加掩饰的营销策略，旨在吸引"新富的创意阶层"到一个原本被视为"废弃"的地区。（Raunig, 2013: 132）作为反击，伊索拉艺术集体的艺术家们在斯泰卡的房间里策划了一个反面展览，用"战斗的具体性"的概念取代了"现场的具体性"，这个概念自20世纪60年代以来对进步的雕塑和装置实践具有开创性意义。相应地，这些艺术家制作了作品，其中一些是永久安装的，"目的之一是阻碍驱逐和拆除圣卡"。（Raunig, 2013: 135）因此，展览起到了阻碍和文字封锁的作用，它既反对伪装成创造性发展的资本主义效用，也反对艺术作为一种与真正的现实世界的影响隔绝的"纯粹"实践的概念。在现有艺术世界的背景下，托马斯·赫希霍恩经常采用类似活动家的方法来质疑艺术世界的封闭性，因为它是一个假定的人造天堂。2004年，赫希霍恩在巴黎的一个班级里实现了他的《奥贝维利埃阿尔比内不稳定博物馆》（Musée Précaire Albinet d'Aubervilliers）（见图13.3）。这位艺术家的"不稳定的博物馆"和赫希霍恩的大多数作品一样，主要由廉价材料建造：纸板、纸张、复印件、布和包装胶带。博物馆本身是一系列临时搭建的房间，每个房间都是为一位著名艺术家而

图 13.3　托马斯·赫希霍恩（Thomas Hirschhorn），《垂危的阿尔比内博物馆》（Musée Précaire Albinet），"奥贝维利耶：奥贝维利耶的实验室"（d'Aubervilliers: Les Laboratoires d'Aubervilliers）展，巴黎（分展），2004 年。图片采自 http://www.leslaboratoires.org/en/projet/musee-precaire-albinet/musee-precaire-albinet

设。马塞尔·杜尚、萨尔瓦多·达利（Salvador Dali）、皮特·蒙德里安（Piet Mondrian）、卡济米尔·马列维奇、费尔南·莱热（Fernand Léger）、勒·柯布西耶（Le Corbusier）、安迪·沃霍尔和约瑟夫·博伊于斯。赫希霍恩从乔治·蓬皮杜中心的著名收藏中借来了这些以现代主义为主导的从业者的原创和非常有价值的历史作品，并将其策划到他的临时博物馆。然而，正如蓬皮杜中心的国家现代艺术博物馆馆长所说，赫希霍恩的展示是一个艺术命题，而不是一个机构展览，他的请求不能被当作传统的借阅。（Pacquement, 2004）赫希霍恩被认为是西方美学的精英话语的核心，他将"无价"的欧洲艺术作品插入到一个人口主要由非欧洲工人阶级组成的社区。赫希霍恩策展的主动性，同时也包括艺术作品，是将通常被认为是"边缘"工人阶级无法接触到的作品，如奥贝维利耶区的居民，直接带给他们。赫希霍恩还邀请了专家演讲者来阐述他所选择的艺术家和艺术作品的概念和历史。然而，为了否认殖民者典型的沙文主义态度，艺术家还邀请任何愿意的当地人在公众面前自由谈论他们看到的作品。他还让居民参与作品的实际操作和安装，让他们直接接触展出的艺术品。（Hirschhorn and Bizzarri, 2011）通过这些手段，赫希霍恩的策展项目同时也是一种艺术去神秘化的积极姿态。它鼓励那些对这些艺术没有任何意义的人将其视为属于他们生活和行动的同一社会政治领域的重要组成部分。

表面上看，像赫希霍恩的博物馆一样是一件艺术作品，迦勒·拉森（Caleb Larsen）在2009年创作的《欺骗和屠杀的工具》（A Tool to Deceive and Slaughter）同样是一个天生的策展主张。从物理上看，该作品是一个没有特征的、反射的、准极简主义的黑盒子。然而，除了它的物理性之外，这个物体还具有一种"黑客主义"艺术的特征，这种艺术在互联网广泛使用之后变得特别普遍。（Christiane, 2015）这些作品大多批判性地解决了互联网作为一个开放（民主交流）和封闭（密切监视）空间的矛盾。（Schöpf and Stocker, 2007）事实上，企业目前经常进行持续的数据挖掘，包括收集和储存用户的个人浏览习惯，以期待未来的商业利益。（Pariser, 2011）为了回应这种普遍的当代现象，《欺骗和屠杀的工具》是一个通过亿贝购物网站（eBay）虚拟连接到互联网商业空间的实物。在那里，该物品通过一个自动算法永远地"销售自己"。（Scott, 2010）如果该物体从互联网上拔下插头，它就不再是一件艺术作品（Larsen, 2009），因为它的概念完整性已经被打断：该物体只是在它被连接的时候"活着"。拉森的黑盒子建立了一个理论上永恒的不可获取的闭环。它是一种不可交易的商品，使假定的（尽管在现实中受到复杂的监控）在线金融交易的简单性变得复杂。在互联网的虚拟空间中进行策划，该作品将这些空间确定为艺术展览的一个可行的场所。此外，它将互联网上所有出售的东西作为潜在的，尽管是虚拟化的，后杜尚时代的发现物，使互联网成为所有现有艺术画廊中最广泛者。（Groys, 2016）

与此不同的是，流动的策展项目引起了人们对展出的艺术的固有框架条件的关注。其中一个例子是澳大利亚艺术家米切尔·卡明（Mitchell Cumming）的相互关联的策展项目。这些相互关联的项目是"比邻"（NEAR）、"促进澳大利亚居民接触艺术协会"（AFAAAR）和"微启"（AJAR）。"比邻"，从2014年开始，包括为艺术家自己的厨房的法式门委托创作的作品。这些玻璃门形成了一个现成的三联画，使展示的作品进一步历史化。第一个展示的项目是另一位澳大利亚艺术家肖恩·哈斯曼（Shane Haseman）的《高街》（High Street），一系列专业的手绘标志，幽默地将历史上的前卫艺术，特别是达达，与经常在划分公共和私人事务的边缘空间经营的业务类型联系起来：个人治疗、私人按摩、殡仪馆（见图13.4）。与"专业"的策展方案不同，"比邻"的作品，正如其名称所示，只对受邀的客人开放。它们的存在体现了它们被执行的非正式环境。总体来说，这一努力进一步暗示了专业策展人面临的妥协，他们被迫回应不断升级的机构需求。

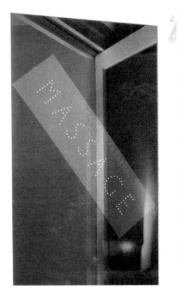

图13.4　米切尔·卡明（Mitchell Cumming）"比邻/促进澳大利亚居民接触艺术协会"（NEAR/AFAAAR）展，沙恩·黑斯曼（Shane Haseman）《主街》（High Street）充当了策展人厨房的法式门，澳大利亚新南威尔士雷德芬，2014年。图片来源：亚历克斯·加夫龙斯基

这些要求包括：在一个过度曝光的时代，争取最多的观众和最大的公众能见度，代表"今天最惊人的文化：……在西方国家最媒体化的东西"。（Derrida, 1994: 15）与之密切相关的是，促进澳大利亚居民接触艺术协会利用出版物作为策展媒介。它以一种让人联想到早期前卫杂志的方式，为受邀艺术家的作品制作了小批量的豪华版本。最后，2016年启动的"微启"展，与悉尼艺术学院康明工作室的窗户发生了特殊关系。窗户是西方现代性的经典参考点，它的使用玩弄了艺术史的关联，同时进一步阐明了当代策展空间中公共和私人的明显分离。总体来说，"比邻"展（NEAR）、促进澳大利亚居民接触艺术协会和"微启"展形成了一个相互关联的结构，其多重、重叠和相互参照的维度表明了界定艺术的更大呈现身份的条件，即其"可策展性"。

此外，在新镇当代艺术学院（Institute of Contemporary Art Newtown，ICAN）举办的许多展览也涉及策划艺术作品的背景框架和展示问题。新镇当代艺术学院由艺术家卡拉·塞斯康（Carla Cescon）、已故的斯蒂芬·伯奇（Stephen Birch, 1961—2007）、艺术家斯科特·多诺万（Scott Donovan）和我本人在悉尼创立，部分是作为一个准虚构的机构。从2007年年底开始，它在澳大利亚悉尼市内的一个城市店面里运作了七年。作为其总体方向的一部分，新镇当代艺术学院认识到"替代性展览空间作为对主流机构表达批评立场的平台"的广泛潜力。（Milevska, 2015: 176）新镇当代艺术学院并没有将其作为首要目标，但它认识到自己在制定展览方面的潜力，以对抗当地和更广泛的当代艺术世界中特定的公认趋势。例如，画廊定期举办与悉尼双年展主题相呼应的展览。2008年，新镇当代艺术学院举办了展览"我们这个时代最有意义的艺术：有得必有失"（The Most Meaningful Art of Our Time: What Goes Around Comes Around）。该展览转述了当年悉尼双年展策展人卡罗琳·克里斯托夫－巴卡吉耶夫关于双年展总体意图的声明。考虑到高调的策展人在新闻稿和媒体声明中使用的夸张和英雄主义的语气，新镇当代艺术学院制作了一个展览，巧妙地模仿这种总体性的策展情绪。在这种情况下，相对较小的画廊空间被划分为三个更小的三角附属空间。这些都可以通过房间中间铰链的三个独立门进入。在每一个尴尬的隔断空间里，都安装着一位艺术家的作品。展出的作品包括澳大利亚画家西蒙·巴尼（Simon Barney）对各种被丢弃在小巷里的旧技术的图式化现实主义绘画。在一旁，已故新西兰概念艺术家朱利安·达什珀（Julian Dashper）的作品将 2007 年威尼斯双年展的最后一秒描绘成时间和空间中的一个视听小插曲。在画廊"办公"区的冰箱上方，瑞士艺术家皮皮洛蒂·里斯特（Pipilotti Rist）1987 年的录像《性感悲伤——我》（Sexy Sad—I），描绘了一个身份不明的裸体男子在森林中无规律地奔跑和跳舞，录像被不断地循环播放。

两年后，新镇当代艺术学院展示了"2010 年澳大利亚馆：'吞下它的狗'（在戈雅之后）"［The Australian Pavilion 2010: "Swallow it Dog"（after Goya）］是对英国策展人大卫·艾略特的 2010 年悉尼双年展"距离之美：动荡的年代的生存之歌"（The Beauty of Distance: Songs of Survival in a Precarious Age）（见图 13.5）的间接回应。表面上看，2010 年悉尼双年展是对解决全球创伤和不平等问题的众多实践的善意调查，但它却没有在任何时候正视其策展模式的自我特权，这是此类展览的一个关键共性（Gawronski, 2014: 124–137）作为回应，新镇当代艺术学院故意粗暴地引用了弗朗西斯科·戈雅 1799 年的蚀刻画，画的是一个庸医将可疑的药物强加给一个病人，这表明双年展恰恰参与了它们所接受的作品惯常批评的那种社会政治机制。（Lee, 2012）加拿大资深概念主义者布鲁斯·巴伯（Bruce Barber）在展览中展出了《字母炸弹》（Alphabet Bomber），这是一份按字母顺序排列的当代轰炸机可能类型的垂直清单，既可笑又真实。悉尼艺术家安德鲁·赫勒（Andrew Hurle）展示了一本名为《1000 个纳粹女友》（1000 Nazi Girlfriends）的小说，据说是由著名的艺术出版商塔森出版社（Taschen）制作的。在附近，维也纳的 0–gms

图 13.5 "新镇当代艺术学院" [Institute of Contemporary Art Newtown (ICAN)] 展览海报，澳大利亚悉尼，2010 年；作者和新镇当代艺术学院 [卡拉·切斯孔 (Carla Cescon)、斯科特·多诺万 (Scott Donovan)、亚历克斯·加夫龙斯基] 供图

团体同时参加了悉尼官方双年展，他们展示了他们的视频《0-gms 的计划》(*The Plans of 0-gms*)，其中描述了其成员幽默地背诵了一份当前全球双年展、三年展和艺术博览会的清单，以衡量其他成员对可能参与这些活动的热情（或缺乏热情）。虽然精神上不同，但新镇当代艺术学院在 2012 年展示了艺术家-策展人保罗·拉马尔 (Paul Lamarre) 和梅丽莎·沃尔夫 (Melissa P. Wolf) 的作品，他们是纽约威廉斯堡灵感艺术组

合（EIDIA）的共同创始人。灵感艺术机构（EIDIA House）的《占领纽约当代艺术学院》（Occupy's ICAN）由 2011 年在纽约开始的占领华尔街运动的纪实摄影图片组成。它还展示了与"占领"现象的不同群体有关的现成物品、横幅、传单。在展厅内，视频描述了"占领"的集会、演讲，以及当时纽约极端的警察存在的证据。在感同身受的同时，展览也有意拉开了距离，让观众根据自己在现场积累的经验来吸收这些材料。更广泛地说，这些展览和其他类似展览的目的不是试图恢复机构和非机构策展之间的二元对立，自动将后者置于前者之上。然而，它广泛地揭示了制约机构策展的局限性，因为这种策展很少对自己的方法和自我保护进行批评——尽管它可能在主题上进行批评。与此相反，独立艺术家经营的空间在结构上被对其局限性和不稳定性的认识所束缚，这一事实也是至关重要的。

总结

　　艺术家策划的展览有效地定义了当代专业策展的做法和方法。这一事实仍然相对鲜为人知，这既令人好奇，也说明了问题。它表明策展人的形象，特别是在他们最全球媒介化的时候，是如何完全取代了艺术家作为策展人的当代中心地位的。从 20 世纪 60 年代到现在，策展文化的转变已经将专业的策展人牢牢地嵌入到当代艺术展示的中心。同时，大规模的策展实践将艺术越来越多地引向一个普遍化的全球文化。作为回应，由艺术家策划的对专业策展人的制度化创造力的内部化一直是尖锐的，而且往往是幽默诙谐的。而且，他们仍然如此。在艺术家策划的展览中，经常部署幽默作为一种反思机制，这也揭示了将它们与专业策展人的努力分开的条件。一个专业的策展人在展示一个"幽默"的展览时，很少（如果有的话）会让这种幽默的效果牵扯到展览所在机构的运作中。模仿、讽刺和反讽必须完全包含在一个主题包中。事实上，"非严肃"的姿态通常被专业策展人所禁止，因为金钱，尤其是严肃的金钱，并不是笑料。这在"处理艺术领域的条件以及其中公然的腐败是一种禁忌"的情况下尤其如此。（Steyerl，2012: 98）另外，由艺术家策划的展览，特别是那些在独立空间内举办的展览，由于其先验的不稳定性，本质上是可变的和蜕变的。此外，"人们可能会说，艺术家经营空间的形成已经包含了对艺术机构机器的批判，它甚至倾向于将最关键的、论战性的那种实践平淡化，将它们驯化为消费对象"。（Faguet, 2012: 97）

这些空间的活动的局限性主要是实际的。另一方面，专业策展的局限性，特别是来自高度可见的公共机构的局限性，主要是它们与企业文化日益纠缠的结果。这种文化依赖于"基于实证主义数据的金融资本的加速抽象"，要求"可证明的影响"，这些指标被奉为"电子表格的平庸"，作为"财政要求的海啸，威胁着淹没公共领域中所有复杂、脆弱、聪明、冒险和批判的东西"的一部分。（Bishop，2013: 62）人不能对喂养他的手反咬一口。然而，所有的机构，包括策展机构，都是有漏洞的，最终是有问题的。当预算处于危险之中，工作处于危险之中时，机构质疑就成为一种微妙的，甚至是站不住脚的选择。这也解释了为什么在专业策展领域，虽然不是不可能，但真正的"批判性内容仍然是例外"（Smith，2015: 30），除非"批判"仅仅反映在主题上。

然而，在一个被多种社会、政治、人道主义和生态危机所困扰的全球场景中，"民主"一词在艺术界和其他地方仍然经常被用作救命稻草，对一个机构的运作进行质疑难道不是这种民主概念所必需的吗？如果没有自我质疑，就不会有任何问题，现状就会占上风，"尤其是新自由主义的结构，使少数人享有特权，而不是多数人"。（Jelinek，2013: 4）事实上，由于新自由主义模式施加的财政压力，许多当代艺术博物馆被迫关闭，因为"国家对艺术的资助已经越来越多地从提出批评立场的项目重新分配到（那些代表）非批评立场或商业企业"。（Raunig，2013: 90）以经济为目标的机构的做法被认为不符合全球化资本的要求。这样的机构和他们提倡的策展实践经常被否定为"不现实"。（Bishop, 2013）一些面临这些情况的专业策展人已经设法创造性地将其转化为一种批判性的力量，利用现有的藏品与专门为其机构委托的作品相结合。他们与当地观众建立了真正的联系，同时也没有忽视他们的机构不可避免的全球性的纠缠。这种类型的机构，以及他们所鼓励的策展方法，关键是要认识到，策展文化在其最重要的时候也是依附于它所发生的地方。策展人，尤其是像双年展这样的大型跨国展览的策展人（以及许多艺术家），倾向于首先考虑其他文化所面临的问题，这常常使审问者免于面对或质疑自己的处境。越是全球性的文化，越是被视为居住在"其他地方"，因为"艺术家、策展人和艺术机构……错误地将活动家的话语挪用为实际的政治行动"，并且一致地"不愿意承认他们自己的特权以及他们自己如何受益，并且经常维持不平等"。（Acre and Yamamoto-Masson, 2017）被忽视的是构造和决定艺术家和策展人之间相互作用的"特定场所"条件。

说艺术家和策展人现在只是参与了同一个文化生态（O'Neill, 2012），其实太简单了，因为这种相互作用在不同的地方是有很大区别的。在全球经济中心，同时有更多的艺术家和更多的策展人，而前者为获得后者的认可而进行的竞争是非常激烈的。当代文化对专业策展人的青睐超过了作为策展人的艺术家，这证明了艺术家策划的展览仍然"几乎毫无例外地处于官方叙述的边缘"。（Filipovic, 2012: 157）事实上，当代艺术家平等分享策展人项目的机会非常有限。根本没有足够的策展人去迎合当前的艺术产出。当然，当代艺术的生产是过度的，因为艺术家从来没有这么多。因此，国际策展人对艺术家的恩赐具有最重要的象征意义和实际意义，现在比以往任何时候都更重要。因此，艺术家策展人和专业策展人的领域是相互依存和联系的，其程度是前所未见的。尽管如此，将艺术家策划的活动等同于专业策展人的工作还是过于简单了，这并不是因为前者"不专业",而是因为除了社会和地缘政治环境的问题之外,这两个群体之间的动态基本上是一边倒的:目前"策展人和艺术家之间的交易 …… 足以证明这种关系是不平等的"。(Žerovc, 2015:32)奔波于世界各地的策展人的声誉与他们能够利用的资金一样微不足道,他们通过获得这些资源而提高话语权。作为当代艺术和文化话语的主要仲裁者,他们在艺术界逐渐攀升的地位赋予了他们显然无可质疑的权威声音。他们为艺术家设定框架,并通过使用其作品而进行"更多"创作。同时,"批判总是被边缘化,反抗总是以这样或那样的方式被同化"(Raunig, 2013: 112),艺术家策划的展览如果在博物馆内或在官方认可的文化组织的指导性财政支持下进行,往往会有更好的结果,也更受重视。否则,普遍低估艺术家作为策展人的价值的情况仍在继续。然而,我们不能忽视那些真正具有问题意识的机构策展的价值,这些策展没有"被旨在吸引企业投资者的 …… 重要展览搞得智力残缺"。(Bishop, 2013: 55)然而,最为重要且需要强调的是,艺术家策划的展览坚持其"破坏或改变既定的展览理念"的能力。(Filipovic, 2012: 158)此外,"它们曾经是,而且在许多情况下仍然是最有利于实验性艺术和反思性策展的场所"。(Smith, 2015: 28)事实上,在没有任何损失的情况下,艺术家策展人在艺术实践内部运作,并以大多数当代机构策展人无法做到的方式来测试展览的极限。这是因为艺术家策展即便在其最敏感的时候,也并不回避直面那些定义策展和艺术程序的假象。

参考文献

Acre, Diane and Yamamoto-Masson, Nine, 2017. Activism: The Art World is Complicit: An Interview with WHEREISANAMENDIETA. *Berlin Art Link.com* (10 July). https://www.berlinartlink.com/2017/07/07/activismthe-art-world-is-complicit-an-interview-with-whereisanamendieta/, accessed 13 March 2019.

Altshuler, Bruce. 2008. *Exhibitions that Made Art History: Volume 1: 1863–1959, Salon to Biennale*. New York: Phaidon.

Aranda, Julieta, Brian Kuan Wood, and Anton Vidokle. 2011. *Are You Working Too Much? Post-Fordism, Precarity and, the Labor of Art*. Berlin: Sternberg (e-flux).

Balzer, David. 2014. *Curationism: How Curating Took Over the Art World and Everything Else*. Toronto: Coach House Books.

BAVO. 2007. *Cultural Activism Today: The Art of Over-Identification*. Rotterdam: Episode.

Benjamin, Walter. 1935. The work of art in the age of mechanical reproduction. In: *Illuminations*, edited by Hannah Arendt. New York: Schocken Books.

Benson, Michael. 1996. Neue Slowenische Kunst: The State in Time. In: *IRWIN: Retroprincip*, edited by Inke Arns, Frankfurt: Revolver.

Birnbaum, Daniel, Cornelia Butler, Suzanne Cotter, et al. 2011. *Defining Contemporary Art: 25 Years in 200 Pivotal Artworks*. New York: Phaidon.

Bishop, Claire. 2013. *Radical Museology: Or, What's "Contemporary" in Museums of Contemporary Art?* London: Koenig Books.

Carmen-Ramirez, Mari. 1999. Tactics on thriving on adversity: Conceptualism in Latin America, 1960–1980. In: *Global Conceptualism: Points of Origin, 1950s–1980s*, edited by Philomena Mariani. New York: Queen's Museum of Art.

Cherix, Christophe. 2010. Introduction. In: *A Brief History of Curating*, edited by HansUlrich Obrist. Zurich: JRP/Ringier.

Chlenova, Masha. 2012. The last futurist exhibition of paintings 0.10

(zero-ten). In: *Inventing Abstraction 1910–1925: How a Radical Idea Changed Modern Art*, edited by Leah Dickerman. New York: Museum of Modern Art.

Chong, Doryun (ed.). 2012. *Tokyo 1955–1970: A New Avant-Garde*. New York: The Museum of Modern Art.

Christiane, Paul. 2015. *Digital Art*. New York: Thames & Hudson.

Ciric, Biljana. 2015. Hank Bull, Shen Fan, Zhou Tiehai, Shi Yong, and Ding Yi, Let's Talk About Money: Shanghai First International Fax Art Exhibition (1996). *Mousse 47(The Artist as Curator #6)*.

Condorelli Céline. 2013. Too close to see: Notes on friendship, a conversation with Johan Frederik Hartle. In: *Self-Organised*, edited by Stine Herbert and Anne Szefer Karlsen. London: Open Editions.

Cooke, Lynne. 2006. In lieu of higher ground. In: *What Makes a Great Exhibition*, edited by Paula Marincola. Philadelphia: Philadelphia Exhibitions Initiative, Philadelphia Center for Arts and Heritage.

Copeland, Mathieu. 2015. Graciele Carnevale in conversation with Mathieu Copeland,

Rosario, Argentina 2015. In: *The Anti-Museum: An Anthology*, edited by Mathieu Copeland and Balthazar Lovay. London: Fri Art & Koenig Books.

Davis, Heather and Etienne Turpin. 2015. *Art in the Anthropocene: Encounters Among Aesthetics, Politics, Environments and Epistemologies* (*Critical Climate Change*). London: Open Humanities Press.

Debevoise, Jane. 2014. *Between State and Market: Chinese Contemporary Art in the Post-Mao Era*. Leiden, the Netherlands: BRILL.

Derrida, Jacques. 1994. *Specters of Marx: The State of the Debt, the Work of Mourning and the New International*. London: Routledge.

Detterer, Gabriele. 2012. The spirit of artist-run spaces. In: *Artist Run*

Spaces: Nonprofit Collective Organizations in the 1960s and 1970s, edited by Gabriele Detterer and Maurizio Nannucci. Zurich: JRP/Ringier and Dijon: Les presses du réel.

De Vries, Gerd. 2004. Interview: Gerd De Vries and Lena Maculan. In: *Sturtevant: Catalogue Raisonné 1964–2004*, edited by Lena Maculan. Ostfildern-Ruit, Germany: Hatje Cantz Verlag.

Faguet, Michèle. 2012. A brief account of two artist-run spaces. In: *Institutions by Artists: Volume One*, edited by Jeff Khonsary and Kristina Lee Podesva. Vancouver: Fillip Editions.

Filipovic, Elena. 2012. When exhibitions become form: On the history of the artist as curator. In: *Documents of Contemporary Art: Exhibition*, edited by Lucy Steeds. Cambridge, MA: MIT Press.

Gardner, Anthony. 2015. *Politically Unbecoming: Postsocialist Art against Democracy*. Cambridge, MA: The MIT Press.

Gawronski, Alex. 2014. *Words and Pictures: Selected Art and Writing*. Sydney: Artspace Visual Arts Centre Ltd.

Gielen, Pascal. 2009. The biennale: A post-institution for immaterial labour. In: *The Art Biennale as a Global Phenomenon: Strategies in Neo-Political Times*, edited by Jorinde Seijdel, Liesbeth Melis, and Pascal Gielen. Amsterdam: SKOR.

Graw, Isabella. 2006. Beyond institutional critique. In: *Institutional Critique and After*, edited by John C. Welchman. Zurich: JRP/Ringier.

Groys, Boris. 2016. *In the Flow*. London: Verso.

Gržinić, Marina. 2000. Synthesis: Retroavantgarde or mapping socialism. In: *IRWIN: Retroprincip*, edited by Inke Arns. Frankfurt: Revolver.

Gržinić, Marina. 2003. Neue Slowenische Kunst. In: *Impossible Histories: Historical Avant-gardes, Neo Avant-gardes, and Post Avant-gardes in Yugoslavia*, edited by Dubravka Djurić and Misko Šukaković. Cambridge, MA: The MIT Press.

Haidu, Rachel. 2010. *The Absence of Work*. Cambridge, MA: The MIT Press.

Hainley, Bruce. 2013. *Under the Sign of (SIC): Sturtevant's Volte-Face*. Los Angeles: Semiotext(e).

Holmes, Brian. 2009. Extradisciplinary investigations: Towards a new critique of institutions. In: *Art and Contemporary Critical Practice: Reinventing Institutional Critique*, edited by Gerald Raunig and Gene Ray. London: MayFlyBooks.

Hirschhorn, Thomas and Thomas Bizzarri. 2004. *Thomas Hirschhorn: Establishing a Critical Corpus*. Zurich: JRP/Ringier.

Jelinek, Alana. 2013. *This Is Not Art: Activism and Other "Not-Art."* New York: IB Tauris.

Kachur, Lewis. 2014. Inclusion in the enchanters' domain: Duchamp's exhibition identity. In: *Duchamp: Meditations on the Identities of an Artist*, edited by Anne Collins Goodyear and James W. McManus. Washington DC: Smithsonian Institution Scholarly Press.

Kester, Grant. 2011. The sound of breaking glass: Part I: Spontaneity and consciousness in revolutionary theory. *e-flux* 30(December). https://www.e-flux.com/journal/30/68167/the-sound-of-breaking-glass-part-i-spontaneity-and-consciousness-in-revolutionary-theory/, accessed 13 March 2019.

Kippenberger, Susanne. 2011. *Kippenberger: The Artist and His Families*. Atlanta: J&L Books.

Krauss, Rosalind. 1999. *"A Voyage on the North Sea": Art in the Age of the Post-Medium Condition*. New York: Thames & Hudson.

Krieger, Dirk. 2015. Martin Kippenberger, MOMAS – Museum of

Modern Art Syros, 1993–97. *Mousse* 50(*The Artist as Curator #9*).

Larsen, Caleb. 2009. *The Value of Nothing*. Raleigh, NC: Lulu.

Lee, Pamela. 2012. *Forgetting the Art World*. Cambridge, MA: The MIT Press.

Lesage, Dieter. 2011. Discourse as resistance: A digression on *documenta 11*. In: *Art and Activism in the Age of Globalization*, edited by Lieven De Cauter, Ruben De Roo, and Karel Vanhaesebrouck. Rotterdam: NAi Publishing.

Lippard, Lucy R. 1997. *Six Years: The Dematerialization of the Art Object from 1966 to 1972*. Berkeley, CA: University of California Press.

Maculan, Lena. 2004. Explanatory notes on the *Catalogue Raisonné* (first draft). In: *Sturtevant: Catalogue Raisonné 1964–2004*, edited by Lena Maculan. Ostfildern-Ruit, Germany: Hatje Cantz Verlag.

McNeill, David. 2005. *Irwin: Like to Like*. Sydney: Artspace Visual Arts Centre Ltd.

Morgan, Jessica. 2006. Saint Martin. In: *Martin Kippenberger*, edited by Doris Krystof and Jessica Morgan. London: Tate Publishing.

Moure, Gloria. 2012. *Marcel Broodthaers: Collected Writings*, Barcelona: Ediciones Polígrafa.

Milevska, Suzana. 2015. Feminist critique, open and critical enquiry: A conversation between Katy Deepwell and Suzana Milevska. In: *Spaces for Criticism: Shifts in Contemporary Art Discourses*, edited by Thijs Lister, Suzana Milevska, Pascal Gielen, and Ruth Sonderegger. Amsterdam: Valiz (Antennae).

Miller, M.H. 2015. State of emergency: Biesenbach's Björk Show turns MoMA Into Planet Hollywood. *Artnews.com* (3 April). http://www.artnews.com/2015/03/04/state-of-emergency-biesenbachs-bjork-show-turns-moma-into-planet-hollywood/, accessed 13 March 2019.

Monroe, Alexei. 2005. *Interrogation Machine: NSK and Laibach*. Cambridge, MA: The MIT Press.

Möntmann Nina. 2006. Curating with institutional visions. In: *Art and Its Institutions: Current Conflicts, Critique and Collaborations*, edited by Nina Möntmann. London: Blackdog.

Néret, Gilles. 2003. *Kazimir Malevich and Suprematism 1878–1935*. Cologne: Taschen.

O'Neill, Paul. 2012. *The Culture of Curating and the Curating of Culture(s)*. Cambridge, MA: The MIT Press.

Pacquement, Albert. 2004. The precarious museum. *Tate Etc.* 2. https://www.tate.org.uk/context-comment/articles/precarious-museum, accessed 13 March 2019.

Pariser, Eli. 2011. *The Filter Bubble: What the Internet is Hiding from You*. London: Penguin.

Putnam, James. 2001. *Art and Artifact: The Museum as Medium*. New York: Thames & Hudson.

Raunig, Gerald. 2013. *Factories of Knowledge: Industries of Creativity*. Los Angeles: Semiotext(e).

Raunig, Gerald, Gene Ray, and Ulf Wuggenig. 2011. *Critique of Creativity: Precarity, Subjectivity and Resistance in the "Creative Industries."* London: MayFlyBooks.

Rugoff, Ralph, 2003. 50th Venice Biennale. *Frieze.com* (10 September).

Sapiro, Gisèle. 2016. The biennalization of art worlds: The culture of cultural events. In: *Routledge International Handbook of the Sociology of Art and Culture*, edited by Laurie Hanquinet and Mike Savage. Abingdon: Routledge.

Scott, Katie. 2010. Artwork Selling Itself on eBay. *Wired*. https://www.

wired.co.uk/article/artwork-selling-itself-on-ebay, accessed 13 March 2019.

Schubert, Karsten. 2009. *The Curator's Egg: The Evolution of the Museum Concept from the French Revolution to the Present Day*, 3rd ed. London: Cornerhouse.

Shatskikh, Aleksandra. 2012. Black Square and the Origin of Suprematism. New Haven, CT: Yale University Press.

Sholette, Gregory. 2011. *Dark Matter: Art and Politics in the Age of Enterprise Culture*. London: Pluto Press.

Smith, Terry. 2015. *Talking Contemporary Curating*. New York: Independent Curators International.

Snauwaert, Dirk. 2014. Marcel Broodthaers: Musée d'Art Moderne, Department des Aigles, Section des Figures. *Mousse* 46 (*The Artist as Curator #5*): 3–16.

Schöpf, Christine and Gerfried Stocker. 2007. *Goodbye Privacy: ARS Electronica 2007, Festival für Kunst, Technologie und Gesellschaft*. Ostfildern-Ruit, Germany: Hatje Cantz Verlag.

Steyerl, Hito. 2012. *The Wretched of the Screen*. Berlin, Sternberg (e-flux).

Storr, Robert. 2006. Show and tell. In: *What Makes a Great Exhibition*, edited by Paula Marincola. Philadelphia: Philadelphia Exhibitions Initiative, Philadelphia Center for Arts and Heritage.

Tomii, Reiko. 2016. *Radicalism in the Wilderness: International Contemporaneity and 1960s Art in Japan*. Cambridge, MA: The MIT Press.

Viveros-Fauné, Christian. 2015. MoMA curator Klaus Biesenbach should be fired over Björk show debacle. *Artnet.com* (24 March).

Von Hantelmann, Dorothea. 2017. The curatorial paradigm. In: *The Exhibitionist: 100 Years of Exhibitionism*, edited by Jens Hoffman. New York:

Artbook/D.A.P.

Žerovc, Beti. 2015. *When Attitudes Become the Norm: The Contemporary Curator and Institutional Art*. Ljubljana, Slovenia and Berlin, Germany: IZA Editions and Archive Books.

Žižek, Slavoj. 1993. Why are Laibach and NSK not fascists? In *IRWIN: Retroprincip*, edited by Inke Arns. Frankfurt: Revolver.

本章作者简介

亚历克斯·加夫龙斯基（Alex Gawronski）是一名艺术家、作家、画廊主和学者，常驻澳大利亚悉尼。加夫龙斯基时常关注那些支撑和决定我们如何看待和消费艺术的制度性动态。他在悉尼的克努尔普艺术中心（KNULP）创建并管理着许多独立艺术家空间。2017 年，他参加了在新南威尔士美术馆（Art Gallery of New South Wales）、澳大利亚当代艺术博物馆和澳大利亚悉尼车辆厂艺术中心（Carriageworks）举办的群展"国家化：新澳大利亚艺术"（The National: New Australian Art），该展包含了很多正处于职业生涯中期的知名艺术家。

第十四章　民族学博物馆的去殖民化

　　1992 年 9 月，我在与渥太华隔河相望的加拿大文明博物馆［Canadian Museum of Civilization，现为加拿大历史博物馆（Canadian Museum of History）］担任馆长。当时，我正在筹备为一个名为"原住民"（Indigena）的展览开幕时，接到一个来自美国西南部艺术家的电话，他对加拿大国家美术馆正在举办的一个展览感到沮丧。用他的话说，展览应该有像他一样的"真正的印第安艺术家"，而不是冒充印第安人的艺术家。我很快意识到，他的抱怨在很大程度上是出于美国最近出台的立法（1990 年），即《第 101-644 号公共法：扩大印第安艺术和手工艺委员会的权力》。这项法律明确规定，不属于"联邦承认的部落"的个人作为"美国原住民艺术家"参展或做广告是非法的。来电者提出异议的艺术家是吉米·达勒姆（Jimmie Durham），加拿大国家美术馆在其具有里程碑意义的展览"土地、精神、力量：国家美术馆中的第一民族"（Land, Spirit, Power: First Nations at the National Gallery）中收录了他的作品（我相信他把那个展览和"原住民"混淆了）。达勒姆是一位美国艺术家和诗人，直到那时他一直声称自己是切罗基人的后裔。然而，他的部落身份经常受到强烈的质疑，有人声称达勒姆只是在"扮演印第安人"。（Holland, 2017: 19）给我打电话的艺术家认为达勒姆并不"合法"，应该让出位置，以尊重其他一些可核实的、合法授权的美国印第安人血统的艺术家。

　　来电者提出的问题表明，在整个北美地区，无论是在政治领域还是在艺术界，围绕着原住民身份的紧张关系很重要，而且一直很重要。就我的职业生涯而言，这次谈话是我对原住民身份问题感兴趣的一个转折点，因为它们在艺术和文化表达领域发挥了作用。对我来说，这一争议强调了涉及原住民主体性和自我定义与政治和社区变化相关的多种重叠和有时相互矛盾的立场。

除了因纽特人的当代艺术，在20世纪90年代之前，加拿大的艺术博物馆和画廊对收集或展出非西方艺术兴趣不大。正如罗伯特·埃弗雷特-格林（Robert Everett-Green）在描述席卷加拿大的"对原住民艺术的包容性新方法"时指出的那样，"从原住民开始向商业画廊系统销售之前，画廊就倾向于对制作过程视而不见。如今这么做已经不行了"。他补充说："给人的印象是，原住民在60年前没有做任何可以被视为艺术的东西。"（Everett-Green, 2017）

另一方面，民族学博物馆在收集和展示原住民艺术家和工匠的作品方面有着悠久的历史。然而，它们所讲述的故事基本上在白人定居时就停止了。然而，在20世纪90年代，原住民的声音开始影响代表原住民的民族学博物馆，使之改变它们维多利亚式的殖民主义工作方法。此外，在围绕"身份"和"身份政治"的新话语的刺激下，艺术博物馆开始注意到原住民当代艺术家，艺术家们自身也开始尝试新的表达形式，并对他们展出的画廊和博物馆等艺术机构进行系统性批评。对许多原住民艺术家来说，这些变化意味着从制作旨在以某种方式展示集体身份的作品转向创作更强烈地立足于个人表达的作品。

在这一章中，我借鉴了这段政治和美学转变的历史，以探讨视觉艺术中关于原住民身份的各种观点，这些观点与抵抗活动密切相关，更重要的是与原住民艺术的复兴有关。我首先研究了加拿大1876年《印第安人法》，它对全国原住民社区的个人和集体身份认知产生了持续多代的影响。然后，我讨论两代不同的当代原住民艺术家的作品，这些作品挑战、抵消和抵制加拿大和美国政府多方面的殖民化和同化努力所造成的政治、历史和心理创伤。

印第安人法案的影响

1867 年 7 月 1 日，加拿大成为独立于英国的领地。在接下来的大约 80 年里——从 19 世纪 70 年代到 20 世纪 50 年代，欧裔加拿大人和原住民加拿大人之间的社会、政治、经济和文化关系发生了迅速的、常常是痛苦的变化和发展。在 19 世纪，许多欧洲旅行者和探险家喜欢收集异国奇珍，常将其作为纪念品。在"博物馆时代"，大量的材料被收集，并在"艺术""历史"和"科学"这三个粗略分类下进行研究。欧洲各地的自然历史博物馆为研究非洲、大洋洲和南北美洲的本土物品设立了展厅。与其说是为了评估这些收藏品的艺术价值，不如说是根据其民族学价值对原住民艺术进行调查。

在这 80 年间，加拿大各地的原住民不得不经受大规模（有时是颠覆性的）的变化，从对土地和海洋的依赖，转向对欧洲式的资本主义经济体系的依赖。这种巨大的转变无情地破坏了植根于集体的、以部落为基础的、与地球密切关联的原住民习俗和价值观，同时在高度种族化的社会背景和政治制度下，重视个人所有权和经济利润。

影响原住民社会各个层面变化的两个主要的、无孔不入的因素是联邦政府和基督教会。这两个实体都有强大而全面的计划，刻意主导文化变革。通过 1876 年的《印第安人法》，渥太华禁止自由的文化表达，而是制订了一个同化计划。联邦政府还赋予某些基督教派教育原住民儿童的权利。大多数被带离家庭并被送往教会管理的寄宿学校和工业学校，以期变得"文明"的儿童，最终都被完全剥夺了接受传统教育的机会。这些儿童中的许多人在学校里受到虐待，失去了他们祖先的语言、习俗和信仰。当时给印第安艺术和手工艺带来重大变化的其他力量还有工业化和相关的新技术、低成本的大规模生产和西化——这是一个深刻的趋势，许多原住民艺术家采纳了与西欧艺术相关的技术和视觉用语。

在20世纪20年代，加拿大印第安人事务部在组织和监督原住民在工业和农业展览中的展品方面变得非常活跃。官僚们鼓励工业学校和寄宿学校的学生制作艺术品和工艺品，印第安人事务部代理人的一个作用是展出学生的作品，以展示他们的现代"文明"品质，而不是他们的传统和基础材料。联邦政府的许多人认为，通过参与这些活动，原住民将因此获得欧洲—加拿大的竞争和激励精神。然而，在表象之下，令人不寒而栗的是，这些艺术和工艺展览的背后是该部门意识形态的同化政策。

另一个压力来自对某些文化和精神习俗的取缔，如西海岸的波特拉奇和平原的太阳舞，此举导致许多与文化相关的物品失去了其价值、功能和意义。在这种系统性的中断之后，大量独特的部落物品不再有用，许多物品最终被公共和私人收藏，在那里它们被认为是一个正在消失的种族的"工艺品"。这些物品代表了文化理论家米克·巴尔（Mieke Bal）所说的"欺骗性的分母"。她认为，这些物品具有"同义"的身份；在这种逻辑下，一件文物是一个小元素，代表着一个更大的整体。巴尔的论点有助于澄清加拿大原住民文物的情况。当它们从原住民社区消失并重新出现在民族学收藏中时，它们附带的文化实践和意义也同时消失了。它们最初的目的并没有得到延续，但它们也没有被仪式性地"杀死"。在全国和世界各地的博物馆藏品中积聚灰尘，原住民文物获得了新的、欺骗性的、静态的身份，作为商品、标本、艺术、传家宝、文化遗产或神圣的标志。

返还

在加拿大和美国，自20世纪70年代以来，我们一直观察到对原住民文物的返还，特别是对那些被认为是神圣的和具有文化或历史重要性的物品（遗产）返还产生了浓厚的兴趣。事实上，在这种返还成为例行公事之前，博物馆和画廊经常被一些原住民当代艺术家作为斗争的目标场所。詹姆斯·克利福德（James Clifford）说，文物返还"似乎是一个突出的例子，说明了收藏和展示的主流做法如何被转变成意想不到的目的。文化消失和抢救的主要叙事可以被文化复兴、纪念和斗争的故事所取代"。（Clifford, 1991: 214）

进入 20 世纪七八十年代，原住民越来越意识到一个事实，数以百万计的文物已经被从美洲各地的社群转移到其他场景，这些文物现在在世界各地的储存设施中已经死亡。一个关键问题出现了：如何重新赋予这些珍贵物品以生命？然而，要考虑这样的返还，首先必须由原住民完成一个关键的转变：这需要挑战博物馆等机构的权威，它们往往通过我称之为"口技"的方式为原住民说话，抛出家长式的声音。这种声音让原住民，尤其是艺术家（常年的麻烦制造者！）感到很不舒服。许多勇敢、聪明的人付出了巨大的努力，才改变了机构主导性的叙述并使之非殖民化。例如，位于不列颠哥伦比亚省温哥华岛北端阿勒特湾镇的乌米斯塔文化中心（U'mista Cultural Centre），因其在文物返还社区方面的决定性作用而变得意义重大。乌米斯塔文化中心成立于 1980 年，在夸夸嘉夸族（Kwakwaka'wakw）的语言中，意思是"重要物品的回归"，是由原住民经营的新型博物馆。

当代艺术家的回应：20 世纪八九十年代

为了批判早期殖民主义的异国情调收藏情趣，吉米·达勒姆——我在前面提到的有争议的"切罗基人"艺术家——在 20 世纪八九十年代创造了一些最有趣和最具批判性的"原始主义"作品。达勒姆是洛杉矶哈默博物馆一个重要回顾展的策展人，但是他和这个展览受到了美国本土艺术界的强烈批评。在拥护原住民权利多年之后，达勒姆讽刺地发现自己被排除在外。无论他是否被剥夺了作为美国印第安人策划展览的资格，都可以说他是美国印第安人艺术话语边界的创造者之一。虽然他如今流亡在欧洲，远离美国印第安人艺术界的任何批评性接待，但他旧时的作品和文字仍然是当代原住民艺术话语的一部分。

其中包括他1986年的幽默作品《箭的种类：借于美国印第安人博物馆》（Types of Arrows: On Loan from the Museum of the American Indian）。达勒姆将展出的箭标记为"微小的、波浪形的、短而胖的"，是对纽约的美国印第安人博物馆［现为史密森学会美国印第安人国家博物馆（Smithsonian's National Museum of the American Indian）］文化实证主义的批评。具体来说，该作品批判的博物馆展览通常以非个人化和简单化的术语以及不美观的方式来展示原住民物品，从而使他们的相关文化变得单一、原始和幼稚。这种展示原住民物品的话语模式可以被称为"展览策划的原始主义"。事实上，像这样的展示是建立在文明和未开化文化之间的种族化二元对立之上的。达勒姆通过注入他自己的语言——"社会事实"和"科学事实"——以及一系列"部分发现、部分制造的"材料，使这种民族学话语复杂化。琼·费希尔指出，达勒姆的装置声称要阐释印第安人的"自然历史"。尽管这些物品很荒唐，但它们的"印第安性"标志使许多观众误以为它们是真正的博物馆藏品，而忽略了他对民族学监视行为的幽默嘲讽。（Fisher, 1992: 47）与其说达勒姆将文物作为同义词来展示，不如说他让人们注意到我们对科学客观性的盲目信任和博物馆表现的冷漠，这些策略促使观众将这一准博物馆作品作为真理接受。在这个展览中，达勒姆展示了这些"艺术赝品"——一个由海达族艺术家比尔·里德（Bill Reid）创造的术语，用来描述他的一些早期作品，这些作品是原作的复制品（Holm and Reid, 1975: 134），因为它们在美国印第安人博物馆中展出的时候已经没有生命力和圣洁性。达勒姆许多作品的力量源于其故意的天真烂漫的工艺质量。但在《箭的种类》中，观众看到的只是随机呈现的物体，而且大多数观众都不知道这个展览是讽刺性的伪科学。几乎所有凝视《箭的种类》的观众都陷入了将文本作为背景的阅读中，而无视整个作品应该作为文本来阅读的事实。

詹姆斯·卢纳（James Luna）的《艺术品》（The Artifact Piece）被广泛认为是那个时代最深刻的作品之一。1987年，在圣地亚哥人类学博物馆（San Diego Museum of Man）的常设展览中，《艺术品》通过公开表演的方式，引发了观众的不同反应，他们盯着作为工艺品的身体，被身体的现实效果所吸引，而腹部偶尔的运动掩盖了身体作为物体的事实，揭示了它是一个生命体。《艺术品》的符号学效果在于观众对它的处理。博物馆的话语引导迫使博物馆的参观者把人的身体当作一个物体，把它降到第三人称的地位。可以想象，观众并不知道这件作品的历史背景；在某些方面，这是它最吸引人的地方之一，因为它让观众完全措手不及，在这个印第安人既是虚构的好莱坞似的角色又是博物馆文物的南加州地区更是如此。艺术家卢纳被赋予了无力感和排斥感，直到他决定从桌子上站起来。在这一点上，他使观众突然有了自我意识，因为他们意识到自己现在是一个奇观："这种'被看'是由让－保罗·萨特（Jean-Paul Sartre）所说的在偷窥者身上产生的'看'。"（Silverman, 1996: 164）观察者现在是被看的，并成为"另类"。有那么一瞬间，艺术品是活的，让艺术家／原住民控制了它的身份和主体地位。安德里亚·利斯（Andrea Liss）写道："《艺术品》旨在摆脱他们（我们）对领土空间的掌控感，并承认特定他人的同时存在。"（Liss, 1992: 9）在《艺术品》中，作为偷听者的身体等待着解除凝视的时机。我记得卢纳说过，他在扮演偷听者期间听到的评论让他感到非常愤怒。他无法相信人们对原住民的各种想法仍然是真实的。

尽管《艺术品》具有原创性和挑衅性，但几乎没有证据表明卢纳改变了博物馆或外界对美国原住民物化的态度（当然，可能是公众对印第安人过去和野蛮的认同在这段时间得到了澄清）。然而，卢纳永远影响了民族学博物馆的话语空间，通过他们的展示，人们不得不重新考虑他们的权力关系。

另一个推动原住民博物馆文物的时间界限并将其带入现在的项目是乔安妮·卡迪纳尔－舒伯特（Joane Cardinal-Schubert）的《这是我祖母的吗？》（Is This My Grandmother's?，1988年），她的创作灵感来自对加拿大文明博物馆藏品研究的一次访问。在一次参观中，她看到博物馆的库房里有许多物品，包括塞进透明塑料袋的皮衬衫、裙子和软皮鞋。她没有意识到这种将物品装入塑料袋的做法是一种常见的旨在抵御害虫的预防护理方式，她自发地产生了一种不良反应。相反，她问道："谁是害虫？"

许多原住民当代艺术家已经充分理解了抵抗、表达和赋权的策略，将艺术与社会和政治联系起来。在《这是我祖母的吗？》中，卡迪纳尔－舒伯特将我们的注意力集中在博物馆的文物与它们的原生社群之间的物理和话语距离上。随着原住民越来越意识到导致数十万件物品被从美洲各地的社区转移走的历史背景，以及这些物品现在在世界各地的储存设施中毫无生气，两个社群共同面临的问题是：如何让这些物品重新获得生命？

卡迪纳尔－舒伯特的灵感不是来自美，而是来自恐怖、恐惧和无助。恐怖，是指看到她的遗产被物化而产生的厌恶感；恐惧，是指这些物品中有许多是神圣的，而她几乎无法拯救它们的崇敬感；无助，是指她对作为进入对话的传统方式对物品的适当称呼所知甚少。这些深刻的感受使她提出疑问："这是我祖母的吗？"这个问题是反问句，但它确实让我们思考这件衣服所悬挂的十字架形状。首先，托起被包裹的衣服的十字架的概念是一种羞辱，就像基督被挂在十字架上时受到的羞辱一样。尽管卡迪纳尔－舒伯特的裙子是鬼舞裙的复制品，但她把它作为一个物化的裙子来展示，让人把它当作一件工艺品来检查。原本，鬼舞裙是一件神圣的物品；这件现代的模拟品被置换了，被取消了神圣性，被贬低了价值。另一个方面是它坏死的、像死亡一样的安排，伸出来就像在架子上一样。同样，基督挂在上面的十字架或树被用作酷刑和迫害的工具，后来又代表了牺牲和复活。卡迪纳尔－舒伯特作出了类似的宣告，即衣服的人工性被谴责为受苦，并且永远不会回到它的最初目的；然而对卡迪纳尔－舒伯特来说，有一种印第安政治体制复活的感觉。挂着衣服的架子不仅是一个展示和储存的框架，也是其"人工制品性质"的框架。它的身份将永远是"其他种类"。

"战衣系列"是《这是我祖母的吗？》其中的一部分，在博物馆和原住民社区之间的权力关系发生转变的时候，讲述了卡迪纳尔－舒伯特的战士般的坚韧。这个系列开始是对许多实际的战衣最终被博物馆收藏的回应。对她来说，只有当原住民物品从它们的束缚中解放出来并返回家园，神圣性才有可能恢复。简·阿什·波伊特拉（Jane Ash Poitras）并不像这里讨论的其他艺术家那样有相同的博物馆学论战，尽管她利用了类似的批评策略。她的主题不是对批评对象的滥用，而是作为现代性牺牲品的印第安政治体制。针对现代性，她将萨满的灵性定位为原住民文化的救赎。自20世纪80年代末以来，她的《萨满不死》（Shaman Never Die）系列表达了萨满的社会和文化地位，即治疗原住民在保留区时期经历的许多社会弊病。作为隐喻的萨满在传统上被认为是魔术师、牧师、神秘主义者、诗人和狂喜的主人。在她的实践和个人生活中，阿什·波伊特拉赞美她的祖先和萨满的生存。因此，她的绘画既是一种批判性的实践，也是一种崇敬的活动，在这种活动中，萨满的一些特质得到了展现。

在"转变，被同化的印第安人，哈德逊湾的诱惑"（Transformation, Assimilated Indian, Hudson's Bay Lure, 1992）中，她使用了陈列柜的博物馆学技术，以此来讨论诱惑、变化和转换。阿什·波伊特拉反映了个人的发现之旅，从出生到死亡再到重生，她的不足之处是原住民社区生活不断遭受威胁和冲突的一个例子。第一个展柜"哈德逊湾的诱惑"是围绕物质主义、商品化和奇迹而展开的。在三个玻璃展柜中，这个展柜具有20世纪初的外观和感觉（其他两个是现代的），而且它被装得满满的。这个展柜至少有两个功能：一是吸引顾客购买印第安人制造的消费品；二是塑造一个民族学的陷阱，把从原住民文化中抢救出来的物品作为一个珍宝柜来展示。这种展示诱惑着观众，当他们看着它们中的"另类"时，展品在他们内心注入了一种主导的意识形态。

然而，在第二种情况下，阿什·波伊特拉挫败了我们的欲望。"被同化的印第安人"提出了习惯和成瘾的危险，提供了一种难以忍受的轻盈，在其中，成瘾意味着死亡。骷髅伸手去拿一罐啤酒，同时盘旋在一地的烟头上。长期以来，原住民饮酒是一种抵抗的标志，是对抗生存痛苦和贫困条件的一种方式。但是，滥用麻醉品当然对个人及其社区产生了巨大的负面影响。同化的想法也一直是描述原住民状态的人类学话语的一部分：一种对过去的渴望，同时，原住民文化被吸收到西方的伟大政治体中。同化就是使之相似，改变身份。在这种情况下，阿什·波伊特拉的骨骼形象是这个想法的最终标志。最后，死亡使我们都变成了一样的人：虫子的食物。然而，这里有一个转折。虽然因为可见的标志物并不明显，但阿什·波伊特拉的惊喜是，这件作品是关于博物馆的做法，从将原住民作为工艺品展出开始，到对他们的遗体产生强烈的科学兴趣结束。阿什·波伊特拉加了一点盐，指出这个人是怎么死的非常清楚，没有必要去挖掘。

在保留时期产生的分裂和解体之后，原住民现在发现自己处于更新、肯定和自决的根本性的新处境中。在阿什·波伊特拉的最后一个案例"转变"中，我们感受到了这种自由、自我控制、抵抗和重生。玻璃橱窗完全是空的，这种空洞对于需要展示物品的博物馆来说是一种诅咒。那么，什么被转化了？有一种感觉，博物馆不能再为博物馆的目的而"滥用"原住民，因为许多物品不是为这些目的而制造的。

当代艺术家的回应：2000 年到现在

自 2000 年以来，来自加拿大和美国的年轻一代原住民艺术家继续从民族学博物馆的批判性转向，表达他们自己的声音。与达勒姆和卢纳不同的是，他们经常使用幽默和讽刺作为载体。然而，新一代的艺术家们也利用了框住他们祖先的机构形式和风格，在更尖锐的批评中扭转了民族学、殖民主义的目光。

在她 2005 年的作品《收藏家 / 博物馆里的艺术家》（The Collector/The Artist in Her Museum）中，梅蒂斯（Métis）艺术家罗莎莉·费弗尔（Rosalie Favell）以查尔斯·威尔森·皮尔（Charles Willson Peale）1822年的画作《博物馆里的艺术家》（The Artist in His Museum）为题，将自己纳入维多利亚时代的自然历史博物馆。皮尔的原作展示了艺术家拉开窗帘，展示他井然有序的收藏，这成为他的费城艺术博物馆的灵感来源。皮尔的兴趣是由美国印第安人的自然史和民族学相结合的范式制定的。尽管他的博物馆最终消亡了，但它所依据的话语在 19 世纪和 20 世纪仍然很强大。费弗尔通过插入她的个人和文化遗产，如家庭照片来代替皮尔的画作，来破坏这种殖民主义的建制观点。此外，在画面上，她还插入了一个大铜像雕塑和一只嚼棍子的海狸。对费弗尔来说，这件作品是对现代主义 / 殖民主义 "博物馆化" 他者的做法的一种抗议。尽管她穿着 19 世纪的服装，但她还是建议原住民应该正确地展示自己的文化和历史。

同样是处理早期的博物馆实践，《民族学动物园》（Ethnographic Zoo）是派尤特（Paiute）艺术家格雷格·迪尔（Gregg Deal）2015 年在丹佛艺术博物馆驻场期间在馆外完成的行为艺术作品。《民族学动物园》被设想为对原住民形象的商品化和消费的解构，鉴于博物馆位于丹佛，一个对牛仔和印第安人话语至关重要的城市，这是一个特别尖锐的主题［这本身就是丹佛艺术博物馆 2017 年展览 "西部：艺术和电影中的史诗"

（The Western: An Epic in Art and Film）的主题］。

迪尔的大部分表演都涉及刻板印象、挪用以及博物馆对原住民身份所拥有的令人不安的权威，例如塑造人们理解图像和原住民的方式并与之互动。包围迪尔的天鹅绒绳索外有一个标志，上面写着："请不要养成刻板印象。"转折点是什么？艺术家所穿的一切衣物都在中国大量生产；几乎所有的元素都是在中国制造的，或者是用中国制造的材料制成的套件。迪尔的头饰由染色的火鸡羽毛和预先生产的珠子条制成，之所以成为中心点，只是因为它代表了原住民男性的典型特征，至少就西方文化而言是如此。这些物品的生产和购买放大了人们对他们所看到的东西的兴奋和迷恋的讽刺性，因为他们所认为的与真正的东西相差甚远，好比中国。根据迪尔的说法，《民族学动物园》代表了"美国人或西方人对原住民是什么、不是什么的无能理解。所以从本质上讲，我是一个刻板印象的化身"。（Deerchild, 2015）在这个作品中，迪尔自我介绍为一个活生生的人工制品，很像卢纳，只是在这个例子中，他坐在艺术博物馆外，而不是民族学博物馆内。虽然卢纳让人们注意到原住民在博物馆中的表现方式，但迪尔继续沿着之前许多人讨论的路线前进：陈规和定型观念很难被消除。他把他的信息带到了一个主要的美国艺术馆，但它似乎更多的是为礼品店准备的，而不是为画廊的讨论性。

特林吉特/阿留申（Tlingit/Aleut）艺术家尼古拉斯·加拉宁（Nicholas Galanin）的作品《白雕》（White Carver, 2014）是一件以一个名为"埃德"（Ed）的人类为主题的装置作品，一个衣着光鲜的白种人，一脸渴望地坐在天鹅绒绳索后面的平台上，正在进行木雕创作。他身后的墙上挂着一张合成照片，其中包含一张爱德华·S.柯蒂斯（Edward S. Curtis）关于霍皮（Hopi）妇女的摄影图片和一张《星球大战》（Star Wars）中莱娅公主（Princess Leia）的照片。就像在一部教育片中一样，埃德正在制作符合西北海岸传统艺术的木雕。但埃德到底在雕刻什么呢？嗯，它看起来就像加拉宁所说的"袖珍阴部"，正如加拉宁的《我爱你的文化》（I Love Your Culture, 2014）的主题——一个女性生殖器形状的性玩具。加拉宁解释说，这个性玩具表明，主流社会对美国本土文化的"欣赏"是多么肤浅。"你不想要文化，你只想要一件物品、一个标志物"。这是加拉宁在阿拉斯加锡特卡的一个文化中心做雕刻师时遇到的个人经历。（Johnson, 2014）加拉宁和他那一代人中的许多人一样，没有从雕刻大师那里学习木头工作；相反，他在图书馆中寻找信息，具有讽刺意味的是，这与他的民族志主体埃德是如何获得他的技能相类似。在加拿大不列颠哥伦比亚省维多利亚市的皇家不列颠哥伦比亚博物馆（Royal British Columbia Museum）外，人们可能还能看到类似的情况，当地的原住民艺术家在雕刻棚里制作木杆，而游客可以观看并提问。这种现代的民族学动物园正是被加拉宁等艺术家所挑战的。

克里（Cree）艺术家肯特·蒙克曼（Kent Monkman）以他的绘画、电影和表演而闻名，他挑战了民族学上的原住民的刻板印象，在他的同性恋营地的另一个身份酋长伊格尔·特斯克尔小姐（Miss Chief Eagle Testickle）的掩护下，重塑了殖民化的历史和北美风景画传统。蒙克曼的画作《化装舞会后的决斗》（Duel after the Masquerade, 2007）是基于19世纪初画家保罗·凯恩（Paul Kane）的《药面舞》（Medicine Mask Dance, 1848—1856）。在他的作品中，作为2008年安大略省皇家博物馆（Royal Ontario Museum）展览"变形人、时间旅行者和讲故事的人"（Shapeshifters, Time Travellers, and Storytellers）的一部分，蒙克曼展示了艺术家凯恩在一个不属于他们自己的环境中，而是在其他地方被戴着面具的原住民舞者举起来。他的画架躺在地上，他惊讶地看着穿着白色毛皮大衣的酋长小姐，后者大步离开。然而，蒙克曼的这幅画的标题来自法国艺术家让–莱昂–热罗姆19世纪中期的一幅画，这幅画描绘了一个穿着皮埃罗服装的失败者瘫倒在朋友的怀里，而他的对手，穿着印第安人的服装，离开了这个场景。艺术评论家莎拉·米罗伊（Sarah Milroy）

认为（Milroy, 2007），蒙克曼的混合血统——部分克里人、部分英国人、部分爱尔兰人——使他能够接触到文化遗产中的原住民和欧洲人两方面。

最近，在2017年，蒙克曼的大型展览"羞耻与偏见：复原力的故事"（Shame and Prejudice: A Story of Resilience）在多伦多大学艺术博物馆（Art Museum at the University of Toronto）举办，展览将艺术和文物结合在一起，例如，将几个婴儿背带（papooses）与一幅描绘被绑架到寄宿学校的儿童的画作放在一起。在另一个空间里，一张长桌演绎了欧洲洛可可时期的晚餐。这幅作品不仅扭转了欧洲人的视线，而且暗中对比了西方的富足和过度开发，非常尖锐地表达了原住民在19世纪末水牛被欧美人猎杀到几乎灭绝时经历的饥饿。

当代的原住民艺术家们直面博物馆和历史机构。他们不仅指出了机构对原住民艺术表现的问题和疏忽，还揭示了这些机构创造和延续的种族主义定型观念。费弗尔、迪尔、加拉宁和蒙克曼等艺术家在正统的艺术史中找到了自己的空间，并有意将自己插入当代。这种干扰是必要的，因为几百年来，这些机构将活生生的原住民文化置于玻璃橱窗之后。

博物馆的讨论空间

宗教研究学者安东尼奥·瓜尔蒂里（Antonio Gualtieri）指出，"物体没有意义，人有意义"。（Gualtieri, 2017）带着这个简单而又具有煽动性的想法，我转向了一个对今天的原住民尤其是原住民艺术家至关重要的问题："博物馆对部落物品的意义、身份、传记和未来所施加的象征性做法是什么？"

我目前研究的一个主旨是探索"博物馆"本身在多大程度上是一

个新兴的话语空间，一个在两者之间的空间，甚至是边缘空间，可以使新的解释门槛成为可能，通过跨学科的方法可以提供新的理解和复苏模式。当我考虑这个问题时，我发现人类学家迈克尔·埃姆斯（Michael Ames）的表述很有帮助。"大型公共博物馆可以通过几种方式表达和认证既定的或官方的社会价值和形象，要么直接通过促进和肯定主流价值来实现，或者间接地通过从属或拒绝替代价值来实现。"（Ames, 1992: 22）虽然这不是绝对的，但博物馆在控制被公众同化的叙事方面拥有很大的权力；最明显的是，博物馆的策展人控制着实物和展览上的信息。不久前，博物馆的一个持续的叙述是将原住民描述为存在于欧洲人到来之前的一个经典的、准黄金时代。原住民真正的、真实的身份只存在于1492年之前。可以理解的是，鉴于博物馆的文化权威性，大多数参观者将这种说法视为真理。因此，通过同义反复的力量，他们注视的物品就代表了以前的原住民文化——他们的故事总是以过去式为框架。

但是，我想知道，如果我们用隐喻取代同义词，会发生什么？正如巴尔所解释的，隐喻是指一个东西代表在地点、时间或逻辑上与它相邻的另一个东西。（Bal, 1996: 80）同义解读将一个物体孤立为一个人工制品，而隐喻解读则表明，同一物体只有在与其他相连的物体相关联的情况下才能被理解，例如在一个上下文的展示中。

然而，除了作为艺术或人工制品之外，还有一些看待一个物体的方法。如果我们将我们的分类范围扩大到其他的可能性，如传家宝、商品、圣物或遗产，会怎么样？埃姆斯建议，这些身份"是物品的所有属性或价值，是其生命中的所有阶段"。此外，他说：

> 价值观可能是由那些希望拥有或占有该物品的人强加的，还有一些是由那些声称有道德管辖权的人宣称的。在物品的职业生涯中，这些意义和用途的转变可以更好地体现在博物馆的解释中。然而，一件物品的职业生涯越长，它的历史就越分割，关于它的知识

也就越零散、矛盾、有区别，成为商品化和争议的素材。（Ames，1992: 144）

像语言一样，"物体"的部分功能是构建我们对世界的理解。它们反映了不同的现实，有时也是通往不同现实的钥匙。我们也明白，一个物体是一个符号。但这种符号并不完全指事物；它们也标志着概念，而概念是思想的方面，不是具体的现实。在过去，博物馆对原住民制作的物品赋予了某些意义。但是现在，我们看到原住民，包括艺术家，给它们加上了新的观点，比如说遗产和主权。

皮埃尔·布尔迪厄（Pierre Bourdieu）的"文化资本"概念（Bourdieu，1993）当然也包含在这个重新崛起的过程中。事实上，为改变各种不同的、经常相互竞争的观点的不平等而进行的斗争是文化政治的本质。物品毕竟是由不同的人和机构共享的知识库，尤其是那些对它们有大量投资的人。这可能会导致关于如何对待它们的意识形态斗争。因此，如果物体有许多相关的属性和价值，那么在身份的概念下将其理论化可能是有用的。因此，人们可能会问：语言和意识形态如何告知一个物体的身份？一个物体的职业（或主观性）在不同情况下是如何变化的？还有，物品是如何用来表达原住民的身份以及随后的抵抗和复兴的艺术的？

1981—2000年，我在加拿大文明博物馆（Canadian Museum of Civilization）担任策展人，该博物馆虽然不是一个艺术博物馆，但包括一个专门展示当代原住民艺术的画廊。我很享受在加拿大文明博物馆工作的时光，在那里我与民族学家、考古学家、民俗学家、历史学家和一位因纽特艺术策展人合作。然而，在我职业生涯的这一部分，我也经历了大多数（如果不是全部）原住民艺术家所经历的困境：让他们的艺术在一个非艺术博物馆中得到体现。我的朋友爱德华·波伊特拉（Edward Poitras）帮助我解决了这个问题，我曾在1995年威尼斯双年展上策划展示了他的作品。他对这个问题的看法是，他不介意被这样的博物馆展示或收藏，因为这让他觉得与他的祖先更亲近——因为像他一样，他们的作品也不在艺术画廊里。

1992 年，卡尔·比姆（Carl Beam）创作了一件名为《埋葬统治者》（Burying the Ruler）的作品，他在其中批评了启蒙知识的基础和代表地理大发现（和征服）时代的原则。普罗塔戈拉（Protagoras）有句熟悉的格言"人是万物的尺度"。对比姆来说，当权者是对原住民思想的反对，就是格言里隐含的理性主义意识形态的翻版。统治者象征着欧洲列强对美洲所有原住民的系统征服。1992 年，当世界上大部分地区都在庆祝哥伦布 500 周年纪念日时，北美各地的原住民艺术家和思想家都全力以赴地表明立场，扑向庆祝的气氛。他们谴责人们对美洲原住民的历史不公完全缺乏认识和理解，要求他们的历史和声音得到倾听和尊重。比姆在这段时间的工作继续冲击着这个想法。

我们从五个世纪的剥削、暴力、疾病和流离失所中到底得到了什么？与今天相比，25 年前，当所有这些作品被创作出来的时候，原住民艺术家作为一种政治力量在艺术界还相对陌生。正如我在本章开始时提到的，1992 年，在加拿大国家美术馆举办的"土地、精神、力量"当代原住民艺术家展览的对岸，我与李－安·马丁（Lee-Ann Martin）在加拿大文明博物馆共同策划了一个名为"原住民"（Indigena）的展览。我们的概念是一个反庆祝的展览，其中只有原住民的声音会出现。我们把这个展览作为对半个世纪的殖民主义历史进行政治上的严厉批判来推广。

同年，加拿大还发布了《博物馆和原住民问题特别工作组报告》（*Task Force Report on Museums and First People*）。这份报告涉及原住民与博物馆的关系，它证明了加拿大的情况正在迅速改变。其中一个结果是出现了一个更有活力的我们／他们二元对立的意识，拥有原住民藏品的博物馆更有可能与特定的原住民社区合作，成为单纯的"我们"。

玛丽安娜·托戈尼克（Marianna Torgovnick）指出，这种综合的"我们"认同有可能"抹去特殊性，并确认与一个更大的团体的认同，而这个团体的共同特征是相对没有血缘的"。（Torgovnick, 1994: 264）然而，就加拿大的博物馆、美术馆和原住民而言，我认为相反的情况已经日益成为常态。我的论点是，在越来越多的情况下，原住民的政治力量正在肯定博物馆的主体地位。托戈尼克认为，在包容的政治中，必须有人交出自己的一个方面。令人意想不到的是，在这种情况下，"交出"的是博物馆和美术馆，而不是原住民，这是很长一段时间以来的第一次。

2005 年，我开始在安大略美术馆工作，担任加拿大艺术的弗雷德里克·S. 伊顿（Fredrik S. Eaton）策展人。我负责新的加拿大展厅的重新策展，其中包括妇女和原住民艺术家的更多代表。我还带来了当代艺术，与安大略省美术馆广泛的历史收藏品一起悬挂。我们重新悬挂的第一个考虑是承认加拿大在欧洲人到来之前就有了视觉艺术的历史。通过这种新的介绍，我们有效地改变了对加拿大艺术原先的传统看法。参观者进入安大略省美术馆的第一个"加拿大"画廊时，里面摆满了一千多枚弹丸——箭头、矛头和刀子。其中不到一半是小型的、完整的、可追溯到1000 至 11000 年前的弹头；它们被放在一面墙上。在另一面墙上，有一半以上是半成品；换句话说，它们可能已经被丢弃或尚未完全成型。所有这些弹丸都是以艺术装置的形式出现在艺术馆内，而不是民族学或考古学博物馆（尽管我们与一位考古学家密切合作）。在装置的酝酿阶段，内部对这些弹丸的地位和作为艺术品的价值进行了许多辩论。这些争论促使我们把各种声音（英语和法语）聚集在一起：一位艺术史学家、一位当代艺术策展人、一位考古学家、一位原住民雕刻家、一位艺术学生、一位 8 岁的孩子、一位原住民长者和一位部落领袖。我们问了每个人同样的问题："这些是艺术作品吗？"我们的目标是把对话带到公共领域；换句话说，我们在自己的决策中寻求透明度。

安大略省美术馆的新加拿大楼（Canadian Wing）按记忆、神话和权力的主题进行安排。例如，其中一个名为"古代记忆"的展厅探讨了记录记忆的方式，作为标记我们的地方、时间和事件的一种手段。我们试图通过原住民在过去几千年甚至更长时间里的艺术来了解他们的古老历史，我们的策展思路由以下问题引导：过去是如何塑造现在的？我们如何通过一个当代的镜头来审视过去？我们是如何试图抹去古代记忆的？艺术又是如何保存这些记忆的？

在介绍加拿大的新画廊时，按照通过现在的视角来看待过去的思路，我们向自己敞开了大门，即使被批评为现在主义。我们承认这种危险，但我们相信这是一个值得承担的风险。历史考察充满了矛盾、观点和妥协。我们本可以选择其他方法，但我们所遵循的方法似乎与我们的机构和当时的学科状况最相关。过去是无法挽回的，但它可以被修改和改写。

持乐观态度的原因

我们很多人都知道，博物馆有不同的身份，这些身份就像我们自己的个人和团体身份一样，是由语言构成的。由于这个原因，博物馆是具有混合身份的话语空间。它们通过所持有的物品被赋予公共意义，反之亦然。博物馆的展览和收藏策略和实践也各不相同。例如，策展人和其他博物馆专业人员从美学、历史和/或人类学的角度看待藏品。他们对物品提出各种问题：它们的出处是什么？谁制造了它们？什么时候？在哪里？它们产生的环境和条件是什么？在今天的博物馆里，物品和藏品包含了以前很少考虑的新现实，如果有的话。

例如，在加拿大，我们的文化机构现在更有可能在与当地原住民社区和艺术家建立友好关系方面努力超越对方。自 2015 年真相与和解委员会的报告发布以来，其中包括呼吁博物馆和其他文化机构改善其对原住民人民和文化的表现，加拿大各地的机构一直在与第一民族、梅蒂斯和因纽特社区建立强有力的关系。在全国范围内，原住民当代艺术家在这一复苏中是非常积极的参与者。

例如，最近，加拿大国家美术馆将其以前的加拿大展厅改造为扩大的加拿大和原住民展厅"加拿大和原住民艺术——从远古时代到1967年"（2017年6月15日完成，正好赶上7月1日加拿大建国150周年庆典）。改造的目的是将近800件作品结合起来，讲述一个更完整的加拿大艺术故事，其中很大一部分需要给予"原住民人民的当代和历史物品制作以新的突出地位"（Everett-Green, 2017）。其中包括185件来自美术馆库房的原住民艺术家的作品，以及另外95件从国家机构借来的作品，如加拿大历史博物馆和巴塔鞋博物馆（Bata Shoe Museum）。在两层楼的美术馆空间里，原住民和非原住民加拿大人的当代艺术交织在一起，要求平等的地位。用美术馆总监马克·迈尔（Marc Mayer）的话说。"它展示了加拿大和原住民艺术，并肩作战，讲述了两个独立的故事，这些故事在当下似乎是交汇的，但交汇时没有同化。"（Panico, 2017）美术馆新理念的一个有力例子是决定在一个展示加拿大标志性的七人小组艺术家的画作的房间中间安装一个阿尔冈昆（Algonquin）独木舟。2017年夏天，加拿大国家美术馆在安装卡尔·比姆的《北美冰山》（*The North American Iceberg*, 1985年）作为这些重新设计的空间的非官方欢迎标志时，接受了将天平向中心倾斜的任务。通过这个镜头，参观者现在能够看到两个加拿大当代艺术——通常是分开的，从来没有平等的，但最后还是作为一个整体展示出来。

同样在2017年夏天，德国卡塞尔的文献展和意大利威尼斯双年展都展出了许多当代原住民艺术家的作品。（McMaster, 2017）同样，当我和凯瑟琳·得泽格尔（Catherine de Zegher）在2012年担任第18届悉尼双年展的艺术联合总监时，我们将许多来自世界各地的原住民艺术家与其他当代艺术家混合在一起。我们正在见证的是，原住民当代艺术家迅速融入一系列广泛的国内和国际当代艺术展览中。对这些艺术家中的许多人来说，前几代人起步的民族学博物馆已经与他们的身份和艺术实践无关了。正如安大略省皇家博物馆收藏和研究部副主任马克·恩斯特罗姆（Mark Engstrom）所观察到的："这是一种古老的划分，认为西方人有艺术，其他人有民族学作品。这些旧的界限在现代博物馆中正在消失。"（Everett-Green, 2017）

这一切都很好。事实上，非常好！然而，满足于荣誉是不成熟的。谨慎和持续的抵抗仍然是必要的。例如，尽管某些欧洲博物馆将其名称改为"世界文化博物馆"的变体，但他们是否真的愿意冒险进入一个跨学科或跨领域的领域，让原住民当代艺术家参与进来，不仅在场景设计方面，而且在方法和内容方面提供帮助？我认为，我们必须警惕19世纪民族学的光鲜版本悄然回归，或者，也许，它从未真正离开过这座建筑。那么，我想问的是，高度聪明、灵活和有创造力的原住民策展人是否可以不被完全包括在内？或者说，将民族学博物馆绝对非殖民化的想法仍然是一个可怕的想法吗？我们都知道，没有想象力的、未经审查的"印第安人展示"仍然存在，但还能持续多久？

未来还没有被写入。总体来说，我想传达的信息是一个积极、乐观的信息。但是当我们展望未来时，让我们记住几件重要的事情。第一，我们今天似乎正在享受的"复苏"是基于早期艺术家和政治活动家的勇敢"抵抗"。第二，我想强调的是，原住民抵抗和复兴的美学总是取决于艺术家生活和实践的真实的、往往是严酷的社会经济和文化条件。

今天，我从以下事实中获得了巨大的希望：在加拿大和世界其他地区的美术馆和博物馆中，新的想法和方法正在不断地被测试和实施——公众确实渴望通过大胆的、具有挑战性的展示方式来观看、聆听、触摸、品尝和体验原住民文化。我的人民不希望只是听到过去的事情。我们想共同创造，生活在其中，并享受一个真正复苏的、完全非殖民化的时代。

参考文献

Ames, Michael. 1992. *Cannibal Tours and Glass Boxes: The Anthropology of Museums*. Vancouver: University of British Columbia Press.

Bal, Mieke. 1996. The discourse of the museum. In: *Thinking about Exhibitions*, edited by Reesa Greenberg, Bruce W. Ferguson, and Sandy Nairne. New York: Routledge, 201–218.

Bourdieu, Pierre. 1993. *The Field of Cultural Production: Essays on Art and Literature*, edited and introduced by Randall Johnson. New York: Columbia University Press.

Clifford, James. 1991. Four northwest coast museums: Travel reflections. In: *Exhibiting Cultures: The Poetics and Politics of Museum Display*, edited by Ivan Karp and Steven D. Lavine. Washington, DC: Smithsonian Institution Press, 212–254.

Deerchild, Rosanna. 2015. Performance art challenges public's perception of indigenous stereotypes. *Unreserved with Rosann Deerchild, CBC Radio*. http://www.cbc.ca/radio/unreserved/the-connection-between-traditional-fashion-cultural-footwear-and-modern-identity-1.3359711/performance-art-challenges-public-s-perception-of-indigenous-stereotypes-1.3359713, accessed 13 March 2019.

Everett-Green, Robert. 2017. On show this summer: An inclusive new approach to Indigenous art. *The Globe and Mail* (20 June). https://www.theglobeandmail.com/arts/art-and-architecture/on-show-this-summer-aninclusive-new-approach-to-indigenousart/article35406138/, accessed 13 March 2019.

Fisher, Jean. 1992. In search of the "inauthentic": Disturbing signs in contemporary Native American art. *Art Journal* 51(3): 44–50.

Griffin, Jonathan. September 2017. Issues and commentary: Jonathan Griffin responds. *Art in America* 105(8): 22.

Gualtieri, Antonio. 2017. Buildings as religious testaments. Unpublished paper. Holland, Ashley. Issues and commentary: The artist formerly known as Cherokee. *Art in America* 105(8): 19–20.

Holm, Bill and William Reid. 1975. *Form and Freedom: A Dialogue on Northwest Coast Indian Art*. Houston: Rice University.

Johnson, Barry. 2014. Four Alaska native artists speak in "This is Not a Silent Movie." *Oregon Arts Watch: Oregon's Arts & Culture News* (6 February). http://www.orartswatch.org/four-alaska-native-artists-speak-in-this-is-not-a-silent-movie/, accessed 13 March 2019.

Liss, Andrea. 1992. The art of James Luna: Postmodernism with pathos. In: *James Luna Actions & Reactions: An Eleven Year Survey of Installation/Performance Work 1981–1992*, edited by James Luna, Andrea Liss, Roberto Bedoya, and Mary Porter. Santa Cruz: Mary Porter Sesnon Art Gallery, University of California.

McMaster, Gerald. October 2017. Under indigenous eyes. *Art in America* 105(9): 64–71.

Meredith, America. 2017. Ethnic fraud and art. *Art in America* 105(8): 22, 24.

Milroy, Sarah. 2007. Feathers sequins, and the noble white man. *The Globe and Mail* (19 October). https://www.theglobeandmail.com/arts/feathers-sequins-and-the-noble-white-man/article1085206/, accessed 13

March 2019.

Panico, Giacomo. 2017. A tour of the new Canadian and Indigenous art gallery. *CBC News* (7 June). http://www.cbc.ca/news/canada/ottawa/national-gallery-canadian-indigenous-art-1.4149780, accessed 13 March 2019.

Silverman, Kaja. 1996. *The Threshold of the Visible World*. New York: Routledge.

Torgovnick, Marianna. 1994. The politics of the "we." In: *Eloquent Obsessions: Writing Cultural Criticism*, edited by Marianna Torgovnick. Durham, NC: Duke University Press, 260–277.

Truth and Reconciliation Commission of Canada. 2015. *Final Report of the Truth and Reconciliation Commission of Canada: Calls to Action*. http://trc.ca/assets/pdf/Calls_to_Action_English2.pdf, accessed 13 March 2019.

United States. 1990. House of Representatives. *Indian Arts and Crafts Act of 1990. Public Law 101–644. 101st Cong., 2nd sess. Rept. 101–400 Part 2*. Washington: GPO.

本章作者简介

杰拉尔德·麦克马斯特（Gerald McMaster）是一名策展人、艺术家、作家和教授，是加拿大多伦多安大略艺术设计学院原住民视觉文化和策展实践专业的一级国家讲席教授（Tier 1 Canada Research Chair）。麦克马斯特曾策划过两次国际双年展：1995 年，他担任"威尼斯双年展"（Biennale di Venezia）加拿大事务专员；2012 年，他与凯瑟琳·德齐格（Catherine de Zegher）共同担任第 18 届"悉尼双年展"艺术总监。2018 年，他担任意大利威尼斯"2018 建筑双年展"（Biennale Architettura 2018）加拿大馆策展人。

第十五章　来自身份的创造

原住民艺术策展历险记

> 与怪物搏斗的人应该注意他自己不会变成怪物。当你长时间凝视深渊时，深渊也会凝视你。
>
> ——尼采（Nietzsche）

澳大利亚原住民艺术的故事是一个鲁滨逊·克鲁索（Robinson Crusoe）一般的故事。这个故事讲述了一个欧洲白人男性在太平洋的一个热带岛屿上遭遇船难的故事。他相信，或者愿意相信，这个岛在物理上、概念上、社会上和精神上都是与世隔绝的。在这样一个自我建构的空旷空间里，他很孤独，渴望与人交流。一段时间后，有一天，他在岛上徒步时，看到了一个标记。如果读者知道这个故事，应当已经猜到，他看到了一个脚印。标志是学术术语，他看到的标志，告诉他这个地方有人，他不孤独。这个标志就是原住民艺术。

不久之后，他遇到了那个做标记的人。通常情况下，你会在见到一个陌生人时说："你好，我叫……你叫什么名字？你来自哪里？"但克鲁索说的第一句话是："我给你起名叫星期五！"他给那个人起了名字。他没有正确地读懂标志，在给那个人（已经有名字的人）重新命名时，他把那个人殖民化了，他占有了那个人，最终他支配了那个人。一个伟大的历史、社会和智慧的时刻被错过了。当然，这是一个关于"梦境"

的寓言，一个没有大规模入侵、屠杀、强奸和剥夺等残酷现实的智力讨论，也是一个艺术尚未讨论、可能无法处理的问题。

对原住民来说，艺术是一种文化表达，是一个民族的历史，是一系列生活经历产生的自我定义的声明，是对一个不为人知的故事的叙述，是对历史真相的揭示。这是一种可能无法以任何其他方式作出的声明。原住民画家所从事的艺术是为了让其他人从艺术家自身的运动中"看到"，而不仅仅在树皮、大地、岩壁或画布上感受原住民文化。在某些文化中，画作就像巡回讲故事的歌手，以一种歌唱剧（cantastoria）[①]的形式实现艺术表达。

术语"边缘"（liminal）的意思是一个阈值，即有主观意识感知的临界点，低于这个阈值的东西不能被感知到。澳大利亚非原住民们周期性地接近这样的意识：他们不是生活在欧洲，甚至不是生活在欧洲的殖民地，而是生活在自己的家园。当每一代澳大利亚人接近这一阈值时，他们会突然莫名其妙地退缩，对他们可能成为如此独立的人类的想法感到些许恐惧。我们不能再责怪英国人了。

1971年，德国作家赫尔曼·黑塞（Hermann Hesse）的《如果战争继续下去：对战争和政治的反思》（*If the War Goes On: Reflections on War and Politics*）出版[②]。在"欧洲人"一章中，黑塞描述了一场世界大战，盲目的自我主义和仇恨导致主角们摧毁了北极，淹没了整个世界。人类只是刚刚幸存下来，因为每个物种都有两个代表搭乘诺亚方舟在海洋中航行。他们拯救了最后一个已被摧毁的欧洲城市的最后一个居民。"乘客"正在举行一个节日，他被邀请作出贡献并加入。他宣称，他唯一的

---

① 在意大利语中意为"歌唱故事"或"歌唱历史"，但在世界各国及各种文化中被冠以不同说法。表演者一边讲述或演唱一段故事，一边展示一组绘制在某种介质上的图画（水彩画、版画或素描）

② 初版为 Herman Hesse, *Krieg und Frieden: Betrachtungen zu Krieg und Politik seit dem Jahr 1914*, Zurich, 1946。

贡献是看不见的、无形的、几乎无法解释的、令人敬畏的、没有形式的东西：他的"智力"，智力似乎在外面，在世界其他地方，在烹饪、饮食、唱歌、跳舞和享受之上。

其他乘客准备将他扔回洪水中，但诺亚进行了干预。诺亚说，既然他（欧洲人）是他种族的最后一个同类，而且不能繁殖，就应该让他度过余生，作为这个时代的愚昧和傲慢的例子。

原住民艺术史经历了很多阶段。今天，它一部分是由市场驱动，遵循欧洲的传统；一部分是对图标、想法和一种类似道德的坚持的纯粹展示。它需要对许多原住民社会逐一进行发现、解读，并理解原住民不是单一的形象。

第一阶段　英国人的到来

第一阶段的起点是 1788 年英国殖民者到达澳大利亚，直至第二次世界大战结束。当然，早在英国人到来之前，许多人就已经踏足这片大陆并开展贸易。来自苏拉威西岛（现在的印度尼西亚）的马卡桑（Makassan）渔民确信在 1621 至 1908 年期间到访过澳大利亚，而中国探险家有可能在 1200 年左右到访过。英国人詹姆斯·库克（James Cook）船长于 1770 年来到澳大利亚，1788 年一支由英国罪犯组成的船队抵达澳大利亚——这里离欧洲太远了，以至于它作为一个开放的监狱在运作。从那时起，原住民的死亡、被剥夺权利和被驱逐的情况一直在发生。

自从四万至五万年前人类来到这片土地，原住民社会就策划和编排了他们的宗教仪式周期。在这些仪式中，不同年龄和性别的人聚集在一起进行精神崇拜，并创造艺术：歌唱、舞蹈和视觉艺术。参与者通过这些表演，肯定了他们彼此之间的关系，他们与社会的关系，他们与土地的关系，以及他们与精神宇宙的关系。所创造的任何实体"艺术"物品几乎都是无关紧要的，由临时材料制成，只作为社会行动的一部分而存在（而且通常在仪式过程中被摧毁）。随着殖民化消除了这些聚会的基本参与者，传统仪式开始在整个大陆分崩离析。这样的精神文化聚会被入侵的英国人视为"战争聚会"，并被殖民者拆散——用当时的官方语言来说就是"驱散"。

在这个阶段，这个面积比欧洲还大、拥有250多种语言和社会的南方大陆的所有居民都被英国殖民者贴上标签，并以一个名字来定义：原住民（原始人）。英国人将所有原住民定性为原始人、石器时代的人、不成熟的人和/或不聪明的人。对他们来说，原住民似乎没有物质财富。1880年，在澳大利亚阿德莱德举办了一个由达尔文范尼湾监狱（Darwin's Fanny Bay Gaol）的原住民囚犯创作的纸上图像展览，名为"艺术的曙光"（The Dawn of Art）。这次展览中的作品阐述和展示了所有现有的殖民主义种族主义偏见的框架结构。

从那时起，树皮画和类似的纸上作品由澳大利亚白人领导的机构里的男性策展人在几个全国性群展中策划展示。我认为这些展览是在欧洲展览中展示非洲艺术，抑或作为国家奇珍异宝展示，抑或旨在为这个年轻的国家建立历史。然而，不为原住民艺术家或作品命名的策略，加深了对原住民的刻板印象。

第二阶段　树皮画的"发现"

第二阶段是"发现"澳大利亚北部被称为阿纳姆地区的树皮画，并提出原住民艺术是重要的艺术，并且可能是当代艺术的主张。这是甲壳虫乐队和滚石乐队来到澳大利亚的时候。1962年，孟席斯（Menzies）联邦政府给予原住民在联邦选举中注册和投票的权利。20世纪50年代末，原住民艺术家的名字首次出现在展览中（1957 年）。在此之前，只有少数人，如水彩画家阿尔伯特·纳马特吉拉（Albert Namatjira），被命名。1958 年，新南威尔士美术馆开始收藏树皮画和原住民艺术，并将其从民族学的分类中转移到美术作品类。这些艺术品在形式上与西方艺术相似（平面上的可移动的具象和抽象绘画）的事实有助于解释这种分类。这一时期产生了各种讨论，试图将原住民艺术置于西方艺术的体系和历史中，或为其定位。它是超现实主义、立体主义、极简主义等等吗[①]？没有得出明确的答案，在写这篇文章的时候（2019 年），如果从智慧角度来说，这种艺术仍然留在新南威尔士州美术馆。人们当然应该意识到，当我们谈论艺术，当我们学习艺术，当我们看到艺术时，我们看到的是"西方白人"的艺术史，我们被告知在西方白人艺术框架中思索。

虽然从 20 世纪 50 年代开始，原住民艺术家的作品就被当作美术作品在新南威尔士州美术馆收藏和展示，但是由于二战后的艺术美学评论风潮，以及制作材料的异国情调，可能还有艺术主题，导致原住民艺术家的作品最初被拒绝给予艺术地位，不被完全接受。在 20 世纪 60 年代的收藏和辩论热潮之后，由于原住民艺术无法转入西方艺术理论，将这些美丽的创作作为严肃的艺术作品进行解读和评价的能力发育更迟缓了。事实上，我觉得在国际上，尽管最近的炒作让艺术评论风向稍有改

[①] 道格拉斯·斯图尔特（Douglas Stewart）在 1959 年 7 月 1 日的《公报》（*The Bulletin*）中写道："这 17 块墓碑……展示得有些奇怪……大多数秉持唯心主义信仰的人会怀疑博物馆并不是存放这类物品的合适场所……这些来自梅尔维尔（Melville）岛的碑柱虽然具有一定的基本艺术性，但实际上更多体现的是民族学价值而非艺术价值。"詹姆斯·格利森（James Gleeson）1959 年 7 月 18 日为《太阳报》（*The Sun*）撰写了一篇态度截然不同的文章："无论它们的象征意义如何，它们都代表了一种具有相当审美吸引力的抽象形式。尽管没有两个柱子在形状或装饰上完全相同，但技术的局限性和介质赋予的限制产生了良好的设计统一性。即使在美术馆中的人工氛围下，它们也令人印象深刻，因为彩绘的柱子围绕着坟墓构成保护圈，形成了现实世界与精神暗影世界之间的屏障。"引自 Berndt（1964）。

变，对原住民艺术的偏见还没有被克服。一位非原住民、非澳大利亚籍的策展人曾经向我指出了某些问题：第一，原住民艺术不是发展性的。第二，原住民艺术太过于自圆其说。第三，原住民艺术的参照物不具有时效性。第四，原住民艺术对其他艺术运动没有影响。

如果把原住民艺术看作是西方艺术世界之外的东西，这些评论是值得商榷和反驳的。在库克于 1770 年到达时，阿纳姆地区的原住民艺术家已经早在 100 年多年前在他们的语言、音乐、歌曲和视觉艺术中融入并吸收了来自马卡桑游客的影响。我们的艺术不需要经历"相机"带来的冲击，即 19 世纪末困扰欧洲的相机发明及其对绘画的影响。在澳大利亚，我们对作品的解读和对其意义的理解肯定是当下的，这一点在土地要求和原住民产权案件中得到了证明。这些案件的法律反响最终影响了国际法。

把你的怜悯留给那些没有梦想的人。

——约翰尼·瓦朗库拉·特朱普鲁拉
（Johnny Warangkula Tjupurrula）[1]

第三阶段　帕普尼亚和"西部沙漠点和圈"绘画运动

第三阶段是 20 世纪 70 年代初在爱丽斯泉西北部的帕普尼亚开始的"西部沙漠点和圈"布上绘画运动。这是惠特拉姆政府的时代，是金戈铁马的时代，是民族主义的时代，是艺术和社会的自由主义的时代。这

---

[1]　与约翰尼·瓦兰库拉·朱普鲁拉的采访，见 "Master painter will settle for a Toyota," *The Weekend Australian*, 5－6 July 1997, 5。

也是巴扎·麦肯锡（Bazza McKenzie）的时代[1]。对原住民来说，它基本上还是同化主义。为什么原住民不愿意成为澳大利亚社会的一部分，成为上帝自己的国家？

尽管人类学家等收集纸、纸板和其他平面上的图画已有一段时间，但这些图画都被看作是奇珍异宝，而不是艺术。20世纪70年代初，随着帕普尼亚的艺术家们从赭石颜料、捣碎的植物纤维和废弃的木匠下脚料转向丙烯酸商业涂料、艺术板和精美的画布，他们的作品被当作"艺术"出售，尽管在当时算不上成功。到了20世纪70年代末，艺术家们开始创作大型的、精美的画布作品。另一个讨论是围绕着如何"命名"这一艺术运动展开的。人们试图将其定义为点彩派、宗教派、精神派、叙事派、抽象派——现在又被划分成了"现代派"，但这些艺术作品并没有真正恰当的流派描述。尽管没有得出任何结论，但这些作品又被确认为艺术品[2]！它们被列入各类主要的当代展览中。人们从"风景画"的概念以及作品与土地和历史的关系来解读欣赏。在画布上使用丙烯颜料，以及作品与流行的点彩主义的相似性（但也有区别），使其在商业意义上非常有市场。

点和圈绘画运动仍在发展中，变得更加广泛、精彩和流行，更重

---

① 1972年，改编自同名书籍的电影《巴里·麦肯锡历险记》（*The Adventures of Barry McKenzie*）上映。1974年，续集《巴里·麦肯锡救姐记》（*Barry McKenzie Holds His Own*）制作完成。两部电影均由巴里·克罗克（Barry Crocker）饰演麦肯锡，分别叙述了这个角色在英国和法国的冒险经历。在电影中，麦肯锡是汉弗莱斯（Humphries）饰演的另一个角色埃德娜·埃弗雷齐（Edna Everage）的外甥。尽管《巴里·麦肯锡救姐记》在澳大利亚遭到禁映，但这些电影还是得到了澳大利亚约翰·戈顿（John Gorton）政府的大力支持，成为最早获得澳大利亚电影发展委员会（Australian Film Development Commission）资助的电影。澳大利亚总理高夫·惠特拉姆（Gough Whitlam）在《巴里·麦肯锡救姐记》中现身，授予麦肯锡的姐姐埃德娜·埃弗雷齐女爵士爵位。https://en.wikipedia.org/wiki/The_Adventures_of_Barry_McKenzie, 2019年3月13日访问。

② "For better or worse, it is the strongest and most beautiful show of abstract paintings I have seen in a long time." Terence Maloon. 1982. Aboriginal paintings: Strong and beautiful abstracts survive the cultural dislocation. *Sydney Morning Herald*（9 January）.

要的是，它是 20 世纪澳大利亚最重要的艺术运动。所有其他运动都是从其他地方传播到澳大利亚的。在某种程度上，正如杰克逊·波洛克（Jackson Pollock）的大型抽象画被采纳标志着正宗美国绘画的出现，这场西部沙漠绘画运动似乎成了"真正的"正宗澳大利亚艺术运动，并且在商业上非常成功。

如今，点画在非原住民拥有的商业画廊和机构中随处可见，它是 1988 年在纽约亚洲协会博物馆和同样位于纽约的约翰·韦伯画廊（John Weber Gallery）巡展的"梦想"（Dreamings）展览的核心艺术形式。

第四阶段　澳大利亚东南部的城市原住民艺术

随着第四阶段的到来，澳大利亚东南地区的艺术重新崛起，"城市原住民艺术"方兴未艾。尽管东南地区的混血原住民在众多的实践中表达了自己，但他们的作品从未被广泛视为"艺术"，而是一种手工艺实践或民间艺术。在后殖民主义叙事的影响下，20 世纪 80 年代上过西方艺术学校的一代艺术家现在在某种程度上使用西方的材料、概念和参考资料来讲述他们的原住民故事。

当越来越多的原住民艺术家从艺术学校毕业时，他们却发现自己被商业画廊和艺术博物馆拒之门外。因此，这些艺术家中的一个团体于 1987 年成立了布马里原住民艺术家合作社。最初的 10 位艺术家是布朗温·班克罗夫特（Bronwyn Bancroft）、尤菲米娅·博斯托克（Euphemia Bostock）、布伦达·L. 克罗夫特（Brenda L. Croft）、菲奥娜·弗利（Fiona Foley）、费尔南达·马丁斯（Fernanda Martins）、阿龙·雷蒙德·米克斯（Arone Raymond Meeks）、翠西·莫法特（Tracey Moffatt）、艾维尔·奎尔（Avril Quaill）、已故的迈克尔·莱利（Michael Riley）和杰弗里·萨缪尔（Jeffery Samuels）。

第五阶段　原住民策展人和作家

第五阶段自 80 年代末到 90 年代初，原住民开始策划展览、写作，并对自己文化的营销和"解读"获得一些控制权。这产生了不同的结果。这个阶段真正开始于 20 世纪 80 年代末的原住民艺术家合作社团体，他们策划了自己的展览。后来，1994 年，我与菲奥娜·弗里（Fiona Foley，布马里原住民艺术家合作社的共同创始人）在澳大利亚当代艺术博物馆合作，为第五届古巴哈瓦那双年展策划了"我永远不会成为一个白种人"（Tyerabarbowarryaou II: I Shall Never Become a Whiteman II），展览在古巴哈瓦那的国际新闻中心举办，后来在悉尼的澳大利亚当代艺术博物馆展出。

布马里艺术家群体也开始自我定义，并拒绝让他们的原住民身份，也就是他们的种族地位和由此产生的艺术创作，被基于西方艺术史的非原住民艺术世界所定义。

随着第一支英国囚犯船队来到澳大利亚（1788—1988 年）200 周年的临近，一个特殊的转折点出现了，人们对国家的历史发起了一波新的审视。大多数人都支持庆祝英国殖民活动的开始，但原住民却没有对这一事件感到喜悦。许多原住民艺术家（以及同样多的非原住民艺术家）抵制了这一年的文化活动。

20 世纪 80 年代，原住民活动家加里·福里（Gary Foley）被任命为主任，查尔斯·狄克逊（Charles Dixon）被任命为澳大利亚艺术委员会原住民和托雷斯海峡岛民艺术委员会（Aboriginal and Torres Strait Islander Arts Board）主席。迪克森告诉我，他们两人已经通知澳大利亚艺术委员会，原住民委员会不会资助任何涉及 200 周年纪念活动的项目。他们计划在国际上举办艺术展览，就英国对澳大利亚大陆的殖民化罪行发表政治声明，远离国内的庆祝活动。当然，这与澳大利亚艺术委员会产生了一些矛盾。他们的合同没有得到续签，所以他们的计划也就未能付诸实践。

与此同时，一群以非原住民为主的人类学家在南澳大利亚博物馆（South Australian Museum，SAM）策划了一个广泛的原住民艺术展览，展览的中心是中部沙漠"点和圈"绘画运动的发展。这个展览作为200周年纪念活动被带到美国。著名的纽约艺术商人约翰·韦伯（John Weber）将这些澳大利亚中部艺术家中的几位纳入其稳定的艺术家队伍。当展览项目由南澳大利亚博物馆实施时，我被邀请并参与了部分展品的挑选。虽然有原住民的建议，但这个项目仍然主要由非原住民的学者和策展人领导和控制。

第六阶段　黑人帝国的反击

在整个20世纪和21世纪，原住民艺术无论有意还是无意，无论公开还是隐含，都是一种决定性的政治工具。原住民艺术的第六个发展阶段目前正在发生，我称之为"黑人帝国的反击"。艺术市场和澳大利亚白人社会中的保守既得利益者普遍认为这在几个层面上是一种威胁。现在有一种对原住民艺术非政治化解读的回归，这意味着原住民艺术家和策展人必须在艺术界和更广泛的社会运动中重新确立他们的权力地位。掰手腕的过程开始了，辩论也在继续。

我自己关于策展的一个方法

我的策展方法也经历了几次转变。20世纪70年代，我开始与一个由国家支持的原住民商业连锁画廊合作。在那里，我协助举办澳大利亚传统生活艺术家合作社的年度调查成果展。当时，"城市原住民艺术"的重新兴起尚未开始。

20 世纪 70 年代末，我搬到了澳大利亚北领地的一个偏远的原住民传统生活社区拉明宁。对他们来说，在树皮上绘画是主要的艺术形式。20 世纪 80 年代初，殖民化的偏见仍然存在，认为原住民是没有智慧的、不成熟的、没有文化的、简单的和原始的生命。为了用艺术来展现真实的人和历史，我开始记录艺术家的生活，赋予他们个性和个人风格，我开始围绕原住民社会中存在的科学、语言和哲学思想策划艺术展。1984 年，我策划了展览"来自拉明宁的物品和代表：阿纳姆地区的最新艺术作品精选"（Objects and Representations from Ramingining: A Selection of Recent Art from Arnhem Land），展览在悉尼大学的鲍尔当代艺术馆（Power Gallery of Contemporary Art）展出，展品是由不同年龄和性别的艺术家组成的集体创作的作品，围绕着同一个理念而展开。我在挑选展品时囊括了物品、绘画、编织品、工具和用具，说明了广泛的原住民分类系统，即对所有植物、动物等生物的命名，并展示了艺术如何经常作为一种记忆装置来触发和保留这些信息。

"涂黑"是 20 世纪 70 年代和 80 年代澳大利亚国家首都官僚圈子里的一个术语。它是指用原住民工作人员取代"澳大利亚白人"工作人员。然而，这一策略并不一定能改变机构的态度、信仰和做法。虽然经常有许多原住民在文博机构工作，但他们很少处于大权在握的位置。

我认为，原住民艺术和策展的最大举措是由主要是年轻的原住民妇女对这一领域的要求，她们接受大量的企业赞助（来自矿业公司、国家旅游机构和房地产开发商），似乎不计较任何明显的政治问题。

与在世艺术家合作

我更喜欢与在世的艺术家合作，给予每个艺术家充分的自主权，但在呈现他们的故事和想法时与他们合作。事实上，我将在下面的三个案例研究中——我在 1988 至 2015 年期间策划的项目——描述我如何与一组艺术家合作，往往是同一个艺术家反复合作。这颇像与一群前卫戏剧表演者一起工作，随着时间的推移，激发思想碰撞。

在我所策划的众多展览中，我将讨论这三个重要的展览。《原住民纪念碑》(*The Aboriginal Memorial*)，首次展出于"南十字星下：悉尼 200 周年双年展"(Under the Southern Cross: Bicentenary Biennale of Sydney, 1988 年)；"邦加里，第一个澳大利亚人：和邦加里的农场"(Bungaree, the First Australian: and Bungaree's Farm, 2015 年) 在悉尼莫斯曼美术馆 (Mosman Art Gallery) 的 "T5 伪装油箱"(T5 Camouflage Fuel Tank) 展出；以及 2017 年在利斯莫尔地区美术馆 (Lismore Art Gallery) 展出的 "四个女人乘以贰"[Four Women (I Do Belong) Double]。

原住民纪念碑

《原住民纪念碑》是一个由 200 个来自阿纳姆中部地区的空心原木棺材或埋葬杆组成的装置艺术（见图 15.1）。它是为了纪念自 1788 年以来为保卫自己的土地而丧生的所有原住民。创作这个装置的艺术家们打算把它放在一个公共场所，以便为后人保存下来。

它是由我在 1986 至 1988 年的三年时间里构思的，并由来自拉明宁和四个邻近社区的 43 位艺术家实现，他们都居住在北领地阿纳姆中部 300 多平方英里的区域。参与创作的艺术家既有男性也有女性，包括已故资深艺术家大卫·马兰吉 (David Malangi) 和乔治·米尔普鲁鲁 (George Milpurrurru)。该作品是为了配合纪念殖民者登陆澳大利亚 200 周年而创作的，纪念那些因欧洲入侵而死亡的澳大利亚原住民。

随着 1988 年 200 周年纪念日的临近，许多原住民艺术家抵制庆典活动，以抗议企图消灭原住民的行为，以及自非洲大陆被殖民以来的所

图 15.1 澳大利亚北领地拉明集宁艺术家群体,《原住民纪念碑》(The Aboriginal Memorial),
1987—1988 年,空心原木上涂抹天然土颜料,高约 327 厘米,堪培拉澳大利亚国家美术馆;1987
年由澳大利亚国家美术馆购买并展示

有其他不公正行为。我参加了许多这方面的谈话,但最后认为缺席官方
活动并不是一个足够有力的声明。我们必须在场,但要以我们自己的方
式。在这个国家,到处都是澳大利亚在外国战场上战死者的纪念碑,但
却没有为在边境战争中为保卫国家而牺牲的原住民建立的战争纪念碑。

所有伟大的艺术都有意义,并存在于某一个时间和地点。构建埋葬
柱森林的想法在我脑海中已经有一段时间了,200 年的殖民化成为决定
性的关键字。在仪式实践中,杜邦的空心木骨棺材是神圣的物品,所以
要把它们的意义延伸到这个政治声明中,必须通过许多对话、协议和信
任来协调。我开始与社区中的八位资深男性画家进行对话,但很快就意
识到,各部族都有自己特定的树种、生态系统和土地区域,许多部族的
其他成员也必须参与进来。最后,有 43 名男性和女性作出了贡献,装置
整体显示了不同的部族在整个大陆被杀害。

在 1988 年的悉尼双年展上展出后，它被澳大利亚国家美术馆征集。自 2014 年以来，它一直矗立在澳大利亚国家美术馆新楼的入口处。《原住民纪念碑》也是 2000 年在俄罗斯冬宫博物馆（Hermitage Museum）举办的原住民艺术展览的核心展品。

邦加里，第一个澳大利亚人：和邦加里的农场

啊，是这样！（Nga ba ya!）

那人在哪？（Kore wommang ke?）

那人走了！（Kore yo!）

那人在哪？（Kore wommang ke?）

那人走了！（Kore yo!）

啊，是这样！（Nga ba ya!）

比里皮·拉芒（Birripi lament[1]）

邦加里是澳大利亚东海岸的原住民，就在现在悉尼市的北部。他生活在 1788 年英国人抵达澳大利亚的时候。他搬到了悉尼北岸现在叫莫斯曼的土地上，并与他的家人一起生活。后来，当英国探险家马修·弗林德斯（Matthew Flinders）首次环游澳大利亚大陆时，他们两人一起旅行。他是第一个被称为"澳大利亚人"的人，无论是原住民还是殖民者。邦加里是第一个被宣布为国王的原住民，并被授予国王头盔和胸甲。因此，他要求来访的船缴纳关税。1815 年，英国殖民总督拉克兰·麦夸里（Lachlan Macquarie）向他赠送了一块土地、一些动物和农具，试图让他过上农耕生活。

有人说，白色的澳大利亚有黑色的历史。2012 年，莫斯曼是悉尼最

---

① *Aboriginal Reminiscences & Papers of L.E. Threlkeld, Missionary to the Aborigines 1824–1859*, Vol. I, Niel Gunson（ed.）. 1974. Australian Aboriginal Studies No. 40. Ethnohistory Series No. 2. Australian Institute of Aboriginal Studies, Canberra, ACT, 59.

昂贵的郊区之一，现在也是如此。那一年，我被要求创作一个关于邦加里生活的展览，让原住民的存在回归到这些现在的上流社会地区（见图15.2）。为了塑造他的形象，我邀请了15位艺术家，他们有不同的实践，处于不同的职业生涯阶段。我邀请了与悉尼港周围土地有联系的原住民。我要求他们不要带艺术品，而是在两个研讨会上创作新的作品。在研讨会上，艺术家们得到了大量关于邦加里和他的家人的历史记录，并被带到邦加里陆地和船上的居住场所。

图15.2 《第一个澳大利亚人邦加里：以及邦加里的农场》（Bungaree the First Australian: and Bungaree's Farm），莫斯曼美术馆（Mosman Art Gallery）"T5 伪装燃料坦克"（T5 Camouflage Fuel Tank）展；澳大利亚悉尼莫斯曼美术馆供图，2015 年；琼·蒙戴恩摄影

一些艺术家使用摄影和移动图像。另一些谱写歌曲，还有一些人使用霓虹灯等装置，使观众对他与不断增加的英国人建立有意义的关系的斗争过程产生强烈的共鸣。

三年后的 2015 年，在他被授予封地 100 周年之际，我被邀请回来再次创作一个关于邦加里的展览。我有一个大的空间可以使用：一个在港口摆设的修复的柴油罐。

　　我邀请了几乎是参与早期项目的同一批人参加。这个油罐的直径至少有 30 米，有三四层楼高，而且完全是空的。使用这样一个空间的最有效方法是用声音和视觉以及人类的创造来填充它。我聘请了获奖的原住民戏剧家和戏剧导演安德烈·詹姆斯（Andrea James）带领我们进行一系列练习：旅行中的邦加里、歌唱的邦加里和做邦加里自己。我要求每个艺术家提出一个想法，然后对着镜头表演，这样就可以记录下来。后来，这些表演被投射到油罐壁上，使空间充满了声音和视觉。由于我们在油罐内拍摄了每个作品，以黑色的罐壁为背景，黑底的投影意味着图像没有框架。为了创造进一步的沉浸式体验，每个艺术家都被邀请表演低声的鬼魂声音，在连续不断的"白色"噪音中循环播放。投影图像、音乐和声音的完整运行以一种令人兴奋和有效的方式出现，并赢得了2015 年澳大利亚博物馆与美术馆年度优秀展览奖。

四个女人乘以贰

　　新南威尔士州北部的利斯莫尔地区美术馆（Lismore Regional Art Gallery）在 2017 年搬到了一个新的、更大的、专门建造的馆舍，并邀请我策划他们的开幕展览。

　　我策划的展览是"四个女人乘以贰"，包括卡拉·狄更斯（Karla Dickens）、菲奥娜·弗利（Fiona Foley）、罗曼·莫尔顿［Romaine Moreton，与洛乌·本内特（Lou Bennett）合作］、瓦特（Wart）、特蕾莎·里奇［Therese Ritchie，与杰克·格林（Jacky Green）和塞恩·凯林斯（Seán Kerins）合作］、纳西姆·纳斯尔（Nasim Nasr）、蒂娜·麦卡锡（Teena McCarthy）、卡罗琳·斯特拉坎［Carolyn Strachan，与亚历山德罗·卡瓦迪尼（Alessandro Cavadini）合作］的作品（见图 15.3）。

图 15.3 《四个女人（包括我）乘以贰》[Four Women（I Do Belong）Double]，澳大利亚利斯莫尔地区美术馆（Lismore Regional Gallery）供图，2017 年；卡尔·沃纳（Carl Warner）摄影

在澳大利亚，展览恰逢庆祝 1967 年公投 50 周年，公投允许原住民在人口普查中被计算在内，并在所有选举中有投票权。

20 世纪 60 年代和 70 年代是社会、文化和政治剧烈动荡的几十年，特别是对妇女和有色人种而言。在这几十年里，原住民提出了许多想法：例如，原住民医疗服务（1971 年）、原住民法律服务（1970 年）和黑人剧院（1972 年）等。1963 年，伊尔卡拉（Yirrkala）部族人民绘制了所谓的《树皮请愿书》（*Bark Petition*），并提交给澳大利亚议会，争取他们拥有东阿纳姆地区的土地所有权，并开始了承认原住民"土地权"的社会活动进程。

有人认为，这一时期是女权主义的"第二阶段"，是更广泛的国际民权斗争的一部分，其中包括反越战运动、非裔美国人的民权和同性恋权利运动、美国通过平等权利宪法修正案，以及（至少在文书上）实现澳大利亚妇女同工同酬。

1963 年，在美国南部阿拉巴马州的伯明翰，第 16 街浸信会教堂被三 K 党成员炸毁，四名年轻的黑人女孩 ［辛西娅·韦斯利（Cynthia Wesley）、卡罗尔·罗伯逊（Carole Robertson）、丹尼丝·麦克奈尔（Denise McNair）和艾迪·梅·柯林斯（Addie Mae Collins）］被杀害。被激怒的尼娜·西蒙尼（Nina Simone）将她的创作转移到了一个更加政治化的位置。她随后写了一组歌曲作为回应，包括《密西西比的上帝》（*Mississippi Goddam*, 1964 年）、《年轻有天赋的黑人》（*Young, Gifted, and Black*, 1970 年）和《四个女人》（*Four Women*, 1966 年），后者是关于四个受害者可能成为的四个女人。这个展览的灵感来自西蒙尼的歌曲，因为我一直认为那首歌是讨论种族、性别和历史等许多问题的一个机会。

1972 年，一群原住民活动家感到原住民仍然没有被当作澳大利亚公民对待，而实际上是被当作外国人对待，于是在现在的旧议会大厦前的草坪上搭起了帐篷——这些帐篷被视为原住民大使馆。在亚历山德罗·卡瓦迪尼 1972 年拍摄的纪录片《渴望我们的土地》（*Ningla A-Na*）中，记录了当时的原住民政治运动，包括帐篷搭成的原住民大使馆，一群原住民妇女告诉几位白人女权主义者，她们不相信按照性别划分原住民运动，并提醒她们白人妇女在殖民过程中的同谋罪行。

在 20 世纪 60 年代，很少有女性（特别是原住民女性）担任策展人或电影导演。20 世纪 80 年代末，当艺术家菲奥娜·弗利和她的同事们创立布马里原住民艺术家合作社时，他们被州立博物馆和商业画廊拒之门外，因此策划了自己的展览。承担策展人或电影导演的权力地位，现在被认为是实现变革的一个关键途径。女权运动者在这一时刻意识到：如果想要所有被压迫的人都能得到发言权，他们首先需要让"所有人"都有途径"登场"。

2017 年，将近四十年过去了，活动家特蕾莎·里奇（Therese Ritchie）与学者塞恩·凯林斯（Seán Kerins）和原住民艺术家杰克·格林（Jacky Green）合作策划了展览"开口"（Open Cut）。通过邀请，他们努力让卡彭塔利亚湾西南部博罗洛拉（Borroloola）地区的加拉瓦（Garawa）传统土地拥有者，在反对政府和瑞士某矿产公司在麦克阿瑟河上露天开采他们的土地并毒害环境的斗争中发出声音。"触觉特异性"是展览中使用的术语：你只允许某些特定个人进入你的个人空间，触摸你的身体。在原住民社会中，只有你社群的某些成员可以在你的身上画出你的身体图案。他们与你是一种特定的精神和个人关系。绘画也在你和绘画原料来源的土地之间建立了一种关系。在特蕾莎·里奇选定的主题照片肖像中的男人和女人是由他们各自社群中那些与主角有正确关系的个人画出来的，与仪式上的做法一致。"我的大地母亲"也有特殊的精神空间，只有与它有这种精神关系的人才能触及。你允许谁来标记"大地母亲的身体"？

在一个真正的公民社会中，该社会的每一个成员都有一个共同的权利，那就是能够在日常工作和社会生活中自由行动而不被攻击、抢劫或强奸，也不担心受到这种攻击。1992 年，大卫·林奇（David Lynch）的心理恐怖片《双峰：火线伴我行》（*Twin Peaks: Fire Walk with Me*）上映。影片的故事讲述了被谋杀的虚构少女劳拉·帕尔默（Laura Palmer）生命中的最后一周，然后对她的死亡进行调查，发现了一个充满毒品、腐败、虚伪和不道德的社会。它揭示了一个乡村小镇的历史真相。

卡拉·狄更斯（Karla Dickens）为"她的睡美人四重奏"（Her Sleeping Beauty Quartet）展览创作的英雄图像，是为了纪念在北河地区被谋杀的一系列年轻女性，有一些案例是著名的和当前的，其他的有点遥远，但也是我们经常知道并强烈感受到的人，我们与她们共同生活在美丽的、物理的、拥有潜在社会创造力的地区。

蒂娜·麦卡锡（Teena McCarthy）的《奥菲利亚》（*Ophelia*）自我形象直接受到了一篇小型宣传文章《无论劳拉·帕尔默发生了什么？》（*Whatever Happened to Laura Palmer?*）的启发，但扩大在双峰镇隐藏的谋杀案的内涵，以评论他们巴尔金吉族人在达林河上游的殖民化过程中遭到的不被承认的屠杀。

美国黑人作家埃尔德里奇·克利弗（Eldridge Cleaver）的重要自传《冰上灵魂：完整未删节版》（*Soul on Ice: Complete and Unabridged*, 1968）从一个黑人的角度讲述了他在美国的黑白种族交汇线的故事。他最初为自己强奸白人妇女的行为辩护，认为这是殖民地种族战争中的一种政治行动，但后来转变立场，认识到他的行为是毫无意义、不道德的暴力。在书的开篇，他回顾了种族交叉的另一面，他问他的黑人囚犯同事，他们对女性作为性伙伴或生活伙伴的种族偏好。有些人喜欢白人妇女，有些是日本人，有些是中国人，但令他惊讶的是，虽然他的同僚都是黑人，但没有人喜欢黑人妇女。正如埃尔德里奇·克利弗在他的小说中写道："除了凯迪拉克，我不想要任何黑色的东西！"（Cleaver, 1963）

20 世纪 70 年代，我在澳大利亚的一个办公室工作，同事中男性居多。在工作周结束时，周五晚上喝酒是很常见的活动，在其中的一次活动中，当提到原住民的话题时，有人说了这样的话："我们射杀了所有的男人，而且我们正在把女人搞得一无所有。"

菲奥娜·弗利的摄影作品指出了澳大利亚社会多年来对原住民妇女的轻视。原住民妇女在殖民时期被称为"黑丝绒"，这个词至今仍被一些人使用。她的《爱之海》（Sea of Love）系列的作品《维纳斯 #4（高跟鞋）》[Venus # 4（stilettos）] 是一种"反对性凝视"的形式。它是一个自信的、具有性诱惑力的原住民妇女的象征。她是性感的，并且自身知道这一点，并陶醉于此。弗利说，她觉得原住民妇女可以是受过教育的、成熟的、游刃有余的，然而仍然不为社会所接受。就像在殖民时代一样，她们是黑丝绒，是你使用但不与之结婚的女人。

正如美国黑人卡琳所说："我曾经在所有场合穿高跟鞋！即使只是去杂货店买东西，我也会穿高跟鞋！"（Mcgrath, 2017）

我认为，第四阶段的女权主义在很多方面都是回归到第二阶段，即争取社会的接受。正如一位年轻的女同事对我说，"我们不恨男人。我们不模仿男人。我们有一个共同的雄心壮志，要为所有人达到一个平等、自由和安全的社会。"

这包括承认过去 200 年的真实殖民历史，以及 1788 年第一批英国囚犯抵达时生活在这里的原住民被剥夺权力、被迫流离失所和被谋杀的情况。国际社会正在进行一场关于国家认为适合纪念的历史人物（主要是男性）的社会和政治辩论。一位非原住民学者告诉我，传统上，原住民没有像西方社会那样设立纪念馆来纪念历史事件。当然，在任何地方，妇女（或原住民）的雕像都要少得多。原住民诗人和电影制片人罗曼·莫尔顿（Romaine Moreton）在《乌合之众》（*Ragtag*, 2014）中谈到，原住民，特别是妇女，被当作旅游的素材：不是我们需要交谈的人，也不是我们应该关心的感情，而是工具，淫秽的物品，只是为了赚钱。

自二战结束以来，澳大利亚艺术界以外的原住民艺术已被证明是承认原住民权利及其在国家历史上的地位的一个惊人而有力工具。然而，这种艺术仍然是一种微妙而持久的尝试，试图使更广泛的澳大利亚社会重新认识我们是谁的真相，并履行国家对原住民的责任[1]。

参考文献

Berndt, Ronald M. (ed.). 1964. *Australian Aboriginal Art*. Sydney: Ure Smith.

Cleaver, Eldridge. 1968. *Soul on Ice: Complete and Unabridged*. London: Granada Publishing Ltd.

---

[1] Richard Flanagan, "The world is being undone before us. If we do not reimagine Australia we will be undone too", *The Guardian*, August 5, 2018.

Flanagan, Richard. 2018. The world is being undone before us: If we do not reimagine Australia we will be undone too. *The Guardian* (5 August).

Hesse, Hermann. 1971. *If the War Goes On: Reflections on War and Politics*. Farrar, Straus & Giroux.

McDonald, Ewen (ed.). 2012. *Volume One: MCA Collection*. Sydney: Museum of Contemporary Art.

Mcgrath, Kara. 2017. What 9 Real Women Wear When They Want to Feel Sexy. https:// www.bustle.com/p/what-9-real-women-wear-when-they-want-to-feel-sexy-67494, accessed 13 March 2019.

Nietzsche, Friedrich. 2017. *Beyond Good and Evil*. New Delhi: Alpha Editions.

Troy, Jakelin. 1993. *King Plates: A History of Aboriginal Gorgets*. Australian Institute of Aboriginal and Torres Strait Islander Studies.

本章作者简介

琼·蒙戴恩（Djon Mundine）是澳大利亚勋章（OAM）获得者，来自澳大利亚新南威尔士州北部的班贾隆，是一名策展人、作家、艺术家和活动家。他曾在多个国家级和国际级机构担任重要的策展职务。1988年，他成为澳大利亚国家美术馆（National Gallery of Australia）《原住民纪念碑》的概念设计师。2005—2006 年，他任日本大阪国立民族学博物馆（National Museum of Ethnology）研究教授。他目前是专注于当代原住民艺术的独立策展人。

第十六章 全球化视域下语境特异性 对策展的影响

　　未来是光明的。这个未来正朝着激活视觉艺术领域和创意领域的方向发展，并将对更广泛的社会领域产生影响，也许比20世纪六七十年代的大地艺术运动乃至更大范畴的艺术更有影响力。艺术在某种程度上正在被传播到美术馆围墙或白方空间之外，而收藏机构正在通过制度和政府背景下的公众参与计划获得更广泛的社会政治性关注。这意味着，每一种文化意图和内容都可以被视为一个活跃的力量场，在其中通过社会想象而进行改变的可能性，被我们这个时代的审美和评价指标培养起来。因此，未来期望扩大与艺术的对话面，街道和历史旧址、画廊附近的标志性地点以及博物馆和其他专门的艺术场所都将充斥着艺术性的内容。实现这种场景的可能方式仍然取决于政府的文化政策。也就是说，人们对视觉艺术和更广泛的创意领域持乐观态度，它们借由公共激活策略以及对单一制度背景的摆脱，越来越多地参与到社会的各个方面中去。然而，各国乃至各大洲在积极塑造其社会结构时不断增加对表达、言论和运动自由的限制，导致社会政治动荡，使得通过与艺术对话来实现社会和文化复兴的可能性濒临破产。

　　在这些新的权力制度下，策展被安排到一种新型机制下——艺术作品在这种超越评估和存档限制的机制内，一定程度上获得了艺术史上事实和虚构的价值。也就是说，事实和虚构在形成和阐明我们对世界的理解方面发挥了重要作用。数据与主观叙事、集体叙事的结合影响了知识的生产过程。这些结论的来源可能并不总是直观的，需要进一步研究和阐述可能形成这些事件的动力及其发生的原因。相比之下，今天的策展人与历史和现代艺术的策展人不同，不仅要关心和还原艺术知识，还要掌控艺术所处的语境。因此，策展人的实践活动通过在社会政治和心理经济维度对视觉领域进行巩固，扩展到了感知、阐述以及对过程的理解等方面。这样，今天的策展人借由对艺术作品的关心、责任和真正积极参与的过程，不时地对他们所处环境的特殊性进行回应，同时对展览或表现为书籍、会议、系列讲座和社会实践活动的一系列艺术进行分析。这些策展人的作品也可能期望得到世界性的关注，有时会跨越大陆和文化而引起全球观众的集体回应。

此外，随着互联网的引入，以及许多地方数据在线上开放获取，艺术所处的背景进一步全球化。当然，有很多地方没有为这个巨大的信息库作出贡献，也有政府控制了数据的传播，但互联网仍然努力成为一个社会参与的平台和知识信息交流的场所。因此，互联网继续着力塑造社会和政治场域，并在经济、心理和感官上接受、处理和回应现实。

作为语境化行为的展览，作为主动力的策展

展览是为一种体验而产生的社会和集体的呈现形式，这种体验在实体和虚拟的空间中，依靠并面向公众宣扬一种特别的审美和知识品质。策展工作可以被定义为一种将选定的艺术体验进行有序组合的方式，其间出现一种新的时空安排，进一步传达了某种统一的意义。评论家兼哲学家鲍里斯·格罗伊斯（Boris Groys, 2006）认为，策展人的工作是使事物公开，艺术作品在某种程度上被用来满足观众、获得知名度并强化意义。如果我们把展览定义为一种事物的暂时状态，那么所建立起来的关系不仅包括承认展品是艺术品，是在其真实存在又转瞬即逝的属性基础上产生共鸣的对象，而且还把这种体验作为一种意义导向的对话。每一

个展览都是一种通过策展机构实施的语境化行为。因此，每个展览都是一个实体的组合，这些实体在它们所处的新语境中获得意义。策展人延斯·霍夫曼认为：

> 展览制作行为是在特定的社会政治背景下，根据精心制定的主旨，通过对艺术作品和相关物品的精心挑选和有条不紊的布置，而进行的展示创造。（Hoffmann, 2017: 29）

展览所处的社会和政治维度的特殊性，在其设计和执行过程中起重要作用。展览承载着社会关注或政治期许，将这些背景转化为它的知识体系，其选中的艺术品直接或间接地在这些意义集群的图式下浮现出来。换句话说，除了展览的预期意义和它的社会政治观点之外，它还受其所处的位置亦即其特定文化背景所影响。在开发展览时，一些策展人可能会专注于通过他们各自与当地艺术家的展览来寻找艺术对话的普遍性，同时从国际共享的话语或跨文化符号中调整他们的概念框架和灵感。因此，无论是当地的具体场景，还是艺术探索的多层次平台，都渴望定义展览的运作方式。"策展中最重要的是表达能力，首先是所提问题的生命力"，延斯·霍夫曼提出策展人是"使用现有的标志、代码和材料以限制、排除、创造意义的人"。（Hoffmann, 2017: 30）他对策展在展览制作中所起作用的质疑，比生产者或仅对物品进行简单排布的人本身更有意义。霍夫曼还表示："策展不仅仅是对标准、意识形态、社会和政治关注点以及展示的可能性作出选择。"（30，此30为上处引用文章对应页码，后同）自然界、理论界和主观经验世界都是推动策展行为落实的线索。在这个意义上，展览超越了物体和陈述在空间中的简单组合，产生了一种在空间和知识上通过当前的一套价值观和信仰体系进行探索的复合关系。如果我们对这一定义进行扩展，一个展览可以被视为一种临时性的关系组合，通过对艺术作品的认识论和形式质量并参照观众的想法进行编排，形成一种由广泛的审美和道德品质支撑的社会语境感。策展人埃莱娜·菲利波维奇（Elena Filipovic）认为：

> 展览是其论证的形式和方法，在形成展览的过程中，暴露了支撑判断形成、感知调节和历史建构的前提。它是其自身所引发的思考和辩论，也建构其知识和审美投资的轨迹。但最重要的是，它的前提、分类体系、逻辑和结构可以在其成为展览的瞬间，被其中的艺术品打破。如果艺术作品同时是展览意义建构的元素，又辩证地受制于展览的舞台，它们也可以在某些时候阐明审美和知识的立场，来确定超越甚或违背其主题或结构性展览框架的参与模式。（Filipovic, 2013）

因此，展览是形式的结晶，反映了当前的思维和评价系统，这些系统起源于感知的现象学和对话的社会学，建立起参与模式和艺术接受模式之间的关系。在这个框架内，一个展览在一种充斥着多种理解和阐释的有机关系网络中被编码，策展人的角色是围绕着积极参与而形成的，每一次对包容或排斥的选择都会对他或她各自的实践产生影响，同时放大其对视觉艺术当代性的表达和改写。当下的每一个展览都是其所属时代的代表，即便策展人的意图可能是做一个里程碑式的展览，例如一个已故艺术家的大型回顾展或是对一个艺术运动的概述。

因此，策展人的立场和主张，以及他或她在作出选择时的态度，都在涉及艺术的公共计划中明确地负有重大责任。此外，策展人的声音通过那些被选中的人，以及各种包容和排斥（艺术家）的计划、展示（展览）的方式和验证手段，成为视觉艺术领域的一个决定性因素，并通过这些使艺术领域发生转变。在这一点上，人们可能会问，事实是否一贯如此。然而，回答是否定的，因为策展人的地位在过去半个世纪里是不断演进的，而策展人的角色已经从职业和分工之一，转变为他或她对艺术及其知识生产领域的主观解释的集中体现。这种蜕变在某种程度上是国际化浪潮的结果，艺术的历史及其众多背景在全球化的影响下被汇集在一起。此外，新的教育结构和计划提供了对艺术史的另一种理解，这部分归结于目前在策展研究中正在探索的新的知识建设方法。使艺术在各国可见的动力，是新的权力中心介入和出现的前提。处于艺术生态中的策展人就在这些中心之中。在进一步探讨转型的阶段和可见的各种模式之前，有必要探讨国际主义的概念，因为这个概念本身在过去30年中具有双重含义。

国际主义的两个方面

1989年柏林墙的倒塌，促成了民主德国与联邦德国的统一，这是当今历史进程的一个重要先声，为不断变化的社会政治环境提供了一个重要的参考点。东西方边界的开放与政治和金融中心的转移密切相关，并由此引入了文化霸权，为"国际"的概念创造了双重性。现在对"国际"的使用语境有别于全球公认和可翻译的实体，而是当地具体的国际代表。对"国际"的认知在某种程度上较过去而言有所不同：一种是本地的全球性的代表，另一种则正相反，是全球的本地性代表。例如，一个艺术家或一件艺术作品可以通过它从当地环境中获得的意义来获得国际价值或证明，然后转变为象征各自社会政治和审美环境的特殊性的代表。因此，上述艺术家或艺术作品的国际主义源于对其所处环境的拥抱，随后转化为国际范畴的事务。因此，国际价值可以通过对各自价值观和思维体系进行显著的表现来实现，这与审美和批判具有特殊而又直接的关系。另外，国际主义也可以通过艺术的国际话语来实现，包括利用共同的视觉领域和使用共同的术语，或是利用国家乃至大洲的集体敏感性。如此，艺术作品不需要进一步阐述其特定的地缘政治背景，因为视觉艺术的共识领域是全世界共享的。例如，对特定艺术创作媒介提出质疑，或通过关注其某些组成部分来调查跨文化背景的艺术家，可能会与来自不同文化背景的艺术家保持一致，拥有类似的严谨和期许。然而，前者的国际主义停留在表现形式上，并利用当地的传统和已知的真理进行创作。或者说，它对社会政治动态作出了反应，并由此在特定环境的价值、质量和传统的参数中加以确定。另一方面，后者的国际主义是围绕着对真理和知识的普遍要求而运作的。这种普遍性也许可以被定义为一种大众的共性，一种在全世界的文化中唤起某种理念和印象的共识。国际性因此获得了一种全球性的价值，它可以被转化为一种独特的视角，而这种视角由多个文化实体、团体或社区所共享。例如，一名研究雕塑的艺术家制作出的作品，是受到她或他自身的背景以及古老文化典籍的影响，随着她或他的作品在不同文化背景下展出并引发强烈的感官共鸣，可能会获得国际赞誉。

然而，将国际主义及其利害关系过度简单化是有风险的，因为资本主义的交流互动和理性思考可能压制和破坏这两个层面的知识和审美的严谨性。那些被冠以"国际"的艺术品或艺术家有时可能会被批评为持有民粹主义和消费主义观念，这是基于其自身特征的实质性批判。因此，对这两种形式的国际主义的表现都需要对主流文化的主导趋势进行不断抗争，同时在整个时代坚持进行审美和批判。古巴策展人兼艺术史学家赫拉尔多·莫斯克拉（Gerardo Mosquera）在谈到全球化的状况时，指出了"一种多元文化对话的跨地域世界的幻觉"所带来的危险。莫斯克拉还认为："西方主要大都市的艺术中心仍然继续行使着权力，它整合了来自周边国家的艺术，并将其纳入以西方为中心的标准中，因而维持了现有的等级制度。"（Mosquera, 1994: 133）莫斯克拉对国际主义定义的敏感，源于其对文化从西方散播到全球背景的单向理解，这就要求我们更好地了解艺术手段及其对视觉领域的接纳、阐释和贡献。这种敏感性并非仅仅属于当前的认知潮流，而且对未来几代人具有重大影响。

在这方面，可能有必要强调这样一个事实，即鉴于国际主义具有双重含义，艺术品或艺术家总能基于周围社会结构的规模和尺度，寻觅到引人注目的地方。

重要的背景导向和特异性

根据这些讨论，探索"本地"的合理范围是至关重要的。换句话说，如果我们想要估量地方价值的界限，那么如何定义什么被包含在里面，什么被留在外面？最重要的是，我们如何探索定义一套专属某个社会身份的价值和习俗？更何况其中一些价值还与其他平行范畴有所重叠。在任何情况下，社会都构建了它的符号秩序，这既不是中立的，也不是完全隐秘的。一个社会及其公民天生属于一种预先建构的语言中，这是一种既非随机也不够完美的符号和象征系统。口头表述和实际行动的许可范围在预设意义和自由探索之间徘徊。为了阐明文化的界限，也许可以诉诸想象力。社会，更不用说社区，是在由想象和判断串联起来的无形线索上运行的。因此，社会想象、责任感和自主行动方式的概念，都存在于由伦理和传统培育起来的社区形式中。解释学哲学家汉斯－格奥尔格·加达默尔（2013）认为，人类的知识是基于语言和传统的，知识的传播遵循一种社会自身的指导原则。哲学家科尔内留斯·卡斯托里亚迪（Cornelius Castoriadis）创造的臭名昭著的理论和术语"社会想象"，一直被简单地视为一种上层建筑现象，被抽象和理想化地解释为个人意识的自发产物。他认为，想象是一种被构建起来的社会现实，是在历史进程中的一股重要力量。因此社会想象超越了个性化的信仰，以及基于共同习俗和仪式而形成的思维模式，与口耳相传的神话和社会认识交织在一起。换言之，"社会想象"一词指的是社会运作和自我建设中的一个不完整领域，它不仅包含可观察的事实，还在某种程度上暗含一种显示文化特征的意味。在这方面，社会想象既是各个社会所特有的，但又可以通过审美判断习惯、方法和能力的交叉而实现跨文化共享。卡斯托里亚迪（1987）为了进一步探索社会背景的合理特异性，以及想象作为一种集体社会创造形式的现实，引入了另一个术语："激进想象"。

> 卡斯托里亚迪对社会理论进行重新建构的核心概念是激进想象。其理论的出发点是，每个社会都通过创造"社会想象符号"来进行"自我建构"。激进想象的建立，是依靠"构成新的普遍形式"从而产生共同的社会意义。它的激进性来自这样一个事实，即它是历史进程中"非自主性创造"导致的"新事物的出现"。它的创造性活动通过任何"逻辑演算"都不可预测，并导致了"极端另类的出现"和"不平凡的新颖性"。此外，它甚至在更深层的本体论和认识论意义上也是激进的，因为社会认知的最基本要素都依赖于它。因此，即使一个社会对"理性"和"真实"的概念，也是以与社会想象有关的"对真实和理性符号的原始且无立场的假设"为前提的。（Clark, 2002: 67）

如此，激进想象对于一个社会来说是独一无二的，它以一种特定的反应方式将被引入社会领域的"新"并置起来。为了进一步阐述，我们可以想象一件艺术作品，它为当前在一个确定的社会群体中进行展示和讨论的艺术领域，引入了一种"新"的审美和评论方式。依靠一种与以往截然不同的事物的本质，新的艺术作品以其形式和内容搅动了由社会想象所定义的各个领域，促进了对任何潜在相似事物的直观图像和认识论细节的进一步明晰化。正如哲学家乔治·阿甘本（Agamben, 1993）所言，社会通过案例的图景意识到，自己不是真正的现实，而是对其理念的呈现，它唤起一种行动和一种精心设计的行为主义作为回应。在这方面，被引入现有艺术领域的新艺术形式酝酿而又探究出一种新的方法，这是由社会领域的现有特征所定义的，但也被"没想到"或尚未存在的经验所丰富。激进想象也与一个社会的自主性有关，在特定的社会政治和情感背景下，道德和理性在这种决定性特征中赋予对行为和言论自由的认识。

以下两个案例研究考察了不同但相似的文化特征，鉴于各个社会均有其运作要求和管理制度，因而有必要研究激进想象的可能性。通过考量两国近来的历史发展，及其艺术繁荣背景的独特性，我们讨论了各种公众的作用。

案例研究 1：土耳其，曾经属于东南欧，现在成为中东地区

土耳其作为一个具有地缘政治地位的国家，发挥着政治和文化桥梁的作用。过去，土耳其由北向南将俄罗斯的领土与地中海国家连接起来。现在，连接方向已改为东西向。这种方向的转变是在新兴金融资本的支持下发生的，并受到从乌克兰到叙利亚、俄罗斯到伊拉克等邻国的政治动荡，以及朝鲜与美国所波及的更大范围内政治不稳定局势所影响。不断转变的政权动向和在该国及其周边地区发生的社会破坏的凄惨状况，对其视觉文化乃至整个社会呈现出目前的状况起到至关重要的作用。此外，新的政权布局和结盟关系，使土耳其从一个属于东南欧（现称为"中欧"）的国家，转而被划入中东地区。在其新的组织状态下，艺术和文化界寻求新的方式，在目前限制性的政权统治下寻求创造具有抗争性和言论自由的新形式。

伊斯坦布尔过去20年的艺术面貌呈现出相当惊人的景象。事件的发生与发展情况超乎预期。国际艺术场所在10年内兴起，然后随着最近的政治变动而消亡，这几乎令人难以想象。原本处于微小而自足状态的艺术，在20世纪90年代国际政治变化后延展开来，然后又在20年内四分五裂。

新的当代艺术机构和空间的建立，以及艺术作品和艺术市场价值的迅速膨胀，对20世纪最初十年伊斯坦布尔的视觉艺术生态产生了重大影响。第一个十年见证了众多人物登场，从独立策展人到机构负责人、商业画廊老板、收藏家、私人博物馆和艺术评论家。

新千年初始，欢迎外国艺术家和策展人的双年展不再随处可见，银行支持的艺术场所也不再享有独特地位。然而，下一个十年标志着政府政策和权力体制发生实质性转变，在这些领域集权化，并施加了单一的意识形态。一方面，随着艺术参与者在国内和全球范围内越发引人注目，这个艺术场景的国际化进程也在加快；而另一方面，国家规定的象征性对艺术界的影响越来越大。这就造成了一个局面，许多重要的参与者正在离开土耳其，在既有政权之外寻求新的自治可能性。这种情况使土耳其处于荒凉、孤立和受限的边缘。

伊斯坦布尔双年展（Istanbul Biennial）创立于1987年，在土耳其的当代艺术中仍然具有不可替代的价值和地位。通过各种主题和参展方式，双年展广泛汇集了各种艺术作品，从而将这些作品以及艺术立场融入土耳其的城市和艺术领域中。特别是自20世纪90年代和21世纪初以来，也就是在互联网广泛应用之前，由于流动性受到财政和政治限制，双年展是当地艺术界体验和成为国际话语一部分的唯一途径。一些艺术家由于在20世纪80年代的政治立场，最近才获得出国旅行的权利。随着世界通过互联网和跨文化交流变得越来越小，双年展的定位转向了更加以主题为导向的策展项目。国际会议、艺术博览会和文化活动等其他事项吸引了全球艺术专业人士的注意，从而为城市带来了源源不断的游客，但现在由于政治原因而降低举办频率或遭到搁置。与20世纪90年代不同的是，20世纪最初十年出现了许多新的空间，既有商业画廊，也有艺术家经营的空间（也被称为艺术家经营倡议），扩大了艺术创作获得知名度的可能性。在艺术领域的投资，开设新的博物馆和艺术画廊，为艺术界的发展创造了更好的条件。

此外，经常引入新参与者，使整个权力结构发生持续性转变，增加了艺术场所、画廊、博物馆以及私人机构的数量，但减少了他们的作品量。

而不少于两个艺术博览会（加上2013年4月开始的古典与现代艺术博览会）、艺术奖、收藏场馆、艺术家驻地以及艺术家经营倡议，产生一幅复杂而波动的画面。在过去的十年里，商业画廊的数量翻了两番，新的博物馆开张了，新的艺术赞助人也出现了。当代艺术流派在社会上获得了知名度，在日常新闻中得到了认可，更不用说金融领域了。不仅是艺术方面有所发展，而且出现了一个由赞助人、收藏家和画廊老板主持的场景。艺术生产速度随着需求成指数级增长，反映在艺术家和艺术作品上。年轻的和刚毕业的艺术家更加有可能进入当代艺术的圈子中。也就是说，商业环境催生了专属其中的艺术家，而这种新的圈子致力于形成新的立场。伊斯坦布尔双年展的影响尤其重要，它吸引了来自世界各地的数千名专业人士，在他们努力实现各种项目的同时，也促使各个空间开展活动。

在这个快速变化和激活的时期，艺术通过引入变化的理念而表现出一种姿态，在公共领域获得了突出的地位。然而，这种短暂的复兴将被统治阶级永远占主导地位的声音所取代。曾经有机会百花齐放，现在却被削弱为在管制下的千篇一律。伊斯坦布尔的新贵们不仅投资于文化基础设施的建设，还投资于其审美结构的推广，他们也深受这些情况的影响。对艺术生产链的支持也受到了新统治阶层的影响。20世纪最初十年的赞助人具有认知能力和批判性，他们仍然继续支持维持现状，但支持艺术家按指定基调或内容创作艺术品的新艺术赞助人已经出现。这就是说，今天的艺术市场已经围绕着主流以及即时和审美愉悦的大众化而发展了。文化参与者要么退回他们的工作室，进一步内化自我控制；要么离开他们目前的城市，到国外去，以恢复自我表达和艺术知识鉴识的自由。如果说这是一次文化复兴，那么它是短命的。从2013年的盖齐公园

（Gezi Park）起义到偶尔发生的爆炸事件，以及政府对教育的结构化、对法院的放松管制以及军队的问题，最近的一系列政治事件使这个国家处于脆弱的状态。社会想象的领域必然会被政府制定的规范和权力活动所限制。处于这个明确受到控制的规范化领域中的艺术生产和策展，需要认清当前的政治以及社会自由减少的状态，更要重新审视自发动机。策展像任何形式的文化生产一样受到政治限制的影响，必须用一种不依从于政府术语的新语言来重塑自己，以便在土耳其的社会领域中谋求根本的改变。

案例研究 2：光州双年展，提升社会共识的罢工

与伊斯坦布尔双年展不同，韩国光州的双年展是社会动荡和起义的结果，这场起义针对的是政府在 20 世纪 80 年代对农场和农民财产收入进行管制的不公正决定。街上挤满了寻求关注和公平待遇的市民。这导致了军队为控制"现场"而采取的暴力行动。数年后，这场政治风波才被新任政府确认为起义，这也点燃了光州市及其市民针对其破败状态而得到国际认可和创造性解决方法的需求。在许多国家，每隔几个月就会举办一次双年展，于是一个新的倡议出现了，这就是光州双年展，它现在是国际公认的重要展览。

在过去的 20 年里，双年展已经成为一种重要的机制，当地公众和国际艺术人士通过真正参与光州和韩国的历史，来追随时尚和艺术道路，以更宽广的视角关注邻国、大洲乃至整个世界。随着时间的推移，双年展的成长证明了它在产生新观点方面的力量，并促使社会融入它的潮流，其特征不仅来自敏锐的思考，而且来自在其框架下对类似社会背景的展示。

第 10 届"光州双年展"策展团队［我和埃米利奥·巴尔德斯（Emiliano Valdés），由艺术总监杰茜卡·摩根（Jessica Morgan）领导］对韩国的近年来的历史进行了广泛研究。我们还探查了韩国当地的社会

政治动态及其对艺术的阐述，同时接触了大量的艺术人士。双年展的目的是对冷战之后韩国乃至亚太地区的社会和艺术状况发声，呈现那些并置、启发和激活了文化领域的其他大陆有影响力的艺术内容。我们对20世纪七八十年代韩国艺术界的研究，使我们能够找到那些作品没有被编入图录或未被认可的摄影师，在双年展期间对他们进行记录和展示。我们的策展敏感性不仅专注于呈现那些未被看到或遭到遗忘的事物，而且涉及那些不言自明的或被忽视的事物。研究方法包括检索公开档案和馆藏，浏览广泛宣传且可见的艺术作品以及该国的艺术简史，并进一步调查语言、传统和习俗，乃至流行的游戏和待出版的书籍。多学科的外部资源是一项重要的资产，因为没有一个策展人必须来自该地区或有当地的经验，这在更大的范围内让我们看到一个也许不同的画面，一种也许身处其中的人意识不到的阐释。重要的是，不要过分地使我们所处文化的特点异国化，也不能忽视任何文化编码的能指。此外，我们的研究超越了韩国领土，延伸到邻国、整个大陆乃至全世界，寻找与双年展的概念框架相一致的艺术实践，并提出能够与其他入选作品进行对话的艺术立场，以说明各个社会想象的共同点和差异性。第10届"光州双年展"的主题是"烧毁房屋"（Burning Down the House），其策展前提是基于冷战时期和过去60年变化轨迹的审视。摩根（2014）在图录的引言中指出，瓦尔特·本雅明提出的术语"虎跃"（Tigersprung）描述了一种向过去的飞跃，通过重新激活一个历史事件或想法以用于现在，打破了历史的连续性。因此，它可以是一种激进的姿态，但对本雅明来说，虎跃是一种时尚的案例，即过去的风格被当代的趋势不拘一格地引用了。作为他的典型做法，他在最意想不到的环境中找到了最激进的姿态，这里的这种环境就是现代文化中最商业和最流行的领域。特别是商品，随着它们的流行和淘汰，其风格先是流行开来，随后又陷入烂俗，使得它们具有在客体性中恢复过去的重要潜力。时装风格比艺术品更加直接，它们不是以怀旧或后现代的态度引用过去，而是将其作为参考了服装史"原始资料"的商业提案。

为了实现从本雅明到东方的连接性飞跃，亚洲的"老虎经济体"将自己定义为依赖于消费文化的自由市场，这种文化强调在不明显诉诸过去的前提下不断地进行自我更新。对于老虎经济体来说，新的时尚既是实在的经济基础（他们生产纺织品和服装供西方工业化国家消费），也是他们喜爱的消费形式（品牌商品）。那么，"虎跃"对于老虎经济体的意义是什么？（Morgan, 2014: 3）

作为一个团队，我们正在研究将虎跃作为一种看待历史的全新方式的可能性，探索新经济体如何通过否定过去而被扶植起来，并强调技术发展和创新在整合物质进步方面的社会影响。在这些问题中，一个指导原则是研究一种新方法的可能性，这种新方法并非对过去进行否定，而是将历史上的社会模式和行为方式激活为一种全新的姿态，然后成功地实现社会所寻求的必要变化。这些以背景为导向的问题影响了作品的选择和展览的构架。在政治力量和提高的社会意识主导下的"烧毁房屋"种下了挑衅的种子，不需要立即回应，但需要深思熟虑的启发。

本雅明的表述认为，以韩国为例，其对过去的忽视以及对持续进步和发展（无论如何定义）的支持，是通过求助于现有表达形式来实现的，这只在表面上呈现出新样貌，而在结构上与某些民族或文化特性是一致的。这在韩国表现为，国家含蓄地否定原有的传统文化，在明面上确保经济和政治的进步（"民主化"），而实际上仍坚守自20世纪60年代初以来不变的门阀政治。2012年朴槿惠当选总统，她是韩国第三任总统朴正熙的女儿，朴正熙于1963至1979年间任职。与这些经济措施并行的是社会和政治指令，这些指令在冷战中的对立二元结构中运作，以强调不间断的经济增长并建立政治相关性。在这种背景下，亚洲国家可以被视为二战后美国外交政策中的卫星，通过促进适应当地传统的特定文化、社会、政治和经济体系，寻求政治扩张。在某些情况下，这涉及对国家历史进行忽视或否定以支持表面上的进步运动，通常冠以"现代

化""民主化""西方化"等几乎可以互换的术语。（Morgan, 2014: 3）

因此，"烧毁房屋"不仅是对一个国家近期历史的概览和对其决定性特征的阐释，而且放眼于那些未被看到或是被忽视的东西，挖掘出对新事物的需求，向感性与批判的语境以及艺术与知识张开怀抱。那些被挑选出来的跨代艺术家的作品，为引起本地和跨文化共鸣的多样性表达提供了基础。

当代展览主义展览

展览是动态的、有生命力的系统，包括艺术品的各个组成部分、它们所处的空间、它们被观看时的情感氛围、参观它们的人以及它们想要坚持的理念。展览不能是没有感情的死板结构，即便它们只是由常规室温下的展品和白色展墙组成。此外，展览基于所展示的艺术作品和所产生的内容的主张，在风格和表现形式上彼此不同。就最直接的意义上而言，展览是艺术的场所，艺术品在此获得新语境的体验。苏珊·桑塔格（Susan Sontag）提醒我们：

> 艺术作品的对话是一种经验，而不是一种观点或是对问题的回答。艺术不仅是关于某种物；它本身就是某种物。艺术作品是世界上存在的物，而不仅仅是关于世界的一段文本评论……（艺术作品）呈现信息和评价。但它们的独特之处在于，它们提供的不是概念性的知识（这是推论性或科学性知识的特征——如哲学、社会学、心理学、历史学），而是类似于一种兴奋、一种热情的现象，是在一种精神奴役和迷惑状态下的判断。这就是说，我们通过艺术获得的知识是认识某种事物的方式，而不是对某种事物（如一个事实或一种道德判断）本身的知识。（Sontag, 2001: 21）

因此，每个建立在大量艺术作品基础上的展览，都催生了多种体验，提升了感性和道德的存在，而不是概念和感官的知识。每个展览都是政治图腾的产生者，因为每一种体验都代表一种社会结构和内向审美。如此，策展人的职责是遵循包容和排斥的原则，通过巧妙地研究艺术品的展示方式，加强艺术品像经验一样被触发的潜力，从而改变对话的语境。正如罗伯特·施托尔（Robert Storr, 2005）所定义的（自创）策展人的形象："运用一种形而上的审美、一种机敏的工匠般的聪明才智以及令人愉悦的政治精明，来制作涵盖了惊人的艺术品范围的展览。"此外，今天的展览不再需要由一组艺术作品和它们所在的空间来定义：它可以采取新的公众参与形式，从社区项目到教育结构，再到为非常规展示空间定制的艺术对话，或者是所有这些的组合。下面的案例研究旨在推出两个最近的策展项目，它们对策展的背景进行了探索和实验。

案例研究 3："图 2"与"艺术之夜"，关于艺术对话的两种新型策展模式

"图 2"（fig-2）项目是对 2000 年举办的"图 1"（fig-1）项目的再现，该项目在 50 个星期内催生了 50 场展览，每次展示一件作品，历时一整年。"艺术之夜"是伦敦的一个以"不眠夜活动"（Nuit Blanche）为灵感的新兴当代艺术节，致力于激活公共空间、标志性建筑和历史遗址，在夏夜中体验其中的艺术品。这两个项目在本质上都是实验性的，在各自的背景和传播过程中都经历了整合与分歧。

"图 1"的概念和框架是由马克·弗朗西斯制定的，并在 1999 年得到杰伊·乔普林（Jay Jopling）的支持。在金融咨询服务集团彭博（Bloomberg）支持下成立的团队，于 50 个星期内实现了 50 场展览，基于每次展示一位艺术家的一件作品的安排，从而呈现出一组跨越视觉艺术、设计和音乐领域的艺术实践。参展艺术家阵容格外出众，因为该项目不仅动员了伦敦艺术界，而且还预测了其未来的杰出艺术家。在苏豪区（Soho）的乔治亚宅［Georgian house，纤屋（Fragile House）］里，"图1"让具有不同背景的观众都兴奋不已，它的周一开幕式和富有远见的无纸化公告，使其成为学生、艺术家和艺术爱好者的一个活动中心。

15年后，我作为其第二版的策展人，希望在这个再现版中对当今伦敦的潮流作出回应。展示一位艺术家的一件作品并不一定符合2015年的伦敦所能表达的东西。鉴于泰特现代美术馆、弗里兹艺术博览会（Frieze Art Fair）的介入，以及130多家商业画廊被引入当代艺术领域，"图2"意图展现不同艺术生产模式和形式，以洞察我们所处时代的审美和批评潮流。这些艺术家并不需要得到承认；但是，他们的作品要足以提出大胆的观点，树立一个强有力的立场，并具有一种能够增加观众体验的内在可塑性。在某种程度上，"图2"是为了反映艺术实践中正在发生的事情，以及艺术家是如何制作他们的作品的，这不仅是在视觉艺术领域内的思考，而且是对其边界和疆域的扩展；不仅受到文学、舞蹈、科学、物理和音乐等其他学科的影响，而且从中汲取灵感并有所升华。

另一方面，"艺术之夜"是一个大胆的大型活动，覆盖了伦敦的多个行政区域。在其第二版中，我负责伦敦东区的活动。合作方白教堂画廊将活动范围限定在以画廊为中心的一公里半径内。策展的难点不是想出50位可以在连续几周内展出的引起人们共鸣的艺术家的作品，而是要找到合适的场地和艺术活动，以唤起人们对其中艺术巧思的迷人体验。为艺术节设置一个基础主题是非常重要的，它可以连接和限定艺术家的选择及其各自的实践，以及作为艺术活动地点的场所。通过从哲学家汉斯－格奥尔格·加达默尔那里借用"视野融合"这一术语，我在伦敦东区及其常规变化和人口统计的启发下，构建了活动扩张的基础。"视野融合"指的是，每个人都被他们各自的视野所限制，这不仅是视觉意义上的限制，而且是认识论意义上志向、梦想、欲望以及知识的限制。因此，"视野融合"强调了在真正的对话中，有关各方在既定的意图和开放性内对现实的融合。鉴于伦敦东区一直以来都被认为在其社会领域内形成了特征和性质上的差异，视野融合提供了一种跨越时间的解读。

但是，"图2"的概念框架沿袭了"图1"的脚步，而通过观察人类知识生产在这一路径内的潜力，可知它已经适应了2015年的境况。换句话说，为"fig-2"设定的主要意图包括寻找不同类型的展览和艺术探索的模式，以及产生共鸣的艺术对话的环境或场景。然后，从次要意图来看，我们这个时代的审美和批判潮流，通过为来自不同背景并生产了不同的作品的艺术家提供表现场所而得到丰富，允许他们实现其内心深处的梦想和产生他们的欲望。欲望和艺术输出之间的交错，使我们不仅能够感受到新加入者的紧迫和敏感，而且能够将所需的不同学科的信息融入一个更大的思维框架。此外，"图2"是一个由50个部分组成的整体。"图2"就像一栋有50个房间的房子，每个房间都会向下一间开放，但在大小、颜色、感觉和内容上都有所不同，这个巨大的住宅以多种方式产生知识。在项目实现的过程中，最重要的是在整体上嵌入概念、背景和特定媒介的共同点，最关键的是引入一条贯穿和连接每个"图2"子项目的线索。此外，一些子项目彼此之间有间接的联系，让观众拥有自己理解共同线索的空间。参与"图2"的不仅有视觉艺术家，还有大量具备建筑、设计、控制论、大数据和环境科学等方面专业知识的人。对不同形式知识的需求在很多集体展览中越发明显，这使得该项目具有跨学科的特点。此外，不同的时间性在整个项目的策划中发挥了重要作用，因为每个子项目都以非线性的方式与它后续的子项目及其他子项目相连。一些艺术家被要求提前数周或数月展示其作品，而另一些艺术家则只有10天时间组织其个展。

像"艺术之夜"这样的活动，对场地的选择反映出预设的理念，而它们强烈的历史关联或标志性价值，甚至是隐秘性，都要求对艺术作品进行巧妙的排布，然后就此作出回应、建立联系并进一步探索。活动的目的是推出不仅针对现场，而且适应现场和响应现场的作品。在这种情况下，艺术是首要的先验体验，或者换句话说，这个活动在理念上是一连串场景的聚合，每一个场景都通过使观众产生共振和共鸣而令其陷入一种另类的参与状态中。

这两个项目都对媒体进行了大量的使用，前者旨在与已经开始质疑现有艺术的特定观众群体进行亲密接触，而后者则面向更广泛的观众群体，他们不一定对更深入地了解艺术及其背景抱有特别的兴趣。

此外，"图2"有效地激活了伦敦的艺术界，同时借鉴了国际艺术话语的影响及灵感。2017年的"艺术之夜"提出了激活由各种主体组成的街区的动议，而在引入新的社会参与形式的同时，它也强调了已经开展起来的合作项目。因此，这两个大小和规模均有所不同的项目，都在思考与艺术的相遇和意义的传播，并通过知识的生产而进一步发展。

结论

每个展览都为艺术提供了一种新的语境，并对这个创造性的领域进行重新解释。每一件艺术作品都有助于使艺术和视觉领域的理解详细化和具体化。艺术品是在艺术意图的主导以及社会文化参数的影响下，从无限多的可能性中挑选出来的。

> 实践者继承并集体构建了一套共享的知识和文化技能，但现代时期的艺术品并不是对这些技能进行积累和传播的证据，而是一种不断变化的、自我否定的、易质内化的、具有审美特殊性的事物，它们被一种赋予其价值的条件所限定：艺术品作为艺术家或艺术家群体的单一表达而具有的独特性。（Roberts, 2011: 102）

今天的策展人，在艺术的可及性和可见性方面发挥着作用，在他或她周围的社会政治、感官体验和经济现实中进行工作。通过以展览的形式对艺术作品进行选择和汇集，她或他促进了对当地语境下正在发生的思考过程的承认，并有可能进一步调整国际话语。因此，策展项目必须适应特定时刻的需求，并与社会中对传统的承认和对真理的生产联系起来，以便以后获得更广泛的承认。也就是说，策展人扩展艺术知识的背景总是取决于其具体动态和正在发挥的作用力。此外，鉴于目前洲际和文化间共享知识的现实状况，策展人的角色和责任扩展到掌握和激活一个更广泛的真理领域，这个领域可以说超越了她或他所处的具体环境。

参考文献

Agamben, Giorgio. 1993. *The Coming Community*. Minnesota: University of Minnesota Press.

Castoriadis, Cornelius. 1987. *The Imaginary Institution of Society*. Cambridge, MA: MIT Press.

Clark, John. 2002. In the search of radical imagination "Cornelius Castoriadis." *Academia Edu*. http://www.academia.edu/2638862/_In_Search_of_the_Radical_Imagination_On_Castoriadis_and_the_Social_Imaginary_, accessed 13 March 2019.

Filipovic, Elena. 2013. What is an exhibition? In: *Ten Fundamental Questions of Curating*, edited by Jens Hoffmann. Milan, Italy: Mousse.

Hoffmann, Jens. 2017. The exhibitionist: No. 1–12. *Journal on Exhibition Making: 2010–2016*, edited by Jens Hoffmann. New York.

Gadamer, Hans-Georg. 2013. *Truth and Method*. London: Bloomsbury Academic.

Groys, Boris. 2006. The curator as iconoclast. *Bezalel*. http://bezalel.

secured.co.il/zope/home/en/1143538156/1143802471_en, accessed 13 March 2019.

Morgan, Jessica. 2014. Introduction. In: *Burning Down the House*, edited by Jessica Morgan, Italy: Damiani.

Mosquera, Gerardo. 1994. Some problems in transcultural curating. In: *Global Visions: Towards a New Internationalism in the Visual Arts*, edited by Jean Fisher. London: Kala Press.

Roberts, John. 2011. *The Necessity of Errors*. London: Verso.

Sontag, Susan. 2001. On style. In: *Against Interpretation*. New York: Picador.

Storr, Robert. 2005. The exhibitionists. *Frieze*. https://frieze.com/article/exhibitionists?language=de, accessed 13 March 2019.

本章作者简介

法托什·于斯泰克（Fatoş Üstek）是一名独立策展人和作家，常驻伦敦。她最近与伦敦白教堂美术馆合作策划了"2017年艺术之夜"（Art Night 2017）；担任伦敦建筑和室内设计工作室（ICA Studio）"图2"（fig-2）项目的英国艺术基金（Art Fund）资助策展人；担任韩国第10届"光州双年展"的副策展人。她是国际艺术评论家协会（AICA）英国分会成员，女艺术家协会（AWITA）创始成员，"艺术之夜"项目受托人，"区块宇宙"（Block Universe）艺术节顾问委员会成员。她最近编有《视野的融合》（*Fusion of Horizons*，白教堂/麻省理工学院出版社，2018年）和《图2：50周50个项目》（*Fig-2: 50 Projects in 50 Weeks*，Black Dog Publishing，2017），另著有《埃娃·格鲁宾格》（*Eva Grubinger*，斯滕伯格出版社，2015年）。

第十七章　被忽视的策展对象

章鱼与猫

　　丘丝·马丁内斯（Chus Martínez, 2014）提醒我们，章鱼"是唯一一种有部分大脑……位于其（八条）触手上的动物。在没有中枢神经系统的情况下，每条触手都能完全自主地'思考'和'感知'周围的世界，而每条触手又都是这种动物的一部分"。马丁内斯认为，章鱼作为一种隐喻，帮助我们洞察艺术的作用——其中包括让我们想象"分散的感知"可能是什么；艺术"使我们能够以超越语言的方式感知世界。艺术是爱情中的章鱼"[1]。说到爱，一些主流新闻媒体在最近报道一篇关于猫的研究论文时提到，猫科动物并不是刻板印象中那种冷漠的生物，实际上它们可能会对人类的感情作出回应。（Vitale Shreve, Mehrkam, and Udell, 2017）[2] 当我与一位非常喜欢猫科动物的朋友分享这些发现时，我受到了质疑。为什么人类和猫会如此误读对方？和狗在一起时，我们面对面地

---

　　① 除了马丁内斯（2014），见戈弗雷-史密斯（Godfrey-Smith, 2017）和哈拉维（Haraway, 2016）。

　　② 瓦伊塔尔·施里夫（Vitale Shreve）、梅尔肯姆（Mehrkam）和尤德尔（Udell）（2017）的文章随后于 2017 年 3 月 28 日被《时代》（*Time*）杂志、《独立报》（*Independent*）和《赫芬顿邮报》（*Huffington Post*）等主流新闻媒体报道：http://time.com/4714823/cats-very-social-study/；http://www.independent.co.uk/life-style/cats-pretend-indifferent-humans-pet-study-oregonstate-university-a7653941.html；http://www.huffingtonpost.com/entry/do-cats-likepeople_us_58da7ebbe4b0928a6b780d12，均在 2019 年 3 月 13 日访问。

看着对方，快乐地相互交流。因此，我们对猫也是如此，有时会试图爱慕地盯着它们的眼睛。唉，对毛茸茸的小动物来说，直接注视是一种威胁。更好的做法是：与它靠在一起，平静地假装忙着自己的事——别像橘猫那样真的无视你——然后，当它终于瞥向你并慢慢眨眼时，重复它的动作①。猫具有一种既亲密熟悉又截然不同的形象。我在写作时经常使用动物作为隐喻的原因之一，是它们具有启发性的潜力（另一个原因是，它们不断地提醒我们正生活在一个比自己大得多的世界中）。我第一次把章鱼和猫搭配在一起是在思考"谁在阅读艺术评论"的问题时。（Lee, 2015）我想再次召集它们，在这里讨论关于当代艺术策展的某些方面。

忽视是关注的反义词吗？想一想这一组有些随意的参考资料：拉尔夫·埃利森（Ralph Ellison, 1952）关于美国黑人经历的伟大小说《隐形人》（*Invisible Man*），以及琳达·诺奇林（2015）里程碑式的文章《为什么没有伟大的女艺术家？》（*Why Have There Been No Great Women Artists?*）回望 20 世纪，西方世界发生的一次重要的知识分子对政治的干预，是批判其对文化典籍的构建，以及批判其将话语建立在减省其他经常被边缘化的观点的基础上。向前快进到现在日益全球化的艺术世界中，我们发现像双年展这样的大型国际活动总是呈现出盛大的场面，并惯于展现被边缘化的部分，反之亦然。在 21 世纪的注意力经济②中，忽

---

① Diane Meriwether. 2015. Why Are Cats Attracted to People Who Don't Like Them? Slate (7 August). http://www.slate.com/blogs/quora/2015/08/07/why_are_cats_attracted_to_people_who_don_t_like_them.html; https://www.quora.com/Catsdomestic/Cats-pets-How-should-a-stranger-behave-to-a-cat-to-become-his-friend; https://www.litter-robot.com/blog/2016/06/22/the-slow-blink-and-why-youshould-use-it/, 2019 年 3 月 13 日访问。

② 在《注意力购买者！》（Attention Shoppers!）中，戈德哈贝尔（Goldhaber, 1997）写道："我们已经转向了这样一种经济形式，即越来越多的工人不再直接参与物质商品的生产、运输和分配，而是以管理或处理某种形式的信息来谋生。大多数人称之为'信息经济'。然而，我们这种经济形式并不是真正的信息经济。根据定义，经济学研究的是一个社会如何使用其稀缺资源。而信息并不稀缺——尤其是在网络上，信息不仅丰富，而且泛滥成灾。我们正在被信息淹没，却又不断提高信息的产量。因此，一个关键问题出现了：是否有其他东西在网络空间中流动，而且是稀缺并令人向往的？是有的。没有人会不求回报地 （转下页）

视和关注的功能可以说不像以前那样处于对立面，而是处于同一个谱系的范围内，前者有时代表的是较低的可见性，而不是完全缺乏最大化的可见性。那么，我这一章标题中"被忽视的对象"可能是什么？它可能是我们可以看到的东西，但无论出于什么原因，我们并没有充分注意到，或者不知道如何去看；也许与人类"误看"一只猫的方式不太一样。然而，请允许我暂时不去尝试命名这个或这些我们所注视的对象。我的论点需要缓慢"展开"。让我提出另一个问题，八爪鱼如何能帮助我们思考当代的策展？这种头足类软体动物提供了一种与环境进行复杂互动的样貌：零散的感知，但隶属于某种更大的整体。这难道不是对全球艺术中的当代性的一种完美的比喻？并且，将双年展比作触手怎么样？

这让我想到了彼得·奥斯本（2015）和他的文章《每隔一年总是今年：当代性和双年展的形式》（*Every Other Year is Always This Year: Contemporaneity and the Biennial Form*）。奥斯本就这种话题已发表大量文章[1]，在此文开篇就提出了这样的论点："今天的艺术处在——还能有什么疑问吗？——'双年展的时代'"（15）（注：此数字为上处引用文章对应页码，后同）。他接着说，双年展的范围"不再主要是国家的，甚至是地区的，而是全球地缘政治的总体化，与1989年后资本主义社会关系本身的持续扩张一致"（15）。奥斯本通过厘清当代性、双年展和全球化之间的关系，对双年展成为新自由主义资本主义[2]的征兆进行了批

（接上页）传到把东西互联网上。这种回报就是所谓的注意力。而注意力的经济——不是信息——是网络空间内的自然经济。"关于艺术界的观点，见厄特克尔（Oetker）和沙夫豪森（Schafhausen）（2013）的艺术家访谈集。

　　① 　见奥斯本（2013）及黄（Wee, 2017）。黄在当代艺术和东南亚方面持有与奥斯本不同的见解。

　　② 　关于新自由主义的简明定义，请允许我援引诺姆·乔姆斯基（Noam Chomsky）的观点，他将其与之前的时期，即发生在20世纪五六十年代的"现代资本主义的黄金时代"进行了对比，那是"大增长的时期，是一种均衡的增长，在社会正义等方面有诸多进步"。这"在20世纪70年代随着新自由主义时代的到来而改变，我们自此一直处在其中。如果你问自己，这个时代是什么，它的基本准则就是对社会团结、相互支持和民众参与决策的破坏机制……（其中）'自由'意味着对集中的、不负责任的、私人权力的决定的服从"。莱登（Lydon, 2017）。

判。他的众多著名观点包括："现代和当代不是连续的历史'阶段'，而是以复杂和矛盾的方式并存着。"（16）资本主义和全球化使人类历史上第一次在世界各地产生了"新型且独特的'当代性'的时间性——不同社会时代断续的统一或融合"（16）。自1989年以来，双年展有两个主要的、"密不可分"的特点：艺术的"当代性"和地缘政治的"全球性"（16）。此外，这些活动"不可避免地与企业、城市、国家和地区的发展项目，特别是房地产市场联系在一起"（20）。资本主义生产被定义为过度生产，而"双年展现在也是这种生产的一个组成部分，即使只是间接地组成"（26）。这个双年展的时代是由"基础性的虚构"和"集体性的幻想"来实现的，即"对全球艺术的全面覆盖"既是可期的，也是最终可能的（16）。还有一点，也是一句题外话：奥斯本发现，最近的双年展有意识地将自己历史化的趋势面临一些问题，它们试图对全球各地的生存危机发声，并对边缘化人群作出补偿性姿态。孙先勇（Simon Soon, 2016）在他的文章《策展的殖民主义》（*Curatorial Colonialism*）中对这个问题有不同的看法，他指出，虽然策展人的话语可能会"对话语反思性提出大胆的批评"，但有时会出现这样的主张："第三世界的艺术和行动通过成为一种档案而获得当代性，被迫为第一世界的体制批判服务。"（221）孙先勇反对这种挪用，认为这在最坏的情况下会成为寻求关注的策略，他相信人们"必须从一种真正的求知欲出发，由好奇而非危机所驱动"（225）。孙先勇推荐的是一种持续倾听的人类学理论①。

我认为奥斯本的很多话都颇具说服力和启发性。尽管我可能误解了他——我认为他高估了双年展在当代艺术中的作用，而且我不同意大型

---

① 孙先勇（2016）实际上说的是"一种持续调查的人类学"（225）；随后在文章的结论中，他强调了倾听的行为（227）。

展览是最重要的意义创造场所的说法[①]。双年展的盛行对我们的艺术世界所起的决定性作用——尽管从来没有任何东西能够接近公平地分配所有权——可能还不如新自由主义资本主义对包括艺术和文化从业者在内的各地人民日常生活的普遍影响。可以肯定的是，奥斯本意识到了文化的生产和经验中有其他许多方面是双年展未能针对或包含的，例如，在地方社区内而又在机构性艺术空间之外发生的互动。这些互动决然不会脱离全球化的影响（尽管可能是不稳定的），而且这些时刻总是可以转化为未来双年展的素材。当谈到双年展本身时，奥斯本过去似乎看重其形式，而忽略——这个词可能有些冒犯——双年展实践和实际情况的多样性与特殊性。几乎可以说，在他的评论文章中，他仿佛执着地奢求一种完全成型的当代性。

在同一本文集中，紧接着奥斯本之后是安东尼·加德纳（Anthony Gardner）和查尔斯·格林（Charles Green）（2015）的文章《以南方为方法：双年展的过去和现在》（South as Method: Biennials Past and Present），我把它理解为含蓄地对"当代性和双年展形式"进行纠偏。加德纳和查尔斯·格林给出了双年展实践具有不可复制的异质性的历史证据[②]。他们没有把这些历史事件分析和抽象为具有普遍性或全球适用性的本质形式，而是在双年展研究中采用——根据我的理解——路德维希·维特根斯坦（Ludwig Wittgenstein, 1953）的家族相似性概念（一些例子 A 可能与其他例子 B 相似，但也有一些例子 C 与 A 相似，但很难与 B 相似，等等）。通过关注 20 世纪 50 年代到 80 年代"南方"的双年展浪潮，他们认为并非所有的双年展都以集中力量的方式运作，也并非所有的双年展

---

① 奥斯本（2006）声称"展览越发成为一种艺术学意义上的单位"（128）。我们可以想象，这种意义上的其他单位包括艺术品、文本、网络、机构、独立空间、艺术专业人士的各种实践等。

② 加德纳和格林（2015）的《以南方为方法》借鉴了他们早期的文章（2013）《处在全球边缘的南方双年展》（Biennials of the South on the Edges of the Global）。另见加德纳和格林（2016）。

都以结构上类似于与今天的新自由主义主导的艺术世界所基于的方式运作。他们对"南方"的使用有细微的差别，我在这里无法对其作出公正的评价。加德纳和格林认为，它是"一个松散的基本概念，用于试图抵抗从北大西洋向外蔓延的霸权主义全球潮流导致的轻易的同化"；此外，它"同时在两种轴线上运行：一种是跨国的共时性轴线——鉴于国家边界令人发指的随意性，或许更好的表述是跨地域的——以及历时性轴线，这一维度回溯动荡而多彩的历史，试图构建出不同的跨地域交流模型"（29）。就我的目的而言，关键在于他们的文章如何证明他们所研究的各种双年展并不仅仅是由其展览形式来定义的；在这些平台中，有很多对于促进对话、合作和创建区域性而非全球性的交流网络而言都是非常重要的。他们发现"在一篇又一篇图录引言中，双年展的创作者坚持认为，通过用策展衔接文化分歧，大型国际展览可以成为用跨文化友谊的形式弥合冷战分裂的典范"（31）。说了这么多，重要的是要强调加德纳和格林远没有试图"抹平南方"（35），他们重点阐述的是矛盾和斗争。他们的文章既不是大张旗鼓地复原一段被忽视的历史，也不是宣扬一种对抗性的反叙事。相反，他们的目的是要解开霸权主义话语导致的二元对立，而且他们能够接受野史可能带来的干扰。这些轶事作为其中最具希望的部分，可以为想象多种可能性打开空间：艺术世界的特点是更公平的跨文化合作，其中重要的是团体精神和协作、友谊，甚至类似于人类与猫的亲密情谊；当代性并不是新自由主义的必然结果，但仍然是有待确定的——复杂的分散性神经系统，像我们好奇的章鱼。

亚文化批判

请允许我继续从隐喻出发讨论方法论的问题。我通过一种将双年展视为全球地缘政治总体化表征的理论，开始探讨当代策展中的忽视问题，通过从高高在上的元视角转向强调实践的底层方法，指出我认为研究所忽略的东西。然而，当务之急不是将形式和实践对立起来，也不是将全球和地方对立起来，而是利用横向的相互联系来讲述各种艺术故事。

2017年4月，我在胡志明市的"零站艺术空间"（Zero Station）参与发起了一次艺术写作工作坊①。在筹备过程中认真考虑阅读作业时，我想到了萨拉·桑顿（Sarah Thornton, 2008）的《艺术世界中的七天》（*Seven Days in the Art World*）。这本书出版时，我曾对它不屑一顾——这是不公平的，因为我几乎没有浏览过它——而现在是一次纠正我偏见的机会。所以，我读了这本书，还有一些桑顿的其他著作。随后，我得知"零站艺术空间"的创始人兼艺术总监阮如辉（Nguyễn Như Huy）将其翻译成越南语。（Thornton, 2016）这个愉快的巧合坚定了我的决心。桑顿将是第一次研讨的完美人选，我为研讨指定的阅读文本从一次区域性双年展到一个全球性的概述，从面向普通观众到充分钻研理论——最后将是桑顿（1995a）自己的《亚文化资本的社会逻辑》（*The Social Logic of Subcultural Capital*）。我告诉工作坊的参与者，尽管我很喜欢《艺术世界中的七天》，但我也很讨厌它，主要是因为我欣赏她早期关于亚文化的民族志工作。我的质疑不在于这本书的自负，用七个地点就代表整个艺术世界；也不在于它在有关章节中赋予拍卖会或艺术博览会等景象的魅惑。但是，当桑顿说参观一个艺术家的工作室

①　艺术写作工作坊是"零站艺术空间"的两年期项目"亚洲可视/不可视站点"（Asian In/VISIBLE Station）的一部分，由日本国际交流基金会亚洲中心资助。工作坊由服部浩之（Hiroyuki Hattori）共同发起，参与者包括：杜祥玲（Đỗ Tường Linh）、杨孟雄（Dương Mạnh Hùng）、姜丽（Khương Lê）、阮碧茶 Nguyễn Bích Trà、阮煌善岸（Nguyễn Hoàng Thiên Ngân）、阮国清（Nguyễn Quốc Thành）、阮诗明（Nguyễn Thi Minh）、湛度（Trâm Đỗ）、陈维雄（Trần Duy Hưng）和张桂芝（Trương Quế Chi）。工作坊举办了一系列公开讲座，演讲者来自越南及邻近地区。http://zerostationvn.org/ga0/blog/project/southeast-asias-art-writing-workshop-at-zerostation-in-april-2017-workshop-viet-nghe-thuat-dong-nam-a-taiga-0-thang-tu-2017/, 2019年3月13日访问。

时，那实际上是属于村上隆的大型机构；当她说坐在艺术学校的课堂里时，那实际上是迈克尔·阿舍开设的一次著名的全天批评理论课程，等等。这本书对艺术的美化是不遗余力的。她精心编排的故事证明了她作为民族志学者的观察力，但我希望她对艺术界人士轶事的描写在表现形式和语气上更加多样化。最重要的是，我希望这本书能有更多的分析。

因为，当桑顿进行分析时，她可以做得非常好。她的《夜店文化：音乐、媒体和亚文化资本》（*Club Cultures: Music, Media and Subcultural Capital*）（Thornton, 1995b）在一定程度上是针对20世纪80年代到90年代初英国的夜店和舞厅场景的民族志研究，这一成果建立在布尔迪厄（1984）的文化资本理论和伯明翰学派（Birmingham school）20世纪70年代的文化研究工作基础之上。（Muggleton and Weinzierl, 2003: 4-5, 7-12）俱乐部文化并非关于"主导的意识形态和颠覆性的亚文化"（Thornton, 1995b；9），后者主要是指对前者有意或无意的抵抗，正如亚文化和主流文化只是被定义为与彼此相对（94）。桑顿的重点是亚文化如何在与其他亚文化共处的背景下帮助生成青年的身份："亚文化意识形态是一种手段，青年通过它来想象他们自己和其他社会群体，宣扬他们的独特性格，并确认他们不是芸芸众生中的无名之辈。"（10）她指出，20世纪七八十年代的流行文化研究"倾向于接受文化是一种'生活方式'的人类学观念，却摒弃了有关'卓越标准'的以艺术为导向的文化定义"（8）。特别是在应用于青年亚文化的时候，她拒绝了这些假设，即高级文化是"纵向有序的"，而流行形式是"横向组织的"（8）。她观察到，区别一词"从来不只是表示平等的差异；它通常意味着某种对权威的要求，以及揣测他人的低等"（10）。"亚文化资本的社会逻辑通过它不喜欢的东西和它明显不是的东西，最清楚地显示出它自己。"（105）桑顿在布尔迪厄的文化资本基础上发展了她的亚文化资本概念，将"时髦"概念化为后者的一个例子（11），并将时尚描述为亚文化资本在对象形式上的一种表现（114）。但也有不同之处：亚文化资本比文化资本的阶级束缚更少，因为年轻人通常反抗的是"父母阶级的束缚"（12），而且它更加难以可靠地转换为经济资本（12）。此外，布尔迪厄和伯明翰学派都忽视了媒体的作用："传统的伯明翰亚文化研究倾向于将媒体和商业从他们对真实文化的定义中驱逐出去"（9），而一些学者已经"注意到布尔迪厄的文化等级理论中电视和广播的缺位"（13）。相反，"在亚文化资本的经济中，媒体不是简单的另一种象征性物品或区别的标志（这是布尔迪厄描述电影和报纸之于文化资本的方式），而是对文化知识的定义和分配至关重要的网络体系"（13）。

跟随桑顿的思路——她提出"夜店爱好者的意识形态几乎和艺术世界的话语一样，是一种'反大众文化'"（5）——我欣然接受艺术社区是亚文化的观点。艺术家、策展人、评论家等都广泛涉猎媒体和文化，并且非常专注于重新想象和重新创造语言和价值体系，用于表达其身份、真实性、独特性、抵抗性或其他立场。正值盛年的职业艺术人士可能会与混迹地下舞厅的青少年相提并论，这可能不容易引起前者的共鸣，但这并不是因为我们不那么自恋或没有地位意识——我们可能不像孩子们那样酷；我们只是多见过一些世面。在过去，我就艺术中的自我民族志和身份政治的局限性撰写过文章（Lee, 1997）；另见泰勒（Taylor, 2011）和弗洛里斯（2016）[①]。直到现在，身为一名艺术评论家，我还没有想过要把自己的工作框定在研究一种我可能亦属于其中的亚文化上——或者说，更恰当的说法是：一个由同时代的地方、区域和全球亚文化交错组成的动态网络。但我对艺术界亚文化的兴趣并不在于各种小团体如何谋取知名度和关注度，而在于当艺术作品被相对忽视并作为亚文化资本被

[①] 见泰勒（2011）和弗洛里斯（2016），后者怀疑"后殖民知识是否在本质上还是民族志的"（32）。

低估时意味着什么。

艺术评论很可能是一种艺术世界的民族志。我自己在写作中充分利用了我与艺术家及其他同事在相遇和相处中的意外和偶然性。评论是一个混合品种。它不是一门像艺术史那样的学科，尽管可以创新，但它有责任做到全面和有条理，并在大学中讲授。但是，评论可以是开放性的，也可以是个人性的，它为一个论点的展开提供了空间，允许节奏和语气的变化，将关于理论的辩论与各种跑题、延迟和重复混合在一起，同时把严肃与戏谑、反讽与真诚结合起来。评论经常挖掘轶事，因为它想在更大的主题下把例外或典型放在一起，虽然它可能抵制以理论化为中心并质疑宏大叙事，但评论家归根结底也是一种讲故事的人。有时应对忽视的最好方法不是直接回以高度关注，而是通过接近、相伴、倾听，来等待一种发自内心的认可。

与策展人关于写作的对话

当我开始写这一章时，我知道我想研究写作和策展之间的关系，但最后的轮廓是在我与胡志明市工厂当代艺术中心艺术总监周轶的一次通话后才逐渐清晰的。当我们谈到她在当地的经验时，她感叹她的许多同事似乎没有足够认真地对待策展的写作（周轶，个人通信，2017 年 2 月 3 日）。在我们通话之后，我迅速列出了一份简短的名单，我想找他们谈谈关于其策展和写作实践的故事。菲律宾大学教授帕特里克·D.弗洛里斯、独立策展人林沁怡、新加坡国家美术馆副馆长拉塞尔·斯托勒、香港亚洲艺术文献库研究员黄湲婷——加上周轶，一共五位。虽然我无法为这种特定的分组提供合理的理由，但我知道的是，我不希望数量太少，如果我有更多的余地，也许会选择八个人（只是为了继续呼应章鱼的比喻）。我之所以决定作出这个快速而大胆的选择，是因为这就像对我艺术界的朋友进行随机抽样①。我不想尝试进行全面的调查或呈现一个关于策展写作的典型案例研究，这两者都超出了适度反思的范围，我希望通过一系列小范围的轶事提供一种暗示性的表达——"范围"在这里指操作周期。另外，我想获得一种来自熟人而非信息源的准民族志。

在《艺术世界中的七天》中，桑顿（2008）与《纽约时报》（*New York Times*）艺术评论家罗伯塔·史密斯（Roberta Smith）共进午餐，她说："许多人认为没有一个评论家能像史密斯一样拥有那么大的权力。"不管这是否属实，史密斯确实很看重她的权威地位，这就是为什么她从不购买艺术品，也从不在文章中提及亲密的朋友。（172）人们可以反驳说，那些掌权者并没有真正的朋友，只有利益，但讽刺的是，史密斯在文章中避开她的伙伴们的理由，也是我向他们张开怀抱的理由，即这能让我保持诚实。2017年1月，在金边的萨·萨·巴萨克画廊（Sa Sa Bassac）的一个工作坊②，斯托勒问我为什么经常写朋友，我说了类似下面的话：理想情况下，朋友是与我们进行最真诚对话的人。我们有共同的背景、同理心或兴趣，但我们也有分歧。我们能够选择我们的朋友，不像我们的家人，他们可能与我们完全不同。友谊是一种实践，而且是我们最重要的实践之一，这是周轶（2016）本人提出的话题。作为一个好朋友，需要持续的努力和关注，以及同理心、慷慨和批判性——朋友应该指出对方的缺点。对我

---

① 另一些对朋友的取样大致包括：斯托勒在画廊的同事沙比尔·侯赛因·穆斯塔法（Shabbir Hussain Mustafa）；维维安娜·梅希亚（Viviana Mejía），现在是独立策展人，以前在完美未来画廊工作；叶德晶，最近被任命为新加坡美术馆（Singapore Art Museum）的策展主任；或者，除了弗洛里斯以外的那些有策展经验的艺术史学家：托马斯·博古伊斯，本文集的撰稿人之一；TK·萨巴帕提（TK Sabapathy），新加坡国立大学（National University Singapore）/南洋理工大学（Nanyang Technological University）；或郑大卫，完美未来画廊/新加坡国立大学。当然，我是在罗列人名，但我意在部分地表明，与这些人以及更多人的对话对我自己的教育是多么重要。注：林沁怡后来加入了新加坡国家美术馆。

② "关于附件与未知"（On Attachments + Unknowns），由迈·阿达多·英家旺（May Adadol Ingawanij）和埃琳·格利森（Erin Gleeson）组织/发起，由萨·萨·巴萨克画廊主办，2017年1月15—20日，金边。

来说，作为一个艺术评论家，友谊和写作是密不可分、相辅相成的。它们都是对言论的实践；写作和友谊是关于学习如何定位自己，如何在这个世界上立足，如何与他人交谈、倾听和生活[①]。

通往双年展的列车

2015 年夏天，第 11 届光州双年展"第八种气候（艺术何为？）"〔The Eighth Climate（What Does Art Do?）〕的艺术总监玛丽亚·林德找到了黄湲婷，希望她加入团队担任助理策展人。黄湲婷告诉我："与玛丽亚沟通的特点就是非常直接。我们早些时候在五月见过面，当时她在亚洲艺术文献库看到了一个关于夏碧泉的小型文献展。"而"这就是小型展览的样子"给林德留下了深刻的印象。然而，这个邀请让黄湲婷大吃一惊。迄今为止，她从未想过谋求一个双年展的策展职位，这将是她的第一次。但"发展新的能力"和融入"这种完全不同的工作模式"的机会很诱人，所以她同意了。"我有点像章鱼，我喜欢做很多不同的事情。那么为什么不能同时做 25 个以上的艺术家项目，编写一本出版物，并尝试理解一种不同的语言？"（黄湲婷，个人通讯，2017 年 8 月 13 日）

在《通往双年展的列车》（*Train to Biennale*）一文中，她对自己在光州的工作经历进行了反思，开篇就提到了韩国僵尸电影《釜山行》（*Train to Busan*, 2016 年）。"在制作双年展的过程中，每个人都成为一具僵尸。半生、半死、半睡，而且肯定饥肠辘辘。这就好像一个有点盲目

---

① 我目前正在撰写一本论文集《艺术的表达与他处的范围》（*The Address of Art and the Scale of Other Places*），我意图探讨这样一些问题：什么是艺术的表达？艺术是如何与我们对话的？它能告诉我们什么？以及如何告诉我们？艺术如何在世界中定位我们——不仅仅是在一个我们很容易理解的世界，而且是在一个总是以某种方式超出我们理解范围的世界，一个由我们自己和其他地方共同组成的世界？https://www.academia.edu/25653838/The_Address_of_Art_and_the_Scale_of_Other_Places_Preface_，2019 年 3 月 13 日访问。

的、不可控制的力量在支配着我们的身体行动，没有任何人类的意念、逻辑或限制。"（Wong, Forthcoming）[1] 当她与同事谈论僵尸和双年展时，提出了吸血鬼的问题；而后者是"由欲望驱使的"，"僵尸是由本能无意识地推动的"。黄湲婷写道，当光州的事情"渐渐成为过去，我对它的记忆呈现出一种柔和的色彩，我开始幻想，假如我们是一群吸血鬼或僵尸。"她的文章正是通过关注隐喻找到了自己的声音——列车和怪物，后者有多种形式，每种形式也有多种表现方式：僵尸群、勤劳的吸血鬼以及看似将一直举办下去的国际双年展。

"双年展通常回报丰厚。它可以成为一个职业生涯的切入点，用以进入更大的交际圈并获得更高的知名度。"但黄湲婷在光州采取的态度和做法，并非为她的下一个大展创造机会而建立人脉；而是在这个工作的空间里居住。并不是说追求职业发展就是错的。如果我回到青少年和他们的夜店文化：在这里，人们也许会遇到努力想要改变社会地位的人，但可以说更能定义一个亚文化场景的是居住在其中的愿望，而不是继续前进和向上的动力（我认为毗邻而居和共同生活是相互关联的——关键不仅是亚文化成员的互动，还有比肩相邻的简单快乐）。黄湲婷借用火车的比喻，讲述了下面这段关于与同事一起度过时光的轶事。人们很容易把策展人想象成"通往双年展的列车"的司机，但是，正如黄湲婷所提出的，我们也可以把她想象成乘客。

我对这种乘客体验最清晰的记忆是在一个阅读小组里，那是双年展之前的每月例会项目的一部分。我们当时正在读朱莉·奥尔特（Julie Ault, 2013）的一篇文章，题目是《主动回忆：归档"群体材料"》（*Active Recollection: Archiving 'Group Material'*）。当时是 2016 年 5 月 20 日，光州市刚刚沉痛地纪念了 5 月 18 日民主起义周年纪念日。这篇文章是从英语

---

① 作为 2017 年 1 月举行的 2016 年新加坡双年展研讨会的一部分，黄湲婷谈到了她在光州的工作。她的简短发言"通往双年展的列车"后来成为一篇完整的文章，但截至 2019 年 4 月尚未出版。本节中的引文来自她的发言稿。

翻译成韩语的，所以小组中的每个参与者都选择用他们最熟悉的语言大声朗读这篇文章。就这样，在两个多小时的时间里，我们沉浸在阅读和讨论这种跨越两种语言的关于历史和档案的广义概念中。在那个节点上，没有一个人在驾驶列车，因为当驾驶舱被一座城市关于自身历史、现在和未来的沉默意识所占据时，你只需坐在后面，顺势而为（Wong, Forthcoming）。

边缘与措施

出生于澳大利亚的拉塞尔·斯托勒在 2003 年首次前往新加坡展开研究之旅，当时他是悉尼的澳大利亚当代艺术博物馆的一名策展人。"长期以来，我一直对集体活动感兴趣，并希望将悉尼与亚洲的一个城市和欧洲的一个城市进行三方对比。"（拉塞尔·斯托勒，个人通讯，2017年 8 月 19 日）基于这次研究而构建出来的展览是"处境：来自悉尼、新加坡和柏林的合作、集体及艺术家网络"（Situation: Collaborations, Collectives & Artist Networks from Sydney, Singapore & Berlin, 2005），这使他得以与"艺术家村"以及新加坡的其他艺术家和组织合作。斯托勒于 2001 年加入 MCA，这是他第一次在艺术机构中工作。2008 年，他加入了布里斯班的昆士兰美术馆 / 昆士兰现代美术馆（Queensland Art Gallery/Gallery of Modern Art in Brisbane, QAGOMA），并于 2014 年在新加坡国家美术馆担任现职。斯托勒还为新加坡、悉尼等各种双年展以及卡塞尔文献展（documenta）作出贡献。但是，就我对斯托勒的了解，我从来没有把他当作典型的机构策展人。并不是说他想做别的事情。他在机构建设方面做了相当多的工作；例如，他说在 QAGOMA 的收藏部门工作是"我做过的最有价值的事情之一"，而他在新加坡国家美术馆参与策划了"草间弥生：生命是彩虹之心"（Yayoi Kusama: Life is the Heart of a Rainbow, 2017）等大型展览。然而，他实践的核心仍然出于一种非常个性化的标准。"我在MCA最喜欢的项目是'四级'展览。这些是正值职业生涯盛年的艺术家的个人群展，规模不够大，不足以成为回顾展，但足以深入了解这名艺术家。我们会选择一名艺术家工作中的一个元素进行深挖。例如，在'魏明福'展（2007年）中，我把整个展览看作一件独立的艺术作品。"2016年，斯托勒在新加坡国家美术馆与约翰尼·马纳汉、雷扎·皮亚达萨以及陈丁琦合作策划了一个小型展览"未显露的事实：超越物体的艺术"。斯托勒认为，它表现出的亲切和专注让他想起在MCA的"四级"项目工作——"我真的很想再做那样的展览。"

我和斯托勒谈到了我称之为在机构边缘的写作——在一个大型组织中找到自己的声音。但对他来说，这更多的是关于找到"正确的声音"，以及在写作时对一名艺术家或一个想法的关照。他提到了盖伊·布雷特（Guy Brett），这位英国策展人兼评论家在20世纪60年代向英国介绍了拉丁美洲的艺术：

> 布雷特有一篇关于他如何找到自己声音的精彩文章（2004年），题为《新措施》（New Measures）。此文是关于试图用文字来衡量事物，以及关于如何描述视觉性的或难以言喻的东西。布雷特以一个生活中的普通人的身份，把读者或观众带入他思考的会话中。我一直喜欢写作，因为它是学习过程的一部分。

斯托勒还提到了《旋转》（Spin），这是他为卡罗琳·克里斯托夫-巴卡吉耶夫的2008年悉尼双年展"革命——转动的形式"（Revolutions —— Forms that Turn）撰写的一篇短文。"这是我最喜欢的一种写作方式——不是标准的图录文章——你只要提出一个小想法，然后跟着它走。"斯托勒首先讲述了来自珀斯的工程师拉尔夫·萨里奇（Ralph Sarich）的故事，他提出了一种获得发明奖项的轨道发动机设计——一种转动的形式——然后勾勒出它与澳大利亚大多数人的心理的联系，他们从未经历过革命。"20世纪80年代在西澳大利亚流传着一则都市神话，福特汽车公司（Ford Motor Company）买下了这项本土创新专利并将其雪藏。"（Storer, 2008: 63）事实是，这个设计最终未能付诸实施，而萨里奇后来在其他工程项目上取得了相当大的成功。"然而，这个故事在当地人的潜意识中挥之不去。毕竟，它与一种根深蒂固的弱者感产生了共鸣……澳大利亚是世界上产生私人国家（micronation）最多的国家之一，其中许多是由于与官方的分歧而产生的。"（64）斯托勒将这种情况形容为"漠然地接受权威的状态：也许会抱怨它，但宁愿退缩到我们的壳里——或者看似建立我们自己的国家——而不是推翻那些政权"。（64）

诗歌与进步

也许断言现代新加坡是建立在对诗歌的忽视之上有些过分。但我曾听到有人雄辩地指出，遗忘是其创立的条件。这发生在1994年的一次会议上。贾纳达斯·蒂凡（Janadas Devan）——当时是一名文学评论家，现在是政府首席公共沟通司长（Chief of Government Communications）——在谈到1965年8月9日李光耀总理宣布从马来西亚分离时，他引用了李子平的诗《吾国与吾民》，自称是"痛苦的时刻"。李光耀曾为合并而努力，但未能说服马来西亚人，他们将新加坡从联邦中驱逐出去。贾纳达斯（1999年）认为，国家的建立不能作为一种"胜利的民族主义叙事"来讲述（29）；相反，"新加坡的出现及其存续，是由反复发生的遗忘行为所导致的"（22）。也许这就是为什么诗人阿尔菲安·萨阿特（Alfian Sa'at, 2001）能够以《失忆的历史》（*A History of Amnesia*）为题，写出一本关于其祖国的诗集。

从 2012 到 2016 年，林沁怡在香港 Para Site 艺术空间担任策展人。每逢农历新年，她都会回到她的家乡新加坡。2014 年，她在回乡时看到了一本当地诗歌选集，其标题引用了李光耀 1968 年在当时的新加坡大学（University of Singapore）发表的著名演讲，这位总理声称"诗歌是我们无法承担的奢侈"。林沁怡认为，许多策展的奇思妙想来自与文学的邂逅，而她通过阅读《无法承担的奢侈》（*A Luxury We Cannot Afford*）（Chia and Ip, 2014），尤其是魏俐瑞的前言，推动了 Para Site 艺术空间的一个同名展览项目，在新加坡独立 50 周年之际举行。李光耀认为，诗歌和类似的追求必须让位于国家取得经济进步。这个计划限定了这个国家最初几十年的发展，但后来"在 20 世纪 90 年代发生了变化，文化发展被视为……获得发达国家地位的必要条件"。（Lim, 2015: 1）正如林沁怡在图录中解释的那样，她想把"'奢侈'这个词从其常见的消费主义和资本主义的基础上移开"，并探索这个概念在"过去 50 年里在新加坡政府授权的未来主义话语中应用于个人和公民自由"。（1–2）展览认为其国家建设意识形态的乌托邦承诺"没有得到回应，没有能够实现"，却反复不断地浮现出来（2），并有其自身的痛苦时刻，例如梁文福的歌曲《麻雀衔竹枝》在 23 年后解禁，最终被认定为一种文化资产。

颇具讽刺意味的是，"无法承担的奢侈"展览面向的是香港而非新加坡。它对民族主义提出了一种错位的批评。林沁怡对我说，她不想面对把这个展览带回家乡可能引来的体制和自我审查问题。她还提到，香港人非常热衷于在经济和民主方面与这个城市岛国进行比较。在与同事的交谈中，她经常不得不为她的国家发声，"在某种意义上，这个展览的策划是为了回应他们的问题"（林沁怡，个人通信，2017 年 9 月 6 日）尽管对林沁怡来说，"无法承担的奢侈"远远不是一种权威性自我表述的展览；正如她在图录中所说的，这是一次"代际探索性的论述"（Lim, 2015: 1），因为林沁怡认为，展览无所谓多么复杂或精心制作，论述的形式不求全面，而是旨在具有启发性和思辨性。

未来主义和民族主义的主题会在另一个项目中找到共鸣，林沁怡在其中邀约了一些关于双年展的文章。2017 年，国际艺术评论家协会（International Association of Art Critics）新加坡分会与网络杂志《艺术赤道》（*Arts Equator*）合作，就 2016 年新加坡双年展刊载了三场笔谈；林沁怡是最后一场的召集人。前两次笔谈的特点是请各个参与者就目前的新加坡展览进行交流，而林沁怡则邀请了三位策展人，要求他们各自撰写关于未来双年展的短篇科幻小说。（Ditzig，2017; Hsu，2017; Tay，2017）林沁怡提示每个作者"告诉我你想看到的双年展"。（Lim，2017）从而要求他们思考什么是可能的，什么是理想的，什么是被当今的情况涵盖在内的，什么是可以在想象中有所超越的。其中两个文本较为注重视觉文化，就像电视剧《黑镜》（Black Mirror）中的剧集，而第三个可以说在后互联网的意义上更具有文学性，因为它的结构是基于电子书签的一种演绎。当林沁怡在阿佩尔艺术中心（de Appel）的策展项目学习时，"我们的作业之一就是，首先写一个关于我们如何体验展览的片段，然后进一步探索如何从情感和触觉上体验展览。这就是我要求策展人写这些小说的目的。我还对——如果我可以借用艾哈迈德·马沙迪（Ahmad Mashadi）用过的一个词——'扰乱'我们既有的表达方式感兴趣"（艾哈迈德是新加坡国立大学博物馆的高级副馆长；林沁怡在 2007 至 2011 年期间在那里工作）。

当写作变得重要时

　　我把这些关于策展实践的短篇故事收集起来，并不是要用我自己对它们的分析或一些一般性的观察来总结。相反，我想使它们既保持独立又相互关联地呈现出来。我希望每一个故事都能明显地远远超出我自己的框架和表述。最后两部分由周轶和帕特里克·D.弗洛里斯的文本组成，是通过我们的对话和书面交流而合作产生的。首先是周轶对说话和写作的思考（经编辑的电子邮件，2017 年 9 月 16 日）：

> 多年来，我深刻地认识到，作为一名策展人，说出你想法的能力是成功的关键技能之一。成为一名演说家是为了能够说服，或者至少是迫使别人以不同的方式考虑问题。当我从澳大利亚来到亚洲时，我更清晰地认识到文化领域缺乏独立的领导者——比如越南，那里的文化力量一直以来并将继续性地在很大程度上由国家驱动和规划；当代文化几乎没有发言人和好的演说家。在过去的十几年里，我一直领导着以艺术家为主导的组织，并且有无数次机会参加讨论、研讨会、论坛和艺术评论会，我意识到我的写作技巧随着公开演讲的锻炼而有所提高。这只是一个变得更自信的事例，还是一个观察我输出的想法对周围艺术家影响的案例？可能两者都是。

此外，自从来到亚洲以后，我已经非常清楚地认识到当代艺术批判和话语平台的稀缺性。以越南为例——今天，我们仍然没有关于艺术生产的书面形式的评论、介绍或批评分析！诸如"珊艺术实验室"（San Art Laboratory）和"意识现实"（Conscious Realities）这样的项目都是作为对这种情况的回应而诞生的[①]。在越南策划艺术展的过程中，我也每天都在接受自己思想的审查。我不断地认知我在说什么、写什么、给谁写、怎么写（电子邮件，直接留言，网站，社交平台）。这种对自己话语的持续自我认知意味着，我经常感到自己的语言缺乏诗意。我已经意识到，为了真真正正地围绕一个艺术家进行写作，我需要在精神上把自己

---

① 参见 http://san-art.org/about-2/ 和 http://san-art.org/conscious-realities/，2019 年 3 月 13 日访问。

从那些习惯性的行政审查和常态化的焦虑中解脱出来。这并不容易。但最近，我发现自己试图回到释一行（1967年）和《西藏生死书》（Sogyal Rinpoche, 1992）的文字中去，以提醒自己，我的心态总是在我的控制之中。写作对我来说，在当下是一种回归诗歌的渴望，同时也是对日常中监管的对抗。我想我可以放弃这种渴望；然而，如果我这样做，我想我会失去与作品和艺术的联系，所以我想这对我来说不成为一种选择。

用一根绳子拴住世界

帕特里克·D. 弗洛里斯是2015年威尼斯双年展菲律宾馆的策展人，这标志着他在缺席51年后的回归。2017年8月底至9月初，我与弗洛里斯进行了一次书面交流，我将他对我的问题的回答重构为以下的文字。

当我受邀担任策展人时，我坚持要征集提案。我认为重要的是要施以一种不那么垂直化的挑选过程，并确保广泛的参与面——一个更加对话式的、参与性的程序——因为一个国家馆的项目总是有争议的。但我认为对于国家和展馆概念的批判是肤浅且投机的，而且也有点喋喋不休。我选择了一个不那么辩证的方法，一种更加宇宙论的观点，以地缘政治和地缘文化为基础。我想做当代背景的艺术史：把现代性重新演绎为电影、装置和视频与史诗和民俗交织在一起的关键时刻。这就是我的计划。当我开始的时候，我还没有见到威尼斯双年展艺术总监奥奎·恩维佐提出的主题。菲律宾馆的名称"用一根绳子拴住世界"（Tie A String Around the World）是由曼努埃尔·孔德（Manuel Conde）执导、詹姆斯·阿吉（James Agee）担任英语旁白的电影《成吉思汗》中的一句台词。有趣的是，这句话与恩维佐设定的主题"全世界的未来"（All the World's Futures）产生了共鸣。这是巧合，这也是策展本能的一部分。另外，菲律宾馆紧挨着蒙古馆也是偶然的，蒙古馆展出了一部关于干旱贫瘠土地的视频。

我把我们2015年的参展看作是对威尼斯的回归——是对1964年国家馆的再现，重温1952年电影节上放映过的《成吉思汗》。这条路已经走过了；问题是要重走这条路，并重构现场。我的出发点是，菲律宾的情况很好，它来到威尼斯并不是为了征服或追求平等，因为它本身就是平等的。我认为，威尼斯是水世界的成员之一，也是影响菲律宾群岛历史的海洋史的一部分。这也是一个有关权利的问题：菲律宾有权成为西方或全球的一员，因为后者共同创造了前者，即便后者在其历史的某些阶段拒绝了它。这是一个寻求跨国家、跨场馆对话基础的愿望，而不是一种对国家或民族主义的肯定。因此，身份和代表性在我的计划中并不突出。我想追求一种古怪或另类的现代性，使菲律宾既坚毅又纤柔，既通俗易懂又难以理解，在其细节和装饰中都呈现巴洛克风格。

因此，图录文章谈到了这些愿望和为展馆创造来世的意图。（Flores，2015）我不希望展览在威尼斯大放异彩，然后消逝而去。我想延长它的时间，伸展它的期限，扩大它的影响。由于展馆跨越了不同的时空，这种延迟和扩张成为可能。文章的目的是为这些转变作注解。此外，图录是另一个策展时刻。我选择的跨学科文章进一步充实了展览的论点，可以单独作为一本文集。作为一名大学教师，可以说，让展馆成为研讨会的一部分是很有必要的。这本图录最终是混合的：一部分是策展文章，一部分是艺术史，一部分是政治和美学理论。部分愿望也是希望对展览中的实践和形式进行仔细阅读。很多时候，评论的重点是国家馆的政治经济，以及被驱逐的、粗鄙的阴谋家们散布的烦冗秘闻。这篇文章是一次更加细致和专注地鉴别物质的完整性及智能性的努力。这种物质性常常在针对双年展和国家馆平台的论战中消失，仿佛这两者过度决定了寓居其中的理性生活。同样，这个灵感涉及宇宙学和来世，通过可感知的物质、策展和写作来调解"当下"——其目的是揭示策展人的多重同理心和策展实践的物质性。

参考文献

Alfian Sa'at. 2001. *A History of Amnesia*. Singapore: Ethos Books.

Ault, Julie. 2013. Active recollection: Archiving "Group Material." In: *Self-Organized*, edited by Anne Szefer Karlsen and Stine Herbert. London: Open Editions, 102–112.

Bourdieu, Pierre. 1984. *Distinction: A Social Critique of the Judgement of Taste*, translated by R. Nice. Cambridge, MA: Harvard University Press.

Brett, Guy. 2004. New measures. In: *Carnival of Perception: Selected Writings on Art*. London: Institute of International Visual Arts (INIVA), 20–25.

Butt,Zoe. 2016. Practicing friendship: Respecting time as a curator. In: *Southeast Asia: Spaces of the Curatorial, Jahresring 63*, edited by Ute Meta Bauer and Brigitte Oetker. Berlin: Sternberg Press, 207–211. The text was first commissioned by Asia Art Archive (22 November 2015). http://www.aaa. hk/en/ideas/ideas/practicing-friendship-respecting-time-as-a-curator, accessed 13 March 2019.

Chia, Christine, and Joshua Ip (eds.). 2014. *A Luxury We Cannot Afford: An Anthology of Singapore Poetry*. Singapore: Math Paper Press.

Ditzig, Kathleen, with Vanessa Ban. 2017. Room of receipts: The biennale of 2022. *ArtsEquator* (1 June). https://artsequator.com/biennale-2022-vanessa-ban-sb2016/, accessed 13 March 2019.

Ellison, Ralph. 1952. *Invisible Man*. New York: Random House.

Flores, Patrick D. 2015. All over. In: *Tie a String around the World exhibition catalog, the Philippine Pavilion of the 56th Venice Biennale*, edited by Patrick D. Flores, 14–49. Manila: National Commission for Culture and the Arts, the Department of Foreign Affairs, and the Office of Senator Loren Legarda.

Flores, Patrick D. 2016. Within and across: Troublesome propositions.

In: *Southeast Asia: Spaces of the Curatorial, Jahresring 63*, edited by Ute Meta Bauer and Brigitte Oetker, 31–41. Berlin: Sternberg Press.

Gardner, Anthony and Charles Green. 2013. Biennials of the south on the edges of the global. *Third Text* 27(4): 442–455.

Gardner, Anthony and Charles Green. 2015. South as method: Biennials past and present. In: *Making Biennials in Contemporary Times: Essays from the World Biennial Forum No 2*, edited by Galit Eilat et al.. São Paulo: Biennial Foundation, Fundação Bienal de São Paulo and ICCo – Instituto de Cultura Contemporânea, 28–36.

Gardner, Anthony and Charles Green. 2016. *Biennials, Triennials, and Documenta: The Exhibitions that Created Contemporary Art*. Hoboken, NJ: John Wiley & Sons, Inc. Godfrey-Smith, Peter. 2017. The mind of an octopus. *Scientific American* (January). https://www.scientificamerican.com/article/the-mind-of-an-octopus/, accessed 13 March 2019.

Goldhaber, Michael. 1997. Attention shoppers! *Wired* (1 December). https://www.wired.com/1997/12/es-attention, accessed 13 March 2019.

Haraway, Donna. 2016, Tentacular thinking: Anthropocene, Capitalocene, Chthulucene. *e-flux journal* #75. http://www.e-flux.com/journal/75/67125/tentacular-thinking-anthropocene-capitalocene-chthulucene/, accessed 13 March 2019.

Hsu, Fang-Tze. 2017. The mnemonics. *ArtsEquator* (9 June). https://artsequator.com/the-mnemonics-taipei-biennial/, accessed 13 March 2019.

Janadas Devan. 1999. My country and my people: Forgetting to remember. In: *Our Place in Time*, edited by Kwok Kian-Woon, Kwa Chong Guan, Lily Kong, and Brenda Yeoh, 21–33. Singapore: Singapore Heritage Society. The publication is based on a conference co-organized by the Singapore Heritage Society and The Substation arts center, which took place in September 1994.

Lee, Weng-Choy. 1997. Local coconuts. *Art Asia Pacific* 16: 56–63.

Lee, Weng-Choy. 2015. Regarding the reader. *Broadsheet* 44(1): 27–31.

Lim, Qinyi. 2015. Introduction. *A Luxury We Cannot Afford*, 1–4. Hong Kong: Para Site. http://www.para-site.art/exhibitions/a-luxury-we-cannot-afford/, accessed 13 March 2019.

Lim, Qinyi. 2017. Prefatory Remarks, AICA SG 2016 Singapore Biennale Roundtable 3: "Maybe it's better this way, We'd hurt each other with the things we want to say." *Arts Equator* (25 May 2017). https://artsequator.com/workers-art-world-unite-nothing-else-love-supply-chains/, accessed 13 March 2019.

Lydon, Christopher. 2017. Noam Chomsky: Neoliberalism is destroying our democracy. *The Nation* (2 June). https://www.thenation.com/article/noam-chomsky-neoliberalism-destroying-democracy/, accessed 13 March 2019.

Martínez, Chus. 2014. The octopus in love. *e-flux journal* #55. http://www.e-flux.com/journal/55/60304/the-octopus-in-love/, accessed 13 March 2019.

Muggleton, David, and Rupert Weinzierl. 2003. *The Post-Subcultures Reader*. New York: Berg.

Nochlin, Linda. 2015. Why have there been no great women artists? *ArtNews* (30 May). http://www.artnews.com/2015/05/30/why-have-there-been-no-great-women-artists/, 13 March 2019.

Oetker, Brigitte and Nicolaus Schafhausen (eds.). 2013. *Attention Economy, Jahresring 60*. Berlin: Sternberg Press.

Osborne, Peter. 2006. The power of assembly: Art, world, industry. In: *Zones of Contact: 2006 Biennale of Sydney exhibition catalogue*, edited by Charles Merewether, 125–128. Sydney: Biennale of Sydney.

Osborne, Peter. 2013. *Anywhere or Not at All: Philosophy of Contemporary Art*. London: Verso.

Osborne, Peter. 2015. Every other year is always this year: Contemporaneity and the biennial form. In: *Making Biennials in Contemporary Times: Essays from the World Biennial Forum No 2*, edited by Galit Eilat, et al. São Paulo: Biennial Foundation, Fundação Bienal de São Paulo and ICCo – Instituto de Cultura Contemporânea, 15–27.

Sogyal Rinpoche. 1992. *The Tibetan Book of Living and Dying*, edited by Patrick Gaffney and Andrew Harvey. New York: Harper Collins.

Soon, Simon. 2016. On curatorial colonialism. In: *Southeast Asia: Spaces of the Curatorial, Jahresring 63*, edited by Ute Meta Bauer and Brigitte Oetker. Berlin: Sternberg Press, 220–227.

Storer, Russell. 2008. Spin. In: *Revolutions: Forms that Turn: 2008 Biennale of Sydney exhibition catalog*, edited Carolyn Christov-Bakargiev. Sydney: Biennale of Sydney, 63–64.

Tay, Kenneth. 2017. Workers of the art-world, unite! You have nothing else to love but your supply chains! *ArtsEquator* (25 May). https://artsequator.com/workers-art-world-unite-nothing-else-love-supply-chains/, accessed 13 March 2019.

Taylor, Nora A. 2011. The Southeast Asian art historian as ethnographer? *Third Text* 25(4): 475–488.

Thich Nhat Hanh. 1967. *Vietnam: Lotus in a Sea of Fire*. New York: Hill and Wang. Thornton, Sarah. 1995a. The social logic of subcultural capital. In: *The Subcultures Reader*, edited by Ken Gelder and Sarah Thornton. New York: Routledge, 200–209.

Thornton, Sarah. 1995b. *Club Cultures: Music, Media and Subcultural Capital*. Cambridge: Polity Press.

Thornton, Sarah. 2008. *Seven Days in the Art World*. New York: W.W. Norton & Company.

Thornton, Sarah. 2016. *Seven Days in the Art World*, translated into

Vietnamese by Nguyễn Nhu Huy. Hanoi: Dong A Publishing House.

Vitale Shreve, Kristyn R., Lindsay R. Mehrkam, and Monique A.R. Udell. 2017. Social interaction, food, scent or toys? A formal assessment of domestic pet and shelter cat (*Felis silvestris catus*) preferences. *Science Direct* (24 March). http://www.sciencedirect.com/science/article/pii/S0376635716303424, accessed 13 March 2019.

Wee, C.J.-W.L. 2017. The Singapore contemporary and contemporary art in Singapore. In: *Charting Thoughts: Essays on Art in Southeast Asia*, edited by Low Sze Wee and Patrick D. Flores. Singapore: National Gallery Singapore, 246–266.

Wittgenstein, Ludwig. 1953. In: *Philosophical Investigations*, edited by G.E.M. Anscombe and R. Rhees, and translated by G.E.M. Anscombe. Oxford: Blackwell.

Wong, Michelle. (Forthcoming). Train to Biennale. Manuscript, unpaginated. Presented at the Symposium for the 2016 Singapore Biennale, January 2017. Forthcoming in the publication of the Symposium for the 2016 Singapore Biennale, edited by Hoe Su Fern.

本章作者简介

李永财（Lee Weng-Choy）是一名独立艺术评论家和顾问，目前常驻吉隆坡。他是国际艺术评论家协会新加坡分会主席，主要研究当代东南亚的艺术和文化。他的论文刊发于《毕竟》（*Afterall*）等杂志及《现当代东南亚艺术》（*Modern and Contemporary Southeast Asian Art*）、《在这里：艺术与文化的国际视角》（*Over Here: International Perspectives on Art and Culture*）、《1985 年以来的当代艺术理论》（*Theory in Contemporary Art since 1985*）等文集。

第四部分

博物馆之外：策展前沿

第十八章　平行发展

公共艺术与新媒体艺术

引言

在过去的40年里，公共艺术的定义、应用和实践在世界各地得到了极大的扩展。公共艺术的范围从社会参与覆盖至重大场合。公共艺术作品可以持续几十年，也可以在节日或网上临时短暂展示。公共艺术在目标和解读方面的转变与"新媒体艺术"的出现同时发生，"新媒体艺术"本身是一系列多样化的实践，采取了无数的表达形式，服务于一系列的意图。公共艺术和新媒体公共艺术都可以提供一种城市和身份建设、社区激活或干预的手段。（Diamond et al., 2017）实体艺术作品和新媒体艺术的受众既是本地的也是全球的。本章认为尽管公共艺术处在一个不断变化的公共领域内，但仍是可及的。（Diamond et al., 2017）

新媒体公共艺术包括远程信息和网络表演作品，网络艺术，移动艺术、处所艺术和游戏，增强和混合现实作品，数据收集和监测艺术，互动雕塑，投影和互动公共屏幕，响应式灯光作品，以及利用新兴技术（如基因组编辑技术）制作的艺术。本章没有提供新媒体公共艺术作品的目录，而是将这些例子纳入策展的背景中。

方法

新媒体公共艺术策展是通过艺术家、艺术顾问和专员以及策展人的工作，通过艺术节、平台、机构以及与大学、画廊、博物馆和新媒体艺术中心等机构的合作进行的。过程包括创造和理解艺术作品的背景，建立艺术家名单或选择艺术家，定义和理解观众，以及计划观众推广和教育。策展人和顾问维持公共空间的高度规范性，为公众建立进入私人空间的通道。同样地，他们在互联网和其他数字平台内建立公共空间，这需要接入电信、数据计划、移动网络和服务器。策展人组织与利益相关者的合作，了解特定技术和/或材料的需求，并计划和组织维护与保存。策展人和委托人建立和管理预算，并与艺术家紧密合作，按规格制作作品。策展人是价值的仲裁者的这种固有观念已经发生了变化，特别是随着社会媒体的广泛传播，其中不断有争论。

本章采用多重方法来挖掘新媒体公共艺术的策展实践。关于在公共领域或公共艺术中考虑的新媒体艺术，已有大量的文献资料［Curatorial Resource for Upstart Media Bliss（CRUMB），2019; CRUMB Discussion List–New Media Curating Archives, 2017; Rhizome, 2018; MediaArtNet, 2019; Paul, 2016a; Cook and Graham, 2010; Cook and Graham, 2010; Ladly and Beesley, 2008; Abrams and Hall, 2006］。保罗（Paul, 2016a）和巴尔萨莫（Balsamo, 2016）提供了新媒体公共艺术的详细分类法。然而，除了一些例外（Cook and Graham, 2010; Balsamo, 2016; Paul, 2016a），对新媒体艺术作品与策展实践关系的思考是有限的。对新媒体公共艺术文献进行的分析，寻找了呈现方式的趋势。库克和格雷厄姆对新媒体策展人进行的历史访谈以及关于新媒体策展实践的文本（Cook and Graham, 2010）也提供了线索。对公共艺术政策文件的重要样本的分析表明，新媒体艺术是否出现在委任性政策中，以及出现在哪里。（Diamond et al., 2017）我们对参与和塑造新媒体公共艺术实践的新媒体艺术家和策展人进行了访谈。还使用了为戴蒙德等人（2017）进行的访谈中的引文。最后，为了征求对策划新媒体公共艺术的挑战和机遇的意见，2017年11月至2018年1月在"新兴媒体策展资源乐园"（CRUMB）上建立了一个讨论列表。（CRUMB Discussion List–New Media Curating Archives, 2017）

重新定义公共艺术的角色

《重新定义多伦多的公共艺术》（*Redefining Public Art in Toronto*）（Diamond et al., 2017）提出，鉴于城市具有复杂的包容性，就要求公共艺术拥抱矛盾的使命。公共艺术可以成为一种手段，让不同的观众以新的方式探索他们的社会和文化背景，包括建筑空间、自然环境、水路和城市基础设施。"场所制造"（place-making）的概念——塑造公共空间和加强认同感——使理论家们认为公共艺术受到了地方和国家历史、文化以及身份的影响。（Zebracki, 2011）公共艺术被寄望于促进差异的共存，允许对城市和地方进行平行构想。（Cartiere and Zebracki, 2016）它的成功在一定程度上是由它的国际化水平、城市定位和文化魅力提升来衡量的。（Saukkonen and Ruusuvirta, 2013）公共艺术可以成为提高经济和文化价值、抬高房地产价格和吸引文化旅游的催化剂。它也是一个支持当地的、国家的和国际的艺术家的平台。目前的公共艺术政策，如芝加哥新的公共艺术计划（Public Art Plan）（City of Chicago, 2019a; City of Chicago, 2017）及其50×50邻里项目（50×50 Neighbourhoods Project）（City of Chicago, 2019b），强调需要将公共艺术扩展到城市核心区以外，不是作为城市中产化（gentrification）的工具，而是作为邻里参与、改善和美化的工具。社会参与的公共艺术，其持续时间和过程与传统的固有行为不同，通过40多年来艺术家的发起或本地社区艺术家的策展过程，已经动态地扩大了。例如，每年在达喀尔举行的涂鸦艺术节（Festigraff

Festival），在 2017 年举行了第七届，这一活动面向城市人口开展，其中一半以上是 20 岁以下的人，其前提是"城市、无障碍、开放文化"。（UNESCO, 2016: 186）这些不同的功能在新媒体公共艺术中发挥了许多作用。

公共空间的争议性

新媒体策展人萨拉·库克（2017）、克里斯蒂亚娜·保罗（Christiane Paul, 2016a）和马库斯·诺伊施泰特（Marcus Neustetter, 2017）会同公共艺术策展人和评论家（Doherty 2015；Diamond et al.，2017）以及早期的一些作家（Besser, 2001）均指出，公共空间被高度管制，由于社会经济的准入限制，许多人无法进入。史蒂夫·迪茨（2017）评论说，个人必须通过情境转换才能看到艺术作品，而交通或停车费用很少人能负担得起。此外，公共艺术作品有时位于私人空间，只是暂时向公众开放。策展人坎迪丝·霍普金斯（Candice Hopkins）通过原住民的价值观来确定公共性的复杂性：

> 对我来说，公共性也深深地与对土地协议的理解联系在一起，与理解什么是真正的公共联系在一起。你可以把它与公地混为一谈，但需要某种共识；你仍然必须知道这是谁的土地，因为加拿大的所有土地过去和现在都是某人的领地。（Hopkins, 2017）

不仅公共领域被私有化，而且土地首先不属于殖民者的公共领域。原住民社会过去和现在都不认为土地可以被占有，但仍然尊重生活在该片领地上的人。她指出，"第一步不仅要尊重人民，还要尊重土地本身"。（Hopkins, 2017）这对公共艺术提出了要求，无论其媒介如何，都要承认和尊重当地的环境和社区。

克莱尔·多尔蒂（Claire Doherty）坚持认为，鉴于公共领域日益减少，社会参与实践应该成为公共艺术的重点：

> 通过占领和延续的策略，公共艺术有可能揭露和回应企业利益对公共空间的侵占、社会凝聚力和言论自由机会的减少，以及流离失所者和被剥夺者在公共生活中的隐蔽性。（Doherty, 2015: 15）

大约20年前，霍华德·贝瑟（Howard Besser）提出与多尔蒂相仿的担忧，但与互联网有关，他说：

> 正如大规模的经济力量正在导致我们城市的中产化并消除容许文化政治繁荣的公共空间一样，强大的经济利益集团也对我们的公共信息空间发起了全面的攻击，其中许多存在于互联网上。（Besser, 2001）

互联网不是一个"免费的空间"，访问是需要付费的，也要受到平台的控制——无论是脸书（Facebook）还是照片墙（Instagram），用户还要取舍是否开放其数据访问权限。数据流量可能阻挠手机所有者参与在线或移动公共艺术。

保罗（2016a）提出，随着互联网的出现，公共观众的概念和国家的监管权力都发生了变化。"网络艺术导致了从特定地点到全球的转变，模糊了私人和公共之间的界限，并存在于一个分布式的非本地空间。"（209）她强调新媒体公共艺术对企业平台的依赖性越来越强，因此一些艺术家关注互联网和网络的结构性、经济性、控制性以及潜力。她指出："和物理公共空间一样，这些环境允许不同类型的干预，从积极的干预（公共抗议和公民抵抗）到更多以美学为导向的方法。"（Paul, 2016b）一些艺术家"溜到激光雷达"（Thiel, 2017; Wikipedia, 2018）或监控摄像头下，创造出某种经验来批判进入公共领域的缺陷，强调企业对工具、环境或监控的控制。监控摄像头表演者（Surveillance Camera Players）鼓励公众在监视摄像机前与观众一起组织和表演以监视和公民权利为主题的戏剧（Surveillance Camera Players, 2019），在城市全景中的隐形成员（警察、保安）、表演者和公众之间建立一种不可思议的联系。城市数据分析艺术家加布里埃尔·塞亚（Gabriel Zea）、安德烈斯·布尔瓦诺（Andres Burbano）、卡米洛·马丁内斯（Camilo Martinez）和亚历杭德罗·杜奎斯（Alejandro Duqueuse）使用表演技术鼓励公众关注他们城市的环境质量，他们"带着一个包括二氧化碳传感器的移动装置在哥伦比亚麦德林的街道上行走"。（Paul, 2015: 2796–2799）

全球范围内大规模网络性能的提升和移动设备的爆炸性增长是一个转折点，提供了新的平台和一种接续性的私人/公共空间，也将地方和全球联系起来。结合物理和网络体验的新媒体公共艺术作品提供了创造一个临时公共领域的机会，并对新兴的数字城市提出了批判性的质疑。艺术家、策展人和理论家黛安娜·多明格斯（Diana Domingues）强调了移动技术给公共空间概念带来的转变。"我们共同生活在无处不在的分布式空间中，可以在空间中采取行动。"（Domingues, 2017）移动设备作为互动工具发挥作用，媒体可以被地理定位和检索。"定位媒体"（locative media）是 21 世纪初出现的一个术语，用来描述传感器、蓝牙、无线网络、移动和全球定位系统［GPS，地理信息系统（GIS）］技术、二维码的结合，以及这些技术提供的在城市背景下重新映射、重新体验和评论的能力。"呢喃"（Murmur）是一个早期的移动纪录片项目，在多伦多、蒙特利尔、温哥华、卡尔加里、圣何塞和爱丁堡进行，并被后来的许多其他项目所效仿。故事在特定的地方录制，并安装了标志（至今仍在使用），任何有移动电话的人都可以打电话收听。艺术家们希望唤起一种"心理地理学体验，即关于空间的人类情感记忆层"。（Micallef, 2008: 111）增强现实（AR）是这些实践在公共领域的延伸，并提供了"创造不同层次的环境意识的手段，无论是与自我、社区、地方还是

社会结构有关"。（Paul, 2015: 213）AR 技术对增强现实艺术宣言小组
［Manifest.AR group，约翰·克雷格·弗里曼（John Craig Freeman）、威
尔·帕彭海默（Will Pappenheimer）、马克·斯克瓦雷克（Mark Skwarek）
和多美子·蒂尔（Tamiko Thiel）］的成员蒂尔很有吸引力，因为它允许
她在现场"忽略物理规律"（Thiel, 2017），将错综的关联、秘史和关系
区分层次。

　　如果所有的互联网和移动艺术都被认为是公共艺术实践，那么就
会有无法定义的风险，并需要一种为网络化公共艺术实践的策划创造条
件的能力。因此，本章将网络和移动作品的考量范围缩小到符合上述例
子的一系列标准。这些标准是：可及性、可控性和意向性——就艺术
家和策展人和/或机构而言——以将一个项目建构为公共艺术。（Dietz,
2017）根据库克的说法，显著要素是艺术品是否被结构化为一种集体体
验，即使是在线的，"机构在哪里，协议是什么……促进体验不是一对
一，而是多对多的体验，所以要与其他观众一起"。（Cook, 2017）

在政策背景下策划新媒体公共艺术

　　在公共艺术高度规范的背景下，政策为新媒体公共艺术作品是否被
接纳为一种正式认可和受支持的实践而提供基础，使委托、策划、资助
和保护的过程成为可能。新媒体公共艺术实践与下列政策中的描述非常
相似。通过对人口超过 100 万的大约 30 个城市的公共艺术政策文件进
行全面的关键词分析，可以对公共艺术政策中的新媒体进行概述[①]。关键
词是从媒体艺术网（Media Art Net）等数据库以及本章所提及的资源中
选择的。这些政策中讨论的大多数公共艺术都是通过城市或其他公共机
构、开发商或公共/私人基金的指定捐款来资助的，其中基础设施或建
筑物成本的一定比例被留作公共艺术。

---

　　① 检索内容包含迪亚蒙等人（2017）已研究的相同的城市。

在大多数被调查的城市中，数字、电子和新媒体艺术在21世纪初开始出现，许多提法在21世纪第二个十年间出现。诸如"电子艺术"这样的通用术语在很多年前就已经出现了，而另一些人则更新了这个描述快速变化领域的术语。2008年，圣安东尼奥宣布，"公共艺术可以有很多定义。在本计划中，该术语指的是可供公众使用的任何艺术——视觉或其他"。该计划包括"基于媒体的艺术作品（即电子、视频、互联网相关）"。（City of San Antonio, 2008）七年后，圣安东尼奥市更新了这一定义，指出公共艺术"还包括新的媒体技术，如数字艺术、视频、声音和基于光的作品，以及其他新兴的艺术实践和流派"。（City of San Antonio, 2015: 16）温哥华在其公共艺术政策中纳入了数字艺术，重点是"用于指定屏幕的视频和发光二极管（LED）艺术作品"，但更广泛地指出，"公共艺术可以是任何媒介，包括电子或环境元素，或社会参与实践"。（City of Vancouver, 2016）卡尔加里、埃德蒙顿、哈克尼、蒙特利尔、费城、圣安东尼奥、圣何塞、圣地亚哥和悉尼都将新媒体公共艺术作品作为其公共艺术组合中成功的例子。

蒙特利尔将其公共艺术政策与其竞争力联系起来，提出：

> 作为国际文化大都市，（蒙特利尔）应将其优势建立在创造力和创新上……（并且）必须继续依靠视觉艺术的当代实践，以及数字艺术和新技术，这些都在日益提高蒙特利尔的声誉。（Montréal Métropole Culturelle, 2009: 13）

英国伯明翰也将新媒体创意与理想的城市生活和身份的品质联系起来，"为了拥有……刺激、创新和挑战的艺术，我们需要大胆、鼓舞人心、创新的艺术家、规划师、开发商和城市设计师冲在技术的前沿"。（Birmingham City Council, 2015: 22）伯明翰强调了新媒体公共艺术的公民参与潜力。圣何塞作为一个处于硅谷的城市，将新媒体公共艺术视为一种手段，将艺术和技术结合起来，产生新的产品，"01SJ 双年展"（01SJ Biennial）就是一个例子。（Markusen and Gadwa, 2010）

在澳大利亚的布里斯班，新媒体公共艺术被提议作为一种连接实体和虚拟城市空间的手段：

> 公共艺术在宏观和微观层面上都可以作为这种可渗透的结构发挥作用 —— 一个连接公共和私人，工作、家庭和娱乐，过去、现在和未来，白天和夜晚，冬天和夏天，虚拟和现实环境的中间层。（Brisbane City Council, 2013: 6）

布里斯班将新媒体公共艺术作为一种手段，通过其"建设桥梁"（Building Bridges）计划收集和归档有关城市的故事和文件，其中包含了数字可编程的元素。（Brisbane City Council, 2013: 11-12）澳大利亚悉尼承认新媒体艺术家带来的批判性参与，提出新媒体作品不是作为高科技城市的宣传，而是作为一种理解社会和文化变化的方式。"使用新媒体工作的艺术家扩展现有技术，以评论和理解全球化、网络化和快速变化的社会的影响"。（City of Sydney, 2016: 3）悉尼拥有 250 件公共艺术作品，还将新媒体公共艺术纳入基础设施规划，包括轻轨建设，促进了新媒体作品的广泛展示。（City of Sydney, 2013: 20; 2014: 45）。

在都柏林、洛杉矶、渥太华、费城、圣安东尼奥、圣地亚哥和悉尼的政策中，互联网和社交媒体似乎是一种传播全媒体公共艺术兴趣的手段。悉尼也将社交媒体视为公民发表意见的机制，并为公共艺术项目贡献艺术作品或内容："由数字技术促成的内容创作的民主化，为市民提供了为城市文化表达作出贡献的基础。"（City of Sydney, 2014: 33）CAD 和 GIS 软件等数字工具，被作为一种规划和想象公共艺术作品定位及其设计的手段。《凤凰城 2015—2020 年公共艺术项目计划》（*Phoenix 2015–2020 Public Art Project Plan*, 2015）提出：

将开发一个全面的计算机化绘图系统（GIS绘图），使工作人员能够为使用水和废水百分比换取艺术基金的未来公共艺术项目，在全市范围内确定最佳地点和时机。（City of Phoenix, 2015: 24）

政策规范了选择艺术品的过程，根据资金机制的差异而不同。（Diamond et al. 2017）[①]林恩·巴萨（Lynn Basa, 2008）解释了选择艺术家的各种机制。公共艺术办公室负责为私人建设的公共空间或公共基础设施选择公共艺术品。艺术家通过向旧金山和蒙特利尔的登记处提交演示文稿以获取资格。艺术顾问利用这些数据库来寻找那些有创作公共艺术作品经历的艺术家。蒙特利尔登记的所有艺术家都来自魁北克，并且在视觉和公共艺术方面有重要的履历。如果被接受，他们可以向项目提交提案。如果考虑委托这些新媒体公共艺术家，登记在册显然是必要条件。其他方法有：任何艺术家都可以申请公开征集，或直接购买——一个询价（RFQ）过程，艺术家根据过去的作品提交资格证明。（Basa, 2008: 13–14）

许多城市采用评审程序，通常由艺术顾问组织，与城市官员或开发商合作。艺术顾问选择一批艺术家，然后由评审团审议。评审团包括艺术家、艺术顾问、建筑师以及开发商或基础设施和社区的代表。尽管他们认可公共艺术，但是没有城市要求评审团成员或艺术专员具备新媒体艺术的专业知识。根据城市和环境的不同，艺术家可能在项目初期就被选中与建筑师和开发商（公共或私人）开展紧密合作，或者是为一个已经高度完善的项目创作作品。卡梅龙·卡蒂埃（Cameron Cartiere）强调了政策决策的层层过程：

---

① 《重新定义多伦多公共艺术》（*Redefining Public Art in Toronto*）主张灵活而清晰的过程，包括由掌握原住民、数字和各类公共艺术实践知识的艺术专业人士组成的"一臂间距"评审团。

除了评审程序外，一项公共工程往往需要市政审批程序和工程审查。一些项目可能以社区参与为条件，艺术家可能需要与特定的利益相关群体进行广泛的咨询。（Cartiere, 2016: 459）

观众

在公共艺术作品创作前或创作时，就已经开始为项目预设观众了。安妮·巴尔萨莫创造了"公众的幻影"这一术语，推断这样的观众概念是由：

用户的称呼方式和理想化形象决定的，他们是公民、消费者、游客、观众、公众成员，或者是匿名的、独立的，抑或大众、人群或集体的成员。（Balsamo, 2016: 338）

所有政策都提出，公共艺术过程需要公众参与和参议，并受到项目目标的影响。"艺术家必须将城市的公民视为自己空间的专家，并相信他们的判断。"（Finkelpearl, 2000: 45）戴蒙德等人（2017）认为，通常对于基于属地的工作来说："公众咨询的主要作用是加深艺术家与社区的联系——它的历史、美学和背景——而不是让社区中的人以非专业人士的身份置身于评审团中。"（105）。同时，在有些情况下，社区和组织与策展人密切合作，选择和实施公共艺术，这是很有价值的。

公共艺术与观众建立的关系与画廊艺术不同。艺术家戴维·罗克比（David Rokeby）认为，"你会在预料之外的情况下遇到这种关系……你面对的是那些尚未具备文化视野的人"。（Rokeby, 2017a）然而，许多新媒体互动作品需要观众在某种程度上作出反应或认可才能被视为成功，而被动的基于屏幕或雕塑的作品可能不会。保罗强调了这种转变："艺术家不再是艺术作品的唯一'创造者'，而是经常扮演调解人或促进者的角色，让观众与艺术作品互动并为之作出贡献。"（Paul, 2015: 219-221）新媒体公共艺术作品提供了一种不同于线性叙事、单一图像或某一物体的时间性，作为"一种模式性的、体验性的状态，在时间上是活跃的、有表现力的，并呈现为在某处体验的'持续'转化"。（Rokeby, 2017a）。观众通过亲身互动、提供内容或将原始作品重制成新的形式来激活或完成作品，这需要周到的策展定位：

> 新媒体是非常多样化的，对于在线互动形式来说，可能是一种参与形式，但对于基于屏幕的作品来说，可能并不适用。每件作品都必须考虑到它在做什么，它如何展示自己，它在说什么，以及它如何面对或召唤它的公众。开放性、公共性、表演性等各种扭曲的想法，以及不同种类作品的不同时间足迹，都需要依靠它们自己的话语表达。（Raqs, 2018）

因此，鼓励观众成员参与创作的机制是至关重要的。

时间深度越来越多地伴随着感知深度，随着移动设备带来的几何和生物识别传感器的数据收集能力，整个身体组织都参与其中①。多明格斯描述了"身体/环境的感情，（如）体温、心率、呼频、肌肉活动、触觉振动和其他测量的感觉"，（Domingues et al., 2011）这影响了观众表现出的认知质量，"他们不是一个观众，一个演员或一群演员 …… 他们是'在行动'，'制定'一个超越互动的状态，整合'生物混合系统'②、拓扑知觉以及认知"。（Domingues, 2017）这些能力为艺术家和策展人在数据收集、管理和隐私方面带来了创造性的机会和道德挑战。

---

① 其中包括GIS、蓝牙，以及眼电（EOG）、肌电（EMG）、脑电（EEG）、皮肤电（GSR）等生物识别传感器。

② 黛安娜·多明格斯博士在加马（Gama）的巴西利亚大学艺术与技术科学实验室针对"被动情感感知"创造了生物混合系统的专业术语。

社交媒体为私人平台中的公共艺术项目提供了新的机会，在这些平台中，"人们相互模仿并传播，就像他们互相发送短信和电子邮件一样自然"。（Raqs，2018）这使艺术家有机会"富有想象力地通过脸书或推特进行轻松处置……一个'艺术家'可以是一个账号，由许多人访问和经营，他们只需共用一个密码"。（Raqs，2018）。艺术家康斯坦特·杜拉特（Constant Dullaart）以 5 500 美元的价格购买了 250 万照片墙粉丝（可以想象为虚构的观众），探索了暗网，揭示了网上操纵人气的方式。他的"僵尸粉"与著名艺术家的照片墙粉丝数量相同，在粉丝数量的维度上损害了他们的市场价值。他被认为是参与式民族志学者和艺术家。

观众，尤其是发达国家的年轻观众，或者是新兴世界中能够接触到技术的观众，将数字知识、移动设备和社交媒体的参与带入艺术作品的体验中，使对观众的覆盖面更广。格雷厄姆和库克观察到：

> 如果新媒体艺术不断地参考流行文化，这可能会使它比一件实物作品更容易被理解，不管是什么媒介的作品，都只能从艺术史的角度来理解。（Graham and Cook，2010: 31）

这与早期的新媒体艺术作品的背景不同，当时观众对技术并不熟悉。诚然，使用新兴技术的实践仍然需要策展人、艺术顾问和艺术家对观众进行社会化教育。

新媒体公共艺术中的策展角色

艺术家的自我策展

有许多新媒体公共艺术作品是由艺术家或艺术家团队自我策展的。

"作为策展人的艺术家采用了许多模式来制作和推广他们自己和其他人的新媒体艺术，从积极的干预到复杂多样的方法"。（Cook and Graham，2010: 259）艺术家们制作了远程在线合作项目，比如，"一个分散在全球的网络表演团""阿凡达身体碰撞"（Avatar Body Collision），由四个成员组成，分别位于新西兰［薇姬·史密斯（Vicki Smith）和海伦·瓦利·贾米森（Helen Varley Jamieson）］、芬兰［莱纳·萨里宁（Leena Saarinen）］和英国［卡拉·普塔切克（Karla Ptacek）］。他们提供了可公开访问的在线体验，探索机器对人类行为的调和以及诸如邻接和间隔等课题。他们还在进行创作实践的同时制作出相应的工具，包括"舞台"（UpStage），一个供多人在线表演的网络平台。（Studio XX，2019）

"我们的增强现实作品在现代艺术博物馆中"（We AR in MoMA）计划的组织者呼吁世界各地的艺术家将他们的 AR 作品放置在现代艺术博物馆内，无须馆方的许可，而是通过苹果商店和 GPS 坐标提供应用程序"实境浏览器"（Layar）的访问[①]。作为回应，蒂尔借用现代艺术博物馆的权威，对展览进行了 AR 注释：

> 只要策展人仍是高端艺术场所的守门人，实体地点就有价值——将 AR 作品放在这样的地点，甚至或特别是由艺术家自己放在那里以颠覆这种控制，能够赋予作品以该地点的光环。（Thiel，2014: 30）

AR 艺术家将他们的媒介定位为重读和重释策展和建筑典籍，同时认识到他们的媒介有访问的限制。根据雅各布·加布（Jacob Garbe）的说法：

---

① 以现代艺术博物馆为例，蒂尔融入了由荷兰增强现实实验专家桑德尔·费恩霍夫（Sander Veenhof）和新媒体艺术家马克·斯克瓦雷克策划的项目，作为"汇流艺术节"（Conflux Festival）的一部分，这是纽约的一个致力于心理地理学的艺术节。

定制这些壁垒以及绘制自身策展边界和参数的能力……这本身就是一种因 AR 的优势而获取的自由，形成一种不同于真实世界产生的艺术形态，而是一种有条件地定义和体验的综合性艺术作品。（Garbe, 2014: 138）

合作创造一个实操平台可以被看作是一群艺术家的策展实践，与几十年前艺术家进行的努力并无二致[①]。

作为情境创造的策展实践

策展人访谈和前人文献中有一种广泛的共识，即新媒体公共艺术作品需要"情境创造"。这与公共艺术的最佳实践是一致的。汤姆·芬克尔珀尔（Tom Finkelpearl, 2000）记录了观众如何反感那些感觉不适合当地情境的作品。因此，库克提出，新媒体策展人的工作是一种类似于数字系统开发的人类学实践。正如麦卡洛（McCullough）所描述的："对技术使用的具体细节的背景调查，揭示了影响新技术功能特点和成功应用的社会、组织和实际因素。当涉及建构情境时，协议和约束均依托于实际地点。"（McCullough, 2004: 157–159）这就要求对当地情况有所了解，包括情境感知技术（例如传感器阵列）、技术承受力、网络以及其他访问和受众的情况。

公共新媒体作品可以更好地进行情境整合和回应，因为受众通过他们的数据、记录下的交互以及移动设备等，将自己的情境带入到互动中。通过重构一个熟悉的技术来重塑其情境是可以成功的。例如，路易斯·维拉里尔（Luis Villareal）的《海湾大桥》（Bay Bridge）利用了人们对光的内心渴望，以简单而引人注目的方式安排了 LED 灯。（Daily

---

① 参见迪亚蒙（2015），笔者在其中梳理了温哥华艺术家推动媒体行动主义发展的历史。

Mail Reporter, 2013）然而，在技术应用的快节奏背景下，需要再解释一下："需要在精心选择的情境中对新作品和现有作品进行拓扑、参考和安置 …… 随着技术的成熟和发布平台吸引新的观众，要迅速对作品进行重新诠释。"（Diamond, 2003: 156）策展人的人类学功能甚至更加明显，因为观众能够影响作品本身。理想情况下，情境创造必须是持续的，策展人是"委托人或制作人，也可以说是贡献者 ……（他们）在生产过程中塑造艺术作品，而不是为完成的作品创造情境"。（Cook, 2005）

拉克斯（Raqs, 2018）认为，艺术作品从来没有失败过，而是情境使艺术家失败：

> 通常被误读为"失败"的，只是注意力和可行性的目标位置的转移。这些并不是作品的内在因素，而是作品周围环境的特征。（Raqs, 2018）

为了支持这一点，库克认为最成功的新媒体公共艺术作品应由艺术家自己选择场地，而不是被策划或安排至一个已有的场地。她提供了康斯坦特·杜拉特（2016）在乌特勒支中央车站为期六个月的无线网络作品的例子。（Public Works Utrecht, 2016；见图 18.1）当旅客连接车站的无线网络时，这项作品通过提供虚构且异想天开的名字的无线网络选项来进行干扰，有可能让旅客意识到有人正在故意进行这种干扰。（Cook, 2017）库克寻找作品与场所的契合度，以及公众的访问途径，并指出："作为一个策展人，我寻求的是无缝性。"（Cook, 2017）她强调了"你与艺术家围绕作品意图和故障排除进行的对话，以及你对事先决定作出的妥协"的重要性。（Cook, 2017）库克是许多受访者中的一员，她强调策展公共艺术的最佳实践适用于所有媒体的作品——需要进行同样的规划。

图 18.1　康斯坦特·杜拉特（Constant Dullaart），《高保真，缓发送！！》（High Retention Slow Delivery!!），2014 年，视频截图；艺术家和上游画廊（Upstream Gallery）供图

　　然而，一些新媒体公共艺术作品在迁移到一个新的环境或地点时，可以成功地进行再情境化。拉斐尔·洛萨诺－亨默（Rafael Lozano-Hemmer）的《身体影片》（Body Movies, 2001 年）提供了可以从一个城市转移到另一个城市的城区肖像。它"用（数以千计的大型）互动……摄影肖像改变了公共空间，这些肖像以前是在主办城市的街道上拍摄的……（并）用机器控制的投影仪展示"。（Lozano-Hemmer, 2001）最近的一个作品《一九八四》（Nineteen Eighty-Four）创造了超过 220 亿

个版本的 1984 年，展示了从谷歌街景（Google Street View）图像中提取的房屋地址号码。（Lozano-Hemmer, 2014）马里奥兰·戴克曼（Marjolijn Dijkman）的《月神》（LUNÄ）作品展现了一种可复制的情境。重现了伯明翰月球协会（Lunar Society of Birmingham）的《月星距改正表》（*Lunar Tables*），这是一个由"（18 世纪的）业余实验者、商人和工匠组成的团体……他们聚集在一起进行晚餐会"，构成了"改变了英国面貌"的主要发明的原型。（Dijkman, 2018）《月神》中的表格在不同的地点之间转移，并主导着形式各异但内容分层展示的对话：关于"量子物理学等迅速发展的技术，以及抗议运动、环境问题、神经科学、科幻小说、实验教育"。（Dijkman, 2018）

库克和格雷厄姆认为，策展人和艺术家之间的关系必然是合作的：

> 由于参与程度的梯级划分如此之多，社会参与型艺术策展人和新媒体艺术策展人都需要意识到意图、现实和结果之间的差距，以及同一过程的不同体验之间的潜在差距。（Cooke and Graham, 2010: 147）

合作使创作和展示过程中的所有角色都更具创造力和专注力，要求其思维开放并接受不太可预测的结果。（Diamond, 2005）拉克斯描述了为艺术家搭建舞台的"智能策展"的需求，它整合了技术赋能、基础设施、资金、机构支持、展览和公共平台、情境创造以及观众建设，以"突破人类之间、人类与软件之间（以及）软件与机器之间关系发展的新门槛"。（Raqs, 2018）与在博物馆中受保护的作品相比，公共艺术作品可以遭受更多的批评性讨论。（Diamond et al., 2017）拉克斯（2018）指出，"新媒体艺术形式涉及一种特殊的不稳定性，这也是因为它们可能容易受到黑客和煽动性活动的影响"。因此，策展人在维护艺术家方面可以发挥重要作用。

作为一名独立艺术家，蒂尔有独特的经历，她承认通过与一名对地域和情境有所了解的策展人合作以使她和她的作品更合理。蒂尔描述了公共艺术策展人的两个不同类别："弱策展人"（soft curators）和"强策展人"（strong curators）。弱策展人为艺术家的项目提供支持，而强策展人则作为委托人与艺术家接触，成为他们项目的一部分。就其 AR 装置《人类世的花园》[Gardens of the Anthropocene, 2016 年，在西雅图艺术博物馆奥林匹克雕塑公园（Olympic Sculpture Park）]而言，得到策展人的支持意味着可以有大型标牌引导观众去发现 AR 叠加效果（见图 18.2）。结果，"西雅图那些精通技术的游客立即拿出手机，开始查看增强效果，并向路人展示它们"。（Thiel, 2017）蒂尔的《转型：莱厄尔》（Transformation: Lehel, 2012 年）是对强策展人委托的回应，包括塞拉菲内·林德曼［Serafine Lindemann，艺术界（art circolo）］和克里斯蒂安·舍恩［Christian Schoen，艺术和概念（kunst I konzepte）］，他们在《时空序曲》（Overtures ZeitRäume）（Thiel, 2012）项目中探索街区的可持续性，特别是慕尼黑正在经历中产化的莱厄尔地区。他们接触并委

图18.2　多美子·蒂尔（Tamiko Thiel），《人类世的花园》（Gardens of the Anthropocene），2016年。西雅图艺术博物馆奥林匹克雕塑公园委员会（Commission for the Seattle Art Museum Olympic Sculpture Park），艺术家供图

托蒂尔与圣卢卡斯教堂（St. Lukas Church）社区一起开发一个作品。我亲爱的邻里项目（Mi Querido Barrio Project, 2012—2016 年）是另一个这样的例子。（Thiel, 2019）玛尔塔·莫雷诺·维加（Marta Moreno Vega）博士是纽约市加勒比文化中心和非洲移民研究所（Caribbean Cultural Center and African Diaspora Institute, CCCADI）的创始人和主任，他委托蒂尔进行一个新媒体公共艺术项目。莫雷诺·维加从泰尔那里了解到 AR，并对它能够为从东哈林区来到 CCCADI 的观众赋能和鼓舞而感到兴奋，这个社区正经历着中产化和枪支暴力。该社区的居民不参观传统画廊，但年轻人沉浸在手机文化中。（Caribbean Cultural Center African Diaspora Institute, 2017）在洛克菲勒基金会的支持下，蒂尔和合作者对东哈林区的艺术家进行了培训，以创造他们自己的 AR 艺术作品。蒂尔认为莫雷诺·维加是"真正的有远见的人"，因为她比艺术界更早地看到了移动技术和 AR 的力量，而蒂尔反而被艺术界批评为站在精英主义的立场。

艺术顾问

如前所述，政策为新媒体公共艺术的委托提供了机会。艺术顾问，而不是策展人，促进了永久或半永久的新媒体公共艺术作品的创作。罗克比提到他唯一一次与策展人合作创作新媒体公共艺术作品的经历[1]。曾向多伦多交通公司（Toronto Transit Corporation）、开发商和多伦多市多次提供重要项目委托的布拉德·戈尔登（Brad Golden）提出了挑战：

> 这是一种公共话语，是在公共空间向广大公众观众传递内容。……对我来说，重要的是作品要有可持续性和广泛性。通过可

---

[1] 时任"创意时间"艺术总监的纳托·汤普森（Nato Thompson）。（Rokeby, 2019）

持续性，我希望一开始能够让最广大的观众以一种相当简单的方式接触到作品，然后作品继续长期向同一批观众或新的观众输出内容和价值。（Golden, 2017）

对于公共艺术顾问和评委来说，由于不熟悉或缺乏信心，对新媒体作品的选择可能是一个坎。顾问的建议部分依赖于他们是否感觉一项技术足够稳定。策展人坎迪丝·霍普金斯曾委托过新媒体项目，她描述了进行新媒体委托时的技术焦虑感：

> 从策展人的角度来看，（它）可能会出现一种低级的失败……因为你需要事物工作，你需要事物运转，而新媒体总是更加复杂，所以你需要真正好的技术人员。（Hopkins, 2017）

多伦多的一个成功案例是丹尼尔公司（Daniel Corporation）的高公园（High Park）公寓公共艺术作品《我们都是动物》（We Are All Animals）。（Public Studio, 2015）开发商鼓励将公共工作室（Public Studio）参与竞争（Public Studio, 2015）。由公共工作室与安大略艺术设计大学的学生合作创作，它是"一个用数字游戏软件构建的随机生成环境，（它）呈现了一个在几天、几个月、几年的时间里不断变化的景观"。（Public Studio, 2015）

一旦作品被选中，有些艺术顾问会在整个过程中支持艺术家，并确保委托作品与场地的最佳契合。其他的则扮演参与度较低的角色，希望艺术家用相对复杂的基础设施直接管理项目，退回到预算和合同细则执行者的角色，而不是创作过程中的积极参与者。被施加在艺术家身上的期望值很高。罗克比和洛萨诺－亨默已经组建了项目团队来支持他们的实践，因为公共艺术家被视为专家，一旦获取资助，就必须能制作出全部作品：

> 你必须把事情控制住，每一个方面，从材料采购，雇用自己的工程师，到获得自身的认可。我与工匠建立了联系。他们逐渐相信，当我提出一个非常规的需求时，我是清楚状况的。（Rokeby, 2017a）

然而，加拿大最优秀的公共艺术顾问之一里纳·格里尔（Reena Greer）认为，艺术顾问的角色是持续性的。城市公共艺术专业人员能够审批流程、场地和评审，但往往不能看到作品的实现。因此，策展人的游说、解释和项目管理的作用在公共艺术中至关重要。（Greer, 2017）

艺术家与顾问合作的一个关键部分是努力说服场地所有者和/或建设者/开发商，艺术品将增加建筑空间的价值。罗克比（2017a）认为这是一个转折点，即从单纯地被视为供应商，到被视为艺术家。通过艺术百分比项目（Percent for Art）基金和开发商捐款资助的永久性公共艺术委托，要么获得巨大的成功，要么陷入边缘或困难的境地，这就需要公共艺术顾问和艺术家具备自信。罗克比描述了艺术家被带入项目后期的最坏情况，"你几乎总是要面对有问题的空间——（建筑师）无法解决的角落，或者他们不能放置窗户的地方，或者他们不能安置主要业主的场地"。（Rokeby, 2017a）当艺术家从一开始就成为计划过程的一部分时，项目的成功率最高（Diamond et al., 2017）罗克比最近接受了卡尔加里市的一项重要委托，对一条街道和铁路地下通道进行重新开发（见图18.3）。罗克比从一开始就通过该市的综合设计流程，与建筑师、设计师、土木工程师一起，并与历史学家和原住民社区成员进行磋商。他把这条街道当作：

> 横跨卡尔加里身体的一道伤口，而这道伤口是历史记忆的储存库……用一个俯视点把视线拉过去，然后从卡尔加里前25年的历史中提取的LED文本……以一种如同下雨一般的方式滚动，观众可以向它发送短信，它唤醒了他们的记忆。（Rokeby, 2017a）

图18.3　戴维·罗克比（David Rokeby），《卡尔加里卷轴》（Calgary Scroll），2017年；艺术家供图

公共艺术作品被纳入招标过程中；因此，罗克比成为顾问而非艺术的创作者，艺术品依靠工程团队根据精确的图纸和规格来建造。罗克比对它很满意，认为它是"一个真正合适的公民公共艺术作品"。（Rokeby, 2017a）媒体和城市工作人员将这项工作描述为有效地进行城市建设和城市干预／改造。（Guilbert, 2017）

也许是为了寻找稳定但有纪念意义的媒体形式，21世纪第二个十年间，随着LED和LED控制系统的扩展，委托者们倾向于在基础设施和建筑上使用数字灯光作品，这使得灯光装置更加便宜和灵活。秘鲁裔美国艺术家格里门尼萨·阿莫罗斯（Grimenesa Amorós）是互动和流动灯光艺术作品的发明者，包括亚利桑那州斯科茨代尔的索莱里桥（Soleri Bridge）的委托：

　　　　该作品似乎将从运河水面升起。……结构上的垂直和水平线

条旨在表达和隐喻城市和自然力量之间可以同时体现出动态平衡。
（Amorós, 2015）[1]

其他值得注意的公共项目包括比尔·菲茨吉本斯（Bill FitzGibbons）在圣安东尼奥的《光通道》（Light Channels），这是一串"不锈钢棋盘和数字编程 LED 投影的有色光，照亮了两个地下通道的支柱和涵洞"，其目的是加强城市的连接组织。（Silva, 2016）洛萨诺 – 亨默的《滨海路脉冲》（Pulse Corniche, 2014）提供了一个由机械探照灯投射互动光束的天幕，这些光束由阿布扎比滨海路的游客的心率控制。（Lozano-Hemmer, 2015）加拿大公共艺术专家迈克尔·斯诺（Michael Snow）的《光线》（Lightline, 2012）展示了在 65 层楼的多伦多特朗普大厦［Toronto Trump Tower，现为阿德莱德酒店（Adelaide Hotel）］上下滑动的灯光[2]。灯光作品需要艺术家、顾问、城市规划师和场地之间的精心策划，以便在城市的 24 小时周期内实现意义，同时避免对附近居民造成光污染。

平台

平台是策展人创造情境的一个延伸。德里的《萨雷新媒体倡议》（Sarai New Media Initiative）在 21 世纪初提出了数字公社的概念，目的是在互联网日益垄断的情况下为话语和创造性实践提出要求。（Paul, 2016a）迪茨将平台创作描述为一种聚合作用，使各种新媒体作品被吸引到一起，持续更新，并提供给公众。他指出，"相对于策展，它更类似于一些有关社区与共享以及非所有权与开放性的开放资源和想法"。（Cook et al., 2010: 2581–2587）卡尔斯鲁厄艺术与媒体中心（ZKM Center

---

[1]　然而，在一个充斥着屏幕的世界里，这些也会增加光污染，引来居民的抱怨，或者因过于美观而造成过往司机的注意力分散。

[2]　斯诺以他在多伦多伊顿中心（Eaton Centre）的雁行阵以及在罗杰斯中心（Rogers Centre）的粉丝群而闻名。

for Art and Media）主席兼首席执行官彼得·魏贝尔（Peter Weibel）强化了这样一个概念，即平台创造的聚合作用与展示网络艺术或互联网艺术有关，本质上是将作品公开，而不是要求观众以某种方式发现作品。（Cook and Graham, 2010: 372–382）有意聚合以促进公众发现的概念与公共艺术由公众意外发现的概念截然不同。

新媒体公社建立在前几代艺术家建立合作平台的努力之上。（Diamond, 2015）一个由迈克尔·朗福德（Michael Longford）和萨拉·戴蒙德领导的国际（加拿大/英国/芬兰）研究/创作平台（Diamond and Ladly, 2008）移动数据通信网（Mobile Digital Commons Network，MDCN）采纳了这个概念。它将班夫新媒体学院（Banff New Media Institute）、康科迪亚大学（Concordia University）和安大略艺术设计大学与当地和国际艺术家团体及工业实验室（诺基亚和布里斯托尔惠普实验室）联系起来。它作为一个虚拟和实体平台，（Ladly and Beesley, 2008; Cook and Diamond, 2011）在班夫、布里斯托尔、蒙特利尔和多伦多的公园里进行定位移动体验创作和"用户生成内容"。由马克·图泰尔斯（Marc Tuters）和卡尔利斯·卡尔宁斯（Karlis Kalnins）组成的合作团队"参与式地理涂鸦"（Participant Geograffiti）为参与者创建了一种工具，是一种基于方位进行标注的虚拟空间，允许创建"同源地图"。迪茨提出，（2006: 200）这些地图深深扎根于个人和人类的实体记忆系统。这些项目的新颖性在 21 世纪无处不在的智能手机和社交媒体平台中会减弱，但支持新媒体公共艺术实验的平台作为一种策展实践将继续存在。

暂时性的新媒体：双年展和艺术节

"南方共同市场网络艺术双年展"（The Cyber Art Biennial of Mercosul）（Artmap Foundation, 2000; Biennial Foundation, 2019）是早期新媒体公共艺术历史中的一个重要部分。第二届南方共同市场双年展的策展人法比奥·马加良斯（Fábio Magalhães）博士邀请黛安娜·多明格斯创作一个向公众免费开放的新媒体展览。该双年展还展示了由塞拉·莱纳（Sheila Leirner）策划的朱利奥·勒帕克（Julio Le Parc）回顾展。勒帕克是阿根廷著名的动态艺术领袖，他曾"探索非互动性参与"。（Domingues, 2017）他曾在阿根廷独裁统治期间被流放，因而回到拉丁美洲举办这个展览意义重大。这些展览是互补的：

> 其他楼层有所有这些机械的东西，并使用物理学来探索光、速度、投影、运动、风等，但当参观者来到这里，来到网络艺术楼层，他们被邀请去行动，他们开始与软件互动，将行为和反应融入进去。（Domingues, 2017）

随着展览的准备工作继续进行，双年展的领导层对网络艺术展持怀疑态度，因为它需要巨大的努力[①]。然而，对这一免费展览的反馈极其正面：

> （它）在开幕前是丑小鸭……但从开幕后的反应来看，这个展览成为佼佼者。它是参观人数最多的展览，人们排着长队。（Domingues, 2017）

这种受欢迎程度的证据之一，是克丽斯塔·佐梅雷尔（Christa Sommerer）和洛朗·米尼奥诺（Laurent Mignonneau）的《互动植物生长》（Interactive Plants Growing）（Sommerer and Mignonneau, 1992）中的活体植物都需要更换了，算起来每天有超过 5 000 人触摸它。在该活动的研讨会上，受人尊敬的乌拉圭评论家安赫尔·卡伦伯格（Angel

---

① 多明格斯从公立大学借来了硅谷制图公司（Silicon Graphics）的机器，用来运行河口洋一郎的算法作品，这基于有组织的网络连接，并已进行了较好的设置。

Kalenberg）宣称，该双年展展示了艺术和技术的一个转折点。不幸的是，双年展再也没有把新媒体公共艺术作为其常规项目的一部分。

迪茨打造的圣何塞第一届"01SJ双年展"是与2006年的国际电子艺术研讨会（ISEA）合作进行的。（Dietz and Austin, 2010）根据圣何塞的公共艺术政策，该项目旨在将圣何塞定位为一个文化相关的城市，因为它位于硅谷。导演乔尔·斯莱顿（Joel Slayton）表示：

> "零1"（ZERO1）的使命是在艺术、技术和数字文化的交汇处激发创造力……而处于当代技术前沿的艺术可以引发我们对世界的批判性理解。（Slayton, 2010: 5）

该双年展包含了新媒体公共艺术的一个重要组成部分。班夫新媒体学院、"零1"和圣丹斯电影节（Sundance Film Festival）合作委托制作了《用机器看》（A Machine To See With, 2010），这是"冲击波理论"（Blast Theory）的新作品，混合了"纪录片素材、借鉴于惊悚片的陈词滥调以及让-吕克·戈达尔（Jean-Luc Godard）的电影"，并邀请观众"冒险、玩游戏，将惊悚片的幻想与我们每个人必须面对的政治问题联系起来"。（Dietz, 2010: 91）在卢克·杰拉姆（Luke Jerram）异想天开的艺术作品《演奏我，我是你的》（Play Me, I'm Yours）中，街头钢琴出现在公园、广场和通道上，并鼓励公众弹奏它们，表明网络和建设社区的连通性：

> 每架钢琴都标有一个网址，公众可以上传和分享他们的照片、视频和故事，建立一个网络档案，每架钢琴都有一个人类朋友来照顾它。（Austin, 2010: 103）

圣何塞双年展已经成为一个成功的周期性活动。

多伦多的"不眠夜活动"的驱动力之一是为艺术家创造新的作品提供机会。在 12 个小时的时间里，它拥有来自大多伦多地区、纽约州北部、蒙特利尔和欧洲的 120 万 —140 万名观众。在多伦多市的推动下，一个由策展人、以前参加过"不眠夜活动"的艺术家、艺术机构领导人和商业支持者组成的咨询委员会选择了一组策展人，他们受聘为区域创造概念。策展人在概念的基础上选择艺术家，这些概念最近响应着某个统一的主题。城市制作团队和委员会与策展人合作推动项目的产生，但总体而言，策展人的领导地位受到尊重。在其历程中，"不眠夜活动"已经包括了许多新媒体公共艺术作品，诸如 D. A. 塞里恩（D. A. Therrien）的《美丽的光：4 个字母的机器》（Beautiful Light: 4 Letter Word Machine, 2009）（CCCA Canadian Art Database 2009a），戈登·莫纳汉（Gordon Monahan）的《空间成为一种工具》（Space Becomes an Instrument, 2009）（CCCA Canadian Art Database 2009b），奥斯曼·哈克（Usman Haque）和纳塔莉·耶雷米延科（Natalie Jeremijenko）的《飞行路线》（Flightpath, 2011）（CCCA Canadian Art Database, 2011）、伊薇特·马特恩（Yvette Mattern）的《全球彩虹》（Global Rainbow, 2014）（CCCA Canadian Art Database, 2014），菲利普·比斯利（Philip Beesley）的《海洋》（Oceans, 2016）（Beesley 2016），戴维·罗克比的《手持》（Hand-Held, 2016 年）（Grief 2016），以及让 – 皮埃尔·奥贝（Jean-Pierre Aubé）的《多伦多电雾》（Electrosmog Toronto, 2016）（Grief, 2016）。在接受调查时，观众表达了对沉浸式和互动式艺术作品的偏爱。

自 2010 年以来，史蒂夫·迪茨受到"不眠夜活动"的启发，主导明尼阿波利斯的"北方星火艺术节"（Northern Spark）使用了"顶级的动画制作方法"。通过聚焦一个大的主题（最近是气候变化），它支持 100 名艺术家进行与主题有关的项目，使公众能够从经验和情感上了解复杂的问题。该艺术节将新媒体与其他表达形式混合在一起。2018 年，迪茨想把靠近机场的一个"无名之地"变成动画，这个地方也是一个野生动物保护区。他策动玛丽娜·库尔科夫（Marina Zurkow）和保罗·帕拉迪索（Paul Paradiso）来展示《飞行》（Flight），一个具有建筑物规模的、实时的、数据驱动的、生成性的动画，投射在布卢明顿的凯悦（Hyatt Regency）酒店，超级碗球队的球迷和家属就住在那里。（Northern Lights, 2018）《飞行》"让人们思考……这是正在头顶上的卫星，这是正在起飞的飞机，这些是昔日保护站里的鸟，这些是出生的人"。（Dietz, 2017）媒介和背景的结合为一个瞬息万变的空间带来了现场的特殊性。由于持续时间较短，重大活动通过吸引资源来展示新媒体公共艺术。

作为社会实践、城市建设和城市干预的新媒体策展平台

当代公共艺术实践普遍认为，公共艺术可以撼动关于实体和虚拟城市的假设。这种作品有时被描述为"社会实践"或"社会参与的艺术"。（Creative Time, 2011）[①] 这种活动可以由平台、策展人、组织或机构促成。（Kurtz, 2017）迪茨认为他所有的策展平台都专注于赋权，"唤起一种以新的方式看世界的感觉，并通过这种方式鼓励并可能促成一种自主意识，特别是在与城市等超级大系统的关系上"。（Dietz, 2017）他认为，交互的新媒体作品，特别是聚集在艺术节和其他平台上的作品，提供了"一种不同的思考方式，并最终在你生活和工作的地方实现"。（Dietz, 2017）

像"不眠夜活动"和"北方星火艺术节"这样的活动正在改变其运作方式，通过在城市核心和周围的社区举办，来服务和吸引更多的人口。"北方星火艺术节"成立了一个由九位不同种族艺术家组成的项目委员会，他们获得了90%的艺术节预算。他们将艺术节定位在"绿线"上，这是一条往返于明尼阿波利斯和圣保罗之间的轻轨，以此纳入铁路

---

① "创意时间"在其"生活作为形式"（Living as Form）数据库中记录了20年的社会实践。（Creative Time, 2011）

沿线被认定为非洲人、非裔美国人、索马里人和越南人的社区。通过对这些社区的艺术家提出具体要求，获得了口语、表演和2D作品。"北方星火艺术节"通过培训研讨会使这些艺术家向新媒体迁移，但也将其对于互动性的定义从技术转向行为。（Dietz, 2017）

卢卡斯·班博奇（Lucas Bambozzi）是流行的国际移动媒体艺术节（International Festival of Art in Mobile Media, 2006—2012 年）移动艺术网（arte.mov）的发起人和策展人（arte.mov, 2019），这是巴西的一个多城市艺术节，在边缘化的城市空间内使用移动平台。他最近的项目是与吉塞拉·多姆施克（Gisela Domschke）合作的《移动实验室》（Labmovel），这是一辆改装过的面包车，将数字媒体活动和街头工作坊带到经济困难地区，那里没有机构提供艺术产品。它聚集了社区成员、客座艺术家、教育家和研究人员。在 2016 年：

> 移动实验室制作了一份圣保罗北部和东部地区的文化地图，通过在每个地区进行为期一周的沉浸，我们与不同的居民群体进行了倾听实验。在这种实践中，人们讲述并产生他们自己的空间表达。（Labmovel, 2016）

已故的默文·贾曼（Mervin Jarman）的互联街道媒体实验室（iStreet Media Labs）（iStreet Lab, 2009; The Edge, 2011）为澳大利亚原住民社区以及多伦多、英国和加勒比海城市的那些得不到服务的群体，提供创造性的数字资源，用于在街头角落自发的音乐制作。有时，艺术家的"游击"活动是由策展人和艺术家经营的机构促成的，它们专注于为社区提供使用工具和新媒体技术的培训。（Cook and Diamond, 2011; Hopkins, 2017）在新媒体背景下，所有这些举措都需要利用私人拥有的系统、软件和数据计划。

南非策展人马库斯·诺伊施泰特领导着三一会话艺术组织（Trinity

Sessions）（Neustetter，2017），这是一个专注于具有社会影响力的实践的组织，"这意味着处理一些场合和语境，尤其是与你正试图应对的特定观众建立联系"，同时面向"更广泛、更多的观众"。（Neustetter，2017）"公共性"的体验出自具体的干预措施。（Neustetter，2017）诺伊施泰特描述了一种规模和技术复杂性的反向相关连续体，即手机等较简单的技术使更广泛的覆盖范围和更多的实验成为可能。他认为，如果艺术要获得资金，必须对正在努力解决"饥饿、强奸和无家可归"的社区产生变革性作用。（Neustetter, 2017）

利用这种模式，约翰内斯堡"艺术我的约堡"（#ArtMyJozi）项目建立在该城市的发展走廊概念之上，"通过多学科研讨会、公共空间活动和展览，引起个人和集体的叙事……"（Johannesburg Development Agency，2017: 1）在四个月的时间里，艺术家们穿越场地，记录当地的实践，在社区中通过各种形式的媒体举办"快闪"艺术活动，充当文化民族志和自发的表演者。利用"艺术我的约堡"社交媒体话题等新媒体工具，该项目从绘图工作转变为一场运动，该市现在正在研究如何让他们的公共艺术政策和实践从纪念碑式的作品中走出来，以整合"艺术我的约堡"的表演方法。"艺术我的约堡"表明，随着策展人建立伙伴关系并成为社区的倡导者，其角色就发生了变化。"对理想、美德、概念、相关性、论点等的推动，实际上已经脱离了策展人的传统概念。"（Neustetter，2017）成功与否是由社区采纳并立项来衡量的，控制权从包括艺术家在内的发起人转移到社区。诺伊施泰特对他作为策展人在这种情境下获取的教训进行了反思，"因为种族隔离，因为我们的差异，因为种族、性别、肤色和语言等问题，我们不得不不断质疑我们在他们大陆的存在"。（Neustetter, 2017）

原住民艺术对公共领域的干预持续扩大，无论是通过委托还是艺术家直接干预。一些艺术家不会与国家财政和机构合作，而是优先考虑自主作品，强调他们对土地的权利。在原住民文化的口头传统基础上，霍普金斯在她策划的加拿大保护区和城市情境的项目中重视声音和广播作品。作为多伦多"不眠夜活动"的策展人，她制作了"商品发布"（Post Commodity）的项目，在这个项目中，他们创造了一个类似于忏悔间的广播室，观众们在那里分享来自寄宿学校的歌曲和回忆。录音被转化为振动，在教堂内交织移动。"你可以听到声音，但它们是扭曲的，（你）不知道它们到底在说什么，但突然间，它们形成了另一种能量。"（Hopkins 2017）霍普金斯认为，公共艺术的最佳实践已经将社区磋商确立为核心内容，在她看来，无论何种媒介，这对原住民项目来说都更加重要[①]。

艺术代理

艺术代理是委托和支持新媒体公共艺术作品的专门组织。库克和格雷厄姆（2010）将艺术机构描述为灵活的、有固定办公场所的组织，"在利用任何必要的媒介使艺术发生于传统艺术空间之外的方面，有丰富的经验"（224）。现在，拥有几十年经验的"创意时间"（Creative Time），偶尔也会扮演新媒体艺术委托人的角色。例如，他们展示了安妮－玛丽·施莱纳（Anne-Marie Schleiner）的《城市地形作战（004）》［Operation Urban Terrain（OUT004）］，这是一个为期一夜的在线军事游戏形式的现场干预，通过连接到国际游戏玩家团队的投影仪和笔记本电脑，在公共空间进行播放和投影，模拟手榴弹自杀乃至荒谬的舞蹈等表演。（Creative Time，2004）艺术家的目标是批判娱乐和现实之间界限

---

① 霍普金斯在埃德蒙顿原住民艺术公园（Edmonton Indigenous Arts Park）工作，这是埃德蒙顿市、埃德蒙顿艺术委员会（Edmonton Arts Council）、第六条约原住民联盟（Confederacy of Treaty Six first nations）、艾伯塔梅蒂斯邦（Metis Nation of Alberta）之间的合作项目。这些组织、城市和社区的艺术家及知识分子组成了一个指导委员会。"所有入围的艺术家都被带到埃德蒙顿参加为期两天的研讨会，在那里他们向诗人和当地知识分子学习，我们进行了实地考察，我们也和一位原住民人类学家一起进行田野考察，他们后来在此基础上发出了提案。"（Hopkins，2017）由于许多艺术家以前没有在公共层面上工作过，因此指导委员会帮助候选人制定方案。最终的方案由指导委员会选出。这一过程已经成为委托原住民艺术家参与跨地区项目的典范。

的模糊性。2008 年，"创意时间"委托音乐家戴维·伯恩（David Byrne）创作《玩转建筑》（Playing the Building）：

> 他将曼哈顿下城区的地标性建筑炮台海事大厦（Battery Maritime Building）的内部改造成一个巨大的声音雕塑，邀请参观者"坐下来玩"，机器振动、敲击和吹过建筑等元素，触发独特的谐波，产生微调的声音。（Creative Time, 2008; Beesley and Khan, 2009）

英国机构有一个特别成功的记录。一个由吉莉恩·伯丁顿（Gillian Boddington）领导的委托代理机构"新干线"（Shinkansen, 1989—2004），发起了面向公众的对话、立范和委托，有四个关注点：生物技术、生态技术、可穿戴计算以及响应式环境，其中一部分要通过雄心勃勃的未来实体项目（Future Physical）（Shinkansen Collection Portal, 2003）实现。"艺术催化剂组织"（Arts Catalyst），即艺术、科学和技术中心（Centre for Art, Science and Technology）通常在公共领域作为发起人、制作人和知识中心与主要的艺术、科学和学术组织合作，在委托全球性项目方面有 20 多年的经验，这些项目横跨艺术、科学和新媒体。"艺术催化剂组织"策划了《在潮滩搁浅》（Wrecked on the Intertidal Zone, 2015），这是一个多年的艺术和公民科学项目及公共纪念碑，由艺术家"哟哈艺术组合"（YoHa）①、"批判艺术组合"（Critical Art Ensemble），当地艺术家安迪·弗里曼（Andy Freeman）和弗兰·加利亚多（Fran Gallardo），生态学家、渔民、工程师以及公众共同创建，以探索泰晤士河口的变化。该项目包括《失落物种的墓地》（The Graveyard of Lost

---

① "哟哈艺术组合"由格雷厄姆·哈伍德（Graham Harwood）博士［曾是"混种"（Mongrel）组合的一员］和松子杨谷（Mastuko Yokokuji）组成。

Species, 2016—2018）（Critical Art Ensemble, 2016），创建了"物种"记录和数据库，如"野生动物、海洋生物、生计、捕鱼方法、地标和当地方言，它们曾经是河口的组成部分，现在正在消失"。（Harwood, 2015）这些消失的物种被刻在《纪念品》（The Souvenir）上，这是一艘从泰晤士河口挖出来的再利用的船。"艺术催化剂组织"与不同的艺术家合作，如托马斯·萨拉切诺（Tomas Saraceno）、亚历山德拉·米尔（Aleksandra Mir）、批判艺术组合、让·法布雷（Jan Fabre）、尤里·莱德曼（Yuri Leiderman）、斯蒂芬·盖克（Stefan Gec）、耳石艺术组合（Otolith Group）、比阿特丽斯·达科斯塔（Beatriz da Costa）、基拉·奥雷利（Kira O'Reilly）和马尔科·佩利罕（Marko Peljhan）。他们作为制作人为新作品筹集资金，并在主题兴趣范围内为大型的艺术家项目穿针引线。

机构策展人及支持

临时和半永久性的新媒体艺术作品是通过资源丰富的机构委托而实现的。班夫新媒体学院也作为联合制作人促成了许多新媒体公共艺术项目。例如，斯卡文娜蒂·特里西娅·弗拉尼托（Skawennati Tricia Fragnito）主导了《网络大战》（Cyber Pow Wow）的推进，它与许多合作者在一系列居所改编了网络世界"宫殿"（The Palace）。它试图为原住民殖民网络空间，原住民参与者邀请那些希望与他们接触的人进入由原住民合作者定义的世界和状况中去。（Cook and Diamond, 2011）

通过远程呈现不同时空之间的连接，是新媒体公共艺术作品的一个持续性主题。在这个类型中，最著名且最常被解析的作品之一是国际电子咖啡馆（Electronic Café International, ECI）的基特·加洛韦（Kit Galloway）和谢里·拉比诺维茨（Sherrie Rabinowitz）的《空间之洞》（Hole in Space, 1980）。该作品是一个为期三天的"公共通信雕塑"，由纽约的林肯中心（Lincoln Centre）启用，并得到美国国家航空航天局（NASA）的卫星基础设施支持：

> 突然间，对岸人们从头到脚、真人大小的电视图像出现了。他们现在可以看到、听到并与对方交谈，就像在同一条人行道上遇到对方一样。……一个晚上是探索发现，接着的夜晚是有意的口头约定，再接下来就是家庭和跨洲亲人的大规模迁移，其中一些人已经超过 20 年没有见面了。（Galloway and Rabinowitz, 2019; MediaArtNet, 2019）

几十年后，张尕的《人民的肖像》（Peoples' Portrait, 2004）"在时代广场的路透社（Reuter）电子广告牌和其他相连城市的场地同时展示在纽约、新加坡、鹿特丹、林茨和布里斯班拍摄的人物肖像，将公共广场转化为跨地域的场所"。（Dietz, 2019）

达拉·比恩鲍姆的《里奥电视墙》（Rio Videowall, 1989）是一个由机构支持促成的早期互动屏幕项目，是由亚特兰大的里奥购物中心委托设计的。当没有什么活动时，被动拍摄的图像填满了 25 个显示器。过往商场顾客的剪影图像被捕捉并投射到墙上，他们的剪影被美国有线电视新闻网（CNN）的卫星图像填满。评论家多特·蒂尔（Dot Tuer）描述了其影响：

> 在这个过程中，反馈与传输、显现与复制的暴发混乱，指出视频屏幕的界面是一种表征机制，用保罗·维里奥的话说，是"从稳定图像的显现美学到不稳定图像的消失美学"。（Tuer, 1997: 10）

这些项目需要密集的策展工作和对现场的开放。

为电子广告牌或购物中心策划新媒体公共艺术，与处理专门为支持新媒体互动作品而建造的空间有很大区别。安妮·巴尔萨莫描述了新媒体艺术中心奥地利电子艺术节如何为策展人和艺术家创造了一个稳定的甚至是受限制的环境：

位于奥地利林茨的奥地利电子艺术中心所在的建筑被玻璃外墙包裹着，由几百个窗户组成，可以用彩色 LED 灯来照亮。每个 LED 面板都可以单独控制，这样建筑的外墙就可以通过编程来展示一个动态的灯光秀。安装在建筑外部的一个基座使游客能够使用音乐播放器或智能手机对灯光秀进行编程以配合音乐播放列表。（Balsamo, 2016: 339）

蒙特利尔的艺术与技术学会（le Société des Arts Technologiques, le SAT）是一个艺术家经营的机构，已经发展成为一个研究和展示中心。阿克塞尔·莫根塔勒（Alex Morgenthaler）的《像素》（PIXINESS, 2011）由电动 LED 灯组成，是艺术与技术学会委托其制作的建筑外墙，起到了建筑、艺术品、互动环境和照明的作用："这些棱镜的水平旋转产生了外部环境的反射，或者产生了低分辨率的、基于光的图像层，这些图像位于我们形象感知的极限。"（Société des Arts Technologiques, 2011）该作品是蒙特利尔的娱乐区灯光大道（Quartier des Spectacle's Luminous Pathway）的一部分，这里聚集了作为半永久性公共工程的委托作品。

学术项目和新媒体公共艺术

在过去的 20 年里，新媒体公共艺术和相关的技术、人类学、策展及批评实践已经成为世界各地大学投入研究的领域。与大学的合作使"冲击波理论"等艺术家的公司能够开发特定的技术平台来创造公共艺术。（Cook and Diamond, 2011）"冲击波理论"与诺丁汉大学（University of Nottingham）混合现实实验室［史蒂夫·本福德（Steve Benford）、马丁·弗林特汉（Martin Flintham）和克里斯·格林哈尔希（Chris Greenhalgh）］具有超过 20 年的合作关系，合作范围包括虚拟现实（VR）、移动以及混合现实游戏研究。（Blast Theory, 2018）这些合作让前沿项目看到了阳光（或曙光）。然而，策展人和委托人面临的挑战是，他们必须确保遵守最后期限，并确保研究质量的技术和创意原型能够有大量受众而扩大规模。

穆纳·安德劳斯（Mouna Andraos）和梅莉莎·蒙吉亚特（Melisa Mongiat）所在的"每天"（Daily Tous Les Jours）是一个来自蒙特利尔的数字公共艺术团队，他们承接的新媒体公共艺术的委托，在技术上是无缝且有趣的。《21个秋千》（21 Balançoires）是一个互动音乐作品，位于艺术长廊（La Promenade des Artistes）。（Quartier des Spectacles Montréal, 2018）他们将进化行为的科学研究、音乐和新媒体结合起来，与生物学教授、动物间合作问题专家、魁北克大学蒙特利尔分校（Université du Québec à Montréal, UQAM）教师吕克–阿兰·吉拉尔多（Luc-Alain Giraldeau）博士（Giraldeau, 2016）和当地音乐家拉德万·加齐–穆奈（Radwan Ghazi-Moumneh）一起开发了互动场景。当运动时，每个秋千会触发不同的音符，而当一起使用时，秋千会创造出一种音乐作品，其中某些旋律只有通过合作才会出现。正如安德劳斯所指出的，"这是一个游戏，从一开始，你就需要适应他人的行动"。（Daily Tous Les Jours, 2019）

许多新媒体公共艺术家和策展人是大学的研究人员。戴维·麦金托什（David McIntosh）是安大略艺术设计大学的教员，也是加拿大社会科学与人文科学研究基金（Canadian Social Science and Humanities Research）的获得者，该基金支持了三语言跨媒体、跨地域的数字游戏《结绳者》。（QUIPUCAMAYOC, 2016）（Quipucamayoc, 2019）它是由安大略艺术设计大学、制作和展示伙伴拉丁美洲超媒体实验中心（Centro Hipermediático Experimental Latinoamericano, CheLa）以及阿根廷和秘鲁的藜麦别墅酒店（Quinua Villa Boutique）共同创作的。游戏的概念始于历史上安第斯人的结绳（quipu）概念，这是一种基于结绳的记录形式，在印加社会一直使用到1532年西班牙征服时；《结绳者》指的是这些绳结记忆的保存者。该游戏在秘鲁库斯科和阿根廷布宜诺斯艾利斯的两个安第斯社区内同时进行，使传统讲故事的人能够将他们的叙述嵌入到虚拟空间中。

作为巴西利亚大学（University of Brasilia）的教师和高级研究员，多明格斯通过大学实验室探究她的技术挑战项目。2010年，多明格斯受策展人格拉谢拉·塔基尼（Graciela Taquini）的邀请，在阿根廷布宜诺斯艾利斯的圣马丁文化中心（Centro Cultural San Martin）及其附近，对豪尔赫·路易斯·博尔赫斯（Jorge Luis Borges）的故事进行了新的解读，那里有专门展示博尔赫斯作品的博物馆。多明格斯制作了一个AR兼实体装置《生物杂交寓言：博尔赫斯的神奇生物》。（Biocybrid Fables: Borges' Fantastic Creatures）（见图18.4）观众会遇到从博尔赫斯的《幻兽辞典》（Book of Imaginary Beings）中提取的虚构生物。（Domingues, da Rocha, and Miosso, 2011）她指出："寓言被建模、标记并……合成生物，通过地理坐标散布开来。"（Domingues, 2017）这项工作需要地理空间、AR和人工智能研究的支持。

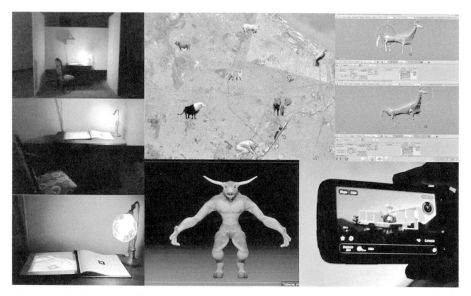

图18.4　黛安娜·多明格斯（Diana Domingues），《生物合成寓言：博尔赫斯的神奇生物》（Biocybrid Fables: Borges' Fantastic Creatures），2010年，移动增强现实的城市设计与增强现实装置，布宜诺斯艾利斯；艺术家供图

库克委托艺术家奥利维耶·格罗斯泰特（Olivier Grossetête）为邓迪的海滨建造一个临时纸板纪念碑，就在新的维多利亚与艾伯特博物馆及公共公园即将开放的地方。（Creative Dundee, 2016）它展示了通过激光雷达扫描和摄影测量在 AR 中捕获的图像。当邓迪大学（University of Dundee）的考古和遗产研究人员选择在 AR 中创建一系列更真实的纪念碑时，这个委托进一步扩大化，展现了一个原有的纪念碑在 20 世纪 50 年代被拆毁之前的四个阶段，以便推断出三维数据的可能性。（Cook, 2017）该项目有持续的迭代，其可行性继续取决于大学。公共艺术伴随新媒体进入一套新的实践体系，使用人工智能、机器学习、基因组编辑技术及其他生物艺术媒体，艺术家、策展人和研究实验室之间的合作将愈发重要。

新媒体公共艺术的保存和维护

艺术家、策展人和档案实践的领导者都认为，新媒体公共艺术作品在保存和维护方面面临着特殊的挑战。罗克比认为，"很少有利益相关者有办法掌控这个问题"，要么是"对真正的挑战乐观地视而不见，要么是在知情的情况下对挑战具有与生俱来的恐惧"。（Rokeby, 2017b）焦虑会阻碍新媒体公共艺术的策划和委托。"新兴媒体策展资源乐园"上关于新媒体公共艺术的讨论强调了对"定制的保护策略"以及收集做法、资源和持续性资金的需求。（CRUMB Discussion List–New Media Curating Archives, 2017）讨论者认识到，许多作品容易受到技术和环境变化的影响，如互联网服务规定、淘汰的技术［如微软体感（Microsoft Kinect）］以及机构的新媒体和数字化能力。库克增加了一个额外的维度，那就是对作品的演变进行规划，而不仅仅是更新和最终保存。在她领导的邓迪委员会中，"我们想象了一个未来的观众，那就是当维多利亚与艾伯特博物馆开放，这个景观完成，这个公园真正成为一个共享的公共

空间时，人们在这个空间的行为发生了变化，那么这个作品可能会突然遇到一个从未有过的观众"。（Cook, 2017）

案例研究加深了这些担忧。西蒙·比格斯（Simon Biggs）在2004年创作了一个昂贵的公共新媒体作品，它被整合到一栋建筑的基础设施中，"数英里的六类网络线缆被包裹在混凝土上层建筑中"，它与现场视频馈送和传感器一起运作。（Biggs, 2017）他有一个虚拟专用网络（VPN）连接到大楼里的所有系统，这样他就可以根据需要重新启动机器，并指挥采石机上的工程师调整摄像机的角度和进行维护。2011年，金融危机过后，客户撤离了大楼，放弃了这项工作。自20世纪60年代以来一直在创作公共艺术作品的保罗·布朗（Paul Brown）强调了获得资金充足的委托是多么容易，但反过来获得"维护它们的常规资金"是多么困难。（Brown, 2017）他指出，他所做的作品不再由委托者维护（Brown, 2012），他的伙伴温迪·米尔斯（Wendy Mills）（Mills, 1999）和他的儿子丹尼尔（Daniel）（Brown, 2017）也是如此。也有一些例外，如樟宜机场有严格的维护政策。（Changi Airport Singapore, 2019）因此，维护预算需要被认为是整个建筑或环境维护的一部分，就像所有的公共艺术一样。

技术平台和代码面临的淘汰速度远远快于其他媒体，需要制定策略来转移平台，在其他媒体中重新制作一个作品，并维护优秀的代码文档。有不同的方法来延续和维护新媒体公共作品，无论是"维护或复苏，还是以一种准确反映创作灵感与直觉的方式来模仿"。（Rokeby, 2017b）约翰内斯·贝林格（Johannes Beringer）认为，需要计划"进行持续的转译……（以）系统地概述作品……允许重新解释或重新创作"。（Beringer, 2018）专员迈克·斯塔布斯（Mike Stubbs）认为需要一种共同的语言，并提出了一个框架，建议：为了避免曲折，艺术家必须与建设者共同设计；更好地订立合同并增进对合同的理解；抛弃永久的概念；打磨一个关于有限持续时间或遗产的具体计划；以及预算维护。（Stubbs, 2017）数据存储需要稳定，并不断检查内容，以确保媒体数据的维持。这需要设备来读取数据和启动设备，也需要驱动艺术品的程序继续运行。（Goebel, 2017）罗克比作为一名成熟的艺术家，已经改变了他对待技术可行性的方式，重新安装了作品，并为收藏或公开展示准备了很多年，"在一个充斥着不可知的功能描述和各类应用程序接口的操作系统中发送代码，以及一个功能性的、操作系统/计算机时代特定的通用'包裹'"。（Rokeby, 2017b）他向自己提出挑战，希望能够超越预期的20年技术淘汰期，展望50到100年之后。

尽管罗克比把目光投向了远方，但对其他人来说，维护的要求取决于艺术家对作品寿命的期望。约翰内斯·格贝尔（Johannes Goebel）坚持认为，艺术家必须确定并声明所有带有电子元件的艺术作品的寿命，并指出：

> 这件作品可以使用2个月、3年或5年——我们可以在这样那样的条件下维护它——我们将用文字、图像、录音、绘画等方式来记录它。——然后这将是"作品的终结"。落幕！（Goebel, 2017）

劳拉·西勒斯（Laura Sillers, 2017）与艺术家本·图（Ben Tew）在韩国合作，创作了一件有可能使用20年的作品，归功于"对所有部件的质量保证，对制造方法、施工和电力的精心规划"，但在作品安装后只与艺术家协商了五年的有偿支持，在五年后将责任转移到韩国本地，不要求艺术家每年返回。

艺术家梅琳达·拉克姆（Melinda Rackham）认为，新媒体公共艺术作品是短暂的，不应该被俘虏：

> 很多作品都是专门为即时接触观众而做的，并绕过了策划和收藏的艺术机构。……它想利用窗口期、软件故障或是硬件，扩展新的编程语言，它是"当下的"，无关寿命。（Rackham, 2017）

拉克姆质疑早期的作品对成长于无处不在的连接中的年轻一代是否有价值，"保护是一种泛泛的文化挽歌。数字化的损失及其短暂的感受有点像少年时代散落的照片——糟糕的烫发和被遗忘的爱侣"（2017）。同时，保罗承认：

> 也有一些作品需要是瞬时的，也许在口述历史中继续存在。我知道（艺术）史是一种建构，但如果数字艺术——从实体到高度概念化和瞬息化的所有表现形式——被遗漏在外，我们就会写出一部非常晦涩和不负责任的文化史。（Paul, 2017）

这又回到了策展人在保存历史记忆中的作用。阿曼达·麦克唐纳·克劳利（Amanda McDonald Crowley）坚持认为，新媒体策展人而非艺术家对缺乏维护负有责任，"作为新媒体策展人，我们中的许多人认为自己策划的是体验性的平台，而不是物体或作品的集合"。（McDonald Crowley, 2017）她继续说，关于这些作品的记录存在于网页（Interweb）上①，而不是出版物中，并且也已经消失了。还有一些新媒体档案被记录下来，包括班夫新媒体学院，以及丹尼尔·朗格卢瓦基金会［Daniel Langlois Foundation，现在与魁北克电影资料馆（Cinémathèque Québécoise）合作］。比格斯认为，"（拉克姆的）观点贬低了策展人从历史中创造意义的作用"。（Biggs, 2017）

与早期对行为艺术遗产的需求一样，事后诸见加强了对有意保护策略和维护计划的论证。策展人兼作家理查德·赖因哈特（Richard Reinhart）认为，保护在许多方面都是公共性的核心。他指出，需要制定允许进入特定的和更广泛的社区的协议，这引起了人们对访问可能被

---

① "网页"（Interweb）是一个轻蔑性的术语，指的是糟糕或幼稚的互联网内容。根据 http://www.dictionary.com/browse/interweb 的说法，"网页：在冒充或指没有经验的互联网用户时，或在表达对某些互联网内容的蔑视时戏谑地使用，例如：在网页上被当作事实的模糊回忆"。

政治化和拒绝的关注。他认为有不同的公众需要面对，"我们必须以一种更间接的方式对公众开放 / 接入，我们不仅为当前的合法所有者保存我们的藏品，而且为后代，为更广泛的公众保存"。（Reinhart, 2017）维护是策展人日常工作的一个关键部分。短期公共新媒体作品和并非为公共艺术而制作的新媒体，可以成为重新语境化的长期公共艺术作品及其资源。

拓展新媒体公共艺术

在一个数字技术无处不在的时代，精通其他媒体的艺术家已经开始开发新媒体公共艺术项目。不熟悉新媒体展示背景的策展人正在委托这些作品，或将其整合到公共艺术展览中。（Quaranta, 2013）有时，他们会在没有参考历史的情况下重复从前新媒体艺术家所做的工作；其他时候，作品会涉及新媒体艺术对话之外的新问题。（Diamond, 2003; Quaranta, 2013; Obrist, 2016）库克或迪茨等新媒体策展人已经扩大了他们的策展实践，关注有无技术、数字表达或计算的高度互动行为。这些趋势使新媒体公共艺术来到更突出的聚光灯下。（Quaranta, 2013）同时，策展人寻求新的委托维度，例如艺术家和科学家之间新兴的合作，用基因编辑技术在公共领域创造和展示新的基因形态。

布丽塔·彼得斯（Britta Peters）、卡斯珀·柯尼希（Kasper König）和玛丽安娜·瓦格纳（Marianne Wagner）是 2017 年"明斯特雕塑计划展"（Skulptur Projekte Münster）的策展人，这是德国明斯特市内公共场所的雕塑艺术展，始于 1977 年，每十年举行一次。2017 年，该团队纳入了重要的新媒体作品，寻求在数字中介的背景下突出透明度问题以及对批判性公众的需要。"在一些雕塑项目中，数字化的问题非常突出——例如希托·施泰雷尔（Hito Steyerl）、阿拉姆·巴托尔（Aram Bartholl）或安德烈亚斯·邦特（Andreas Bunte）——在其他项目中它是一个更隐蔽的主题"。（Estorick, 2017）阿尔齐（Artsy）将皮埃尔·于热（Pierre Huyghe）的《人工生命之后》（After Alife Ahead）誉为"2017年创作的唯一最具雄心的当代艺术作品"。（McDermott, 2017）天花板的各个部分随着人工生命算法对环境变化的反应而打开和关闭，其中包括孔雀、蜜蜂、盛有贝壳的水族箱，当更多的二氧化碳被释放到大气中时癌细胞会生长。数据传出美妙的乐章。（McDermott, 2017）

结论

对于策展人来说，新媒体的机会和定义正在发生变化，随着艺术家对智能纺织品、智慧屏和物联网的实验，需要超越纯数字的知识和情境创造，并将"从屏幕到表面；从图像到感觉"。（Raqs, 2018）新媒体公共艺术的策划仍然需要艺术家、场地——无论是虚拟还是实体——和公众之间的深度合作。

新媒体公共艺术既面临着生产和保护的独特挑战，也面临着与公共艺术共享的观众参与和参观条件。

鸣谢

特别感谢研究助理梅茜·萧（Macy Siu），她是安大略艺术设计大学战略前瞻和创新项目的毕业生，为本章提供了编辑支持。

参考文献

Abrams, Janet, and Peter Hall (eds.). 2006. *Else/Where Mapping: New Cartographies of Networks and Territories*. Minneapolis: University of Minnesota Press.

Amorós, Grimanesa. 2015. Light Sculpture Installation: Soleri Bridge Scottsdale Waterfront, Canal Project. https://www.grimanesaamoros.com/publiccommission/soleri-bridge-waterfront-scottsdale-az/, accessed 13 March 2019.

Arte.mov. 2019. arte.mov. *Vimeo*. https://vimeo.com/artemov, accessed 13 March 2019.

Artmap Foundation. 2000. 2nd Mercosul Biennial 1999. https://artmap.com/bienalmercosul/exhibition/2nd-mercosul-biennial-1999–1999, accessed 13 March 2019.

Austin, Jaime. 2010. Luke Jerram: Play me, I'm yours, 2010. In: *2010 ZERO1 Biennial Publication: Build Your Own World*, edited by Steve Dietz and Jaime Austin, 103. Minneapolis: Side Three.

Balsamo, Anne. 2016. The cultural work of public interactives. In: *A Companion to Digital Art*, edited by Christiane Paul. Hoboken, NJ: John Wiley & Sons, Inc., 330–351

Basa, Lynn. 2008. *The Artist's Guide to Public Art: How to Find and Win Commissions*. New York: Allworth Press.

Beesley, Philip. 2016. Living architecture. http://philipbeesleyarchitect.com/, accessed 13 March 2019.

Beesley, Philip, and Omar Khan (eds.). 2009. *Responsive Architecture/Performing Instruments*. New York: The Architectural League of New York.

Beringer, Johannes. 2018. Re: New media public art conversation.

CRUMB Discussion List, JISCM@il. https://www.jiscmail.ac.uk/cgi-bin/webadmin?A2=ind1801&L=new-media-curating&P=R5217&1=new-media-curating&9=A&I=-3&J=on&d=No+Match%3BMatch%3BMatches&z=4, accessed 13 March 2019.

Besser, Howard. 2001. Intellectual property: The attack on public space in cyber Space. http://besser.tsoa.nyu.edu/howard/Papers/pw-public-spaces.html, accessed 13 March 2019.

Biennial Foundation. 2019. Bienal Do Mercosul. http://www.biennialfoundation.org/biennials/mercosul-biennial/, accessed 13 March 2019.

Biggs, Simon. 2017. New Media (Public) Art. *CRUMB Discussion List*, JISCM@il. https://www.jiscmail.ac.uk/cgi-bin/webadmin?A1=ind1712&L=new-media-curating#7, accessed 13 March 2019.

Birmingham City Council. 2015. *Collaborations in place-based creative practice: Birmingham Public Art Strategy 2015–2019*. https://www.birminghambeheard.org. uk/economy/birmingham-cultural-strategy-2016–19/supporting_documents/Birmingham%20Public%20Art%20Strategy%20201519.pdf.

Blast Theory. 2018. Our research. https://www.blasttheory.co.uk/research/, accessed 13 March 2019.

Brisbane City Council. 2013. Public art: Developer handbook – Percent for art contribution. Centres Detail Design Manual. https://www.brisbane.qld.gov.au/sites/default/files/public_art-developer_handbook_percent_for_art_contribution_2013.pdf.

Brown, Daniel. 2017. Daniel Browns. http://danielbrowns.com/, accessed 13 March 2019.

Brown, Paul. 2012. Four dragons. http://www.paul-brown.com/GALLERY/PUBLICAR/fourdragons-01.HTM, accessed 13 March 2019.

Brown, Paul. 2017. New Media Public Art Conversation. CRUMB Discussion List, JISCM@il. https://www.jiscmail.ac.uk/cgi-bin/webadmin?A1=ind1712&L=new-media-curating#8, accessed 13 March 2019.

Caribbean Cultural Center African Diaspora Institute. 2017. Mi Querido Barrio Augmented Reality Exhibition & Tour. http://www.cccadi.org/miqueridobarrio, accessed 13 March 2019.

Cartiere, Cameron. 2016. Epilogue. In: *A Companion to Public art* (1st ed.), edited by Cher Krause Knight and Harriet F. Senie. Malden, MA: John Wiley & Sons, Ltd, 457–464.

Cartiere, Cameron and Martin Zebracki (eds.). 2016. *The Everyday Practice of Public Art: Art, Space and Social Inclusion.* New York: Routledge.

CCCA Canadian Art Database. 2009a. Scotiabank Nuit Blanche: Toronto Canada 2009 – D.A. Therrien. http://ccca.concordia.ca/nuitblanche/nuitblanche2009/artists/a0.html, accessed 13 March 2019.

CCCA Canadian Art Database. 2009b. Scotiabank Nuit Blanche: Toronto Canada 2009 – Gordon Monahan. http://ccca.concordia.ca/nuitblanche/nuitblanche2009/artists/a7.html, accessed 13 March 2019.

CCCA Canadian Art Database. 2011. Scotiabank: Toronto Canada 2011 – Usman Haque, Natalie Jeremijenko. http://ccca.concordia.ca/nuitblanche/nuitblanche2011/artists/b0.html, accessed 13 March 2019.

CCCA Canadian Art Database. 2014. Scotiabank Nuit Blanche: Toronto Canada 2014 – Yvette Mattern. http://ccca.concordia.ca/nuitblanche/nuitblanche2014/artists/a51.html, accessed 13 March 2019.

Changi Airport Singapore. 2019. Kinetic rain. http://www.changiairport.com/en/airport-experience/attractions-and-services/kinetic-rain.html, accessed 13 March 2019.

City of Chicago. 2017. Mayor Emanuel & The City of Chicago Unveil

The First Public Art Plan: Recommendations serve to advance public art throughout the city. https://www.cityofchicago.org/city/en/depts/dca/provdrs/public_art_program/news/2017/october/public_art_plan.html, accessed 13 March 2019.

City of Chicago. 2019a. Chicago Public Art Program. https://www.cityofchicago.org/city/en/depts/dca/provdrs/public_art_program.html, accessed 13 March 2019.

City of Chicago. 2019b. 50x50 Neighborhood Arts Project. https://www.cityofchicago.org/city/en/depts/dca/supp_info/yopa/yopa0.html, accessed 13 March 2019.

City of Phoenix. 2015. Phoenix Office of Arts and Culture Public Art Project Plan: 2015–2020 Public Art Project Plan. https://www.phoenix.gov/artssite/Documents/FY%202015–20%20Public%20Art%20Plan.pdf.

City of San Antonio. 2008. PASA Public Art San Antonio. http://www.getcreativesanantonio.com/Portals/3/Files/DCCD-PASA/PASA%20MASTER%20PLAN%202008–06–10%20for%20web-small.pdf.

City of San Antonio. 2015. The new confluence: Hemisfair art master plan. http://www.getcreativesanantonio.com/Public-Art/Master-Plans, accessed 13 March 2019.

City of Sydney. 2013. City Centre: Public Art Plan. http://www.cityofsydney.nsw.gov.au/_data/assets/pdf_file/0008/150947/City-Centre-Public-Art-Plan.pdf, accessed 13 March 2019.

City of Sydney. 2014. Creative City: Cultural Policy and Action Plan 2014–2024. http://www.cityofsydney.nsw.gov.au/_data/assets/pdf_file/0011/213986/11418–Finalisation-of-Cultural-Policy-Document-July-2016.pdf, accessed 13 March 2019.

City of Sydney. 2016. *Sydney 2030 – Public Art Policy*. http://www.

cityofsydney.nsw.gov.au/_data/assets/word_doc/0006/251961/Public-Art-Policy-January-2016.DOCX, accessed 13 March 2019.

City of Vancouver. 2016. Gifts of Art Intended for Permanent Placement at Public Sites. http://vancouver.ca/files/cov/culture-public-art-policy-gifts-of-art-2016.pdf.

Cook, Sarah. 2005. Prototypes from other disciplines. *Proceedings New Ways and New Technologies Conference*. Calgary: University of Calgary, 13–15 October 2004.

Cook, Sarah. 2017. Interview by Sara Diamond. Expert Interview. Skype, December.

Cook, Sarah and Beryl Graham. 2010. *Rethinking Curating: Art After New Media*. Cambridge, MA: MIT Press, Leonardo Book Series.

Cook, Sarah and Sara Diamond. 2011. *Euphoria & Dystopia: The Banff New Media Institute Dialogues*. Alberta, Canada: Banff Centre Press and Riverside Architectural Press, University of Waterloo.

Cook, Sarah, Beryl Graham, Verina Gfader, and Axel Lapp (eds.). 2010. *A Brief History of Curating New Media Art: Conversations with Curators*. Berlin: The Green Box.

Creative Dundee. 2016. Support the people's tower; Dundee's Royal Arch. https://creativedundee.com/2016/02/dundee-royal-arch/, accessed 13 March 2019.

Creative Time. 2004. Anne-Marie Schleine: Operation Urban Terrain (Out), multiple locations, 2004. http://creativetime.org/projects/operation-urban-terrain-out/, accessed 13 March 2019.

Creative Time. 2008. David Byrne: Playing the building, Manhattan, 2008. http://creativetime.org/projects/playing-the-building/, accessed 13 March 2019.

Creative Time. 2011. Living as form social practice database. http://creativetime.org/projects/social-practice-database/, accessed 13 March 2019.

Critical Art Ensemble. 2016. Graveyard of lost species, Leigh-On-Sea, UK, 2016. http://critical-art.net/?p=193, accessed 13 March 2019.

CRUMB Discussion List – New Media Curating Archives. 2017. New Media Public Art Conversation. CRUMB Discussion List, JISCM@il. https://www.jiscmail.ac.uk/cgi-bin/webadmin?A1=ind1712&L=new-media-curating#8, accessed 13 March 2019.Curatorial Resource for Upstart Media Bliss (CRUMB). 2019. Home. http://www.crumbweb.org/, accessed 13 March 2019.

Daily Mail Reporter. 2013. Light fantastic! San Francisco Bay Bridge is turned into magnificent art installation using thousands of LEDs controlled by a single laptop computer. Dailymail.com. http://www.dailymail.co.uk/news/article-2288804/Bay-Lights-Artist-Leo-Villareal-turns-San-Francisco-Oakland-Bay-Bridge-LED-art-installation.html, accessed 13 March 2019.

Daily Tous Les Jours. 2019. 21 Balançoires. http://www.dailytouslesjours.com/project/21–balancoires/, accessed 13 March 2019.

Diamond, Sara. 2003. Silicon to carbon: Thought chips. In: Beyond the Box: Diverging Curatorial Practices, edited by Melanie Townsend. Alberta, Canada: The Banff Centre Press, Walter Phillips Editions, 141–168.

Diamond, Sara. 2005. Holistic bodies: The immersed and nuanced work of David Rokeby. In: *Art & D, Research and Development in Art*, edited by Joke Brouwer, Sandra Fauconnier, Arjen Mulder, and Anne Nigten. Rotterdam: V2_NAi Publishers, 66–73.

Diamond, Sara. 2015. Action agenda: Vancouver's prescient media arts. https://isea2015.org/wp-content/uploads/2018/10/S.Diamond-Media-Art-Vancouver-ISEA2015-Keynote.pdf, accessed 13 March 2019.

Diamond, Sara and Martha Ladly. 2008. Creating methodologies for mobile platforms. In: *Mobile Nation: Creating Methodologies for Mobile Platforms*, edited by Martha Ladly and Philip Beesley. Waterloo, ON: Riverside Architectural Press, 111–112.

Diamond, Sara, Daniel Silver, Marie-Josée Therrien, et al. 2017. *Redefining Public Art in Toronto*. Toronto: OCAD University.

Dietz, Steve. 2006. Mapping the homunculus. In: *Else/Where Mapping: New Cartographies of Networks and Territories*, edited by Janet Abrams, and Peter Hall, 200–205. Minneapolis: University of Minnesota Press.

Dietz, Steve. 2010. Blast theory: A machine to see with. In: *2010 ZERO1 Biennial Publication: Build Your Own World*, edited by Steve Dietz and Jaime Austin, 91. Minneapolis: Side Three.

Dietz, Steve. 2017. Interview by Sara Diamond. Expert Interview. Skype, December.

Dietz, Steve. 2019. Ga, Zhang, <People's Portrait>. *MediaArtNet*. http://www.medienkunstnetz.de/works/peoples-portrait/, accessed 13 March 2019.

Dietz, Steve and Jaime Austin (eds.). 2010. *2010 ZERO1 Biennial Publication: Build Your Own World*. Minneapolis: Side Three.

Dijkman, Marjolijn. 2018. LUNÄ. http://www.marjolijndijkman.com/?rd_project=56&lang=en, accessed 13 March 2019.

Doherty, Claire, ed. 2015. *Out of Time. Out of Place: Public Art* (*Now*). New York: Art/Books.

Domingues, Diana. Interview by Sara Diamond. 2017. Expert Interview. Skype.

Domingues, Diana, Adson Ferreira da Rocha, and Cristiano Jacques Miosso. 2011. Art and life: BIOCYBRID Systems and the reengineering of reality. *ISEA 2011*. http://isea2011.sabanciuniv.edu/paper/art-and-lifebiocybrid-systems-and-reengineering-reality, accessed 13 March 2019.

Estorick, Alex. 2017. Britta Peters, Kasper König and Marianne Wagner on *Skulptur Projekte Münster*. *Flash Art*. https://www.flashartonline.com/2017/06/britta-peters-kasper-konig-and-marianne-wagner-on-skulptur-projekte-munster/, accessed 13 March 2019.

Finkelpearl, Tom (ed.). 2000. *Dialogues in Public Art*. Cambridge, MA: MIT Press.

Galloway, Kit, and Sherrie Rabinowitz. 2019. *Hole-In-Space*, 1980. http://www.ecafe.com/getty/HIS/index.html, accessed 13 Mach 2019.

Garbe, Jacob. 2014. Digital borders and the virtual gallery. In: *Augmented Reality Art: From an Emerging Technology to a Novel Creative Medium, Springer Series on Cultural Computing*, edited by Vladimir Geroimenko. Cham, Switzerland: Springer International Publishing, 139–148.

Giraldeau, Luc-Alain. 2016. Luc-Alain Giraldeau, Départment des Sciences Biologiques, UQAM. https://www.actualites.uqam.ca/2017/luc-alain-giraldeau-nomme-directeur-general-inrs, accessed 13 March 2019.

Goebel, Johannes. 2017. Thought on time, temporality and new media public artwork. *CRUMB Discussion List*, JISCM@il. https://www.jiscmail.ac.uk/cgi-bin/webadmin?A1=ind1712&L=new-media-curating#9, accessed 13 March 2019.

Golden, Brad. 2017. Interview by Xenia Benivolski. Expert Interview for *Redefining Public Art in Toronto*. Toronto.

Greer, Rina. 2017. Interview by Derek Sullivan. Expert Interview for *Redefining Public Art in Toronto*. Toronto.

Grief. 2016. Full program for Nuit Blanche Toronto 2016 announced. http://wx.toronto.ca/inter/it/newsrel.nsf/11476e3d3711f56e8b891f/f54bd643e1bedf85d65?OpenDocument, accessed 13 March 2019.

Guilbert, Andrew. 2017. You can text this public art to display news from the past. http://www.avenuecalgary.com/City-Life/Detours/You-can-text-this-public-art-to-display-news-from-the-past/, accessed 13 March 2019.

Harwood, Graham. 2015. Wrecked on the intertidal zone. *YoHa*. http://yoha.co.uk/wrecked, accessed 13 March 2019.

Hopkins, Candice. 2017. Interview by Sara Diamond. Expert Interview. Skype.

iStreet Lab. 2009. FYI-mervin Jarman 1. *YouTube*. https://www.youtube.com/watch?v=GlVftmOfN-Y, accessed 13 March 2019.

Johannesburg Development Agency. 2017. *#ARTMYJOZI, Place Making Through Art Overarching Project Description*. Johannesburg: City of Johannesburg.

Kurtz, Steve. 2017. When aesthetics is not enough. Keynote presentation of the York University symposium Public Art: New Ways of Thinking and Working at the Art Gallery of Ontario, Toronto, ON, 18 May 2017.

Labmovel. 2016. Projetos. https://labmovel.net/projetos/, accessed 13 March 2019.

Ladly, Martha and Philip Beesley (eds.). 2008. *Mobile Nation: Creating Methodologies for Mobile Platforms*. Waterloo, ON: Riverside Architectural Press.

Lozano-Hemmer, Rafael. 2001. Body movies. http://www.lozano-hemmer.com/body_movies.php, accessed 13 March 2019.

Lozano-Hemmer, Rafael. 2014. Nineteen Eighty-Four. http://www.lozano-hemmer.com/nineteen_eighty-four.php, accessed 13 March 2019.

Lozano-Hemmer, Rafael. 2015. Pulse Corniche. http://www.lozano-hemmer.com/pulse_corniche.php, accessed 13 March 2019.

Markusen, Ann and Anne Gadwa. 2010. *Creative Placemaking. A White*

Paper for The Mayor's Institute on City Design. https://www.arts.gov/sites/default/files/CreativePlacemaking-Paper.pdf, accessed 13 March 2019.

McCullough, Malcolm. 2004. *Digital Ground: Architecture, Pervasive Computing, and Environmental Knowing.* Cambridge, MA: MIT Press.

McDermott, Emily. 2017. Pierre Huyghe's latest project is part biotech lab, part scene from a sci-fi film. *Artsy.* https://www.artsy.net/article/artsy-editorial-pierre-huyghes-latest-project-biotech-lab-scene-sci-fi-film, accessed 13 March 2019.

McDonald Crowley, Amanda. 2017. New Media Public Art Conversation. CRUMB Discussion List, JISCM@il. https://www.jiscmail.ac.uk/cgi-bin/webadmin?A1=ind1712&L=new-media-curating#8, accessed 13 March 2019.

MediaArtNet. 2019. Random welcome. http://www.medienkunstnetz.de/mediaartnet/, accessed 13 March 2019.

Micallef, Shawn. 2008. Storytelling goes mobile. In: *Mobile Nation: Creating Methodologies for Mobile Platforms*, edited by Martha Ladly and Philip Beesley, 111–112. Waterloo, ON: Riverside Architectural Press.

Mills, Wendy. 1999. On this auspicious occasion. http://wendy-mills.com/public/occasi.htm, accessed 13 March 2019.

Montréal Métropole Culturelle. 2009. *For a new public art policy framework.* http://ville.montreal.qc.ca/culture/sites/ville.montreal.qc.ca.culture/files/a-public_art_policy_framework_en_090423.pdf.

Neustetter, Marcus. 2017. Interview by Sara Diamond. Expert Interview. Skype, December.

Northern Lights. 2018. Marina Zurkow and Paul Paradiso, *Flight*. http://northern.lights.mn/projects/marina-zurkow-and-paul-paradiso-flight/, accessed 13 March 2019.

Obrist, Hans Ulrich. 2016. What is the future of art? *Artsy.* https://www.

artsy.net/article/hans-ulrich-obrist-the-future-of-art-according-to-hans-ulrich-obrist, accessed 13 March 2019.

Paul, Christiane. 2015. *Digital Art: Third Edition* (*World of Art*). London: Thames & Hudson.

Paul, Christiane (ed.). 2016a. *A Companion to Digital Art*. New York: Wiley-Blackwell.

Paul, Christiane. 2016b. Augmented realities: Public art in the digital sphere. In: *A Companion to Public Art*, edited by Cher Krause Knight and Harriet F. Senie, 205–226. Hoboken, NJ: John Wiley & Sons, Inc.

Paul, Christiane. 2017. New media public art conversation. *CRUMB Discussion List*, JISCM@il. https://www.jiscmail.ac.uk/cgi-bin/webadmin?A1=ind1712&L=new-media-curating#8, accessed 13 March 2019.

Public Studio. 2015. We are all animals. https://www.publicstudio.ca/we-are-all-animals/, accessed 13 March 2019.

Public Works Utrecht. 2016. Constant Dullaart – Merciless separation. http://www.pamvanderveen.nl/wp-content/uploads/Constant-Dullaart-krant.pdf, accessed 13 March 2019.

Quaranta, Domenico. 2013. *Beyond New Media Art*. Brescia: LINK Editions, e-book.

Quartier des Spectacles Montréal. 2018. 21 Balançoires (21 Swings). https://www.quartierdesspectacles.com/en/activity/8811/21–balancoires-21–swings#newsletter, accessed 13 March 2019.

Quipucamayoc. 2019. Quipucamayoc. http://quipucamayoc.com/, accessed 13 March 2019.

Rackham, Melinda. 2017. New media public art conversation. *CRUMB Discussion List*, JISCM@il. https://www.jiscmail.ac.uk/cgi-bin/webadmin?A1=ind1712&L=new-media-curating#8, accessed 13 March 2019.

Raqs. 2018. Interview by Sara Diamond. Expert Interview, January.

Reinhart, Richard. 2017. New media public art conversation. *CRUMB* Discussion List, JISCM@il. https://www.jiscmail.ac.uk/cgi-bin/webadmin?A1=ind1712&L=new-media-curating#8, accessed 13 March 2019.

Rhizome. 2018. Rhizome. http://rhizome.org/, accessed 13 March 2019.

Rokeby, David. 2017a. Interview by Sara Diamond. Expert Interview. Toronto, December.

Rokeby, David. 2017b. Thought on time, temporality and new media public artwork. *CRUMB Discussion List*, JISCM@il. https://www.jiscmail.ac.uk/cgi-bin/webadmin?A1=ind1712&L=new-media-curating#9, accessed 13 March 2019.

Rokeby, David. 2019. David Rokeby – Artist. http://www.davidrokeby.com/, accessed 13 March 2019.

Saukkonen, Pasi, and Minna Ruusuvirta. 2013. Reveries and realities: Recent developments in Finnish urban cultural policy. *Nordisk kulturpolitisk tidsskrift*, 15(2): 204–223.

Shinkansen Collection Portal. 2003. Future physical: Engage: Stretching technology: A human adventure. http://www.futurephysical.org/index.html, accessed 13 March 2019.

Sillers, L. 2017. New media public art conversation. *CRUMB Discussion List*, JISCM@il. https://www.jiscmail.ac.uk/cgi-bin/webadmin?A1=ind1712&L=new-media-curating#8, accessed 13 March 2019.

Silva, Elda. 2016. San Antonio artist's "Kinetic Skyline" lights up downtown building Thursday. *San Antonio Express News*. https://www.expressnews.com/news/local/article/San-Antonio-artist-s-Kinetic-Skyline-7221580.php, accessed 13 March 2019.

Slayton, Joel. 2010. Director's foreword. In: *2010 ZERO1 Biennial*

Publication: Build Your Own World, edited by Steve Dietz and Jaime Austin, 5. Minneapolis: Side Three.

Société des Arts Technologiques. 2011. Pixiness. http://sat.qc.ca/en/news/pixiness-0, accessed 13 March 2019.

Sommerer, Christa, and Laurent Mignonneau. 1992. Interactive plant growing. http://www.interface.ufg.ac.at/christa-laurent/WORKS/CONCEPTS/PlantsConcept.html, accessed 13 March 2019.

Stubbs, Mike. 2017. New Media Public Art Conversation. *CRUMB Discussion List,* JISCM@il. https://www.jiscmail.ac.uk/cgi-bin/webadmin?A1=ind1712&L=new-media-curating#8, accessed 13 March 2019.

Studio XX. 2019. Leena Saarinen. https://studioxx.org/en/participants/leena-saarinen-2/, accessed 13 March 2019.

Surveillance Camera Players. 2019. How to stage your own "surveillance camera theatre." http://www.notbored.org/scp-how-to.html, accessed 13 March 2019.

The Edge. 2011. Tag archives: Mervin Jarman. http://edgeqld.org.au/tag/mervin-jarman/, accessed 13 March 2019.

Thiel, Tamiko. 2012. Transformation: Lehel. http://www.tamikothiel.com/trans/index.html, accessed 13 March 2019.

Thiel, Tamiko. 2014. Critical interventions into canonical spaces: Augmented reality at the 2011 Venice and Istanbul biennials. In: *Augmented Reality Art: From an Emerging Technology to a Novel Creative Medium.* Springer Series on Cultural Computing, edited by Vladimir Geroimenko. Cham, Switzerland: Springer International Publishing, 31–60.

Thiel, Tamiko. 2017. Interview by Sara Diamond. Expert Interview. Skype, December.

Thiel, Tamiko. 2019. Mi Querido Barrio: Barrio Art, Music and Popular

Culture. *Caribbean Cultural Center African Diaspora Institute*. http://www.cccadi.org/node/78, accessed 13 March 2019.

Tuer, Dot. 1997. Mirrors and mimesis: An Examination of the strategies of image appropriation and repetition in the work of Dara Birnbaum. *n.paradoxa*, 3: 4–16.

UNESCO. 2016. *Culture, Urban, Future: Global Report for Sustainable Urban Development*. Paris: UNESCO.

Veenhof, Sander. 2010. DIY day MOMA, Oct 9th 2010 Augmented Reality art invasion! http://www.sndrv.nl/moma/?page=press, accessed 13 March 2019.

Wikipedia. 2018. Lidar. https://en.wikipedia.org/wiki/Lidar, accessed 13 March 2019.

Zebracki, Martin. 2011. Does cultural policy matter in public-art production? The Netherlands and Flanders compared, 1945–present. *Environment and Planning A*, 43(12): 2953–2970.

本章作者简介

萨拉·戴蒙德（Sara Diamond）是加拿大安大略艺术设计大学（OCAD University）的校长，那里被誉为"想象力大学"。她拥有计算、信息技术与工程博士学位。她被授予安大略最高荣誉勋章（Order of Ontario），并因对加拿大卓有贡献而获得女王加冕纪念钻石奖章（Queen's Diamond Jubilee Medal）。她是2013年伟大卓越中心网络数字媒体先锋奖（GRAND NCE Digital Media Pioneer Award）的得主，并获评加拿大150位杰出女性领袖（Canada's Leading 150 women）。她的研究领域包括数据可视化、公共艺术政策以及媒体历史。

第十九章　虚拟现实展览的策划方法

前言

　　新媒体技术是 20 世纪晚期科技发展的产物，在当时，工程师和数学家通过输入一系列指令开发出新的处理技术和计算机语言，创造了一种被称为"数码技术"或"交互技术"的全新的表现方式。这些系统能够储存、管理、整合并处理大量的数据，为现如今的数字通信系统环境奠定了基础。

　　在 19 世纪至 20 世纪期间，涌现出一批重要人物，他们在各自不同的技术领域皆作出了突出贡献。在 19 世纪至 20 世纪早期，数字媒体领域的先驱出现了，正是这些人为新媒体技术搭建出了基础框架，他们是：查尔斯·巴比奇（Charles Babbage）、赫尔曼·何乐礼（Herman Hollerith）、阿兰·图灵（Alan Turing）、诺伯特·维纳（Norbert Wiener）、克劳德·香农（Claude Shannon）、康拉德·楚泽（Konrad Zuse）、杰克·基尔比（Jack Kilby）以及约瑟夫·利克莱德（J.C.R.Licklider）。至 20 世纪上半叶，视听模拟技术以及第一代交互程序诞生了，发明者有：莫顿·海利希（Morton Heilig）、弗雷德·沃勒（Fred Waller）、约瑟夫·魏泽堡（Joseph Weizenbaum）和雷·库兹韦尔（Raymond Kurzweil）。随后，超媒体、多媒体以及虚拟现实（VR）等新的概念及理论被相继提出，研究者包括：道格拉斯·恩格尔巴特

（Douglas Engelbart）、泰德·尼尔森（Ted Nelson）、加隆·兰尼尔（Jaron Lanier）、史蒂夫·乔布斯（Steve Jobs）以及史蒂夫·沃兹尼亚克（Steve Wozniak）。紧接着，工程师开始设计互联网语言程序以研发超文本，推动这一进程的关键研发者有：万尼瓦尔·布什（Vannevar Bush）、伊凡·苏泽兰特（Ivan Sutherland）和蒂姆·伯纳斯－李（Tim Berners-Lee）。

内容数字化、媒体的融合以及数字原住民的文化消费观念，已经成为新媒体明确自身定位和推广范围的决定性因素。这种全新展示方式的扩张与传统媒体（如报纸、电台和电视）的衰落、受众减少不无关系，同时它也改变了视听产品生产与消费之间的动态联系，提高了受众干预的期望值和能力。

互动数字媒体自其诞生后就被用来讲故事，其完善的过程也是叙事方式不断创新的过程。交互手段的非线性特性是其区别于视听手段的基础特征，也使其更具发展潜力。这一特点在马歇尔·麦克卢汉（Marshall McLuhan, 1964, 1972）、埃斯彭·阿雷斯特（Espen Arrest, 1997）、列夫·马诺维奇（Lev Manovich, 2001）、玛丽－劳尔·瑞安（Marie-Laure Ryan, 2001 and 2004）、乔治·兰道（George Landow, 2005）、亨利·詹金斯（Henry Jenkins, 2008）和珍妮特·穆瑞（Janet Murray, 1999, 2012）等人的著述中已得到论证和进一步的阐释。

阿尔文·托夫勒（Alvin Toffler）将人类历史分为三次浪潮：第一次浪潮是"农业革命"时期（这一浪潮在欧洲持续至17世纪），第二次是"工业革命"时期（1760—1850），第三次则是我们现在生活的时代，这次浪潮自20世纪下半叶开始，由科技发展推动变革（1981）。阿尔文·托夫勒结合传播学理论，指出新媒体在第三次浪潮中的作用和必要性，并着重讨论了"去中心化""分众""定制化"等概念。奥克塔维奥·伊斯拉斯（Octavio Islas）则认为，新数字媒体已经构建出一种全新的文化生态，传统媒体已经无法适应现在的传播环境。（2009:29）

马歇尔·麦克卢汉在 20 世纪 60 年代和 70 年代早期提出的一些理论现在看来仍颇具意义。尽管是以传统媒体和电子媒介为研究对象，但他所提出的其中一种理论指出，科技正在构建出一个全新的环境，或者说是"宇宙"。在这个环境里，媒介并不仅仅是一种载体，而更像是一种处理方式，受众和其他技术在整合的过程中得到重塑。（McLuhan, 1972: 7）

列夫·马诺维奇认为，21 世纪是"交互界面"的时代。（2001）科技的高速发展，促使人们身处于一场新媒体革命之中，而这场革命所带来的影响要比 14 世纪的印刷和 19 世纪的摄影对现代社会和人们的影响更为深远。（2001: 19）在此基础上，保罗·莱文森（Paul Levinson）进一步指出，自 Web 2.0 诞生以来，"新媒介"的定义已经无法涵盖随之产生的所有新兴媒介，由此，"新新媒介"出现了。（2013）这些新的叙事方式推进了网状交流和超级中介的发展，通过数字交互技术，复杂的符号交换过程得以完成，并以此构成"公众形象"。（Scolari, 2008: 277）

扩展现实概念和虚拟现实的概念

虚拟现实和其他三维（3D）技术正不断在现实生活中扩展交流沟通的方式。在过去的 25 年中，诸如触屏技术、增强现实和增强虚拟（混合现实）、虚拟现实、远程呈现等技术得以实现并有所发展。"现实 — 虚拟连续体"是保罗·米尔格拉姆（Paul Milgram）和福米奥·木住野（Fumio Kishino）在 1994 年提出的理论，阐述了一个从左至右、由物理现实到纯粹虚拟的线性延伸连续体的概念。（Milgram and Kishino, 1994）

扩展现实（XR）指的是在完整的现实频谱范围内包含的从虚拟现实到物理现实、从增强现实到增强虚拟（混合现实）、虚拟现实等一切元素。数码世界和现实世界最终会在新的频谱范围内产生重叠，虚拟增强、影响了现实，现实则仍会存在于虚拟空间中。这一理论打破了虚拟与现实之间存在的明显界限。

回到现实—虚拟连续体，最初现实是真实存在的，我们无须技术媒介，通过感官和大脑便可感知现实。而随着触屏界面的介入使现实与虚拟元素开始进行交互。从这一点继续沿线性移动，技术可使我们进入经过丰富、扩展的现实，或者进入全部由技术构建的现实。（Sacristán, 2018）

在连续体的另一端是虚拟现实，一个完全由计算机生成的沉浸式合成世界。这个三维的、可操控的、实时交互的世界以用户视角为中心，是外部世界的完整再现。（Sacristán, 2018）

珍妮特·默里（Janet Murray）认为交互性和沉浸感是新媒体的两个关键方面。（1999）"沉浸感"让用户与计算机的关系更添戏剧性，她将其分为两个主要特性：一是空间性，指的是身在其中的人们具备"移动"的能力（在空间意义中的"冲浪"）；一是全能性，可以访问无限量的数据，几乎所有信息都有可能被找到。默里使用了《星际迷航》（*Star Trek*）电视连续剧（1966—2005）中的全息甲板为例，来解释这种无中介的体验。

媒介和再现的透明化和隐形性并不是数字环境的独特属性，因为照片或画作也符合这些标准。马诺维奇（Manovich）认为，"真正的突破是引入了具有交互式 3D 图像和计算机动画的合成动态图像。借助这些技术，观众可以体验穿越模拟三维世界的体验。这是画作无法带给我们的"。（Manovich, 2001: 246）

通过虚拟现实进行空间沉浸实验需要复杂的技术需求和特定的知识技能，因此最初的项目仅由研究中心进行研发。1994 年，哥伦比亚大学新闻学院（The School of Journalism at Columbia University）创建了新媒体中心，最近又成立了 Tow 数字新闻中心，用以研究新技术如何改变新闻业。1996 年，南加利福尼亚大学的综合媒体系统中心（the Integrated Media Systems Center at the University of Southern California）推广了"用户导向新闻项目"。目前，南加利福尼亚大学在安嫩伯格传播与新闻学院（the Annenberg School for Communication and Journalism）下又创立了安嫩伯格创意实验室（Annenberg Innovation Lab）。多年来，技术的逐渐普及使越来越多的演员体验到真实与虚拟现实之间的交互。

沉浸感是一种心理感受，一种想象行为，它依赖于开发者的技术手段和体验者在体验过程中的配合。区别于读者或观众在读书或观影时获得的沉浸感，这种配合超越了思维，成为反映在数字资源上的行为动作。伊娃·多明戈斯（Eva Domínguez）认为空间和声音沉浸是数字沉浸式新闻叙事的两个关键因素。（2013）此外还必须配合特定电子游戏和模拟技术的效果，由此才能够超越虚幻的想象，使体验者切实感受到传送至真实的不同地点。（Outing, 2002; Lester, 2004）约翰·帕夫利克（John Pavlik）和诺尼·德拉佩纳（Nonny de la Peña）等人认为，进入21世纪，沉浸式新闻真正使用技术和设备是始于利用计算机对3D环境进行情境感官测试。（2001）

查尔斯·惠斯通（Charles Wheatstone）是沉浸科技的先驱之一，他于1844年推出了一种立体显示装置，可以造成观看3D图像的错觉。早在1838年，他就在伦敦皇家学会（Royal Society of London）《哲学会刊》（*Philosophical Transaction*）上发表了一篇论文，文中描述了立体视觉现象。惠斯通发现两个安装在相同间距显示器上的图像会产生如同立体三维的视觉效果。

另一位先驱发明家，弗雷德·沃勒（Fred Waller）在有一定曲率的巨大屏幕上制作出了一幅全景图像。继最初被命名为维它拉马（Vitarama）的实验之后，沃勒创造了一台名为新艺拉玛（Cinerama）的机器，它由三台摄像机组成，通过三个35毫米镜头同步进行拍摄。

莫顿·海利格（Morton Heilig）被沃勒的发明可能性所吸引，发明了名为"Sensorama"的机器并于1958年获得专利，这是一种提供联觉反应的机器，例如可以激活视觉、听觉、味觉全方位的联动体验。机器包括一个带座椅的箱体、转向移动轮、带头枕的立体眼镜，座椅两侧各有两个立体声扬声器，一个可以挥发气体的装置，以及去除气体的风扇。海利格将其描述为"体验剧场"和"意识艺术"。第一个模型设计的场景是体验者驾驶着摩托车，在弥漫着汽油和比萨气味的布鲁克林穿行。着迷于沉浸概念的同时，海利格对多感官游戏机、电影和互动剧院的新概念也很感兴趣，他还是发明虚拟头盔的先驱。正如沃勒和海利格所设想的，20世纪开展的早期试验以视觉模拟为中心，为观众提供了最初的沉浸式体验。

伊凡·苏泽兰特（Ivan Sutherland）是沉浸式体验和虚拟现实领域的另一位关键人物。他在计算机图形学和计算机交互方面作出了决定性贡献，提出了3D模型、视觉模拟和自动化设计等新概念。1968年，他开始专注能够通过虚拟眼镜接收由计算机传输的图片，设计出了第一个模型设备，被称为头戴显示器。

如今的虚拟现实技术是由惠斯通、沃勒、海利格和萨瑟兰等发明家，在19世纪至20世纪对视觉模拟技术开发改进的成果。在20世纪上半叶，电视的发明使电影观众数量减少。为了改变电影观众日渐寥落的趋势，电影制片厂开始专注于为观众提供看电视时无法享受的福利：3D影院、立体声、宽银幕，这些都为新的沉浸式叙事技术尝试作出了决定性的贡献。在50年代末60年代初，菲尔科公司（Philco Corporation）开发了第一个虚拟现实系统。

1989年，加隆·兰尼尔（Jaron Lanier）创造了"虚拟现实"（virtual reality）一词，用来描述由计算机模拟出来的环境。由于技术程序应用的不断变化，对虚拟现实的定义仍在发展和完善。卡罗尔·马内塔（Carol Manetta）和理查德·布莱德（Richard Blade）将其定义为"用计算机合成的人工世界，用户能感知并操控其中的各种对象"。（1995）史蒂夫·奥克斯塔卡尔尼斯（Steve Aukstakalnis）、戴维·布拉特纳（David Blatner）和史蒂芬·F.罗思（Stephen F. Roth）指出，"虚拟现实是以一种人性化方

式，将计算机的使用和复杂数据处理方式变得可视化"。（1993: 7）

　　虚拟现实可以分为"沉浸式""半沉浸式"和"非沉浸式"。沉浸式虚拟现实技术指的是由计算机模拟 3D 环境，通过头盔、手套和其他设备来确定位置、旋转坐标以及识别人体的不同部位。在半沉浸式模型中，用户可以与虚拟世界交互，但并不会沉浸在环境中。非沉浸式虚拟现实提供了与身处不同空间和环境中的人进行实时交互的机会，这种交互方式无须额外的设备。本文将重点讨论沉浸式虚拟现实技术。沉浸式VR 或临场感就是俗称的"完全沉浸式虚拟现实"，这种技术运用虚拟沉浸式眼镜或虚拟现实眼镜，使体验者的视听感观与外界剥离，将自己完全沉浸在一个完全数字化的 3D 世界中。（Sacristán, 2018）

当代艺术与叙事中的虚拟现实展览

　　当前在北美地区，有一些重要的虚拟现实相关的活动和会议值得重点关注，如消费技术协会（Consumer Technology Association, CES, 拉斯维加斯）、西南偏南移动增长峰会（SXSW Mobile Growth Summit, 奥斯汀）、开放数据科学会议（Open Data Science Conference, ODSC, 波士顿）、VRLA（洛杉矶）、放大世界 AR/VR 峰会（Magnify World AR/VR Summit, 纽约）、硅谷开门（Silicon Valley Open Doors, 山景城, 加利福尼亚州）、迈阿密 VR 博览会（Miami VR Expo）、多伦多虚拟现实会议（VRTO）、法国科创大会（La French Tech Conference, 纽约）、RX（波士顿）、变革游戏（Games for Change, 纽约）、计算机图形图像特别兴趣小组（SigGraph, 温哥华）、世界虚拟现实增强现实协会全球峰会（VRARA Global Summit, 温哥华）、叙事的未来（The Future of Storytelling, 纽约）、技术危机会议增强现实 / 虚拟现实分会场（TC Sessions - AR/ VR, 洛杉矶）和虚拟现实优点峰会（VR for Good

Summit，坦佩，亚利桑那州）。在欧洲同样也有一些值得关注的活动，如世界移动通信大会（Mobile World Congress，巴塞罗那）、虚拟现实大会（VRX，阿姆斯特丹）、虚拟现实世界（VR World，伦敦）、下一代网络（Next Web，阿姆斯特丹）、世界虚拟现实论坛——克莱恩-蒙塔纳（World VR Forum — Crans-Montana，瑞士）、第五届国际虚拟现实增强现实暨图学大会（5th International Conference on AR, VR and Graphics，奥特朗托，意大利）、虚拟现实博览会（VR Expo，斯图加特）、欧洲虚拟现实国际会议（EuroVR，伦敦）、阿姆斯特丹欧洲虚拟现实日（VR Days Europe Amesterdam，鹿特丹港口区）和虚拟现实日（Virtual Reality Day，米兰，意大利）。在亚洲，则有虚拟现实/增强现实/混合现实世界（VR/AR/MR World, 东京）和消费技术协会亚洲区（CES Asia，上海）等会展活动。此外，还有一些线上峰会，像2018年"现实、游戏与娱乐会展"（Reality and Games and Entertainment Extravaganza'18）、"虚拟现实与高等教育研讨会"（the Virtual Reality Games and Higher Education Symposium）（VR Voice, 2018）。

从虚拟现实的特征出发，电影节和美术馆似乎自然而然就是虚拟现实的成果展示场所。值得特别关注的是，在2018年威尼斯电影节双年展（La Biennale di Venezia）上，威尼斯丽都岛（Lido di Venezia）附近的老拉扎雷托岛（Lazzaretto Vecchio）成了VR展示专区，有40个虚拟现实项目在此得到展出。在这里还举办了一个电影节VR单元竞赛。同时，借助多媒体平台"虚拟现实空间"（VRrOOm），世界各地的公众都可以观看到由世界上最好的电影节和文化活动——2018年威尼斯电影节——所策划的2018年威尼斯虚拟现实展览中的VR项目。除了威尼斯电影节外，还有夏纳电影节（Cannes Film Festival）、柏林电影节（Berlinale）、翠贝卡电影节（Tribeca Film Festival）、西南偏南电影节（South by Southwest）、圣丹斯电影节（Sundance Film Festival）、革新电影节（Festival of nouveau cinema）、多伦多纪录片电影节（Hot Docs

Canadian Interngtional Documentary Festival）和阿姆斯特丹国际纪录片节
（Hot Docs and IDFA Doclab）。在这些电影节上，虚拟现实技术展示了它
在呈现虚构、纪实和艺术作品方面的作用。

还有一些美术馆和文化中心也会举办 VR 展览，例如蒙特利尔的
PHI 中心（Phi Center），或者美国其他的艺术中心和画廊等等。除了
场馆、文化节和展会以外，本文还重点参考了一些门户网站、网络平
台和博客以补充信息，例如"浸泡"（Immerse）、"虚拟现实之声"（VR
Voice）、"虚拟现实与增强现实的故事"（VR and AR storytelling）等脸书
（Facebook）群组。

虚拟现实展览策展的实用指南和技巧

需要指出的是，本文只是看上去像一篇论文，但并不会制定明确的
指导方针，因为这还是一个相对新颖的领域，还在不断变化发展。本文
的主旨在于为当代策展人、艺术家和专业人士总结一些思路和建议。

本文首先将近年来有关本课题的参考文献和重要事件进行梳理分
析。笔者自 2013 年以来的互动和沉浸式展览策展经历则是这一章第二
部分的另一个主要内容。笔者将重点介绍以下经历：维克数字周的策
展工作（Vic Digital Week, 2011 年和 2012 年），合作者还有马克·拜略
（Marc Vaillo）、佩普·坎帕斯（Pep Campàs）（Gifreu, Vaillo, and Campàs,
2012—2013）；在"巴塞罗那国际纪录片"（interDocsBarcelona）展映期
间内两个展览的策展经历［2013 年互动展览和 2016 年"无国界医生"
沉浸式展览（Médicos Sin Fronteras 2016）］；"交互数字故事轨迹——马
德拉电影节"（Interactive Digital Stories Track - Madeira Film Festival,
2017 年和 2018 年），与瓦伦蒂娜·尼西（Valentina Nisi）、黛博拉·卡斯
特罗（Deborah Castro）、萨布丽娜·斯库里（Sabrina Scuri）等人的合

作策展（Nisi et al., 2018）；以及"显示错误"展（Mostra BUG, 2018）策展工作，合作者还有安德烈·帕斯（Andre Paz）和朱莉娅·萨勒斯（Julia Salles）。

维克数字周的展览相对简单：两年多来，在维克大学技术中心（Vic Integració Tecnològica）的一个具备特殊条件的房间展出了 10 个维克大学（University of Vic，维克，西班牙）最佳最终学位项目。在 2013 年的"巴塞罗那国际纪录片"展览（巴塞罗那国际纪录片电影节的一部分）则较为复杂，展示了 20 台配备了电脑、平板和视频投影的互动设备。2016 年由无国界医生组织的沉浸式展览是巴塞罗那国际纪录片展览项目的一部分，设有八个虚拟现实设备、视频和实体站（巴塞罗那，西班牙）。（Gifreu, 2016）作为马德拉电影节（Madeira Film Festival，葡萄牙）的一部分，每一年十个角逐最佳叙事方案奖的候选作品都会在"互动数字故事轨道"单元展出。配有电脑、平板、耳机和交互装置。"显示错误"展有大约 50 个产品，包括沉浸式和交互式作品、两个交互式投影和一个沉浸式装置（里约热内卢，巴西）。展出的作品可以为国际主要创意基地生产符合巴西市场前景的产品提供一些参考，内容涵盖了互动和沉浸式叙事，例如网络和互动纪录片、360 度影片、虚拟现实动画、增强现实叙事、声音地图、跨媒体装置和一些网站。

本文在研究过程中还就相关问题分别采访了朱莉娅·萨雷斯（Julia Salles）和安德烈·帕斯（André Paz）。萨雷斯是蒙特利尔大学（University of Montréal）的讲师，曾担任多个国际电影节的策展人和委员会成员。萨雷斯还是"404 错误"（Bug 404）的共同创作者，"404 错误"是一个致力于促进巴西互动叙事发展的平台，隶属于社会艺术、文化和技术中心（Milieux Institute for Arts, Culture and Technology）。帕斯是一名研究员、创意总监。他曾从事互动叙事的博士后研究工作，制作互动纪录片，组织工作室并开设相关课程。他还是里约热内卢埃斯塔多联邦大学（Universidade Federal do Estado do Rio de Janeiro）的教授，也是"404错误"的主导人。

本文构建组织了8个分析模型，将虚拟现实展览策展中几个关键的类型和领域进行了划分，分别是：目标、主题/领域、技术手段、空间、观众、时间、团队和传播（见表19.1）。

表 19.1　虚拟现实展览策展参考模型

类　　型	领　　域	说　　明
A. 目标	·一般/特定	根据将要开展的活动确定目标
	·主/次要	
B. 主题/领域	·一般	决定是否依据主题轴、特定领域或自由选择相关展示项目
	·特定	
C. 技术手段	·视听	展览所需的具体技术手段
	·互动	
	·沉浸	
D. 空间	·大致空间	具体空间及动线需要根据展览进行规划
	·地面/楼层/房间	
E. 观众	·年龄组	确定目标群体
	·特定群体	
F. 时间	·常设展览	展览所涉及的各项工作的进度安排
	·临时展览	
G. 团队	·专业背景	举办展览所需的人力资源
	·策展经验	
H. 传播	·传单	宣传推广能够让人们了解展览，因此极有必要
	·媒体（电视、广播等）	
	·社交媒体	
	·其他活动	

下文将对表 19.1 中所提到的策展中的关键词作更加深入的界定和划分，并提出一些指导方针、见解和实施建议。

1. 目标（为什么？）

首要问题：我们希望通过举办这次展览来达到什么目的？

一个展览成败与否，首先取决于是否树立了合适的目标和方向。对于任何项目来说，目标都可以为成果评估提供关键的路线图。目标可以帮助工作团队确定优先事项，还决定了项目的可行性和针对性，无论它是什么。在项目启动阶段，这些信息对于投资方来说至关重要，无论是公共资金（政府、资助项目、公共中心）还是私人资助者（公司、艺术节、市场、生产商），他们都在项目中承担了投资风险。策展人制定展览的目标，不同的策展人目标也不尽相同。

主要和 / 或优先目标通常是通过某种特殊技术制作的特定作品，向公众展示一个特定的领域。而在技术创新的强烈影响下，这个领域往往融合了各种学科，因此还需要确定一套次等级目标：

· 第一，吸引新的受众群体，年轻人和数字土著是其中重要的目标受众群体。

· 第二，拉近与年轻观众以及那些不那么年轻的观众与技术之间的距离，即所谓的数字鸿沟。

· 第三，找到可以让观众在体验过程中探索展览主题和语言的媒介。

· 第四，关注制作人、组织者和策展人的想法，注重尝试、摸索和组合不同的策展形式的可能性。

2. 主题 / 领域（是什么？）

首要问题：展览是否仅限于特定的主题 / 领域？

每个展览都必须要考虑到展览项目的性质。展览的主题 / 领域也许对空间布局和技术类型有特殊的要求。主题 / 领域还可能会涉及策展的工作量，具体则取决于展览的观展方式是观众遵循建议（引导）的顺序参观还是希望他们去自由探索展览内容。

在本文中，因为缺少足够的内容且制作类型较为新颖，目前为止对虚拟现实展览和策展案例的分析，大多针对的是结合了不同主题和方法的综合体，而并不包括某一特定的主题轴。现阶段我们讨论的展览主题或领域，可以按照地区或专业领域主要分为，卫生、教育、军事、艺术、交流和休闲娱乐。我们建议按照以下提示来确定可以展出的领域深度和项目类型（展示最具代表性的特征）：

·作为展览的重要组成部分，它在主题中或该领域内最具代表性（尚不适用于沉浸式展览）。

·它易于浏览。

·它获得过表彰，具有辨识度。

3.技术（如何实现？）

首要问题：展览需要用到什么技术？

在已经确定了展览目标和类型（自主选择主题或感兴趣的主题/领域）的情况下，我们就来到了实现展览的第二个关键阶段（第一个关键阶段是融资）：选择技术及各种必要设备。在展览中使用最便于操作的和适用性最强的技术手段是非常重要的。我们需要认识到，技术越简单，后期产生的问题就会越少；而发生问题的时候，也就更容易解决。

首先，我们建议根据技术项目类型将所需技术编制清单。要了解每个项目在叙事表达的展示方式中展现的技术特性和特殊要求都是不同的，如线性视听技术项目、交互式技术项目、由不同平台组成的跨媒体技术项目和沉浸式技术项目：

·视听项目通常需要屏幕和耳机（或遥控）。

·交互式项目需要电子设备（计算机、手机或平板电脑）和其他外设装备，如键盘、鼠标和耳机。如果是装置设备，则还需要电子电路和传感器。

· 跨媒体项目包含了视听、互动和沉浸式技术项目。因此，必须考虑到上述各个方面。

· 沉浸式项目，特别是带有虚拟现实技术的项目，可能需要：

· 360 度视频 / 照片：激活导览的键盘或设备。

· 增强现实 / 混合现实：移动设备或平板电脑。

· 扩增虚境：计算机及其他外设装备。

· 虚拟现实：眼镜、耳机、电脑及其他设备。

上述提到的内容十分重要，因为带有虚拟现实的展览通常也会展出其他类型的展品，这些展品往往综合了视听、互动和沉浸式技术项目。

与技术相关的最大挑战是在布展期间（之前）、特别是开展日（期间）发生的技术问题。在布置和调试展出场地的过程中（展览前），必须要聘请一个具有虚拟现实技术实践经验的技术团队。另一个问题则是在商店或大学找到可用的设备。在展出期间，为了把控可能出现的不同技术问题，组织起一个团队很有必要，其中需要设有一组接受过培训的"引导员"，在观众观展体验期间给予帮助。他们的重要任务包括：在观众使用导览前进行介绍，指导他们使用设备，及时处理突发问题。某些设置的耳机线会带来一些麻烦，特别是在体验者空间移动的过程中，虚拟世界和真实世界之间的连接容易产生问题。这类问题必须在技术层面加以处理，主持人同时也可以发挥关键作用。（与萨雷斯的私人通信，2018 年）

4. 场地（在哪里？）

首要问题：这个场地是否适合举办展览？

当我们策划虚拟现实展览时，场地是另一个关键因素。在这种情况下，有必要根据可用空间考虑项目的可行性，要考虑到放置计算机、平板电脑、眼镜、装置和洞穴自动虚拟环境（CAVE）所需要的空间。此外，连接性、照明和空间因素也需加以关注。

首先需要考虑的是举办展览的地理位置，评估场馆是否适合对游客开放，交通是否便利，以及这个地方是否为人熟知。第二个需要考虑的方面则是场馆自身的空间，需要通过平面布局图以定位不同的楼层、层面、房间等。以此为基础，下一步的工作就是要确定应遵循何种标准来划分空间，以及每个区域需要哪些特定的专业人员进行管理。（与帕斯的私人通信，2018 年）

如果虚拟现实展示不是互动性质的，则不会对场地有太大的要求，只需要一个可以容纳椅子、眼镜、耳机的小空间，和一位可以帮助观众找到位置、解决在体验过程中可能出现的任何技术问题的引导员。如果沉浸式项目中还包括有交互体验，那么这对环境的要求就会复杂一些，因为这类项目往往需要更开阔的空间和更复杂的技术配置。在安装交互设备或沉浸式空间之前，资金投入也是需要考虑到的，因为可能需要从其他国家传输技术，这涉及与技术专家的旅行距离。（与萨雷斯的私人通信，2018 年）以跨媒体沉浸体验项目《敌人》（The Enemy）（Karim，2015）为例，用户在项目中可以直面来自萨尔瓦多马拉斯（Maras in Salvador）、刚果民主共和国（the Democratic Republic of the Congo）、以色列和巴勒斯坦（Israel and Palestine）三个冲突地区的战斗人员。战斗人员对于战乱中的生活感受和看法的见证和剖白，使用户能够更好地了解他们的动机和人性。每次可以有五名配备了虚拟现实耳机和电脑背包的用户同时进行体验。体验者可以在一个划分出三个虚拟空间的大房间里自由移动，每个虚拟空间都有两名分别来自冲突对立阵营的战斗者。卡里姆·本·赫利法（Karim Ben Khelifa）的形象和声音会对体验者进行引导，直到他们与战斗人员见面并开始交谈。（Phi Center, 2018）

5. 观众（是谁？）

首要问题：谁是我们的受众群体？

这就引发了另一个问题，同时也是"目标"中需要思考的问题之一：我们的观众是谁？第二个重要问题则是如何吸引这些观众前来参观展览。我们需要了解其他观众可能会感兴趣的内容，以及对此感兴趣的原因。这样既可以帮助展览明确目标群体，同时还能吸引科技迷群体以及年轻群体来扩大观众群体的范围。在这里，我们建议使用不同的方式来吸引观众：

·虚拟现实展览采用了一种特殊的技术类型以及相对新颖的叙事方式，促使人们产生了神秘感和好奇心，吸引他们前来参观体验。在加拿大或法国等国家，这种展览语言已经是生态系统的一部分，它的运用正趋向正常化，因而不会引发人们特别的关注。然而，在其他国家，如巴西、阿根廷、哥伦比亚，虚拟现实展览是一种非常新颖的展览方式，更容易引起观众的好奇心。（与萨雷斯的私人通信，2018 年）

·与其他技术设备（计算机、移动设备、电视等）不同，虚拟现实展览的设备（护目镜、传感器等）尚未普及化，这也意味着人们只能在展览中进行体验。在以往我们组织的展览中，大多数项目都可以在互联网上浏览，如 2013 年巴塞罗那国际纪录片展览，该展览就是巴塞罗那国际纪录片电影节上的一个交互体验板块。（Gifreu-Castells, 2013）正是因为可以在家中进行体验，所以只有极少的人真正到场参观（一周的参观人数为 100 人）。

·另一个行之有效的办法是让重要人物或名人参与到一些项目（至少一两个）中，比如著名电影导演或知名艺术家。例如韦斯·安德森（Wes Anderson）的电影《犬之岛》（*Isle of Dog*, 2018 年）就制作一个虚拟现实版本。《犬之岛》是一部由韦斯·安德森创作、监制和执导的定格动画科幻喜剧。电影讲述了在犬流感爆发后，所有的狗都被流放到了荒岛上，一个日本小男孩也因此来到岛上寻找他的狗的故事。另一个例子则是亚利杭德罗·冈萨雷斯·伊纳里图（Alejandro Gonzalez Inarritu）拍摄的《血肉与黄沙》（*Carne y Arena*）（Inarritu and Lubezki, 2017）。伊纳里图和摄影导演艾曼努尔·卢贝兹基（Emmanuel Lubezki）花费了四年时间来研究体验装置设备，帮助观众与一群试图跨越美墨边境的无证件难民一起，从墨西哥迁徙到美国。影片时长七分钟，在结尾时刻，移民将会向观众讲述他们的真实故事——因为试图非法进入美国在沙漠中被逮捕。

·还有一种有效的方式是寻求与其他并行活动的协同效应，来吸引其他类型的观众。并行活动可以是真实的展览，这些展览有时候也许是一个较大的活动（节日、论坛、会议等）的一部分；或者与展览项目在同一时间举办的其他类似的活动。展览通常附带举办会议、研讨会、案例研究、演示陈述、论文和专题研讨会。专业人员和学术界也可以借此机会发掘和交流经验。

·结合前四个方法，第五个策略则是开展大规模的激发好奇心和神秘感的增强活力、营销推广和交流活动。

6.时间（何时？）

首要问题：本文中探讨的"时间"，首先指的是项目中各个阶段的时间间隔。有必要在一开始就考虑好一年中的时间和时段：何时是举办展览的最佳时间，何时应该推进活动，是否与其他重要活动（与展览本身相关或和其他活动有关）在同一时间举办？

关于体验展览需要多长时间，则需要考虑到两个方面：

·等待时间：虚拟现实展览的一大问题是等待时间，因为此类展览往往是一种单独体验（在大多数情况下）。如果体验的时长为20或30分钟，那么每小时只有2至3人能够参与互动，这就意味着每天的访问量大约在15至25人。在多数情况下，游客通常不会提前进行规划，参观者不得不在一大早赶去参观，因为所有的景点在白天都是熙熙攘攘。（与萨雷斯的私人通信，2018年）一个可供借鉴的方式来自蒙特利尔PHI中心的查询中心，在这里每天的访客数量被限制在20名。观众可以购买三小时的门票并更换入场时间，从而避免排队和长时间等待。（与萨雷斯的私人通信，2018 年）在 2018 年的莫斯特拉 Bug 展览中，我们研发了一款免费应用程序来帮助观众安排他们的入场时间，观众需要在程序里留下他们的姓名、电话，并承诺在体验开始前五分钟到达现场。

·体验时长：我们建议体验项目的时长在 5 到 10 分钟之间，但具体时长则取决于展览目标及其领域特点。

7. 团队（需要谁？）

当我们组织团队时，首先必须要明确一些重要问题：谁来决定策展人的人选？策展工作由个人还是团体进行决策？策展人在该主题专业领域受过何种培训、具有什么经验？

在展览团队中，"导演"（也称为"制作人"，有时在某些国家的文化中这两种工作存在着一些差异）是最主要的负责人。在选择导演时，团队既可以考虑雇用专门的"艺术策划"公司，也可以从团队中产生，抑或与专业策展人合作。这些专家通常是创作者、艺术家或从事社会领域的相关工作。根据展览的规模，有时还会有一个"协调员"。（与萨雷斯的私人通信，2018 年）

另一个关键人物是"引导员"。这个角色是现实世界和虚拟世界之间的"中介人"。不论是志愿服务还是有偿工作，引导员的职责都是将观众从现实世界带入虚拟世界，并在用户完成虚拟体验后，将他们重新迎回现实世界。在不同的展览中，引导员会受到特定的培训。在"显示错误"展览中就有一个引导者（两班倒，每 3 至 4 小时换班），他们的工资也是项目预算的一部分。（与帕斯的私人通信，2018 年）

在技术层面，本文强烈建议组建一支具有 VR 经验的技术团队，并由一位负责人统筹管理所有作品版权和知识产权的相关问题（这里有必要确定展览是否是以营利为目的）。

8. 传播

首要问题：什么是最适合展览传播和推广的策略？

在展览开幕前，有一项很重要的工作，那就是有必要花费一点时间做好展览传播和推广的规划。将其放在模型的最后，是因为它综合了前文所提到的所有观点。本文将传播策略分为前期和后续两个阶段。

·前期传播：本文建议在不同的媒体和平台上进行推介，增强活跃度，确保能够覆盖所有受众：包括电视、广播、报纸、社交媒体［特别是像脸书、推特、照片墙以及瓦次普（WhatsApp）上的特定视频内容］。

·后续传播：展览结束后，需要对展览过程进行记录和展示（向资助人提供费用记录或支出合理性的证明）。本文建议使用在线视频和网站，编辑和制作访谈短片，展示观众对展览的满意度，特别是通过调查获取定量数据，这种方式有利于：

·确定哪些展示方式效果好。

·证明费用支出的合理性。

·最好的情况是为另一个项目获得资金支持。

结论

综上所述，在策划虚拟现实展览中最重要的几个问题分别是，第一，花费足够的时间来思考恰当的展览目标和方向：谨慎规划路线图，因为它将决定展览的成败。第二，研究展览所涉及的特定领域以及最适合或最能代表这一领域的项目。第三，思考展览需要什么样的技术手段，以及保证展览正常运行所需的不同设备。第四，确定装置技术手段所需的空间大小、举办展览的地理位置并仔细规划空间的分布。第五，确定展览开幕的最佳时间也很重要。第六，时间和空间将关系到展览的成败，但如果没有公众的参与这一切都将无从谈起：确定展览的目标群体并寻找潜在的观众群体，有利于丰富和扩大展览的影响力。第七，组织一个好的策展团队也非常重要 —— 他们能够确保挑选出最合适的展览项目并在展览过程中提供技术支持。最后，为了吸引观众，需要通过不同的平台和渠道将展览"广而告之"，运用一切可能的方法让人们了解展览。

根据研究成果，下面列出了在策划虚拟现实展览时应考虑的八个关键要素：

（1）有非常明确的策展目标。

（2）提出两种访问模式：自由式参观、引导式参观（包括线性展示且使用起来不是很复杂的项目）。

（3）时刻切记展览的成功一部分取决于所用技术的可行性。

（4）一个大而明亮的空间（除非某些导航体验项目需要黑暗的空间），有足够的人手为观众提供帮助、咨询、项目背景阐释，以及解决展览中出现的技术问题。

（5）在旅游高峰期或当城市或展览地点正在举办其他类似活动期间举办展览。

（6）策展人在该专业领域颇有研究且具有专业技术知识。

（7）与品牌和制造商签订协议（借展览宣传和推广设备）。

（8）进行有效的推广活动。

参考文献

Arrest, Espen. 1997. *Cybertext: Experiments in Ergodic Literature.* Baltimore: Johns Hopkins University Press.

Anderson, Wes. 2018. *Isle of Dogs.* Studio Babelsberg, Indian Paintbrush,

American Empirical Pictures. Distributed by Fox Searchlight Pictures.

Aukstakalnis, Steve, Daniel Blatner, and Stephen F. Roth. 1993. *Elespejismo desilicio: Arte y ciencia de la realidad virtual*. Barcelona: Pagina Uno Ediciones.

Ben Khelifa, Karim. 2015. *The Enemy*. Camera Lucida, Emissive, NFB. http://theenemyishere.org/, accessed 13 March 2019.

de la Peña, N. 2011. Physical world news in virtual spaces: Representation and embodiment in immersive nonfiction. *Media Fields Journal. Critical Explorations in Media and Space*. Santa Barbara, CA: University of California. http://www.mediafieldsjournal. org/physical-world-news-in-virtual/2011/7/22/physical-world-news-in-virtual-spaces-representation-and-emb.html, accessed 13 March 2019.

Domínguez, Eva. 2013. Periodismo inmersivo: Fundamentos para una forma periodística basada en la interfaz y la acción. Doctoral thesis. Blanquerna College of Communication. Ramón Llull University.

Gifreu, Arnau (coord.). 2016. *interDocsBarcelona*. Interactive exhibition. Médicos sin fronteras. http://www.inter-doc.org/interdocs-2013/4a-edicion-2016/exposicion-realidad-virtual/, accessed 13 March 2019.

Gifreu, Arnaun, Marc Vaillo, and Pep Campàs. 2012 and 2013.Vic Digital Week. University of Vic. http://mon.uvic.cat/e-week/edicio-2013, accessed 13 March 2019.

Iñárritu, González Alejandro and Emmanuel Lubezki. 2017. *Carne y Arena* (*Meat and Sand-Virtually present, Physically invisible*). Legendary, Fondazione Prada, Emerson Collective.

Islas, Octavio. 2009. La convergencia cultural a través de la ecologia de medios. *Comunicar. Revista Científica de Comunicación y Educación*, 33(12): 25–33. http://www.revistacomunicar.com/index.php?contenido = detalles&numero = 33&articulo=33–2009–04, accessed 13 March 2019.

Jenkins, Henry. 2008. *Convergence Culture: Where Old and New Media Collide*. New York: NYU Press.

Landow, George P. 2005. Hipertexto 3.0: *Teoría crítica y nuevos medios en la era de la globalización*. Barcelona: Paidós.

Lester, Paul M. 2004. Engaging the news: Rethinking journalistic presentations. *Mediadigest*.

Levinson, Paul. 2009. *New New Media*. Boston: Allyn & Bacon.

Manetta, Carol and Richard A. Blade.1995.Glossary of virtual reality terminology. *The International Journal of Virtual Reality* 1(2): 35–39.

Manovich, Lev.2001.*The Language of New Media* .Cambridge, MA: MIT Press.

McLuhan, Marshall.1972.*La Galaxia Gutenberg* (Génesis del Homo Typographicus). Madrid: Aguilar Ediciones .Original: (1962). *The Gutenberg Galaxy: The Making of Typographic Man*. London: Routledge & Kegan Paul.

McLuhan, Marshall.1964.*Understanding Media: The Extensions of Man*. New York: McGraw-Hill.

Milgram, Paul and Fumio Kishino.1994.A taxonomy of mixed reality visual displays. *IEICE Transactions on Information and Systems*, E77-D: 1321–1329. http://www.alice.id.tue.nl/references/milgram-kishino-1994.pdf, accessed 13 March 2019.

Murray, Janet.1999.*Hamlet en la holocubierta: El futuro de la narrativa en el ciberespacio*. Barcelona: Paidos.

Murray, Janet.2012.*Inventing the Medium: Principles of Interaction Design as a Cultural Practice*. Cambridge, MA: MIT Press.

Nisi, Valentina, Deborah Castro, Sabrina Scuri, and Arnau Gifreu (curators).2017/2018. Interactive digital stories track. Madeira Film Festival. https://ids.m-iti.org/, accessed 13 March 2019.

Outing, Steve. 2002. Immersed in the news. *Poynter*.org.http://legacy. poynter.org/centerpiece/immerse/immersive.htm, accessed 13 March 2019.

Pavlik, John.2001.*Journalism and New Media*. New York: Columbia University Press.

Paz, Andre, Julia Salles, and Arnau Gifreu.2018.Mostra BUG. Oí Futuro. Automatica. http://bug404.net/mostra/mostra-2018/, accessed 13 March 2019.

Phi Center.2018.Phi.https://phi-centre.com/en/event/the-enemy-en/, accessed 13 March 2019.

Ryan, Marie-Laure.2001.Narrative as virtual reality: Immersion and Interactivity. *Literature and Electronic Media*. Baltimore: Johns Hopkins University Press.

Ryan, Marie-Laure.2004.*Narrative across Media: The Languages of Storytelling*. Lincoln, NB: University of Nebraska Press.

Sacristan, Alejandro.2018.Nos movemos hacia una realidad extendida. Retina: El País Economía. https://retina.elpais.com/retina/2018/01/26/ tendencias/1516965980_952713.html, accessed 13 March 2019.

Scolari, Carlos Alberto.2008.Hipermediaciones.*Elementos para una Teoría de la Comunicación Digital Interactiva*. Barcelona: Gedisa.

Toffler, Alvin.1981.La tercera ola. Mexico: Edivisión.

Venice Film Festival.2018.La biennale di Venezia.2018: Venice Virtual Reality, https://www.labiennale.org/en/cinema/2018/venice-vr, accessed 13 March 2019.

VR Voice.2018.2018–19 VR/AR Industry Events Calendar.https:// vrvoice.co/industry-events/?utm_source=VR+Voice+Newsletter&utm_ campaign=c4bb77d63f-EMAIL_CAMPAIGN_2_2_2018 COPY_01 &utm_ medium=email&utm_term=0_e168cfee7c-c4bb77d63f-48898047#otherevents, accessed 13 March 2019.

本章作者简介

阿尔瑙·吉弗鲁－卡斯特利斯（Arnau Gifreu-Castells）是麻省理工学院（Massachusetts Institute of Technology）开放纪录片实验室（Open Documentary Lab）的研究人员，也是西英格兰大学（University of the West of England）国际纪录片小组（i-Docs group）的成员。他在自己的研究领域出版了多种专著、发表了多篇文章，主要是关于交互式和跨媒体非虚构类作品，特别是交互式纪录片。

第二十章　追溯"蜉蝣"与争议

活态档案馆的美学与政治

引言

政治介入、激进活动以及事件艺术创作对档案整理机制与归档实践造成了相似的问题，主要原因与它们各自的时间维度有关。"事件"是政治介入、激进活动以及事件艺术的构成要素，它是一种动态的瞬间。瞬间所具有的生命活力存在于其即时性的强度。档案（文献），其功能在于捕捉活生生的瞬间并将瞬间转化为历史事件，却恰恰成了一种无时间性的形式。即时性和无时间性在这里似乎矛盾地共存着。

在艺术、政治和激进活动中，人们往往会忽视利用档案和记忆，来记录瞬时的紧迫性与活力，有时候甚至认为这是多余的或无关紧要的。然而，没有过去的事情以作参考，政治介入的合理性也将无从考证。艺术性的介入也是如此。似乎需要寻找某种方式来缓解事件的活力与档案的无时间性之间存在的明显矛盾。

本文着手解决的正是如何从概念上理解当下的活力和即时性与档案的无时间性之间的显著矛盾，以及在实践中如何处理这一矛盾。

为了解决这一双重问题，笔者将介绍个人对"活态档案馆"的理解，这些理解源自笔者自 21 世纪初以来，在不同工作背景下的理论和实践的研究经验。问题中所隐含的瞬时动态与记录陈述相碰撞所引起的一系列理论问题，活态档案馆并不能给出完整解答，但至少可以明确这其中最紧迫的关切和问题。

在更实际的层面上，针对上述问题，笔者在此想强调其中所涉及的三个方面，分别是：

· 第一个较突出的问题是如何捕捉瞬间，尽管这一直是档案研究的一个重要主题，但由于数字对象的流通量不断增大，通过某种形式记录其文化、政治和社会重要性就显得日益重要。

· 第二个重要的问题，具体地说，是如何记录具有激进性质和政治参与形式的临时艺术实践（表演、城市介入、在线艺术作品、运动）中，所涉及的敏感性和实用性。

· 第三个问题则更广泛地涉及了短暂的艺术形式和档案的关系。产生这一问题的原因既可能是纯粹的临时介入往往会抵制或拒绝文档记录，也可能是以特定时代数字媒体为媒介的数字化和在线艺术作品存在的时间较为短暂，而且往往会很快消失，使这个问题颇具紧迫性。不同于第二个问题，这些作品并不包含任何明确的"政治内容"或出于特定的政治目的，但它们对记录瞬时过程的敏感性和实用性同样提出了非常相似的要求。

为了深入阐述论点，本文将首先讨论"活态档案馆"的概念模式。该模式最初成型于 2004 至 2008 年间，阿姆斯特丹文化政治中心百利会场启动了一个相同名称的、以实践为导向的研究项目。随后开展的四个示范项目对模式进行了考证，每个项目都体现了"活态档案馆"所具有的某些方面的概述特征，进而总结出了一些初步经验。

活态档案馆：概念模式

"活态档案馆"是一项以实践为导向的合作研究项目，由阿姆斯特丹文化与政治中心百利会场、伦敦切尔西艺术与设计学院和朴次茅斯大学联合研究。研究轨迹建立在一系列假设和理论起点之上，这些假设和理论起点从一开始就已经非常明确了。在"活态档案馆"的概念中引入了这些假设和研究起点，并且在概念模式的简要描述中也有相关论述。

支撑这一研究项目的最重要的想法是改变对存档的单一理解，不再将其主要视作（物质）文献和实物的整合。相较于将存档视为创建一个"静音"存储库的行为，研究团队更倾向于将其视为一个由生活实践提供信息的积极的过程。正是这种想法促使研究人员对隐含在"活态档案馆"概念中的一系列问题进行探索。

定义

"活态档案馆"是指架构在万维网结构演变的两个显著特征上发展而来的一种方法体系和软件系统。首先，通过互联网以过程为导向的特点，在信息交流和沟通过程中动态地将人和组织联系起来；其次，利用了网络具有的可以存储和提取各类文档和信息资源的存储库的特点。显而易见，两种功能无法在一个概念中合二为一。

"活态档案馆"的宗旨是创建一种整合方式，利用先进的在线数据库、内容管理系统、数字音频和视频技术，将生活文化历程、存档材料、瞬息之事及话语实践尽可能无缝地交织在一起。在这里，存档被理解为一个动态的开放式过程，会随着当前和未来事件发展、事件结果、事件改写而发展变化。因此，"活态档案馆"不是为"意义建构"所产生的一成不变且基础稳定的存储库，而是通过积极的话语实践来强调历史发展的偶然性。

主要理论参考：作为积极的话语实践的档案

对于档案是一种积极的话语实践这一观点的重构，主要来自米歇尔·福柯关于话语形成的研究成果，特别是他在《知识考古学》（*The Archaeology of Knowledge*）（Foucault, 2003）中对"考古学的描述"方法论的阐释①。在这本书中，福柯没有就特定的应用领域给出具体的描述，而是阐述了他的研究方法。这种"方法论"层面的研究正是参考的重点。

在考古学描述的方法论中，福柯将档案的概念置于中心位置，但这也极大地改变了传统意义上对于档案的基本工作是归档文献和实物（将其收藏于博物馆中）的认知。福柯对于"档案"的理解，更侧重于关注陈述和陈述成立的（话语）规则体系。这种规则体系不仅包括特定时期和知识领域的显性话语，还包括在某个特定时期和领域中的体制安排和隐性规则（所涉及的对象本身可能并未完全意识到），甚至还包括进行归档的物理空间。考古学方法论试图挖掘和理解的就是这一特定时期和领域内的规则体系。福柯只是将这一规则体系所产生的论点进行了陈述。

福柯认为，档案是"陈述形成以及转变的总体系统"，（Foucault, 2003: 146）"是支配作为特殊事件的陈述出现的系统"，同时它也是"决定所有（这些）被说出来的事情不会叠床架屋、永不休止积累的关键"。（Foucault, 2003: 145）。档案将"这些被说出来的事情""按照复杂的关系组织起来，以一个特殊的形象加以聚合"，自"陈述—事件的本源"出发定义了什么内容是能够被明确表述的（"阐述"）。

因此，将档案作为文档和实物的存储库的传统理念，被改写为管理这些文档和实物所体现出的明确清晰陈述的规则体系。话语的形成在

---

① 别是在第三章第五节"历史的先验知识和档案"（The Historical a priori and the Archive），第142—148页。

福柯看来是现有的规则、思想和概念不断积极转换的过程。正是在这种转变中，话语开始有别于档案，形成了具有我们自己的时代和历史特点的特殊差异。这种观点强调历史的阶段性而非连续性。揭示档案的运行规则、阐释积极的话语形成与运行规则的不同并不是为了逃避档案。相反，正是这种探讨重新定义了档案。根据福柯的观点，档案是永远不可能被描述殆尽的，因为我们本身也身处于规则之中，我们的话语（部分）也受到规则的约束。但是，通过积极揭示"特殊事件的陈述"的运行规则，档案可以不断进行修正。

"活态档案馆"有意识地积极参与到这一规则体系中。

作为积极的政治原则的文化记忆

相较于物质对象，"活态档案馆"更侧重关心生活文化进程。在这里，研究人员认为"文化记忆"是一个非常实用的概念，这个概念是由德国的埃及学专家扬·阿斯曼（Jan Assmann）提出的。（Assmann, 1997）阿斯曼将文化记忆解释为一种借助同一种仪式和文本而确认建立的群体身体认同。他解释说，过去的事情从来不会因为事情本身而被记住，而是在于它激发出了一种持续性的情感，并推动发展的方向。意义深远、必要的、不可更改的集体记忆促成了现时。阿斯曼将这种文化叙事定义为"神话思想"。通过将当下现实情况看作过往英雄神话的未尽理想，以推动未来的变革和发展。

阿斯曼的观点意味着，文化记忆可以为集体提供身份认同的立足点，并将带领集体从过去走向未来。它指出了对未来的特定看法，并将集体记忆指向了未来。构建文化记忆的目的在于在当下现实中重获重建未尽的理想，这些理想或以仪式的形式、或以革命性的变革的形式留存在集体记忆当中。

档案馆、博物馆、纪念碑、宗教和艺术文物、建筑、文学作为典型的记忆场所和方式，是构建文化记忆的基础。正是它们如记忆工具般的存在延续了历史和经验的连贯性，并成为各种社会和政治活动的催化剂。对文化记忆叙述的批判性研究和尽可能的解构或介入，是构建"活态档案馆"概念非常重要的一环。"活态档案馆"在组织神话文化叙事、强调历史发展的偶然性和开放性、接纳各种积极要素所产生的可能性上始终非常活跃。

作为文化形式的数据库

列夫·马诺维奇（Lev Manovich）在他的著作《新媒体的语言》（*The Language of New Media*）中，把他之前对数据库的分析进一步扩展为一种象征性的文化形式。（Manovich, 2001）在"形式与数据库"一节中，马诺维奇认为数据库形式已成为当代文化的一个关键类别。这种转变一方面是为了哲学、文化和社会一系列变革做好准备，使我们的世界逐渐转变为"一个包含图像、文本和其他各类数据的无限度、无结构的集合"，因此将世界构建为数据库的行为是最适当的。（Manovich, 2001: 214）另一方面，随着现在生活中的计算机数据库的日益普遍，不论是从字面意思还是从概念上解读，计算机数据形式都已经从各种层面上回归到文化中。马诺维奇在书中这样写道："图书馆，博物馆——事实上，任何大量的文化数据——都被计算机数据库所取代。同时，计算机数据库成为我们对个人和集体文化记忆、文件或对象以及其他现象和经验进行概念化处理的工具。"（Manovich, 2001: 214）

马诺维奇认为，在所有设计都已成为信息设计的时代，数据库形式、数据库接口和信息访问已成为文化的关键类别。因此他指出，这就要求我们应该从理论上、美学和象征层面对这些新的关键文化类别予以关照。（Manovich, 2001: 217）在"活态档案馆"（按照马诺维奇的分析）中，我们数据库形式的研究不仅停留在将其作为一种纯粹的功能原则，还将其作为一种提供文化意义并受当代文化背景所影响的文化和象征形式。

马诺维奇的理论在文化形式层面引入了数据库和叙事之间的重要区别，这有力地激发了研究人员之前对于文化记忆及神话叙事内在构建的讨论。马诺维奇指出："作为一种文化形式，数据库将世界呈现为一个项目列表，并拒绝为这个列表排序。与此相反的是，叙事是在一系列看似无序的项目（事件）中创造出一个因果轨迹。因此，数据库和叙事是天敌。"（Manovich, 2001: 225）

"战略媒体"是对构建文化记忆主导叙事的一种干预。这种叙事创造了一条因果轨迹，暗示了必要的结果和未来走向。而战术媒体则通过战术干预否认这些结果的必要性，并试图提供替代轨迹。与此相似的是，研究人员将"活态档案馆"同样视作对档案创建及其隐含的文化叙事构建的一种战术干预手段。"活态档案馆"利用数据库拒绝"对项目列表进行排序"特质，创建一种因果轨迹，在档案中构建多种可选择的叙事方式。

"活态档案馆"的特点

"活态档案馆"的研究轨迹以实践为导向。因此，研究成果涉及了将理论起点和假设转化为具体说明其主要特征的实用方法。前文所述的理论出发点和假设，连同下文所述的实践方法，可以看作是"活态档案馆"理论模型构成要素。

基于本研究的理论起点，构建"活态档案馆"的主要方法可以分为三类：

·将档案管理视作动态的开放式过程。

○"活态档案馆"是建立在档案方法论与活态文化进程的动态相互作用之上的。档案和活态文化进程相互借鉴和交流。实时（同步）和存储（异步）数字捕获技术和方法能够帮助和捕获事件和信息交换过程，在它的支持下档案和活态文化进程的动态联系得以实现。

○"活态档案馆"的工作与实物和文献归档收藏并无冲突，但它的首要收藏"对象"是"非物质文化遗产"（定义见 2003 年联合国教科文组织《保护非物质文化遗产公约》）[1]和"蜉蝣"文件[2]。

○"活态档案馆"有效地推进了文化记忆的形成过程。通过积极持续地对记忆对象（物质和无形）进行再阐释，"活态档案馆"构建了一种"沟通"流程型导向结构模式。

○"活态档案馆"侧重于活态文化过程、非物质性、瞬时性，因此事件在档案中处于中心位置。

○"活态档案馆"不仅是一个记忆对象的存储库：它还包括用于捕获

---

[1] 定义："1. '非物质文化遗产'，指被各社区、群体，有时是个人，视为其文化遗产组成部分的各种社会实践、观念表述、表现形式、知识、技能以及相关的工具、实物、手工艺品和文化场所。这种非物质文化遗产世代相传，在各社区和群体适应周围环境以及与自然和历史的互动中，被不断地再创造，为这些社区和群体提供认同感和持续感，从而增强对文化多样性和人类创造力的尊重。在本公约中，只考虑符合现有的国际人权文件，各社区、群体和个人之间相互尊重的需要和顺应可持续发展的非物质文化遗产。"来源：2003 年联合国教科文组织《保护非物质文化遗产公约》（ Convention for the Safeguarding of the Intangible Cultural Heritage ），第二条。参见 www.unesco.org/culture /ich/index.php?pg=00022&art=art2#art2。

[2] 我们在此遵循英国图书馆与情报专家学会（ Chartered Institute of Library and Information Professionals, CILIP ）所采用的莫里斯·里卡兹（ Maurice Rickards ）在《"蜉蝣"事物百科全书》（ Encyclopedia of Ephemera ）对于"蜉蝣"一词的定义："日常生活中短小而使用时间短暂的文件。"另见《蜉蝣：历史的素材》（ Ephemera: the stuff of history ）——英国图书馆与情报专家学会设立的"蜉蝣"工作组的报告，Cilip/re Cilip/re: source,2023 年 1 月，www.cilip.org.uk/policyadvocacy/ Cilip/re: source, January 2003. /ephemera.htm；莫里斯·里卡兹（ Maurice Rickards ）和迈克尔·特怀曼（ Michael Twyman ）主编《蜉蝣百科全书：写给收藏家、馆长和历史学家的日常生活碎片文件指南》（ The Encyclopedia of Ephemera: A Guide to the Fragmentary Documents of Everyday Life for the Collector, Curator and Historian ），纽约：劳特利奇出版社（ Routledge ），2000 年出版，2002 年重印。

当下和未来事件进展的一整套文档工具的构建。

·将档案管理视作一种话语原则。

○"活态档案馆"旨在延长事件的"时间离散"。它干预事件的准备过程，提前干预事件的"话语形成"系统，并持续进行再阐释。

○"活态档案馆"是（在线）讨论与具有存档功能的实时覆盖手段的全面整合。"活态档案馆"不仅捕捉事件本身，同时还捕捉在实际事件开端、发展和结果的过程中，对事件的起因和过程产生推动作用的各种因素的阐释。

○"活态档案馆"还需要一套工具来支持和实现对档案材料的不断再阐释和注释，包括丰富的媒体资源，如音频和视频记录等。

·开放的编辑策略。

○档案决定了陈述的权威性（依据福柯的观点）。因此，"活态档案馆"的民主化愿望只能通过将档案中特定的陈述分散编辑控制来实现。因此，"活态档案馆"必然的编辑策略就是开放、分散、共享和协作。

○可追溯的档案编辑史："活态档案馆"将档案视为话语形成和权威陈述构建过程的内在组成部分。因此，档案中"声明"的编辑史是话语形成过程中不可或缺的要素，需要公开可追溯。

○"活态档案馆"借鉴了已有的可以表现互联网发展的社会和编辑实践。互联网自其前身"新闻组"（Usenet）[①] 以及众多自组织的新闻组继承了自组织的编辑过程，并在有关协议标准化和其他核心软件技术的技术讨论组中继续沿用。这些既定做法是塑造"活态档案馆"分布式编辑策略的主要参考。而另一个重要的参考则来自大量用户生成的内容支持服务中所获得的最新经验。

---

① 有关"新闻组与互联网"（Usenet and the Internet）系谱的更多信息，参见：https://www.livinginternet.com/u/u.htm, 2019 年 3 月 13 日访问。

"可用的"活态档案

断言概念模式中所述的"活态档案馆"尚不存在是有道理的。但是，其要素和必要的先决条件是可以具体说明的。目前来看，维基百科（Wikipedia）的运营方式也许是最接近的概念模式，因为在它的编辑过程和参与结构中，同样具有开放性的特征。然而，维基百科本身并不是一个档案馆，而更像是一个动态的知识资源，极大地拓展了大传统的物理百科全书。维基百科的政治和政策值得广泛研究和积极地批判性探讨，研究和探讨对象既包括维基百科所拥有的广泛的编辑群体和各个地区的特点，还包括各种严肃的外部分析。这种广泛的讨论完全超出了当前文本的范围。

然而，笔者想特别说明维基百科独特地位的一个重要方面，就是所谓的"网络效应"结果。维基百科的独特性不仅在于现阶段没有其他——无论是全面性还是参与度——可以与之相较的在线知识资源。更重要的是，"赢家通吃"效应赋予了维基百科无可比拟的地位。"赢家通吃"效应是数字系统的普遍特征，在网络数字系统更为明显，并进一步影响了网络经济。

在一系列数字（软件）产品和（在线）服务中可以找到类似的"独特"，或者更确切地说是排他性地位。这种影响可以通过提出一些关于数字系统和网络经济独有特征的简单问题来加以阐明，例如：为什么每个人都使用微软文档（MS Word）？为什么每个人都在使用谷歌搜索（Google Search）？为什么脸书是最主要的社交网络平台？在所有情况下，问题的答案都是一样的：因为每个人都在使用微软文档、谷歌搜索、脸书和类似的主导网络市场参与者。这些数字产品和服务的价值呈指数级增长，无论是对开发者还是实际使用用户而言，而伴随着增长而来的是规模的扩大和更紧密的互联。通过完美的数字复制逻辑与不断增强的数字网络技术互连能力相结合，这种动态联系得以发展，我们今天所知的

"公共"互联网就是这样形成的。

同样的，维基百科已经成为占据主导地位的在线知识资源，独特的地位帮助它吸引到了其他群体知识平台无法获得的流量、捐赠和活跃用户贡献量，因此它能够维持自己的地位。这主要是缺乏其他具有竞争力的规模经济的结果。赢家通吃效应的重要意义在于，成功者的模型基本上是不可重复的，不管是维基百科还是其他众所周知并且每天都会使用（直接或间接）的商业数字服务和平台。只有当一个新平台出现且完全取代维基百科成为主要的在线公共知识资源，从而取代其在网络中心的独家地位时，维基百科的地位才会受到挑战（被打乱）。然而，一旦处于中心位置后，这些网络的价值将呈指数增长，而资源的集中使得它们的地位几乎无法动摇。产品和服务（商业性和非商业性）的相对优势和劣势，似乎远不如它们在网络中心的规模和独特地位对其成功的影响力大。

尽管如此，活态档案仍试图满足特定需求或特定受众，因此倾向于采用与维基百科模式不同的方法。收集活态档案的模式通常取决于所在的当地环境以及发起人的目标。笔者在这里审视了四项方案（平台），它们可以被看作是构建无法实现的理性化"活态档案馆"的一些不完美尝试，但在试图趋近理想的道路上具有巨大的价值。

这四个案例是战术媒体文件 ① （Tactical Media Files）在线文档资源；土耳其社会运动的数字媒体档案"别看网"（bak.ma）；"人民之声"（Vox Populi），由艺术家拉腊·巴拉迪（Lara Baladi）发起，该项目中收集了 2011 年埃及革命及革命余波的相关媒体文件档案；最后一个案例是叙利亚档案馆（The Syrian Archive），该馆整理了自 2012 年以来，人权调查员、倡导者、媒体记者和新闻记者记录的在叙利亚武装冲突期间发生的种种侵犯人权行为的档案资源，旨在保存和支持他们在武装冲突期

---

① 参见 www.tacticalmediafiles.net，2019 年 3 月 13 日访问。

间的真实记录。每个项目都体现出"活态档案馆"模式的不同和多重方面。正因如此，它们突出表现了概念及其实践中所传达出的隐含的张力和敏感性。

战术媒体文件

战术媒体文件是涵盖了遗产和背景的战术媒体实践的在线文档资源。该平台是在"活态博物馆"研究轨迹框架内创建的，于 2008 年 11 月在阿姆斯特丹百利会场面向公众开放。

该项目由艺术家兼研究员大卫·加西亚（David Garcia）与笔者共同发起，旨在重现那些显而易见的选择性遗忘，这种状况似乎困扰着每个参与"下个 5 分钟"（Next 5 Minutes）系列活动的组织团体，包括实验媒体艺术家、政治活动家、不同政见者、激进理论家和社区媒体制作者（阿姆斯特丹、鹿特丹，1993—2003），战术媒体由此得名。

项目的目标是把在这些充满活力和影响力的活动中汇集起来的材料和想法，提供给新一代艺术家、活动家、研究人员、学生和其他感兴趣的团体。

这些活动的档案资源由荷兰阿姆斯特丹国际社会历史研究所（International Institute for Social History）收藏。这些馆藏档案的数字化材料此后直接或间接地被战术媒体及其遗产实践所引用，并被不断产生的新的材料所补充。

我们特意未将文档资源按照传统档案进行组织，而是围绕战术媒体在文化实践中的传统类别分类，即节日、艺术项目、媒体和公共空间干预、社区媒体、运动和政治争议的多种形式。这些行动类别反过来又被一系列主题贯穿，将跨越时间和地域的不同背景的材料联系起来。文档资源涵盖了大量的文本、图像、出版物、书籍，以及广泛的大量视频材料，这些均可以免费访问。

"战术媒体"是指不同群体和个人自行运用媒体，来传达他们在更广泛的公共领域和公共文化中对于失实和边缘化的担忧。随着媒体技术的不断发展，公共文化更多地被认为是电子和数字媒体的中介。特别是在现如今，它们越来越容易被非专业媒体制作者所利用，几乎任何人都可以访问这些媒体工具和基础设施（尤其是通过手机、基于互联网的媒体平台和社交媒体）。不断发展的实践所引发的主要问题也随之发生变化，从争夺媒体工具和基础设施的使用权转移到了解决背景、虚假信息和公众关注的问题。

作为该项目的发起者，我们认识到想要全面记录和捕捉这个快速发展的实践领域是不可能的，因为人们可能确实在不知道和不了解的时候完成了"战术媒体"的实践。（Stalder, 2008）由于一系列实际操作层面的、组织的和物质方面的原因，我们也无法运用维基百科式的集体编辑方法占据一个（编辑）讨论的领域。此外，我们认为试图占据这样的位置甚至可能是不可取的，因此从一开始我们就更为谨慎地接受局限性。

相反的是，我们在项目启动时就提出，在线资源只是所有努力中的一个方面。在开放式编辑过程中，网站和资源只是作为一种收集材料和与之相关想法的手段。基于资源和收集过程，不定期组织物理事件，并使相关过程和想法受到资源记录发起者、收集者以及普通观众的严格审查。例如，阿姆斯特丹的百利会场（2011 年）[1] 和"战术媒体社交"（Tactical Media Connections）公共研究轨迹（2014—2017 年）[2]，2017 年这些项目在阿姆斯特丹、利物浦和巴塞尔都引发了公开探讨并举办了展览。

---

① 参见 www.tacticalmediafiles.net/events/4780，2019 年 3 月 13 日访问。

② 参见 http://www.tacticalmediafiles.net/articles/3646，2019 年 3 月 13 日访问。

这样做的初衷在于将存档过程视为一种活动，它不断受到生活实践的启发，并为这些实践进行永久的批判性公开辩论提供信息，同时积极塑造实践本身。战术媒体概念背后的一个关键思想就是战术媒体并不代表事件，但他们始终参与其中。（洛文克和加西亚）因此参与逻辑始终是战术媒体实践的核心，同样也是文档资源的核心。出于这一点，存档中记录的任何声明都不会被视为最终声明，并且始终接受审查和辩论。这些物理事件是记录生活实践至关重要且不可或缺的一部分，记录本身也成了档案资源的一部分。

别看网

"别看网"是记录土耳其社会运动的数字媒体档案项目之一[①]。该项目旨在通过视听记录、文件和证词揭示土耳其近年来的政治历史，涵盖了从盖齐运动（Gezi）到土耳其国家烟草公司（Tekel）工人抵抗运动等社会运动。"别看网"将自己定位为匿名的、自主的、开放访问的数字媒体档案。

"别看网"项目于 2013 年由土耳其不同城市的媒体艺术家和活动家在占领盖齐（#occupygezi）抗议活动的框架下发起，这一抗议活动始于伊斯坦布尔并蔓延到了许多其他城市。视频采集者收集他们在抗议活动期间的材料，还收集了普通公民的抗议行动以及当局对抗议者所采取的暴力行动种种材料。然而，发起人强调，收集材料的一个重要目的是展示抗议活动期间发表的非暴力讨论和公开宣言，及其与土耳其早期社会运动之间的联系。

该资源包括视觉和文本文件、媒体文件（录音和视频记录）以及各

---

① 参见 http://bak.ma, 2019 年 3 月 13 日访问。

种行动和运动相关的抗议者、组织者和理论家的采访记录，大部分使用开源数字媒体工具，使用者可以在线访问这些材料，确保实现资源的透明度，同时也更容易复制保存档案。"别看网"使用的档案系统来源于pad.ma项目，pad.ma是"公共访问数字媒体档案"（Public Access Digital Media Archive）的简称，该项目2010年在柏林和班加罗尔发起[①]。

"别看网"是一个非常典型案例，它是一个彻头彻尾由存档事件和行动中受到影响并参与其中的人发起的归档计划。因此，它不能也不会被当作历史陈述的产物——具有前文所述"活态档案馆"的概念模式部分中所讨论的，福柯在《知识考古学中》赋予"档案"的功能。正相反，"别看网"记录的是一系列高度本地化、特征明确且绝大部分属于当下决定的立场和做法。这些实践在很大程度上取决于当下的紧迫性和实践发生地的地域背景，并且由于"档案"往往不会受到行动参与者的特别关注，检察机关可能并不会将这些档案记录用于起诉或其他压制目的。

尽管如此，发起者坚持认为这些档案能够为那些短暂发生过的事件制造一个鲜活的记忆，且能够在不同的社会运动之间建立联系，在不同的时代和不同的地域背景下来实践。档案根据活动参与者自身而非外部权威机构确定的标准进行组织。同样，发起者的主要关注点集中在记录档案实践过程中的参与性，它使档案与档案中的社会实践紧密相连。

人民之声

"人民之声"是一项仍在进行中的项目，由埃及裔黎巴嫩艺术家劳拉·巴拉迪发起。项目包括了媒体方案、艺术品、出版物以及一个开放

---

① 参见 https://pad.ma/，2019 年 3 月 13 日访问。

源代码的时间表和门户网站，可供访问 2011 年埃及革命及其后续影响的网络档案，以及其他相关的全球社会运动。

巴拉迪在项目网站上介绍了项目产生的背景：

> 2011 年 1 月 28 日，我作为一名普通公民参与了塔赫里尔广场（Tahrir）的运动。当时一则标题为《开罗勇气》（Cairo Courage in Cairo）的视频正在油管视频网站（YouTube）上疯传，而我的一位朋友则在脸书上发布了一篇让-保罗·萨特（Jean-Paul Sartre）在 40 年前向罢工的法国汽车工人发表的演讲。随着政治局势紧张加剧，网络上出现了越来越多的塔利尔广场示威群众的图片和视频。他们的行动影像，呼应了中东和北非地区日益高涨的社会活动，以及大量过往的社会运动。萨特就好像与我们同在。
>
> 为了追踪这些正在发生的事件，我开始着手记录和归档与 2011 年埃及革命及其后续发展相关的视频、照片、文章和其他记录，以及与此同时在世界各地发生的重大事件的资料。同时，我研究并收集了能够与塔利尔广场以及随后发生的一切产生共鸣的片段，从历史影像（萨特的演讲就是其中之一）到哲学论述，从禁播的卡通片，再到政治讽刺……我将这些还在发生的档案命名为"人民之声"……①

2011 年，巴拉迪参与了令人印象深刻的"开罗解放广场电影"（Tahrir Cinema）计划。2011 年的夏天，在占领解放广场期间，人们在塔利尔广场上立起大屏幕，在晚上向成千上万的观众播放反对穆巴拉克的起义和相关视频。而这些观众往往也是起义参与者，或者就是那些手持镜头的人②。这个计划称得上是埃及近代史上极其动荡和紧张时期里的一

---

① 参见 https://syrianarchive.org/en/about，2019 年 3 月 13 日访问。

② 关于该项目的生动描述可参见：http://www.egyptindependent.com/tahrir-cinema-displays-revolutionary-power-archives/，2019 年 3 月 13 日访问。

种集体表象形式。

想要挑选出合适的视频，至关重要的一点是要广泛地收集视频。视频最早可以追溯至 2011 年 1 月，抗议者第一次占领解放广场的时候。一组艺术家、作家、演员和电影制作人决定在广场的中心设立一个媒体帐篷，便于收集抗议者们制作的媒体文件，为所有参与活动的人提供基础指导，帮助他们拍摄出更多有价值的视频。这也为成立开罗独立媒体中心"我们意志坚定"（Mosireen）[①] 并收集更多的人民起义文件档案奠定了基础。

作为大规模抗议"运动"的一部分，存档镜头在个体参与者的自我意识认定方面扮演着积极的角色（尽管从未正式声明他们是一个团结的统一体），并号召了更多的支持者。与战术媒体一样，这些行动不太在意运用传统的档案思维"记录"事件，而是参与到事件中来放大和扩展它们。档案材料与街头和广场上的具体行动、广泛的公共领域之间存在直接的联系和交流。收集（存档）材料的"权威性"并非源自严格的存档政策、明确的分类标准和一目了然的类别，而是因为它们具有更强的号召力。

在本案例中，"活态档案"毫无疑问成了政治工具，使档案中的隐性政治清晰可辨。

叙利亚档案馆

叙利亚档案馆在很大程度上属于一个独立的项目，它的成立旨在保护自 2012 年叙利亚武装冲突以来，人权调查员、倡导者、媒体记者和新闻记者付出极大努力所记录下的种种侵犯人权行为的文件档案。发起人通过开发新的开放源工具，采取透明和可复制的方式来收集、保存、验

[①] http://mosireen.org, 2019 年 3 月 13 日访问。

证和调查冲突地区的视觉文件[①]。

发起人表示，他们相信"侵犯人权行为的视觉记录更为透明、详细和可靠，这对提供解释说明和证据至关重要，并有利于冲突过后的重建和稳定。这些记录可以给予受害者人权，减少对死亡人数的争议，帮助社会了解战争所造成的真正的人文代价，支持真理与和解"[②]。

发起人进一步指出，通过验证的用户生成的视觉文件对于人道主义应对计划、支持加强冲突各方遵守法律机制、加强宣传运动和法律问责制、留存叙利亚内战中侵犯人权记录等方面，同样极具价值[③]。

叙利亚档案馆还解决了"活态档案馆"的话语维度问题，正如发起人所说，"视觉记录使叙利亚档案馆能够通过放大证人、受害者和其他冒着生命危险捕捉和记录侵犯人权行为的人的声音，讲述在叙利亚所发生的不为人知的故事"[④]。在这里，叙利亚档案馆体现出与战术媒体非常相似的原则，特别是在战术媒体从不报道事件，而是始终参与其中这一点上尤为相似，从这个意义上讲，这并不公正[⑤]。

通过收集、验证、保存和调查叙利亚侵犯人权行为的视觉文件，叙利亚档案馆的发起人希望能够"将记录保存为数字记忆，建立一个经过验证的侵犯人权行为数据库，为叙利亚司法正义和合法问责概念与实践提供证据工具"[⑥]。与战术媒体档案和人民之声相比，叙利亚档案馆明显增加在法律维度方面的功能。在叙利亚冲突人权罪行诉讼的相关法律程序中，叙利亚档案馆的参与，将资料的战略维度引入到档案和记忆的职能中。

实现叙利亚档案项目战略职能的三个核心原则是：① 内容识别、获

---

① 参见 https://syrianarchive.org/en/about，2019 年 3 月 13 日访问。

② 同上。

③ 同上。

④ 同上。

⑤ 参见洛文克和加西亚的介绍（1997 年），http://www.tacticalmediafiles.net/articles/3160，2019 年 3 月 13 日访问。

⑥ 《愿景》（Vision），参见 https://syrianarchive.org/en/about，2019 年 3 月 13 日访问。

取和标准化；② 确保长期保存；③ 验证、编目和元数据补充[1]。资源在战略性法律层面所引发的争论，毫无疑问，将会集中于诉讼过程中。这些材料中显示的在冲突期间"实地"发生的事件信息，在多大程度上可以作为可靠来源？反过来，这个问题也将质疑发起人所发起的研究方法的可靠性。

结论

激情时刻的短暂即逝的活力，与事件艺术、档案与存档事件捕捉机制之间的冲突引起了一种内在的张力。"活态档案馆"的理论和实践工作试图解决这种紧张关系，而无须对其构成元素实施同质化排序。"活态档案馆"模型不会将对象和事件禁锢为"清晰而明确的陈述"（Foucault, 2003），也不接受以某种形式表现历史的静态类别和分类方式。该模型拒绝为任何特定战略政治计划做有关过去、现在和未来的神话叙述，或神话文化叙事的构建。（Assmann, 1997）相反，"活态档案馆"更强调历史发展的偶然性和开放性。

基于这一特定目标，"活态档案馆"的话语维度是整个模型及其相关实践的最重要特征。这种话语维度体现在其线上应用程序的编辑工具上，维基百科的开放式编辑结构可能是迄今为止最好的例子。但重要的是，它也可以在广泛接触档案资源和实践过程所处的社会政治和文化背景中体现出来。在战术媒体档案的案例中，话语维度并不全是通过在线应用程序实现的，在线应用程序虽然开放访问但只能查看，有时要通过围绕资源和战术媒体不断发展的实践的公开辩论和聚会，话语维度才能得以体现。

---

① 《愿景》（Vision），参见 https://syrianarchive.org/en/about，2019 年 3 月 13 日访问。

因此，话语维度既可以在在线辩论中展开，也可以在面对面的公开会议、辩论、研讨会、专题会议和能够获得观众反馈的直播活动中展开。这些活动的目的不是对实物和事件进行常见的元分类，而是推动对这些对象和事件的再阐释，使其始终不会被分类。"活态博物馆"的概念坚决拒绝任何构建最终分类的尝试。

公共研究是开发"活态档案馆"资源的主要研究方法——一种始终处于公众视野中的研究形式，涉及了广泛的受众群体，以及任何与研究对象和事件有关的团体、个人或实体。研究涉及的事件，在线讨论、传播工具和线下聚会都有助于为公众打开从开始到实现的研究过程。在"活态档案馆"的理想模式中，不仅需要有既定研究问题和对象的反馈，更重要的是对这些问题的定义阶段和研究对象的选择。"活态档案馆"通过这种方式来增强档案的分散性而非稳定性。

以上原则清楚地表明，"活态档案馆"并不具有政治中立性。"活态档案馆"与战术媒体的运作原则相同，即从不只是单纯地记录或报道事件，而是始终积极参与其中。这种参与必然是开放式的；不然"活态档案馆"很快就会变为一种政治工具。

在前文探讨的高度依赖用户生成内容的3个案例（别看网、人民之声和叙利亚档案馆）中，上述问题显得尤为紧迫。部分原因是这些项目中的档案对象的来源问题，当然还因为这些项目的积极参与程度，以及这三个案例所处的高度紧张的政治背景。这类复杂项目的困境在于如何让极度分散的支持者（档案材料的"生产用户"）参与到资源建设中。而这个问题目前在很大程度上仍未解决。

由于"活态档案馆"的模型拒绝将实物和事件进行既定的分类，因此叙利亚档案馆希望将其收集的档案，作为叙利亚武装冲突期间侵犯人权的犯罪证据，提交司法诉讼的可能性也就充满不确定性。对于原材料的验证存在着争议，且按照"活态档案馆"概念的逻辑，这些材料应该接受持续严格地审查，这使得概念与已验证材料拟提出的证据功能和既定验证过程的目标产生了不一致。

"活态档案馆"偏重活态文化进程、非物质和"蜉蝣类"的事物，强调事件在模型中的中心位置，这使其功能原则与事件艺术档案高度切题。虽然艺术形式可能并不像本文所探讨的四个案例一样具有政治紧迫性和争议性，但它们之间的确存在着各种生命力之间的内在张力，这对事件艺术、档案与存档捕捉机制的静态特征至关重要。例如，对于视频档案中的行为艺术记录总是很难让人感到满意。相反，人们在实际活动中获得的经验的分享、发表的回复与评论、随着时间推移而对工作的讨论，再阐释，争议，媒体报道，所有这些都有助于更深入地了解档案实践及其背景。在理想情况下，这种解释过程永远不会结束，而是随着距离事件发生时刻越来越久而进一步传播扩散。

视频文件（登记文档）、研究笔记（来自艺术家和活动参与者）、草图、活动中的准备材料、观众录音以及任何与活动相关的材料，推动了对档案实践的意义和重要性不断地进行探讨。

这种档案模型也有利于解决科技艺术的困境，例如，互联网艺术往往要依靠特定时代的硬件和软件，而随着新一代数字机器的诞生这些硬件和软件很快就会被淘汰。哪些需要"存档"是最常讨论的问题。原始数字工作及其技术支持结构一起归档？或是往往超出传统记忆组织的任务范畴——专注于记录事件的来龙去脉，从事件开始直到受众给予反馈？"活态博物馆"模式或许能同时完成这两个维度，在这里它们被整合成一场不间断的文化与艺术辩论，进而成为一个先验的开放式话语过程。

参考文献

Assmann, Jan. 1997. *Das kulturelle Gedächtnis: Schrift, Erinnerung undpolitische Identität in fruhen Hochkulturen.* Munich: Beck.

Foucault, Michel. 2003. *The Archaeology of Knowledge.* London: Routledge.

Lovink, Geert, and Garcia, David.1997.The ABC of tactical media. www. tacticalmediafiles.

Manovich, Lev. 2001. *The Language of New Media.* Cambridge, MA: MIT Press.

Stalder, Felix. 2008. Thirty years of tactical media. In: *Public Netbase: Non Stop Future: New Practices in Art and Media.* Vienna/Novi Sad: World Information Institute/ KUDA.org, 190–195.

本章作者简介

埃里克·克鲁伊滕贝格（Eric Kluitenberg）是一名理论家、作家、策展人和教育家，致力于文化、政治、媒体和技术的交叉领域研究。他是"战术媒体文件"（Tactical Media Files）的总编辑，战术媒体文件是一个有关战术媒体的在线文档平台。他还是阿姆斯特丹网络文化研究所（Institute of Network Cultures）的研究员，在荷兰海牙的艺术科学学院（ArtScience Interfaculty）讲授文化和媒体理论。他最近的著作包括《（非）流动性》[*(Im)Mobility*, 2011]和《声学空间 11 号：技术生态学》（里加新媒体文化中心，2012 年）（*Acoustic Space #11, Techno-Ecologies*, RIXC, 2012）。

第二十一章　互联网时代的策展

对于世界上一半以上的人来说[1]，互联网是日常生活的一个具有决定性影响的因素。尽管网络在现代社会绝大部分活动领域中无所不在，影响力与日俱增，但这离不开艺术家和策展人的推动。可以肯定的是，至少从基本意义上讲，每个使用智能手机或个人电脑的人现在都能算得上是某种策展人和档案管理员[2]。今天，很大一部分的日常工作、社会和家庭活动的时间都花费在大量图像、文档、数据、链接以及音频和移动图像媒体的选择、组织和演示上。这些活动越来越多地在与远程服务器的联网中运行，我们普遍将这种远程服务器称为"云平台"（the Cloud）[3]。值得注意的是，这种基于网络的屏幕活动大部分都围绕着选择和显示策略，以一种货币形式来吸引和引导注意力。这种现象因为"云平台"的

---

[1]　无处不在的互联网连接是发达国家 21 世纪生活结构的重要组成部分。而对于世界上最边缘化和最受排斥的人来说，情况并非如此。随着越来越多的人上网，离线的相对劣势也就越来越大。尽管"鸿沟正在缩小"，但它也在"不断加深"。（Ewing, 2016）在 2015 年联合国发布的一份报告中指出，在发展中国家中，仍有数十亿人口无法访问互联网，其中包括"生活在最贫穷国家的人中的 90%"。（United Nations, 2015）

[2]　任何生命碎片总是随着时间的流逝而累积。数字技术只是加快了保存和积累的效率——转而要求对选择、分类、存档、检索和重新呈现的过程相应地给予更多关注。

[3]　尽管互联网实际上已经将世界变成了一个以云作为比喻的巨大的图书馆，但它仍然受到个人操作的编辑选择与国家和公司议程的限制。正如梁日明（Lawrence Liang）所说，"图书馆的乌托邦理想……注定是不完整的（并且）会被那些它无法避免遗漏和忘记的东西所困扰"。（Liang, 2012）这个比喻的生动之处在 2015 年塞拉维斯当代艺术博物馆（the Serralves Museum）举办的"云之下"（Under the Cloud）策展中得到了体现。云的比喻同时也掩盖了从所有权文化到美国经济和社会理论家杰里米·里夫金（Jeremy Rifkin）所描述的访问时代的广泛转变，在访问时代里，通过许可和租赁，我们基本上都变成了文化产品的永久租用者。

广泛应用、几乎不间断地访问互联网和数字成像技术而加速发展，特别是在像脸书（Facebook）［或微信（WeChat）］、推特（Twitter）和照片墙（Instagram）等社交媒体服务中更为明显，成为展示精心策划但自相矛盾的个体表达、偏好和意见的工具。在某些极端情况下，这可以有效过滤掉一些我们不喜欢的信息。但是，在沿着这条路走得更远之前，我们或许应该问问自己：这类活动在什么情况下、以何种方式，能够成为一种有意义的策展方式？不可否认的是，将技术运用到所专注的领域，既是一种日常生活也是一种艺术。而一些活动显然正试图同时在这两个领域找到一席之地。这就像任何通过艺术呈现的本体论的情况一样，某些相互不足的特征——如概念和美学（Osborne, 2013）——始终是必需的。

本章通过既有的和非传统的展览方式，在某些情况下，如我们将看到，互联网策划不必与策展实践更笼统地区别开来。然而，正如本章所揭示的，互联网——或者，更确切地说，在大多数情况下，万维网①——在策展人思维和实践方面发生了重大转变。今天，新的策展方法正在与数字激活的展示和传播模式同时出现，其特点是永久可重复性、多重交叉的时空和物化以及物理空间的沉降。因此，本章讨论了网络化、分布式和模块化的方法，这些方法会破坏、民主化、对抗化、制度化，在某些情况下完全绕过策展人的数字。其中许多方法不再必然与单一事件或空间相关联，也许更能理解为通过屏幕作为公共空间连接的感知、制作和传播模式之间的全方位运动。这个公共空间可能提供对新作品的访问，照亮被理解为在时间和空间其他地方的作品的存在，或者提供多种或可替代的物化、版本、归因、解释和现有作品的代表性。

---

① 万维网（缩写为 WWW 或 Web）——由英国科学家蒂姆·伯纳斯－李于 1989 年发明——是一个全球连接的信息空间，在这里文档和其他网络资源由统一资源定位符（URLs）标识，并通过互联网访问联通超文本链接。

新奇、平庸还是转变?

正如前文所述,现如今,任何互联网上的活跃用户都是事实上的策展人——特别是当一个共享链接或内容被重新构图、重新配置或翻译解读的时候。然而,经过审慎地观察,问题很快就转变为这种共享链接是否可以促成更深一层的批评性或体验性参与感。这样的活动——就像那些发生在如过去一样厚重的当下的活动一样——会被有目的地通过专业化或专业知识进行区分吗[①]?或者换句话说:如果现在每个人都是策展人,那么专业策展人还重要吗?或者我们是否需要其他类型的评估工具和策略?(本章稍后将探讨第二个问题)

在过去的20年中,机械和照相制版技术出现了,而文化生产和分布中的数字驱动变革也随之产生。在无数的活动领域中,支持内容共享的网站已经形成了普遍化、高度特殊化的用户填充和用户生成分类法。正如一些老牌机构开放了其藏品搜索,爱好者们同样创建维护了众多可共享的内容世界。那么,重新描述一下之前的问题,如果有人可以将网上找到或出现的资源有目的地串联起来,那么互联网专业策展活动的特点到底是什么呢?我们是否革新了数字时代策展中的伦理、美学和政治价值观?

现如今,互联网逐渐被视为一种普通而非新奇的事物。艺术家同一般网络用户一样(以产生和消费的当代主题的形式联合起来)经常重复使用在线材料,重新调整传播语境,产生新的含义或揭示还未发现的矛盾。正如美国的英国艺术史学家克莱尔·毕晓普(Claire Bishop)所指出的,对于许多当代艺术家来说,20世纪的挪用策略(strategy of appropriation)已经转变为一种默认的重新利用形式,即持续不断的"重

---

① 现在,社交媒体建立起了相对成熟的文化条件,非专家评论和意见与"专家"意见同样重要。

组和转码……预先存在的文件"。（Bishop, 2012: 438）面对信息世界不断膨胀的"信息肥胖症"，艺术往往难以断言文化意义。对许多观察者来说，这种显而易见的情况已经存在一段时间了。美国评论家詹姆斯·韦斯特科特（James Westcott）在 2008 年提出了这样一个问题，即"艺术家们要如何通过 YouTube、谷歌图片（Google Images）或色情作品等调色板，将大量唾手可得的、近乎无聊的文化知识档案重新赋予意义？"（Westcott, 2008）

虽然在网络环境中区分艺术和非艺术的任务与更广泛的艺术和非艺术哲学问题没有明显的区别，但很显然，在这个只需轻移手指即可在几秒钟内滚动浏览几十张图像的领域里，这种区别很难超越主观臆断而不诉诸空洞。艺术家和策展人如何应对这些不和谐的干扰？英国哲学家彼得·奥斯本认为，这种情况在本质上是自相矛盾的，因为"艺术可以分散注意力，也能够使注意力不被（尚未）转移"。（Osborne, 2013: 186）对奥斯本来说，互联网的艺术隐含性仍然不清楚：

> 今天，随着视听通信技术数字化融合，转移人们注意力的方式再一次发生改变，从电视发展为多站点和具有社会功能的交互式液晶显示屏：尤其是智能手机和平板电脑。我们正在经历一个新的，空间更为分散的互联网"分心崇拜"，其社会、经济的——但不包括艺术——意义是显而易见的。（Osborne, 2013: 185）

毫不奇怪，鉴于互联网本身的性质，许多互联网艺术既采用又反映了复制、超链接、共享、标记和过滤的做法。如今，互联网促进了许多当代艺术话题、主题和方法的构建，因此涌现出了各种线上反思、举办或组织的策展活动。此外，点对点技术在用户常规修改和转发的过程中，将艺术家创造、策展人选择和阐释的剩余假设进一步问题化。不管怎么说，在网络领域，专业策展人有了更广泛的发挥空间。考虑到专业策展人不再只是简单地组织布展，同时还创建活动、文本、会议和档案——始终关注各自的在线陈述——策展人相较于艺术家的声望、受关注度以及影响力（尽管这些角色定义还有些模糊）可能不成比例。奥斯本在对德国评论家鲍里斯·格罗斯（Boris Groys）的解读中曾指出，作为"影像的表演者"（Groys, 2008: 85），策展人已经具有调解的功能，数字化进程使"策展人篡夺了艺术家的角色"。（Osborne, 2013: 130）

然而，策展人职能的提升还未能尘埃落定。生产工具的低成本使用、选择和聚合意味着"互联世界"中的大多数人——至少在理论上——是内容制作者和选择者。随着内容过滤，曾经属于策展人和编辑的专业活动现在人人皆可参与，策展人需要进一步辨析他们的专业角色。策展理论家贝丽尔·格雷厄姆和莎拉·库克认为（2010），有三个隐喻能够很好地用来比喻数字化中心作品的策划，即"作为过滤器的策展人""作为编辑的策展人"和"作为语境提供者的策展人"（11）。虽然大部分"网络艺术"（net.art）的策划强调策展人作为过滤器的作用，但在线策划活动也可以根据参与性、协作性、分散性的技术驱动变化活动而有所不同，例如命名、分类、突出显示、列表制作、调节和编辑。（Graham and Cook, 2010: 11）许多活动只是使受众在新的配置或上下文中体验数据流。另一些则相对具有变革性。无论如何，编辑、作者、公关人员、设计师、制片人、项目经理和造型师之间的明确区别在网上很容易变得模糊，在网络领域，策展活动可能涵盖了从启动到管理等多个环节。此外，这种模糊进一步导致了策展人、艺术家、档案管理员和观众之间的角色难以分辨。

许多互联网艺术的一个关键特点是，它有效地在流通、存储、展示、保存和复制方面采用了相同的技术手段。从这个意义上来说，当代艺术形式与内容的不可分割性引起的主要问题是适用性。互联网不仅仅是一种工具或媒介，而是一个研究、构思、生产和传播作品的世界。加拿大理论家凯特琳·琼斯（Caitlin Jones）认为，笔记本电脑"同时扮演了工具、空间、产品和框架的角色"。（Jones, 2010）数字技术还有助于对现存作品进行简单的修复和模拟。例如，网站可以同时呈现书籍、电影、广播节目、电视和实体展览空间及其之外的所有元素。从这个意义上说，互联网有效地将所有其他可复制媒介的复制品扁平化。同时，大量其他的人类活动，不论是沟通是休闲还是对峙，观看屏幕和输入信息的行为也被流畅地扁平化。在线的无形技术似乎可以消除边界，将分布式系统整合在单一可识别但繁多的网络空间中。这种融合引起了一些艺术家和策展人的兴趣。例如，斯洛文尼亚艺术家阿列克桑德拉·多马诺维奇（Aleksandra Domanović）策划了一个通过屏幕探讨我们的消费和研究文化的方式的项目。扁平化是多马诺维奇 2009 年双年展"言出即行"（Dictum Ac Factum）的主题——这是一个包含嵌入图像、文件和剪辑功能的网站，突出展示了动态同类相食过程的循环混乱。在这个项目中同样值得注意的是与 VVork.com 的在线策展合作〔一同参与的还有奥利弗·拉里克（Oliver Laric）、克里斯托夫·普里格林格（Christoph Priglinger）、乔治·施尼策（Georg Schnitzer）〕。

虽然目前我们仍身处在可以算是大潮的潮头，但互联网策展活动正变得越来越普遍。最近一个较为创新的在线策展的例子是"#exstrange"。这个基于网络的实时项目是由里贝卡·莫德拉克（Rebekah Modrak）和玛丽亚劳拉·吉迪尼（Marialaura Ghidini）发起的，活动时间从 2017 年 1 月 15 日一直持续到 4 月 15 日。项目利用在线市场"易贝"（eBay）作为展览工具，策展目的在于明确地探索艺术生产、商业和文化交流之间的关系。（Ghidini and Modrak, 2018）艺术家和设计师为易贝专门创作了一组"拍卖的艺术品"（artworks-as-auctions）系列，将易贝列表信息，如描述性文本、图像、定价和类别作为艺术和策展媒介突出地表现了出来。展览内容以离散行业（如商业和工业、收藏、消费电子产品、健康与美容、房地产和保修服务业）为主，策略明确，旨在覆盖全球多样化的受众。值得注意的是，"#exstrange"项目创作和展出了102件"拍卖的艺术品"，在北美、欧洲和印度受到极大的关注（见图21.1和图21.2）。比较特别的是，展览使用了同一在线平台，有效地进行了定位、制作和宣传。

与当代艺术一样，围绕互联网艺术和互联网活化艺术的讨论往往强调过程、参与和受众的语言。有些参与是同步的，但大多数是不同步的。虽然更普遍的艺术世界语言得以扩展，数字网络活动的特性产生了有针对性的演变，基调上同时具有反乌托邦和乌托邦的特色。

美国评论家雷切尔·格林（Rachel Green）指出，互联网艺术是严肃性与批判性地将"技术使用和权力下放、生产和消费问题交织在一起"，（Green, 2004: 8）保罗则认为，它提供了一个"平行、分散、实时的信息空间，艺术家、观众和策展人在这里相互影响——一个透明灵活的交流、协作创作和展示空间"。（Paul 2006: 81）尽管不时地得到一些草草的称赞，但人们惯有的对于网络艺术的接受程度仍会随着以技术为中心的社会习惯所带来兴奋程度而起伏不定。有的时候不感兴趣，有的时候则毫无节制地过分关注，（Graham and Cook, 2010: 39）往往缺乏具有反思性的思考。

在强调双向沟通时，互联网所拥有的无所不在的社会属性无疑促使艺术家和策展人将交流视为主题、将信息视为艺术材料。有别于广播媒体文化被动接受的特征，网络文化促进互联互通，欢迎主动参与[1]。网络艺术不仅是当代艺术的一部分，更广泛地来说，它将艺术与广义文化的议题完全地空间化与融合。正因如此，它积极回应了重在沟通和参与的策展实践。

---

[1]　实际上在 YouTube 等平台上发表评论的用户比例还相对较小（某些观看次数超过一百万的视频的评论为零）。

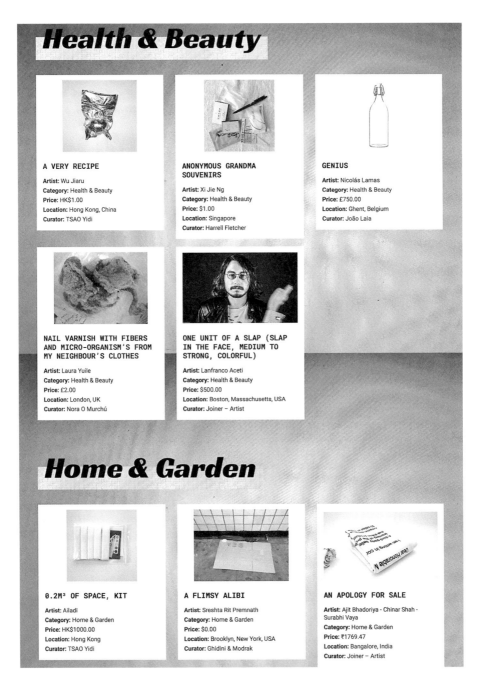

Health & Beauty

A VERY RECIPE

Artist: Wu Jiaru
Category: Health & Beauty
Price: HK$1.00
Location: Hong Kong, China
Curator: TSAO Yidi

ANONYMOUS GRANDMA SOUVENIRS

Artist: Xi Jie Ng
Category: Health & Beauty
Price: $1.00
Location: Singapore
Curator: Harrell Fletcher

GENIUS

Artist: Nicolás Lamas
Category: Health & Beauty
Price: £750.00
Location: Ghent, Belgium
Curator: João Laia

NAIL VARNISH WITH FIBERS AND MICRO-ORGANISM'S FROM MY NEIGHBOUR'S CLOTHES

Artist: Laura Yuile
Category: Health & Beauty
Price: £2.00
Location: London, UK
Curator: Nora O Murchú

ONE UNIT OF A SLAP (SLAP IN THE FACE, MEDIUM TO STRONG, COLORFUL)

Artist: Lanfranco Aceti
Category: Health & Beauty
Price: $500.00
Location: Boston, Massachusetts, USA
Curator: Joiner – Artist

Home & Garden

0.2M³ OF SPACE, KIT

Artist: Ailadi
Category: Home & Garden
Price: HK$1000.00
Location: Hong Kong
Curator: TSAO Yidi

A FLIMSY ALIBI

Artist: Sreshta Rit Premnath
Category: Home & Garden
Price: $0.00
Location: Brooklyn, New York, USA
Curator: Ghidini & Modrak

AN APOLOGY FOR SALE

Artist: Ajit Bhadoriya - Chinar Shah - Surabhi Vaya
Category: Home & Garden
Price: ₹1769.47
Location: Bangalore, India
Curator: Joiner – Artist

图 21.1 《#exstrange 在亿贝购物网站直播》[#exstrange Live Now on Ebay，与安克·许特勒（Anke Schüttler）合作]，2017 年，互联网作品；丽贝卡·莫德拉克（Rebekah Modrak）和玛丽亚劳拉·吉迪尼（Marialaura Ghidini）供图

图 21.2 《#exstrange 档案馆》（#exstrange Archive），2017 年至今，互联网作品；丽贝卡·莫德拉克和玛丽亚劳拉·吉迪尼供图

一些历史回顾

艺术在脱离了传统的中介范畴后，明显变得更加地依赖表现媒介的环境。互联网艺术和互联网激活艺术只是扩展了这一趋势。格林认为，1993年图形化页面浏览的兴起赋予了网络艺术视野以历史意义。（Green, 2004）从20世纪90年代初开始，随迅速发展的科技而来产生了分类描述与术语的一致性问题。到了90年代末，美国策展人史蒂夫·迪茨等评论家表示，"网络艺术"（net.art）是用来描述网络是创作的必要条件的一个合适的通用术语。今天，不同叫法的"网络艺术"术语可以互换使用，如"internet art""net-based art""net art""net.art""web art"等。同时，像"赛博空间"（cyberspace）和"网络冲浪"（web surfing）等在早期互联网文化的浪潮中曾经颇为典型的网络术语，已经陷入了古怪的无人在意的困境。造成这种困境的其中一个原因可能与空间和时间探索息息相关的隐喻日益消失有关，这些早期的术语也许更具有暗示意味。

尽管万维网产生了高度专业化的网络、学科配置和原子微流派，但一些广义历史概括在这里可能仍然适用。与其他艺术史一样，网络艺术的发展历程同样充斥着虚假的开端、迷失与复兴的形式表达。而由技术驱动的技术曲线成熟度，进一步导了了历史轨迹的随意性。（Graham and Cook, 2010）由于网络艺术对"过时"的反应极为敏感，在更全面的批评达成共识之前，炒作就显得更为随意。（Graham and Cook, 2010）这就给予了时效的价值和成熟的策展框架新的关注。正如意大利评论家兼策展人多梅尼科·夸兰塔（Domenico Quaranta）所指出的那样，早期许多将互联网艺术引入展览环境的尝试，都是由策展人而非艺术家推动的。他举例，西蒙·拉穆尼埃（Simon Lamuniére）参与了1997年"第十届文献展"（documenta X）的策展工作，他同时也是该展览平行网站的策展人。（Lambert, McNeil, and Quaranta, 2013: 26）

传播和访问的相关问题一直以来都是互联网艺术发展的一个特

点。毫不奇怪，考虑到在运用互联网创作之前艺术家们的一些营销习惯，不少网络艺术家试图进入、扰乱或控制私人控制的分销系统。这些策略其实往往具有准策展的性质。一个历史案例就是德国艺术家科妮莉亚·索尔弗兰克（Cornelia Sollfrank）1997 年在汉堡美术馆（Hamburger Kunsthalle）举办的"网络艺术"比赛中所提交的作品，回应就是这一趋势。在作品中，索尔弗兰克通过一个程序从网上随机收集 HTML 材料，将这些材料自动合成，虚构出 289 个女艺术家，并邀请她们一同参赛。在索尔弗兰克的《女性延伸》（Female Extension, 1997）项目得到广泛关注之前，可以想见比赛的获奖名单上全部都是男性，而这个作品毫无预兆地使博物馆意识到还有许多女性参赛者。随后，她对合成方式进行了调整，委托四位艺术家制作程序在网上搜索材料，以重新构建不同的 HTML 艺术作品，每个作品都产生了令人惊讶的结果。

想要对互联网艺术和互联网激活艺术进行充分评估，至少需要对现有的技术历史有一定的了解，但这其中其实还有许多内容我们知之甚少。使这种情况更加复杂的是，许多艺术教育仍然掩盖了技术历史。因此在阶层社会中，数字历史素养常常被技术迷惑和在被卢德派（Luddite）质疑的阐释中发挥作用。克里斯蒂安·保罗（Christiane Paul）指出，"对其'后端'的理解将始终是一种边缘文化（封闭系统），无法融入（以感知为导向的）艺术批评的主流"。（Paul, 2006）这种难以融入会"导致作品严重过时，因为缺乏大量的新颖性技术"，因此"质疑进步、创造、创新的方式方法，是支撑技术在文化中的运作方式的基础"。（Balsom and Kholeif, 2015: 287）

在传统展览环境中，策展人在尝试展示互联网艺术或互联网激活艺术时，所面临的一个挑战是如何在实体画廊的时空限制内，恰到好处地呈现动态和互动体验。使这种情况变得更加复杂的是，传统艺术机构和观众总是希望看到类似于视频装置的在线作品。因此，策展人必须要思考如何使观众在画廊的环境中的联网体验，有别于在家、工作或公共交通工具上的上网体验——而非诉诸异常奇观。某种程度上说，接下来的问题是一个更大的挑战：用数字媒体技术制作的艺术如何区别于流行大众媒体？数字媒体无处不在，从社交媒体到企业的电子店面。相对于艺术制作技术，大多数人更了解如何使用互联网，因此受众对某些特定方面的媒体更为熟悉。那么，数字媒体与艺术的区别到底是什么？哲学层面的答案当然会比较简短。就一般的数字媒体而言，以艺术形式呈现的数字媒体（一般而言指当代艺术）在独特的本体论领域中被虚构化了。这种难以辨别的差异，曾在美国哲学家和艺术史学家亚瑟·C.丹托对"艺术世界"的描述中得到了阐述；但奥斯本在最近对此提出了异议，他认为后概念艺术的结构自由虚拟化了艺术机构跨国联网的合作；（Osborne, 2013）美国理论家帕梅拉·李（Pamela Lee）则在"艺术世界的作品"（the work of art's world）中对此进行了反向阐释。（Lee, 2012: 2, 8）

展览项目能否获得资助，通常取决于该项目能否可信地展示广泛的社区影响或与流行社会文化议题的相关性。因此，策展人通常需要设法协调既定艺术门类与实现广泛文化领域的思想之间的复杂关系。如奥斯本所指出的，自 20 世纪 60 年代到 90 年代，新的策展策略在"以与独立作品的批判艺术意义基本无关的方式发展——'命题'展览展出了通过松散联系聚合在一起的各种类型的作品，而缺少特定的艺术统一"。（Osborne, 2013: 104）只有互联网成为艺术创作的话题、主题和方法，才能加速这种转变。在这里，对特定元素在网络中发挥作用的方式的专业理解，以及对各种完全不同的想法、技术和材料进行修正和展示，将其转化为可识别形式的复杂过程的敏感性，是批判性参与在线策展所必不可少的条件。显然，对以数字为中心的艺术作品的物理属性来说，任何不能反映风俗及其与宿主文化相关行为的思考都是不全面的——特别是考虑到以数字为中心的艺术作品的物理属性本质上的多变性、萌芽性和可取代性（有时甚至在展览策划和执行过程中就会发生）。

某些数字时代的艺术会具有永久的生命力吗？如果没有了"云文档"，它们将存储在哪里？加剧上述技术驱动方式与滞后或缺乏严肃关注度之间的不一致性的问题，是影响档案实践是否可以良好进行的一个因素。希望回归到相对较新的作品的策展人会面临技术过时的困境。美国记者梅莱纳·雷兹（Melena Ryzik）在 2013 年曾指出，"数字艺术的 1 和 0 的退化速度比传统视觉艺术要快得多，维护要求也要高得多"。（Ryzik, 2013）在近期的一个展览中，策展人将这个问题提前纳入了实践前提。在英国策展人吉姆·博尔顿（Jim Boulton）2017 年的展览"64位"（64 bits）中，拨号调制解调器的音调成为一种历史纹理。博尔顿致力于保存互联网文化历史上那些尚未存档或被转译成现代格式的作品，展览还邀请参观者自带年代久远的媒体作品，再请专家转换为现代格式。

当前，有一些致力于推广、归档和历史语境化互联网作品和收藏的项目。但只有少数的几个是自网络艺术早期阶段就成立运营的。"根茎"（Rhizome）是一个致力于支持数字艺术形式的非营利组织，由美国艺术家兼策展人马克·特赖布（Mark Tribe）于 1996 年创立，"是替代艺术世界自上而下的等级制度的一种反等级实践"，（Laurel, 2016）致力于"利用技术手段进行新兴艺术实践的创作、展示、保存和批判"。（Rhizome, 2007）该组织在 1999 年建立了一个相对全面的网络相关的艺术形式在线档案，称为"艺术品数据库"（ArtBase）。除了存档作品托管外，"根茎"的工作还包括数字艺术保护和过时代码更新。"根茎"的项目涵盖了各种各样的在线活动和实体展览，包括在纽约新博物馆（New Museum）和其他地方举办线下展览。值得注意的是，2002年，由马克·特赖布在纽约动态影像博物馆（Moving Image Gallery）策划的"网络蜉蝣"（net.ephemera），是在不使用计算机的情况下，举办的关于互联网艺术的展览的第一次重大尝试。2005 年，在纽约新博物馆，"根茎"举办了由劳伦·康奈尔（Lauren Cornell）和雷切尔·格林

（Rachel Green）共同策划的在线档案馆精选作品展，展出了许多著名的网络艺术家的作品，如小约翰·F.西蒙（John F. Simon Jr.）、M.里弗与T.惠德艺术组合（M. River and T. Whid Art Associates）、欧洲网络艺术联盟（0100101110101101.org）、张英海重工业艺术组合（Young-Hae Chang Heavy Industries）以及科里·阿康热尔（Cory Arcangel）。玛丽莎·奥尔森（Marisa Olson）于2005年成为"根茎"的策展人，见证了"不仅支持互联网艺术，而且支持所有与互联网互动的艺术"的转变。（Olson, 2011: 59）在2010年，康奈尔大学（Cornell）在纽约新博物馆举办了主题为"自由"（Free）的展览——该展览基于法学教授劳伦斯·莱斯格（Lawrence Lessig）的论点，即数字信息应该免费共享以避免企业封建主义。（Lessig, 2004）康奈尔大学认为，"自由"促使艺术家"借用和重新构建数字图像——不是作为一种反叛的窃取或解构的批评行为——而是作为一种深思熟虑、积极参与高度流通、融合、国际化文化的方式——如果这种数字图像的流通不均衡的话"。（Cornell 2010）考虑到展览所表达的精神内涵，纽约新博物馆放松了对摄影的一贯禁令，并且提供了可以免费下载的文件形式的展品目录。2015年，"根茎"将其颇具影响力的博客VVORK归档（标志着首次将整个网站进行归档）并推出了Oldweb.Today（复古网站浏览器，它使用户能够在模拟的历史网络浏览器中查看存档网页）。（Dellinger, 2015）2016年"根茎"的"Webrecorder"第一次完成了记录用户浏览站点以捕捉交互功能的尝试。

后网络时代的策展活动

我们伴随互联网长大，是互联网的一代……对我们来说，互联网不是现实之外的东西，而是现实的一部分：一个与物理环境交织在一起的无形但始终存在的层。我们不使用互联网，我们生活在互联网中，与其紧密相连。（Lambert, McNeil, and Quaranta, 2013: 212）

尽管经历了彻底范式的社会和政治变革，但要在历史的长河中站得足够远去衡量这些变革对艺术和策展实践的影响仍然具有挑战性。尽管缺乏反思距离，但最早的专业艺术家和策展人业已具有十多年的职业生涯，他们成长在互联网时代，往往将互联网视为既定或稀松平常的事物。所谓的后网络艺术被普遍认为是在互联网带来的社会和文化变革之后产生的艺术。因此，后网络艺术家被认为是在生产和消费的相互化功能中，作为根深蒂固的"生产性消费者"进行批判性工作。现如今，许多生活体验都可以通过在线和离线来获得。从这个意义上说，互联网只是现实的延伸。任何试图坚持严肃区分在线和离线的尝试都只是出于对以前分离的浪漫渴望。尽管有一些艺术家只在网上举办展览，但更多的艺术家还是会制作某一作品或项目线上和线下的不同版本或表现形式。后网络时代文化的一个关键特征是虚拟和物理之间不存在差别。许多后网络时代的作品不一定存在于网上，而是随着数字化图像的社会影响而发挥作用。矛盾的是，即便怀旧驱动的定制手工产品唤起了它对数字社区中数字文化的排斥。无论如何，许多艺术家和策展人试图表现和接近某个存在于在线和离线领域之间的现实：

> 我们对这个空间的理解改变了 …… 这不是一个虚拟的、抽象的"网络空间"，而是旧现实世界的增强版本。所以，现在你的作品可以在白立方画廊（White Cube）展出了，不过你仍然是一个网络艺术家。（Lambert, McNeil, and Quaranta, 2013: 25）

"后网络艺术"（post-internet art）一词已经过时了，尽管它至少流行过，是由德国艺术家和理论家玛丽亚·奥尔森（Marisa Olson）在

2008 年（Debatty, 2008）创造的，并在 2009 年由纽约艺术评论家吉恩·麦克休（Gene McHugh）进一步明确。（McHugh, 2009/10）也许简洁地归纳起来，如纽约艺术家阿蒂·维尔康特（Artie Vierkant）所说，后网络艺术"意味着被无处不在的创作者、不断扩大的货币影响力、网络文化中物理空间的崩溃以及数字材料无限的可复制性和可变性"。（Vierkant, 2010）该术语本身是陈词滥调的事实进一步证明了它所努力概括的条件随处可见。而由于万维网是访问互联网的常用手段，有人建议将其称为"post-web art"。（Balsom and Kholeif, 2015）无论如何，技术的速度和可访问性不断提高、现在可供创作和探讨的艺术世界的绝对范围的不断扩大，使得本文中的大部分内容在其付印时就已成为过去时。

这里可以简要介绍一些互联网时代的策展活动。例如，伦敦的艺术家小组"LuckyPDF"，自 2008 年以来一直与其他艺术家们合作，开展活动、制作视频和宣传项目。有趣的是，他们在展览中心展示电子传单——而不是将其作为展览周边。"城际之间互动多媒体机"（Connecting Cities）和"流媒体博物馆"（Streaming Museum）也是以互联网为中心的策展模式的好例子——两者皆通过大型网络数字显示器开展实践。与此同时，荷兰巴西裔艺术家拉斐尔·罗赞达尔（Rafael Rozendaal）利用一个专门的网站制作和收集动画，在将这些作品转化为传统的实体展览时，他在多个空间中通过破碎的镜子来投射作品。2010 年，罗赞达尔促成了首届"带上你自己的投影仪"（Bring Your Own Beamer, BYOB）展览，这个为期一晚的展览在柏林举办，邀请了多位艺术家将作品投射在实体建筑的任何可用空间之上。此外，2010年，美国策展人鲁巴·卡特里布（Ruba Katrib）举办了布鲁克林艺术家的首次回顾展"The Jogging"（慢跑——译者注），展出了科里·阿康热尔、布拉德·特罗梅尔（Brad Troemel）和劳伦·克里斯蒂安森（Lauren Christiansen）的作品。2010 年，"The Jogging"邀请世界各地的艺家们发来图像，将其放置在芝加哥沙利文美术馆（Sullivan Galleries in Chicago）的空墙上——以此举办了"对我们同行的非物质调查"（An Immaterial Survey of Our Peers, 2010 年）的虚拟装置展览，该展览并没有实体展出。值得注意的是，这些展览需要观众对于实体和线上空间存在的认知。从这个意义上说，作品中的某些部分被认为是存在于空间和时间某处。

在所谓的后互联网氛围中，展览可以被理解为同时具有传统实物和线上版本或替代物。这就使策展陷入一个棘手的境地，英国理论家尼克·兰伯特（Nick Lambert）等人认为，"一个没有最终版本和多次迭代的作品可能会给策展人造成问题"。（Lambert, McNeil, and Domenico, 2013:15）在这个被美国艺术史学家罗莎琳德·克劳斯（Rosalind Krauss）称为饱受"后媒介状况"（post-medium condition）[①] 困扰的时代，艺术家和策展人在"任何事物现在都可以变成其他事物"、在一种媒介中形成事物可以很容易地转译成另一种媒介的前提下进行实践（Vierkant 2013）。这仅仅是后概念艺术"艺术材料的复杂分布，跨越多种物质形式和实践"，但仍可以通过"单一但大量作品"来实现的特征，在许多方面的技术扩展。（Osborne, 2013: 110）维尔坎特指出，艺术家现在可以"创造出从物理表达到互联网表达无缝衔接的作品，或者改变两者的语境，有意识地构建普遍性，或者有意忽视两者的传播场所"。（Vierkant, 2010）由于现在的艺术家和策展人经常定制作品和展览以适应不同的制作和接受环境，因此媒介的相关细节可能就显得不那么重要了，更重要的是作品的意义。随着大量数字观众的出现，数字传播过程本身自然而然成了作品的延伸。或者，如奥斯本提到的，传播

---

① 尽管罗莎琳德·克劳斯（Rosalind Krauss）在 20 世纪 90 年代后期，对后媒介美学的描述颇具影响力，概括了一种可复制和可传播的媒体形式在在线环境中被扁平化的方式，但成熟的后媒介理解并不一定能解释在线环境构成了主要的显著特征的行为方式。（Krauss, 2000）

模式和空间决定了中介的模式，进而决定了作品的空间化。（Osborne,
2007）因此，它是展示各种不相关的具化表现之间关系的网络，它
为作品或展览创造了空间，无论对这个空间的认识重点是离线还是
在线的。

举办线上展览和管理档案

互联网改变了文化创造、记录和存档方式。艺术家、策展人、画
廊、博物馆和档案管理员是如何应对这种变革的？无可争议的是，所
有艺术都至少会需要某种形式的媒介、翻译或传播。数字艺术体现了
"修复"，因为它采用了修订的形式，又突出了新的介质。（Bolter and
Grusin, 2000）通过简单地扩展现代、当代，艺术和流行文化的自我参
照倾向（即关于绘画的绘画或关于电视的电视等），互联网艺术家和策
展人理所当然地趋向于制作关于网站的网站或关于邮件列表的邮件列
表。例如，乔纳·布鲁克–科恩（Jonah Brucker-Cohen）和麦克·贝内特
（Mike Bennett）的作品《提出列表》（Bumplist, 2003），设计为只能容纳
有限数量的订阅者——每个新的订阅者都会将原有订阅时间最长的人踢
出去。从基本的意义上讲，互联网本身就是互联的计算机的藏品，而作
品、展览、以列表或一系列链接形式呈现的精选集合，只是将藏品翻倍
了。令人惊讶的是，很少有人认为网站是构成展览的主要或唯一平台。
尽管在线策展实践大幅增加，在线艺术仍然更有可能被列入解释的背
景，而不是作为展览的主要媒介。在这里，一个一般适用于当代艺术的
问题被再次提及：藏品应该被视为"艺术材料的档案还是艺术作品"？
（Osborne, 2013: 91）希望举办在线展览、创建和管理在线档案的人面临
着一些挑战。服务器所依赖的空间和操作限制没有得到充分解决往往是
一个值得强调的关键。尽管从视图中能够轻易删除数字手势突出了对数

字擦除的担忧[①]，但很显然，几乎所有的在线活动都会留下可追溯的痕迹。不管怎样，对于最佳呈现和充分情境化的关注需要一直持续下去。作为遍及全球的国际艺术集团，富兰克林艺术小组（Franklin Collective）的理念体现了对这个问题的日益深刻的思考：

> 数字记录的直接和间接存取使得以前的作品，甚至那些被艺术家视为"失败"的作品转化为公共记录。撇开21世纪隐私假象不谈，这确实为我们展示了一种新的艺术观赏对公众的透明度。（Franklin Collective, 2016）

位于艺术界[②]食物链的顶端机构团体肯定也会采取一些行动，来创建更全面的数字档案和公共参与。例如，在 2016 年，纽约现代艺术博物馆发布了一个综合性数字档案，内容涵盖了从 1929 年成立至今的展览项目。谷歌艺术计划（The Google Art Project）——通过调整谷歌街景技术，将"漫游"作为特色——于 2011 年启动，旨在通过与 17 家国际博物馆（包括伦敦泰特美术馆、纽约大都会艺术博物馆、佛罗伦萨乌菲齐博物馆）之间的合作，促进艺术作品的互动访问。

尽管博物馆和美术馆将其实物收藏的展示数字化，但这显然还谈不上是专门为网络设计的展览。结合本章的背景，这里有一些更有趣的例子，这些活动的性质不仅仅是通过互联网来进行简单的作品宣传和存档。例如，"错位"（The Wrong），一个在线数字艺术双年展，在虚拟的策展空间中展示精选艺术作品。"虚拟艺术博物馆"（Museum of Virtual

---

① 网络艺术家伊戈尔·特罗马吉（Igor Štromajer）有意删除了他在 1996 至 2007 年间创作的所有网络艺术作品，这一姿态呼应了 1970 年约翰·巴尔代萨里（John Baldessari）对其画作所作的仪式性的破坏。

② 艺术世界并不是一个同质体，而是一个以复杂方式相互作用和重叠的世界的集合体。它是参与者之间的依赖关系所构成的关系网，其影响力会随着时间而变化。

Art），是另一个规模较小的项目，以多人发起的展示国际艺术家作品为特色。此外，还有："Catalog@catalogproject"，是一个由 @stemiraglia 的账户在"维密欧"（Vimeo，一个高清视频博客网站）网站上策划的动态影像作品的精选展示；"NewHive"，是一个可以让网络艺术家策划和举办个展的平台；MutualArt.com 创建于 2008 年，它旨在为艺术家和会员提供有关艺术博览会、展览和活动的信息数据库。

在当代艺术中，角色的模糊性已经加倍显现出来，在网络环境中有目的地区分艺术和策展活动可能会变得十分困难。一直以来，艺术家在策展时，常常会暴露出"抵触接近艺术品、但也无法完全具备成为艺术品的资格"的问题。（Filipovic, 2013）这是众所周知的模糊地带，因为正如"作为策展人的艺术家在另一方面还是策展人 …… 作为艺术家的策展人在另一方面还是艺术家"。（Noack, 2012）在网络艺术的历史上，已经有许多例子能够说明创造性策展和艺术敏感性之间的复杂区别。美国艺术家道格拉斯·戴维斯（Douglas Davis）的《世界上第一个合作的句子》（The World's First Collaborative Sentence）是早期的交互式网络艺术作品，采用博客的形式，使网民能够在初始句子中添加单词。从 1994 到 2000 年，有超过二十万人次的互动参与。今天，由于技术过时，类似的项目无法以其原始形式展出。大约在同一时间，阿列克谢·舒尔金（Alexei Shulgin）和奥利娅·利亚利纳（Olia Lialina）等艺术家开发了创作互动故事和艺术家运营的互联网团体的概念方法。例如，舒尔金于 1994 年创立了"莫斯科 WWW 艺术实验室"（Moscow-WWW-Art-Lab），而利亚利纳的《我的男友从战争中归来》（My Boyfriend Came Back From The War）则是一个以时间叙事记录战后关系修复的网页互动艺术。几年后，奥莉娅·利亚利纳和德拉甘·埃斯彭施德（ Dragan Espenschied）设计的《午夜》（Midnight, 2006）使用当时最新的谷歌地图（Google map）界面访问早期网页中的动画图标。还有许多新的艺术家主导的策展事例，由于篇幅限制本文介绍得还远远不够全面。最近的一个例子是"NARGIFSUS"（2015），这是一个由卡拉·甘尼斯（Carla Gannis）和蒂娜·萨尔兰德（Tina Sauerländer）策划的50多位艺术家的动画GIF自画像展览。其他的例子则更具有乌托邦的性质。例如，尼古拉斯·朱（Nicholas Zhu）和迈克尔·博德利（Michael Bordlee）近期策划的虚拟艺术博物馆（MOVA），旨在突破展览线路物理运动的社会局限性，试图使观众扩大体验策展藏品的范围而无须支付或前往实体画廊。也有许多成熟策展人将活动的重点转移到线上的例子。英国策展人瓦伦蒂娜·福伊斯（Valentina Fois）自2013年关闭其位于东伦敦的拉斯卡托拉（La Scatola）画廊之后，她一直使用画廊的网站作为数字派驻的网络平台。巴西策展人比阿特丽斯·莱莫斯（Beatriz Lemos）则将重心转移到突出艺术与数字网络之间的特殊关系。许多老牌机构也在努力策划专门的在线展览内容。例如，在撰写本文时，温美现代艺术博物馆（Remai Modern）正在委托艺术家策划实施专供在线浏览的展览项目。

许多策展人和机构将网络视为创造丰富沉浸式体验的平台。为了开展在线展览，特别是在预算紧张的情况下，策展人必须充分考虑到网络的分布特性，以及可变性与病毒式传播等技术特征。还需做好持续推广和更新项目的准备。在展览之外，相关存档工作则会解决展览时长有限和作品保护的问题。此外，在线上展览整个周期的各个阶段，策展人要在提供敏感的恰当信息和所有有用的副文本材料之间把握好界限。考虑到上述挑战，有一个信息丰富的沉浸式在线展览可以看作典范。"失落艺术美术馆"（The Gallery of Lost Art, 2012—2013年）是泰特美术馆（Tate）举办的独家线上展览，由馆藏研究主管詹妮弗·芒迪（Jennifer Mundy）策展，并与泰特美术馆创意媒体总监简·伯顿（Jane Burton）和总部位于格拉斯哥（Glasgow）的数字设计工作室ISO共同开发——该工作室由达米恩·史密斯（Damien Smith）和马克·布雷斯林（Mark Breslin）主持。"该项目的构思和研发思路更偏向于策展而不是学习"，以此来构建"一个身临其境的体验（而不是平面的图像加文本演示）"，团队采用"策展价值观和实践"来呈现遗失的艺术品的"替代品"。（Mundy and Burton, 2013）展览于 2012 年 7 月启动，最初只展示了 40 个案例研究中的一半。其余的案例研究则直到 2013 年才陆续发布。重新利用犯罪和法医科学项目中丰富的空间与电视比喻，"失落艺术美术馆"让展览观众扮演起法医调查员的角色。一份丰富的、可缩放的、高分辨率的副文本材料被摆放在桌子上，观众可以从高视角感受观看"丢失"作品的体验。而作品本身却没有任何真实的图片：

> 有争议的是，我们的展览中选择了一些创作者从未打算公开或留下的作品案例。在这些再也无法看到的作品中，损失都是一样的，像克里斯托（Christo）和珍妮 - 克劳德（Jeanne-Claude）的《被包裹的德国议会大楼，柏林（1971—1995）》（Wrapped Reichstag, Berlin 1971–1995）或凯斯·哈林（Keith Haring）的《柏林墙壁画》（Berlin Wall Mural, 1986），最终的损失都没有什么不同，不论是创作者丢弃的雕塑或在火灾中消耗的画布。（Mundy and Burton, 2013）

值得注意的是，"失落艺术美术馆"仅在线上运行了一年就永久下架了（见图 21.3 和图 21.4）。颇具争议的是，特别是考虑到 30 万英镑的总成本，于一年后结束该项目的决定是为了强调展览的"对损失的洞察"。（Mundy and Burton, 2013）从 2013 年 7 月起，"失落艺术美术馆""无法……再通过网络，这个传统意义上感知档案的虚拟空间来进行查询"。（Trocchianesi et al., 2013）不过，关于展览的信息和补充论文仍然可用。"失落艺术美术馆"是大型线上博物馆展览领域不断发展的一个范例，其他例子还有像美国犹太人历史国家博物馆（National Museum of American Jewish History）收藏的乔治·华盛顿（George Washington）的书信、国家档案馆（National Archives）的"数字保险库"（Digital Vaults）和纽约现代艺术博物馆的"世纪之子"（Century of the Child）的在线导览。

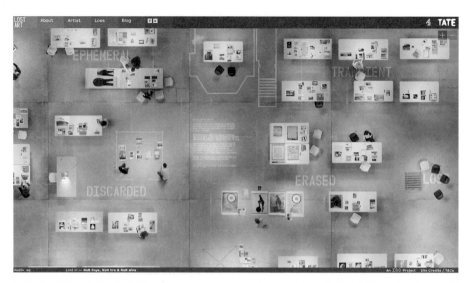

图 21.3 《失落艺术美术馆》（The Gallery of Lost Art），2013 年，线上画廊图像；达明·史密斯（Damien Smith）和 ISO 设计工作室（ISO Design）供图，2012 年

图 21.4 《失落艺术美术馆》，2013 年，关于约翰·巴尔代萨里（John Baldessari）的部分，《火葬计划》（The Cremation Project, 1970 年）；达明·史密斯和 ISO 设计工作室供图，2012 年

值得注意的是，"失落艺术美术馆"的策展前提，是强调要从"在一个广泛的思想、影响和互联的生态系统中，艺术品的物质存在只是其中一个元素"的角度来理解艺术品。（Mundy and Burton, 2013）当然，

如果我们保留文化知识和根据，无论留下的有多少，任何艺术品都不会完全"丢失"①。当然这也使我们想到了何时何地举办作品或展览的问题。

分布与流通

在网络开放分销的日益冲击下，夸兰塔描述了曾经想象中的乌托邦式的潜力，他回忆称：

> 你可以身处任何地方，成为任何人，在没有物理边界的空间上冲浪，扮演不同的身份，书写和颠覆你自己的规则⋯⋯你不需要艺术机构，因为你自己可以成为机构，或者美术馆、策展人、艺术评论家，所有这些角色。而且，如果你厌倦了艺术界的传统角色，你还可以成为一切其他的角色：男孩乐队、恐怖组织、企业、出版商、垃圾邮件发送者、机器人。（Lambert, McNeil, and Quaranta, 2013: 25）

那么互联网艺术究竟在哪里？一般而言，这个问题需要考虑到互联网本身的分布式特性和普遍的后概念艺术特征的多重（假设无限）物化的分布式特性。（Osborne, 2013）。历史上看，某些形式的概念艺术（例如邮件艺术）表明，艺术展示不需要特定的地点。艺术或策展姿态可以被理解为在时空中的其他地方的人工制品、事件或姿态。今天，分销的形式和性质仍然是网络艺术在生产和策展传播过程中固有的问题。尽管艺术家们受到特定文化和社会根深蒂固的影响，但数字化跨越了空间和界限，概括地说就像全球化的力量一样，既分散又巩固了文化特性。虽

---

① 有关证明艺术品在某个时间和空间中存在所需的最低限度的文化印记的讨论，请参见泰姆勒的相关理论。（Taimre, 2018；58–59, 509–512）如泰姆勒所说，杰弗里·斯特雷耶（Jeffrey Strayer, 2007）的开创性工作高度贴合这里所作的讨论。

然艺术常常以一种投机的方式参与、影响进来，但与孕育土壤之间的联系还是会限制其关键作用的发挥。从这个意义上来说，在线艺术表现的无处不在既可以被视为民主性的证明，也可以被视为信息作为商品的交换价值的证明。德国艺术家、电影制作人和理论家黑特·史德耶尔（Hito Steyerl）十分了解分布式媒体的矛盾本质：

> 概念艺术史首次将艺术对象的去物质化描述为对可见性的恋物价值的坚持。然而，去物质化的艺术品随后却完美地适应了资本主义的符号表征，从而适应了资本主义的概念转向。从某种意义上来说，质量差的图像遭受到了类似的压力。一方面，它的运转是对高分辨率的恋物价值的一种抵抗。另一方面，这也正是为什么它最终完美地融入了信息资本主义中，这种资本主义的蓬勃发展有赖于密切的关注度，更多地体现在表象而非实质、强度而非思考、预览而非放映上。（Steyerl, 2009）

尽管无法真的看到互联网艺术的可计算性和连通性，但称其为"非物质的"也是一种错误的见解——因为互联网艺术仍然按照物理定律而存在。尽管互联网的兴起促使人们重新燃起了与非物质化相关思考的兴趣，但概念艺术家们在 20 世纪 60 年代末至 70 年代所面临的问题如今仍然存在：非物质化并不抵制利用"媒介手段"（Davies, 2004: 59）将想法传达给观众。与一般艺术一样，数字艺术作品存在于某种不确定的关系中，这种关系产生于媒介实质必要而不充分的作用与主情境必要而不充分的作用之间。（Osborne, 2010: 10–11）而且，数字内容同一般艺术一样，可以同时作为一个单一实体存在，也可以作为众多跨越复杂关系和物化分布的物化存在。（Osborne, 2013: 110）

虽然许多艺术作品仍然直接或间接地关注特定的物质性，但它们同时也对"各种各样的呈现和传播方法"持开放的态度。（Vierkant, 2010）

因此，后互联网环境从根本上扩展了围绕作品或展览的"何地""何事"和"何时"的历史哲学困惑。从基础层面来看，这个问题其实可以囊括在摄影图像的可再现性中。奥斯本认为，尽管关于"'照片'来源的所有问题"已经"很难在基于化学模拟图像的环境下来回答"，（Osborne 2013: 124）但数字生成图像"是一个不可见原件的可见副本"。（129）尽管上述媒介形式的必要存在表达了一个概念，但在某些情况下（至少可以假设），可能有助于观众接触到创造性作品的对象／事件是可以无限互换的。正如维尔康特所说，一件作品可能会在多种情况下进行传播：

> 人们参观美术馆或博物馆会看到展品本身，互联网和印刷出版物会传播其图像和其他表现形式、作品或其表现形式会有盗版图像以及任何其他作者对它进行的编辑和重新背景化后的变体。（Vierkant, 2010）

从广义上讲，21 世纪的艺术家和策展人并不太关心作者身份——至少在某种意义上来看，20 世纪先锋派将其用作解决原创"神话"问题的工具——而是专注于问题的内容归属、所有权和用户生成内容的信息流控制。这正是"挪用艺术"和正统的集体主义（例如开源编程和涂鸦艺术）之间的重要区别。史德耶尔认为将其表述为"流通主义"较为恰当：

> 20 世纪苏联的先锋艺术家提出过一种所谓"生产主义"（productivism），主张艺术应该进入生产和工厂。这种倾向现在可以被替换为流通主义了。流通主义并不是指一种制作影像的艺术，而是对影像进行后期生产和制作的艺术，它要对影像进行发布，并让其加速流通。（Steyerl, 2013）

史德耶尔的流通主义概念，仅仅是对毕晓普在 2012 年的《艺术论坛》上发表的充满挑衅意味文章的部分回答。毕晓普在文章中指出，几乎没有一个艺术家或策展人批判性地回应"我们自身存在的数字化"所引起的典型的社会和政治变化。（Bishop, 2012: 435）奥地利艺术家奥利弗·拉里克（Oliver Laric）的"版本"（Versions, 2009—2012）项目，就是一次明确探索图像的流通主义的准策展尝试。"版本"的表现形式为一系列的雕塑、图像、谈话、文本、歌曲、舞蹈、电影和商品——而最为引人注目的是一组探索图像历史循环的动态影像演化。与之相似的，现居美国的以色列艺术家塞斯·普莱斯（Seth Price）的开创性文章《离散》（Dispersion），则展示了一本艺术家的书、一件实体雕塑和一份可下载的 PDF 文件。《离散》将互联网集体作为进行艺术与非艺术之间界限的历史反思的出发点。（Price, 2008）普莱斯认为，媒体日益分散的可访问性和可复制性，对艺术的传播和价值产生了巨大的影响。波莉·斯戴普（Polly Staple）受这篇文章的启发，于 2009 年在伦敦当代艺术空间策划了一场重点围绕普莱斯的展览，一同展出的艺术家还有亨里克·欧莱森（Henrik Olesen）、黑特·史德耶尔、安妮·科利尔（Anne Collier）、希拉里·劳埃德（Hilary Lloyd）、玛丽亚·艾希霍恩（Maria Eichhorn）和马克·莱基（Mark Leckey）。在斯戴普的展览构想中，这些艺术家们通过不同的方式，探索了"当代社会中图像的流通，审视了金钱、欲望和权力在加速的图像经济中所扮演的重要角色"。（Staple, 2009）

虽然商业广播公司和出版商在寻求传播发行的融合，但艺术家和策展人却在谋求管制较少的途径。互联网的多对多连接既挑战了传统的广播和出版模式，又从根本上增强了使生产者和消费者成为相同对等网络的社会联系。如同较为普遍的互联网文化活动一样，许多艺术作品都会使用点对点网络或开放系统，这样用户也会成为内容的提供者。这些分布式方法，将重视"品牌"艺术家所创作的独立作品的主流艺术世界网络视为需要解决的问题。无论如何，在各个职业分层上，艺术家都无法避免线上传播资料和文件。影响图像分布的巨大变化，突出了永久转换、开放流通，以及在某些情况下"无法抹去"的令人遗憾的表达方式等条件。由于图像很容易被重新格式化而无须考虑其物质性、来源或属性信息，因此一些图像可以交换使用且不受地域限制。这就引起了一系列批判性的回应。在他的《自由艺术》（Free Art）宣言中，美国艺术家布拉德·特罗梅尔（Brad Troemel）认为艺术世界正被私人利益污染和把控，取而代之的是鼓动自我分配和用个人成功取代集体主义。而与之相反的，出生于美国的澳大利亚理论家道格拉斯·卡恩（Douglas Kahn）对美国概念诗人肯尼斯·戈德史密斯（Kenneth Goldsmith）的观点提出异议，认为在线媒体应该在品牌化、授权副文本方面更加开放，这样才能有更广阔的使用空间。卡恩认为，独立的系统会导致"历史健忘症、社会或生态去情景化、缺乏归因、文化盗窃和帝国主义"。（Kahn, 2005）

还有一些观察者对当代文化的分布性质进行了探讨。美国艺术史学家大卫·乔斯利特（David Joselit）认为这是一种"从对材料的操纵转为对人群和/或图片的管理"。（Joselit, 2011: 81）他指出，"格式化"几乎取代了"媒体"的概念，可以将其描述为一种"以多种可能的方式配置数据的能力"。（Joselit, 2011: 81）在实践中，这种转变包括了"在不同地点和时间重新制定和重新定位'相同'图片"。（Joselit, 2011: 81）在这样的背景之下，许多文化生产者试图在一个曾以为是民主化的横向联系，而实际上却变成接连不断的通过定向算法传递消息和投放广告滚动体验的时代中"扰乱"生产、分配和消费。与此同时，虽然新的文化对象可以很容易地从之前已有的图像、对象、符号、叙述、文本、曲调中产生，私有制的局限性仍然支配着创造性表达。与之相对的，开源文化和众包运动则构成了"新公地"开源文化，通过用基于所有权、著作权和货币价值的系统替代基于集体价值的开放系统来挑战商业需求。像乌布网（UbuWeb）、卡拉加加网（Karagarga）这类无授权的艺术内容共享网站正代表了这种趋势。西班牙社会活动家梅奥·富斯特·莫雷尔（Mayo Fuster Morell）倾向于认为知识是"群体间或者群体中集体创造、拥有或共享的"，"在于鼓励应用和再利用，而不是作为商品进行交换"。
（Fuster Morell, 2016: 5）从基础层面上来说，开源共享者参与了作品的
编辑。而在另一端，共享者也搭建了专业的软件和系统设计。

在互联网处于国家或私人监控的背景之下，我们（充其量）可以
说见证了社会、政治和经济组织的更为横向的形式的转变。西班牙社
会学家曼纽尔·卡斯特尔（Manuel Castells）认为，社交网络中的横向
参与开始转化为其他形式的政治和社会生活。因此，我们看到了更多
横向组织的"无领导"政治运动［例如，"占领华尔街"运动（Occupy
Wall Street）、"愤怒者"运动（los Indignados）、"黑人的命也是命"运
动（Black Lives Matter）和"我也是"运动（#metoo）］，以及"扁平化"
的经济举措（例如，共享汽车和劳动力交换）。这场较量还远未结束。

非策展、反策展和作为策展人的艺术家

将运用数字网络作为新策展模式的基础，从许多方面看来，只是对
艺术家长期以来将同行纳入艺术创作过程的一种技术性改进。这些数字
网络包括了从集中或分层式，再到具有多个中心的分散式网络，以及没
有中心但有许多链接的分布式网络。在任何网络中，信息可以通过关系
定位得以呈现。数字网络的加速性和开放性突显出了文化形式的不完整
性、待处理性，以及对于持续转换的开放性。而艺术家和策展人显然也
早已超越了既定制度结构和传统展览空间的限制。这种趋势最早在20世
纪六七十年代，以概念艺术和系统艺术的艺术语言（一些著名的历史先
锋派前例）被清晰地阐述出来。就像现在众多的网络艺术一样，当时的
焦点集中在定位或创建交流电路。

对于许多当代艺术家来说，机构性和全球流动的"超级"策展人所
拥有的不平衡的投资权力是有问题的。所以现在出现了一些寻求艺术挑

选、评估和传播替代工具的渠道。2012 年，笔者与一个国际艺术家学术委员会共同创立了"艺术无处不在"（Project Anywhere）项目，这是一个"全球盲审展览计划，致力于在特定区位的最大范围内"，通过艺术和机构网络，推广传播"艺术与艺术研究"（Project Anywhere,2018）（见图 21.5）。尽管以专用网站和相关在线网络作为主要展示渠道，但

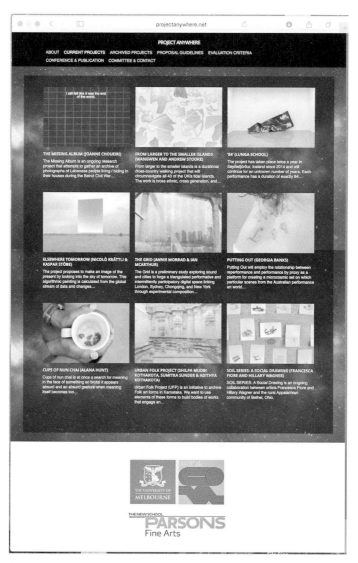

图 21.5　艺术无处不在项目（Project Anywhere），2018 年全球展览计划（2018 Global Exhibition Program）截图；作者和艺术无处不在项目供图

"艺术无处不在"并不属于在线的展览。而是通过互联网，将"一个评估系统作为策展人的覆盖全球的展览"（Project Anywhere, 2018）。因为没有特定主题方向的策展规划，这种无策展人的方法特别适用于横跨"任何时间、任何地点"，无法十分确定而且通常属于跨类别的艺术项目。（Project Anywhere, 2018）

　　另一个非营利推广计划是"随机研究中心"（Random Institute），该计划通过专用网站宣传艺术项目，没有时间和地域限制。研究所的总部设在瑞士苏黎世，已经在世界各地举办了许多十分有趣的、模棱两可的展览、活动和研究项目，展出了如理查德·朗（Richard Long）、詹姆斯·李·拜尔斯（James Lee Byars）、科里·阿康热尔、支勒维纳·康匹纳（Žilvinas Kempinas）、圭多·范·德·卫夫（Guido van der Werve）、贝森·休伍丝（Bethan Huws）、凯莉·杨（Carey Young）、朱利安·查里埃（Julian Charrière）、弗德里克·埃雷罗（Federico Herrero）、阿洛拉与卡萨迪利亚（Allora & Calzadilla）、刘易斯·卡姆尼泽（Luis Camnitzer）、阿法瓦多·加尔（Alfredo Jaar）、丽吉娜·侯赛·加琳多（Regina José Galindo）、阿尼巴尔·洛佩斯（Aníbal López）、特瑞莎·玛格勒斯（Teresa Margolles）、里瓦尼·诺伊恩史旺达（Rivane Neuenschwander）和莉莉安娜·波特（Liliana Porter）等艺术家的作品。研究中心由桑迪诺·鲜伊代克（Sandino Scheidegger）和卢卡·穆勒（Luca Müller）于2007年创立，聚焦新的展览形式和展览制作实践。直至目前来看，在朝鲜平壤秘密举办的名为"所有我们看不见的光"（All The Lights We Cannot See, 2016 年）展览，也许是研究中心最具挑战但又神秘莫测的项目了。这个展览邀请了九位艺术家参展，有关整个项目的所有其他细节采取了保密措施。除了一组非常有限的装置视图之外，展览留下唯一痕迹就是每位参展艺术家的简历中的一行叙述。有趣的是，当被问及到这个展览时，所有参展艺术家都乐于回答："我不应该谈论它。"（Random Institute, 2016）

在互联网时代中，无形的权力结构了塑造了当代生活，也激发了新一代无领导的艺术家集体。例如，富兰克林艺术小组的新颖组织和运营结构，形成了一种集体艺术和策展组织的方法，它通过一种回避地域的特性和归属性的方式，使人模糊地想到跨国公司。富兰克林艺术小组所呈现的"在线下和在线领域的沉浸式、多方面的制度批判"，（Franklin Collective, 2016）使人有种批判性的、且又与互联网时代全球资本主义的一般技术官僚主义和官僚主义性质串谋的不安感。在2016年底笔者对富兰克林艺术小组的两位创始成员——纽约艺术家马克·约翰·史密斯（Mark John Smith）和马特·惠特曼（Matt Whitman）所进行的一次采访中，围绕机构运作的一些奇怪的含糊之处展开了探讨：

> 你不太确定它从哪里开始，在哪里停止，边界在哪里。它可能在这里，可能在北爱尔兰，也可能在南美，我们无法准确地看到它是如何从一个地方到达另一个地方。（Lowry, Smith, and Whitman, 2016）

富兰克林艺术小组运作的众多渠道之一是通过一个具有奇怪且颇有敌意的企业风格的呼叫中心，该呼叫中心由代理运营，负责接听电话并执行由富兰克林艺术小组编辑好的概述脚本。这种方式让来电者隐约意识到现下所无处不在的社会架构，特别是那些"被植入到公司模块下的家庭、密友友谊和亲情的语言方式"。（Lowry, Smith, and Whitman, 2016）他们还对运用诸如"代理"之类的词来摆脱责任的方式很感兴趣。相比于强调艺术家和策展人之间的关系，他们更喜欢"激活项目中的不同实体"。（Whitman, 2016）尽管"项目中含有艺术家（和）策展人"，（Whitman, 2016）但收藏的并"不是一个艺术家（或策展人）"。（Lowry, Smith, and Whitman, 2016）当被继续追问时，史密斯和惠特曼承认"有时我们会回到策展本身"（Lowry, Smith, and Whitman,

2016）——因为仍然要做一些"将哪些图像放在照片墙上，而哪些要删除"的决定。（Lowry, Smith, and Whitman, 2016）。这个过程既隐秘又透明，因为富兰克林艺术小组的网站还具有"多宝箱"（Dropbox）选项，使观众和收藏家能够"进入富兰克林艺术小组云端的一部分（来查看）机构正在做什么"。（Lowry, Smith, and Whitman, 2016）。尽管意识到他们有责任省略"所涉及人员的身份以及出于任何原因不希望公开身份的人的身份"，（Lowry, Smith, and Whitman 2016）但他们的准匿名性仍然会出于"公众形象的需要"进行调整：

> 这一切都与 …… 信息如何流动及其流向 …… 以及你站在哪一边有关。你是身处其中，还是静观其变？（Lowry, Smith, and Whitman, 2016）

上述所讨论的每一个例子中，都能看到强调通过特定的一系列具象所表现出来的选择性关系而赋有意义的证据。这种趋势当然不是主要通过互联网产生或传播的艺术所特有的，正如格罗斯所说，"在概念主义之后，我们不再主要将艺术视为个体事物的生产和展览"，而更像是"一个整体的展览空间，在这里艺术作品是构建对象之间的关系的基础"。（Groys, 2011: 1）因此，往往无法明确意义是产生在特定具象化之间的关系中，还是在补充或副文本材料中。艺术家和策展人似乎经常故意将这些关系问题化。在某些情况下，作品 / 展览与其周围的副文本世界之间的区别可能根本且完全难以预估。例如，澳大利亚艺术 / 策展计划"虚无之魂"（Ghosts of Nothing），公开展示了一个虚构的巡回摇滚乐队（见图 21.6）。担任该项目策展人的艺术家与笔者和伊玛·泰姆勒（Ilmar Taimre）合作，代表体现出后概念艺术作品 / 展览的完全分散但具有独特识别性的持续和不断发展的性质。例如，彻底的"开放式作品"《纪念约翰尼·B. 古德——2014—2018》（In Memory of Johnny B. Goode —

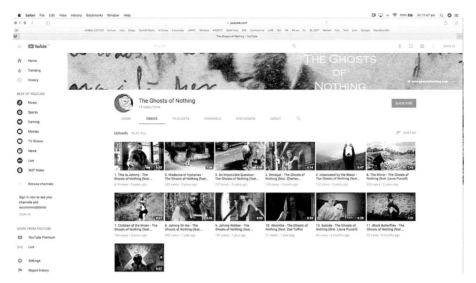

图 21.6　缥缈幽灵艺术组合（The Ghosts of Nothing），YouTube 视频网站缥缈幽灵艺术组合频道 "2014—2018 年约翰尼·B. 古德世界巡演"（In Memory of Johnny B. Goode—World Tour—2014—2018）截图；作者和缥缈幽灵艺术组合供图

2014—2018），通过摇滚歌剧、剧本、广播剧、一系列出版作品、一场由 YouTube 修复的"世界巡演"现场合作表演的数字录音，以及一系列相关图像和行为艺术品的后续展览进行呈现——所有这些都是由艺术家策划出来的。

算法普及

> 现如今，策展人与艺术家的影响力竞争，就如同 DJ 与音乐家之间的竞争一样。两者都是一种定性的项目策划经理。艺术品去物质化之后的下一步可能是艺术工作者的去物质化，它的位置可以被新的算法函数所取代。（Wark, 2016）

尽管有可能接触到新的观众，但许多当代艺术活动所直接面向的观众还是专业同行①。而且，考虑到活动的大部分内容在进行时就已经通过周围对等网络记录和传播开来，存档系统的稳定性和关键性讨论可能会因为其与社会接受度和好感度的内在关联而被扭曲。这些网络还可以排除核心组之外的贡献。此外，鉴于许多艺术作品与其他数据库和网站共享媒体，算法驱动的流行度认知会影响艺术评价、阐释和是非标准判断的方式。这可能会给在没有既有"#tag"的情况下，寻求建立新的观众或传播想法的策展人带来挑战。一些观察者认为，算法驱动形成的内容和"过滤气泡"（Pariser，2011）会产生更糟的意见、观点，甚至成为误区的回音室②。现在，在谷歌和脸书等平台上，已经建立起成熟的通过特定信息来指导和管理在线体验的算法和赞助搜索结果。一些在线领域能够让用户决定或影响最重要的内容功能。同时，观众数据和在线流量分析显示，艺术机构和活动与流行娱乐相比存在风险。这种对比会切实影响到项目的可行性和资金。

当算法驱动技术不受检查时会产生何种情况的例子并不难找到。例如，微软公司在 2016 年发布了"千禧一代聊天机器人"泰伊（Tay），它很快就开始使用种族主义语言并在推特上散播新纳粹观点。而当脸书在 2016 年取消人工编辑来策划"热门"故事之后，由算法编辑出来的故事虚假粗俗。（Thielman，2016）再比如，2016 年，"Beauty.AI"是第一个由机器评选的国际选美比赛，有来自 100 多个国家的 6 000 多个参赛者提交了照片，通过算法来评判参赛者的吸引力。而很快就发现该算法不喜欢深色皮肤的参赛者。（Levin，2016）

很显然，算法正日益影响着我们消费文化的方式。文化对象的算

---

① 授权始于同行的支持。由于象征性资本取决于同行认可所赋予的价值，因此维持有意义的圈内社交能力对于任何新想法的成功都至关重要。"网络"一词被广泛用来描述个人、团体或机构之间信息或服务的交换，以及生产关系的培养。

② 莫莉·索特（Molly Sauter）很好地描述了互联网用户对阴谋思维的敏感性："人类会讲故事、发现模式、创造隐喻。当我们无法掌控这些本能，当我们将模式或者关系强加于其他不相关的事物时，我们称之为'关联紊乱症'（apophenia）。"（Sauter，2017）

法选择的关键问题在于，它们仅对已经消费的东西真正地起作用。可以说，它们不太适合引入可能扩大视野的内容。因此，我们周围的数字对象正试图将我们导向逐渐不可见的方式。正如富兰克林艺术小组的联合创始人马克·J.史密斯打趣的那样，"我们的技术（甚至）知道我们没有使用它。网络知道我们正在睡觉"。（Lowry, Smith, and Whitman, 2016）鉴于在线个性化扭曲了我们所看到的内容，策展人必须要展示那些主动打破过滤气泡和回声室后的内容。尽管很多人都对唐纳德·特朗普（Donald Trump）赢得2016年美国总统大选而大吃一惊，但这很可能是"常年使用脸书、照片墙和推特"（Wortham, 2016）的结果。然而，正如美国作家大卫·温伯格（David Weinberger）所认为的那样，将互联网塑造成一系列回音室也存在潜在的局限性，因为即使是日常使用互联网也能够让我们多少接触到一些无法证实我们既定观点的想法。尽管温伯格认为过滤气泡的多样性正在减少，他仍提醒我们，在互联网出现之前，我们能接收到信息量也是有限的：

> 三个晚间新闻频道；主要城市数量不多的几份报纸；一份销量不错的全国性杂志，每本杂志都有自己的回音室；1952年发行的《西方世界的伟大作品》（*Great Books*）丛书系列，涵盖了130位作者的作品，其中没有一位女性或黑人，而且几乎所有人都遵守着欧洲传统。（Weinberger, 2016）

正如美国评论家霍华德·莱茵戈德（Howard Rheingold）所说，与其直截了当地拒绝或接受社交媒体，倒不如在使用社交媒体时寻求"实时策展"的一些有利之处。（Rheingold, 2012）莱茵戈德还提醒道，"知道如何利用社交媒体获取个人优势和集体行动的人，与不知道如何使用社交媒体的人之间正在出现的数字鸿沟"。（Rheingold, 2012）考虑到选择行为与后杜尚主义（post-Duchampian）艺术中的选择行为实际上是等同的，策展思维已经嵌入到艺术过程中——包括艺术家们在照片墙上选择不同的过滤器来展示他们心中作品所呈现出来样子的那一刻。自我推销的策展策略同时也延伸到模仿性地将艺术身份和个人形象作为"品牌"进行传播。从"点赞"（insta-like）和"自拍"文化，再到更具颠覆性的批评形式，互联网上自画像的变体层出不穷。不久以前，包装个体还是公众人物的主场。而今天，将个体表现作为品牌来增加他们的象征资本的情况已经相当普遍了。以稍微平和的心态来看，美国评论家兼策展人布赖恩·德罗伊库尔（Brian Droitcour）将社交媒体的兴起视为图像制作权利的重新平衡。（Droitcour, 2012）当然，这些转变只是更广泛的去中介化模式的一部分。

现在，像金属乐队（Metallica）等巡回摇滚乐队会使用来自声田（Spotify）等流媒体平台的本地收听数据来"策划"他们的音乐会曲目单。（Jenke, 2018）同样，社交媒体数据也日益影响着政治观点和决策。像其他职业一样，现如今，艺术家通过得到"点赞"而获得含蓄的肯定。社交媒体平台会尽可能地利用所有细节，从精心策划过的艺术家个人生活视角到表现艺术的虚构认知。在使用相同的日常生活中的设备的时候，探索数字生活本质的艺术可以说更加具备批判性反思的能力。例如，2014年，居住在美国的阿根廷西班牙艺术家阿玛利亚·乌尔曼（Amalia Ulman）通过她的照片墙账户"卓越与完美（Excellences and Perfections）"策划了一场极端、半虚构的伪装。在这个项目中，乌尔曼假装接受了隆胸手术，遵循"早达饮食法"（Zao Dha Diet），参加钢管舞课程，展示自己的内衣和风格化的饰品。即使是乌尔曼的朋友也很难辨别她的"真实"与虚构角色。这个项目已经成为主流艺术世界中第一部"严肃"的照片墙作品。与乌尔曼半虚构的照片墙伪装形成鲜明对比的是，澳大利亚艺术家乔治亚·班克斯（Georgia Banks）在2017年利用"火种网"（Tinder）制作了《寻找迪克（在错误的地方）》[Looking for Dick（in all the wrong places）]。虽然这件作品是通过实时社交软件上的交流完成的，但却是在实体画廊中进行的。班克斯用三天时间，每天花 12 小时在火种网上，只寻找名为"理查德"（Richard）的男性进行交流，重新演绎了克里斯·克劳斯（Chris Kraus）的标志性作品《我爱迪克》（I Love Dick, 1997）。这将原本私人的经历公开化了。对于乌尔曼所展现出来的"辣妹"潮流，班克斯称其为"火种网一团乱——处于约会中'熟悉'阶段的女性应该学会避免轻易接受和坚定不移地相信所有行为修辞"（与班克斯的私人交流）。

能够肯定的是，现在艺术世界中各种文化活动和机构活动都严重依赖社交媒体。一个很好的在机构背景下有效使用社交媒体的例子来自美国艺术策展人和社交媒体经理金伯莉·德鲁（Kimberly Drew）（又名 @museummammy），她在社交网站上的标签是"# 售卖阴影、支持物质的细心黑人女孩"。值得注意的是，德鲁的走红既得到了她所负责运营的纽约大都会艺术博物馆（the Metropolitan Museum of Art）社交媒体的支持，同时也扩展了她的专业责任。另一个利用社交媒体宣传艺术机构和活动的常用方式是"托管"，即机构将其社交媒体账户委托给艺术家或更广泛的用户社区，以听到不同的声音或提高公众的兴趣。举一个较早的例子，在 2010 年 8 月，洛杉矶县美术馆将其推特账户的管理权交给了演员雷恩·威尔森（Rainn Wilson）。威尔森故意发布充满"另类右翼"风格的挑衅言论，让很多游客感到困惑。这种方式的一个最新演化尝试是一项由 @MarDixon 组织协调的跨机构倡议，即"向策展人提问日"（#AskACurator day）。在 2017 年 9 月 13 日的第一次活动中，观众受邀向一些参与活动的博物馆工作人员提问。

图像始终占据主导

在互联网的结构，语言、声音和图像的排列中，图像是一个最主要的、最直接的因素，能够帮助艺术家营造一个更多依靠纯粹的

视觉表现来传达他们的想法、支撑他们对于艺术独立语言的解释的环境。（Vierkant, 2010）

无论是否经过创作者的同意，任何放在网上的作品都有可能被改编。过去，固定形式媒体索取价值的方式是通过稀缺性、分配和商品化的一对多系统产生的。相比之下，数字化网络的生产、传播和接收模式动摇了"原始体验"或"最终版本"的概念——将作品或展览的宣传理念转变为始终是临时的、在进行中的，并且可以重新利用。尽管在线环境中可能存在多种可能的媒介物化，但摄影图像仍然是主要的切入点。

如前所述，照片共享和社交网站已经从根本上扩展了日常策展选择行为的范围。现如今无法避免的现实是，艺术家和策展人，无论他们的作品是什么内容，为应对无处不在的数字图像，他们的行为方式都会因此而受到极深的牵连。当图像在无数屏幕上跳转时，作为"快速浏览"过程的一部分，"我们的眼睛只是看到了表面"。（Bishop, 2012: 435）考虑到更多的人是通过屏幕而非其他方式浏览作品，一些艺术家和策展人越来越意识到其他艺术推广方式的紧迫性。如毕晓普所说，"面对照片墙、脸书、汤博乐（Tumblr）等社交媒体的无限、不可控的传播，艺术品需要被重新认定"。（Bishop, 2012: 436）而且，正如史德耶尔指出的那样，早在互联网在其图像中被超现实化之前问题就已经很明显了，因为"地图的范围……不仅变得与世界同样大小，更（因为）大量覆盖了世界的表面图像而远远超过了世界本身"。（Steyerl, 2013）在任何情况下，都有理由断言文化表达从根本上并没有被互联网改变。艺术在嘲弄、颠覆和暗中抵制权力结构所具有的不可抑制的能力早在互联网时代之前就已经存在，而且——即使考虑到未来最反乌托邦的情景——也肯定永远不会被少数人的意志所完全篡夺或升华。

结论

> 在一个即便是最传统的美术馆也需要由信息系统支撑的时代，策展人的角色必须不断演变，并且正在演变。网络艺术不仅融合了技术，而且还对这些技术进行了揭示和反思，这本身就改变了策展人与作品的关系。（Lambert, McNeil, and Quaranta, 2013: 16）

互联网艺术和由互联网激活的艺术只是广泛的当代艺术世界中的一部分，并非与普遍的当代艺术在本体论上存在显著的区别。然而，也很明显的是，它有时需要自己的语言和评估标准。在理想情况下，互联网艺术和由互联网激活的艺术还需要一定程度的数字历史素养，以免被技术迷惑或产生卢德派怀疑。互联网同时也在根本上颠覆和巩固了策展人作为文化看门人的角色。然而，我们还没有到将互联网策展视为具有完善策展角色的综合传统的地步。因此，互联网策展的未来充满了许多未知与可能性。就像在去中介化时代艺术家、策展人和观众各自的角色难以归类一样，许多艺术家试图主动绕过专业策展人的角色。显然，这种潜在的"摆脱传统策展结构……互联网艺术吸引了许多游离于画廊系统之外的艺术家"。（Lambert, McNeil, and Quaranta, 2013: 16）对于一些人来说，未来迫切需要更好地民主化选择和展示策略，来反映一个信息传播与创造同等重要的世界。无论如何，我们都不能相信一个民主互联网能成为所有人解放文化的天真乌托邦形象。但还是能够保留一点希望的。洛杉矶县美术馆摄影部副策展人丽贝卡·莫尔斯（Rebecca Morse）认为，我们正在"一边尝试一边制定规则"。（Miranda, 2016: 4）而且，在应对新挑战时，艺术家和策展人无疑会继续通过艺术地呈现他们对于在发达国家所经历的差不多方方面面的双重哲学思考，隐晦地批判定义了当代存在的数字设备的观看条件。技术的创造性使用和改进与更宽广的人类创造替代世界的能力密不可分。这充其量能说明，互联网艺术与互联网激活的艺术可以表明人类中存在的解放潜力。

今天，通过万维网，艺术家、策展人或者艺术小组几乎无法与公司或者品牌区分开来。与此同时，艺术家和观众的策展选择和存档活动始终在网上进行，因为正如毕晓普所说，"互联网衍生出了占主导地位的社会领域逻辑"。（Bishop, 2012: 435）与盛行于20世纪主要艺术中的审美自主性主张不同，21世纪的许多艺术更注重协商关系和空间与时间边界的试探。简而言之，20世纪的关键问题从"什么是艺术？"已经变成了"艺术在哪里？"以及"何时能够称之为艺术？"特别是，与互联网有明确关系的艺术作品和展览在空间和时间层面上很少被认为是固定不变的，而是更容易被认为是具有穿透性并且可以被不停转换的。在目前我们几乎可以随意地调节移动作品对象的情况下，其规模已经越来越脱离物质层面的掌控。网络艺术最多是以一种增强现实的方式，在我们的存在体验与存储在时间和空间其他地方的大规模服务器上的代码中的抽象回声之间，扮演一个批判性反思的中介角色。尽管定义艺术与世界关系的许多相同问题长久以来依然存在，但一些艺术史问题的维度范围在过度的全球多时间跨文化互动中被扭曲了。正如彼得·奥斯本所说，当代后概念艺术——互联网艺术和互联网激活的艺术方法只是其中的一个子集——实质是无限且模糊虚构的，由相互缺乏的材料和语境元素所定义，并具有仅有制度化的艺术网络所带来的限制功能。而这仅仅是所谓的数字世纪的开始。显然，互联网艺术和策展可以和将要带给我们的还是一种非常不成熟的体验。

参考文献

Balsom, Erika and Kholeif, Omar.2015.The materiality of digital forms: A conversation between Erika Balsom and Omar Kholeif. In: *The Artist as Curator*, edited by Elena Filipovic, issue 9 (supplement in *Mousse #50* October/November 2015).

Bishop, Claire.2012.Digital divide. *Artforum International* 51: 435–441, 534.

Bolter, Bolter and Richard Grusin.2000. *Remediation: Understanding New Media*. Cambridge, MA: MIT Press.

Cornell, Lauren.2010. *Walking Free*. The New Museum.

Davies, David.2004. *Art as Performance*. Oxford: Blackwell Publishing.

Debatty, Régine.2008.Interview with Marisa Olson: We make money not art.http://www.we-make-money-not-art.com/archives/2008/03/how-does-one-become-www.we-make-money-not-art.com/archives/2008/03/how-do-one-book-marisa.php, accessed 13 March 2019.

Dellinger, A. J. 2015. Oldweb.today lets you browse the Internet like it's 1999. *Daily Dot* (8 December). https://www.dailydot.com/debug/oldweb-today-legacy-browser-simulator/,accessed 13 March 2019.

Droitcour, Brian. 2012. Let us see you see you. *DIS* (3 December). http://dismagazine.com/blog/38139/let-us-see-you-see-you/, accessed 13 March 2019.

Ewing, Scott. 2016. Australia's digital divide is narrowing, but getting deeper. *The Conversation* (25 February). https://theconversation.com/australias-digital-divide-is-narrowing-but-getting-deeper-55232, accessed 13 March 2019.

Filipovic, Elena. 2013. When exhibitions become form: On the history of the artist as curator. In: *The Artist as Curator*, Issue 0. *Mousse* Magazine, Issue 41.Milan: Mousse Publishing. Franklin Collective. 2016. Franklin Collective: The Writings: 0416.The Writings by Franklin Collective (April). https://www.thewritings.fyi, accessed 13 March 2019.

Fuster Morell, Mayo. 2016. Governance of online creation communities: Provision of infrastructure for the building of digital commons. http://www.onlinecreation.info/?page_id=338, accessed 13 March 2019.

Ghidini, Marialaura and Modrak, Rebekah. 2018. #exstrange: *A Curatorial Intervention on Ebay*. Ann Arbor, MI: Maize Books/Michigan Publishing.

Graham, Beryl and Sarah Cook. 2010. *Rethinking Curating: Art after New Media*. Leonardo Books.

Green, Rachel. 2004. *Internet Art*. New York: Thames & Hudson.

Groys, Boris. 2008. Image to image-file-and back: Art in the age of digitalization. In: *Art Power*, edited by Boris Groys. Cambridge MA: MIT Press.

Groys, Boris, 2011. Introduction: Global conceptualism revisited. *e-flux journal* 29(1)1:1. www.e-flux.com/journal/introduction-global-conceptualism-revisited, accessed 13 March 2019.

Jenke, Tyler. 2018. Spotify says Metallica use local listening data to curate concert setlists. *The Industry Observer*. https://www.theindustryobserver.com.au/spotify-metallica-curate-setlists/, accessed 13 March 2019.

Jones, Caitlin. 2010. The function of the studio (when the studio is a laptop).https://faa218.files.wordpress.com/2014/08/jones_caitlin.pdf, accessed 13 March 2019.

Joselit, David.2011.What to do with pictures. *October* 138(Fall).

Kahn, Douglas 2005. *Discussions: The Politics of Sound/The Culture of Exchange*. Intermedia Art: New Media, Sound and Performance, Tate London.2019, http://www2.tate.org.uk/intermediaart/discuss/d_culture/politics2.shtm, accessed 13 March 2019.

Krauss, Rosalind. 2000. *A Voyage on the North Sea: Art in the Age of the Post-Medium Condition*. London: Thames & Hudson.

Lambert, Nick, Joanne McNeil, Domenico Quaranta. 2013. *Art and The Internet*. London: Black Dog Publishing.

Laurel, Ptak. 2016. Interview with Mark Tribe, Founder, Rhizome. *Art Spaces Archives Project*. http://www.as-ap.org/oralhistories/interviews/

interview-mark-tribe-founder-rhizome, accessed 13 March 2019.

Lee, Pamela. 2012. *Forgetting the Art World*. Cambridge MA: MIT Press.

Lessig, Lawrence.2004.*Free Culture*. http://www.free-culture.cc/freeculture.pdf, accessed 13 March 2019.

Levin, Sam. 2016. A beauty contest was judged by AI and the robots didn't like dark skin. *The Guardian* (9 September). https://www.theguardian.com/technology/2016/sep/08/artificial-intelligence-beauty-contest-doesnt-like-black-people, accessed 13 March 2019.

Liang, Lawrence.2012. Shadow libraries. *e-flux*. http://www.e-flux.com/journal/ shadow-libraries/, accessed 13 March 2019.

Lowry, Sean, Mark J. Smith, and Matt Whitman. 2016. Unpublished interview conducted by the author in New York City in November 2016 with Mark John Smith and Matt Whitman (two of the Franklin Collective's founding members).

McHugh, Gen. 2009/10.Post Internet blog. http://122909a.com, accessed 13 March 2019.

Miranda, Carolina A.2016.Social media have become a vital tool for artists-but are they good for art? *LA Times* (30 June).http://www.latimes.com/entertainment/arts/ miranda/la-et-cam-is-social-media-good-for-art-20160517-snap-htmlstory.html, accessed 13 March 2019.

Mundy, Jennifer and Jane Burton. 2013. Online exhibitions. Museums and the Web 2013.The Annual Conference of Museums and the Web, 17–20 April, Portland, OR.http://mw2013.museumsandtheweb.com/paper/online-exhibitions/, accessed 13 March 2019.

Noack, Ruth. 2012. The curator as artist? *The Artist as Curator*. http://afterall.org/online/artist-as-curator-symposium-curator-as-artist-by-ruth-noack/#.VTZBm4vyf94&gt, accessed 13 March 2019.

Olson, Maria. 2011. Postinternet: Art after the Internet. *Foam Magazine* 29 (Winter):59–63.

Osborne, Peter. 2007. Ou est lkuvre d'art? *Multitudes* 5/2007 (HS 1), 87–112.

Osborne, Peter 2010. *L'arte Contemporanea è Arte Post-Concettuale* (Contemporary Art is Post-Conceptual Art), Public Lecture, Fondazione Antonio Ratti, Villa Sucota, Como, 9 July 2010.

Osborne, Peter. 2013. *Anywhere or Not At All: Philosophy of Conceptual Art*. Verso Books.

Pariser, Eli. 2011. *The Filter Bubble: What the Internet Is Hiding from You*. New York: Penguin Press.

Paul, Christiane. 2006. Flexible contexts, democratic filtering, and computer aided curating: Models for online curatorial practice. *In: Curating, Immateriality, Systems: On Curating Digital Media*, edited by Joasia Krysa, Data Browser Series Vol.3.New York: Autonomedia Press.

Price, Seth. 2008. Dispersion. https://anthology.rhizome.org/dispersion, accessed 13 March 2019.

Project Anywhere. 2018. About. http://www.projectanywhere.net, accessed 13 March 2019.

Random Institute. 2016. All the lights we cannot see. http://randominstitute.org/event/north-korea-show, accessed 13 March 2019.

Rheingold, Howard, 2012. *Net Smart: How to Thrive Online*. Cambridge, MA: MIT Press.

Rhizome. 2007. Rhizome art base. https://www.artsy.net/rhizome, accessed 13 March 2019.

Ryzik, Melena. 2013. When artworks crash: Restorers face digital test. *New York Times* (9 June). https://www.nytimes.com/2013/06/10/arts/design/whitney-saves-douglas-daviss-first-collaborative-sentence.html, accessed 13

March 2019.

Sauter, Molly. 2017. The Apophenic Machine. *Real Life* (15 May).http://
reallifemag.com/the-apophenic-machine/, accessed 13 March 2019.

Staple, Polly.2009. Institute of Contemporary Arts: Visual art: Dispersion.
http://www.ica.org.uk/dispersion, accessed 13 March 2019.

Steyerl, Hito. 2009. In defense of the poor image. *e-flux.com*. http://www.
e-flux.com/journal/view/94, accessed 13 March 2019. ,

Steyerl, Hito. 2013. Too much world: Is the Internet dead? https://www.
e-flux.com/journal/49/60004/too-much-world-is-the-internet-dead/, accessed
13 March 2019.

Strayer, Jeffery, 2007. *Subjects and Objects: Art, Essentialism, and
Abstraction*. Brill.

Taimre, Ilmar, 2018. An interpretive model for conceptual music. PhD
thesis, University of Newcastle. http://hdl.handle.net/1959.13/1385390,
accessed 13 March 2019.

Thielman, Sam. 2016. Facebook fires trending team, and algorithm
without humans goes crazy. *The Guardian* (30 August).https://www.
theguardian.com/technology/2016/aug/29/facebook-fires-trending-topics-
team-algorithm, accessed 13 March 2019.

Trocchianesi, Raffella, Lupo, Elenora, Parrino, Lucia, Pedrazzini, Neva
Spagnoli, 2013. Digital archive of temporary exhibitions: Enhancing the
design culture. Dept. Design, Politecnico di Milano, Milan, Italy. https://
www.academia.edu/25737139/Digital_Archive_of_Temporary_Exhibitions_
Enhancing_the_Design_Culture, accessed 13 March 2019.

United Nations. 2015. Billions of people in developing world still without
Internet access, new UN report finds. *UN News Center*. http://www.un.org/apps/
news/story.asp?NewsID=51924#.WaisMa1L1TY, accessed 13 March 2019.

Vierkant, Artie.2010.The image object post-Internet. http://jstchillin.org/artie/vierkant.html, accessed 13 March 2019.

Vierkant, Artie. 2013. Artie Vierkant: Immaterial vs. material. Lecture at the 2013 Post Digital Cultures conference in Lausanne, Switzerland, https://www.artandeducation.net/classroom/video/66308/artie-vierkant-immaterial-vs-material, accessed 13 March 2019.

Wark, McKenzie. 2016. Digital provenance and the artwork as derivative. *e-flux Journal #77*. https://www.e-flux.com/journal/77/77374/digital-provenance-and-the-artwork-as-derivative/, accessed 13 March 2019.

Weinberger, David. 2016. ethinking knowledge in the Internet age. *The Los Angeles Review of Books* (2 May). https://lareviewofbooks.org/article/rethinking-knowledge-internet-age/, accessed 13 March 2019.

Westcott, James. 2008. Dispersion. *Artreview.com* (5 December).https://archive.ica.art/whats-on/dispersion, accessed 13 March 2019.

Wortham, Jenna. 2016. Is social media disconnecting us from the big picture? *New York Times* (22 November).https://www.nytimes.com/2016/11/22/magazine/is-social-media-disconnecting-us-from-the-big-picture.html, accessed 13 March 2019.

本章作者简介

肖恩·劳里（Sean Lowry）是一名艺术家、作家、策展人和音乐家，常驻墨尔本。他拥有悉尼大学视觉艺术博士学位，目前是墨尔本大学美术与音乐学部维多利亚艺术学院的批评和理论研究带头人。劳里在国内外广泛参展，在多种期刊和文集上发表了大量文章。他也是"随处计划"（Project Anywhere, www.projectanywhere.net）的创始人和执行董事。欲了解更多信息，请访问 www.seanlowry.com。

第二十二章　艺术与科学

交叉（再）创造

重新审视"两种文化"

处于科学、哲学、科技和艺术的交叉领域的策展项目，就像科学与艺术本身的关系一样有趣。从历史上看，艺术与科学之间的平行关系可以追溯到很久以前，而在当代，同一时期，毕加索和布拉克（Braque）的著名案例中，都曾出现过立体主义（Cubism）和爱因斯坦（Einstein）的相对论（Relativity）概念。法国数学家、科学哲学家亨利·庞加莱（Jules Henri Poincaré）的著作《科学与假设》（*Science and Hypothesis*, 1902），对当时艺术家的影响，特别是其中有关几何学起源的章节，似乎在告诉我们立体主义的起源并不完全是艺术。关于这一点，亚瑟·I. 米勒（Arthur I. Miller）在其著作《天才的洞见：科学与艺术中的想象力和创造力》（*Insights of Genius: Imagery and Creativity in Science and Art*, 2000）和《爱因斯坦，毕加索——空间、时间和动人心魄之美》（*Einstein, Picasso: Space, Time, and the Beauty That Causes Havoc*, 2001）中已经进行了彻底的研究，他正确地指出，艺术和科学的共同问题是如何解释看不见的世界，超越视觉意象和语言的传统限制，戏剧性地改变视觉意象的概念。

而由于社会沟通中断所引起的最困难的、未解决的问题始终潜伏在深处，例如艺术与科学之间的关系，这个问题在 20 世纪的大部分时间里一直困扰着人类，作家查尔斯·珀西·斯诺将之描述为"两种文化之间"的割裂，他在 1959 年所作的著名的系列讲座也正是以此为题，而斯诺在这种分裂中还看到了人类的机会：

> 两种主题，两种学科，两种文化——或者更广泛地说两种星系的冲突应该能产生创造性的机会。在人类思维活动的历史上，一些突破正是来源于这种冲突。现在这种机会又来了，但是它们却好像处于真空中，因为两种文化中的人不能互相交流。奇怪的是，20 世纪的科学很少有被吸收进 20 世纪的艺术中的，这是令人不解的。（Snow, 1959）

斯诺的观察是正确的，总体来说，艺术家和科学家都接受过科学或人文学科的教育。在分析两者的关系时，必然会涉及科学进程的本质、特殊性和背景，艺术品及其美学特质，科学与文化的复杂关系，以及艺术和科学所处的社会和政治背景，这就使得这项任务变得十分艰巨。

尽管如此，我们已经向消除这种分裂迈进了一大步，出现了新的艺术形式，如机器人艺术［Robotic Art，从白南淮（Nam Jun Paik）和阿部修也（Shuya Abe）的《机器人 K-456》（Robot K-456）、汤姆·香农（Tom Shannon）的《蹲下》（Squat）、爱德华·伊赫纳托维奇（Edward Ihnatowics）的《传感器》（Senster）、肯·戈德伯格（Ken Goldberg）的《远程花园》（Tele Garden）、西蒙·佩尼（Simon Penny）的《佩蒂·摩尔》（Petit Mal）、史帝拉（Stelarc）的《第三只手》（*Third Hand*）开始，到基口·迈克马赫特里（Chico MacMurtrie）的《图腾汽车》（Totemobile）和他的各种充气机器雕塑］、纳米艺术（Nano-Art）、量子艺术（Quantum Art，艺术和物理科学的交叉）、实验性的界面艺术、信息可视化领域的艺术和生物艺术（BioArt），这些艺术形式似乎在缩小现代社会的科学和人文两种文化之间所存在的明显的鸿沟中，发展得最远，起到了重要的作用。斯诺在《两种文化》（1959）中定义了现代社会两种文化之间沟通的破裂，一种是科学文化，另一种是人文文化。斯诺认为，这种破裂是解决世界性艺术和科学问题的主要障碍——沿生物学界面来说（这既是科学手中的"终极客观性"，"生物事实"，也是作为个人感受和情感最私密所在的"终极主观性"，无法减少的"感觉"的人本主义堡垒）。

美国艺术家乔·戴维斯（Joe Davis）认为斯诺的"观点已经过时了"：

> 不能将两者完全分开。和科学一样，艺术也是对知识的追求。很少有人还记得，几千年来，艺术曾是智人用理性来寻找上帝与自然秘密的主要工具。直到近几个世纪才有了一些特别的禁令，禁止可能与研究和科学调查混淆的艺术活动。处于我们这个时代的艺术系的学生，往往不清楚艺术家为数学、天文学、化学、物理学和生物学发明所作的贡献。这种艺术与科学的分离，给在当代思想和语言框架之外工作的人留下了很少的空间。人文学科的学者们现在承认，这种艺术和科学的分离是由于刻意将形而上学变成了一切艺术的基础这段延续了几个世纪的历史。但是，这种历史的人为性及其分类的机制已经假定了一种事实上的现实性。除非我们能够学会在没有现代艺术和科学分类的情况下思考，否则很难会碰到边界、空间和混合的问题。（Pandilovski, 2011: 226–239）

乔·戴维斯，同时也是生物艺术的先驱之一，继续指出，他相信艺术慢慢脱离这种划分至少已经有几十年了：

我对等待艺术完全恢复之前其所覆盖的范畴缺乏耐心。我宁愿探索一个仍然未知的角色：既不是艺术家，也不是科学家（在我的个人实践中我认为称谓可以互换）。艺术家—科学家既可以自由地处理荒谬的问题，又能足够遵守纪律，采取科学严谨的工作方式。当梦想可以实现、行动化为实际的时候，浪漫主义和建构主义概念之间的对立也许最终可以得到解决。

马尔库斯·维特鲁威（Marcus Vitruvius）是公元前1世纪伟大的罗马艺术家、建筑师，列奥纳多·达·芬奇（Leonardo da Vinci）的《维特鲁威人》（Vitruvian Man）正是以他来命名的，他认为，一位艺术学生"……应该是一个好作家，一个熟练的绘图员，精通几何学和光学，了解人物，熟悉历史，知晓自然准则和道德哲学原则，有一点音乐才能，不能对法律和物理科学、天体之间运动、定律和关系一无所知。因此，这么多不同的科学支撑起并装点了艺术，我认为，那些没有从年轻时一点一点爬上山顶的人，毫无疑问，不能称自己为大师"。（Vitruvius, 2009）

英国艺术家吉娜·扎内基（Gina Czarnecki）提出了另一种观点，她认为两者之间从没有过割裂。在扎内基看来，从来没有产生过真正的分裂，而只是一个感觉。她认为，人们越来越认识到在任何领域都需要专家和全才。扎内基评论：

科学、技术、文化、创新及其相关的社会政治驱动因素是相互关联的，人们对于它们相互演变和彼此之间的空间的认识也在不断加深。然而，英国的教育，这也是我所关心的问题之一，似乎正走向一个逐渐被专业认知的艺术和科学之间的地带——也因此促进了——教育系统不断涌现出专科学校，这些中学将自身打造为数学、计算机、科学或者人文学科的专业学校。我的孩子在10岁时将不得不决定他们要走哪条路，人们所能做的替代模型比起思维的划分和分类，对于这些孩子来说变得更为重要。（Pandilovski, 2011: 264–275）

加里·卡斯（Gary Cass）是澳大利亚生物学家，后成为艺术家，他坚信，作为知识的堡垒，世界上大多数的大学，都已经认识到跨学科研究的价值，其中就包括艺术与科学的跨界。

我的新创作室不仅注重艺术创作，而且注重科学创意。科学界正在意识到他们的世界需要变得更具创造力。要应对未知的未来以及我们这个社会可能面临的问题，需要科学变得更有创造性。当然，这可能会涉及艺术和科学两种不同文化的交汇。我受邀在阿德莱德实验艺术基金会（Experimental Art Foundation）成立了工作室，而现在这些艺术／科学合作在世界各地都颇受追捧。我认为，我们已经在缩小两者之间的鸿沟，尽管距离成功还有很大的距离，但这是朝着正确方向迈进的一个非常好的开始。科学界，特别是科学资助机构，要进一步认识艺术，特别是对哲学观点和创造力的接纳。但同时，艺术也需要接受科学信仰和立场。（Pandilovski, 2011）

当然，我们距离缩小差距还有很长的路要走。我认为，我们首先要回答一个问题，即科技的同化是否已成为大众心理体验的一部分。这个问题，可以通过确认是否不需要解释说明就能够理解艺术品来解答。换句话说，如果一个奇异的科学艺术对象本身——例如保罗·托马斯（Paul Thomas）／凯文·拉克斯沃西（Kevin Raxworthy）的《量子意识》（Quantum Consciousness）和《纳米精华》（Nano-Essence），爱德华多·卡克（Eduardo Kac）的《创世记》（Genesis）和《阿尔巴》（Alba），乔·戴维斯的《小维纳斯》（Microvenus），诺曼·怀特（Norman White）

的《无助的机器人》（The Helpless Robot），以及博里雅娜·罗萨（Boryana Rossa）、盖伊·本－阿里（Guy Ben-Ary）和奥列格·马维尔马蒂（Oleg Mavromatti）的《雪花》（Snowflake）——可以在没有照片／文本文档的情况下被理解（且因此自给自足）。

技术／科学／艺术的现象学观点

现象学的观点认为社会和技术相互构成并且永久保持各自本身的状态。从根本上说，现象学并非专注于进行实践经验观察，而是深入研究有关经验类空间、时间、场所、身体以及关系的叙述。科学与艺术的交叉是对上述所有论述的一次非常好的运用，同时也符合现象学的基本特征之一，即对于表象与本质的区分。梅洛－庞蒂（Merleau-Ponty）认为现象学是精华研究的观点与科技作品非常有共鸣，如爱德华多·卡克的《创世纪》（Osthoff, 2001）。也就是说，现象学要求重新解释世界，因为我们通过即时的经验与它互动[1]。现象学还坚持"对意识的相同要求和抓住世界意义的相同意愿，因为这种意义已经出现。这意味着现象学总是问某物的性质或意义是什么的问题"。

另一方面，马丁·海德格尔（Martin Heidegger）认为柏拉图（Plato）对"技艺"（techne）的阐述可以被看作现代技术的基础。在其1955年"关于技术的问题"（The Question Concerning Technology）的讲座［该讲座是巴伐利亚美术学院（Bavarian Academy of Fine Arts）举办的以"技术时代的艺术"为主题的系列讲座中的一个］中，他坚信，是存在的孤立性促使技艺的产生。（Heidegger, 1977）他的主张可以这样来

---

[1]　梅洛－庞蒂在《知觉现象学》（*Phenomenology of Perception*）的序言中指出，现象学的工作与巴尔扎克（Balzac）、普鲁斯特（Proust）、瓦莱里（Valery）以及塞尚（Cezanne）等艺术家的作品一样，在被辛勤耕耘着。

理解，"就像一棵树本质上并不是一棵树，它本身并不是一棵在树林中随处可见的树，所以技术的本质也不是什么技术因素"。对于海德格尔来说，技术具有双重意义，它的极端危险在于迫使人类进入了一个更为原始的解蔽之中，但同时又帮助人类重新获得原始希腊科学的本质，使"技艺"成为人类存在的起点和终点。这些关系掩盖了世界会被技术所封闭的问题，但这种关系是可以被揭示出来的。

海德格尔提出了"思想的第二个阶段"、在历史时空的世界中碰撞以及只有当该时空与他的真实语言的思想联系起来时才能通过艺术来构建的观点，并指出本源（真实性）和传达（语言、艺术，在这里还包括生物艺术）之间的巨大联系。现如今，海德格尔有关起源和传达的概念可以被视作编码、记录和解码的实践——尤金·萨克（Eugene Thacker）指出（2006）——这是当今生物技术主要活动的代表。这种联系还会受到生物种群特性和信息同步概念的影响，具有物质性和非物质性的特征，使生命流转起来，从身体到身体、身体到代码、代码到身体。传达所导致的一个问题是，由技术支持的艺术品将艺术家置于一个与牵涉并依赖技术的全新位置。一些以艺术/技术作品著称的艺术家还未真正掌握技术。他们在很大程度上需要依赖科技机构，特别是技术人员。这种高度的依赖性往往会促成合作艺术的案例，尽管技术人员很少在合作的艺术作品中成为共同作者。故而经常会由此产生矛盾，有时候公众甚至艺术家自己都无法看到"艺术品"［例如爱德华多·卡克的《阿尔巴》，创造了荧光蛋白（GFP）兔子技术的科学实验室拒绝艺术家将其概念化］。而观众大多对技术的可能性存在疑惑，因此也影响到了对于艺术品的理解和感受。

在《关于技术的问题》（*The Question Concerning Technology*, 1977）中，海德格尔指出，技术发展的实质本身就隐含技术本质的危险性，但其中同样也具有自我救赎的特征。这种拯救之途在哪里呢？会在艺术和激进主义中，作为一种抵抗策略吗？也许我们可以在科学时代见证海德格尔所说的"思想的第二个阶段",见证历史时空下的世界,也许只有艺术可以构建起这个空间。

通过提出对于生活与社会的新方法,对科技发展进行艺术和文化研究,使既定的哲学体系、伦理信仰和文化实践受到了质疑,因为艺术家、批评家和理论家们正在探索艺术与科技互联的迷宫。随着科学技术逐渐渗透到日常生活中,这种相互依存无疑改变了文化、社会政治和生态景观。

随着艺术家对科技的深入研究,艺术评论家逐渐难以定义这种新类型的作品,更不用说发现这些利用艺术和信息技术融合、通过交互技术手段增强的新艺术作品的共识或共同点。从本质上来说,很难想象今后的发展所带来的全部影响,但显然,生物技术和遗传学的发展有可能会导致我们的文化发生结构性的转变。通常来说,文化的变迁总是伴随着意识的变化,甚至可以说是由于意识的变化引起的。在这种情况下,我们正在见证一个偏离文明的传统理解,而向工程与生物交叉的方向转移的批判观点的转变过程。

然而,我们在很大程度上正在大胆地迈入未知的领域;因此,科学艺术品现象的隐喻领域,以及科技艺术品所带来的体验,可能更适合帮助我们理解有关生物艺术的种种论述。

空间性或者"生活空间"(也被称为"感觉空间")的概念,是指在美术馆、科学实验室、工作室、医院或城市广场中,感受创作、展示、观看或见证科技艺术的一个部分。这个概念因场合而异,而我们需要发现这其中的感受差异。

从"生活空间"的意义出发,我们可以看看卡克的转基因装置《创世纪》,它探索了科学世界的新恋物癖:基因和蛋白质,提出了关于媒介、意义和表现的有趣的理论和形而上学问题。这个装置的关键元素是一个"艺术家的基因",它是一种含有《旧约》(Old Testament)(《圣经》中的《创世记》)第一章的 DNA 序列的合成基因,该合成基因被转译成 DNA 碱基，通过突变基因序列被翻译成摩斯密码（Morse code），最后转化为英语。项目参与者（在美术馆和网络中）可以打开美术馆的紫外线，使置于豪华玻璃柜培养皿中的细菌产生真正的生物突变。观众因此能够改变细菌中的圣经句子。这就涉及了美国哲学家尤金·萨克的编码、记录和解码三个阶段，这是当今生物技术主要活动的代表，具有生物种群特性和信息同步概念，以及物质性和非物质性的特征，并使生命流转起来，从身体到身体、身体到代码、代码到身体。

回到乔·戴维斯的作品中，他认为自己的作品《小维纳斯》①可以算是"真实的思维"的一部分。它与所有其他的体验在同一个空间中共存。对戴维斯来说，探索生命的秘密的真实性就是在它的隐秘中寻找隐秘。

有关细胞信号传导、膜转运、载体、内含子、外显子和核糖核酸干扰（RNAi）、启动子和复制起始点的详细信息都包含在已知的有关细菌的内容之中。包括对核酸转录、肽和蛋白质的翻译与合成，以及构成酶和生化操作这些过程的认知。细菌的研究同样也是对于将众多实用蛋白质合成诸如纳米级分子马达和荧光标记一类的研究。细菌同时也可以用于宏观装置之中，用以清洁废水或产生电流。但也许最重要的是，细菌研究是对生命本身极其严密的总体规划的研究，它被编入每一种看不见的细菌的物质之中。于是这项研究专注于获取技术、技能来完成总体规划，以及理解它的能力。学习所有这些知识或者永远保持无知，要看每个人的选择。通过显微镜来观察是不够的。咫尺之间的细节太过于隐

----

① 引入"艺术和基因型"一词的乔·戴维斯于 1988 年与哈佛医学院（Harvard Medical School）的分子科学家达娜·博伊德（Dana Boyd）合作开发了早期生物技术艺术品之一——《小维纳斯》。乔·戴维斯创造性地预见生物技术影响力，为之后各式生物技术艺术作品奠定了基础。这项影响深远的生物技术艺术作品通过对基因序列水平 DNA 的生物技术重组干预，将兼容的 DNA 编码材料直接导入大肠杆菌中，从而改变细菌基因组。作品是由 28 个 DNA 核苷酸合成序列构成的一个加密图像。实际上，这件艺术品是一个将二进制图形图标"Y"叠加在"I"上的编码，代表着日耳曼符文中的"生命"（life）和"地球"（earth）。

蔽。现实的结构要比显微镜可以观察到的最小物体的细节还要精细得多，也更复杂得多。（Pandilovski, 2011）

"真实的身体"是指具体的（有形的）体验。我们通过身体感受艺术，就像我们通过身体感受这个世界一样。感受总是不同的。例如，去参观米哈利斯·皮希勒（Michalis Pichler）作品《母牛》（*Kuh*）的观众，可以在公共空间内看到一件半真的尸体／人工制品。《母牛》可以说是由鞣制的牛皮、牛爪和牛角（牛被宰杀食用）组成，艺术家将它们缝在用泡沫聚苯乙烯雕刻而成的尸体上面。随后被放置在公共空间中展出（作品被放置在柏林的不同地方展示，如布赖特施德广场和布吕尔镇）。"真实的身体"由能指（包裹在泡沫塑料上的死牛）和所指（死牛）组成，使其成为意象和死牛的混合体。接触这件艺术品的人既是在触碰遗体，也是在感受死亡。

乔·戴维斯的《小维纳斯》的 DNA 与其他一切 DNA 一样，是一种物理物质。拥有足够的数量后，它是可以被看到和触摸到的。尽管如此，看到某物的简单行为并不会自动使其化为真实。戴维斯运用了桑格测序（Sanger sequencing）、凝胶电泳和放射自显影的技术，验证《小维纳斯》是由预期的核苷酸组成，并且通过这些技术生产出了独一无二的、具有"小维纳斯 — 标识"的人工制品，进行国际展出。对于戴维斯来说，"身体体验"并不是论证艺术无法在微观尺度上被创造和观察的合理依据。戴维斯坚信自己已经改变了人们欣赏艺术作品的一贯方式。

《小维纳斯》是一种写成语言的图像。它是一个单词，一张图片，是我一点一点地创作了它。此后又以各种形式重申了这一点。评论家和策展人感到茫然，因为《小维纳斯》无法被完美地嵌套在相框内，或者以其他方式恰当地放置在传统的展览大厅中。你也许会问："颜料和画布在哪里？水粉或木炭的痕迹呢？墨水和纸呢？"但是，这些问题是在我创作之后才提出的。如果我还没有决定从这个神圣的艺术用品清单中作出选择，又怎么可能算是艺术呢？我觉得，艺术的定义并不在于它的物质构成，而取决于美术馆和博物馆的商业和机构架构。我认为，为你创造的这个单词比所有历史书籍的内容和全世界博物馆的收藏品都更加坚固且经久不衰。当这些最终化为灰烬，当所有通过无数劳动和牺牲建立起的城市和纪念碑早已从地球表面消失时，这个单词——以及其他类似的词——将被留下来作为承担人类的梦想和抱负的遗产。（Pandilovski, 2011）

"生活时间"的概念能够解释与时间相关的问题，如主观时间与客观时间。这个观点不仅可以通过研究艺术作品及其概念，还可以通过观众来进行分析。科学—技术—艺术作品所具有的时间性问题相当有趣。在这个方面，笔者想介绍的是纽约的奇科·马克姆特里（Chico Mac Murtrie）的作品，他以机器人装置而享誉国际。在五六年前，他改变了对雕塑材料的选择，从赖以成名的金属材质（金属笨重机器人）转为可充气型材料。我组织了奇科·马克姆特里和无序机器人工厂（Amorphic Robot Works）的三个装置、展出和工作室活动。《互动鸟》（Interactive Birds）是《十六只鸟》（Sixteen Birds）的第一个交互式充气版本，也是第一个使用无定形机器人作坊充气体技术的多体雕塑装置，出现在我在2006年澳大利亚阿德莱德的实验艺术基金会（EAF）策划的展出中。这是一个引人瞩目的项目，它为公众提供了一种冥想体验，参观者一进入美术馆，小鸟就会动起来，随着空间中的小鸟越聚越多，好似是观众的出现赋予了它们生命一样。装置的开放性和可触性使游客有一种可以在鸟类的生存空间内自由漫步的感觉，然而观众的过度侵占会触发一个死亡循环。一旦有一只鸟被感染，它就会开始破坏其他鸟的行为，很快，所有的鸟都将过早地结束它们的生命周期。

2010年，在《互动鸟》之后，我在马其顿国家美术馆（National Gallery of Macedonia）——位于马其顿斯科普里（Skopje）的一个由奥斯曼土耳其浴室改造而成的美术馆——策划了一场名为"内部空间"（Inner Space）的展出、雕塑装置和研讨。"内部空间"展示了一个充气机器人结构，是由相互连接的管子组成的一个胶囊状空间结构。这个装置是无定形机器人作坊对生命系统、机器和建筑的不断探索的一部分的代表，其运动方式类似于有机肌肉和骨骼，通过缓慢的呼吸节奏带动行动。参观者能够从装置胶囊的内部或外部体验动力转换，他们可以真正进入装置中，因为管子里充满了空气，形成了一个悬浮的外壳。

"加拿大充气机器人艺术展"（Inflatable Robotic Arts in Canada）和《充气式建筑介入》（Inflatable Architecture Intervention）是 2012 年我在温尼伯（Winnipeg）马尼托巴大学（the University of Manitoba）的美术馆，为奇科·马克姆特里和无定形机器人作坊策划的第三个项目。这个项目象征着推动新一代机器人雕塑和媒体艺术技术革新的创新发展计划。马克姆特里使用了蜂窝状六边形，"为构成所有生命基础的小步舞几何结构提供了体内活动，揭示了有机形态和无机形态并不是相互排斥，而是共享形式连续体的不同时刻"。（Inflatable Robotic Arts in Canada, 2012）

"关系"的概念涉及了多种相互的关系。加拿大哲学家马克斯·范梅南（Max van Manen）在《生活体验研究：人文科学视野中的教育学》（In Researching Lived Experience: Human Science for an Action, 2016）中，谈到了我们在与其他人共享的人际空间中与他人保持的生活关系。关系的形式包括寻求在一个单一空间中与其他人建立一种共同的存在。当信息传递发生时还有其他人在场，例如其他艺术家、大众、科学家、机电工程师、生物学家、天文学家、职业舞蹈家、建筑师、语言学家和哲学家。这种鲜活的关系在泰德·希伯特（Ted Hiebert）的作品中表达得非常明显，在我策划的"毒性"（Toxicity）的群展中，他展出了作品《磁铁间隙》（Between Magnets），我在展览中设计了"磁性洗礼"（magnetic baptism）环节。意思是，在与艺术家协商后，我在希伯特的头部两侧放置了强力磁铁，而他耐心地等待强磁场对他的身体和意识产生影响。艺术家和策展人不计后果，都希望一切顺利，结果也确实如此。观众们很喜欢这个环节，艺术家也没有受伤。尽管我们不能确定由此而来的长期的后果，因为我们对磁学了解得还不够多。我想指出的是，艾伯特·爱因斯坦（Albert Einstein）花了几十年的时间，试图推动与电磁学和引力有关的统一场论（the unified field theory）的发展，但只获得了部分成功。后人类景况必然会考虑到我们对电磁学理解的进步，就像它所包含的其他科学一样。

乔·戴维斯的《阴道之诗》（Poetica Vaginal）涵盖了关系的各个方面，因为它实际上是向"他者"（真实的或虚构的）传递的信息，并且涉及了相互关系的话语，或生活关系，我们与这个"他者"在我们与他们共享的星际和人际空间中保持联系。乔·戴维斯认为，《阴道之诗》与其他围绕寻找外星智慧的项目将他引入了分子生物学的研究中。戴维斯提出了这样的观点：

> 最近我回过头来着手星际通信方面的前沿课题［例如两个正在推进中的项目——"二磷酸核酮糖羧化酶星球"（Rubisco Stars）和"天鹅挽歌"（Swan Songs）］。我们也可以说这涉及了多学科的或"相关的"领域，如果你想的话。天文学和生物学已经融合成天体生物学。计算机科学和无线电工程的全部领域围绕着寻找外星智慧发展起来，而分子生物学则推进着生物信息学、蛋白质组学和基因组学的发展。这些重叠似乎令人印象深刻，但在我看来，所有这一切都是息息相关的。因此我架起了它们之间的联系，通过《阴道之诗》将天文学和天体生物学的强烈理性主义与智人对其自身生理机能的非理性的羞耻和虚荣心联系在了一起。这种连接并没有什么神神秘秘之处。每个人都知道。只是从未承认过。就好像我们决定到处走一走却不带眼睛和耳朵一样。当然，我们现在依然这样。《阴

道之诗》讲述了潜伏在我们周围的所有显而易见的事物，这些事物与我们"同时存在"却被我们视而不见。（Pandilovski, 2011）

　　爱德华多·卡克的作品表明，转基因艺术的主题多是关于现象学性质的问题。在他的作品中，对于"关系"的思考，就如同对于一般的生活经验问题（如"生活空间""生命感受体""生活时间"和"他者"）一样，都很重要。也许还要注意的是，在《创世纪》中，关系已经得到了非常好地阐释，因为生物学和技术之间的关系被重新配置。卡克特别强调了这一点：

　　　我们将观众与作品看作两个主体，在这种关系中进行艺术创作，而非将其置于主体和客体的关系。生活艺术作品的边界在哪？这一切都能称之为艺术，还是只有符合某些特征才可以，例如花朵或荧光？现场艺术作品可以进行哪种类型的互动？在什么情况下，如果有的话，死亡或苦难可以成为艺术表达的一个方面？艺术家、策展人、观众和收藏家对生活艺术作品担负着何种责任？我们对于非人类生命又具有什么责任？（Gessert, 2004）

艺术科学的隐喻

　　艺术与科学共享母题、隐喻和模型。隐喻的主要作用在于将抽象具体化或者使主题清晰易懂，不然它们会一直让人感到困惑。尤其是，隐喻能够体现出很大一部分的对于科学的公共表述，并且在更广泛的科学和技术议题中发挥着至关重要的作用。尤金·萨克认为"分子生物学是一个不断证明隐喻的重要性的领域"。（Pandilovski, 2011: 246–249）

他指的主要是生活中的信息隐喻，以及由此产生的这种我们越来越多地将生活视为由信息定义并通过信息定义的方式。

近半个世纪以来，艺术、科学和技术之间的互动持续深入，显示出艺术家正倾向肩负起文艺复兴（the Renaissance）时期或者说是 20 世纪前十年的自身职责，在这两个时期，艺术与科学之间的联系变得愈加紧密。艺术家们很清晰地意识到了科学家和技术人员合作的必要性。这种意识可能比实际掌握科学和技术过程更加重要。可以说，对当今世界和艺术转变的理解是与科学中的增强概念（量子物理学研究和纳米水平探索，以及生物和遗传的理论和实践）相一致的。此外，生命科学也正在向信息科学转变。实际上，对于 DNA 介质而言，代码是作为信息代码写入硬盘还是存入云端，抑或储存在大肠杆菌（E. coli）培养物的培养皿中，已经变得无关紧要。代码是可转移的，这使得存储问题没那么重要了。

科学的公众形象通过像"科学之旅""科学进步"等众多隐喻来体现，这些隐喻被广泛地用于描述生物技术的发展。法国哲学家、人类学家布鲁诺·拉图尔（Bruno Latour）的观点也值得注意，他认为，科学与自然在你来我往的不断沟通中强调了在行动中进行科学研究的重要性（1987）。在环境问题方面，"温室效应"（greenhouse effect）和"臭氧空洞"（ozone hole）是常用的比喻。

就现象学观点而言，可以断言，生物艺术中所使用的隐喻在解释生物艺术所代表的意义时具有至关重要的作用。乔治·莱考夫（George Lakoff）和马克·约翰逊（Mark Johnson）（2003:157）在《我们赖以生存的隐喻》（*Metaphors We Live By*）中指出，"新的隐喻，就像传统的隐喻一样，可以拥有定义现实的力量"。他们认为，我们不仅在语言中会使用隐喻，而也正是这些隐喻塑造了我们的语言。我们常用"生命字母表"（alphabet of life）来隐喻"人类基因组计划"（Human Genome Project）。（Kevles and Leroy Hood, 1992; Rosner and Johnson, 1995）这个项目还有其他几个比喻，包括"揭示生命天书的秘密"和"生命的神秘纹理"。人文学科对此的隐喻则包括"创作新怪物"（Keller, 1996）和"制造幻想"（Nelkin and Lindee, 1995）的比喻。就有关幻想的隐喻而言，南澳大利亚艺术家尼基·斯佩罗（Niki Sperou）认为，生物艺术提出了对事物的操纵，这些事物表现了某种干预性。在她的作品中，她使用了各种各样的隐喻和视觉双关语，例如含有生物物质的肉质多层次的形式和颜色：大米、鸡蛋、花、血液、皮革和猪的部分（见图 22.1 和图 22.2）。她的作品常常是鲜活的、潮湿的、凌乱的。在她的作品中，这些东西通常混合在一起，并且（按照"幻想"的概念来看——生物技术的转基因生物）具有强烈的隐喻暗示。正如斯佩罗提醒的那样："多余的、有缺陷的或者不协调的事物会被认为是怪异的。它们暗示了边界的截面。这些事物也许代表着未成形的想法、过程或误解。它们有待开发、具有实验性，是还需要不断反思和理解的。它们意味着新的可能性和新的现实"。（Pandilovski, 2011: 257–264）（见图 22.3 和图 22.4）

蒂里·巴尔迪尼（Thierry Bardini）和玛丽–皮尔·布歇（Marie-Pier Boucher）（2010）对"隐喻化的人类"进行了研究，指出了三件不同的事：当下的人类正在被一套由科技界定的人类进化（生物和文化）的哲学假设、道德价值观和铭文实践所隐喻；当下的人类可能会被技术概念所改变，并将干预措施融入人类之间生产的具体引导——这两个哲学公理都严重依赖于一套根深蒂固的隐喻、错误引申和转喻，它们实际上打开并限制了两个领域之间的通道，从而完成了艺术实践。

诚然，长期遮掩在科学和环境问题之下，隐喻能够发挥不少作用。在遗传学和基因组学领域的发现几乎总是被打上科学突破的隐喻。然而，这其中的风险却大多被视为未知领域的科学进步。根据德沃拉·亚诺夫（Dvora Yanov, 1996）的说法，人们常常认为科技是不可控的，而科学则是获得掌控的手段。

图 22.1 《信任》（Trust，系列作品），妮基·斯佩罗（Niki Sperou）；培养基：玻璃培养皿、含有大肠杆菌的凝胶培养基、抗生素、纸、灯箱；"毒性"（Toxicity）展览作品，加拿大温尼伯插电现代艺术中心（Plug-In ICA），2013 年；妮基·斯佩罗供图

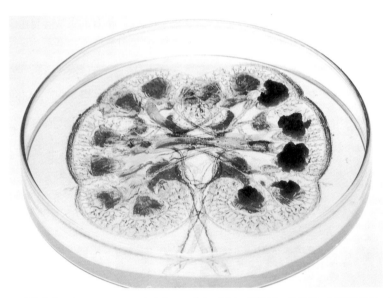

图 22.2 《种植植物》（Man A Plant，系列作品细节），妮基·斯佩罗；培养基：玻璃培养皿、植物组织培养、琼脂培养基、绘图，置于灯箱底座上，通过无菌技术生产；2006 年为阿德莱德弗林德斯医疗中心（the Flinders Medical Centre）"种植植物"（Man-A-Plant）展览制作；2009 年在阿德莱德生物技术艺术实验艺术基金会（Experimental Art Foundation in Adelaide for Biotech Art），以及 2010 年在马其顿斯科普里当代艺术博物馆（Museum of Contemporary Art in Skopje）举办的"斯科普里电子艺术博览会"（SEAFair）"生死装置"（The Apparatus of Life & Death）单元中再次展出；妮基·斯佩罗供图

图 22.3 《被占据的身体》（The Colonised Body，细节），妮基·斯佩罗，混合介质装置，2016 年；2016 年在南澳大利亚健康和医疗研究中心（South Australian Health and Medical Research Institute，SAHMRI），以及 2017 年在芒特甘比尔里多克美术馆（Riddoch Art Gallery）"生物社会的崛起"（The Rise of Bio-Society）展览中展出；妮基·斯佩罗供图

图 22.4 《保存》（Preserves），妮基·斯佩罗，混合介质装置；2012 年为澳大利亚皇家学会（Royal Institution Australia）"国家科学展览"（Domestic Science Exhibition）创作；妮基·斯佩罗供图

另一方面，彼得·斯洛特戴则以怀疑的眼光审视与基因技术相关的流行语。正如他说的：

> 机械论对主观判断的最引人注意的掌控在于它让基因技术看上去很有前途。遗传技术在各种各样先入为主的偏见之下，很容易被人为操纵。就这样或多或少的奇思妙想而言，我们可以在短期内"创作一个完整的人"。在这样的幻想中，原始生物学与人本主义和无助的神学展开竞争，而持有这种观点的人对人类起源的进化条件没有丝毫的理解。（Bardini and Boucher, 2010）

德裔法国策展人延斯·豪瑟（Jens Hauser）认为：

> 生物学在重要的自然科学中的地位的提升，促使在人文学科中大量使用生物隐喻和更多种的生物技术程序，这为艺术家的创作提供了主题，甚至更深一步，提供了新的表达方式。（Hauser, 2006）

苏珊娜·安克（Suzanne Anker）和多萝西·内尔金（Dorothy Nelkin, 2004）论述了基因是如何成为我们这个时代的文化标志的，为艺术家提供了大量的意象和想法。在书中，他们探讨了在基因时代，在由基因掌控个体的社会中，人类、伦理和身份的意义等道德和生物伦理问题。

英国艺术家吉娜·扎内基（Gina Czarnecki）通过使用意符和隐喻所带来的独特的联想，以及为作品增添的效果来获取更多的阅读量。她运用隐喻来简化作品中复杂异常的关联，这些关联可以从多个切入点入手，在多个层次上阅读。她将孩子的牙齿作为过渡时期、成长仪式、生物学与神话世界之间的联系的隐喻；用骨头隐喻医学可能性、共生、保存、帝国主义和奴隶制的历史和选择；将脂肪视作丰盛与依赖的隐喻，循环与禁忌的隐喻。

彼得·温加特（Peter Weingart, 1998）指出，大众传媒和自然科学社会的历史演变，这两者都具有独立的发展逻辑，但在当代社会，它们正相互交织在一起。然而，两者都在争夺它们的结构上的可能性，解释有关存在本体论的原因，这也就导致两者使用不同的手段，以及在科学和公共话语中运用不断演变的隐喻。

伊娜·赫尔斯坦（Iina Hellsten, 2002）在探讨"隐喻政治"时，强调隐喻是用来理解世界和向他人传达观点的灵活的工具。

"从隐喻政治为科学技术的公众表象带来的优点和风险两方面进行了分析，特别是20世纪90年代现代生物技术和生物多样性的公众表象"。（Hellsten, 2002: 4）伊娜·赫尔斯坦认为，关于生物技术和生物多样性的科学问题和公开辩论有一些共同点。两者都是起源于生物科学领域的全球性的现象——分子生物学和基因工程学方面的生物技术、系统生态学和保护生物学方面的生物多样性保护。在公开讨论中，这些问题是由不同的科学、社会科学，以及政治、法律和经济话语所构成的复杂网络工作来共同界定的。在这里，话语指的是系统的传统化言论方式。此外，所有的话语方式都是公开的，例如运用大众媒体、辩论的形式。不论是生物技术还是生物多样性的辩论，都会使人想起有关自然的终结（Giddens, 1998）、后自然时代（Franklin et al., 2000）或自然的社会层面（Macnaghten and Urry, 1998: 4–15）的画面。换言之，在这两种辩论中，社会制度的话语体系有趣地交织在一起；文化、自然和科学之间的界限以多种方式变得难以区分了。同时，也都反映出了对于未来的展望。生物技术的公众表象往往体现出人们在癌症治疗方面，对于医学突破的期望。生物多样性的公众表象则又表明人们对于失去生物多样性的担心。而在现阶段，既不能希望过高，也不能过于焦虑。而隐喻似乎在维持平稳方面具有关键的作用。（Wyatt et al., 2000）

西澳大利亚艺术家、生物学家加里·卡斯（Gary Cass）指出，隐喻能否发挥作用，也许取决于观众是否能将其识别出来：

> 我们制造了一个机器人，一件衣服，一个半人半机器，它们就是它们！我认为从这方面来说，如果观众可以感知到其中的隐喻，那么作品就会彰显出更大的力量。我们创造出能够发人深省的作品，让公众仔细审视和辨别自己的意识形态和反思。我不认为我们的作品应该被用来牟取某种政治利益。例如，是否在新加坡展出的"生物合金与人体"蕴涵了一种新加坡式的隐喻，暗示着机器造成的伤害，暗示着新加坡人民的流血和痛苦；而这可以被前来参观的观众感受到吗？（Pandilovski, 2011: 275–285）

科学时代的艺术策划

显然，以科学为基础的艺术品展示使艺术机构的策展职能发生了变化。在过去的 20 年里，艺术机构一直在扩大他们的参展政策的范围，用于展示生物艺术。像奥地利电子艺术节、欧洲驻场艺术家交流网络、共生艺术研究中心、澳大利亚实验艺术基金会和斯科普里电子艺术博览会等机构，纷纷以支持科学领域的艺术研究的方式，参与了这一发展进程。机构的这一职能，在向艺术家进行委托并支持其创作、通过"白盒"激活大众对艺术品"接受度"、建立起与科学家的合作方面显得尤其重要。艺术机构对于某些灰色地带的艺术研究的支持的角色转变（反映了生物哲学和生物政治的现阶段理论发展），可以看作受到了米歇尔·福柯、乔治·阿甘本、迈克尔·哈尔特、安东尼奥·内格里以及罗伯托·埃斯波西托（Roberto Esposito）的思想的直接影响。一般的麻醉学，特别是生物学，可以在爱德华多·卡茨、组织文化与艺术项目（Tissue Culture & Art Project, TC&A）、安德烈·布罗迪（Andre Brodie）、乔治·格塞特（George Gessert）和娜塔莉·杰里米金科（Natalie Jeremijenko）等艺术家的项目中看到。

实际上，必须得承认，艺术科学发展到了现如今这样的高度，我们见证了一些媒体艺术机构的支持，其中大部分来自国际电子艺术大奖（Prix Ars Electronica）；一些高校，例如西澳大利亚大学成立的"共生艺术研究中心"这类的科学和艺术实验室；以及媒体视觉艺术组织，如国际电子艺术研讨会（International Symposium for Electronic Art, ISEA）、德国柏林跨媒体艺术节（Transmediale in Berlin）、西班牙 VIDA 竞赛（VIDA in Spain）、纽约视觉艺术学院生物艺术实验室（Bio-Art Lab at the School of Visual Arts in New York）、莱顿艺术与基因组学中心（Art and Genomics Center in Leiden）、生物艺术与设计奖（BAD: Bio Art & Design Awards）、斯科普里电子艺术博览会、欧洲核子研究中心的"欧洲核子研究中心艺术项目"（Arts at CERN）。此外，葡萄牙的 Ectopia 实验艺术实验室（Ectopia）、卡尔斯鲁厄艺术与媒体中心（ZKM in Karlsruhe）、利物浦的艺术与创意技术基金会（FACT）、阿姆斯特丹瓦格协会开放湿实验室（Waag Society's Open Wet Lab）、墨尔本的澳大利亚活动影像中心（ACMI）和阿德莱德的实验艺术基金会（现已关闭），也为这个领域的发展提供了大量的支持。

然而必须要指出的是，在主要的艺术场所（博物馆、国家美术馆和重要的双年展）中，很少有与生物艺术相关的展览。

可以想见的是，艺术与科学会在这十年中得到主要当代艺术场所的认可，这个过程与视频艺术在大约二三十年前所经历的一样。

根据笔者自 20 世纪 80 年代以来，以策展人、艺术家、导演和作家的身份在科技艺术领域实践的第一手经验，我策划了《互动鸟》《毒性》《灾难时代》《生物社会的崛起》《社会与基因组文化》以及《生物技术时代的艺术》等项目。我有幸见证了生物科技艺术的发展，也亲眼 ① 看见了随之而来的各种现象，例如，"生物技术艺术——重新审视"（Bio-tech Art – Revisited）② 这个展览，就对 21 世纪前十年的社会、政治、网络和媒体中的这些现象进行了批判性的审视。

"生物技术艺术——重新审视"所强调的是，我们现在有足够的能力，来理解世界正处于生物和工程的交汇点这件事。生物技术领域取得了进步，我们更加意识到还有各种需要解决的问题，如生物技术学科的政治、基因工程的伦理影响以及伦理学与生物技术之间的关系。展览同时表明，生物艺术的艺术形式已较为成熟，观众已经习惯于将生物技术艺术看作一种有效的艺术形式，而不再视其为新奇事物。项目涉及了科学进程的本质、奇观和背景，科学与文化的复杂关系，围绕艺术和生物技术的社会和政治背景，还有艺术和生物技术所使用的艺术与文化代码。这个展览使我客观地分析了湿媒体（moist-media）是如何对我们体验生活的方式产生影响的。

要了解更为广泛的科技艺术领域，笔者认为有几个关键问题十分重要：

·一件艺术品，尽管运用了科学（纳米技术、量子研究）手段，但也不能将其视为是对科学实践的描述。

·一件艺术品，即便使用了生物材料，也不能将其视为基于活细胞或死细胞的物质，因为它概念性的内涵超越了其物质性。

·一件艺术品，虽然对其进行了编码（通过程序语言或生物体的遗传信息），也不能将其仅看作一种软件设计，因为湿性艺术创作中的各个生活方面使新作品的创作过程更为严格。

---

① 该项目收录在《生物技术时代的艺术》（*Art of the Bio-tech Era*）目录中（实验艺术基金会 2004 年出版），更完整的内容发表在《生物技术时代的艺术》（2008 年由实验艺术基金会出版）一书中。

② 该平台通过研讨会、展览、工作坊以及公众与参与者的直接互动（阿德莱德实验艺术基金会于 2009 年 4 月组织的项目）等形式，陆续提出了一系列观点，对生物技术和基因工程的概念进行质疑。

·分析表明，这一类的艺术品并非基于图像，尽管艺术家们会这样利用图像：他们参与了艺术品超越图像概念的过程，尽管事实上获得了更多图像的现象学体验。

·一件艺术品，虽然使用文本，但并非基于文本。同样地，尽管文本超载，互联网本身也不是基于文本的。

分析还表明，在技术层面上，这是对科学原理的一种生动诠释，例如保罗·托马斯和科学家凯文·拉克斯沃西的"纳米和量子意识"；从运用生物物质再现到生物数据间相互作用堆叠；如帕特里夏·皮奇尼尼（Patricia Piccinini）或梅茨·布雷兹（Mez Breeze）实实在在地利用生物物质所创作的作品；又如安德烈·布罗迪克（Andre Brodyk）、爱德华多·卡克、亚当·扎雷茨基（Adam Zaretsky），或 TC&A 的作品。可以这样说，上述艺术家在扩展后的"空间"中，着重通过广泛的可视化过程，跨越文本、图像、生物物质和编码，利用整合媒体进行传播。

艺术家想要推动科技项目，就必须要考虑到社会环境和数据整编（生物学、遗传学、电子或其他方面的），从而建立艺术家、科学家与制作人之间的联系。这种关系一旦产生，就要求艺术家适应技术需要，尽可能全面地考虑到项目所产生的影响和副作用，确保内容的科学性，在简单或复杂的体系中创建联系，并让自己投入探索科技逻辑的过程里。在这个过程中，艺术家们要努力找出科技的局限性，并当观众有可能不自觉地沉浸在生物艺术中时，通过体验或接触到艺术品样品，让观众对艺术作品有更深的认识。此外，艺术家也正在参与改变个人和社区生物空间的概念，希望能够通过科学、技术、遗传学、真实空间和个人（或集体）观点之间的关系将其串联组织起来。其基础在于对"视觉思维"和"直觉意识"领域的多次探索。"具体化问题""人类增强""混杂性"也同样重要，还有艺术家们一直以来关注的经典问题：颜色、形式、香气、意外和纹理。

"沟通""不确定性""在场"（即世界上有些东西与我们完全分离开来）的条件，以及导航，已经成为我们对新作品的关键性的共同体验。

（Pandilovski, 2011）

对于在场的概念，乔治·格塞特进一步说道："我不像汉斯·冈布雷希特（Hans Gumbrecht）那样关注'在场'的隐喻和意义：世界上有些东西与我们是完全不一样的。我们给这些东西起了名字——'梅花树''花岗岩''半人马座阿尔法星''温度'——并赋予其意义，但我们永远无法完全明白或理解看到的到底是什么。这就是世界的魔力。"（Pandilovski, 2011: 239–245）

关于不确定性原则，乔治·格塞特发表了这样的评论：

> 我认为沟通是非常重要的，但沟通并不一定需要得到验证。不确定性是我们看到新作品时最常见的体验之一。我们不知道发生了什么。我希望每一个对当代艺术感兴趣的人都能够接受这一点，结果却并非如此。当法国国家农业科学研究院（INRA）拒绝把兔子阿尔巴公之于众时，一些艺术家——那些本应该更了解的人——攻击爱德华多关于兔子的说法无法证实。我写这篇文章是为了帮爱德华多辩护，也为了捍卫对我来说最重要的艺术：艺术是视觉或概念体验，而非可验证的事实。（Pandilovski, 2011: 239–245）

不确定性原理［海森堡（Heisenberg）的"不确定性原理"（indeterminacy principle）和爱因斯坦的"远距离的幽灵行为"（spooky action at a distance）］，物理学中最著名的思想之一，让我们认识到了量子粒子在性质和性能上的模糊性，针对不确定性原理，我策划了《量子意识》（*Quantum Consciousness*）项目，这是为了 2015 年加拿大温尼伯真实画廊（Actual Gallery）的"灾难时代"（The Age of Catastrophe）展览，与新南威尔士大学（University of New South Wales）的艺术家、教授保罗·托马斯和科学家凯文·拉克斯沃西一起合作完成的作品。2017年，甘比尔山里多克美术馆（Riddoch Art Gallery）为审视生物艺术和文化领域的最新发展，举办了"生物社会的崛起"（The Rise of Bio-Society）展览，同样展出了这件作品。《量子意识》是一个使观众沉浸在量子现象中的声波和视觉装置。原子数据将电子的量子运动指数化。电子自旋产生的量子交互作用被映射，用来充当感觉刺激形式的导管。这个项目深入探讨了量子叠加的悖论，对于这个悖论最好的解释就是埃尔温·薛定谔（Erwin Schrödinger）的猫思想实验，作品需要具有在同一空间中同时拥有多个电子的现实和实验条件，但并不局限于此。《量子意识》由此展示了一种审美和身临其境的体验，建立了人类思维的隐喻和索引图。艺术家兼学者保罗·托马斯（Paul Thomas）和科学家凯文·拉克斯沃西（Kevin Raxworthy，参见量子意识关于非人类计算智能与人类意识结合的可能性的更广泛意义）认为这种可能性源于这样一个事实，即电子的"物质"及其量子作用是量子计算可能性的基础。

除此之外，我还策划了托马斯和拉克斯沃西的《纳米精华》，这件作品于 2009 年分别在（澳大利亚）实验艺术基金会举办的"生物技术艺术——重新审视"，以及甘比尔山里多克美术馆"生物社会的崛起"中展出。作品首先使用原子力显微镜（AFM）以各种模式扫描的活皮肤细胞，通过收集被转换为产生视觉表现的偏转数据来记录地形学。托马斯和拉克斯沃西运用 AFM 的数据来观察在地形可视化和生死之间的声波结构，在纳米水平上所揭示的生物现象的差异。呼吸和水分界面使得用户可以通过人永生化角质形成细胞（HaCaT）模型呼吸。当使用者呼吸时，细胞自动机开始生长和旋转。而只要持续呼吸，增长也就不会停止。

科学、技术、艺术的政治

21 世纪象征性地以两个宣言为开端：第一个是一个艺术项目与一个真实存在的同时诞生。它的名字是《阿尔巴》，它的创作者是芝加哥的巴西艺术家爱德华多·卡克。作为一个艺术项目，《阿尔巴》具有未来主义宣言的力量，以及更多的，就像马歇尔·麦克卢汉（Marshall McLuhan）所说的"总是能够通过早期预警系统来判断旧文化正在发生着什么"（McLuhan, 1964: xi）。《阿尔巴》也被称为"GFP 转基因兔子"。它是一只白化病兔子，在荧光灯的照射下全身会发出绿色荧光。2000 年，在法国国家农业科学研究院，由爱德华多·卡克、路易·贝克（Louis Bec）、路易斯－玛丽·乌德拜恩（Louis-Marie Houdebine）和帕特里克·普吕内（Patrick Prunet）三人共同合作，提出了孕育《阿尔巴》的想法，它也在这里受孕、出生。在批评家对于《阿尔巴》的看法中，值得注意的是，史蒂夫·托马苏拉（Steve Tomasula）在《遗传艺术与生物学美学》（*Genetic Art and the Aesthetics of Biology*）（Tomasula, 2002）中，表达了对卡克这件作品所持有的独特的理解。他认为阿尔巴，第一个被基因改造为艺术作品的哺乳动物，是被冠以 GFP 兔子之名的社交活动的一部分。托马苏拉评论道：

> 按照预想，卡克和兔子首先计划住在法国阿维尼翁（Avignon）盐仓（Greniers à Sel）的一个假客厅里，然后再与卡克的家人们一起住在他芝加哥的家里。然而，《阿尔巴》却被与卡克合作的生物学家所在的研究实验室，法国国家农业科学研究院扣留；首席生物学家也受到了谴责。公众舆论正如卡克所料的随之而来，然而，一些法国和德国的媒体将没收《阿尔巴》视为一种艺术审查，而另一些人则认为《阿尔巴》是一件消极的艺术作品，理由是创作者将水母在海底发光的蛋白质注入兔子的细胞中从而使之发光。他最后说，现在实验室有了一位新主任，所以《阿尔巴》还是有可能来芝加哥。但无论如何，由此产生的讨论肯定还会继续发酵，因为就像雕塑家创作青铜作品一样，在越来越多运用基因、细胞和其他生物材料进行创作的艺术家中，卡克是他们中的佼佼者。（Tomasula, 2002）

这种观点在卡萝尔·贝克尔（Carol Becker）的《GFP 兔子》（*GFP Bunny*, 2002）、嘉莉·德克斯（Carrie Dierks）的《发光兔引发国际争议》（*Glowing Bunny Sparks International Controversy*, 2000）、加雷斯·库克的《十字野兔：跳跃与发光》（*Cross Hare: Hop and Glow*, 2000）和利比·科普兰（Libby Copeland）的《荧光不易》（*It's Not Easy Being Green*, 2000）中被反复提及。

第二个公告则纯粹是政治性的。2000 年，比尔·克林顿（Bill Clinton）与托尼·布莱尔（Tony Blair）联合发布声明，宣布人类基因组草图成功完成。这个号称为人类基因组的破译似乎在表明，这项无疑具有高度概念化和科学意义的任务的完成是一次巨大的胜利，而现在是开展技术性后续工作的时候了。时间证明，我们确实庆祝得过早了，人类基因组比之前所认为的更加难以破译，给科学界带来了一些切实的惊喜，使之不得不对以前当作是"垃圾"或"进化垃圾"的基因进行重新的审视。

从政治角度同样能够解读艺术家的科学活动。美国艺术家兼作家乔治·格塞特指出，"所有的艺术都具有政治特性，但纯粹的政治艺术很少告诉我们那些我们还不知道的事情。宣传鼓动具有社会用途，但却很难像艺术一样有趣。基因艺术的作用就是艺术长久以来的作用：通过感官吸引我们的思想和心灵，打破成规，定义希望和恐惧、困惑和惊讶，缓解我们的孤独感"。（Pandilovski, 2011: 239–245）

然而，格塞特继续说道：

所有基因艺术作品，无论其政治倾向如何，都证实了公众对于生物技术和遗传学的探讨。这具有重要的政治意义。商界、科学界、农业和政府不仅掌控着生物技术，还控制着大部分的相关言论。除了他们外几乎所有其他人，包括艺术家，都置身于或被排斥在遗传学的公开探讨之外。而就在最近，就算是在小范围内讨论的人也不时会被嘲笑、边缘化或攻击。这在一定程度上可能是因为优生学已经蓄势待发，如果人们像那些卷入其中的艺术家一样情绪化和不负责任，他们就会随时准备突袭。（Pandilovski, 2011）

格塞特指出，在 20 世纪 80 年代，当他第一次在美术馆中展出杂交虹膜时，在每次展览期间，他都会被问及优生学，并听到一些有关希特勒（Hitler）和种族主义的令人紧张的观点；对许多人来说，即使是处于"文化"的大背景下，以最温和方式提到遗传学也具有优生学的暗示。一旦进入美术馆，杂交虹膜就不是虹膜：它们是人们的替身。

笔者倾向于格塞特的观点：

遗传学艺术不仅促进了有关生物技术的讨论，也促使我们进一步意识到了进化——有关我们自身、其他物种和生物圈的进化。现在，与几年前相比，我们对于这些事物所引发的问题的理解要深刻得多，至少在艺术界是如此。然而，我们也必须认识到，作品一旦涉及科学，就会牵扯到各种政治含义，艺术家的活动因为生物技术服务而以一种正常合规的方式受到审查的情况并不少见。（Pandilovski, 2011）

格塞特反对这样的做法，他认为：

当艺术家运用生物技术时，他或她只是在特定作品中验证它所产生的效果。使用这种技术手段并非表示认可它在艺术或其他领域所带来的其他的影响。什么是有效的用途？答案因艺术家而异。（Pandilovski, 2011）

乔治·格塞特又说道：

可以说，保罗·维里奥对生物技术艺术的抨击，是有史以来对生物技术艺术所进行的最具恶意的攻击。（维里奥，2003）他是一名文化理论家，而非艺术家。在其《艺术与忧虑》（*Art and Fear*）一书中，收录有一篇关于生物技术艺术的长篇文章，通过这本书可以发现他实际上了解得并不多。他没有提到任何生物技术艺术家的名字，也没有讨论具体的作品。《艺术与忧虑》是一种法式的夸张的咆哮，但在精神上却非常类似于美国右翼脱口秀。人们很难辨别出维里奥嘲讽的对象。（Pandilovski, 2011）

格塞特还提到，他所受到的最丑陋的抨击发生在20世纪90年代，当时他经常被人指责为法西斯主义者或者与纳粹主义有某种关系：

那时遗传学仍是艺术中的禁忌，克莱门特·格林伯格正是承受俄狄浦斯怒火的对象。在艾奥瓦的一个节目中，由于我对美学的重视，有两位教授将我与莱妮·里芬斯塔尔（Leni Riefenstahl）进行了详细地比较。这是一场突如其来的攻击，因为攻击者是我自以为的天然盟友。这使我后知后觉地认识到政治正确的愚蠢。（Pandilovski, 2011）

尤金·萨克就美学在生物艺术中所产生的作用这样评论道：

美学对我来说和政治一样重要。在我看来谁也无法构成"整体"，而是齐头并进的，特别是一想到生物艺术或者科幻小说和恐怖片的时候。萨克还表示，艺术家用生命体进行艺术创作的部分原因是"它与'现实'"有关，利用生命本身本就是一种超越表象的想法。但这显然是一个十分复杂的举动，因为许多作品仍然被当作传统的艺术作品进行展出和存档。其他的艺术家则转向表演，希望

以此避开这个陷阱。但是，为什么园艺或者你自己的身体不能算作一件艺术品呢?（Pandilovski, 2011）

重要的是，包括爱德华多·卡克在内的科技艺术的主要拥趸，似乎都是以实证主义的视角看待这些发展的，使得他们能够不多加批判地接受科技的发展。《阿尔巴》和《创世纪》（爱德华多·卡克最著名的作品）在艺术以及更广泛的文化领域都是极具突破性的项目。这一方法论由此在艺术和文化领域、同其他人类活动的领域，以及生物医学、纳米技术、农业、生物专利、量子研究、人权、生物伦理学、科学和技术（理论、实践和法规层面）领域得到"巩固"。也许这是唯一可行的方法，正如现象学家告诉我们的那样，社会和技术永远是携手并进的。而另一方面，卡克本人似乎也在试图将潜在的批评扩大化，他表示，"技术批评是当代艺术家最重要的责任之一"。而且，尽管他继续说相信技术不会被艺术甩在后面，且艺术家有责任运用新媒体来思考当代生活，却并没有明确批评生物技术，相反，他提出了"转基因艺术"（transgenic art，基于对基因工程技术的艺术挪用，将自然或合成基因转移到生物体中，以创造全新的、独特的生物），作为其对当代艺术的个人贡献。卡克补充说，针对基因工程的"两极化争论，艺术家可以提供重要的替代方案"，用"模糊和微妙"来取代对立。（Schueller, 2001）卡克大体上使用的是现代主义语言。运用的策略，像处理《阿尔巴》时一样，有时是一种过度炒作的煽情。在创作《阿尔巴》时，这里有一个清晰的分工，卡克负责概念性的思考，而科学团队负责执行了技术方面的工作。社交方面也很重要，卡克计划让兔子与他和家人生活在芝加哥，因此他参与了向法国国家农业科学研究院实验室争取阿尔巴的活动，让它能够加入这个家庭。而当这个行动未能成功时，它就在卡克和法国国家农业科学研究院实验室之间造成了冲突——这是媒体所乐意看到的。

意识、体现和艺术

回到现象学研究中的意识问题上来，埃德蒙德·胡塞尔（Edmund Husserl）的观点很有启发性，他观察发现到一个很有价值的事情，即意识要么不是，要么无论如何完全不能说。这是因为，对于埃德蒙德·胡塞尔（2014）来说，"意识是现象学研究的零点，因此是不真实的"。胡塞尔将有关思维实质的研究称为"现象学还原"（phenomenological reduction），它不假设某物存在，这就可以将思维引导到真实和想象的对象的方向上。这为我们在广泛的人类活动，包括艺术和技术活动中，通过个人经验将意识结构联系起来提供了可能性。

胡塞尔在对其思想内容进行剖析后，发现了记忆、渴望和感知等行为及这些行为所包含的抽象内容，他将这些称为"意义"。他声称，这些意义使行为能够指向某个方面的对象；而这种被称作"意向性"的指向性，他认为就是意识的本质。然而，胡塞尔的观点并没有完全被所有现象学家接受。在这个问题上，法国哲学家莫里斯·梅洛－庞蒂（1965）对胡塞尔的"唯心主义"持反对态度，并试图通过说明意识是植根于"身体主体"或"肉体"之中，来寻找另一条出路。这一体现反过来又引发了对梅洛－庞蒂立场的批评浪潮，而批评的主力来自后殖民和后女权主义思想家。

身体的作用和艺术的接受度似乎与创作这些艺术作品的社会文化背景同样重要。梅洛－庞蒂将现象学和艺术进行了密切的类比，他说："现象学世界并不是对预先存在的存在进行明确的表达，而是将存在放下。哲学不是对预先存在的真理的反映，而是像艺术一样，是将真理变为现实的行为。"（Merleau-Ponty, 1965: xxii）

梅洛－庞蒂将艺术视野置于更为广阔的非反思、身体感官体验领域，在这个领域中，感知的心理和生理方面，特别是在人体空间领域，可能会相互重叠、影响。

根据梅洛－庞蒂的观点，感知是一种意义系统，用于识别现象对象。在梅洛－庞蒂看来，意向具有重要的作用，因为一个人对感知对象的意向会反映在现象对象所属的领域中。

梅洛－庞蒂将身体视为一个表达性的空间，是表达性运动的起源，也是感知世界的媒介。他说："身体是世界上存在的中介物。"（Merleau-Ponty 1965: 169）梅洛－庞蒂认为，在现象学中，身体经验赋予知觉的意义，超越了思想所能给予的。他继续说道："事物不可能与感知它的人分离，实际上事物是不可能自我存在的，因为它的联系就是我们的存在联系本身，它是在使物体具备人性的目光或感觉探索之后被确定的。就此而言，任何知觉都是一种联系或者相通，是我们对某种外来意向的再现或完成，或者从另一方面说，是我们的知觉能力之外和作为我们的身体与物体的一种结合的完整表达。"（Merleau-Ponty, 1965: 373）在现象学中，人们无法将身体的观念与身体的体验分开，从而导致思想和身体不能作为主体和客体分开，而是它们具有彼此的存在，而身体的知觉会影响什么被心灵感知。"真正的反思不是把我当作自在的和不能被认识的主体性，使我向我自己的呈现，而是把一种我向我自己的呈现等同于我现在实现的我向世界和向他人呈现：我是我看到的一切，我是一个主体间的场，但并非不考虑我的身体和我的历史处境，恰恰相反，正是通过我的身体和我的历史处境，我才是这个身体和这个处境，以及其他一切。"（Merleau-Ponty, 1965: 525）

澳大利亚艺术家特丽什·亚当斯（Trish Adams）一直对形体和物质性颇感兴趣，她给自己的一件作品命名为《肉体机器》（Machina carnis），因为作品着力表现人体在某些方面类似机械特征的演进，特别是它的中心"引擎"——心脏。《肉体机器》是"生命力"（Vital Force）系列作品中的最后一件作品，旨在探究目前我们所知肉体和身体的潜在变化。那个时期的科学家似乎觉得这种"新"的技术最终将为他们提供量化和探索身体的关键工具，从而最终能够度量出"人性"的本质，这让他们很感兴趣，亚当斯通过拟科学的引用和模仿方式创作了一系列有关 19 世纪初电流学发展的艺术作品。这个实验性研究系列还融入了艺术家的某种好奇心，主要是针对在发现电流之后涌现出的大量用于测试人体物理反应的新的机械装置。当然，在这里可以看到与我们"最新"人体测量技术的相似之处：人类基因组测序。

另一方面，TC&A 与澳大利亚塞浦路斯裔行为艺术家史帝拉合作的《1/4 耳》（1/4 Scale Ear）[①] 项目，提出了改造人体的可能性。在 TC&A 项目的协助下，史帝拉得以更进一步，将他的软骨和骨髓提取出来并塑造成一只耳朵。这只"耳朵"将通过手术移植到他的手臂上，产生血液供应，成为史帝拉身体上的一个永久部分。

在史帝拉的职业生涯中，他一直通过利用自己的身体，以及机器人技术、虚拟现实系统、医疗器械、假肢和互联网来探索身体的各个层面。第三只手、第三只耳朵、虚拟手臂、虚拟身体、雕塑胃，这些表演令他声名大噪。他利用身体的方式既独特又令人惊讶，因为他向我们展示了人类的众多可能性。事实上，他职业生涯的起飞之地本应是 1974 年在阿德莱德成立的实验艺术基金会[②]。然而，实验艺术基金会在最后一刻取消了史帝拉的肉钩悬挂项目，因为无法从医学角度保证他的安全。尽管第一次尝试未能成功，却也使得史帝拉在之后长达 13 年的时间里，在亚洲、欧洲、美洲和澳大利亚完成了 25 次利用钓钩扎进皮肤的悬挂表演。他的身体被悬挂在不同的位置，在不同的地点和不同的情况下摆动和推进。也让史帝拉在每场表演成功之后，都不忘给实验艺术基金会的主席寄明信片。在 33 年的怨恨之后，笔者于 2007 年邀请史帝拉在实验艺术基金会上进行演出，我们选择展示一组能够表现当下和过去的作品，包括《假肢头部》（*Prosthetic Head*，象征着一个全知存

---

① 参见 http://web.stelarc.org/projects/quarterear/index.html。

② 2016 年，澳大利亚实验艺术基金会与南澳当代艺术中心（the Contemporary Art Centre of South Australia, CACSA）整合，成立了一个全新的艺术机构：ACE Open。

在，实际上是一个融合了类人猿和史帝拉的 3D 头像，具有出色的面部特征，能够实时对口型和语音合成）和《行走的头部》（*Walking Head*，一个六足自主步行机器人，一个 LCD 屏幕被垂直安装在底盘上，用来让计算机生成人形图像，此外还装置有一个扫描式超声波传感器）、《混合物》（Blender）、《额外的耳朵》（Extra Ear）以及与展览相关的其他项目的汇编记录。如人们所料，展厅里挤满了观众；展览的开幕嘉宾，唐纳德·布鲁克（Donald Brook）（取消"悬挂"表演的实验艺术基金会主席），抱着请求谅解的心情开始了他的演讲，然而请求原谅的对象却非史帝拉，恰恰反过来，是实验艺术基金会！

抛开艺术家打破壁垒、探索新领域这些不谈，这类作品的核心似乎都围绕着人体进化的问题。《1/4 耳》所强调的最重要的问题，或许在于人体是否已经达到了"终极"的形态，或它的进化是否尚未完成。人类形态有可能实现完全进化吗？如果可能，那这种进化又是否有必要？

艺术家们打破壁垒、开拓新领域的问题暂且不谈，人体进化似乎才是强调的重点。为了理解意识中心与代表人类现实的形式世界之间的驱动电流，我们需要对辨识领域进行探索。例如，我们通过人体的人类形态以确定自己是人类。从某种程度上来说，这种对于形式的认同反而阻碍了意识的解放，因为我们对现象世界的体验受制于我们自身的局限性。借此我们感受到意识解放的需要与意识局限性之间的冲突。

上文中概述的一些艺术项目，如 TC&A 与史帝拉合作的《额外的耳朵》和《1/4 耳》，引出了改造人体的可能性的问题。在过去的十年中，一般艺术，特别是艺术和科学见证了很多旨在展示人体进一步延展（或进化？）的可能性的实验项目（奥尔兰的整形手术、卡克的芯片植入、史帝拉的机械臂）。在这些项目中，艺术家分别使用了整形外科、机器人和假肢技术。

当我们进入了 21 世纪，随之而来的众多变化意味着我们首先需要改变意识，同时新的纪元也为我们带来了新的文化和交流矩阵。描述这些变化对于各种解释系统来说都是一项艰巨的任务，因此我们亟须一种能够更加有效地对我们正在见证的过程加以阐释的全新的现象学理解。

科学和技术，包括人体工程学领域所蕴含的潜力，正在以创纪录的速度快速发展，然而伦理学的发展却存在着一定的滞后。艺术家们试图在运用非常规科学的艺术实践探索中，寻找这个问题的答案。这些艺术作品在生物多样性、专利申请、美容改造、污染、医学，以及反映与人体相关问题等领域的科学、技术和基因工程实践中所产生的整体和具体的社会与伦理影响密切相关。解构身体组成部分的能力表明我们已经能够延长寿命、拓展机能，从而重新定义人类的构成。艺术家们同时也关注着关于科学在定义社会的常态和可接受性方面发挥的作用这些伦理学和生物政治议题，还有人体的重新构成以及当下人体由谁来掌控（谁有权设计，从而改变它）等问题。

参考文献

Anker, S. and D. Nelkin. 2004. *The Molecular Gaze: Art in the Genetic Age*. Cold Spring Harbor, New York: Cold Spring Harbor Laboratory Press.

Bardini, Thierry and Marie-Pier Boucher (eds.). 2010. The metaphormatted human: Bio artistic practices of the human nexus. *Parrhesia*, 10. http://www.parrhesiajournal.org/parrhesia10/parrhesia10.pdf, accessed 13 March 2019.

Becker, Carol. 2002. *Surpassing the Spectacle: Global Transformation and the Changing Politics of Art*. Lanham, MD: Rowman & Littlefield.

Cook, Gareth. 2000. Cross hare: Hop and glow. *Boston Globe* (17 September).

Copeland, Libby. 2000. It's not easy being green. *Washington Post* (18

October).

Dierks, Carrie. 2000. Glowing bunny sparks international controversy. *Biology News* (12 October). http://www.peregrine-pub.com/news/bunny.html, accessed 13 March 2019.

Franklin, S., C. Lury, and J. Stacey. 2000. *Global Nature, Global Culture.* London: Sage.

Gessert, George.2004.An introduction to genetic art.GeneWatch 17(2). http://www.ekac.org/gessert_council.html, accessed 13 March 2019.

Giddens, Anthony. 2009. This climate crunch heralds the end of the end of history. The Guardian (11 March). https://www.theguardian.com/commentisfree/2009/mar/11/climate-change-carbon-emissions, accessed 13 March 2019.

Hauser, Jens. 2006. *Biotechnologie as Mediality: Strategies of Organic Media Art. Performance Research* 11(4): 129–136.

Heidegger, M. 1977. *The Question Concerning Technology and Other Essays*. New York: Harper Torchbooks.

Hellsten, lina. 2002. *The Politics of Metaphor: Biotechnology and Biodiversity in the Media.* Tampere, Finland: University of Tampere. https:// tampub .uta.fi/bitstream/handle/10024/67206/951–44–5380–8. pdf?sequence=1, accessed 13 March 2019.

Husserl, Edmund. 2014. *Ideas for a Pure Phenomenology and Phenomenological Philosophy: First Book: General Introduction to Pure Phenomenology.* Indianapolis: Hackett Publishing Company.

Inflatable Robotic Arts in Canada. 2012. chico macmurtrie: inflatable robotic arts in Canada. http://www.videopool.org/chico-macmurtrie-inflatable-robotic-arts-in-canada/), accessed 13 March 2019.

Keller, Evelyn F. 1996. The biological gaze.In: *Future Natural: Nature,*

Science, Culture, edited by Robertson, G., et al. London: Routledge.

Kevles, Daniel J. and Leroy Hood. 1992. *The Code of Codes: Scientific and Social Issues in the Human Genome Project*. Cambridge, MA: Harvard University Press.

Lakooff, George and Mark Johnson. 1980 *Metaphors We Live By*. Chicago: University of Chicago Press.

Latour, Bruno. 1987. *Science in Action: How to Follow Scientists and Engineers Through Society*. Cambridge, MA: Harvard University Press.

Macnaghten, P., and Urry, J. 1998. *Theory, Culture and Society: Contested Natures*. Thousand Oaks, CA: Sage, 4–15.

McLuhan, Marshall. 1964. *Understanding Media: The Extensions of Man*, 2nd ed. New York: Signet Books.

Merleau-Ponty, Maurice. 1965. *Phenomenology of Perception*. London: Routledge and Kegan Paul.

Miller, Arthur I. 2000. *Insights of Genius.Imagery and Creativity in Science and Art, 1st MIT Press*.New York: Copernicus.

Miller, Arthur I. 2001. *Einstein, Picasso: Space, Time, and the Beauty That Causes Havoc*. New York: Basic Books.

Nelkin Dorothy and M. Susan Lindee. 1995. *The DNA Mystique: The Gene as a Cultural Icon*. New York: W. H. Freeman.

Osthoff, Simone. 2001. Eduardo Kac's Genesis: Biotechnology between the verbal, the visual, the auditory, and the tactile. *Leonardo Digital Reviews* (October). http://www.ekac.org/osthoffldr.html, accessed 13 March 2019.

Pandilovski, Melentie. 2011. *The Forming of the Bio-Political Apparatus* (doctoral disser tation), NUB "Kl.Ohridski." Skopje, Macedonia. http://www.vbm.mk/scripts/cobiss?ukaz=DISP&id=0244183679372128&rec=1&sid=3).

Rosner, Mary and T. R. Johnson. 1995. Telling stories: Metaphors of the human genome project. *Hypatia* 10(4):104–129.

Schueller, Gretel H. 2001. Interviewing Eduardo Kac. *New Scientist* (6 January). http://www.ekac.org/newscientist/newscien.html, accessed 13 March 2019.

Snow, C. P. 1959. *The Two Cultures and the Scientific Revolution.* New York: Cambridge University Press.

Thacker, Eugene 2006. *The Global Genome: Bio-technology, Politics, and Culture.* Cambridge, MA: MIT Press/Leonardo Books: 305–320.

Tomasula, S. (2002). Genetic art and the aesthetics of biology. *Leonardo* 35(2): 137–144.

van Manen, Max. 2016. *in Researching Lived Experience: Human Science for an Action.* Abingdon: Routledge.

Virilio, Paul. 2003. *Art and Fear. Trans.*Julie Rose. London: Continuum.

Vitruvius, Marcus. 2009. *On Architecture: Book* 1. London: Penguin.

Weingart, Peter. 1998. Science and the media. *Research Policy* 27(8): 869–879.

Wyatt, S. 2000. Talking about the future: Metaphors of the Internet.In: *Contested Futures: A Sociology ofProspective Techno-Science*, edited by N. Brown, B. Rappert, and A. Webster. Aldershot: Ashgate Press, 109–126.

Yanov, D. 1996. Ecologies of technological metaphors and the theme of control. *Techné: Research in Philosophy and Technology*, 1(3–4). https://scholar.lib.vt.edu/ejournals/SPT/v1n3n4/Yanow.html, accessed 13 March 2019.

本章作者简介

梅伦蒂·潘迪洛夫斯基（Melentie Pandilovski）是一名艺术理论家、历史学家和策展人。他的研究主要考察艺术文化和科学技术之间的联系。他曾担任加拿大温尼伯视频池媒体艺术中心（Video Pool Media Arts Centre）主任，现任澳大利亚芒特甘比尔里多克美术馆（Riddoch Art Gallery）主任。他在欧洲、澳大利亚和加拿大策划了 200 多个项目。他与汤姆·科胡特（Tom Kohut）合编有《马歇尔·麦克卢汉和威廉·弗卢塞尔的传播与美学理论再审视》（*Marshall McLuhan & Vilém Flusser Communication & Aesthetics Theories Revisited*，视频池，2015 年）。

译名表

Altman, Benjamin　本杰明·阿尔特曼

Ambitious Alignments　雄心联盟

Ambras Castle　安布拉斯城堡

American Academy of Design　美国设计学院

American Art Dealers Association　美国艺术商协会

American Association of Museums（AAM）美国博物馆协会

American Museum of Natural History　美国自然历史博物馆

Ames, Michael　迈克尔·埃姆斯

Amorós, Grimenesa　格里门尼萨·阿莫罗斯

Amorphic Robot Works　无序机器人工厂

Amsterdam　阿姆斯特丹

Anděl, Jaroslav　雅罗斯拉夫·安杰尔

Anderson, Wes　韦斯·安德森

Andraos, Mouna　穆纳·安德劳斯

Andre, Carl　卡尔·安德烈

Andrew W. Mellon Foundation　安德鲁·W. 梅隆基金会

Andy Warhol Museum　安迪·沃霍尔博物馆

Anker, Suzanne　苏珊娜·安克

Annenberg Innovation Lab　安嫩伯格创意实验室

Antoniolli, Alessio　阿莱西奥·安东尼奥利

Appadurai, Arjun　阿尔君·阿帕杜莱

Appiah, Kwame Anthony　夸梅·安东尼·阿皮亚

Apple, Billy　比利·阿普尔

Apple, Jacki　杰姬·阿普尔

Arakawa, Ei　荒川医

Arcangel, Cory　科里·阿康热尔

Arcimboldo, Giuseppe　朱塞佩·阿钦博尔多

Arendt, Hannah　汉娜·阿伦特

Arensberg, Louise and Walter　路易丝和沃尔特·阿伦斯伯格

Argentina　阿根廷

Aristotle　亚里士多德

Armajani, Siah　西亚·阿玛贾尼

Armory Show　军械库展览会

Armstrong, Richard　理查德·阿姆斯特朗

Arrest, Espen　埃斯彭·阿雷斯特

Arsanios, Marwa　马尔瓦·阿萨尼奥斯

Ars Electronica　奥地利电子艺术节

Art Base　艺术品数据库

arte.mov　移动艺术网

Arte-Povera　贫穷艺术

Art Gallery of New South Wales（AGNSW）新南威尔士美术馆

Art Gallery of Ontario（AGO），Toronto　安大略美术馆

Art in School　艺术进校园

artist run initiatives（ARIs）艺术家运营计划

Artists Investigating Monuments（AIM），Singapore　艺术家调研古迹项目，新加坡

Artists' Regional Exchange, Perth　艺术家地区交流项目

Artists Village, Singapore　艺术家村，新加坡

Artists without Walls　无墙艺术家

Art Night, London　艺术之夜，伦敦

Arts and Crafts Movement　工艺美术运动

Arts at CERN　欧洲核子研究中心艺术项目

Arts Catalyst　艺术催化剂组织

Arts Collaboratory　艺术合作实验室

Asemota, Leo　利奥·阿塞莫塔

Asher, Michael　迈克尔·阿舍

Ashmolean Museum, Oxford　阿什莫林博物馆，牛津

Ash Poitras, Jane　简·阿什·波伊特拉

Asialink　亚洲链接组织

Asian Art Biennale　亚洲艺术双年展

Asian-Europe Foundation, Singapore　亚欧基金会，新加坡

Asia-Pacific Triennial　亚太三年展

Asia Society Museum, New York　亚洲协会博物馆，纽约

Askew, Kirk　柯克·艾斯丘

Asplund, Gunnar　贡纳尔·阿斯普隆德

Assman, Jan　扬·阿斯曼

Associated Artists of Pittsburgh　匹兹堡艺术家协会

Association for the Facilitation of Access to Art for Australian Residents（AFAAAR）　促进澳大利亚居民接触艺术协会

Association of American Painters and Sculptors（AAPS）　美国画家和雕塑家协会

Association of Art Museum Curators　艺术博物馆策展人协会

Athens　雅典

Aubé, Jean-Pierre　让－皮埃尔·奥贝

Audain Gallery, Vancouver　奥丹美术馆，温哥华

August, Stella　斯特拉·奥古斯特

Augustus, Emperor　奥古斯都大帝

Aukstakalnis, Steve　史蒂夫·奥克斯塔卡尔尼斯

Ault, Julie　朱莉·奥尔特

Austin Jr., Arthur Everett "Chick"　小阿瑟·埃弗里特·"奇克"·奥斯汀

Australia　澳大利亚

Australia Council for the Arts　澳大利亚艺术委员会

Australian Experimental Art Foundation（AEAF）　澳大利亚实验艺术基金会

Avagyan, Shushan　苏珊·阿瓦吉扬

B

Babbage, Charles　查尔斯·巴比奇

Bache, Julius　朱利叶斯·贝奇

Bacon, Francis　弗朗西斯·培根

Badan Ekonomi Kreatif（BEKRAF）　印度尼西亚创意经济产业局

Baert, Renée　勒妮·巴尔

bak.ma　别看网

Bal, Mieke　米克·巴尔

Baladi, Lara　拉腊·巴拉迪

Baldinucci, Filippo　菲利波·巴尔迪努奇

Balkenhol, Stephan　斯特凡·巴尔肯霍尔

Balsamo, Anne　安妮·巴尔萨莫

Bambozzi, Lucas　卢卡斯·班博奇

Bam-Hutchison, June　琼·巴姆－哈

奇森

Bancroft, Bronwyn　布朗温·班克罗夫特

Banff New Media Institute　班夫新媒体学院

Bangkok　曼谷

Bangkok Art and Culture Centre（BACC）曼谷艺术文化中心

Bangkok Art Biennale（BAB）　曼谷艺术双年展

Bangkok Biennial　曼谷双年展

Banks, Georgia　乔治亚·班克斯

Barber, Bruce　布鲁斯·巴伯

Bardini, Thierry　蒂里·巴尔迪尼

Barlow, Phyllida　菲莉达·巴洛

Barnes, Edward Larrabee　爱德华·拉腊比·巴恩斯

Barney, Matthew　马修·巴尼

Barney, Simon　西蒙·巴尼

Baro, Gene　吉恩·巴罗

Baroque art　巴洛克艺术

Barr Jr., Alfred H.　小艾尔弗雷德·H. 巴尔

Barry, Robert　罗伯特·巴里

Bartana, Yael　娅埃尔·巴塔纳

Bartholl, Aram　阿拉姆·巴托尔

Basa, Lynn　林恩·巴萨

Baselitz, Georg　格奥尔格·巴塞利茨

Bataille, Georges　乔治·巴塔伊

Bata Shoe Museum　巴塔鞋博物馆

Baudouin, King of Belgium　比利时国王博杜安

Bauer, Ute Meta　乌特·梅塔·鲍尔

Baumann, Daniel　丹尼尔·鲍曼

Baumgarten, Lothar　洛塔尔·鲍姆加滕

Bavarian Academy of Fine Arts　巴伐利亚美术学院

Beam, Carl　卡尔·比姆

Bec, Louis　路易·贝克

Becker, Carol　卡萝尔·贝克尔

Beesley, Philip　菲利普·比斯利

Bellori, Giovanni Pietro　乔瓦尼·彼得罗·贝洛里

Bellows, George　乔治·贝洛斯

Belvedere Palace, Vienna　美景宫，维也纳

Ben-Ary, Guy　盖伊·本–阿里

Benford, Steve　史蒂夫·本福德

Benin　贝宁

Benjamin, Walter　瓦尔特·本雅明

Bennett, Lou　洛乌·本内特

Bennett, Mike　麦克·本内特

Bennett, Tony　托尼·本内特

Bennington, Geoffrey　杰弗里·本宁顿

Berenson, Bernard　伯纳德·贝伦森

Berger, Florence　弗洛伦斯·伯杰

Beringer, Johannes　约翰内斯·贝林格

Berlin　柏林

Berlin Biennale　柏林双年展

Berlin Wall　柏林墙

Berners-Lee, Tim　蒂姆·伯纳斯–李

Besser, Howard　霍华德·贝瑟

Bessler, Gabriele　加布里埃莱·贝斯勒

Bettencourt, Melody LaVerne　美洛迪·拉韦尔纳·贝当古

Beuys, Joseph　约瑟夫·博伊于斯

Bianchi, Giuseppe　朱塞佩·比安基

Biblioteca Nazionale Marciana　马尔恰纳国家图书馆

Biesenbach, Klaus　克劳斯·比森巴赫

Biggs, Simon　西蒙·比格斯

BioArt　生物艺术

Bishop, Claire　克莱尔·毕晓普

Birmingham, England　伯明翰

Birmingham School　伯明翰学派

Birnbaum, Dara　达拉·比恩鲍姆

Bismarck, Otto von　奥托·冯·俾斯麦

Bitter, Sabine　扎比内·比特

Black Square　黑色方块

Blade, Richard　理查德·布莱德

Blair, Tony　托尼·布莱尔

Blak Empire　黑人帝国

Blast Theory　冲击波理论

Blatner, David　戴维·布拉特纳

Bleckner, Ross　罗斯·布莱克纳

Bloomberg　彭博

Blouin, Andrée　安德烈·布卢安

Boddington, Gillian　吉莉恩·伯丁顿

Bode, Arnold　阿诺尔德·博德

Bode Museum, Berlin　博德博物馆，柏林

Boepple, Willard　威拉德·博普尔

Boguslavskaya, Xenia　泽尼娅·博古斯拉夫斯卡娅

Boileau　布瓦洛

Boisseau, T. J.　T. J. 布瓦索

Bonami, Francesco　弗朗切斯科·博纳米

Boomalli Aboriginal Artists Cooperative　布马里原住民艺术家合作社

Boonma, Montien　孟提·汶马

Bordlee, Michael　迈克尔·博德利

Borges, Jorge Luis　豪尔赫·路易斯·博尔赫斯

Bossuet, Jacques-Bénigne　雅克-贝尼涅·波舒哀

Bostock, Euphemia　尤菲米娅·博斯托克

Bottari, Giovanni Gaetano　乔瓦尼·加埃塔诺·博塔里

Boucher, Marie-Pier　玛丽-皮尔·布歇

Boulton, Jim　吉姆·博尔顿

Bourdieu, Pierre　皮埃尔·布尔迪厄

Bourgeois, Louise　路易丝·布儒瓦

Bowen, Dalannah Gail　达拉娜·盖尔·鲍恩

Bradbury, Ray　雷·布拉德伯里

Bragg, Laura　劳拉·布拉格

Brahe, Tycho　蒂乔·布拉厄

Branka Ćurčić /Kuda　布兰卡·丘尔契奇 / 库达

Braque, Georges　乔治·布拉克

Brazil　巴西

Breeze, Mez　梅茨·布雷兹

Brenneis, Lisa　莉萨·布伦奈斯

Breslin, Mark　马克·布雷斯林

Breton, André　安德烈·布雷东

Brett, Guy　盖伊·布雷特

Brisbane　布里斯班

British Council　英国文化协会

British Museum　大英博物馆

Brodie, Andre　安德烈·布罗迪

Brodyk, Andre　安德烈·布罗迪克

Broodthaers, Marcel　马塞尔·布罗特尔斯

Brook, Donald　唐纳德·布鲁克

Brooklyn Museum　布鲁克林博物馆

Brown, Daniel　丹尼尔·布朗

Brown, Milton W.　米尔顿·W. 布朗

Brown, Paul　保罗·布朗

Brucker-Cohen, Jonah　乔纳·布鲁克－
科恩

Brueghel the Elder　老布鲁盖尔

Brunelle, Muriel　米丽埃尔·布吕内勒

Bryson, Norman　诺曼·布赖森

Buchloh, Benjamin H. D.　本亚明·H.
D. 布赫洛

Buffenstein, Alyssa　阿莉莎·巴芬斯滕

Bull, Hank　汉克·布尔

Bungaree　邦加里

Bunte, Andreas　安德烈亚斯·邦特

Burbano, Andres　安德烈斯·布尔瓦诺

Burnell, Joel　乔尔·伯内尔

Burton, Jane　简·伯顿

Busch-Reisinger Museum　布施－赖辛
格博物馆

Bush, President George W.　乔治·W.
布什总统

Bush, Vannevar　万尼瓦尔·布什

Butler, Judith　朱迪丝·巴特勒

Butt, Zoe　周轶

Byars, James Lee　詹姆斯·李·拜厄斯

Byers, Dan　丹·拜尔斯

Byrne, David　戴维·伯恩

Byrne, Denis　丹尼斯·伯恩

C

Caccini, Giulio　朱利奥·卡奇尼

Caldwell, John　约翰·考德威尔

Cambodia　柬埔寨

Camillo, Giulio　朱利奥·卡米洛

Camnitzer, Luis　路易斯·卡姆尼泽

Campàs, Pep　佩普·坎帕斯

Canada　加拿大

Canadian Museum of Civilization（CMC）
加拿大文明博物馆

Canadian Museum of History　加拿大
历史博物馆

Capitoline Museum, Rome　卡皮托利
尼博物馆，罗马

Capponi, Marchese Alessandro Gregorio
马尔凯塞·亚历山德罗·格雷戈里
奥·卡波尼

Cardinal-Schubert, Joane　乔安妮·卡
迪纳尔－舒伯特

Caribbean Cultural Center and African
Diaspora Institute（CCCADI）　加勒
比文化中心与非洲移民研究所

Carleton, Sir Dudley　达德利·卡尔顿
爵士

Carnegie, Andrew　安德鲁·卡内基

Carnegie Corporation　卡内基公司

Carnegie Foundation　卡内基基金会

Carnegie Institute　卡内基学院

Carnegie International　卡内基国际展

Carnegie Museum of Art, Pittsburgh
卡内基艺术博物馆，匹兹堡

Carnevale, Graciela　格拉谢拉·卡内
瓦莱

Carnival Knowledge　嘉年华知识

Caro, Sir Anthony　安东尼·卡罗爵士

Cartiere, Cameron　卡梅龙·卡蒂埃

Casely-Hayford, Gus　格斯·凯斯利－

海福德

Cass, Garry　加里·卡斯

Castells, Manuel　曼努埃尔·卡斯特利斯

Castoriadis, Cornelius　科尔内留斯·卡斯托里亚迪

Castro, Deborah　黛博拉·卡斯特罗

Cavadini, Alessandro　亚历山德罗·卡瓦迪尼

Cellini, Benvenuto　本韦努托·切利尼

Center for Curatorial Leadership　策展领导中心

Center for New Media, Columbia University　哥伦比亚大学新媒体中心

Centre Georges Pompidou, Paris　乔治·蓬皮杜中心，巴黎

Centro Hipermediático Experimental Latinoamericano（Chela）　拉丁美洲超媒体实验中心

Cesi, Cardinal　枢机主教切西

Cettina, Marino　马里诺·塞蒂娜

Cézanne, Paul　保罗·塞尚

Chakrabarti, Shami　沙米·查克拉巴尔蒂

Chan, Shurli　舒利·陈

Chan + Hori Contemporary　陈＋霍里当代艺术画廊

Changi Airport　樟宜机场

Chantily, Irma　艾尔玛·香提莉

Charles I　查理一世

Charles V　查理五世

Charleston Museum, South Carolina　查尔斯顿博物馆，南卡罗来纳

Charrière, Julian　朱利安·沙里埃

Chelsea Collage of Art and Design, London　切尔西艺术与设计学院，伦敦

Chiang Mai University　清迈大学

Chicago　芝加哥

Choua, Saddie　萨迪·舒瓦

Christian II of Saxony, Duke　萨克森公爵克里斯蒂安二世

Christian Action Network（CAN）　基督教行动网络

Christiansen, Lauren　劳伦·克里斯琴森

Christo and Jeanne-Claude　赫里斯托与让娜－克劳德艺术组合

Christov-Bakargiev, Carolyn　卡罗琳·克里斯托夫－巴卡吉耶夫

Chusuwan, Amrit　阿姆里特·楚素宛

Cichocki, Sebastian　塞巴斯蒂安·齐霍茨基

Cladders, Johannes　约翰内斯·克莱德斯

Cleaver, Eldridge　埃尔德里奇·克利弗

Clement XII, Pope　教皇克雷芒十二世

Clemente, Francesco　弗朗切斯科·克莱门特

Clements, Marie　玛丽·克莱门茨

Cleveland Museum of Art　克利夫兰艺术博物馆

Clifford, James　詹姆斯·克利福德

Clinton, President Bill　比尔·克林顿总统

Close, Chuck　查克·克罗斯

Cloud, the　云端

Cohn, Marjorie　玛乔丽·科恩

Coleman, Laurence Vail　劳伦斯·韦
尔·科尔曼

Coleridge, Samuel Taylor　塞缪尔·泰
勒·柯勒律治

College Art Association　高校艺术协会

Collier, Anne　安妮·科利尔

Collins, Addie Mae　阿迪·梅·科林斯

Colombia　哥伦比亚

Combe, Taylor　泰勒·库姆

Commandeur, Ingrid　英格丽德·科芒
德尔

Commisario della Antichità　文物专员

Conceptual-Pop-Fluxus trajectory　概
念–波普–激浪艺术轨迹

Conde, Manuel　曼努埃尔·孔德

Congo conference　刚果会议

Congress of Vienna　维也纳会议

Continental Menkés　门凯斯大陆艺术
运输公司

Cook, Captain James　詹姆斯·库克
船长

Cook, Sarah　萨拉·库克

Cooke, Lynne　琳内·库克

Coolidge, John　约翰·库利奇

Copeland, Libby　莉比·科普兰

Corbusier, Le　勒·柯布西耶

Cornell, Lauren　劳伦·康奈尔

Correggio　柯勒乔

Cosimo I de'Medici, Grand Duke of
Tuscany　托斯卡纳大公科西莫一
世·德·美第奇

Coupe　库普

Courbet, Gustave　古斯塔夫·库尔贝

Covert, John　约翰·科弗特

Creative Time　创意时间

Critical Art Ensemble　批判艺术组合

Croft, Brenda L.　布伦达·L. 克罗夫特

Crook, Dr. A. R.　A. R. 克鲁克博士

Crook, Gareth　加雷思·克鲁克

Crotti, Jean　让·克罗蒂

Crow, Thomas　托马斯·克罗

Cucchi, Enzo　恩佐·库基

Culture Wars　文化战争

Cumming, Mitchell　米切尔·卡明

Curational Resource for Upstart Media
Bliss（C|RUMB）　新兴媒体策展资
源乐园

Currier Gallery of Art, New Hampshire
柯里尔美术馆，新罕布什尔

Currin, John　约翰·柯林

Curtis, Edward S.　爱德华·S. 柯蒂斯

Cyber Art Biennial of Mercosul　南方
共同市场网络艺术双年展

Czarnecki, Gina　吉娜·恰尔内茨基

D

da Costa, Beatriz　比阿特丽斯·达科
斯塔

da Fiesole, Mino　米诺·达菲耶索莱

Daily Tous Les Jours　每天

Dakar　达喀尔

Dali, Salvador　萨尔瓦多·达利

da Montefeltro, Duke Federico　费代
里科·达蒙泰费尔特罗公爵

Dana, John Cotton　约翰·科顿·达纳

Daniel Corporation　丹尼尔公司

Daniel Langlois Foundation　丹尼尔·朗格卢瓦基金会

Danielyan, Karine　卡琳·达尼埃良

Danto, Arthur　阿瑟·丹托

Daravuth, Ly　利·达拉武

Darmawan, Ade　阿德·达尔马万

Dashper, Julian　朱利安·达什珀

David, Catherine　卡特琳·达维德

David, Jacques-Louis　雅克－路易·达维德

da Vinci, Leonardo　列奥纳多·达·芬奇

Davis, Angela　安杰拉·戴维斯

Davis, Douglas　道格拉斯·戴维斯

Davis, Joe　乔·戴维斯

Davis, Lionel　莱昂内尔·戴维斯

Davis, Lucy　露西·戴维斯

Deacon, Richard　理查德·迪肯

Deal, Gregg　格雷格·迪尔

De Balie, Amsterdam　百利会场

de Beauvoir, Simone　西蒙娜·德·波伏瓦

Deepwell, Katy　凯蒂·迪普韦尔

de'Este, Isabella　伊莎贝拉·德埃斯特

de la Barra, Pablo León　巴勃罗·莱昂·德拉巴拉

Delacroix, Eugène　欧仁·德拉克鲁瓦

de la Fayette, Mme.　德拉费耶特夫人

de la Fontaine, Jean　让·德拉方丹

de la Peña, Nonny　诺尼·德拉佩纳

Delhi　德里

Deliss, Clémentine　克莱芒蒂娜·德利斯

Dell, Sara　萨拉·德尔

Demand, Thomas　托马斯·德曼德

de Montebello, Philippe　菲利普·德蒙泰贝洛

Denon, Baron　巴龙·德农

Denver Art Museum　丹佛艺术博物馆

de Pigage, Nicolas　尼古拉·德皮加热

Der-Boghossian, Adrineh　阿德里内·德尔－博戈西昂

Derrida, Jacques　雅克·德里达

Desai, Vishakha, N.　维沙卡·N. 德赛

Desmedia　德梅迪亚艺术团体

De Smet, Chantal　尚塔尔·德斯梅

DGTMB or Daging Tumbuh　上首艺术出品公司

Diamond, Sara　萨拉·戴蒙德

Dibbets, Jan　扬·蒂贝茨

Dickens, Karla　卡拉·迪肯斯

Diderot, Denis　德尼·狄德罗

Dierks, Carrie　卡丽·德克斯

Dietz, Steve　史蒂夫·迪茨

Dijkman, Marjolijn　马里奥兰·戴克曼

Dillis, Johann Georg von　约翰·格奥尔格·冯·迪利斯

DiMaggio, Paul　保罗·迪马乔

Dimitrakaki, Angela　安杰拉·迪米特拉卡吉

DISINI festival　迪西尼艺术节

Dixon, Charles（Chicka）　查尔斯（奇卡）·狄克逊

DocsBarcelona International Documentary Film Festival　巴塞罗那国际纪录片节

Doctors Without Borders　无国界医生组织

Doherty, Claire　克莱尔·多尔蒂

Dokoupil, Jiří Georg　伊日·格奥尔格·多考皮尔

Dolle Mina　多勒·米娜组织

Domanovic, Aleksandra　亚历山德拉·多马诺维奇

Domingues, Diana　黛安娜·多明格斯

Domínguez, Eva　伊娃·多明戈斯

Domschke, Gisela　吉塞拉·多姆施克

Donkor, Kimathi　基马蒂·唐科

Downtown Eastside Women's Centre（DEWC）, Vancouver　市中心东区妇女中心，温哥华

Dreier, Katherine S.　凯瑟琳·S. 德赖尔

Drew, Kimberly　金伯莉·德鲁

Dreyfus collection　德雷富斯收藏

Droitcour, Brian　布赖恩·德罗伊库尔

Dropbox　多宝箱存储服务网站

Duchamp, Marcel　马塞尔·杜尚

Duchamp-Villon, Raymond　雷蒙·杜桑－维隆

Duchanee, Thawan　他旺·杜什尼

Dullaart, Constant　康斯坦特·杜拉特

Dumas, Marlene　马琳·杜马

Dunois, Petronella　彼得罗妮拉·迪努瓦

Duqueuse, Alejandro　亚历杭德罗·杜奎斯

Dürer, Albrecht　阿尔布雷希特·丢勒

Durham, Jimmie　吉米·德拉姆

Düsseldorf picture gallery　杜塞尔多夫美术馆

Duveen, Lord　杜维恩勋爵

E

Eastlake, Sir Charles Lock　查尔斯·洛克·伊斯特莱克爵士

Eaton, Frederick S.　弗雷德里克·S. 伊顿

eBay　亿贝购物网站

Ectopia, Portugal　异位艺术空间，葡萄牙

Edit DeAk　埃迪特·戴阿克

Egypt　埃及

Eichhorn, Maria　玛丽亚·艾希霍恩

EIDIA House, New York　灵感艺术机构，纽约

Eilat, Galit　加莉特·埃拉特

Einstein, Albert　艾伯特·爱因斯坦

Eisler, Colin　科林·艾斯勒

Eko Nugroho　埃科·努格罗霍

electronic art　电子艺术

Electronic Café International（ECI）　国际电子咖啡馆

Elizabeth Bay, New South Wales　伊丽莎白湾，新南威尔士

Elliot, David　戴维·埃利奥特

Ellison, Ralph　拉尔夫·埃利森

EMARE NETWORK　欧洲驻场媒体艺术家交流网络

Engelbart, Douglas　道格拉斯·恩格尔巴特

Engstrom, Mark　马克·恩斯特龙

Enwezor, Okwui　奥奎·恩维佐

Erasmus　伊拉斯谟

Esa, Sulaiman　苏莱曼·埃萨

Esche, Charles　查尔斯·埃舍

Espenschied, Dragan　德拉甘·埃斯彭席德

Esposito, Roberto　罗伯托·埃斯波西托

European Biennial of Contemporary Art　欧洲当代艺术双年展

European Union　欧洲联盟

Evans, Rowland　罗兰·埃文斯

Everett-Green, Robert　罗伯特·埃弗里特－格林

Experimental Art Foundation, Adelaide　实验艺术基金会，阿德莱德

F

Fabiola, Queen of Belgium　比利时王后法比奥拉

Fabre, Jan　让·法布雷

Fabro, Luciano　卢恰诺·法布罗

Facebook　脸书社交网站

FACT, Liverpool　艺术与创意技术基金会，利物浦

Factory Contemporary Arts Center, Ho Chi Minh City　工厂当代艺术中心，胡志明市

Fanon, Frantz　弗朗茨·法农

Farnese, Cardinal Alessandro　枢机主教亚历山德罗·法尔内塞

Farnese, Cardinal Odoardo　枢机主教奥多阿尔多·法尔内塞

Farnese, Cardinal Ranuccio　枢机主教拉努乔·法尔内塞

Farnese Palace　法尔内塞宫

Fauves and Fauvism　野兽派与野兽主义

Favell, Rosalie　罗莎莉·费弗尔

Ferdinand, Archduke　斐迪南大公

Fergusson, Claire　克莱尔·弗格森

Festigraff Festival　涂鸦艺术节

Filipovic, Elena　埃莱娜·菲利波维奇

Findlay, Michael　迈克尔·芬德利

Finkelpearl, Tom　汤姆·芬克尔珀尔

Finland　芬兰

Finley, Karen　卡伦·芬利

Fior, Liza　莉莎·菲奥尔

Fischl, Eric　埃里克·菲施尔

Fischli and Weiss　菲施利与魏斯艺术组合

Fisher, Jean　琼·费希尔

Fishman, Louise　路易丝·菲什曼

FitzGibbons, Bill　比尔·菲茨吉本斯

Flanagan, Barry　巴里·弗拉纳根

Flinders, Matthew　马修·弗林德斯

Flintham, Martin　马丁·弗林特汉

Flores, Patrick D.　帕特里克·D. 弗洛里斯

Fogg Museum, Harvard　福格博物馆，哈佛

Foggini, Niccolò　尼科洛·福金尼

Fois, Valentina　瓦伦丁娜·福伊斯

Foley, Fiona　菲奥娜·福利

Foley, Gary　加里·福利

Forbes, Edward Waldo　爱德华·沃尔多·福布斯

Force, Juliana　朱丽安娜·福斯

Forier, Pietro　彼得罗·福里耶

Forum Lenteng　联腾论坛

Foster, Lord Norman　诺曼·福斯特勋爵

Foucault, Michel　米歇尔·福柯

Fradeletto, Antonio　安东尼奥·弗拉德莱托

Fragnito, Skawennati Tricia　斯卡文娜蒂·特里西娅·弗拉尼托

France　法国

Francis, Mark　马克·弗朗西斯

Franklin Collective　富兰克林艺术小组

Franklin Furnace Archive, Inc.　富兰克林熔炉文献库

Fraser-Solomon, Pam　帕姆·弗雷泽－所罗门

Frauenmuseum Meran　梅拉诺妇女博物馆

Fredenheim, Carl Frederick　卡尔·弗雷德里克·弗雷登海姆

Frederik III　腓特烈三世

Freeman, Andy　安迪·弗里曼

Freeman, John Craig　约翰·克雷格·弗里曼

Freud, Lucian　卢西恩·弗罗伊德

Frick, Helen Clay　海伦·克莱·弗里克

Frick, Henry Clark　亨利·克拉克·弗里克

Frick Art Museum　弗里克艺术博物馆

Friedman, Milton　米尔顿·弗里德曼

Frieze Art Fair, London　弗里兹艺术博览会，伦敦

Friis-Hansen, Dana　达纳·弗里斯－汉森

Frohnmayer, John　约翰·弗龙迈耶

Fugger, Anton　安东·富格尔

Fugger, Hans Jakob　汉斯·雅各布·富格尔

Future Perfect, Singapore　完美未来画廊，新加坡

Future Physical　未来实体项目

G

Gadamer, Hans-Georg　汉斯－格奥尔格·加达默尔

Gage, Frances　弗朗西丝·盖奇

Gagosian Gallery, London　高古轩画廊，伦敦

Galanin, Nicholas　尼古拉斯·加拉宁

Galindo, Regina José　雷吉娜·何塞·加林多

Gallardo, Fran　弗兰·加利亚多

Gallerie de'Quadri, Rome　夸德里画廊，罗马

Gallery of Lost Art, Internet　失落艺术美术馆，线上

Galloway, Kit　基特·加洛韦

Gannis, Carla　卡拉·加尼斯

Garbe, Jacob　雅各布·加布

Garcia, David　戴维·加西亚

Gardner, Anthony　安东尼·加德纳

Gardner, Corinna　科琳娜·加德纳

Gaweewong, Gridthiya　格里提亚·盖维旺

Gay, Amandine　阿芒迪娜·盖伊

Gbadamosi, Raimi　拉伊米·巴达莫西

Gec, Stefan　斯蒂芬·盖克

Geograffiti　地理涂鸦软件

Georges, Daniel　丹尼尔·乔治斯

Gerbier, Balthazar　巴尔塔扎尔·热尔比耶

Germany　德国

Gérôme, Jean-Léon　让－莱昂·热罗姆

Gessert, George　乔治·格塞特

Getty Foundation　盖蒂基金会

Ghana　加纳

Ghazi-Moumneh, Radwan　拉德万·加齐－穆奈

Ghent　根特

Ghezzi, Giuseppe　朱塞佩·盖齐

Ghidini, Marialaura　玛丽亚劳拉·吉迪尼

Ghosts of Nothing　缥缈幽灵艺术组合

Giblin, John　约翰·吉布林

Gilbert and George　吉尔伯特与乔治艺术组合

Gillman Barracks, Singapore　吉尔曼军营艺术区，新加坡

Gilman, Benjamin Ives　本杰明·艾夫斯·吉尔曼

Gioni, Massimiliano　马西米利亚诺·焦尼

Giraldeau, Dr. Luc-Alain　吕克-阿兰·吉拉尔多博士

Gitman, Yuri　尤里·吉特曼

Glackens, William　威廉·格拉肯斯

Gleizes, Albert　阿尔贝·格莱兹

Glyptothek, Munich　古代雕塑博物馆，慕尼黑

Gober, Robert　罗伯特·戈伯

Godard, Jean-Luc　让-吕克·戈达尔

Goebel, Johannes　约翰内斯·格贝尔

Goldberg, Ken　肯·戈德伯格

Golden, Brad　布拉德·戈尔登

Goldsmith, Kenneth　肯尼思·戈德史密斯

Gombrich, E. H.　E. H. 贡布里希

Gonzalez-Foerster, Dominique　多米妮克·冈萨雷斯-弗尔斯特

Goode, George Brown　乔治·布朗·古德

Google　谷歌

Google Art Project　谷歌艺术计划

Google Images　谷歌图像搜索

Goya, Francisco　弗朗西斯科·戈雅

Graham, Beryl　贝丽尔·格雷厄姆

Graham, Stacie CC　斯塔茜·CC·格雷厄姆

Grand Central Palace, New York　大中央宫，纽约

Greece　希腊

Green, Charles　查尔斯·格林

Green, Jacky　雅基·格林

Green, Rachel　蕾切尔·格林

Greenberg, Clement　克莱门特·格林伯格

Greenhalgh, Chris　克里斯·格林哈尔希

Greenspan, Alan　艾伦·格林斯潘

Greenwood, Thomas　托马斯·格林伍德

Greer, Bonnie　邦尼·格里尔

Greer, Reena　里纳·格里尔

Grey Art Gallery, New York　格雷美术馆，纽约

Griffith, Karina　卡琳娜·格里菲思

Grossetête, Olivier　奥利维耶·格罗斯泰特

Group of Seven artists　七人画派

Grovier, Kelly　凯利·格罗维尔

Groys, Boris　鲍里斯·格罗伊斯

Grynsztejn, Madeleine　马德莱娜·格林斯泰因

Gualtieri, Antonio　安东尼奥·瓜尔蒂耶里

Gubbio palace　古比奥宫

Gudang Sarinah Ekosistem, Jakarta　萨里娜仓库生态系统艺术空间，雅加达

Guerrero, Inti　印蒂·格雷罗

Guggenheim Museum, New York　古根海姆博物馆，纽约

Gumbrecht, Hans　汉斯·贡布雷希特

Gutai Art Association　具体派艺术协会

Gutierrez, Laurent　洛朗·居蒂耶雷

Gwangju Biennale　光州双年展

Gwee Li Sui　魏俐瑞

H

Haacke, Hans　汉斯·哈克

Haerizadeh, Rokni　罗克尼·哈埃里扎德

Hainhofer of Augsburg, Philipp　奥格斯堡的菲利普·海因霍费尔

Halley, Peter　彼得·哈利

Hamburger Bahnhof, Berlin　汉堡火车站当代艺术博物馆，柏林

Hamilton, Ann　安·汉密尔顿

Hammer Museum, Los Angeles　哈默博物馆，洛杉矶

Hammons, David　戴维·哈蒙斯

Haque, Usman　奥斯曼·哈克

Haram, Pat　帕特·哈拉姆

Hardt, Michael　迈克尔·哈尔特

Haring, Keith　基思·哈林

Harris, Neil　尼尔·哈里斯

Harry N. Abrams, Inc.　哈里·N. 艾布拉姆斯出版公司

Harutunyan, Angela　安吉拉·哈鲁图尼扬

Harvard　哈佛大学

Hasan, Asikin　阿西金·哈桑

Hasegawa, Yuko　长谷川祐子

Haseman, Shane　沙恩·黑斯曼

Haus der Kulturen der Welt, Berlin　世界文化中心，柏林

Hauser, Jens　延斯·豪泽

Havana Biennial　哈瓦那双年展

Hayden, Malin Hedlin　马林·赫德林·海登

Hazoumè, Romuald　罗穆亚尔德·哈朱姆

Hegel, G. W. F.　G.W.F. 黑格尔

Heidegger, Martin　马丁·海德格尔

Heilig, Morton　莫顿·海利希

Heinrich Böll Foundation　海因里希·伯尔基金会

Heisenberg, Werner　维尔纳·海森堡

Heiss, Alanna　阿兰娜·海斯

Heizer, Michael　迈克尔·海泽

Hellsten, Iina　伊娜·赫尔斯滕

Heman Chong　张奕满

Heng, Amand　王良吟

Henry Clark Frick Fine Arts Building, Pittsburgh　亨利·克拉克·弗里克美术大厦，匹兹堡

Hermitage Museum, Russia　艾尔米塔什博物馆，俄罗斯

Herrero, Federico　费德里科·埃雷罗

Herrmann, Bernard　伯纳德·赫尔曼

Hesse, Eva　埃娃·黑塞

Hesse, Hermann　赫尔曼·海塞

Hidayatullah, Putra　普特拉·希达亚图拉

Hiebert, Ted　特德·希伯特

Hill, Audrey　奥德丽·希尔

Hirschhorn, Thomas　托马斯·赫希霍恩

Hirst, Damien　达明·赫斯特

Hitchcock, Henry-Russell　亨利－拉塞尔·希契科克

Hitler, Adolf　阿道夫·希特勒

Hivos　希沃斯组织

Ho Chi Minh City　胡志明市

Hodgen, Margaret　玛格丽特·霍金

Hodgkin, Howard　霍华德·霍奇金

Hoffmann, Jens　延斯·霍夫曼

Holland　荷兰

Hollerith, Herman　赫尔曼·何乐礼

Holmes, Brian　布里安·奥尔姆

Holston, James　詹姆斯·霍尔斯顿

Holzer, Jenny　珍妮·霍尔泽

Hooper, Steve　史蒂夫·胡珀

Hopkins, Candice　坎迪丝·霍普金斯

Hoptman, Laura　劳拉·霍普特曼

Hori, Khairuddin　凯鲁丁·霍里

Hormtientong, Somboon　汶颂·霍亭东

Ho Tzu Nyen　何子彦

Houdebine, Louis-Marie　路易－马里·乌德比纳

Hoving, Thomas　托马斯·霍温

Howard, Thomas, Earl of Arundel　阿伦德尔伯爵托马斯·霍华德

Hudson, Julie　朱莉·赫德森

Huebler, Douglas　道格拉斯·许布勒

Hulten, Pontus　蓬图斯·胡尔滕

Human Genome Project　人类基因组计划

Hurle, Andrew　安德鲁·赫勒

Husserl, Edmund　埃德蒙·胡塞尔

Huws, Bethan　贝唐·休斯

Huyghe, Pierre　皮埃尔·于热

Hyde, Rory　罗里·海德

I

Idea Warehouse　创意仓库艺术空间

Ihnatowics, Edward　爱德华·因纳托维奇

Illinois State Museum of Natural History　伊利诺伊州自然历史博物馆

Immendorff, Jörg　约尔格·伊门多夫

Iñárritu, Alejandro González　亚历杭德罗·冈萨雷斯·伊尼亚里图

Indonesia　印度尼西亚

Ingres, Jean Auguste Dominique　让·奥古斯特·多米尼克·安格尔

Initiative of Black People in Germany　德国黑人倡议组织

INRA Laboratory　法国国家农业科学研究院实验室

Instagram　照片墙社交网站

Institute for Art and Urban Resources, New York　艺术和城市资源研究所，纽约

Institute of Contemporary Art（ICA），London　当代艺术空间，伦敦

Institute of Contemporary Art Newtown（ICAN），Sydney　新镇当代艺术学院，悉尼

Institute of Fine Arts（IFA），New York　美术学院，纽约

Integrated Media Systems Center, California　综合多媒体系统中心，加利福尼亚

International Association of Art Critics　国际艺术评论家协会

International Council of Museums

（ICOM）国际博物馆协会

Internationale, L' 国际博物馆联盟

International Festival of Art in Mobile Media 国际移动媒体艺术节

International Institute for Social History, Amsterdam 国际社会史研究院，阿姆斯特丹

International Monetary Fund 国际货币基金组织

International Museums Office（IMO）国际博物馆办公室

International Psychoanalytical Association 国际精神分析协会

International Symposium on Electronic Art（ISEA），Singapore 国际电子艺术研讨会，新加坡

IRWIN 欧文艺术组合

Islas, Octavio 奥克塔维奥·伊斯拉斯

Isola Art Project 伊索拉艺术项目

Israel 以色列

Israeli Center for Digital Art 以色列数字艺术中心

Istanbul Biennial 伊斯坦布尔双年展

iStreet Media Labs 互联街道媒体实验室

Ivan Dougherty Gallery, Sydney 伊万·多尔蒂美术馆，悉尼

J

Jaar, Alfredo 阿尔弗雷多·哈尔

Jakarta 雅加达

Jakarta Biennale 雅加达双年展

James, Andrea 安德烈娅·詹姆斯

Jamieson, Helen Varley 海伦·瓦利·贾米森

Janadas Devan 贾纳达斯·蒂凡

Jankowicz, Mia 米娅·扬科维奇

Japan 日本

Jarden, Richards 理查兹·贾登

Jarman, Mervin 默文·贾曼

Jefferson, Thomas 托马斯·杰斐逊

Jenik, Adriene 阿德里安娜·耶尼克

Jenkins, Henry 亨利·詹金斯

Jenney, Neil 尼尔·詹尼

Jensen, Bill 比尔·詹森

Jeremijenko, Natalie 纳塔莉·耶雷米延科

Jerram, Luke 卢克·杰拉姆

Jevons, William Stanley 威廉·斯坦利·杰文斯

Jewish Renaissance Movement in Poland（JRMiP）波兰犹太文艺复兴运动

Jim Thompson Art Center, Bangkok 吉姆·汤普森艺术中心，曼谷

Jobs, Steve 史蒂夫·乔布斯

Jogging, The 慢跑博客

Johal, Am 阿姆·乔哈尔

Johannesburg 约翰内斯堡

Johns, Jasper 贾斯珀·约翰斯

Johnson, Julie M. 朱莉·M.约翰逊

Johnson, Mark 马克·约翰逊

John Weber Gallery, New York 约翰·韦伯画廊，纽约

Joko Widodo（aka Jokowi），President 佐科·维多多（别名"佐科威"）总统

Jolie, Angelina 安吉丽娜·朱莉

Jones, Caitlin 凯特琳·琼斯

Jopling, Jay 杰伊·乔普林

Joselit, David　戴维·乔斯利特

Joseph II, Emperor　约瑟夫二世

J. Paul Getty Museum, Los Angeles
　J. 保罗·盖蒂博物馆，洛杉矶

JTC Corporation　裕廊集团

Judah, Hettie　赫蒂·朱达

Judd, Donald　唐纳德·贾德

Julien, Philippe　菲利普·朱利安

K

K Art Foundation　K 艺术基金会

Kabakov, Ilya　伊利亚·卡巴科夫

Kac, Eduardo　爱德华多·卡克

Kahn, Douglas　道格拉斯·卡恩

Kahnweiler, Daniel-Henry　丹尼尔-
　亨利·坎魏勒

Kaiser-Friedrich Museum　凯泽-弗里
　德里希博物馆

Kalenberg, Angel　安赫尔·卡伦伯格

Kalnins, Karlis　卡尔利斯·卡尔宁斯

Kanayama, Akira　金山明

Kane, Paul　保罗·凯恩

Kant, Immanuel　伊曼纽尔·康德

Kanwar, Amer　阿米尔·坎瓦尔

Karagarga　卡拉加加社交网站

Karim Ben Khelifa　卡里姆·本·赫利法

Karp, Ivan　伊万·卡普

Kassel　卡塞尔

Kataoka, Mami　片冈真实

Katrib, Ruba　鲁巴·卡特里布

Katz, Alex　亚历克斯·卡茨

Kaufmann, Thomas DaCosta　托马斯·
　达科斯塔·考夫曼

Kedai Kebun Forum　克代克文论坛

Kelley, Mike　迈克·凯利

Kelly, Ellsworth　埃尔斯沃思·凯利

Kempinas, Žilvinas　日尔维纳斯·凯
　姆皮纳斯

Kendall, Alice　艾丽斯·肯德尔

Kentridge, William　威廉·肯特里奇

Kenya　肯尼亚

Kepler, Johannes　约翰内斯·开普勒

Kerins, Seán　肖恩·凯林斯

Kester　凯斯特

Key, Ellen　埃伦·凯

Khairuddin, Nu Hanim　努·哈尼木·
　海尔丁

KIASMA, Helsinki　奇亚斯玛当代艺
　术博物馆，赫尔辛基

Kiefer, Anselm　安塞尔姆·基弗

Kienholz, Ed　埃德·金霍尔茨

Kilby, Jack　杰克·基尔比

Kilomba, Grada　格拉达·基隆巴

Kilroy, Suzanne　苏珊娜·基尔罗伊

Kinberg, Joshua　乔舒亚·欣贝里

Kindersley, Anna　安娜·金德斯利

KIOSK, Ghent　亭子艺术空间

Kippenberger, Martin　马丁·基彭贝
　格尔

Kipper Kids　基珀儿童艺术组合

Kirkeby, Per　佩尔·柯克比

Kishino, Fumio　福米奥·木住野

Kivimaa, Katrin　凯特琳·基维马

Kiwanga, Kapwani　卡普瓦尼·基旺加

Knowlton, Maude Briggs　莫德·布里
　格斯·诺尔顿

Koch, Katharina　卡塔琳娜·科赫

Kohl, Marie-Anne　玛丽-安妮·科尔

Koloane, David　戴维·科洛安

König, Kasper　卡斯珀·柯尼希

Koons, Jeff　杰夫·昆斯

Koraïchi, Rachid　拉希德·科拉奇

Kortun, Vasif　瓦西夫·科尔通

Kössler, Reinhart　赖因哈特·克斯勒

Kosuth, Joseph　约瑟夫·科苏斯

Kounellis, Jannis　扬尼斯·科内利斯

Krasny, Elke　埃尔克·克拉斯尼

Kraus, Chris　克丽丝·克劳斯

Krauss, Rosalind　罗莎琳德·克劳斯

Krue-On, Sakarin　萨卡琳·克鲁昂

Kuala Lumpur　吉隆坡

Kuhn, Charles　查尔斯·库恩

Kuhn, Walt　沃尔特·库恩

Kukielski, Tina　蒂娜·库基尔斯基

Ku Klux Klan　三K党

Kuning, Zai　哉昆宁

Kunsthalle Bern　伯尔尼美术馆

Kunsthalle Hamburg　汉堡美术馆

Kurkow, Marina　玛丽娜·库尔科夫

Kurniawan, Agung　阿贡·库尼亚万

Kurzweil, Raymond　雷·库兹韦尔

Kutan, Sharaad　沙拉德·库坦

L

Lacan, Jacques　雅克·拉康

Lagat, Kiprop　基普罗普·拉加特

Lahay, Karen　卡伦·拉艾

Laibach　莱巴赫

Lakoff, George　乔治·莱考夫

Lamarre, Paul　保罗·拉马尔

Lambert, Nick　尼克·兰伯特

Lamunière, Simon　西蒙·拉米埃尔

Land Art movement　大地艺术运动

Landow, George　乔治·兰道

Lane, John R.　约翰·R.莱恩

Langenbach, Ray　雷·朗根巴赫

Lanier, Jaron　加隆·兰尼尔

Lanzi, Luigi　路易吉·兰齐

Laric, Oliver　奥利弗·拉里克

Larsen, Caleb　凯莱布·拉森

La Scatola gallery, London　拉斯卡托
拉画廊，伦敦

Latour, Bruno　布鲁诺·拉图尔

Laurin, Carl G.　卡尔·G.劳林

Lawler, Louise　路易丝·劳勒

Lawrence, Thomas　托马斯·劳伦斯

Lê, Dinh Q.　黎光庭

League of Nations　国际联盟

Leckey, Mark　马克·莱基

Lee Hsien Loong　李显龙

Lee Kuan Yew　李光耀

Lee, Pamela　帕梅拉·李

Lee, Sherman　李雪曼

Lee, Sue　休·李

Lee Tzu Pheng　李子平

Lee Wen　李文

Lee Weng-Choy　李永财

Legaspi-Ramirez, Eileen　艾琳·勒加
斯皮－拉米雷斯

Léger, Fernand　费尔南·莱热

Leiderman, Yuri　尤里·莱德曼

Leirner, Sheila　塞拉·莱纳

Le Magasin, Grenoble　格雷诺布尔·
拉马加辛

Lemos, Beatriz　比阿特丽斯·莱莫斯

Leonard, Zoe　佐薇·伦纳德

Leonardo, Shaun　肖恩·莱昂纳多

Leopold de'Medici, Cardinal Prince
采邑主教利奥波德·德·美第奇

Leopold Wilhelm, Archduke　利奥波
德·威廉大公

Le Parc, Julio　朱利奥·勒帕克

Lessig, Lawrence　劳伦斯·莱西希

Levinson, Paul　保罗·莱文森

Lewis, Frederic　弗雷德里克·刘易斯

LeWitt, Sol　索尔·莱威特

Lialina, Olia　奥利娅·利亚利纳

Liang Wern Fook　梁文福

Libreria Sansoviniana, Marciana　圣索
维诺图书馆，马尔恰纳

Licklider, J. C. R.　约瑟夫·利克莱德

Lichtwark, Alfred　阿尔弗雷德·利希
特瓦克

Liew Kung Yu　刘庚煜

Lim, Charles　林育容

Lim Qinyi　林沁怡

Lind, Maria　玛丽亚·林德

Lindemann, Serafine　塞拉菲内·林德曼

Linnaeus, Carl　卡尔·林奈

Linnean Society of London　伦敦林奈
学会

Lippard, Lucy　露西·利帕德

Lismore Regional Art Gallery, New
South Wales　利斯莫尔地区美术馆，
新南威尔士

Liss, Andrea　安德烈娅·利斯

Lissitzky, El　埃尔·利西茨基

Livnat, Limor　利莫尔·利夫纳特

Lloyd, Hilary　希拉里·劳埃德

Llull, Ramon　拉蒙·柳利

Lochoff, Nicholas　尼古拉斯·洛霍夫

Loder, Robert　罗伯特·洛德

London　伦敦

Long, Kieran　基兰·朗

Long, Richard　理查德·朗

Longford, Michael　迈克尔·朗福德

López, Aníbal　阿尼瓦尔·洛佩斯

Lopez, Sebastian　塞巴斯蒂安·洛佩斯

Lorder, Audre　奥德蕾·洛德

Lorenzo de'Medici　洛伦佐·德·美
第奇

Los Angeles County Museum of Art
洛杉矶县艺术博物馆

Louvre Museum, Paris　卢浮宫博物
馆，巴黎

Lovink, Geert　海尔特·洛文克

Low, Theodore　西奥多·洛

Lowcock, Mark　马克·洛科克

Lozano-Hemmer, Rafael　拉斐尔·洛
萨诺－亨默

Lubezki, Emmanuel　艾曼努尔·卢贝
兹基

LuckyPDF　幸运 PDF 艺术组合

Lumumba, Patrice　帕特里斯·卢蒙巴

Lumumba, Pauline Opanga　波利
娜·奥潘加·卢蒙巴

Luna, James　詹姆斯·卢纳

Lüpertz, Markus　马库斯·吕佩茨

Lynch, David　大卫·林奇

Lyotard, Jean-François　让－弗朗索瓦·
利奥塔尔

M

Macel, Christine　克里斯蒂娜·马塞尔

MacGregor, Neil　尼尔·麦格雷戈

Macleay, Alexander　亚历山大·麦克利

Macleay Museum　麦克利博物馆

MacMurtrie, Chico　基科·麦克默特利

Macquarie, Lachlan　拉克伦·麦夸里

MacRae, Elmer　埃尔默·麦克雷

Madeira Film Festival　马德拉电影节

Magalhães, Dr. Fábio　法比奥·马加良斯博士

Maharaj, Sarat　萨拉特·马哈拉杰

Mahdaoui, Nja　恩贾·麦赫达维

Mahidol, Ananda　阿南达·玛希敦

Maine, Duc de　曼恩公爵

Malangi, David　戴维·马兰吉

Malaysia　马来西亚

Malevich, Kazimir　卡济米尔·马列维奇

Malinda, Ato　阿托·马林达

Mallarmé, Stéphane　斯特芳·马拉美

Malraux, André　安德烈·马尔罗

Maluka, Mustafa　穆斯塔法·马卢卡

Manacorda, Francesco　弗朗切斯科·马纳科尔达

Manahan, Johnny　约翰尼·马纳汉

Manchester International Festival　曼彻斯特国际艺术节

Mancini, Giulio　朱利奥·曼奇尼

Manetta, Carol　卡罗尔·马内塔

Mangold, Robert　罗伯特·曼戈尔德

Manifest.AR group　增强现实艺术宣言小组

Manovich, Lev　列夫·曼诺维奇

Marden, Brice　布赖斯·马登

Margherita di Savoy, Queen of Italy　意大利王后玛格丽塔·迪萨沃依

Margolles, Teresa　特雷莎·马戈列斯

Marie, Terri　特丽·马里

Mariette, Pierre-Jean　皮埃尔-让·马里耶特

Markwyn, Abigail M.　阿比盖尔·M.马尔克温

Marshall, Kerry James　克里·詹姆斯·马歇尔

Martin. Agnes　阿格尼丝·马丁

Martin, Jean-Hubert　让-于贝尔·马丁

Martin, Lee-Ann　李-安·马丁

Martin, Taslim　塔斯林·马丁

Martinez, Camilo　卡米洛·马丁内斯

Martínez, Chus　丘丝·马丁内斯

Martins, Fernando　费尔南多·马丁斯

Matisse, Henri　亨利·马蒂斯

Mattern, Yvette　伊薇特·马特恩

Mattress Factory　床垫工厂艺术空间

Mavromatti, Oleg　奥列格·马夫罗马第

Maximilian　马克西米连

Mayakovsky, Vladimir　弗拉基米尔·马雅可夫斯基

Mayer, Marc　马克·迈耶

McAdams, Dona Ann　多娜·安·麦克亚当斯

McCarthy, Teena　蒂娜·麦卡锡

McClellan, Andrew　安德鲁·麦克莱伦

McCollum, Allan　艾伦·麦科勒姆

McCullough, Malcolm　马尔科姆·麦卡洛

McDonald Crowley, Amanda　阿曼达·麦克唐纳·克劳利

McEvilley, Thomas　托马斯·麦克维利

McGregor, Anthony　安东尼·麦格

雷戈

McHugh, Gene　吉恩·麦克休

McIntosh, David　戴维·麦金托什

McKenzie, Bazza　巴扎·麦肯齐

McLuhan, Marshall　马歇尔·麦克卢汉

McNair, Denise　丹尼丝·麦克奈尔

Meadow, Mark　马克·梅多

Mechel, Christian von　克里斯蒂安·冯·梅歇尔

Media Art Net　媒体艺术网

Media Squares Symposium　媒体广场论坛

Meeks, Arone Raymond　阿罗内·雷蒙德·米克斯

Melkonian, Neery　尼里·梅尔科尼安

Melkonyan, Astghik　阿斯特吉克·梅尔科尼扬

Mellon, Andrew　安德鲁·梅隆

Mellon, Paul　保罗·梅隆

Menzies, Robert　罗伯特·孟席斯

Merleau-Ponty, Maurice　莫里斯·梅洛-蓬蒂

Metropolitan Museum of Art, New York　大都会艺术博物馆，纽约

Meyers, Ari Benjamin　阿里·本杰明·迈耶斯

Mickiewicz, Adam　亚当·密茨凯维奇

Microsoft　微软公司

Middle East　中东

Mignolo, Walter　沃尔特·米格诺罗

Mignonneau, Laurent　洛朗·米尼奥诺

Milan　米兰

Milgram, Paul　保罗·米尔格拉姆

Miller, Arthur I.　阿瑟·I. 米勒

Mills, Wendy　温迪·米尔斯

Milpurrurru, George　乔治·米尔普鲁鲁

Milroy, Sarah　萨拉·米尔罗伊

Ming Wong　黄汉明

Mir, Aleksandra　亚历山德拉·米尔

Miss Chief Eagle Testickle　酋长伊格尔·特斯克尔小姐

Mitchell, Joan　琼·米切尔

Mixed Reality Lab　混合现实实验室

Mobile Digital Commons Network（MDCN）移动数据通信网

Moderna galerija, Slovenia　现代美术馆，斯洛文尼亚

Modrak, Rebekah　丽贝卡·莫德拉克

Moffatt, Tracey　特蕾西·莫法特

Mohanty, Chandra Talpade　钱德拉·塔尔帕德·莫汉蒂

Molderings, Herbert　赫伯特·莫尔德林斯

Monahan, Gordon　戈登·莫纳汉

Mondriaan Fund　蒙德里安基金

Mondrian, Piet　皮特·蒙德里安

Mongan, Agnes　阿格尼丝·蒙根

Mongiat, Melisa　梅莉莎·蒙吉亚特

Monkman, Kent　肯特·蒙克曼

Monroe, Marilyn　玛丽莲·梦露

Monteverdi, Claudio　克劳迪奥·蒙特威尔地

Monuments Men　古迹卫士

Morell, Mayo Fuster　马约·富斯特·莫雷利

Morelli, Joan　琼·莫雷利

Moreno Vega, Dr. Marta　玛尔塔·莫雷诺·维加博士

Moreton, Romaine　罗曼·莫尔顿

Morgan, Jessica　杰茜卡·摩根

Morgan, J. P.　J. P. 摩根

Morgenthaler, Alxe　阿克塞尔·莫根塔勒

Mori Art Museum, Tokyo　森美术馆，东京

Morris, William　威廉·莫里斯

Morse, Rebecca　丽贝卡·莫尔斯

Mosireen independent media center, Cairo　莫斯林独立媒体中心，开罗

Mosman Art Gallery, Sydney　莫斯曼美术馆，悉尼

Mosquera, Gerardo　赫拉尔多·莫斯克拉

Moving Image Gallery, New York　动态影像博物馆，纽约

Mozambique　莫桑比克

M. River and T. Whid Art Associates　M. 里弗与 T. 惠德艺术组合

Mudimbe, V. Y.　V. Y. 穆丁贝

muf architecture/art　穆夫建筑 / 艺术工作室

Muholi, Zanele　扎内勒·穆霍利

Muller, Jeffrey　杰弗里·马勒

Müller, Luca　卢卡·米勒

Mundy, Jennifer　珍妮弗·芒迪

Munich Kunstkammer　慕尼黑珍宝馆

Munroe, Alexandra　亚历山德拉·芒罗

Münster, Sebastian　塞巴斯蒂安·明斯特尔

Murakami, Takashi　村上隆

Murray, Janet　珍妮特·穆瑞

Musée d'Art Département des Aigles, Brussels　现代艺术博物馆鹰部，布鲁塞尔

Musée des Beaux Arts, Rouen　鲁昂美术馆

Musée du Louvre, Paris　卢浮宫博物馆，巴黎

Museo Capitolino, Rome　卡皮托利尼博物馆，罗马

Museo Nacional Centro de Arte Reina Sofía, Madrid　索菲娅王后国家艺术中心博物馆，马德里

Museo Nacional del Prado, Madrid　普拉多国家博物馆，马德里

Museo Pio-Clementino, Vatican　庇护－克雷芒博物馆，梵蒂冈

Museu d'Art Contemporani de Barcelona　巴塞罗那当代艺术博物馆

Museum der Weltkulturen, Frankfurt　世界文化博物馆，法兰克福

Museum of the American Indian, New York　美国印第安人博物馆，纽约

Museum of Contemporary Art, Chicago　当代艺术博物馆，芝加哥

Museum of Contemporary Art Australia（MCA）, Sydney　澳大利亚当代艺术博物馆，悉尼

Museum of Fine Arts, Boston　波士顿美术馆

Museum of Mankind, London　人类博物馆，伦敦

Museum of Modern Art, Mönchengladbach　现代艺术博物馆，门兴格拉德巴赫

Museum of Modern Art（MoMA）, New York　现代艺术博物馆，纽约

Museum of Modern Art Syros（MOMAS），
Greece　锡罗斯现代艺术博物馆，
希腊

Museum of Virtual Art（MOVA）　虚拟
艺术博物馆

Museum Roundtable（MR），Singapore
博物馆圆桌会，新加坡

Museums and Galleries Australia　澳大
利亚博物馆与美术馆奖

Museum van Hedendaagse Kunst
Antwerpen　安特卫普当代艺术博物馆

Mutt, Richard　理查德·米特

Myanmar Moving Image Center, Yangon
缅甸移动影像中心，仰光

Myer Foundation　迈尔基金会

Myers, Jerome　杰尔姆·迈尔斯

N

Nadarajan, Gunalan　古纳兰·纳达拉然

Namatjira, Albert　艾伯特·纳马特吉拉

Nam Jun Paik　白南准

Nanjo, Fumio　南条史生

Nanyang Technological University
（NTU），Singapore　南洋理工大学，
新加坡

Napoleon Bonaparte　拿破仑·波拿巴

Nasaw, David　戴维·纳索

Nasr, Nasim　纳西姆·纳斯尔

National Academy of Design, New
York　美国国家设计学院，纽约

National Archives　美国国家档案馆

National Art Council, Singapore　新加
坡国家艺术理事会

National Day Art Exhibitions, Singapore
新加坡国庆艺术展览

National Gallery, London　英国国家美
术馆，伦敦

National Gallery, Singapore（NGS）
新加坡国家美术馆

National Gallery of Art, Washington
美国国家美术馆，华盛顿

National Gallery of Australia（NGA），
Canberra　澳大利亚国家美术馆，
堪培拉

National Gallery of Canada, Ottawa　加
拿大国家美术馆，渥太华

National Gallery of Indonesia, Jakarta
印度尼西亚国家美术馆，雅加达

National Gallery of Macedonia, Skopje
马其顿国家美术馆，斯科普里

National Heritage Board（NHB），
Singapore　新加坡国家遗产委员会

National Museum of American Jewish
History, Philadelphia　美国犹太人历
史国家博物馆，费城

National Museum of Kenya（NMK），
Nairobi　肯尼亚国家博物馆，内罗毕

Nauman, Bruce　布鲁斯·瑙曼

NEAR　"比邻"展

Negri, Antonio　安东尼奥·内格里

Neighbourhoods Project, Chicago　邻
里计划，芝加哥

Neiman, LeRoy　勒罗伊·奈曼

Nelkin, Dorothy　多萝西·内尔肯

Nelson, Ted　泰德·尼尔森

Nelson（Nelson-Atkins）Gallery, Kansas
City　纳尔逊（纳尔逊－阿特金斯）
美术馆，堪萨斯城

Nesbit, Molly　莫莉·内斯比特

Neuenschwander, Rivane　里瓦内·内乌施万德

Neue Slowenische Kunst（NSK）　新斯洛文尼亚艺术组织

Neustetter, Marcus　马库斯·诺伊施泰特

Newark Museum　纽瓦克博物馆

New Museum of Contemporary Art, New York　新当代艺术博物馆，纽约

New Museum, New York　新博物馆，纽约

New York　纽约

New Zealand　新西兰

Next 5 Minutes Festival　下个五分钟艺术节

Ng, Elaine　伍颖瑜

Ngui, Matthew　魏明福

Nguyễn Nhu Huy　阮如辉

Nicholson, Cecily　塞西莉·尼科尔森

Niemojewski, Rafal　拉法尔·尼默耶夫斯基

Nietzsche, Friedrich　弗里德里希·尼采

Nigeria　尼日利亚

Nisi, Valentina　瓦伦蒂娜·尼西

Nitsch, Hermann　赫尔曼·尼奇

Njami, Simon　西蒙·恩贾米

Nochlin, Linda　琳达·诺奇林

Nokia Singapore Art　诺基亚新加坡艺术节

Nold, Dorothea　多罗西娅·诺尔德

Nordic Institute for Contemporary Art（NIFCA）, Helsinki　北欧当代艺术研究所，赫尔辛基

Nordstrom, Carolyn　卡罗琳·诺德斯特龙

Northern Spark, Minneapolis　北方星火艺术节，明尼阿波利斯

Norton Simon Museum, Pasadena　诺顿·西蒙博物馆，帕萨迪纳

Novak, Robert　罗伯特·诺瓦克

Nuit Blanche　不眠夜活动

Nuremberg House　纽伦堡之家

O

Obonyo, Jack　杰克·奥博尼奥

Obrist, Hans-Ulrich　汉斯-乌尔里希·奥布里斯特

OCAD University　安大略艺术设计大学

Odenplan　奥登普兰

Odundo, Magdalene　玛格达莱妮·奥登多

Oei, Alan　艾伦·奥伊

Oga, Tsomak　措马克·奥加

Ohara Hall, Tokyo　小原会馆，东京

Okeke-Agulu, Chika　希卡·奥凯克-阿古鲁

OK Harris Gallery, New York　OK哈里斯画廊，纽约

Oldenburg, Claes　克拉斯·奥尔登堡

Olesen, Henrik　亨里克·奥勒森

Öllinger, Georg　格奥尔格·奥林格尔

Olowska, Paulina　保利娜·奥洛夫斯卡

Olson, Marisa　马里萨·奥尔森

Olthof, Eva　埃娃·奥索夫

Ono, Yoko　小野洋子

Oranniwesna, Nipan　尼潘·奥兰尼维斯纳

O'Reilly, Kira　基拉·奥雷利

Orozco, Gabriel　加夫列尔·奥罗斯科

Orsini, Fulvio　富尔维奥·奥尔西尼

Osborne, Peter　彼得·奥斯本

Otolith Group　耳石艺术组合

Ové, Zak　扎克·奥韦

P

Pach, Walter　沃尔特·帕克

Palestine　巴勒斯坦

Paolini, Giuli　朱利·保利尼

Pappenheimer, Will　威尔·帕彭海默

Papunya　帕普尼亚

Paracelsus　帕拉切尔苏斯

Paradiso, Paul　保罗·帕拉迪索

Para Site, Hong Kong　Para Site 艺术
　空间，香港

Park Chung-hee　朴正熙

Park Geun-hye　朴槿惠

Parreno, Philippe　菲利普·帕雷诺

Pattaya Biennale　芭堤雅双年展

Paul III, Pope　教皇保罗三世

Paul, Christiane　克里斯蒂亚娜·保罗

Pavlik, John　约翰·帕夫利克

Paynter, November　诺文伯尔·佩因特

Paz, André　安德烈·帕斯

Peabody Essex Museum, Massachusetts
　迪美博物馆，马萨诸塞

Peale, Charles Willson　查尔斯·威尔
　森·皮尔

Peljhan, Marko　马尔科·佩利罕

Pennsylvania Museum　宾夕法尼亚博
　物馆

Penny, Simon　西蒙·彭尼

Pepchinski, Mary　玛丽·佩普津斯基

Percent for Art　艺术百分比项目

Peres, President Shimon　希蒙·佩雷
　斯总统

Peri, Jacopo　雅各布·佩里

Perry, Lara　拉腊·佩里

Peru　秘鲁

Peters, Britta　布丽塔·彼得斯

Petrešin-Bachelez, Nataša　娜塔莎·彼
　得勒申－巴舍莱

Petrograd　彼得格勒

Peuchfeldner, Hans　汉斯·波伊赫费
　尔德纳

Phaosavasdi, Kamol　甲蒙·福斯瓦迪

PHI Center, Montreal　PHI 中心，蒙
　特利尔

Philadelphia Museum of Art　费城艺
　术博物馆

Philosophical Transaction　《哲学会刊》

Philco Corporation　飞歌公司

Philippines　菲律宾

Phillips, Duncan　邓肯·菲利普斯

Phnom Penh　金边

Picabia, Francis　弗朗西斯·皮卡比亚

Picasso, Pablo　巴勃罗·毕加索

Piccinini, Patricia　帕特里夏·皮奇尼尼

Pichler, Michalis　米凯利斯·皮希勒

Piersol, Virginia　弗吉尼娅·皮索尔

Pinacoteca Capitolina, Rome　卡皮托
　利尼绘画馆，罗马

Pissarro, Joachim　若阿基姆·皮萨罗

Pittsburgh　匹兹堡

Piyadasa, Redza　雷扎·皮亚达萨

Plato　柏拉图

Pliny the Elder　老普林尼

Rawanchaikul, Navin　纳温·罗旺柴库尔

Raxworthy, Kevin　凯文·拉克斯沃西

Rea, Paul　保罗·雷

Reagan, President Ronald　罗纳德·里根总统

red diva projects　红色女主角项目

Reid, Bill　比尔·里德

Reilly, Maura　莫拉·赖利

Reinhart, Richard　理查德·莱因哈特

Remai Modern, Saskatoon　勒迈现代艺术博物馆，萨斯卡通

Rendezvous of Victory　胜利之约组织

Renoir, Auguste　奥古斯特·勒努瓦

Res Artis　国际驻地艺术家中心协会

Resta, Padre Sebastiano　帕德雷·塞巴斯蒂亚诺·雷斯塔

Reyum Institute of Arts and Culture, Phnom Penh　雷乌姆艺术与文化学院，金边

Rheingold, Howard　霍华德·莱茵戈尔德

Rhizome　根茎组织

Rhode Island School of Design Museum　罗得岛设计学院博物馆

Rich, Adrienne　阿德里安娜·里奇

Richter, Gerhard　格哈德·里希特

Riddoch Art Gallery, Mount Gambier　里多克美术馆

Ridgeway, Renée　勒妮·里奇韦

Riefenstahl, Leni　莱尼·里芬施塔尔

Riley, Michael　迈克尔·赖利

Ringmann, Matthias　马蒂亚斯·林曼

Rist, Pipilotti　皮皮洛蒂·里斯特

Ritchie, Therese　特蕾泽·里奇

River, M.　M.里弗

Robertson, Carole　卡萝尔·罗伯逊

Robinson, Walter　沃尔特·鲁宾逊

Roché　罗谢

Rochefoucauld, Duc de la　罗什富科公爵

Rockefeller III, John D.　约翰·D.洛克菲勒三世

Rockefeller Foundation　洛克菲勒基金会

Rockwell, Norman　诺曼·罗克韦尔

Rodchenko, Alexander　亚历山大·罗琴科

Rogers, Meyric　梅里克·罗杰斯

Rokeby, David　戴维·罗克比

Rollins, Tim + K.O.S.　蒂姆·罗林斯 + K.O.S. 艺术团体

Rorimer, James　詹姆斯·罗里默

Rosa, Joseph　约瑟夫·罗萨

Roselli, Grace　格雷丝·罗塞利

Rosenberg, Jakob　雅各布·罗森贝格

Rosenblum, Amalia　阿马利娅·罗森布拉姆

Rossa, Boryana　博里雅娜·罗萨

Roth, Stephen F.　史蒂芬·F.罗思

Rousseau, Jean-Jacques　让-雅克·卢梭

Routh, Brian　布赖恩·劳思

Rowe, Earle　厄尔·罗

Royal Academy of Arts, London　皇家美术学院，伦敦

Royal Academy of Fine Arts, Ghent　比利时皇家美术学院，根特

Royal British Columbia Museum, Victoria

皇家不列颠哥伦比亚博物馆，维多利亚

Royal Museum, Stockholm　瑞典皇家博物馆

Royal Ontario Museum　皇家安大略博物馆

Royal Society of London　伦敦皇家学会

Royal Swedish Academy of Fine Arts, Stockholm　瑞典皇家美术学院，斯德哥尔摩

Rozendaal, Rafael　拉斐尔·罗森达尔

ruangrupa　鲁昂鲁帕艺术组合

Rubens, Peter Paul　彼得·保罗·鲁本斯

Rudolf II　鲁道夫二世

Rumi　鲁米

Rungjang, Arin　阿林·龙江

RuRu corps　鲁鲁公司

Ruscha, Edward　爱德华·鲁沙

Rusin, Barbara　芭芭拉·鲁辛

Ruskin, John　约翰·罗斯金

Russia　俄罗斯

Ryan, Marie-Laure　玛丽-劳尔·瑞安

Ryzik, Melena　梅莱纳·里齐克

S

Saarinen, Leena　莱纳·萨里宁

Sa'at, Alfian　阿尔菲安·萨阿特

Saburo, Murakami　村上三郎

Sachs, Paul J.　保罗·J.萨克斯

Sackler Museum, Washington　塞克勒博物馆，华盛顿

Sainsbury African Galleries, London　塞恩斯伯里非洲展厅，伦敦

St. John, Michelle　米歇尔·圣约翰

Salcedo, Doris　多丽丝·萨尔塞多

Salles, Julia　朱莉娅·萨雷斯

Salon des Indépendants　独立沙龙

SALT, Turkey　萨尔特艺术中心，土耳其

Samuels, Jeffrey　杰弗里·塞缪尔斯

San Antonio　圣安东尼奥

San Diego Museum of Man　圣迭戈人类博物馆

Sandra　桑德拉

San Jose　圣何塞

Saraceno, Tomas　托马斯·萨拉切诺

Sarai New Media Initiative, Delhi　萨雷新媒体倡议，德里

Sarich, Ralph　拉尔夫·萨里奇

Sarigedik, Esra　埃斯拉·萨里吉迪克

Sartre, Jean-Paul　让-保罗·萨特

Sassen, Saskia　萨斯基亚·扎森

Sauerländer, Tina　蒂娜·绍尔兰德

Sawyer, Charles　查尔斯·索耶

Schama, Simon　西蒙·沙曼

Schamberg, Morton L.　莫顿·L.尚贝格

Scheicher, Elisabeth　伊丽莎白·沙伊歇尔

Scheidegger, Sandino　桑迪诺·谢德格

Schepelern, H. D.　H. D.舍佩伦

Schinkel, Karl Friedrich　卡尔·弗里德里希·申克尔

Schleiner, Anne-Marie　安妮-玛丽·施莱纳

Schmitt, Carl　卡尔·施密特

Schnabel, Julian　朱利安·施纳贝尔

Schnitzer, Georg　格奥尔格·施尼策尔

Schoen, Christian　克里斯蒂安·舍恩

Schöllhammer, Georg　格奥尔格·舍尔哈默

School of Industrial Art, Philadelphia　费城工艺美术学校

Schrödinger, Erwin　埃尔温·施勒丁格

Schultz, Dagmar　达格玛·舒尔茨

Schwabsky, Barry　巴里·施瓦布斯基

Scolion Nasice Sisters Theatre　斯科莱恩·纳西斯姐妹剧场

Scully, Sean　肖恩·斯库利

Scuri, Sabrina　萨布丽娜·斯库里

Seattle Art Museum　西雅图艺术博物馆

Seguier, William　威廉·塞吉耶

Sei, Keiko　诚惠子（音）

Sengulane, Bishop Dom Dinis　多姆·迪尼斯·森古兰尼主教

Serpentine Gallery, London　蛇形美术馆，伦敦

Serra, Richard　理查德·塞拉

Serrum　塞拉姆艺术团体

Sethaseree, Thasnai　塔斯奈·塞塔社里

Sexton, Stirling　斯特林·塞克斯顿

Shadi, Lerato　莱拉托·沙迪

Shannon, Claude　克劳德·香农

Shannon, Tom　汤姆·香农

Shaowanasai, Michael　迈克尔·绍瓦纳赛

Sharjah Biennial, United Arab Emirates　沙迦双年展

Sharp, Willoughby　威洛比·夏普

Shaw, Karen　卡伦·肖

Shearing, Graham　格雷厄姆·希林

Sheeler, Charles　查尔斯·希勒

Shinawtara, Thaksin　他信·西那瓦

Shinawatra, Yingluck　英拉·西那瓦

Shinkansen　新干线

Shiraga, Kazuo　白发一雄

Shirdel, Kamran　卡姆兰·希尔德

Shoosongdej, Suporn　素蓬·初松德

Shulgin, Alexei　阿列克谢·舒利金

Siegelaub, Seth　塞思·西格劳布

Siegelman, Wendy　温迪·西格尔曼

Sigg collection　希克收藏

Sillers, Laura　劳拉·西勒斯

Simon Fraser University　西蒙·弗雷泽大学

Simon Jr., John F.　小约翰·F. 西蒙

Simone, Nina　尼娜·西莫内

Singapore　新加坡

Singapore Art Fairs　新加坡艺术博览会

Singapore Art Week　新加坡艺术周

Singapore Art Museum　新加坡艺术博物馆

Singapore Biennale　新加坡双年展

Singapore Economic Development Board　新加坡经济发展局

Siple, Walter　沃尔特·赛普尔

Siripattananuntakul, Wantanee　婉塔妮·西帕塔娜伦塔宫

Sirivadhanabhakdi, Thapana　苏华荣

Sitthiket, Vasan　瓦桑·斯蒂吉克

Skopje Electronic Art Fair（SEAFair）　斯科普里电子艺术博览会

Skrubbe, Jessica Sjöholm　杰茜卡·舍霍尔姆·斯克鲁贝

Skulptur Projekte Münster　明斯特雕塑计划展

Skwarek, Mark　马克·斯克瓦雷克

Slayton, Joel　乔尔·斯莱顿

Slimane, Khaled Ben　哈立德·本·苏莱曼

Slive, Seymour　西摩·斯利韦

Sloterdijk, Peter　彼得·斯洛特戴

Smith, Damien　达明·史密斯

Smith, James Edward　詹姆斯·爱德华·史密斯

Smith, Mark John　马克·约翰·史密斯

Smith, Roberta　罗伯塔·史密斯

Smith, Terry　特里·史密斯

Smith, Trevor　特雷弗·史密斯

Smith, Vicki　薇姬·史密斯

Smithson, Robert　罗伯特·史密森

Smithsonian Institution, Washington　史密森学会，华盛顿

Smithsonian's National Museum of the American Indian, New York　史密森学会美国印第安人国家博物馆，纽约

Snow, C. P.　C. P. 斯诺

Société des Arts Technologiques（leSAT），Montreal　艺术与技术学会，蒙特利尔

Society of Independent Artists　独立艺术家协会

Socrates　苏格拉底

Sollfrank, Cornelia　科妮莉亚·索尔弗兰克

Solomon R. Guggenheim Museum, New York　所罗门·R.古根海姆博物馆，纽约

Sommerer, Christa　克丽斯塔·佐梅雷尔

Sontag, Susan　苏珊·桑塔格

Soon, Simon　孙先勇

Sorokina, Yuliya　尤利娅·索罗金娜

South Africa　南非

South Australian Museum（SAM）　南澳大利亚博物馆

Soviet Union　苏联

Spelman College, Atlanta　斯佩尔曼学院

Spencer, Herbert　赫伯特·斯宾塞

Sperou, Niki　妮基·斯佩罗

Spivak, Gayatri　佳亚特里·斯皮瓦克

Spotify　斯伯特非音乐网站

Spring, Chris　克里斯·斯普林

Sprinkle, Annie　安妮·斯普林克尔

Sriwanichpoom, Manit　玛尼·斯里瓦尼奇姆

Stalin, Joseph　约瑟夫·斯大林

Staple, Polly　波莉·斯特普尔

Starr, Beatrice　比阿特丽斯·斯塔尔

State Art Council　瑞典国家艺术委员会

Statuario Pubblico della Serenissima, Venice　威尼斯共和国公共雕塑馆

Stecca, Milan　米兰·斯泰卡

Steinberg, Ellen　埃伦·斯坦伯格

Steir, Pat　帕特·斯泰尔

Stelarc　斯特拉克

Stella, Frank　弗兰克·斯特拉

Stella, Joseph　约瑟夫·斯泰拉

Stevens, Wallace　华莱士·史蒂文斯

Stevenson, Mrs. Cornelius　科尔内留斯·史蒂文森夫人

Steyerl, Hito　希托·施泰雷尔

Stockholm　斯德哥尔摩

Stockholm konst　斯德哥尔摩艺术中心

Storer, Russell　拉塞尔·斯托勒

Storr, Robert　罗伯特·施托尔

Strachan, Carolyn　卡罗琳·斯特罗恩

Strada, Jacopo　雅各布·斯特拉达

Streitmatter-Tran, Rich　里奇·施特赖特马特-特兰

Strong, Roy　罗伊·斯特朗

Stubbs, Mike　迈克·斯塔布斯

Study Group for Solidarity and Trans Action　团结与跨界行动研究组

Sturtevant, Elaine　伊莱恩·斯特蒂文特

Substation, The, Singapore　电力站艺术中心，新加坡

Suger, Abbot　修道院院长叙热

Sullivan Galleries, Chicago　沙利文美术馆，芝加哥

Sundance Film Festival　圣丹斯电影节

Supangkat, Jim　吉姆·苏庞卡

Supanichvoraparch, Wasinburee　瓦辛布里·苏帕尼奇沃拉帕奇

Surveillance Camera Players　监控摄像头表演者

Sutherland, Ivan　伊凡·苏泽兰特

Suzuki, D. T.　铃木大拙

Sydney　悉尼

Sydney Biennale　悉尼双年展

SymbioticA　共生艺术研究中心

Syrian Archive　叙利亚档案馆

Szeemann, Harald　哈拉尔德·塞曼

Szymczyk, Adam　亚当·希姆奇克

T

Taaffe, Philip　菲利普·塔弗

Tactical Media Files　战术媒体文件数据库

Tahrir Cinema Project　塔赫里尔电影院项目

Taimre, Ilmar　伊尔马·泰姆勒

Talalyan, Lusine　卢西纳·塔拉利扬

Tanaka, Atsuko　田中敦子

Tang Da Wu　唐大雾

Tan Teng Kee　陈丁琦

Tanzania　坦桑尼亚

Taquini, Graciela　格拉谢拉·塔基尼

Tassananchalee, Kamol　甲蒙·塔萨南差里

Tate Britain, London　泰特不列颠美术馆，伦敦

Tate Gallery, London　泰特美术馆，伦敦

Tate Modern, London　泰特现代美术馆，伦敦

Tatlin, Vladimir　弗拉基米尔·塔特林

Tay　塔伊人工智能机器人

Taylor, Henry Fitch　亨利·菲奇·泰勒

Taylor, Jocelyn　乔斯琳·泰勒

Tazzi, Pier Luigi　皮耶尔·路易吉·塔齐

Tcherepnin, Sergei and Stefan　谢尔盖和斯特凡·切里宁

Teh, David　郑大卫

Teniers the Younger, David　小特尼尔斯

Tensta Konsthall　滕斯塔美术馆

Tew, Ben　本·图

Teylers Museum, Haarlem　泰勒斯博物馆，哈勒姆

Thacker, Eugene　尤金·撒克

Thailand　泰国

Theatrum Sapientiae　知识剧场

Theophrastus　泰奥弗拉斯托斯

Therrien, D. A. D.A. 塞里恩

Therrien, Robert 罗伯特·塞里恩

The School of Journalism at Columbia University 哥伦比亚大学新闻学院

Thich Nhat Hanh 释一行

Thiel, Tamiko 多美子·蒂尔（音）

Thomas, Paul 保罗·托马斯

Thompson, G. David G. 戴维·汤普森

Thornton, Sarah 萨拉·桑顿

Tinder 火种社交网站

Tiravanija, Rirkrit 里克力·提拉瓦尼

Tissue Culture & Art Project（TC&A） 组织文化与艺术项目

Titian 提香

Tjupurrula, Johnny Warangkula 约翰尼·瓦兰库拉·朱普鲁拉

Toemsombat, Montri 蒙蒂·梭颂巴

Toffler, Alvin 阿尔文·托夫勒

Toker, Franklin 富兰克林·托克

Tokyo 东京

Toledo Art Museum 托莱多艺术博物馆

Tomasula, Steve 史蒂夫·托马苏拉

Topan, Asep 阿塞普·托潘

Torgovnick, Marianna 玛丽安娜·托尔戈夫尼克

Toronto 多伦多

Toronto Transit Corporation 多伦多交通运输公司

Tow Center for Digital Journalism 托尔数字新闻中心

Transformazium 转型艺术团体

Transmediale, Berlin 跨媒体艺术节，柏林

Trappler, Jill 吉尔·特拉普勒

Triangle Network 三角网络艺术组织

Tribe, Mark 马克·特赖布

Trinity Sessions 三一会话艺术组织

Troemel, Brad 布拉德·特勒梅尔

Truffaut, François 弗朗索瓦·特吕福

Trump, President Donald 唐纳德·特朗普总统

Tuer, Dot 多特·蒂尔

Tumblr 汤博乐社交网站

Turing, Alan 阿兰·图灵

Turkey 土耳其

Tuters, Marc 马克·图泰尔斯

Tuttle, Richard 理查德·塔特尔

Tuymans, Luc 吕克·蒂曼

Twitter 推特社交网站

Twombly, Cy 赛·通布利

U

UbuWeb 乌布网艺术资源网站

Uffizi Gallery, Florence 乌菲齐美术馆，佛罗伦萨

Uli Sigg collection 乌利·希克收藏

Ulman, Amalia 阿马利娅·厄尔曼

Umberto I, King of Italy 意大利国王翁贝托一世

U'mista Cultural Centre, Canada 乌米斯塔文化中心，加拿大

United Arab Emirates 阿拉伯联合酋长国

United Nations 联合国

University College Ghent School of Arts （KASK） 根特大学学院艺术学院

University of Manitoba's Gallery, Winnipeg 马尼托巴大学美术馆，

Waldseemüller, Martin　马丁·瓦尔德塞弥勒

Walker, John　约翰·沃克

Walker, Kara　卡拉·沃克

Wall, Jeff　杰夫·沃尔

Waller, Fred　弗雷德·沃勒

Walpole, Horace　霍勒斯·沃波尔

Walsh, John　约翰·沃尔什

Warhol, Andy　安迪·沃霍尔

Wart　瓦特

Waters, Jack　杰克·沃特斯

Watts, Alan　艾伦·沃茨

Weber, John　约翰·韦伯

Weber, Max　马克斯·韦伯

Weerasethakul, Apichatpong　阿彼察邦·韦拉萨库

Weibel, Peter　彼得·魏贝尔

Weil, Stephen　斯蒂芬·韦尔

Weinberger, David　戴维·温伯格

Weiner, Lawrence　劳伦斯·韦纳

Weingart, Peter　彼得·魏因加特

Weizenbaum, Joseph　约瑟夫·魏泽堡

Wekker, Gloria　格洛丽亚·威克

Wesley, Cynthia　辛西娅·韦斯利

Westcott, James　詹姆斯·韦斯科特

Whats App　瓦次普通信软件

Wheatstone, Charles　查尔斯·惠斯通

Wheeler, Mimi　米米·惠勒

White, Norman　诺曼·怀特

White, Robin　罗宾·怀特

Whitechapel Gallery, London　白教堂美术馆

Whiteread, Rachel　蕾切尔·怀特里德

Whitlam, Gough　高夫·惠特拉姆

Whitman, Matt　马特·惠特曼

Whitney Independent Study Program（ISP）　惠特尼独立研究计划

Whitney Museum of American Art, Manhattan　惠特尼美国艺术博物馆，曼哈顿

Wicaksono, Benny　本尼·维卡索诺

Wiener, Norbert　诺伯特·维纳

Wikipedia　维基百科

Wilkin, Karen　卡伦·威尔金

Williams, Christopher　克里斯托弗·威廉斯

Wilson, Fred　弗雷德·威尔逊

Wilson, Martha　玛莎·威尔逊

Wilson, Rainn　雷恩·威尔逊

Winchester, Simon　西蒙·温切斯特

Winckelmann, Johann Joachim　约翰·约阿希姆·温克尔曼

Wittgenstein, Ludwig　路德维希·维特根斯坦

Wittmann, Otto　奥托·维特曼

Wohnseifer, Johannes　约翰内斯·沃恩塞弗

Wolf, Hieronymus　耶罗尼米斯·沃尔夫

Wolf, Melissa P.　梅利莎·P. 沃尔夫

Wölfflin, Heinrich　海因里希·韦尔夫林

Women Asylum Seekers Together　妇女寻求庇护者联合小组

Women-Oriented-Women（WOW）Collective　妇女导向妇女团体

Wong, Deanna　迪安娜·王

Wong Hoy Cheong　黄海昌

Wood, Beatrice　比阿特丽斯·伍德

Wool, Christopher　克里斯托弗·伍尔

World Bank　世界银行

Worm, Ole or Olaus Wormius　奥勒·沃尔姆

Wornum, Ralph Nicholson　拉尔夫·尼科尔森·沃纳姆

Wozniak, Steve　史蒂夫·沃兹尼亚克

Würthle, Michel　米歇尔·维特勒

Wright, Stephen　斯蒂芬·赖特

Wrong, The　错误网络双年展

Wyspa Institute of Art, Gdansk　岛屿艺术学院，格但斯克

Y

Yamazaki, Tsuruko　山崎鹤子

Yanov, Dvora　德沃拉·亚诺夫

Yap, June　叶德晶

Yerevan　埃里温

YoHa　哟哈艺术组合

Yokohama Museum of Art　横滨艺术博物馆

Yoshihara, Jiro　吉原治良

Young, Carey　凯里·扬

Young-Hae Chang Heavy Industries　张英海重工业艺术组合

YouTube　优兔视频网站

Yudhoyono, Susilo Bambang　苏西洛·班邦·尤多约诺

Yuliman, Saneto　萨内托·尤里曼

Z

Zaretsky, Adam　亚当·扎列茨基

Zea, Gabriel　加布里埃尔·塞亚

ZeroStation　零站艺术空间

Zhdanov, Andrei　安德烈·日丹诺夫

Zhu, Nicholas　包家巷

Zijlmans, Kitty　姬蒂·齐曼斯

Žižek, Slavej　斯拉韦伊·日热克

ZKM Center for Art and Media, Karlsruhe　艺术与媒体中心，卡尔斯鲁厄

Zmijewski, Artur　阿图尔·兹米耶夫斯基

Zuse, Konrad　康拉德·楚泽

译后记

  《策展指南》原为《布莱克韦尔艺术史指南》（*Blackwell Companions to Art History*）系列丛书中的一卷，由在国际上有较大影响力的艺术家布拉德·巴克利和约翰·科诺莫斯合作编纂，召集了22位来自各国、各领域的艺术家和策展人共同撰稿。本书有两大特点，一是从历史、理论和实践等多个层面全方位地回溯、解读、剖析"策展"这一概念；二是力图打破各类界限，使讨论尽可能不受学科、地域、族群、性别以及机构类型的限制。"策展"（curation）既是一个"舶来"的概念，也是一个在我国国情下不断发展和丰富的概念。希望本书的出版能够对国内相关理论研究和业务实践的进一步推进有所助益。

  本书的翻译工作由团队合作完成。其中，童萌承担引言、第一部分以及第三、第四部分中第16—18章的翻译，并作全书统稿；李竞辉承担第二部分的翻译；王一铭承担第三部分中第10—15章的翻译；丛诗音承担第四部分中第19—22章的翻译。在翻译过程中，译者团队在保持原意不变的前提下对个别词句进行了删减。

  北京大学宋向光教授对本书进行了细致校阅；中国国家博物馆丁鹏勃副馆长，以及马玉梅、孙博、王洪敏、夏美芳等诸位老师，为推动本书乃至整套丛书的出版付出了巨大的努力，在此一并致谢。

本书译者虽均为博物馆从业人员，但受见识和阅历所限，难免有所错漏，诚挚期望读者批评指正。

译者团队

2023 年 10 月